Dr. Stephan Heinrich Nolte | Annette Nolden

Das große Buch für

Babys erstes Jahr

Das Standardwerk
für **die ersten 12 Monate**

WILLKOMMEN IM LEBEN 10

STILLEN UND FÜTTERN 92

SCHLAFEN UND TRÖSTEN 140

MONAT FÜR MONAT 168

Wenn in diesem Buch verkürzt vom Kinderarzt die Rede ist, sind damit natürlich Ärztinnen und Ärzte gemeint. Nur aus Gründen der besseren Lesbarkeit wird auf die durchgängige Erwähnung beider Geschlechter verzichtet.

BABYS GESUNDHEIT 320

DR. MED. STEPHAN HEINRICH NOLTE

Stephan Heinrich Nolte studierte Medizin und Kulturwissenschaften in Göttingen, Paris und Freiburg. Nach seinem Studium arbeitete er lange Jahre an der Universitäts-Kinderklinik Freiburg und zuletzt als leitender Oberarzt der Universitäts-Kinderklinik Marburg. Da der vorherrschende Klinikalltag ihm die Verwirklichung seiner Vorstellungen einer Leib und Seele gleichermaßen umfassenden Betreuung kranker Kinder nicht erlaubte, ließ er sich 1992 in eigener Praxis nieder. Auslandsaufenthalte in armen Ländern und tropenmedizinische Kurse erweiterten sein Blickfeld ebenso wie psychotherapeutische, homöopathische und palliativmedizinische Weiterbildungen. Stephan Heinrich Nolte, geboren 1955, lebt in Marburg und ist Vater von fünf erwachsenen Kindern und bislang vier Enkelkindern. Neben seinen Vorträgen und einer Lehrtätigkeit im Zentralverein der Ärzte für Naturheilverfahren in Freudenstadt veröffentlichte er zahlreiche Fachpublikationen sowie Artikel zu medizingeschichtlichen und ethischen Fragen. Mit seiner Frau, Dr. Anne Sparenborg-Nolte, verfasste er das Buch »Homöopathie für Kinder«.

ANNETTE NOLDEN, M.A.

Annette Nolden studierte Sprach- und Literaturwissenschaften in München. Nach einem anschließenden Volontariat in einem Sachbuchverlag widmete sie sich als Redakteurin der Entwicklung und Realisierung verschiedenster Ratgeber. Dabei lag es ihr besonders am Herzen, neueste wissenschaftliche Erkenntnisse in allgemeinverständlichen und alltagstauglichen Rat zu übersetzen. So begann sie schließlich selbst, journalistisch zu arbeiten und zu schreiben.

Mittlerweile ist sie seit über 15 Jahren als Autorin vor allem im Bereich Gesundheit und Lebenshilfe tätig. In Zusammenarbeit mit Hebammen und Ärzten bemüht sie sich stets aufs Neue darum, den Lesern Fachwissen verständlich zu präsentieren. Geht es um Themen wie Schwangerschaft, Geburt und das Leben mit dem Baby, ist es ihr besonders wichtig, Erfahrungen und Gefühle als Mutter bei ihrer Arbeit zu berücksichtigen.

Annette Nolden ist Mutter eines Sohnes und lebt in München.

Bei Gräfe und Unzer erschienen von ihr »Schwangerschaftskalender«, »Babykalender« und zusammen mit Prof. Dr. med. Franz Kainer »Das große Buch zur Schwangerschaft«.

Vorwort

Ein wunderbares erstes Jahr liegt vor Ihnen und hält unvergessliche Momente für die ganze Familie bereit. Wie schön, Sie dabei begleiten zu können und Ihnen mit viel Rat und Wissen zur Seite zu stehen – ganz egal, ob Sie Fragen zur Babypflege, zum Umgang mit dem Kind, zur Unterstützung für die Familie, Sicherheit, Ausstattung, Stillen, Ernährung, Bindung oder Betreuung haben. Und auch Hebammentipps und Ratschläge vom Kinderarzt sind schnell zur Hand. Das alles soll Ihnen im Umgang mit Ihrem Kind Sicherheit und Zuversicht geben. Wie es dem Kind geht, hängt dabei nicht nur von der pflegerischen und medizinischen Versorgung ab, sondern auch von der liebenden, fördernden und wertschätzenden Umgebung, in die das Kind hineingeboren wird.

Für jeden neuen Lebensmonat Ihres Kindes gibt es neben Informationen zu Gesundheit und Entwicklung auch »Memos«, die an Vorsorgeuntersuchungen erinnern und Vorschläge für die gemeinsame Zeit mit dem Baby bereithalten. Denn jede Minute dieses kurzen und wichtigen ersten Jahres ist kostbar, jedes Miteinander, was jetzt versäumt wird, ist nicht nachzuholen. Die Zeit geht so schnell vorbei, und in keinem Lebensabschnitt sind die Entwicklungen und Veränderungen größer als im ersten Jahr, in dem das hilflose Neugeborene zu einem kleinen selbstständigen Persönchen wird. Verlangen Sie aber dennoch nicht zu viel: Nur wenige Kinder erfüllen statistisch genau die sogenannten Meilensteine der Entwicklung wie Lächeln, Sitzen, Stehen und Laufen. Jeder Mensch, so auch jedes Baby, hat sein eigenes Tempo und seine Eigenarten. Auch sollten Sie Perioden scheinbaren Stillstandes berücksichtigen, die sprunghafte Fortschritte ablösen. Das fällt viel-leicht nicht immer leicht, wollen wir in unserer Leistungsgesellschaft doch alles beschleunigen, optimieren, rationalisieren und modernisieren. Die Entwicklung eines Kindes aber verläuft nach anderen Regeln und widersetzt sich diesen Bemühungen. Überzogene Erwartungen und Leistungsdruck schaden, und zu viel Förderung kann überfordern. Das Kind muss selbst zum nächsten Entwicklungsschritt bereit sein und wird es Ihnen signalisieren. Begleiten Sie Ihr Kind ganz entspannt, und lassen Sie sich nicht verunsichern, indem Sie Ihr Baby mit anderen Kindern vergleichen.

Doch nicht nur das Baby steht im Mittelpunkt des ersten Jahres als Familie, sondern auch die Eltern, für die mit der Geburt des Kindes ein neuer Lebensabschnitt als Mutter und Vater beginnt. Den neuen Aufgaben entsprechend, finden Sie unter der Rubrik »Elterncoach« Monat für Monat Tipps und Anregungen unter anderem für ein harmonisches Leben als Familie, zum Thema Erziehung und zur Paarbeziehung. Eine Extra-Rubrik nur für die Mutter informiert über körperliche und seelische Veränderungen nach der Geburt, Yoga-Übungen zur Rückbildung, effektives Beckenbodentraining und wichtige Zeiten der Entspannung und Pflege.

Und schließlich gibt es noch etwas ganz Besonderes fürs Herz und fürs Auge: den »schrumpfenden Teddybären«. Er zeigt Ihnen jeden Monat, wie groß Ihr Baby schon geworden ist und wie schnell der gute alte Teddy kleiner wird. Das beeindruckende Motiv verleitet Sie bestimmt zum Nachmachen, Staunen und Schmunzeln – damit die fröhlichen Seiten des Lebens auch beim Nachschlagen und Informieren nicht zu kurz kommen.

Annette Nolden

Vorwort

Herzlichen Glückwunsch zu Ihrem Baby! Damit kommt eine schöne, wenn auch nicht immer leichte Aufgabe auf Sie zu, die im Laufe der nächsten Zeit viele Fragen aufwerfen wird. Wir möchten Ihnen dabei behilflich sein und Sie, liebe Eltern, darin unterstützen, Sicherheit im Umgang mit Ihrem Kind zu gewinnen, gerne die Verantwortung für sein Wohlergehen zu übernehmen und mit froher Erwartung und Selbstvertrauen die elterlichen Freuden und Pflichten auf sich zu nehmen. Dieses Buch soll Ihnen helfen, ein Gefühl für die Welt Ihres Babys zu entwickeln, sein Großwerden erleben und genießen zu können, und ihm ein förderndes Umfeld zu gestalten.

Auch ich habe mit meinen eigenen Kindern vielfältige Erfahrungen gemacht. Unser erstes Kind war eine Tochter. Sie kam nach unkomplizierter Schwangerschaft termingerecht zur Welt. Damals, 1978, waren wir die ersten, die »Rooming-in« machen durften, also das Kind die ganze Zeit bei sich behalten und weitgehend selbst versorgen konnten.

Der Chefarzt hatte dieses Experiment, was seiner Meinung nach nicht lange gut gehen würde, extra in einem Dreierzimmer angelegt. Die jungen Eltern waren sehr unsicher, am hilfreichsten war eine Bettnachbarin, die ihr drittes Kind bekam und alles sehr routiniert und entspannt anging – welch ein Vorbild! Die Dauer des stationären Aufenthaltes betrug, wie damals üblich, zehn Tage. Eine Hebammen-Nachsorge gab es zu der Zeit noch nicht.

Zu Hause traten vielerlei kleinere und größere Probleme auf, vor allem aber Ängste. Unsere junge Familie war verwöhnt, weil sich beide Elternteile noch im Studium befanden und freinehmen konnten. Das war aber auch nötig, denn der Tag war für uns beide vollständig ausgefüllt. Natürlich musste mit Stoffwindeln gewickelt und alles, was mit dem Kind in Kontakt kam, abgekocht werden. Freunde und Bekannte wurden ferngehalten – wer weiß, was für gefährliche Seuchen sie einschleppen konnten. Hilfe und Entlastung von außen wollten wir aus dem Stolz heraus, alles selber zu können und natürlich richtig zu machen, nicht annehmen.

Das Stillen kam zunächst in Gang, aber der Wunsch, alles besonders gut zu machen, stand dem entspannten Angehen des Stillgeschäfts entgegen, sodass wir recht bald eine Mahlzeit zufütterten. Das durfte der stolze Papa übernehmen und damit das große Vorhaben, alles zusammen und in der Verantwortung geteilt zu machen, auch in der Funktion als Ernährer ernst nehmen. Nach zwei Wochen planten wir die erste Ausfahrt, ein großes Unternehmen, obwohl es nicht einmal einen Kilometer weit ging. Das Baby schlief mit fünf Wochen durch und schlief fortan immer gut.

Das zweite und dritte Kind

Auch das zweite Kind, ein Sohn, schlief bald durch. Er wurde länger gestillt, überhaupt war alles viel unkomplizierter, geradezu leicht. Er war wohlgenährt, fast rundlich, und zufrieden. Der dritte dagegen war ein »Schreikind«, welches viel Aufmerksamkeit brauchte. Das Stillen war kein Problem, aber das abendliche »Schreistündchen« brachte uns Eltern zur Verzweiflung – schließlich gab es noch zwei andere Kinder, um die wir uns kümmern mussten.

Im Nachhinein aber müssen wir uns eingestehen, dass der Hauptgrund für die Unruhe des dritten Kindes eine damals sehr unsichere Situation war: Die Wohnung war zu klein geworden, ein Umzug mit Umbauten und Renovierungsmaßnahmen stand an, die berufliche Zukunft des Vaters und damit die materielle Situation der jungen Familie war unsicher, sodass das ganze Familiensystem überlastet war. Im Nachhinein ist es leicht, sich diese Umstände vor Augen zu führen und die Ursache für das »Schreibaby« nicht dem Kind, sondern der familiären Gesamtsituation anzulasten.

Mit der Bewältigung dieser Unsicherheiten kehrte Ruhe ein, das Kind lernte ebenfalls durchzuschlafen. Beim vierten und schließlich beim fünften Kind, beides Mädchen, traten keine solchen Unruhephasen und schlaflosen Nächte mehr auf. Dennoch blieb über viele Jahre ein ungestörter Nachtschlaf und ein morgendliches Ausschlafen die Ausnahme – immer wieder mal war eines der Kinder krank oder träumte schlecht, und morgens, spätestens um halb sieben, waren alle munter – auch an Sonn- und Feiertagen und im Urlaub.

In der Praxis habe ich nachfolgend häufig erlebt, dass – sieht man von den Unsicherheiten beim ersten Kind ab – das dritte Kind am anstrengendsten ist. Vielleicht, weil der Mensch nur zwei Arme hat? Nach dem dritten wird die Arbeit nicht viel mehr – auch das ist eine Erfahrung, die ich mit vielen kinderreichen Familien teile. Glücklicherweise sind Eltern mit der Gabe des Vergessens ausgestattet, wodurch die Strapazen der Kleinkindzeit rasch in die Ferne rücken.

Lehrreiche Erfahrungen

Diese Erlebnisse und Erfahrungen mit meinen eigenen Kindern haben mich als Kinderarzt mehr gelehrt als die klinische Ausbildung. Sie haben mir bei aller Professionalität die Sicht aus der Elternperspektive bewahrt, die ich bei kinderlosen Kollegen häufig vermisst oder als abgespalten erlebt habe.

Eine weitere grundlegende Erkenntnis in meinem Arztwerden war die Unterscheidung von »medizinisch« und »ärztlich«. Mein Vater, ebenfalls Arzt, lehrte mich häufig, diese oder jene Untersuchung, Behandlung oder Operation sei medizinisch zwar möglicherweise indiziert, ärztlich gesehen aber nicht sinnvoll oder zu verantworten. Mit »medizinisch« ist hier eine rein naturwissenschaftlich-rationale, sachorientierte Haltung, mit »ärztlich« eine humane, psychologische, kulturwissenschaftlich-soziale Einstellung gemeint. Nicht alles, was »medizinisch notwendig« erscheint, ist auch ärztlich, in der Gesamtschau der Dinge, wirklich angezeigt. »Was du nicht willst, das man dir (oder deinen Kindern) tu, das füge auch nicht anderen zu« – der Versuch, diesem Leitsatz zu folgen, prägt mein Handeln, sowohl im Beruf als auch im Privatleben.

Kinder symbolisieren unsere Zukunft, wir waren, wie sie sind, und sie werden, wie wir sind. Wir sind alle Kinder gewesen und haben unsere Erfahrungen und Erlebnisse gemacht, die uns zu dem geformt haben, was wir heute sind und wie wir unser Leben gestalten. Unsere Eltern haben dieselben Gefühle für uns gehegt und dieselben Sorgen und Ängste um uns gehabt, wie wir sie unseren Kindern gegenüber kennen. Eltern hoffen, dass ihre Kinder besser, freier, selbstbewusster groß werden, dass sie friedlicher und besonnener werden und mit ihren Mitmenschen, den Ressourcen und der Umwelt verantwortungsvoller umgehen, als die Älteren es tun. Nichts soll Eltern davon abhalten, ihre Kinder in diesem Sinne zu erziehen und ihnen dabei ein Vorbild zu sein. Schließlich haben wir die Erde von unseren Kindern nur geliehen – das sollten wir nicht vergessen.

Dr. med. Stephan Heinrich Nolte

KAPITEL 1

WILL-KOMMEN IM LEBEN

DAS BABY IST DA!

Mit der Geburt eines Kindes geht ein ganz besonderer Neuanfang einher. Die Freude über das Kind, das als Symbol für die Liebe zwischen Mann und Frau sowie für die Hoffnung auf ein erfülltes Leben steht, lässt die Herzen der Eltern höher schlagen. Die Vorstellung, einem Menschen das Leben geschenkt zu haben, ihn im weitesten Sinne »geschaffen« zu haben, übersteigt fast die menschliche Vorstellungskraft. Von einem Wunder zu sprechen oder auch von einem Zauber ist daher nur der Versuch zu beschreiben, welche Emotionen die Geburt eines Kindes bei den Eltern auslöst. Auch wenn die Kenntnisse über die biologischen Vorgänge der Menschwerdung sehr groß sind, bleibt das Neugeborene ein Wunderwerk der Natur. Sein weiteres Leben wird dann von Ihrem Stammbaum, Ihren Genen und Traditionen geprägt. Und so leben Mutter und Vater in gewisser Weise in diesem neuen Menschen weiter.

Vor der Geburt

Wenn Sie dieses Buch schon vor der Geburt Ihres Kindes in den Händen halten – oder es an werdende Eltern verschenken –, kann es schon frühzeitig wertvolle Tipps geben, Wege bahnen und den Umgang mit Ihrem Kind vorbereiten. Die Phase der Spätschwangerschaft und der Geburtsvorbereitung verläuft normalerweise ruhig und gemächlich. Das übliche Lebenstempo ist verlangsamt, andere Planungen und Termine werden nebensächlich. Alles dreht sich um die große Frage, wann und wie die Geburt stattfinden wird – doch sie bleibt bis zum letzten Moment offen. Denn die Kinder kommen in der Regel nicht »am Termin«, sondern in einem gewissen Zeitraum um den Termin herum. Deshalb ist jedes Festlegen auf »den Termin« relativ vage. Besser wäre die Angabe eines Geburtszeitraumes, etwa in Kalenderwochen.

Die Zeit nutzen

Wenn der gesetzliche Mutterschutz eingetreten ist, fängt die Zeit des Wartens an, und die kann ganz schön lang werden. Deshalb eignet sich diese Phase der Schwangerschaft besonders, um all das zu erledigen, wofür Sie nach der Geburt mit Sicherheit keine Muße mehr haben werden. Dazu gehört auch die Zeit, in Ruhe nachzudenken. Vielleicht werden Sie sich fragen, wie sich wohl Ihre eigenen Eltern gefühlt haben, als sie Sie erwartet haben. Sie werden sich an Ihre eigene Kindheit erinnern und sich gewiss Gedanken machen, was Sie ähnlich oder ganz anders machen wollen als Ihre Eltern. Es ist eine intensive Zeit der Auseinandersetzung mit der eigenen Vergangenheit und einer vielversprechenden, aber fremden und unklaren Zukunft.

Manche Eltern meinen, es wäre nicht gut, sich bereits vor der Geburt zu sehr auf das Kind einzustellen, um Enttäuschungen zu vermeiden, wenn nicht alles so kommt, wie sie es sich vorgestellt haben. Damit bleibt aber eine wertvolle Zeit und Gelegenheit ungenutzt, denn nach der Geburt werden die Eltern von den Ereignissen förmlich überrollt, und sie wissen gar nicht mehr, wo ihnen der Kopf steht. Zum Nachdenken kommt man dann nicht mehr allzu oft. Deshalb ist es empfehlenswert, »vorzudenken« und vorzuplanen.

Kennenlerngespräche

Überlegen Sie sich rechtzeitig, wo Sie entbinden möchten: in der Klinik, im Geburtshaus oder zu Hause. Sehen Sie sich Kliniken und Geburtshäuser an, und bedenken Sie bei der Wahl des Entbindungsortes und der betreuenden Hebamme (in Geburtshäusern oder bei Hausgeburten) auch, wie viel Sicherheit und ärztliche Bereitschaft Ihnen für den Fall des Falles wichtig sind. Erwartet Ihr betreuender Gynäkologe oder Ihre Hebamme eine normale Geburt, liegt es in Ihrem Ermessen, welchen Rahmen Sie sich für die Geburt wünschen.

Machen Sie sich auch bereits vor der Geburt mit der Hebamme vertraut, die Sie nach der Geburt zu Hause betreuen wird (Nachsorgehebamme). Bitten Sie ruhig um ein Kennenlerngespräch, das erleichtert beiden Seiten den Kontakt nach der Geburt. Sehr günstig ist es auch, wenn Sie sich bereits mit der kinderärztlichen Betreuung an ihrem Wohnort vertraut machen, Erkundigungen einholen und die Praxis Ihrer Wahl schon einmal aufsuchen, um sich nach der Grundhaltung und den Praxisbesonderheiten sowie der Organisation zu erkundigen. Dazu gehören auch der kinderärztliche Notdienst und die Regelung der Urlaubsvertretung, denn Kinder halten sich nun mal nicht an die üblichen Arbeitszeiten – weder was den Geburtstermin

TIPP

So finden Sie Ihren Kinderarzt

Um einen guten Kinderarzt zu finden, fragen Sie Menschen Ihres Vertrauens, Ihre Hebamme, Ihren Frauenarzt und Geburtshelfer sowie erfahrene Mütter aus Ihrer Umgebung. Geburtskliniken, Gesundheitsämter und Ärztekammern haben Verzeichnisse der Kinder- und Jugendärzte, dürfen aber keine Empfehlungen aussprechen. Auch der Berufsverband der Kinder- und Jugendärzte (BVKJ) verfügt über entsprechende Verzeichnisse, die Sie auf der Homepage des BVKJ nach Postleitzahlen geordnet finden (siehe Adressen Seite 402). Die Homepages der meisten Praxen können Sie per Mausklick erreichen.

Nichts aber geht über ein persönliches Kennenlernen – am besten ohne den Druck eines akuten Ereignisses oder die Aufregung vor der ersten Vorsorgeuntersuchung. Entscheidend ist, ob Sie sich ernst genommen und gut aufgehoben fühlen. Mehr zum Thema Arztwahl finden Sie auf Seite 71.

angeht noch was Erkrankungen und Unfälle betrifft. Es ist eine wichtige Entscheidung, wem Sie Ihr Kind anvertrauen wollen, und die sollten Sie sorgfältig treffen (siehe Kasten oben).

Bedenken Sie auch, dass Kinder, vor allem Neugeborene und Säuglinge, von Kinderärztinnen und Kinderärzten betreut werden sollten. Diese haben sich dem Thema »Kinder- und Jugendmedizin« besonders zugewandt, eine jahrelange Facharztweiterbildung absolviert und sowohl von der inneren Einstellung als auch von der Praxisausstattung her die besten Voraussetzungen für eine einfühlsame und liebevolle Betreuung.

Der Zauber der ersten Tage

Der erste Blick in die Augen des neugeborenen Kindes berührt Vater und Mutter tief im Herzen. Endlich können sie das Kind betrachten, das verborgen im Bauch auf den Tag der Geburt gewartet hat. Sie fühlen die zarte, noch verknautschte Haut und riechen den reinen, unverbrauchten Atem des neuen Menschen: Das Wunder der Fortpflanzung ist wahr geworden. Es gibt nichts Innigeres als diesen intimen Moment der ersten Begegnung. Dieses einzigartige Gefühl ist unbeschreiblich und gehört der neuen Familie ganz alleine. Genießen Sie es, und bewahren Sie es in Ihrem Herzen. Bitten Sie eine liebe Person, Fotos zu machen, und nutzen Sie ruhige Momente für Einträge ins Tagebuch, um diese einmaligen Augenblicke und Gefühle festzuhalten. So können sie weiterleben und Ihnen dann eine Quelle der Kraft und der Sinngebung sein, wenn schwierige Zeiten die wunderbare Erinnerung verblassen lassen.

Das Band festigt sich

Während der Geburt scheint die Zeit still zu stehen. Die Welt da draußen ist nicht mehr wichtig. Was zählt, sind die Augenblicke der Nähe und der Liebe. Haben Sie keine Scheu vor den großen Gefühlen, die Sie in diesen Augenblicken überwältigen. Leben Sie die Emotionen aus, und tragen Sie die Liebe ganz bewusst in Ihr neues Leben hinein. Denn das Neugeborene braucht Ihre Liebe und ein wohlwollendes Umfeld, in dem Sie gefühlvoll mit ihm umgehen und ihm Sicherheit vermitteln. Während des Stillens und des Fläschchengebens sowie bei der Pflege und dem Trösten entwickelt sich nach und nach ein immer festeres Band zwischen Eltern und Kind. Und so fühlt der Säugling bald, dass er von Ihnen geliebt wird.

Die Entdeckung der Langsamkeit

Nehmen Sie sich Zeit, um in Ihr neues Leben hineinzufinden. Ein ruhiges Lebenstempo in den ersten Wochen mit dem Baby tut Ihnen allen gut, schafft Raum für Gefühle und unterstützt die Eltern und das Kind darin, ganz allmählich in ihrem neuen Leben anzukommen. Lassen Sie Hektik und Stress erst gar nicht zu, sondern machen Sie sofort eine Pause, wenn Sie sich überfordert fühlen. Abwasch und Bügelwäsche sollten jetzt besser warten, bis eine Oma oder Schwiegermutter sich ihrer annimmt. Auch eine Haushaltshilfe kann entlastend sein. Das ist der sicherste Weg für Zufriedenheit bei den Eltern und beim Kind – und für ein liebevolles Miteinander. Nach einem solchen Start werden Sie auch den gemeinsamen Alltag meistern, der sich unweigerlich einstellt.

Denn nach und nach kommen auch die Anstrengungen des täglichen Lebens hinzu: das nicht immer problemlose Stillen und Füttern, die schlaflosen Nächte und die vollen Windeln, die Tag und Nacht gewechselt werden müssen. Die Eltern müssen nun lernen zu akzeptieren, dass das Leben als Familie ein andauernder Entwicklungsprozess ist und neben vielen positiven Gefühlen auch immer wieder neue Herausforderungen bereithält.

Machen Sie sich als Eltern immer wieder bewusst, dass Sie gemeinsam mit Ihrem Kind etwas Großes erleben, bei dem Sie aufeinander angewiesen sind. Von manchen Lebenserfahrungen wird eine Kraft ausgehen, die beiden Elternteilen das Gefühl vermittelt, etwas Besonderes geleistet zu haben. Seien Sie stolz auf sich, und genießen Sie das Glück, gemeinsam Hürden bewältigen zu können – und erinnern Sie sich immer wieder an den Zauber der ersten Tage, der Sie zusammengeschweißt hat und weiter in die Zukunft hineintragen wird.

Mutter werden

Mit der Geburt wird nicht nur ein Kind geboren, sondern auch eine Mutter – bedenkt man, wie viel sich für die Frau verändert, wenn sie ein Kind zur Welt gebracht hat. Zum einen ist sie körperlich noch geschwächt, zum anderen braucht die Seele noch Zeit, bis das Muttersein auch bei ihr angekommen ist. Ist es wirklich wahr, dass das eigene Kind aus Fleisch und Blut nun neben ihr im Bettchen liegt? Die Realität ist irgendwie noch nicht richtig greifbar, auch wenn sie das Kind berühren kann. Jede Veränderung braucht ihre Zeit. Und die Entwicklung von der Frau zur Mutter ist mit der Geburt des Kindes noch lange nicht abgeschlossen. Dennoch glauben viele Frauen, alle Erwartungen, die die Gesellschaft an eine Mutter stellt, von Anfang an erfüllen zu müssen. Doch das ist unmöglich – und auch nicht wünschenswert, denn viele Erwartungen sind überzogen oder passen nicht zum eigenen Lebensentwurf.

Auf wackligen Beinen

Die Unsicherheit der jungen Mutter ist groß, und sie wird noch durch die Sorge verstärkt, den neuen und alten Pflichten nicht gebührend nachkommen zu können. Das ist ganz normal, muss doch eine Frau ihren Weg zum Muttersein erst finden. Gehen Sie anfangs kleine Schritte, dann kommen Sie auch nicht so schnell ins Schleudern. Machen Sie nur so viel, wie Sie körperlich verkraften können und wie sich mit der Pflege des Kindes vereinbaren lässt. Lassen Sie sich Zeit, Sie müssen nicht alles, was das Kind betrifft, von heute auf morgen perfekt im Griff haben und womöglich noch den Haushalt in bester Ordnung halten. Schließlich gibt es so viel Neues, was Sie erst nach und nach lernen müssen: vom Stillen über das Wickeln bis hin zum

Vieles, wie Behördengänge oder Einkaufen, lässt sich gut gemeinsam mit dem Baby erledigen.

Waschen, Anziehen, Tragen oder Schlafenlegen. Das alles muss sich erst einspielen, bevor mit der Zeit eine Routine einsetzt. Scheuen Sie sich nicht, Rat einzuholen und sich von anderen unterstützen zu lassen.

Der neue Blick

Nach der Geburt sieht eine Frau die Welt mit ganz anderen Augen. Selbst die vertraute Umgebung der eigenen vier Wände kommt ihr fremd vor. Und im altbekannten Supermarkt fühlt sie sich hilflos, obwohl noch alles am selben Platz steht wie zuvor. Woran liegt das? Es ist die Verwundbarkeit, die der Frau bewusst geworden ist und die sie so vorsichtig und wachsam sein lässt. Sie ist immer und überall auf der Hut, denn von nun an gilt es, ein Kind zu beschützen – und auch sich selbst, die Mutter, auf die das Kind angewiesen ist. Mit dieser neuen, großen Aufgabe hat sich die Frau erst einmal zurechtzufinden. Das verlangt ein Höchstmaß an Konzentration und Kraft, was den durch die Geburt ohnehin strapazierten Körper und das Gemüt zusätzlich

schwächt. Machen Sie deshalb erst einmal kleine Schritte, wenn Sie zusammen mit Ihrem Baby in Ihr Leben zurückkehren und dieses neu entdecken.

Änderung im Lebenslauf

Von Kind an werden heute Männer und Frauen darauf vorbereitet, eines Tages unabhängig zu sein und ihr Geld selbst zu verdienen. Jeder kämpft im Berufsleben für sich alleine und schaut danach, was für ihn persönlich am besten ist. Einerseits sind damit große Freiheiten verbunden, andererseits passen eine Familie und die Verantwortung für einen Partner und Kinder nicht in dieses Bild. Da wundert es nicht, wenn Frauen Probleme damit haben, in ihre Mutterrolle hineinzufinden. Während sich bislang alles nur um sie selbst drehte, ist nun ein Mensch da, der die ungeteilte Aufmerksamkeit verlangt. Auch dem Mann geht es ähnlich, wenn er die Rolle des Familienvaters übernehmen und ausfüllen soll.

Zudem gibt es die typische Mutter- und Vaterrolle nicht mehr. Früher spielte der Mann in der Gesellschaft die Rolle des Versorgers, während die Frau selbstverständlich Haushalt und Kinder übernahm. Jetzt können aufgrund ihrer Ausbildung und Berufstätigkeit theoretisch auch die Frauen die Familie versorgen. Also muss die Frage geklärt werden, wer nun was machen soll. Da die Frau die Kinder zur Welt bringt und stillt, kümmert meist sie sich gerade in den ersten Lebenswochen hauptsächlich um das Kind. Aber wie soll es danach weitergehen? Es geht nicht immer gut, wenn die Frau nun genau die »typische Mutterrolle« übernehmen soll, auf die sie gar nicht so richtig vorbereitet wurde und auf die sie sich nicht eingestellt hat. Nicht selten entstehen dann Unzufriedenheit und Selbstzweifel an ihrer Fähigkeit als Mutter, was auch die Partnerschaft gefährden kann. Deshalb ist es besonders wichtig, die Rollen für die Mutter und den Vater neu zu definieren, und zwar innerhalb der Partnerschaft.

Schreiben Sie Ihre eigene Mutterrolle

Setzen Sie sich mit Ihrem Partner zusammen, und halten Sie fest, was jeder von Ihnen gerne übernehmen möchte und was nicht. Suchen Sie darüber hinaus Unterstützung, etwa für den Haushalt oder für die Kinderbetreuung. Wenn Sie und Ihr Partner sich zum Beispiel trotz doppelter Berufstätigkeit ein erfülltes Leben gestalten können, hat Ihr Kind viel mehr davon, als wenn Sie unzufrieden und unglücklich ausschließlich bei ihm zu Hause bleiben.

Aber auch Frauen, die sich zu Hause sehr wohl fühlen und gerne die klassische Mutterrolle übernehmen, sollen diesen Weg wählen können. Lassen Sie sich Ihr Familienleben nicht von anderen madig machen, nur weil Sie womöglich nicht dem aktuellen Trend folgen. Was das Leben innerhalb der Familie betrifft, sollten Trends niemals die Richtschnur sein. Folgen Sie dem Plan, der für Sie stimmig ist. Denn eine zufriedene Mutter und ein zufriedener Vater sind genau das, was ein Kind glücklich macht und die Partnerschaft lebendig hält.

Ob Sie eine »gute« Mutter sind, hängt also nicht davon ab, ob Sie zu Hause bleiben oder arbeiten gehen. Bleibt einer Frau jedoch aus finanziellen Gründen nichts anderes übrig, als arbeiten zu gehen, obwohl sie lieber daheim beim Kind geblieben wäre, kann das schlechte Gewissen zur Qual werden. Gehen Sie in diesem Fall nicht zu hart mit sich ins Gericht. Schließlich tun Sie doch alles, um sich und dem Kind eine wirtschaftliche Notsituation zu ersparen. Auch das zeichnet eine gute Mutter aus. Sie zeigen Ver-

Ich bin ich und du bist du

Manchmal fällt es nicht leicht, die Trennung durch die Geburt und die Lösung der verschmolzenen Verbundenheit zu akzeptieren. So laufen vor allem Mütter Gefahr, sich mit dem Kind in eine sehr enge Zweierbeziehung zu begeben und sich von der Außenwelt abzuschotten. Selbst der Partner bleibt manchmal außen vor. Dies kann man besonders nach belasteten Schwangerschaften und komplizierten Geburten, bei Frühgeborenen oder bei kranken Kindern, aber auch bei Alleinerziehenden beobachten.

Wenn ein Elternteil zu sehr mit dem Kind verschmilzt und sich nicht von ihm distanzieren und abgrenzen kann, fällt es ihm auch schwer, die Autonomie des Kindes anzuerkennen, es als eigenen Menschen und nicht nur als Teil seines Selbst zu akzeptieren. Spätere Verhaltensauffälligkeiten im Sinne eines übertrieben ausufernden oder eines übertrieben ängstlichen Verhaltens stellen die Gegenpole möglicher Folgen einer nicht ausreichenden Abgrenzung dar.

Doch wenn Eltern anerkennen, dass jedes Kind von Anfang an seine eigene Welt, seine Gefühle, Gedanken und Wünsche hat, wird ihnen auch später der Umgang mit dem aufwachsenden Kind leichter fallen.

antwortung und bieten Ihrem Kind die Sicherheit, die es für sein Wohlergehen und eine gute Entwicklung benötigt. In der Kinderkrippe wird es bestimmt gut versorgt. Suchen Sie den Austausch mit den Betreuern, und erkundigen Sie sich nach den Geschehnissen des Tages. Auch so nehmen Sie Anteil am Leben Ihres Kindes und können beruhigt arbeiten gehen, weil Sie wissen, dass es ihm gut geht. An den Abenden und am Wochenende genießen Sie dann die Zeit mit Ihrem Kind umso mehr.

Manches kommt anders, als geplant

Schon während der Schwangerschaft wächst das Band zwischen Mutter und Kind. Eng verbunden über einen gemeinsamen Blutkreislauf, werden zwei Leben zu einem. So nah werden sich die beiden – körperlich gesehen – nie mehr sein. Es verwundert daher nicht, wenn die Freude über die Geburt mit der Trauer über den Verlust dieser Symbiose einhergeht. Die Abhängigkeit des Kindes von Mutter und Vater bleibt aber auch noch in den nächsten Jahren bestehen. Denn nach der Geburt braucht es Sie genauso dringend, um sich gut zu entwickeln, wie in der Schwangerschaft. Wenn Ihnen das bewusst wird, dürfte der erste Trennungsschmerz, mit dem Sie womöglich gar nicht gerechnet hatten, schnell verwunden sein.

Vielleicht haben Sie sich aber auch unter Mutterglück etwas ganz anderes vorgestellt und sind enttäuscht darüber, dass nach der Geburt nicht sofort eine innige Liebe zum Kind einsetzt. Dieses befremdliche Gefühl gegenüber dem neuen Leben ist ganz natürlich. Zwar waren Mutter und Kind für neun Monate ein Paar, doch eigentlich kennen sie sich noch gar nicht richtig. Manche Frauen beschleicht auch ein seltsames Gefühl, weil sie sich plötzlich gar nicht vorstellen können, dass das Kind von nun an immer da ist. Sie sind irritiert über derartige Gedanken und Gefühle, da sie sich doch so sehr auf das Kind gefreut hatten. Diese Unstimmigkeit der Emotionen kann die Mutter belasten und die Frage aufwerfen, warum keine »richtigen« mütterlichen Gefühle auftauchen. Doch es gibt keinen Grund, an sich zu zweifeln, denn genau diese ambivalenten Emotionen machen die Entwicklung von der Frau zur Mutter deutlich. Es gibt keinen nahtlosen Übergang. Jede Veränderung im Leben wird von positiven und negativen Gefühlen und Gedanken begleitet. Denken Sie nur an die Phase der Pubertät, in der aus dem kleinen Mädchen eine junge Frau wird.

Wenn der Kaiserschnitt die Pläne durchkreuzt

Frauen, die sich auf eine spontane Geburt eingestellt und sich mit dem Ablauf der Entbindung im Vorfeld vertraut gemacht haben, sind oftmals sehr enttäuscht, wenn ein Kaiserschnitt notwendig wird. Sie können die Geburt dann als Bruch in der Beziehung zum Kind empfinden, da die Schwangerschaft nicht wie geplant zu Ende geht. Eine sterile Operation tritt an die Stelle der gewünschten emotionalen und körperlichen Trennung vom Kind durch den Geburtskanal. Leider stellen sich nicht selten Versagensgefühle bei der Frau ein, weil sie glaubt, nicht zu einer »normalen« Geburt fähig zu sein. Hinzu kommen starke Wundschmerzen und eine körperliche Schwäche. Das alles schränkt den Kontakt zum Neugeborenen oftmals ein, und die Mutter kann sich dem Kind nicht wie erhofft widmen. Daran hat sie jedoch keine Schuld. Sie ist jetzt auf verständnisvolles Klinikpersonal und eine Hebamme angewiesen, die ihr hilft, die schwierigen, möglicherweise traumatischen Ereignisse zu verarbeiten.

Auch wenn das Muttersein durch unvorhersehbare Komplikationen erschwert werden sollte, bleibt noch immer genügend Zeit, um sich mit dem Baby vertraut zu machen. Es ist nichts verloren gegangen. Lassen Sie sich vom Klinikpersonal, das bei der OP dabei war, von der Geburt

TIPP

Die Bindung stärken

Gerade wenn der gemeinsame Start nach der Geburt erschwert ist, sollten Sie besonders viel Kontakt zu Ihrem Kind suchen. Seien Sie versichert: Die Nähe zum Kind und die gemeinsamen Stunden des Fütterns und Pflegens werden Ihre Entwicklung zur Mutter beschleunigen. Die Liebe zu Ihrem Kind wird dabei mehr und mehr wachsen. Manchmal reicht schon der Blickkontakt aus, um erste Bande mit dem Kind zu knüpfen und das Muttersein spüren zu können. Hautkontakt verstärkt die Bindung noch mehr und macht Mutter und Kind glücklich.

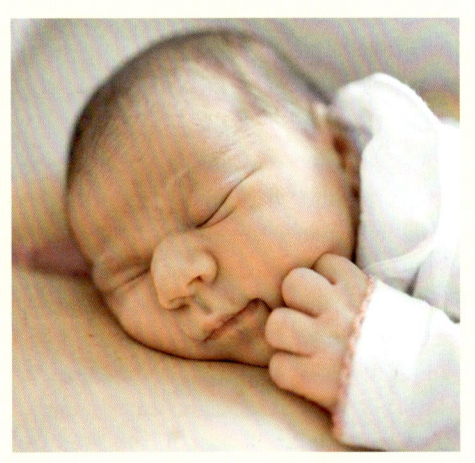

berichten, falls Sie eine Vollnarkose benötigten. Fragen Sie so lange nach Einzelheiten, bis Sie das Gefühl haben, die Lücke schließen zu können. Auch die Nähe des Babys wird Ihnen guttun (siehe Kasten oben).

Vom Mann zum Vater

Ein altes Sprichwort sagt: Vater werden ist nicht schwer, Vater sein dagegen sehr. Darin ist viel Wahres enthalten, denn in der Tat ist es meist eine große Herausforderung, in die Vaterrolle hineinzuwachsen. Und noch immer wird häufig unterschätzt, wie wichtig der Vater auch für Babys und Kleinkinder ist.

Denn das Baby braucht väterliche Kontaktangebote, da sie anders sind als die Botschaften der Mutter. Die Art, wie der Vater mit dem Kind redet, es hält und mit ihm schmust, ist eine neue, andere Erfahrung als die Zweierbeziehung, die das Baby mit der Mutter hat. Der Austausch mit dem Vater bereichert die emotionalen Erfah-

rungen des Babys und schenkt ihm eine weitere Bezugsperson.

Wenn es möglich war und er es ausgehalten hat, war der Vater bei der Geburt dabei. Dann hat er den großen Moment des ersten Atemzugs miterlebt und wurde von diesen völlig neuen Gefühlen überwältigt. Dadurch ist von vornherein eine innige Verbundenheit entstanden. Der Vater hat das Baby vielleicht sogar als Erster gehalten, bei den ersten Handreichungen geholfen und so die ersten Stunden intensiv miterleben dürfen. Diese Zuwendung wird im Vater Gefühle von Glück, Zärtlichkeit und Vaterliebe wecken und sein Leben bereichern.

Wichtige Aufgaben

Der Mann wird als Partner und Vater jetzt dringend gebraucht, denn das Wochenbett ist heute nicht mehr nur Frauensache. Wenn die Frau von der Schwangerschaft und Geburt sehr erschöpft ist und die ersten Unsicherheiten mit dem Baby dazukommen, braucht sie nicht nur

Ruhe, sondern vor allem die Nähe und Geborgenheit des Partners.

Seine Frau hat der Mann nicht als Mutter, sondern als Geliebte und Partnerin kennen und lieben gelernt. Der Übergang in die Mutterrolle ist auch für den Mann eine Herausforderung, und beide müssen aufpassen, dass der Vater in dieser neuen Konstellation nicht außen vor bleibt. Die Mutter sollte darauf achten, das Baby nicht übermäßig zu behüten und den Vater an das Kind heranzulassen. Aber auch der Vater sollte sich von der überholten Ansicht verabschieden, dass Kinderkriegen und -großziehen Frauensache sei und er sich deshalb gar nicht erst darauf einlässt. Er sollte von sich aus mit dem Kind »etwas anfangen« und eine eigene Beziehung aufbauen wollen.

Mit einem Baby wird eine Familie geboren. Und aus Mann und Frau werden Vater und Mutter.

Geduld und Verständnis aufbringen

Mutter und Geliebte zu sein lässt sich für die Frau anfangs kaum miteinander verbinden. Dafür sollte der Mann Verständnis aufbringen und versuchen, darüber zu sprechen, auch über seine sexuellen Bedürfnisse und den Weg zurück zu einer unbeschwerten Sexualität.

Wechseln Sie sich ab, indem der Mann das Baby häufig übernimmt und so seiner Frau hilft, sich vom Baby »abzunabeln«. Dann kann die Frau einfach mal für sich sein oder eine Freundin oder die alten Arbeitskolleginnen besuchen. Aber auch der Mann braucht seine Auszeiten. Wenn er von Windeln, Schnuller und Schreien völlig genervt ist, sollte er sich mit anderen Vätern austauschen. Spricht er über seine Gefühle und Schwierigkeiten und erlebt, dass es anderen Männern ähnlich geht, dann fühlt er sich bestimmt bald besser.

Das Leben als Familie beginnt

In eine Zweierbeziehung tritt »etwas Drittes«; erst hierdurch wird das Paar zur Familie. Vorher hatten die Partner jeweils eine Familie, jetzt sind sie selbst zur Familie geworden – von der Herkunfts- zur Fortpflanzungsfamilie. Und damit sind auch viele Freiheiten verschwunden. Mal eben ausgehen, spontan einen Kurzurlaub einlegen, morgens ausschlafen … das alles gehört jetzt der Vergangenheit an. Nun sind Frau und Mann Eltern geworden und müssen rund um die Uhr für ihr Baby präsent sein. Mit dieser neuen Aufgabe sind sie vollauf beschäftigt, ohne das Gefühl zu haben, etwas zu versäumen. Dabei helfen ihnen starke, tief sitzende Gefühle und Reflexe, diese Rolle ganz selbstverständlich auszufüllen. Das heißt aber nicht, dass die kleine Familie nicht auch eine Menge Herausforderungen bestehen muss.

Eine völlig neue Situation

Mit der Geburt des Kindes kommt ein noch unbekanntes Wesen zu seinen Eltern. Es ist völlig abhängig von ihnen und muss nun 24 Stunden an sieben Tagen in der Woche umsorgt werden. Dabei kann und wird das Gleichgewicht bei Mutter und Vater schon einmal ins Wanken geraten. Es wäre geradezu unnormal, wenn nicht Zweifel an den Fähigkeiten aufkommen würden, mit dieser Verantwortung zurechtzukommen.

Elternschaft und Familie sind nicht dasselbe. Die Elternschaft betrifft Ihr persönliches Verhältnis zu Ihrem Kind. Die Familie dagegen ist nicht nur die Kleinfamilie, sondern die gesamte Verwandtschaft, angefangen bei Ihren Eltern – also den Großeltern des Babys. Hatten Eltern früher viele Kinder, haben heute vergleichsweise wenige Kinder viele Eltern – und Großeltern. Kinder sind häufig ein einmaliges Ereignis. Woher soll man da noch wissen und lernen können, wie das Aufziehen von Kindern geht? Eltern von vielen Kindern sagen häufig, dass es schade ist, dass das erste Kind nicht gleich das dritte ist. Mit dem dann erworbenen Erfahrungsschatz geht alles viel einfacher. Doch auch wenn sich vieles gewandelt hat – ganz grundsätzlich hat sich am Kinderbekommen und den sich stellenden Aufgaben der Eltern nicht allzu viel geändert.

Hoffnungen, Zuschreibungen und Erwartungen

Die Rolle, die ein Kind im Leben seiner Eltern spielt, ist auch abhängig von deren Ursprungsfamilien, deren eigenen Erlebnissen in der Kindheit sowie von den Umständen der Zeugung und den Erlebnissen in der Schwangerschaft. Jedes Familienmitglied hat unterschiedliche Erwartungen an das Kind, sodass dieses schon »vorbelastet« auf die Welt kommt. Solche Vorstellungen können sehr unterschiedlich sein, manchmal sind sie bewusst, manchmal unbewusst. So projizieren manche Eltern ihre eigenen ungelebten Träume in die Kinder, die dann das verwirklichen sollen, was den Eltern – aus welchen Gründen auch immer – verwehrt blieb. Auch können Kinder Ersatz für verstorbene Geschwister, Tanten oder Onkel sein und damit in einen generationsübergreifenden Zusammenhang gestellt werden, der ihre seelische Entwicklung beeinflusst.

Wenn eine Frau ungewollt schwanger geworden ist und mit dem Erzeuger ihres Kindes nichts zu tun haben will oder wenn sich die Eltern getrennt haben, könnte es passieren, dass die Mutter oder der Vater alle möglichen Eigenschaften des Kindes dem ungeliebten anderen Elternteil zuschreibt. Auch wenn es unmöglich ist, sich ganz davon frei zu machen, ist es doch wichtig, darüber nachzudenken und keine voreiligen Zuschreibungen und schwer zu korrigierenden Urteile zu fällen. Das grundsätzliche Problem dabei ist, dass die gemeinsame Elternschaft auch dann nicht endet, wenn eine Paarbeziehung nicht mehr besteht. Zuschreibungen können die Entwicklung eines Kindes genauso stark beeinflussen wie Erbanlagen. Ganz frei machen davon können wir weder uns noch das Kind, aber wir sollten an die Möglichkeit dazu denken und versuchen, unser Verhältnis zum Kind nicht durch unsere eigenen Vorstellungen zu sehr zu beeinflussen.

Das Baby mit einem Geschwisterkind

Wenn Sie bereits Kinder haben, verändert sich Ihre Familiensituation mit dem Neuzuwachs erheblich. Vor allem für das erste Kind kommt nicht nur ein süßes, kleines Baby in die Familie, sondern auch ein Rivale. Das ältere Kind wird durch ein weiteres von seinem Sockel gestoßen und »entthront«. Deshalb wird es versuchen, seinen Thron zu verteidigen. Je nach Alter des ersten Kindes können die Reaktionen sehr unterschiedlich sein. Wenn Sie die merkwürdigen Verhaltensweisen, die das ältere Kind in nächster Zeit an den Tag legt, unter dem Aspekt der Geschwisterrivalität betrachten, werden Sie für Ihr größeres Kind viel Verständnis aufbringen können. Denn das Erstgeborene muss noch lernen, mit dieser neuen Konstellation in der Familie zurechtzukommen. Bisher hatte es die Rolle des einzigen Kindes und hatte aus dem Paar eine Familie gemacht.

KONKURRENZ ZUM BABY

Nun taucht so ein kleiner Rivale auf, der so viel Zeit in Anspruch nimmt, so viel Aufmerksamkeit auf sich zieht und auch noch den Platz auf dem Schoß und am Busen der Mutter einnimmt. Da ist es kein Wunder, dass das ältere Geschwisterkind alles Mögliche unternimmt, um auch wahrgenommen und nicht ignoriert zu werden. Zur Not versucht es, negativ aufzufallen, durch provokatives Verhalten oder Rückschritte wie Einnässen. Sein Verhalten kann sich auch gegen das Baby richten, es kann zuschlagen, oder sein anfängliches Streicheln und Knuddeln geht in Knuffen und Kneifen über. Der besondere, etwas abwesende Gesichtsausdruck lässt solche

Situationen meist im Vorfeld erkennen. Wenn das ältere Kind schon sprechen kann, wird es Sie vielleicht mit Fragen schockieren, etwa ob man das Baby nicht wieder zurückgeben oder in den Windeleimer werfen kann. Reagieren Sie nicht entrüstet, sondern fragen Sie nach, warum und was Ihr Kind empfindet. Vielleicht denkt es, dass Sie es nicht mehr lieb haben, denn sonst hätten Sie sich ja kein weiteres Kind zugelegt.

DIE SITUATION ENTSCHÄRFEN

Versuchen Sie, die Situation zu klären, und zeigen Sie Ihrem älteren Kind immer wieder, wie lieb Sie es haben und wie sehr Sie seine Anwesenheit schätzen. Binden Sie es in die Pflege des Neugeborenen ein, bitten Sie es um seine Mithilfe, lassen Sie sich Dinge von ihm reichen, und sagen Sie ihm, wie groß es schon ist. Vor allem sollten Sie dafür sorgen, dass Sie auch mal nur für das größere Kind allein da sind. Machen Sie das ganz aktiv, und kommentieren Sie Ihr Tun: So, jetzt geht der Papa (Opa, Oma) mit dem Baby spazieren und du hast mich ganz für dich. So wird für Ihr Erstgeborenes manches leichter. Ist das größere Geschwisterkind schon etwas älter, ist die Rivalität mit dem Baby meist weniger stark. Die Älteren freuen sich oft sehr auf das Neugeborene, sie haben die Schwangerschaft sehr bewusst mitbekommen, viel gefragt und Erklärungen bekommen. Je nach Alter und Entwicklungsstand können sie mit großer Freude und viel Stolz in die Betreuung des Kindes einbezogen werden. Aber auch sie dürfen nie das Gefühl verlieren, dass sie im Herzen ihrer Eltern immer noch genug Platz haben.

Die Bedeutung der Großeltern

Großeltern werden ist eine ganz eigene, neue Perspektive und auch etwas sehr Aufregendes. Oma und Opa wollen auch etwas von dem Baby

INFO

Nicht alleine lassen!

Lassen Sie Ihr Kleinkind mit dem Baby niemals alleine – Sie wissen nie, auf welche Ideen es kommt. Vielleicht will es mal probieren, ob das Baby schon laufen oder Gummibärchen essen kann. Bedenken Sie: Es gibt kaum etwas, auf das die kindliche Fantasie in diesem Alter nicht kommt.

haben. Wenn sie dieses »Recht« einfordern, werden sie von den jungen Eltern oft als zudringlich erlebt. Auf der anderen Seite kann das junge Paar von den Erfahrungen und der Hilfe der Großeltern profitieren. Ob die Unterstützung der Älteren gewünscht ist, hängt in erster Linie von der Beziehung zu ihnen ab.

Ideal ist es, wenn die Großeltern ihre Hilfsbereitschaft signalisieren, sich aber mit Ratschlägen zurückhalten. Nichts frustriert junge Eltern mit den vielen kleinen Sorgen des Alltags mehr als Besserwisserei oder ein mitleidiges Lächeln. Großeltern sollten nicht in die frühe Eltern-Kind-Beziehung eingreifen, sondern im Hintergrund bleiben und dort helfen, wo es gewünscht wird, etwa bei Einkäufen, Besorgungen oder dem täglichen Kochen. Wenn Geschwister da sind, können sie einen wichtigen Beitrag zur Gestaltung der neuen Familie leisten, indem sie sich viel mit ihnen beschäftigen und ihnen vermitteln, wie wichtig sie nach wie vor sind.

Auch wenn es oft schwer fällt, die Hilfe der eigenen Eltern oder Schwiegereltern anzunehmen, kann es für die junge Familie doch eine deutliche Entlastung bedeuten. Wenn möglich, sollten Sie den Erfahrungsschatz aus erster Hand nutzen. Außerdem kann bei Sorgen und Aufregungen die beruhigende Wirkung nicht unmittelbar betroffener, etwas distanzierter Menschen von Vorteil sein. Manchmal ist das Verhältnis zu den eigenen Eltern allerdings sehr angespannt, oder die Großeltern sind nicht wirklich hilfreich, sondern verursachen mehr Verwirrung als Unterstützung und wollen selbst wie ein Besuch zuvorkommend umsorgt werden. Dann sollten Sie überlegen, welche Unterstützung Sie annehmen möchten. Vielleicht können sie mit den älteren Geschwistern einen Ausflug machen oder Einkäufe erledigen. Auch könnten sie mit dem Baby spazieren gehen, damit Sie als Paar wieder einmal für sich sein können oder Zeit für eigene Bedürfnisse haben.

Ein Individuum mit Ähnlichkeiten

Es kann ganz schön nerven, wenn die Großeltern und andere Verwandte ständig irgendwelche Ähnlichkeiten des Babys zu näheren und ferneren Verwandten sehen. Schließlich steht für Sie die Einzigartigkeit Ihres Kindes im Vordergrund – und in der Tat ist jeder Mensch ganz und gar einmalig und keine Neuauflage eines anderen. Außerdem sind solche Parallelen zu Familienmitgliedern oft voreilige Zuschreibungen und Vorurteile, die die Entwicklung eines Kindes beeinträchtigen können.

Doch andererseits ist für die Familie als Ganzes eine generationsübergreifende Kontinuität wichtig und identitätsstiftend: Wir alle wollen wissen, wer wir sind und wo wir herkommen. Wenn Sie diesen Aspekt bedenken, wird es Ihnen leichter fallen, mit den Zuschreibungen umzugehen. Sehen Sie es so: Ihr Kind ist zwar die Summe und die Quintessenz seiner Vorfahren, aber weder eine Wiedergeburt noch ein Ersatz für verlorene Familienmitglieder. Deshalb sollte es vom ersten Tag an seinen eigenen Weg finden dürfen.

Auch Oma und Opa sind für das Baby wichtig und gehören zu seiner Familie.

Wenn Vater oder Mutter fehlt

Jedes fünfte Kind wächst heute mit nur einem Elternteil auf, in der ganz überwiegenden Zahl mit der Mutter. Alleinerziehende Väter mögen sich nicht zurückgesetzt fühlen, wenn hier vor allem die alleinerziehende Mutter thematisiert wird. Sie spielt als Gebärerin eine besondere Rolle, die ihr auch bei noch so viel Gleichstellungsbemühungen bleibt.

Wenn auch traditionelle Geschlechterrollen zu Recht infrage gestellt werden, sind körperliche und emotionale Unterschiede zwischen den Geschlechtern unbestritten. Das Mutterrecht, das Matriarchat, steht in der Kulturgeschichte und bei vielen Naturvölkern vor dem Patriarchat, welches unsere westliche Welt so lange geprägt hat. »Mater certissima, pater incertus«, die Mutter ist sicher, beim Vater weiß man es nie so genau – aus dieser Ursituation leitet sich die Besonderheit der Mutterrolle ab. Auch für das Kind ist die Mutter das Sichere, das Gewisse – der Vater muss sich diese Position erst erarbeiten.

Individuelle Situationen

Die Tatsache, dass ein Elternteil mit dem Kind alleine lebt, hat immer eine sehr individuelle Vorgeschichte, die in ihrem ganzen Spektrum gar nicht umfassend dargestellt werden kann. Ebenso sind die Lebensumstände und die spezifischen Probleme so vielfältig, dass Empfehlungen nur sehr allgemein gegeben werden können. Es ist ein Unterschied, ob die Schwangerschaft geplant oder nicht geplant war, ob der Partner geliebt oder ungeliebt war, ob er verlassen wurde oder verlassen hat, ob es eine bewusste Entscheidung war, ein Kind alleine großziehen zu wollen, oder ob der Partner vielleicht sogar gestorben ist. Meist sind es keine bewusst getroffenen Entscheidungen, sondern schicksalhafte Ereignisse, die dazu führen, dass Mutter oder Vater ihr Kind alleine aufziehen. Sie wollen es nicht, sie müssen es.

Jeder, der in dieser Situation steht, braucht eine eigene Strategie, die auf seine Lebenssituation zugeschnitten ist, um die anstehenden Aufgaben zu bewältigen. Es gibt zahlreiche Beratungs- und Hilfsangebote von Organisationen, die mit dem Thema gut vertraut sind. Schwangerenberatungsstellen sind auf diese Fragen eingestellt, und auch in der Geburtsklinik kann der Sozialdienst des Krankenhauses weiterhelfen. Eine hilfreiche überregionale Adresse ist der Verband alleinerziehender Mütter und Väter e.V., der ein Informationsbuch mit dem Titel »Alleinerziehend« erstellt hat, das neben Unterhalts- und Rechtsfragen eine Fülle wichtiger Tipps und Adressen enthält (siehe Adressen Seite 402).

Der Partner im Hintergrund

Meistens fehlt der andere Elternteil nicht wirklich, er ist ja vorhanden, wenn auch nicht gegenwärtig. Unter den meist sehr belastenden Umständen einer Trennung ist es nicht leicht, ihn so einzubeziehen, dass das Kind auch zu ihm positiven Kontakt hat. Elternschaft dauert, im Unterschied zu Partnerschaft, ein Leben lang und endet nur mit dem Tod. Ob körperlich anwesend oder nur in der Vorstellung, als eine Art Phantom, behält der Partner Einfluss – und sei es nur, im schlimmsten Fall, als Projektionsobjekt aller ungünstigen Eigenschaften eines Kindes, die dann dem fehlenden Elternteil zugeschrieben werden.

Auch wenn eine Frau keinen Kontakt mehr zu ihrem Ex-Partner möchte, hat das Kind doch ein Anrecht zu wissen, wer sein Vater und seine Mutter sind, und diese nach Möglichkeit kennenzulernen. Früher hat man versucht, den Vater – oder bei Adoption die Eltern – anonym zu halten. Das geschah nicht nur nach ungewollten oder unter unglücklichen Umständen entstandenen Schwangerschaften, sondern auch bei einer Samenspende. Heute wird das Recht auf Kennen der Eltern höher bewertet als das Persönlichkeitsrecht der Eltern oder des Samenspenders. Denn es ist bekannt, welche negativen Folgen die bohrenden und unbeantwortbaren Fragen nach der eigenen Identität für die Persönlichkeitsentwicklung haben können. Das gilt übrigens auch für anonyme Geburten. In diesen Fragen hat in den letzten Jahren ein Sinneswandel stattgefunden.

Eine besondere Bürde

Eines ist sicher: Für eine einzige Person ist das alleinige Aufziehen eines Babys eine große Herausforderung. Die Tatsache, dass es heute so häufig geworden ist, dass ein Elternteil das Kind alleine aufziehen muss, bedeutet keinesfalls, dass es leichter geworden ist. Die Austauschmöglichkeiten mit einem Partner über die vielen kleinen alltäglichen Probleme, die Rückversicherung durch einen Dritten, alles gut und richtig zu machen – all das fehlt.

Es ist eine der schwierigsten Aufgaben für einen Alleinerziehenden, die durch die Abwesenheit des Vaters oder einer anderen dritten Person nicht regulierte Gratwanderung von Abhängigkeit und Unabhängigkeit zu meistern und dem Kind die dem jeweiligen Entwicklungsalter angemessene Autonomie zu gewähren. Das gilt übrigens nicht nur für Alleinerziehende: Die Gefahr, sich mit Kind zu »verpuppen« und sich in ein enges wechselseitiges Abhängigkeitsverhältnis zu begeben, ist nicht zu unterschätzen. Das kann dazu führen, dass zu wenig Abstand zwischen Mutter und Kind besteht, um sich selbst abzugrenzen und um dem Kind notwendige Grenzen setzen zu können.

Hilfe und Entlastung suchen

Der notwendige Betreuungsschlüssel im ersten Lebensjahr geht über eine Eins-zu-eins-Betreuung hinaus, das heißt, eine zeitweilige Entlastung und Unterstützung ist absolut notwendig. Ein altes afrikanisches Sprichwort sagt es so treffend: »Zum Aufziehen eines Kindes bedarf es eines ganzen Dorfes.« Übertragen auf unsere heutigen, weniger dörflichen Wohnverhältnisse würde man von der Notwendigkeit eines sozialen Netzwerkes reden. Das Spektrum von Angeboten, um ein solches Netzwerk zu knüpfen, ist weit: von Stillgruppen, Mütterzentren und Familienbildungsstätten bis hin zu Wohneinrichtungen für junge alleinstehende Mütter.

Um die Rolle des fehlenden Dritten wenigstens teilweise zu ersetzen, können ein Freund oder eine Freundin, Großeltern oder Verwandte einen regelmäßigen Kontakt mit dem Kind halten. Eine größtmögliche Konstanz dieser zusätzlichen Bezugsperson ist für das Kind von großer Bedeutung, ebenso dass sie einfach »anders« ist, damit das Kind auch Verschiedenheit erfährt.

Wer alleine mit einem Baby ist, braucht unbedingt Unterstützung im Alltag.

Familienglück mit Mehrlingen

Eltern von Zwillingen, Drillingen oder sogar vier oder fünf Kindern gleichzeitig zu werden ist etwas ganz Besonderes. Schon die Schwangerschaft ist eine Herausforderung. Wenn die Frau ihre Kinder dann endlich in Empfang nehmen darf, ist sie meist so erschöpft, dass das Leben zu Hause anfangs ohne Hilfe und den vollen Einsatz des Vaters kaum zu schaffen ist.

Denn von nun an geht's rund: Füttern, Windelnwechseln, Babypflege und Wäsche waschen füllen einen Großteil des Tages aus. Und nachts kehrt für die Eltern auch wenig Ruhe ein, mehrere Babys sorgen für viele Schlafunterbrechungen – nicht zuletzt, weil sich die Kleinen gegenseitig wecken können, wenn sie weinen. So kann Schlafmangel zu einem großen Problem für die Eltern werden und Kräfte rauben, die für den Alltag eigentlich unentbehrlich sind. Daher ist eines für beide überlebenswichtig: Gehen Sie sorgsam mit Ihren Ressourcen um! Machen Sie

Zwillinge bedeuten für Eltern doppeltes Glück – aber auch doppelte Anstrengung.

einen Schritt nach dem anderen, und schieben Sie jeglichen Perfektionismus beiseite. Nehmen Sie zudem so viel Hilfe wie möglich aus dem Verwandten- und Bekanntenkreis an, und suchen Sie sich einen Babysitter, der Ihnen Freiräume verschafft und Ihnen als Paar einmal pro Woche einen Ausgehabend ermöglicht.

Familienmanagement

Erleichterung bringt aber auch ein konsequent strukturierter Tagesablauf mit festen Schlaf- und Fütterzeiten. Gibt es noch größere Geschwister, dann sollten auch für diese Kinder feste Zeiten eingeplant sein. Doch als Eltern von Mehrlingen ist es fast unmöglich, die Bedürfnisse aller zu befriedigen – erst recht nicht gleichzeitig. Da hilft es vor allem, den Kindern und auch dem Partner sooft es geht die Zuneigung mit Worten und Gesten zu versichern.

Bei Mehrlingen ist die Unterstützung vor allem des Vaters in der ersten Zeit besonders wichtig. Er kann neben Aufgaben im Haushalt auch beim Stillen oder dem Fläschchengeben helfen. Entweder reicht er der Mutter die Kinder an (siehe »Zwei Kinder stillen«, Seite 117), gibt einem Kind ein Fläschchen, während das andere gestillt wird oder von der Mutter ein Fläschchen bekommt, oder er übernimmt das anschließende Wickeln. Von Nacht zu Nacht sollten sich Vater und Mutter, wenn möglich, abwechselnd um die Kinder kümmern, damit ein Elternteil durchschlafen kann – was der Mutter erst nach dem Abstillen vergönnt ist.

Ruhigere Nächte versprechen aber auch ein Familienbett oder Kinderbettchen, die ans Elternbett angeklemmt werden (siehe Seite 147).

Andere Zwillingseltern treffen

Ist dann die Zeit gekommen, in der die Mutter oder der Vater tagsüber alleine mit den Kindern ist, sollte die Gefahr der Isolierung nicht unterschätzt werden: Der Aufwand, mit den Kindern das Haus zu verlassen, ist groß. Daher kommt einer guten Ausstattung enorme Bedeutung zu, hierzu zählt etwa ein leicht zu bedienender Zwillingswagen. Lassen Sie sich Tipps von anderen Zwillingseltern geben, die ein solches Gefährt hinsichtlich des Gebrauchs in öffentlichen Verkehrsmitteln schon getestet haben.

Der Erfahrungsaustausch und ein Treffen mit anderen Eltern, die in der gleichen Situation sind (zum Beispiel in einem speziellen Babykurs für Mehrlinge), verschaffen aber auch andere nützliche Tipps für den Alltag und sorgen für Unterhaltung und Verständnis.

Andererseits brauchen Zwillinge gar nicht so viele Angebote von außen, haben sie ihren Spielkameraden doch schon immer dabei. Das entlastet auch die Mütter, die nicht wie Einlingsmamas hundertmal dasselbe Spiel spielen, den gleichen Turm aufbauen oder die Puppe ins Bett tragen müssen.

Wahr ist aber auch: Je größer und mobiler die Kinder mit der Zeit werden, desto schwieriger wird es für einen alleine, sie zu beaufsichtigen. In der Wohnung kann sich dann ein großer Laufstall bewähren sowie das Treffen umfangreicher Sicherheitsmaßnahmen (siehe ab Seite 74). Draußen sorgt ein sicherer Garten oder ein übersichtlicher Spielplatz mit wenigen Spielgeräten für den nötigen Bewegungsfreiraum.

Individualität wahren

Bei Mehrlingen wird zwischen eineiigen Babys mit bis auf wenige Ausnahmen identischem Erbgut und mehreiigen mit unterschiedlichem Erbgut unterschieden. Während die einen von Anfang an äußerlich kaum zu unterscheiden sind, sehen sich die anderen nur mehr oder weniger ähnlich – genauso wie Geschwister, die in grö-

ßeren zeitlichen Abständen auf die Welt kommen. Eines haben sie aber allesamt gemeinsam: Von Geburt an entsteht eine enge Bindung ans Geschwisterchen, und die Kleinen beruhigen sich gegenseitig. Es entwickelt sich eine körperliche Nähe, die ein ganzes Leben anhalten kann. Besonders eineiige Mehrlinge sind seit langem interessant für die Forschung, etwa um den Einfluss der Gene auf die körperliche und geistige Entwicklung zu untersuchen. Geht es um die Förderung der Persönlichkeit, gibt es vielfach den Rat, die Individualität jedes Kindes zu berücksichtigen – zum Beispiel durch unterschiedliche Kleidung und durch Zeiten, die man jeweils nur mit einem der Mehrlinge alleine verbringt. Auch tut es den Kindern gut, wenn Spielsachen nicht doppelt gekauft werden. So lernen sie, genauso zu teilen wie Geschwister unterschiedlichen Alters.

Der große Vorteil für Zwillinge: Sie haben immer einen Spielkameraden.

Rituale rund um die Geburt

Die Geburt eines Kindes ist und war schon immer ein großes Ereignis, das je nach Land und Leuten ganz besonders gefeiert und kundgetan wird. Ein Klapperstorch, ein Kinderwagen oder eine Leine mit Babywäsche vor dem Haus berichten hierzulande der ganzen Nachbarschaft von der frohen Nachricht der Geburt.

In manchen Gemeinden ist es möglich, eine Geburtsglocke nach der Niederkunft läuten zu lassen. Viele Eltern nutzen auch die Tageszeitung, um die Geburt des Kindes mit Datum, Namen der Eltern und dem des Kindes publik zu machen.

Die Geburt

Noch vor wenigen Jahrzehnten war es üblich, dass die Frau zur Geburt ganz alleine in den Kreißsaal ging – ohne den Vater des Kindes oder eine andere Begleitung. Nach der Geburt wurde das Kind von der Mutter getrennt und in ein Säuglingszimmer gebracht. Heute ist Rooming-in fast nicht mehr aus dem Alltag einer Geburtsklinik wegzudenken. Und auch während der Geburt haben die Eltern mittlerweile die Möglichkeit, ihr Kind ganz persönlich und gemeinsam zu empfangen. So kann der Vater oder auch die Mutter selbst die Nabelschnur durchtrennen. Unmittelbar nach der Geburt legt die Hebamme das Baby auf den Bauch der Mutter, wo es Wärme und Geborgenheit findet. Bald schon folgt das erste Anlegen. Auch das gehört zu den Bräuchen, die die Geburt in unseren Breitengraden begleiten.

Bei einer Hausgeburt sind die Eltern am flexibelsten, was das Ausführen von ganz besonderen Ritualen betrifft: Kerzenlicht, sanfte Musik oder Aromen bilden eine schöne Atmosphäre, um den neuen Erdenbürger zu begrüßen.

Wer die Geburt zur Feierstunde machen möchte, sollte frühzeitig mit der Hebamme sprechen, um zu klären, was möglich ist und was nicht.

Althergebrachtes

Alte Überlieferungen erzählen von Ritualen, bei denen etwa der erste Urin des Kindes unter einen Apfelbaum gegossen wird, damit das Kind rote Wangen bekommt, oder vom blutigen Badewasser des Neugeborenen, das unter einen Rosenstock geschüttet wird, damit das Kind einen rosigen Teint erhält. Ein rosiges Gesicht verbinden wir noch heute mit Vitalität, weshalb das Ritual wohl in erster Linie für Gesundheit sorgen sollte.

Noch heute gibt es den Brauch, die Plazenta nach der Geburt zu vergraben und darauf einen Lebensbaum für das Kind zu pflanzen.

Die Taufe ist in der christlichen Tradition für die ganze Familie ein festliches Ereignis.

Feste feiern

Neben traditionellen religiösen Feierlichkeiten wie die Taufe haben sich auch Willkommensfeste in der Familie oder mit Nachbarn und Freunden etabliert. Das Kind wird von allen begrüßt, begutachtet und beschenkt und den Eltern gratuliert. Während die Zeremonie der Taufe auch zu einem späteren Zeitpunkt im Leben des Kindes stattfinden kann, sind Willkommensfeste nah an der Geburt. Die Eindrücke sind noch frisch, weshalb die stolzen Eltern viel zu erzählen haben und ihre Freude unmittelbar mit ihren Besuchern teilen können.

Geschenke machen

Weil es Unglück bringen könnte, ist es in vielen östlichen Ländern nicht üblich ist, das Baby noch vor der Geburt zu beschenken. In den USA hingegen bekommt bereits das ungeborene Kind anlässlich einer Baby-Party Geschenke als Willkommensgruß. Auch bei uns ist es üblich, das Kind zu beschenken. Ob vor oder nach der Geburt spielt dabei keine große Rolle. Neben praktischen Dingen wie Kleidung fürs Kind werden auch Glücksbringer verschenkt. Das kann etwa ein Kettchen mit einem besonderen Anhänger sein, ein Stern, der den Namen des Kindes trägt, oder ein silberner Geburtstaler mit der Gravur des Namens, Datum der Geburt sowie Geburtsgewicht und Größe.

Besondere Geschenke erinnern oft ein Leben lang an die Babyzeit.

In anderen Ländern

Die Welt ist groß, und so verwundert es nicht, dass sich viele Bräuche um die Geburt eines Kindes ranken. In Brasilien beispielsweise verlassen die Babys die Geburtsklinik in gelben Stramplern, weil Gelb in diesem Land die Glücksfarbe ist. In Spanien und Italien werden die Kleinen mit roten Glückshemden bekleidet. Zuckermandeln als Glücksbringer gibt es nach der Geburt in Frankreich, und in Indien werden die Neugeborenen über ein Feuer gehalten, um im Rauch zu baden. Das soll vor bösen Geistern und Krankheiten schützen. Stämme in Afrika malen ihre Babys nach der Geburt mit roter Farbe an, um sie vor Sonne und Insekten zu schützen und in die Welt der Lebenden aufzunehmen, oder verbrennen die Plazenta auf der Schwelle der mütterlichen Küche, um sie zum Schutz vor Unbill anschließend zusammen mit der Nabelschnur im Garten der Familie zu vergraben.

Die Prägungen der ersten Monate

»There is no such a thing as a baby.« Mit diesem Satz hat der englische Kinderarzt und Psychoanalytiker Donald Winnicott verdeutlichen wollen, dass ein Baby als selbstständiges, unabhängiges Wesen gar nicht existieren kann. Vielmehr lebt es in einem Beziehungsgeflecht, in dem die Befriedigung seiner Bedürfnisse und sein Wohlbefinden von der Beziehung zwischen ihm und seinen Eltern oder den Versorgern abhängt. Je nachdem, wie sich diese im Umgang mit dem Kind verhalten, welche Erziehungsvorstellungen sie haben und wie sie die materielle und soziale Umgebung gestalten, wird schon das Baby in seiner Entwicklung und Persönlichkeit für sein Leben geprägt. Das elterliche Verhalten hat also direkten Einfluss auf die Art, wie ein Mensch mit den Anforderungen und Belastungen des weiteren Lebens umgeht. So wird es sich zum Beispiel auf sein Ernährungsverhalten auswirken, wenn jede Unwillensäußerung mit Nahrung beantwortet wird. Oder das Bewegungsverhalten wird entsprechend geprägt, wenn jede Freude an der Bewegung unterdrückt wird. Solche Muster entwickeln und stabilisieren sich früh und sind später nur schwer zu ändern. Deshalb sind die frühen Prägungen so bedeutsam für das ganze Leben.

Weichenstellung für das Leben

Viele neuere Untersuchungen haben gezeigt, dass nicht nur für Babys und Kleinkinder, sondern auch noch für Jugendliche und Erwachsene ein direkter Zusammenhang besteht zwischen ihrer selischen und körperlichen Gesundheit und den Erfahrungen, die sie in den ersten Lebensmonaten gemacht haben. Das »Babywatching«, die Beobachtung der Interaktion zwischen Eltern und ihrem jungen Baby, hat Fachleuten wie Psychologen und Pädagogen allgemeingültige Einsichten in das Erleben der frühen Säuglingszeit gegeben. Langzeituntersuchungen haben – inzwischen generationsübergreifend – gezeigt, wie bedeutsam der frühe Umgang mit dem Baby für sein Wohlbefinden in seinem ganzen weiteren Leben ist.

Nun wachsen die allermeisten Kinder glücklicherweise von vorneherein in einem fördernden familiären Klima auf und entwickeln sich dementsprechend gut. Unbestritten ist aber auch, dass die Belastungen von Familien zunehmen und sich auch sehr engagierte Eltern verunsichert und überfordert fühlen. Die Erfahrung und das Wissen darüber fehlen, wie das Kind sein Unwohlsein ausdrückt und wie Eltern darauf reagieren sollen. Denn das Vertrauen in die elterlichen Instinkte ist oft sehr schwach ausgeprägt – ganz zu Unrecht.

Instinktiv auf das Baby eingestellt

Zum Glück hat die Natur die Eltern für die Aufgaben, vor denen sie im Umgang mit ihrem Säugling stehen, gut vorbereitet: Sie hat dem Menschen Instinkte mit auf den Weg gegeben, die alle Erwachsenen und auch schon ältere Kinder spontan und meistens richtig auf die Bedürfnisse eines Säuglings reagieren lassen. Mit diesem intuitiven Elternverhalten passen sich die Menschen je nach Alter des Säuglings an seine Art der Wahrnehmung, seine begrenzte Aufnahmefähigkeit, sein schnelles Ermüden an. Dieses intuitive Elternverhalten ist von der Natur gegeben und muss nicht erlernt werden. Die Menschen müssen es nur zulassen und es nicht mit erlernten Konzepten, theoretischen Vorstellungen und gut gemeinten Ratschlägen von außen zudecken und unterdrücken.

Wer beobachtet, wie ein Fremder auf ein Baby zugeht, kann Aspekte dieses intuitiven Elternverhaltens auch dann sehen, wenn diese Person noch nie mit einem Baby zu tun hatte: Sie nähert sich dem Säugling fast distanzlos anmutend auf etwa 30 Zentimeter an, was der Weitsichtigkeit des Babys entspricht. Außerdem zeigt die fremde Person eine übertrieben erscheinende Mimik, bei der sie die Augenregion durch Hochziehen der Augenbrauen betont. Sie hebt die Stimmlage an und verwendet eine langsame »Babysprache« mit einfachen Lauten wie »eiei und dudu«. Dabei kommt es zu ständigen Wiederholungen und Pausen, um eine Reaktion des Babys abzuwarten. An solchen Verhaltensweisen wird deutlich, wie tief intuitives Elternverhalten beziehungsweise ein angemessener Umgang mit dem Kind in uns eingepflanzt ist. Die Werbepsychologen kennen und nutzen diese Instinkte, indem sie zum Beispiel mit dem »Kindchenschema« – großer Kopf, große Augen – viele Produkte gezielt »niedlich« gestalten und bewerben, um beim Konsumenten Schutzinstinkte und Zuneigung auszulösen und ihn so zum Kaufen zu animieren.

Hilfe für den Säugling

Nach neuen Ergebnissen der Säuglingsforschung unterstützt das intuitive Elternverhalten die Selbstregulationsfähigkeit des Säuglings (siehe Kasten Seite 32) in den verschiedensten Alltagssituationen. Diese fortgesetzten Interaktionen mit seiner Umwelt regen seine Entwicklung an, verstärken und strukturieren sie. Dieser Austausch mit der Umgebung sollte von einer besonderen Feinfühligkeit geprägt sein – auch wenn die Instinkte einmal versagen. Das betrifft nicht das Versorgen des Babys – obwohl selbstverständlich auch hier ein sensibler Umgang wichtig ist. »Feinfühligkeit« bezieht sich auf die Kommunikation zwischen Eltern und Kind, einen Austausch, der über Blick- und Körperkontakt, Ansprache und Zuwendung erfolgt.

Gelingt es Ihnen, sich regelmäßig und zuverlässig im Alltag gegenüber dem Baby feinfühlig zu verhalten und seine Signale aufzunehmen, begünstigt das die Entwicklung einer sicheren Bindung (siehe auch Seite 193), die Ihrer beider Leben für immer bereichern wird. Dadurch werden Sie auch mit belastenden Alltagssituationen besser fertig. Und diese kommen mit Sicherheit in der einen oder anderen Form in vielen Lebenslagen auf Sie und Ihr Kind zu, etwa bei Erkrankungen oder schlaflosen Nächten.

Sicher und geborgen fühlt sich das Baby auch im Arm von Bruder oder Schwester.

Die Interaktion mit dem Baby

Wachstum und Entwicklung vollziehen sich in einem ständigen Austausch des Säuglings mit seiner Umwelt, in kleinsten, kleinen und großen Interaktionen. Diese gestaltet das Baby mit zunehmendem Alter immer mehr mit. Kind und Bezugspersonen beeinflussen sich in einem kontinuierlichen Strom wechselseitig und passen sich einander an. Dabei wird jede Interaktion in der Gegenwart von den vorangehenden Erlebnissen und Erfahrungen beeinflusst. Durch diese Rückkopplung verstärken sich gelungene, aber auch weniger gut gelungene Beziehungsmomente, es können positive wie negative, Engels- oder Teufelskreise in Gang gebracht werden.

Die vegetativen, motorischen und emotionalen Zeichen des Kindes zu lesen erfordert von den Eltern und Betreuern eine ständige Offenheit und Neueinstellung gegenüber den Bedürfnissen des Kindes. Sie lassen sich am besten wahrnehmen, wenn Sie auf Ihre innere Stimmigkeit und Ihr Bauchgefühl hören und Ihrem intuitiven Elternverhalten trauen.

Dabei ist es nicht immer leicht, feinfühlig mit den verschiedenen Äußerungen des Babys umzugehen, vor allem wenn sich das Baby sichtlich unwohl fühlt. Denn ein Baby kann seinen Unmut oder körperliche Symptome nur sehr eingeschränkt äußern, indem es weint oder schreit, unruhig ist oder nicht einschläft. Die Art und Lautstärke, in der es dies tut, hängt auch vom Temperament und den Veranlagungen des Kindes ab. Sie können nun auf seine Körpersprache achten und diese feinfühlig und mit intuitivem Elternverhalten beantworten. Braucht Ihr Kind vielleicht Trost und körperliche Nähe, weil es haltlos schreit oder partout nicht einschlafen kann? Oder kann es sich selbst helfen, sich selbst regulieren, indem es zum Beispiel am Daumen lutscht

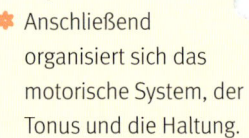

INFO

Die Selbstregulation

Das Baby versucht auf viele Arten, sich selbst zu regulieren, indem es zum Beispiel schneller atmet, nuckelt oder saugt, gähnt oder sich räkelt, die Lage wechselt oder sich abwendet und den Blickkontakt beendet. Da die Selbstregulation einem Entwicklungs- und Aufbauprozess unterliegt, verändert sie sich in den ersten Monaten stark. Faktoren wie Hunger und Müdigkeit bringen das System ebenso aus dem Lot wie Überstimulation.

Man kann verschiedene, hierarchisch aufgebaute Ebenen der Regulation unterscheiden, die durch innere und äußere Taktgeber gesteuert werden:

* Die Basis ist der »vegetative Sumpf«, das autonome System der Körperfunktionen wie Atmung, Kreislauf, Körpertemperatur, Verdauung, welches sich als Erstes reguliert.
* Anschließend organisiert sich das motorische System, der Tonus und die Haltung.
* Zuletzt regulieren sich die unterschiedlichen Schlaf- und Wachzustände mit der Aufnahme- und Lernfähigkeit.

und dabei immer ruhiger wird oder sich abwendet, um einer Reizüberflutung auszuweichen. Hier besteht Ihre Hauptaufgabe darin, zu sehen, ob ein Kind in einer Situation mit seinen Regulationsfähigkeiten alleine zurechtkommt oder ob es Unterstützung braucht. Das ist ein ständiger Abgleichprozess, der aus tausenden kleinster Interaktionen besteht. Von außen kann man diese Prozesse normalerweise nur sehr eingeschränkt wahrnehmen. Wenn Sie aber Videoaufnahmen, die von Ihnen im Umgang mit Ihrem Kind gemacht werden, betrachten, können Sie das sehr eindrucksvoll bestätigt sehen. Dabei lassen sich die vielen kleinen Schritte, die ein gelungenes Miteinander ausmachen, nachverfolgen. Ebenso werden Missverständnisse und eine Kommunikation, die aneinander vorbeiführt, sichtbar.

Urvertrauen schafft Selbstvertrauen

Wenn ein Baby die Erfahrung machen durfte, in allen Situationen immer zuverlässig und erwartbar getröstet zu werden, entwickelt es Urvertrauen und eine zuverlässige Bindung. Außerdem wird es eine innere Sicherheit gewinnen und damit befähigt, sich auch selbst zu trösten – ein Schritt zur Selbstregulation und eine Erfahrung der Selbstwirksamkeit.

Diese Fähigkeit zur Selbstregulation ist nicht angeboren, sondern muss erst erlernt und erworben werden – im Austausch mit der Umwelt. Das Baby macht immer wieder die Erfahrung, dass es selbst etwas bewirken kann. Darüber freut es sich und wird gestärkt. Derartige Erfolgserlebnisse begünstigen später im Leben kompetente Bewältigungsstrategien in allen Lebenslagen. Kaum etwas beeinflusst eine positive Persönlichkeitsentwicklung mehr als das Gefühl von Selbstwirksamkeit (siehe Seite 256). Dieses schenkt einem Menschen das Vertrauen in die eigenen Fähigkeiten. Er weiß, dass er et-

was erreichen und dabei auftretenden Schwierigkeiten trotzen kann. Er hat Frustrationstoleranz entwickelt und wirft nicht bei den kleinsten Hindernissen die Flinte ins Korn.

Kinder verzeihen Fehler

Vielleicht haben Sie jetzt den Eindruck gewonnen, Sie müssten sich jederzeit richtig verhalten und dürften in Ihren Interaktionen mit Ihrem Baby nichts falsch machen. Sonst nimmt das Baby Schaden und kann weder Urvertrauen noch die Fähigkeit zur Selbstregulation entwickeln. Seien Sie beruhigt! Eltern sind nicht perfekt und sollen es auch nicht sein, sie sind ja keine Maschinen. Wenn man am Computer die falsche Taste drückt, kann es sein, dass das Programm oder die gespeicherte Arbeit unrettbar verloren ist. In der Erziehung ist das glücklicherweise anders, denn Kinder, und auch schon Neugeborene, sind in hohem Maße in der Lage, Fehler, die den Eltern zwangsläufig unterlaufen, zu kompensieren. Sie schaffen es sogar, die Eltern durch ihr eigenes Verhalten zu korrigieren und auszudrücken, dass ihre Botschaften missverstanden wurden und etwas nicht richtig war. Missverständnisse, Konflikte und Krisen gehören untrennbar zum Erziehen dazu. Die Beteiligten wachsen daran, wenn sie Lösungsmöglichkeiten erkennen, und das gegenseitige Verständnis nimmt zu.

Mit Humor und einer gewissen Leichtigkeit sind diese Hindernisse am einfachsten zu bewältigen. Wenn etwas misslungen ist, versuchen Sie, darüber zu lachen, das befreit, und Ihr Gegenüber lacht mit, denn Lachen ist bekanntlich ansteckend. Auslachen ist freilich damit nicht gemeint, denn auf Kosten eines anderen zu lachen bedrückt und lähmt ihn. Seine Selbstwirksamkeit ist dann darauf beschränkt, dass er andere zum Lachen bringt.

Kurse für Groß und Klein

Um Ihr Kind optimal zu fördern, müssen Sie keinen speziellen Kurs besuchen. Es genügt völlig, sich mit ihm daheim liebevoll zu beschäftigen, mit ihm Besorgungen und Ausflüge zu machen und es an Ihrem Alltag teilhaben zu lassen. Wenn Mutter oder Vater mit dem Baby einen Kurs besuchen, geht es deshalb nicht nur darum, das Kind schon früh zu fördern. In erster Linie sollte der Besuch allen Beteiligten guttun und Spaß machen. Daher sollten die Zeiten in den persönlichen Tagesablauf passen, damit kein Stress aufkommt und das Kind nicht in seinem Rhythmus gestört wird. So reicht es vollkommen, wenn hin und wieder ein Kurs gewählt wird – nach dem Motto: weniger ist mehr. Regelmäßige Veranstaltungen für Eltern und Kind werden etwa von Hebammen, Kirchengemeinden, Mütterzentren, Familienbildungsstätten oder anderen sozialen Trägern angeboten. Sogenannte Eltern-Kind-Gruppen, Krabbel- oder Spielgruppen können zwischen 45 und 90 Minuten dauern und über einen bestimmten Zeitraum einmal wöchentlich stattfinden.

Für welche Art des Kurses sich die Eltern entscheiden, sollte auch von den eigenen Vorlieben abhängen. Für die einen kommt vielleicht eher die Sparte Entspannung und Bewegung, etwa mit »Baby-Shiatsu«, in Frage, für die anderen gemeinsames Entdecken für Eltern und Kind in Kursen wie »PEKiP« oder »Spielraum« oder Sprache und Musik mit Kursen wie »Musikgarten« oder »Babysprachkurs«.

Baby-Shiatsu-Kurs ab der 6. Lebenswoche

Wie die Babymassage hat auch die asiatische Variante »Baby-Shiatsu«, die im Sinne der Traditionellen Chinesischen Medizin die zwölf Energie-Meridiane stimuliert, Einzug in die Angebotsliste von Babykursen gefunden. Hebammen, Physiotherapeuten oder Familienzentren lehren eine liebevolle Massagetechnik, die auch zu Hause gut durchgeführt werden kann. Mit Hand- und Fingerdruck sowie bestimmten Körperübungen werden Energieblockaden gelöst und Folgen eines gestörten Energieflusses, zum Beispiel Nervosität oder Blähungen, gelindert. Auch der Innigkeit, die während der Massage entsteht, wird eine heilende Wirkung zugesprochen und eine Stärkung der Bindung zwischen Kind und Bezugsperson.

PEKiP für das 1. Lebensjahr

Schon ab der vierten Lebenswoche können Kinder im Beisein der Eltern und unter fachkundiger Leitung mit PEKiP – dem Prager-Eltern-Kind-Programm nach dem tschechischen Psychologen Dr. Jaroslav Koch (1910–1979) – beginnen. In diesem Kurs lernen die Kleinen vor allem, ihre motorischen Fähigkeiten spielerisch zu entwickeln. Ohne Windeln und Kleidung werden sie im wohlig warmen Raum mit einfachem Spielzeug wie Luftballons oder Papprollen dazu angeregt, von sich aus aktiv zu werden. Hier sind die Eltern hauptsächlich Beobachter, während sich die Kinder individuell und im eigenen Tempo dem Spiel hingeben können. Das gemeinsame Erleben von Spiel, Spaß und Bewegung steht dabei im Mittelpunkt. Wie beim »Spielraum« ist der Austausch der Eltern über das Gruppenerlebnis Bestandteil des Kurses.

»Spielraum« für das Kind zwischen 4 und 24 Monaten

Nach den Erfahrungen der ungarischen Kinderärztin Emmi Pikler (1902–1984) finden Babys in Begleitung ihrer Eltern in diesem Babykurs einen Entdeckungsraum vor, der das Interesse der Kinder an Bewegung, Spiel, Kontakt und Balance weckt. Anregungen bietet eine Umgebung mit Kriech-, Krabbel- und Klettergeräten, die im Budapester »Pikler-Institut« entwickelt wurden. Zur Verfügung stehen Gegenstände aus einfachen Materialien, die dem kindlichen Bedürfnis zu tasten, greifen, schütteln oder schieben gerecht werden.

Auch im »Spielraum« sind die Eltern vor allem Zuschauer, während die Kinder selbst entscheiden, was sie machen möchten. Die Eltern greifen nicht ins Spiel ein, bieten dem Kind aber durch ihre Anwesenheit Sicherheit und Geborgenheit, um sich konzentriert auf ein Spiel einzulassen und die Initiative zu ergreifen. Als Teil dieses Kurskonzepts tauschen sich die Eltern in Gesprächsrunden über ihre Erfahrungen aus dem Spielraum aus.

»Musikgarten« für Kinder ab drei Monaten

Nach einem Konzept der amerikanischen Musikpädagogin Dr. Lorna Lutz Heyge regt der »Musikgarten« Eltern und Kinder zum gemeinsamen Musizieren an. Spielerisch werden die Kinder mit Bewegungen, Tanz, Kinderspielen, Lauschen und Gesang an Musik herangeführt. Mit Klanghölzern, Glöckchen, Rasseln und Trommeln dürfen die Kleinen dann selbst aktiv werden und alles ausprobieren.

Am Ende eines Musikgarten-Kurses soll das Kind ein positives Verhältnis zur Musik aufgebaut haben, der Erwachsene mit spielerischem Musizieren vertraut und die Bindung zwischen Eltern und Kind über die Musik gefestigt sein.

»Sprachkurs« für Babys ab drei Monaten

Die Idee des »Early English« für die ganz Kleinen wurde 1987 von der britischen Sprachwis-

senschaftlerin Helen Doron mit frühkindlichem Englischunterricht umgesetzt. Im Laufe der Zeit entwickelten dann diverse Sprachschulen und Sprachwissenschaftler ähnliche Entwürfe.

Wer sein Kind schon früh mit einer weiteren Sprache vertraut machen möchte, weil vielleicht die Großeltern oder Freunde diese Sprache sprechen, hat nun mancherorts in Sprachschulen oder bei privaten Anbietern von Sprachkursen die Möglichkeit, mit seinem Kind einen ganz speziellen Kurs zu besuchen. Spielerisch geht es hauptsächlich um das Kennenlernen von Klang, Rhythmus und Struktur einer Sprache – noch bevor das Kind selbst sprechen kann. Das aktive Zuhören können Sie mit wiederkehrenden Kinderliedern, Reimen und Spielen in einer anderen Sprache fördern.

Auch zu Hause können Sie Ihr Baby spielerisch fördern – ob mit oder ohne Babykurs.

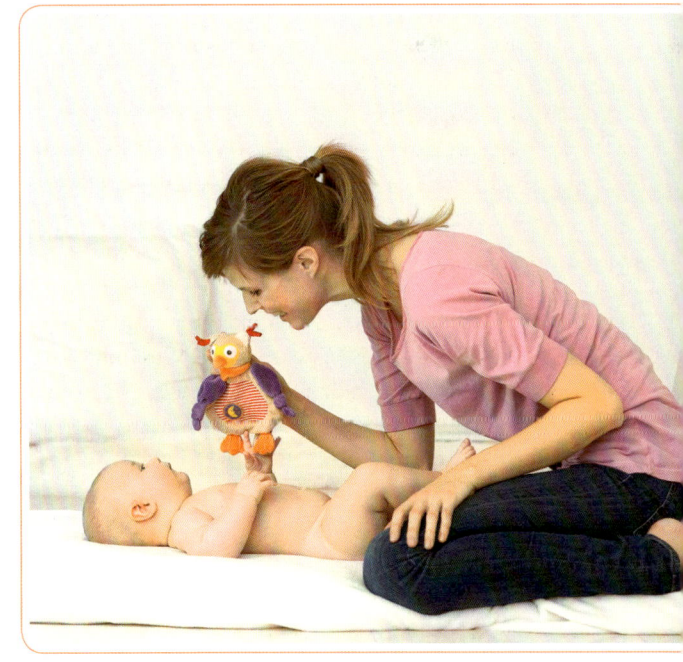

GESUND UND SICHER INS NEUE LEBEN

Um mit dem kleinen Menschen vertraut zu werden und eine innige Beziehung aufzubauen, spielt die Pflege des Kindes eine große Rolle. Der rücksichtsvolle, bedachte Umgang mit dem Baby, während es gewaschen, gewickelt oder gefüttert wird, erfüllt das Grundbedürfnis des Kindes nach Liebe und Geborgenheit. Der körperliche Kontakt zwischen Eltern und Kind bringt Vertrauen. Und während das Baby nach und nach die Welt kennenlernt, ist es auf eine sichere und kindgerechte Umgebung angewiesen. Mit einer gut durchdachten Gestaltung des anfangs noch kleinen Lebensraumes unterstützen die Eltern eine gesunde physische und psychische Entwicklung des Kindes. Und um zu lernen, wie es sich in der noch unbekannten Welt gut zurechtfinden kann, braucht das Kind vor allem Vorbilder, die sein Denken und Handeln schon als Baby prägen. Dann steht einem sicheren Start ins Leben nicht mehr viel im Weg.

Die Grundausstattung

Babys kleine Welt ist schon am Anfang ganz schön groß: Sie reicht vom Bettchen über den Kinderwagen bis hin zu Wickelkommode, Krabbeldecke, Strampler und Fläschchen. Ein Überblick über die wichtigsten Dinge fürs tägliche Leben, Schlafen, Essen und Pflegen soll Ihnen die Auswahl erleichtern.

Die Kleidung für die ersten vier Monate

* **Bodys:** je 5 in Größe 56, 62 und 68
* **Pullis oder Baumwolljäckchen,** die über den Body und unter den Strampler gezogen werden: je 3 in Größe 56, 62 und 68
* **Strampler:** je 3 in Größe 56, 62 und 68
* **dünne Baumwollmützchen:** 2
* **wärmere Wollmütze** für draußen
* **wärmere Jäckchen** für den Kinderwagen und draußen: je 1 in Größe 56, 62 und 68
* **Thermoanzug** zum Ausfahren, für die Trageschale oder fürs Auto im Winter
* **Wollsöckchen, Fellschühchen** oder Babyschuhe aus Wolle zum Ausfahren (im Winter): 2 Paar. Normale Söckchen streift sich das Baby häufig ab, daher empfehlen sich Strampler mit Fuß und der Verzicht auf Söckchen.

Der Schlafplatz

* **ein Stubenwagen, eine Wiege, ein Babybettchen zum Andocken ans Elternbett oder ein Gitterbett:** Achten Sie dabei auf den Abstand der Stäbe, der nach DIN Norm zwischen 4,5 und 6,5 Zentimetern liegen sollte, damit das Baby seinen Kopf nicht einklemmen kann. Überprüfen Sie auch den Abstand zwischen Matratze und oberer Kante der Gitterumrandung: Anfangs reichen rund 30 Zentimeter, Kleinkinder, die sich bereits hochziehen kön-nen, benötigen etwa 60 Zentimeter. Auch für eine ausreichende Belüftung muss gesorgt sein, um dem plötzlichen Kindstod vorzubeugen. Verzichten Sie daher auf Wiegen oder Stubenwagen, deren Seitenwände luftundurchlässig sind und den Körper des Babys eng umschließen.
* **eine Matratze fürs Bett:** Diese sollte luftdurchlässig und fest, aber nicht zu hart sein. Ihr Kind sollte im Liegen kaum einsinken.
* **saugstarke Betteinlagen:** 2 Stück. Legen Sie diese zwischen Matratze und Laken.
* **Bettlaken oder Spannbetttücher:** 4 Stück
* **Moltontücher:** 4 luftdurchlässige Moltontücher, die als Wäscheschutz im Kopfbereich über das Laken gespannt werden, und 2 gummierte Moltontücher, die als Matratzenschutz gegen Feuchtigkeit vom Fußende des Bettes bis maximal zur Achselhöhe des Kindes gelegt werden. Der Nässeschutz verhütet Schimmelbildung im Kern der Matratze, doch wegen der

INFO

Babys erste Schuhe

So richtig laufen wird das Baby erst ab dem ersten Lebensjahr. Schuhe braucht es in den ersten zwölf Monaten daher eigentlich noch keine. Sobald das Kind alleine draußen läuft oder wenn es kalt und regnerisch ist, sind Schuhe aus Leder oder Goretex angebracht. Für die ganz Kleinen eignen sich bei Matschwetter auch Überschuhe aus einem wasserdichten Material. Für die Wohnung reichen rutschfeste Socken mit Noppensohlen aus. Viel barfuß zu laufen ist zudem gesund für den kleinen Fuß und trainiert die Muskulatur. Spezielle Lauflernschuhe braucht Ihr Kind nicht.

Luftundurchlässigkeit und der damit verbundenen Gefahr des plötzlichen Kindstods darf er nicht im Kopfbereich ausgelegt werden.

* **Schlafsäcke:** Sie benötigen je nach Jahreszeit einen Winter- und einen Sommerschlafsack. Um zu verhindern, dass das Kind in den Schlafsack hineinrutschen kann, sollte der Halsumfang nicht größer als der Kopf des Babys sein. Die richtige Länge des Schlafsacks ermitteln Sie, indem Sie von der Gesamtkörperlänge des Kindes die Länge des Kopfes abziehen. Rechnen Sie zu diesem Maß noch ein-

Verzichten Sie zur Vorbeugung vor dem plötzlichen Kindstod auf Kopfkissen, Fellunterlagen und Stoffumrandungen (Nestchen) fürs Bettchen.

mal 15 Zentimeter hinzu. Dann hat das Baby genug Platz zum Strampeln und Wachsen.

* **leichte Babydecke:** Eine zusätzliche dünne Decke benötigt das Baby nur, wenn es im Schlafsack friert oder Sie auf einen Schlafsack verzichten möchten. Legen Sie Ihr Kind mit Schlafanzug oder dünnem Schlafsack ins Bettchen, und schieben Sie es so weit nach hinten, dass seine Füßchen das Fußende des Bettes berühren. Decken Sie das Baby nur bis zur Brust zu. Auf diese Weise verhindern Sie, dass die Decke durch die Bewegungen des Kindes über den Kopf rutscht. Denn alles, was die Atmung beeinträchtigt, könnte den plötzlichen Kindstod auslösen. Die leichte Decke wärmt auch beim Herumtragen.

* **Babyfon:** Mit diesem Sende- und Empfangsgerät können Sie Ihr Kind auch in einem anderen Zimmer der Wohnung oder – je nach Sendeleistung – in einem anderen Stockwerk des Hauses gut hören.

  Da mittlerweile immer mehr Apps für das Smartphone oder Handy erhältlich sind, kann auch das Mobiltelefon als Babyphon genutzt werden. Platzieren Sie das Handy in 1,5 bis 3 Metern Entfernung vom schlafenden Kind, und stellen Sie den Rufton aus, damit das Baby nicht von eingehenden Anrufen aufgeweckt wird. Wird das Kind unruhig, erhalten Sie einen entsprechenden Warnanruf auf die von Ihnen eingestellte Rufnummer – entweder auf ein weiteres Handy oder auf den Festnetzanschluss.

* **Spieluhr:** Sie beruhigt das Kind und untermalt das Einschlafritual. Die nach dem Aufziehen der Uhr immer langsamer und leiser werdende Musik führt sanft in den Schlaf. Auch CDs mit Musik, die mit Herzschlag und Gebärmuttergeräuschen unterlegt ist, sollen die Einschlafzeit verkürzen.

* **Mobile:** Ob selbst gebastelt oder fertig gekauft: Ein buntes Baby-Mobile ist ein schöner Blickfang über dem Bettchen oder dem Wickeltisch. Die sanften Bewegungen faszinieren das Baby, wecken seine Neugier und seine Aufmerksamkeit. Außerdem schult das Mobile das dreidimensionale Sehvermögen des Kindes. Platzieren Sie das Mobile über dem Bettchen öfter um, damit das Kind keine Lieblingsseite entwickelt. So muss es immer wieder eine andere Position zum Betrachten einnehmen, was Haltungsschäden vorbeugt.

* **Kuscheltier:** Ein treuer Begleiter aus Stoff oder Fell ist für Kinder wichtig. Im Bett dürfen Kuscheltiere aber nicht die Atmung behindern, deshalb sollen sie nicht zu groß und weich sein.

Der Wickelplatz

* **Wickelkommode** mit Wickelauflage oder Wickelaufsatz für die Badewanne mit Auflage: Am sichersten liegt das Kind auf einer abwaschbaren Wickelunterlage auf dem Boden.

* **Heizstrahler** oder Wärmelampe für den Wickelplatz. Achten Sie bei der Montage unbedingt auf den vom Hersteller empfohlenen Sicherheitsabstand zur Wickelkommode, um eine Gefahr der Überwärmung oder Verbrennung auszuschließen.

* **verschließbarer Abfalleimer** für die Windeln

* **Plastikschüssel** (fürs Waschen beim Wickeln)

* **Baumwollwaschlappen** zum Waschen: 5 Stück

* **weiche Papiertücher** zum Vorsäubern oder Abtupfen

* ausreichend **Höschenwindeln**, die dem Alter des Babys entsprechen, oder, wenn Sie lieber **Stoffwindeln** benutzen möchten: 20 bis 30 Mullwindeln, 1 Packung Windeleinlagen und etwa 6 Windelhöschen (für die ersten Monate je 3 in Größe 1 und 2) Rechnen Sie pro Tag mit 8 bis 10 Windeln.

Das Pflegezubehör

* **Pflegecreme** für den Windelbereich (nur wenn der Po gerötet ist)

* **Handdesinfektion** für die Pflegeperson nach dem Wickeln, falls kein Waschbecken in unmittelbarer Nähe ist

* **Babybadewanne** oder Badeeimer

* **Badethermometer**

* **Badetücher** mit Kapuze: 2 Stück

* **Handtücher:** 3 Stück

* **Spucktücher** aus Stoff (Baumwollwindeln): 10 Stück. Die Tücher sind vielfältig verwendbar, etwa als Wickelunterlage oder beim Aufstoßen nach dem Stillen oder Fläschchen.

* **weiche Haarbürste**

* **Babyschere** mit abgerundeten Spitzen

* **Fieberthermometer:** Bis zum sechsten Lebensmonat wird im Babypo mit einem normalen digitalen Fieberthermometer gemessen. Einfacher geht das Messen der Temperatur zwar mit einem Thermometer fürs Ohr. Es ist jedoch ungenau. Bedenken Sie, dass routinemäßiges Fiebermessen unnötig ist. So ist es beispielsweise ganz normal, wenn das Baby abends eine Temperatur von 37,7 °C hat.

* **Feuchttücher** (für unterwegs)

* **Nabelkompressen:** Falls Ihr Arzt oder Ihre Hebamme dazu rät: Die Kompressen gibt es zum Beispiel in einer Größe von 7,5 x 7,5 Zentimetern, mit je zwei pro Verpackung in einem Zehnerpack.

* **Babywaage:** Die Anschaffung ist in der Regel nicht nötig, da die Hebamme bei ihren Hausbesuchen während des Wochenbetts eine eigene Waage mitbringt. Rät Ihnen die Hebamme, Ihr Baby öfter zu wiegen, können Sie in der Apotheke zu einem geringen Preis eine Waage ausleihen.

* **Kirschkernkissen:** Das Kissen ist vielseitig einsetzbar. Wärmen Sie es vorsichtig in der

TIPP

Milchpumpe ausleihen

Falls Sie eine elektrische Milchpumpe benötigen, erhalten Sie das Rezept gleich im Kinderzimmer der Entbindungsklinik, vom Kinderarzt oder Gynäkologen. Sie können dann in der Apotheke eine Pumpe ausleihen, die dabei hilft, den Milchfluss anzuregen oder das Kind mit abgepumpter Milch zu versorgen, falls das Stillen wegen Entzündungen oder Verletzungen der Brust oder Brustwarze vorübergehend nicht möglich ist oder das Baby in Ihrer Abwesenheit mit Muttermilch gefüttert werden muss.

Mikrowelle, im Backofen oder auf der Heizung auf. Lauwarm eignet es sich fürs Bäuchlein bei Blähungen oder etwas wärmer für die Füße, wenn das Baby im Winter im Kinderwagen ausgefahren wird. Auch Wärmflaschen (nicht wärmer als 40 °C) eignen sich zum Anwärmen des Bettchens oder des Kinderwagens. Entfernen Sie die Wärmflasche, bevor das Kind hineingelegt wird. Um eine Überwärmung des Babys zu vermeiden, brauchen Sie ihm zu Hause keine Mütze im Bett aufzusetzen. Ein Mützchen benötigt das Neugeborene in der Wohnung ohnehin nur eine Stunde nach dem Baden oder beim Lüften.

Zum Füttern

* **Plastikfläschchen** für Tee oder Milch mit altersentsprechenden Saugern: 4 Stück. Fläschchen benötigen Sie nur, falls Sie nicht stillen oder wenn Sie abgepumpte Muttermilch aufbewahren oder verfüttern möchten. Nur selten ist zusätzlich Tee sinnvoll (siehe Seite 83).

* **Bürsten** in verschiedenen Größen zum Reinigen von Fläschchen und Saugern
* **Lätzchen** zum Füttern mit dem Milchfläschchen und später für den Brei: 6 Stück

Für zu Hause

* **Krabbeldecke:** Wenn Sie zum Spielen einen Platz für Ihr Baby suchen, ist die auf dem Boden liegende, leicht wattierte Krabbeldecke oder der Spielteppich eine gute Wahl.
* **Stillkissen:** Das Kissen erleichtert Ihnen das Stillen sowie das Füttern mit dem Fläschchen, weil Sie Ihre Arme darauf abstützen können.
* **Babywippe,** -schale, -schaukel oder Baby-Hängematte: Lassen Sie Ihr Baby zur Schonung der Wirbelsäule bis zur Vollendung des dritten Lebensmonats nicht länger als 60 Minuten in einer Wippe oder Schaukel liegen. Die Wirbelsäule sollte gut gestützt sein und das Kind nicht durchhängen. Die verstellbare Wippe und auch die Babyschale sind praktisch, um dem darin sitzenden älteren Baby den Brei zu geben.
* **Hochstuhl:** Frühestens nach einem halben Jahr kann das Baby zum Essen in den Hochstuhl gesetzt werden (siehe Seite 130).
* **Laufstall:** Ein Laufstall schafft eine sichere Umgebung, in der das Kind mit altersgerechtem Spielzeug gerne auch mal alleine spielt. Besonders eignet sich der Laufstall fürs Kind, wenn es an der Tür klingelt oder Sie auf die Toilette gehen müssen. Ein leicht zusammenklappbarer Laufstall lässt sich auch mit an den Urlaubsort oder zu den Großeltern nehmen.
* **Türgitter/Laufgitter:** Zur Sicherung des Spielzimmers und vor allem vor leicht erreichbaren Treppen sind solche Gitter unverzichtbar. Achten Sie auf die DIN-Norm und darauf, dass im gesicherten Zimmer keine anderen Unfallgefahren lauern.

* **Schnuller:** Das natürliche Saugbedürfnis des Babys wird durch das Stillen befriedigt. Sollte das Kind einmal unruhig sein oder viel weinen, können Sie ihm zur Beruhigung ausnahmsweise einen Schnuller geben. Keinesfalls sollte ein Schnuller reflexmäßig gegeben werden, wenn das Baby quengelt (siehe auch Seite 295). Bei der Wahl des Schnullers sollte das Alter des Kindes maßgebend für die Schnullergröße sein. Außerdem muss sich der Beruhigungsschnuller dem kindlichen Kiefer ergonomisch anpassen, ausreichend Platz für die Zunge lassen und keinen starken Druck auf Kiefer und Zähne ausüben. Mit einem »passenden« Schnuller wird Zahnfehlstellungen vorgebeugt. Tauschen Sie beschädigte Babyschnuller aus, um zu verhindern, dass giftige Stoffe austreten und in den Körper des Babys gelangen. Das gilt auch für Flaschensauger.

* **Schnullerkette:** Eine spezielle Kette für den Schnuller, die an die Kleidung des Babys geklipst wird, reduziert die Schnullersuche und verhindert das Fallen des Schnullers auf den Boden. Achten Sie darauf, dem Kind wegen der Strangulierungsgefahr niemals eine Schnullerkette um den Hals zu hängen, und entfernen Sie die Kette, bevor Sie Ihr Baby ins Bett legen.

* **Spielsachen und Kuscheltiere:** Ein kleines Baby braucht noch keine Spielsachen. Da das Kind in den ersten drei Monaten seines Lebens besonders durch das Betrachten und Zuhören stimuliert wird, hat es an einem Mobile oder an einer Spieluhr mehr Freude als an einem Teddy oder einer Puppe. Sich langsam vor den kleinen Augen bewegende Dinge kann das Baby anfangs leichter wahrnehmen. Kuscheltiere werden erst für das drei bis sechs Monate alte Kind interessant. Dann hat es auch Freude an allem, was die kleinen Händchen gut greifen können. Spielzeuge sollten aus Sicherheitsgründen beißfest sein, von der Größe her nicht verschluckt werden können und niemals an einer Schnur am Bettchen oder Kinderwagen angebracht werden (siehe Seite 75). Ab dem zweiten Lebenshalbjahr spielt das Baby dann auch mit Stapelbechern oder Ringen, die auf eine Pyramide gesteckt werden, und später mit einem Kreisel oder handlichen Rasselbällen.

* **Schmuck:** Ketten, Armbänder, Ringe oder Ohrringe fürs Baby bergen stets Verletzungsgefahren – von Atemproblemen über Schnittwunden bis hin zum Verschlucken. Daher sollten Schmuckstücke nicht zur Ausstattung des Babys gehören.

Für unterwegs

* **Kinderwagen** gibt es für jeden Geschmack und in den verschiedensten Ausführungen sowie Preisklassen. Beachten Sie beim Kauf, dass die Fortbewegung umso ruhiger ist, je größer die Räder des Wagens sind. In den ersten sechs Monaten sollte das Kind in Richtung des Wagenschiebers schauen, danach in Fahrtrichtung, um die Umgebung zu erforschen.

* **Babyschale** für kurze Transporte und fürs Auto: Legen Sie Ihr Baby in den ersten drei Lebensmonaten möglichst nicht länger als 60 Minuten am Stück in die Babyschale, um seine Wirbelsäule nicht zu schädigen. Babyschalen mit nur einem Tragebügel sind sicherer.

* **Tragetuch,** -sitz, -sack oder Babytrage. Damit können Sie Ihr Baby nah und bequem am Körper tragen. Welche Möglichkeiten Sie damit haben, erfahren Sie ab Seite 49.

* **Wickeltasche** oder -rucksack: Diese Taschen sind besonders praktisch mit herausnehmbarer Wickelunterlage.

* **Leichte Babydecke,** die Sie nur brauchen, wenn Ihr Baby unterwegs friert.

Vom Umgang mit dem Baby

Das Baby wird getragen, gehalten, hingelegt und gedreht – für all diese Handhabungen mit dem Baby hat sich inzwischen der Begriff »Handling« durchgesetzt. Dieser Ausdruck stammt aus dem Bobath-Konzept, das von der Physiotherapeutin Berta Bobath und ihrem Mann, dem Neurologen Karel Bobath, entwickelt wurde. Es basiert auf neurophysiologischen Grundlagen und wurde aus der Therapie in den Alltag übertragen.

Bewegungserfahrungen sammeln

Das deutsche Wort »hantieren« bezeichnet etwas grob das, was mit »Handling« gemeint ist: die täglichen Handhabungen des Babys durch seine Betreuungspersonen. Durch diesen alltäglichen Umgang soll das Kind normale und vielfältige Bewegungserfahrungen sammeln und dadurch im Lauf der Zeit immer mehr flüssige und harmonische Bewegungsmuster entwickeln.

Einige Grundregeln

* Halten und tragen Sie Ihr Baby immer ganz nah an Ihrem Körper.
* Der Kopf des Kindes sollte nie nach hinten fallen.
* Erzählen Sie dem Kind, was Sie vorhaben, und kommentieren Sie, was Sie gerade machen.
* Alle Bewegungen sollen fließend und ohne Hast erfolgen, geben Sie dem Kind immer Zeit, sich auf die Lageveränderungen einzustellen.
* Ziehen Sie nicht an den Extremitäten, etwa an den Füßen, um das Gesäß beim Wickeln hochzuheben, oder an den Unterarmen, um es aufzusetzen. Sie dürfen das Kind am Oberarm oder an den Oberschenkeln halten.
* Beide Körperseiten sollten gleichermaßen in Anspruch genommen werden, etwa durch Hochnehmen über die linke wie die rechte Seite oder durch Tragen auf beiden Hüftseiten.
* Wenn Ihr Kind eine »Lieblingsseite« (siehe Seite 153) entwickelt hat, kann es sinnvoll sein, die »unbeliebte« Körperseite stärker zu fördern, aber ohne übertrieben zu korrigieren.

Der Entwicklung angepasst

Je nach Alter des Kindes, seinen motorischen Voraussetzungen, seinen Bedürfnissen und den Vorerfahrungen der Bezugspersonen sind es ganz verschiedene Bereiche, die das Handling berührt. Beim jungen Säugling fängt es mit der Kopfkontrolle an, die bei jedem Lagewechsel eine Neuorganisation des gesamten Körpers notwendig macht. Im Wachstum verlagert sich der Schwerpunkt in Rückenlage nach oben zum Kopf (die Beine werden mobiler) und in Bauchlage nach unten, je mehr der Oberkörper abgestützt wird.

Die seitlichen Gewichtsverlagerungen werden vom Kopf ausgelöst, dem der Körper nach und nach folgt, bis zur ersten Drehung. Es ist wichtig, dass der Kopf gut in der Mittelstellung gehalten werden kann, damit die Bewegungsmuster symmetrisch werden.

Jeder Lagewechsel gibt dem Kind eine andere Information über die Raumlage und Bewegungsempfindung und stimuliert die Sinne. Deshalb ist es so wichtig, das Baby nicht immer auf die gleiche Weise zu heben, zu halten und zu tragen.

Auf den folgenden Seiten finden Sie Anleitungen, wie Sie Ihr Baby in den unterschiedlichen Positionen sicher »handeln« können.

Heben, Halten, Tragen …

Im Bauch war alles noch so einfach: Sanft geschaukelt im warmen Fruchtwasser gab es für Ihr Kleines rundum Schutz und Begrenzung – egal wohin Sie gingen und was Sie taten. Auch nach der Geburt ist das Kind auf Rundumschutz und Pflege angewiesen. Doch keine Sorge! Mit kleinen Handgriffen ist das neue Leben gut und sicher in den Griff zu bekommen. Und wenn Sie dann die ersten Unsicherheiten in puncto Halten, Hochheben, Hinlegen, Anziehen, Waschen, Wickeln … abgelegt haben, geht alles (fast) wie von selbst und bald automatisch.

Der Schalengriff

Anfangs ist das Köpfchen des Babys noch recht wackelig. Achten Sie vor allem darauf, dass der Kopf nicht nach hinten fällt, da die muskuläre Kopfkontrolle noch nicht ausreicht. Fällt das Köpfchen beim Hochheben hingegen nach vorne, ist dies kein Problem. Auch beim Hochhalten fühlt sich das Baby sicher, wenn Sie mit den Fingern das Köpfchen im Nacken stützen.

Für die körperliche Entwicklung des Kindes ist es wichtig, dem kleinen Kopf ausreichend Halt zu geben. Dafür eignet sich der sogenannte Schalengriff.

AUFHEBEN AUS DER RÜCKENLAGE

Liegt Ihr Baby auf dem Rücken, dann fassen Sie es mit beiden Händen seitlich am Rumpf. Dabei liegen Ihre Daumen auf dem Brustkorb und die anderen Finger etwas gespreizt am Rücken. Wie eine »Schale« umschließen Ihre Hände den Körper des Kindes, den Sie nun gut im Griff haben und hochheben können, indem Sie es mit der rechten Hand, die Sie seitlich am Oberkörper halten, auf die linke Handfläche drehen. Nun liegt das Kind auf dem Bauch auf Ihrer Hand und Sie können es anheben, ohne den Kopf halten zu müssen. Bei Neugeborenen können Sie das Ärmchen des Kindes auch zwischen Zeige- und Mittelfinger nehmen.

AUFHEBEN AUS DER SEITENLAGE

Wollen Sie Ihr Baby über die Seite aufheben, greifen Sie mit einer Hand zwischen seinen Beinchen durch und nehmen es sicher unter der Achsel. Mit der zweiten Hand stabilisieren Sie die gegenüberliegende Schulter. Jetzt können Sie Ihr Baby über die rechte oder linke Seite auf den Bauch drehen, bevor Sie es langsam mit einer möglichst fließenden Bewegung hochheben. Lassen Sie sich Zeit, damit sich das Baby an die veränderte Position anpassen kann. Sie müssen das Köpfchen nicht extra stützen, denn das Baby kann es bei dieser Art des Hochhebens über die Seite alleine halten. Wenn Sie Ihr Baby abwechselnd über die rechte und linke Seite hochheben, kräftigen Sie beide Körperseiten gleichermaßen.

Über die Seite können Sie das Baby bequem hochheben, auch ohne den Kopf zu stützen.

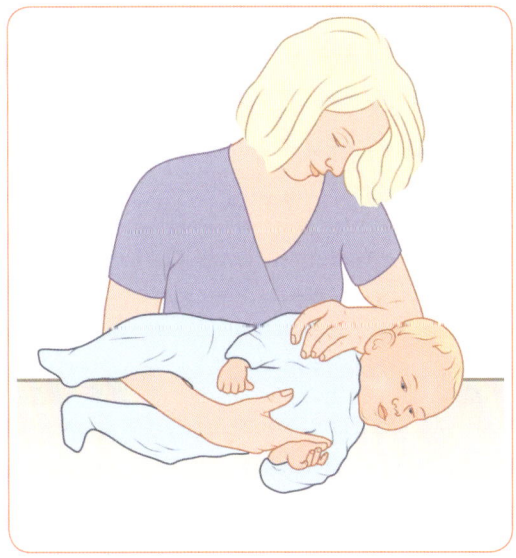

HINLEGEN

Möchten Sie Ihr Baby wieder hinlegen, geht der Weg umgekehrt: Halten Sie das Kind mit dem Schalengriff, bringen Sie es langsam in die Seitenlage, und legen Sie es dann sanft ab. Hüfte und Schultern berühren die Unterlage als Erstes, dann folgt der Kopf. Von hier aus drehen Sie das Kind langsam in die Rückenlage.

AUFHEBEN AUS DER BAUCHLAGE

Liegt Ihr Baby auf dem Bauch, heben Sie es auf, indem Sie die tragende Hand zwischen die Beine des Kindes bis zum Brustkorb vorschieben. Die andere Hand umfasst eine Schulter. Dann drehen Sie das Kind langsam in die Seitenlage und warten, bis sich der Kopf eingestellt hat.

Tragen und Halten

Babys lieben es, getragen zu werden, sie mögen den engen Körperkontakt, die Wärme und die Geborgenheit. Besonders wenn Ihr kleines Baby häufig weint und unruhig ist, kann langes Tragen Abhilfe schaffen. Es zeigt sich immer wieder, dass Kinder, die viel getragen werden, weniger weinen. Das heißt nicht, dass vom engen Körperkontakt nur die Babys profitieren. Das Bedürfnis nach Nähe ist auch bei den Eltern, Großeltern und Geschwistern gegeben. Damit beide, der »Träger« und das Baby, die Umarmung genießen können, achten Sie darauf, das Baby ganz nah am Körper zu halten. Stützen Sie den Rücken und den kleinen Kopf mit Ihrem Unterarm und der Hand. So vermeiden Sie einen gekrümmten Rücken, der zu Muskelverspannungen führen kann.

Damit auch Ihr Rücken nicht zu sehr strapaziert wird, können Sie beim Tragen immer mal wieder den Haltegriff wechseln, das Kind zwischendurch ablegen und ein Tragetuch oder einen Tragesack verwenden (siehe Seite 49).

Auch mit nur einem Arm können Sie das Baby sicher an Ihrem Körper halten.

TRAGEN MIT EINER HAND, VARIANTE 1

Heben Sie das Kind wie oben beschrieben aus der Rückenlage auf. Dann führen Sie es mit seinem Rücken an Ihren Körper. So hat es einen guten Körperkontakt und kann sicher gestützt getragen werden. Das Baby hat beide Hände frei, der Kopf hat Bewegungsfreiheit, und das Kind kann die Umgebung betrachten. Die zweite Hand brauchen Sie nicht mehr, sodass Sie sie für andere Tätigkeiten frei haben, etwa, um dem Kind Spielzeug anzubieten oder Sachen wegzuräumen (siehe Abbildung oben).

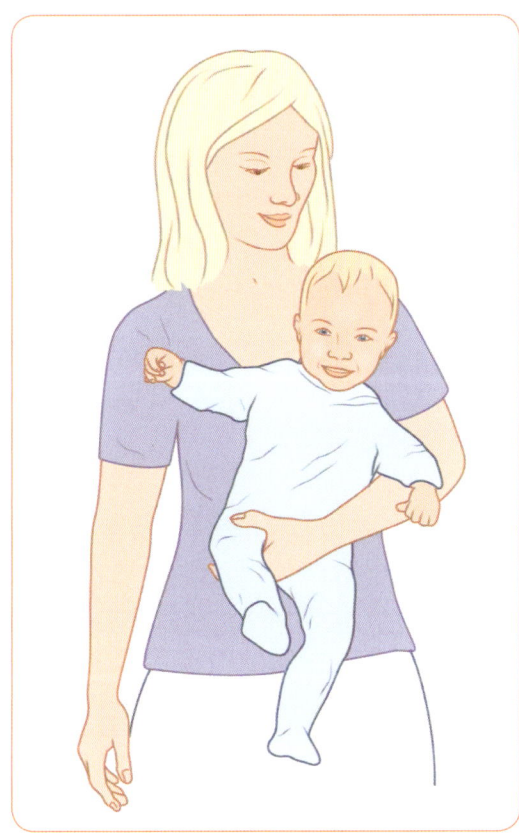

Zur Sicherheit können Sie beim älteren Säugling den Oberschenkel mit einer Hand umfassen.

TRAGEN MIT EINER HAND, VARIANTE 2

Es gibt noch eine andere Möglichkeit, Ihren Säugling mit nur einer Hand zu halten. Sie können beim Hochheben das freie, obere Bein auf Ihren Arm legen. Dieser Schritt sollte so langsam erfolgen, dass sich die Kopf-Rumpf-Achse des Babys darauf einstellen kann. Anschließend können Sie das Kind weiter auf Ihre Hand drehen und es mit dieser Hand alleine tragen.

Mit rund drei Monaten, wenn der Säugling mehr Kopf- und Rumpfstabilität besitzt, können Sie ihn tragen, indem Sie überkreuz mit der linken

Hand seinen rechten Oberschenkel fassen und das rechte Bein im Hüft- und Kniegelenk beugen. Wechseln sie häufiger die Seite, auch Ihrem eigenen Rücken zuliebe (siehe Abbildung links).

DIE ARMHALTUNG

Legen Sie das Baby mit dem Rücken in Ihre rechte oder linke Armbeuge. Der Kopf wird von Ihrem Oberarm gestützt, Rücken und Po vom Unterarm. Die Hand des Tragearms umschließt die Hüfte des Kindes, während die Hand des anderen Arms stützend unter dem Po und den kleinen Beinen liegt (siehe Abbildung unten).

Viel Geborgenheit erfährt das Baby in der Armhaltung – und kann Sie dabei ansehen.

*Zum Wiegen und Füttern eignet sich die Brustwie-
gehaltung, bei der auch Blickkontakt möglich ist.*

*Der »Fliegergriff« ist für das Baby bequem und ent-
spannend – auch bei Unruhe und Blähungen.*

DIE BRUSTWIEGEHALTUNG

Brust und Bauch des Babys liegen an Brust und
Bauch des Trägers. Das Köpfchen liegt dabei in
Ihrer rechten oder linken Armbeuge, der Unter-
arm und die Hand stützen den kleinen Rücken
und Kopf. Mit Ihrer anderen Hand umgreifen
Sie den Po des Babys, der Unterarm stützt die
Beinchen (siehe Abbildung oben links).

DER »FLIEGERGRIFF«

Das Baby liegt mit Brust und Bauch nach unten
auf dem Unterarm und der Hand des Trägers.
Das kleine Kinn stützt sich auf der Armbeuge des
Tragearms ab. Ärmchen und Beinchen hängen
herunter (siehe Abbildung oben rechts). Bauch
und Po Ihres Babys können Sie entweder mit
der freien Hand stützen, oder Sie greifen mit der
Tragehand einen Oberschenkel. Die andere
Hand kann unterstützend den Rücken des Babys festhalten. Wenn der Fliegergriff mit einer
Hand sicher klappt, ist er recht praktisch, um
mit der freien Hand beweglich zu sein.

Der Fliegergriff ist die Fortsetzung des Aufhe-
bens aus der Bauchlage. Sie sind mit der einen
Hand zwischen die Beine bis zum Bauch oder
bis zur Brust hochgefahren – je nach Größe des
Kindes. Ganz junge Säuglinge können Sie so mit
einer Hand halten, bei älteren fassen Sie mit der
anderen Hand unter seiner Brust hindurch und
umgreifen dann den Oberarm.

INFO

Fliegen gegen Blähungen

Der Fliegergriff ist die ideale Trageweise, wenn das Baby unter Bauchschmerzen oder Blähungen leidet. Schaukeln Sie das Baby in dieser Position sanft hin und her. Das entspannt, und Blähungen werden gelöst.

In dieser Fliegerlage hat Ihr Baby keinen Blickkontakt und keine Rundumsicht, sodass Sie die Trageposition öfter wechseln sollten. Wenn Sie das Kind mit dem Rücken mehr zu Ihrem Kör-

per hindrehen, dann kann es seine Umwelt gut beobachten (siehe Abbildung unten links).

DIE SCHULTERHALTUNG

Heben Sie das Kind abwechselnd zu Ihrer rechten oder linken Seite, das kleine Kinn wird dabei von Ihrer Schulter abgestützt. Sie sind bei diesem Griff sozusagen Ohr an Ohr mit dem Baby. Mit einer Hand halten Sie den Rücken, mit der anderen stützen Sie das Kind unterhalb des Pos. Das Kind hat von hier aus einen guten Blick über Ihre Schulter (siehe Abbildung unten rechts). Diese Haltung hilft dem Baby auch, nach den Mahlzeiten sein Bäuerchen zu machen. Vergessen Sie dann das Spucktuch darunter nicht!

Mit einer kleinen Drehung kann das Baby auch in »Fliegerhaltung« die Umgebung sehen.

Auf der Schulter hat das Baby sicheren Halt, kann sich umsehen, ausruhen oder aufstoßen.

DER HÜFTSITZ

Das ältere Baby kann schon ganz anders ange-fasst werden. Es ist nicht mehr so »zerbrechlich« wie der Säugling, kann seinen Kopf alleine hal-ten, ist aktiver, beweglicher und vor allem schwerer als noch vor Monaten. Das alles erfor-dert auch eine andere Trageart, die Ihrem Kind die Möglichkeit bietet, seinen Kopf zu drehen und die Ärmchen zu bewegen.

Wenn das Kind ausreichend Stabilität im Rumpf hat und selbstständig sitzen kann, können Sie es abwechselnd auf Ihre rechte oder linke Hüfte setzen. Das Baby ist Ihrem Körper zugewandt. Ein Bein des Babys zeigt zu Ihrem Bauch, das andere zu Ihrem Rücken. Halten Sie das Kind mit dem Arm, unter dem Ihr Baby sitzt: Stützen Sie mit dem Unterarm den Rücken, und greifen Sie mit der Hand unter die Achsel des Kindes, die zu Ihrem Bauch zeigt. Mit der freien Hand Ihres anderen Armes greifen Sie unter den Oberschenkel des Babys, der zu Ihrem Bauch zeigt (siehe Abbildung unten). Sie können den Hüftsitz auch abwandeln, indem Sie das Kind mit dem Po auf Ihre Hüfte setzen und seinen Körper nach vorne schauen lassen. Das Kind ist dann von Ihnen abgewandt. Greifen Sie mit der Hand Ihres Armes, der sich über dem Kind be-findet, unter die Achsel des Babys, die zu Ihrem Bauch zeigt. Der Unterarm stützt dabei die Brust des Kindes. Mit der Hand des freien Arms greifen Sie unter den Oberschenkel des Kindes, der zu Ihrem Bauch zeigt.

FÜTTERN AUF DEM SCHOSS

Wollen Sie Ihrem Baby die Flasche geben, geht das auch mit der Schoßfütterung, die Bestand-teil des Bobath-Konzepts ist. Mutter oder Vater setzen sich hierfür am besten auf den Boden und lehnen sich zum Beispiel an der Wand an. Die Beine sind geschlossen und leicht angewin-kelt, während das Kind auf den Oberschenkeln liegt – der Kopf ruht dabei auf den Knien und der Po auf dem Schoß. Mit den Füßen kann sich das Kind an der Brust von Mutter oder Vater ab-drücken und Halt finden. Unterstützend kön-nen die Füße mit der einen Hand etwas festge-

Beim Hüftsitz beugt das Baby sein Becken und spreizt die Beine ab – das ist gut für seine Hüfte.

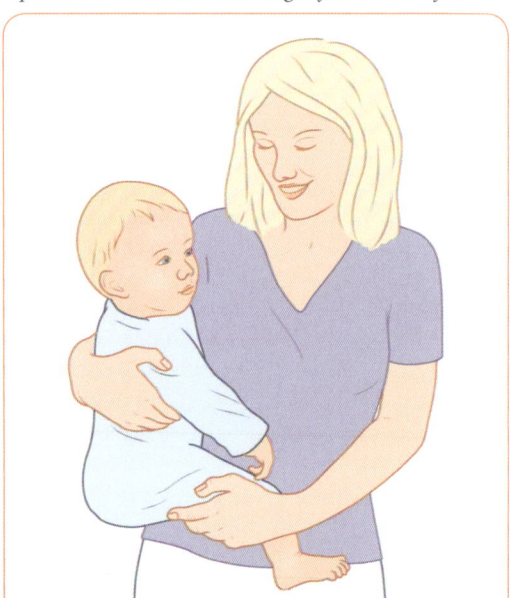

Die Schoßfütterung ist praktisch und bequem – und sorgt für Abwechslung beim Füttern.

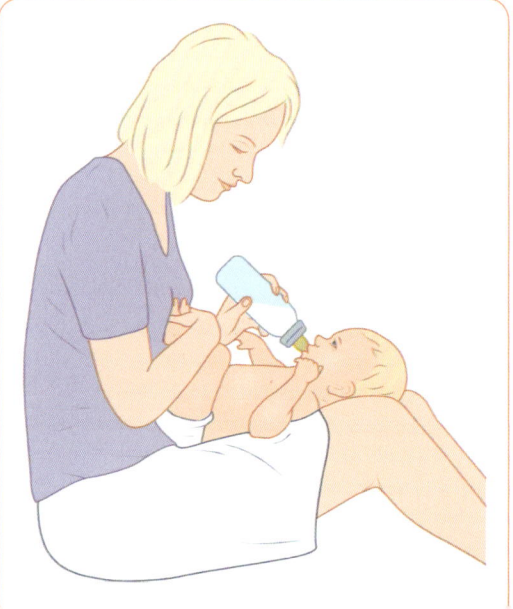

halten werden, während die andere Hand das Fläschchen hält. In dieser Haltung ruht der Säugling auf Ihren Oberschenkeln, ist Ihnen zugewandt und kann Sie beim Füttern anschauen.

Tragehilfen

Mit den verschiedensten Tragehilfen haben Sie viele Möglichkeiten, Ihr Kind körpernah, sicher und ganz bequem zu tragen. Tragetuch, Tragesack oder Rückenkraxe erlauben es Ihnen wegen der Armfreiheit, kleine Tätigkeiten neben dem Tragen auszuführen oder ohne Kinderwagen kleine Spaziergänge zu machen – sofern das Kind noch leicht genug dafür ist. Für welche Tragehilfe Sie sich entscheiden, liegt an Ihren ganz persönlichen Bedürfnissen.

Ein Tragetuch oder Tragesack kann das weinende Baby durch die Körpernähe, das enge Wickeln und die schaukelnden Bewegungen beim Laufen beruhigen. Außerdem kann die Mutter mit dem Säugling schnell mal zum Geschäft an der Ecke gehen.

Eine Rückentrage oder Kraxe (etwa ab dem achten Monat) empfiehlt sich beispielsweise für den Vater, der das Kind auch einmal zum Wandern mitnehmen möchte.

TIPP

Die Kängurutrage

Am besten lassen Sie sich die unterschiedlichen Wickeltechniken für das Tragetuch von Ihrer Hebamme zeigen, etwa die Kängurutrage.

* Breiten Sie Ihr Tragetuch auf einem Tisch der Länge nach aus. Legen Sie Ihr Baby mittig darauf, sodass die obere Tuchkante unter seinem Köpfchen verläuft.
* Beugen Sie sich nach vorn, und legen Sie sich beide Tuchbahnen über die Schultern. Achten Sie darauf, dass die untere Tuchkante in den Kniekehlen Ihres Babys liegt.
* Nehmen Sie jetzt Ihr Baby auf, und ziehen Sie die Tuchbahnen vorsichtig straff.
* Während Sie mit einer Hand Ihr Baby stabilisieren, führen Sie die Tuchbahnen diagonal über Ihren Rücken und wieder nach vorn.
* Straffen Sie die Tuchbahnen mit der freien Hand, bevor Sie sie unter dem Po Ihres Babys kreuzen und je nach Tuchlänge entweder verknoten oder nochmals auf den Rücken führen, um dort einen Knoten zu binden.

Das Wickeln

Nach dem Füttern und immer dann, wenn die Windel nass ist oder riecht, ist es Zeit zum Wickeln – in den ersten Tagen auch vor dem Anlegen an die zweite Brust. Da Urin und Stuhl den zarten Babypo schnell wund werden lassen, sollten Sie lieber öfter wickeln als zu selten. Zur Wahl stehen Mehrwegwickelsysteme aus atmungsaktiven Materialien wie Baumwolle, Schurwolle oder Filigranfaser sowie Einwegwindeln aus Kunststoff mit einem Kern aus hochmolekularem Polyacrylat oder Superabsorbern, der die Flüssigkeit mit einer erstaunlich großen Saugkraft aufnimmt. Der Nässeschutz ist bei diesen Windeln wesentlich höher als bei Stoffwindeln. Das wärmere Milieu in Einmalwindeln kann jedoch das Wachstum von Bakterien fördern, die dem zarten Babypo Probleme bereiten können. Zwar sorgen Mehrwegwickelsysteme für einen optimalen Luft- und Temperaturausgleich im Windelbereich, doch die Feuchtigkeit durch den geringeren Nässeschutz lässt Babys Po wiederum schneller wund werden.

Auch wenn Sie bei Einwegwindeln weniger zu waschen haben, sind die höheren Kosten für die Anschaffung nicht von der Hand zu weisen. Mullwindeln und Einlagen sind in der Tat günstiger, doch zusätzliche Kosten fallen durch das Waschen, den Windeldienst oder durch die Anschaffung besonderer Unter- und Überhöschen an.

Ein Blick in die Windel

Schauen Sie sich den Inhalt der vollen Windel ruhig genauer an. Die Art des Stuhls lässt nämlich auch Rückschlüsse auf eine mögliche Befindlichkeitsstörung des Kindes zu.

Bis zu zwei Wochen nach der Geburt kommt es zum sogenannten Übergangsstuhl mit einer grün- bis senfgelben Farbe. Er kann ganz flüssig sein, ohne dass es sich um Durchfall handelt, oder auch leicht körnig wie Hüttenkäse. Sobald das Baby um den 14. Lebenstag reinen Muttermilchstuhl ausscheidet, hat dieser einen neutralen Geruch, ist beigefarben und dünnflüssig bis leicht körnig.

Bekommt das Baby von Anfang an Muttermilchersatznahrung mit dem Fläschchen, sieht der Stuhlgang anders aus. Seine Farbe ist hellgelb bis lehmbraun oder auch dunkelgrün, und seine Konsistenz ist breiig oder geformt. Ein Kind, das nicht gestillt wird, scheidet meist eine größere Menge Kot aus als ein Stillkind. Sobald sich Farbe, Beschaffenheit oder Menge des Stuhls bei gestillten wie nicht gestillten Kindern plötzlich ändern, sollten Sie Ihre Hebamme oder den Kinderarzt zu Rate ziehen. Bei gestillten Kindern ist fast alles »erlaubt«: von täglich mehrfachen bis zu nur einmal wöchentlichen Stuhlentleerungen.

Wickeln mit Wegwerfwindeln

Am einfachsten und schnellsten geht das Windelwechseln mit fertigen Einwegwindeln:

* Legen Sie das Baby mittig auf die aufgeklappte Fertigwindel.
* Die obere hintere Kante reicht bis zur Taille des Kindes, der vordere Windelteil bedeckt das Bäuchlein.
* Schließen Sie die Klettverschlüsse nicht zu fest, sodass Ihr kleiner Finger noch gut hineinpasst. Damit verhindern Sie schmerzende Druckstellen und Bauchweh.
* Kippen Sie die vordere Kante der Windel nach dem Verschließen so weit um, bis der noch nicht abgeheilte Nabel des Neugeborenen frei liegt. So kann er besser heilen, weil Luft darankommt. Beim älteren Säugling, dessen Nabelbereich gut verheilt ist, müssen Sie die Windel nicht mehr umklappen.

Biowindeln zum Wegwerfen

Mittlerweile gibt es im Bereich der Einmalwindeln auch sogenannte Biowindeln, die eine bessere Ökobilanz versprechen. Sie bestehen in der Regel aus chlorfrei gebleichtem Zellstoff und einer abbaubaren Windelfolie. Auf dem Kompost sollte jedoch nur die Folie landen, da sich auch in Biowindeln ein Aufsaugkern aus Polymeren findet. Daher gehört die volle Biowindel nach dem Gebrauch keinesfalls komplett in die Biotonne, sondern muss getrennt werden.

Die Höschenwindel

Die Höschenwindel aus Baumwolle wird ähnlich aufgeklappt wie die Einwegwindel und vor dem Anlegen mit einer saugfähigen Einlage ausgestattet. Je nach System schließen Sie die Windel per Druckknopf oder Klettverschluss. Als Feuchtigkeitsschutz dient eine zusätzliche anschmiegsame Überhose aus Polyester. Beide Höschen können Sie in der Waschmaschine waschen. Windeleinlagen aus Baumwolle, Seide oder Polyester können ebenfalls in der Maschine gewaschen werden, zusätzliche Einlagen aus Zellulose kommen dagegen genau wie die Einwegwindel in den Hausmüll.

Die Strickwindel

Ganz natürlich wickeln Sie mit einer Strickwindel aus ungebleichter Baumwolle mit Bindebändern. Eine Windeleinlage, etwa aus hautfreundlicher Bouretteseide, dient hier als Nässeschutz und kann wie die Strickwindel in der Waschmaschine gewaschen werden. Als Überhose bietet sich eine atmungsaktive Windelhose aus Wolle an.

Faltwindeln

Als Stoffwindeln zum Falten können Sie Mull- oder Körperwindeln verwenden, deren Saugkraft jedoch relativ gering ist. Sie eignen sich daher am ehesten für Neugeborene. Der perfekte Sitz der Windel ist wie der Auslaufschutz von dem Geschick der wickelnden Pflegeperson abhängig. Die Technik des Wickelns erfahren Sie auf den folgenden Seiten.

Der Windeldienst

Die Dienstleistung rund um die Windel kann je nach Anbieter recht vielfältig sein. Bevor Sie sich für einen Windeldienst (siehe Adressen Seite 402) entscheiden, lohnt es sich, mehrere Mitbewerber zu vergleichen. Meist holt der Dienst einmal pro Woche die schmutzigen Windeln ab, etwa in einem von ihm zur Verfügung gestellten, fest verschließbaren Windeleimer. Gleichzeitig liefert er frische Windeln für die nächste Woche in einer Box oder einem Sack. Zur Lieferung können auch passende Überhosen und eine kleine Menge an Einmalwindeln für unterwegs gehören.

Wegwerfwindeln sind schnell angelegt und praktisch in der Handhabung, vergrößern aber die Müllberge.

Wickeln mit Stoffwindeln

Wer mit Stoffwindeln wickelt, braucht im Hinblick auf die Wickeltechnik etwas Geschick und Geduld und muss sich auf häufiges Waschen und Trocknen der Windeln und Einlagen einstellen. Windeldienste nehmen Ihnen diese Arbeit ab (siehe Seite 51).
Haben Sie sich dafür entschieden, mit Stoffwindeln zu wickeln, können Sie die Technik hierfür erlernen. Am leichtesten funktioniert »das Dreieck«.
Bevor Sie das Baby auf den Wickeltisch legen, wird die Windel samt Saugeinlage gefaltet. Sie können sich schon einige Windeln vorbereiten, damit das Wickeln dann schneller geht.

Die Windel vorbereiten

✿ Breiten Sie den Stoff vollständig aus, wobei das gerade Ende nach unten schaut. Falten Sie die Windel einmal der Länge nach von unten nach oben (siehe Bild 1).

✿ Nun wird einmal quer von links nach rechts gefaltet (siehe Bild 2).

✿ Nehmen Sie den oberen rechten Zipfel in die linke Hand, und halten Sie die darunter liegenden anderen Zipfel mit der rechten Hand fest (siehe Bild 3).

✿ Ziehen Sie den Zipfel mit der linken Hand an der oberen Kante entlang ganz nach links. Auf diese Weise entfaltet sich ein Dreieck, das über dem Quadrat liegt (siehe Bild 4).

✿ Wenden Sie das Ganze horizontal (nach links oder rechts), sodass das Quadrat über dem Dreieck liegt (siehe Bild 5).

✿ Schlagen Sie dieses Quadrat von der äußeren Längskante aus zwei- bis dreimal zur Mitte hin ein (siehe Bild 6).

✿ So entsteht ein dicker Steg, der sich in der Mitte des Dreiecks befindet (siehe Bild 7).

Für größere Kinder, die aus dieser Windel bereits herausgewachsen sind, können Sie die Stoffwindel einfach zum Dreieck zusammenlegen. Geben Sie als Nässeschutz ein mehrmals gefaltetes Moltontuch in die Mitte oder eine zweite gefaltete Mullwindel.

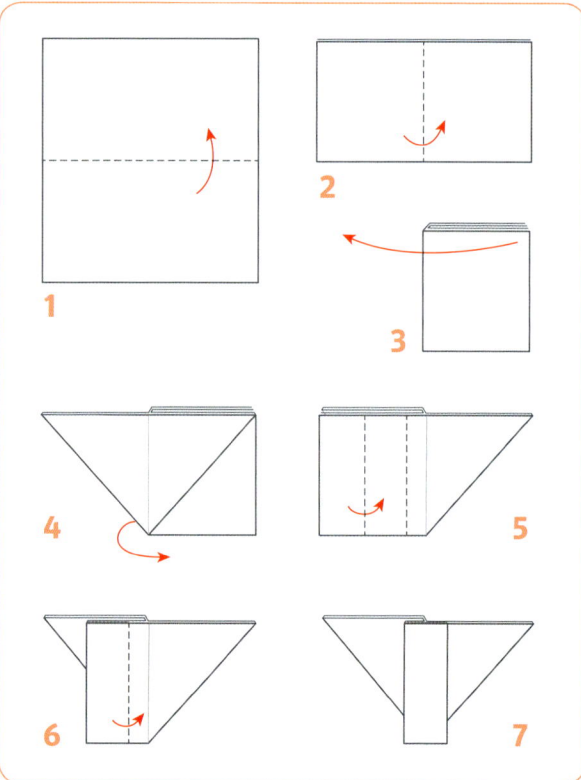

Die Windel anlegen

Nehmen Sie nun eine vorbereitete Stoffwindel, und wickeln Sie Ihr Baby:

✿ Legen Sie das Baby mittig auf die gefaltete Windel. Die hintere Kante befindet sich etwa auf Hüfthöhe (siehe Bild 1).

✿ Kippen Sie nun den Steg zum Bäuchlein hin (siehe Bild 2).

✿ Legen Sie eine seitliche Ecke darüber, und stecken Sie das Ende hinter den Rücken (siehe Bild 3).

✿ Wickeln Sie die andere Ecke über den Bauch und stecken Sie den Zipfel oben unter den Windelstoff (siehe Bild 4).

Um dem Windelpaket mehr Halt zu geben, können Sie dem Kind eine Strickhose aus Schurwolle darüber ziehen.

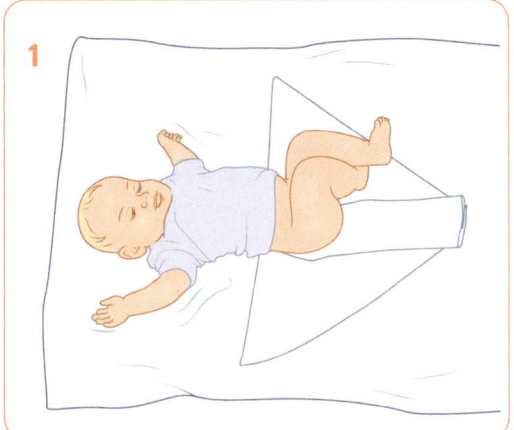

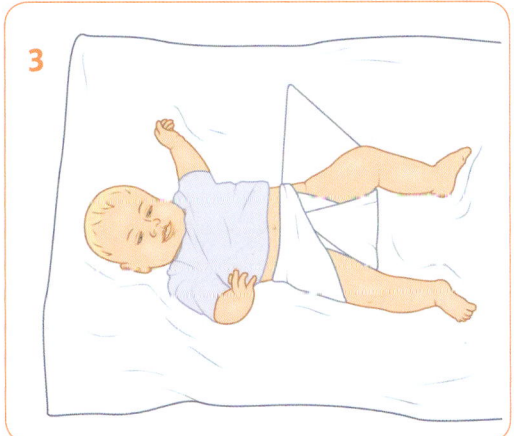

INFO

Die Ökobilanz

Wegwerfwindeln produzieren viel Abfall und lassen die Müllberge wachsen. Das ist der häufigste Kritikpunkt an diesem Windelsystem. Da ein Kind rund 5000 Einmalwindeln benötigt, bis es trocken ist, wandern jährlich Millionen von Windeln in den Müll. Hinzu kommt, dass für die Zellstoffgewinnung für Einwegwindeln bereits große Baumbestände abgeholzt worden sind. Mittlerweile versprechen einige Windelhersteller jedoch, den Zellstoff aus nachhaltig bewirtschafteten Wäldern zu gewinnen und die für die Produktion von Wegwerfwindeln benötigten Ressourcen weiterhin zu reduzieren. Allgemein bereiten auch Einmalprodukte wie Wickelunterlagen, Einmalwaschlappen und Feuchttücher sowie deren Verpackungen ein Problem für die Umwelt und damit für die Zukunft unserer Kinder.

Windelfrei – Babys unten ohne

Ganz nach dem Vorbild afrikanischer oder asiatischer Kulturen gibt es Eltern, die schon beim Neugeborenen auf Windeln verzichten wollen. Da Babys noch keine Kontrolle über ihre Blasenfunktion und über den Schließmuskel haben, stellt diese Methode eine besondere Herausforderung an die Betreuer dar. Schließlich kann anfangs nicht sicher herausgefunden werden, wann das Baby nun muss oder macht. Aus diesem Grund nehmen manche Mütter und Väter ihr Kind immer dann mit zur Toilette, wenn sie selbst müssen. Sie setzen das Baby gleichzeitig auf ein kleines Töpfchen, das sie auf ihren Bauch oder auf die Oberschenkel stellen. Dann werden bestimmte Geräusche für das kleine und für das große Geschäft gemacht, die bei jeder Toilettensitzung beziehungsweise beim Abhalten entsprechend wiederholt werden.

Doch wer annimmt, dass frühes Toilettentraining die Kinder eher trocken werden lässt, liegt falsch: Es gibt in zeitlicher Hinsicht keine Unterschiede zu Kindern, die in den ersten Jahren mit Windeln gewickelt werden.

Vorteile sehen Eltern, die ihre Babys windelfrei aufziehen, vor allem darin, dass die Kinder von klein auf ein natürliches Gefühl für ihr Ausscheidungsbedürfnis bekommen und nicht von Windeln auf das Töpfchen umlernen müssen.

Befürwortern der Windelfrei-Methode zufolge finden Eltern schnell heraus, wann das Kind muss. Sie lernen den Rhythmus kennen und die entsprechenden Signale des Babys zu deuten. Indem die Betreuungsperson auf diese Zeichen (etwa das Strampeln mit den Beinen oder bestimmte Laute) reagiert und das Kind zum Töpfchen bringt, entsteht eine Art Kommunikation, die auch die Bindung stärken soll.

Der aus Amerika stammende Trend ist aber nicht ganz so konsequent, was das Weglassen der Windeln betrifft. Nachts oder wenn es die Umstände erfordern, legen Eltern, die diese Methode favorisieren, dem Baby schon mal eine Windel an oder ziehen ihm eine Unterhose mit eingelegter Damenbinde an – ganz so, wie es am besten ins persönliche Leben passt.

Babys Pflege

Die zarte Haut des Babys zu streicheln ist etwas ganz Besonderes. Sie fühlt sich glatt, warm und weich an – einfach zum Verlieben! Auch für Ihr Baby ist Hautkontakt bei der Pflege viel mehr als bloßes Waschen, Trocknen und Wickeln. Liebevolle Berührungen stärken das Band zwischen Mutter, Vater und Kind. So wird die tägliche

Pflege zur Quelle der Gemeinsamkeit und eine Chance zur Entwicklungsförderung.

Lernen Sie sich bei der Pflege kennen, schauen Sie sich in die Augen, und schmusen Sie mit Ihrem Baby, so viel Sie beide wollen. Besonders für Väter, die sich Ihrem Baby erst abends nach der Arbeit widmen können, werden Wickeln, Baden und Eincremen zu wichtigen Zeiten der Nähe mit dem Baby.

Die junge Haut

Nach der Geburt des Kindes ist die Haut ganz besonders zart und empfindlich. Die Käseschmiere, die die Haut des Babys im Bauch der Mutter vor dem Fruchtwasser schützte, zeigt im Nachhinein noch ihre pflegende Wirkung. So ist es anfangs nicht nötig, die weiche Babyhaut zusätzlich mit Cremes oder Lotionen zu behandeln. Auch ist die Schutzbarriere der Haut noch nicht voll entwickelt, weshalb umstrittene Substanzen in Pflegeprodukten wie PEG-Emulgatoren, Mineralöle oder Konservierungsstoffe leicht in den kleinen Körper eindringen kön-

nen. Herkömmliche Seife lässt die Haut zudem schnell austrocknen, und eng anliegende Kleidung sowie Windeln verursachen Rötungen. Beobachten Sie die Beschaffenheit und Entwicklung der Haut Ihres Kindes daher ganz genau. Sobald Sie trockene Haut spüren, raue oder gerötete Stellen entdecken, sollten Sie die Haut mit rückfettenden Ölen, Cremes oder Lotionen pflegen. Treten jedoch besonders auf den Wangen und am behaarten Kopf unscharf begrenzte Hautrötungen auf, die mit Hautschuppen bedeckt sind oder nässen, sollten Sie sich gleich an Ihre Hebamme oder Ihren Kinderarzt wenden. Es könnte sich um eine Ekzemneigung (siehe Seite 391) handeln. Der Kinderarzt wird dann entsprechende Präparate empfehlen, unter anderem kühlende und die Haut beruhigende Lotionen. Das lindert auch den quälenden Juckreiz, der für die Kleinen unerträglich werden kann und sie kratzen lässt, bis die Haut blutet. Um Kratzverletzungen besonders während des Schlafens zu verhindern, hilft es, die Nägel des Kindes kurz zu halten.

INFO

Kleine Körperfalten brauchen große Pflege

Empfindliche Hautpartien am Hals, unter den Achseln, in der Leistengegend, den Gelenkbeugen sowie der Windelbereich verlangen besondere Pflege – auch wenn die Babys die dazu nötige Streckung der Gelenke nicht besonders mögen. Reinigen Sie die Falten an diesen Stellen täglich mit einem feuchten, körperwarmen Waschlappen, und trocknen Sie die Partien sorgfältig ab. Feuchtigkeit kann hier nämlich schnell zu Entzündungen führen.

Die Wahl der Pflegeprodukte

Reinigungs- und Pflegemittel, die speziell für die Bedürfnisse der Babyhaut entwickelt wurden, sollten Sie vor dem Kauf gründlich auf Inhaltsstoffe und Verträglichkeit überprüfen. Denken Sie besonders daran, dass die Talgdrüsen des Kindes sich noch ausbilden müssen und die Haut Zeit braucht, um ihr natürliches Gleichgewicht zu entwickeln. Um diesen Prozess nicht mit einem Zuviel an Pflege zu stören, sollten Sie auch auf milde Babyseifen, Cremes oder Badezusätze verzichten. Für die tägliche Pflege der gesunden Babyhaut reichen ein paar Tropfen gutes Bio-Olivenöl oder Mandelöl im Wasch- oder Badewasser völlig aus.

Sollten Sie sich beim älteren Baby für weitere Pflegeprodukte entscheiden, ist es im Hinblick auf die Verträglichkeit sinnvoll, dermatologisch getestete Produkte zu wählen. Natürliche Pflanzenöle wie Mandel-, Oliven- oder Sesamöl kann die junge Haut leicht aufnehmen. Pflegeprodukte, die das Kind verträgt, sollten Sie so wenig wie möglich wechseln. Je öfter die Babyhaut mit unterschiedlichen Substanzen in Berührung kommt, desto größer ist die Gefahr von Hautirritationen und Allergien.

Die Gesichtspflege

Das kleine Gesicht des Babys ist öfter verschwitzt oder verklebt, und auch die Milchmahlzeiten hinterlassen hin und wieder einmal ihre Spuren. Da bringt ein feuchtwarmer Waschlappen täglich und auch zwischendurch Erfrischung und Reinigung. Am besten zeigen Sie Ihrem Baby den Lappen, damit es vorgewarnt ist und nicht erschrickt (siehe Kasten rechts). Reiben Sie dann sanft über das kleine Gesicht, und denken Sie auch an die Halsfalten sowie die Händchen, die ja immer wieder in den Mund und ins Gesicht langen. Trocknen Sie die

Partien nach dem Waschen sanft mit einem Handtuch oder einer Mullwindel ab.

Eine spezielle Gesichtscreme ist nur bei extrem trockener Haut und bei kaltem oder windigem Wetter nötig. In beiden Fällen eignet sich eine fetthaltige Creme, die nur dünn aufgetragen wird. Sollten draußen einmal Minusgrade herrschen und Sie gerne mit Ihrem Baby ausfahren wollen, können Sie die Nase und die Wangen mit einer wasserfreien Wind- und Wettercreme schützen. Auch wenn die Kälte einmal Spuren hinterlassen und die Gesichtshaut des Kindes raue, rissige Stellen hat, hilft diese Creme.

Die Sonnencreme

In der heißen Jahreszeit sollten Sie zudem an einen ausreichenden Sonnenschutz denken – auch wenn Babys in ihrem ersten Lebensjahr generell nicht der direkten Sonnenstrahlung ausgesetzt werden sollen. Schützen Sie Ihren

TIPP

Nicht erschrecken!

Babys erschrecken leicht. Gerade wenn sie unerwartet einen feuchten Lappen im Gesicht oder am Körper spüren oder sie unvermittelt in eine Badewanne gesetzt werden, können sie einen ganz schönen Schreck bekommen. Deshalb ist es gut, wenn Sie Ihren Säugling auf alle Pflegeprozeduren erst vorbereiten. Zeigen Sie ihm einen feuchten Lappen oder das Badewasser zuerst, erzählen Sie ihm, was Sie vorhaben, und machen Sie ihn zuerst an der Hand oder am Unterarm mit der Nässe vertraut. Beim Baden feuchten Sie am besten langsam die Gliedmaßen an, bevor Sie Ihr Baby ganz ins Wasser legen.

WICHTIG

Achtung Sonnenbrandgefahr!

In der Regel ist in unseren Breitengraden Sonnencreme überflüssig, wenn das Baby vor direktem Sonnenlicht durch Kleidung, Sonnenhütchen oder Schirm geschützt wird. Ein Zuviel an Cremen kann die nötige Vitamin-D-Versorgung durch die Sonne einschränken. Ein völlig ungeschützter Aufenthalt von wenigen Minuten in der prallen Sonne kann jedoch zur Hautrötung führen. Bei einer längeren Sonneneinstrahlung können sich sogar Verbrennungen und Blasen bilden, besonders am Meer und im Schnee. So sollten Säuglinge im Sommer nie unbekleidet sein. Sollte Ihr Kind doch einmal einen Sonnenbrand bekommen, behandeln Sie diesen mit einem kühlenden Gel, mit kühlenden feuchten Umschlägen oder mit Quarkwickeln.

Liebling daher mit einem hellen, baumwollenen Sonnenschirmchen für den Wagen, einem Sonnenhütchen und im Sommer oder bei sehr intensiver Sonne mit einem Baby-Sonnenschutzmittel mit Lichtschutzfaktor 20 bis 30. Tragen Sie die Creme rechtzeitig auf das Gesicht, die Hände und die anderen freien Körperteile auf, etwa 20 bis 30 Minuten, bevor Sie das Haus verlassen. Dann können Sie sicher sein, dass sich der schützende Lichtschutzfaktor entwickelt hat. Auch bei einem Ausflug im Winter, vor allem wenn bei Schnee draußen alles weiß ist, darf der UV-Schutz aus Kleidung oder Creme nicht fehlen, sobald die Sonne scheint. Ist das Kind ungeschützt, kann es auch im Winter bereits nach 15 Minuten zu einem Sonnenbrand kommen (siehe Kasten oben) – selbst wenn das Thermometer unter 0 °C gefallen ist.

Die Zahnpflege

Die wichtigste Zahnpflege beginnt schon vor dem ersten Zahn: Gewöhnen Sie Ihr Kind nicht an zuckerhaltige Tees oder Fruchtsäfte. Denn diese verursachen Karies (siehe Kasten Seite 58). Wenn der erste Zahn erscheint, können Sie diesen täglich sanft mit einer weichen Babyzahnbürste putzen. Säuren in Fruchtsäften, auch wenn sie verdünnt sind, sowie Zucker in Lebensmitteln, Säften oder Tees können nämlich den schützenden Zahnschmelz angreifen und abtragen. Zum Schutz vor Karies hilft eine fluoridhaltige Zahnpasta, die den Zahnschmelz härtet. Diese sollten Sie jedoch nur verwenden, wenn Ihr Kind keine Fluor-/Vitamin-D-Tabletten erhält (siehe Seite 325) – das wäre sonst zu viel des Guten.

Ob mit oder ohne Fluor, jede Zahnpasta sollte nach dem Putzen ausgespuckt und ausgespült

TIPP

Gesunde Kinderzähne

Kräftiger Zahnschmelz, der einer Schädigung durch Kariesbakterien trotzen kann, hängt vor allem mit einer zucker- und säurearmen Ernährung zusammen. Geben Sie Ihrem Kind daher von Anfang an möglichst nur Wasser und ungesüßte Tees zu trinken. Dauernuckeln an der Flasche sollte tabu sein, ebenso wie das Süßen von Babynahrung mit Zucker, Fruchtzucker oder Honig. Auch für Krabbel- und Kleinkinder sollte es Süßigkeiten nur in Ausnahmefällen geben. Zudem gilt: Gewöhnen Sie Ihr Kind schon mit dem ersten Zahn an eine regelmäßige Pflege, indem Sie täglich mit einer Babyzahnbürste üben.

werden. Das klappt beim kleinen Kind jedoch noch nicht. Auch hier hilft der feuchte Waschlappen, mit dem Sie die Zähne etwas abwischen können. Schluckt das Kind dennoch Pasta, ist dies im Falle einer Kinderzahncreme mit reduziertem Fluoridgehalt nicht so schlimm.

Nägel schneiden

In den ersten Lebenswochen des Babys sind die kleinen Nägel an Fingern und Zehen noch ganz weich. Dennoch können sich die Kleinen mit den Fingernägeln im Gesicht verletzen, wenn sie noch unkoordiniert mit den Händchen herumfuchteln oder sich kratzen. Sobald die Nägel über die Finger- beziehungsweise Zehenkuppen hinauswachsen, wird es daher Zeit, sie zu kürzen.
Benutzen Sie zum Schneiden der Nägel eine abgerundete Babynagelschere, mit der Sie die empfindliche Haut rund um den Nagel nicht verletzen können. Der Nagel sollte nicht zu kurz und gerade abgeschnitten werden. Damit verhindern Sie Ent-

zündungen sowie das Einwachsen des Nagels ins Nagelbett (siehe Seite 390). Am einfachsten geht das Nägelschneiden, während das Baby schläft. Ist es wach und aktiv, kann es durchaus schwierig sein, die kleinen Finger oder Zehen festzuhalten.

Das Baby waschen

Waschen und Baden in entspannter Atmosphäre vermittelt nicht nur dem Baby ein Gefühl von Geborgenheit und Sicherheit, auch Sie können sich ganz auf das Kind einlassen. Zur Entspannung trägt vor allem eine gute Vorbereitung bei. Legen Sie alle Gegenstände, die Sie für das Waschen benötigen, in die Nähe des Waschplatzes. Bevor es losgeht, gönnen Sie Ihrem Kind ein paar Minuten, in denen es in der Wärme nackt frei strampelt.
Auch beim Waschen gilt die Regel: Immer eine Hand am Kind! Am besten umfassen Sie mit der einen Hand fest ein Beinchen, dann können Sie

mit der freien Hand ganz bequem alles greifen, was Sie zum Waschen benötigen. In den ersten Lebenswochen des Babys ist ein kuscheliger Waschplatz am Boden vielleicht bequemer und sicherer als der Wickeltisch. Probieren Sie es doch einfach einmal aus.

Zur weiteren Vorbereitung gehört eine Schüssel mit höchstens 38 °C warmem Wasser, in das Sie ein paar Tropfen Olivenöl geben können. Aus hygienischen Gründen sollten Sie mit dem Waschlappen immer von oben nach unten waschen, also zuerst den Kopf und am Ende die Füße.

Stellen Sie den Heizstrahler an, und legen Sie das entkleidete Baby auf ein gewärmtes Handtuch. Mit dem ausgewrungenen Waschlappen reiben Sie zügig über das Köpfchen, den Nacken, die Schultern, die Arme, die Brust und den Rücken. Dann spülen Sie den Lappen aus und reinigen die restlichen Körperpartien bis zu den Füßen. Trocknen Sie das Baby zart, aber gründlich mit einem warmen Handtuch ab.

In der Wanne baden

Eigentlich dient ein Bad in der Babywanne eher dem Wohlbefinden des Kindes als der Reinigung. Wenn Ihnen diese Zeremonie in den ersten Wochen mit Baby noch zu anstrengend ist, können Sie also beruhigt damit warten. Ohnehin sollte der Nabelstumpf erst vollständig abgeheilt sein, bevor das Kind zum ersten Mal in die Wanne kommt. Ist es dann so weit, sollten Sie genau wie beim Waschen zuerst eine gute Vorbereitung treffen: Füllen Sie die Babywanne bis zur Hälfte mit Wasser, das maximal 37 °C warm sein sollte. Am besten verzichten Sie auf Badezusätze und geben nur bei trockener Babyhaut ein paar Tropfen Olivenöl ins Wasser. Das Öl pflegt zwar die Haut, doch wenn zu viel davon ins Wasser kommt, kann es schwierig sein, das »glitschige« Kind gut festzuhalten.

Aus Sicherheitsgründen sollte die Babywanne nicht auf den Wickeltisch gestellt werden. Geeignet ist auch die große Badewanne für ein Badevergnügen mit Mama oder Papa, eine Duschwanne oder auch ein für Sie bequemer Platz am Boden. Legen Sie ein warmes Handtuch griffbereit. Sorgen Sie für eine warme Raumtemperatur von etwa 24 °C, und entkleiden Sie das Kind auf der Wickelkommode. Einen extra Waschlappen brauchen Sie zur Reinigung Ihres Babys nicht. Die Handfläche reicht aus, um die Haut zu säubern und Hautschuppen zu lösen. Gesicht und Haare werden als Letztes mit reinem Wasser gewaschen. So friert das Baby nicht während des Badens.

Baden im Eimer

Gerade in den ersten Monaten ist ein Badeeimer eine sehr praktische Sache: Sie müssen nur das Köpfchen mit den Fingern einer Hand halten (siehe Seite 61). Der Eimer gibt Ihrem Baby sicheren Halt, und es »schwebt« darin in einer Haltung, die es auch in der Gebärmutter eingenommen hat. Am besten stellen Sie den Eimer beim Baden in die Dusch- oder Badewanne, damit er sicheren Halt hat.

INFO

Nicht zu oft in die Wanne

Da warmes Wasser und auch Badezusätze wie Schaumbäder die Haut des Kindes entfetten, sollten Sie das Kind nicht täglich baden. Das könnte selbst mit rückfettenden Pflegeprodukten zu Fettverlusten der Haut führen. Ein- bis zweimal pro Woche baden genügt. Anfangs reicht ein Vollbad von rund fünf Minuten, das ältere Baby kann dann ruhig doppelt so lange planschen.

Sicher im Griff beim Baden

Baden in der Wanne

Die ersten Male sollten Sie Ihr Baby nicht alleine baden. Am besten lassen Sie sich von Ihrer Nachsorgehebamme unterstützen und die Griffe für das sichere Halten in der Badewanne und im Badeeimer zeigen. Wenn Sie Ihr Kind in der kleinen oder großen Wanne baden, müssen Sie es gut festhalten, damit es kein Wasser schluckt und nicht unter Wasser gerät. Der folgende Griff hat sich dafür bestens bewährt:

* Halten Sie Ihr Baby mit beiden Händen unter den Achseln gut fest. Ihre Daumen zeigen zur Brust des Kindes, und die restlichen Finger liegen am kleinen Rücken (Schalengriff, siehe Bild 1).

* Tauchen Sie ganz langsam zuerst die Füßchen ins Wasser. Dabei knien oder stehen Sie vor der Längsseite der Babywanne, während das Kind mit seinem Gesicht auf Ihren rechten Arm schaut.

* Lassen Sie das Kind mit leicht nach vorn gebeugtem Oberkörper sanft ins Wasser gleiten. Das Gesicht des Babys ist dabei immer über dem Wasser und Ihre Hände nach wie vor unter den kleinen Achseln. Bringen Sie die Füße des Babys an den Wannenrand. Das gibt ihm Begrenzung und Geborgenheit.

* Greifen Sie nun mit Ihrer linken Hand unter die linke Achsel des Kindes. Der kleine Rücken liegt dabei auf Ihrem linken Unterarm. Auf diese Weise wird Ihre rechte Hand frei, und Sie können mit ihr waschen (siehe Bild 2).

* Zum Herausheben aus der Wanne bleiben Ihre linke Hand und Ihr linker Arm in der gleichen Position. Mit Ihrer rechten Hand greifen Sie den linken Oberschenkel des Kindes, wobei das rechte Beinchen auf der Innenseite Ihres rechten Unterarms

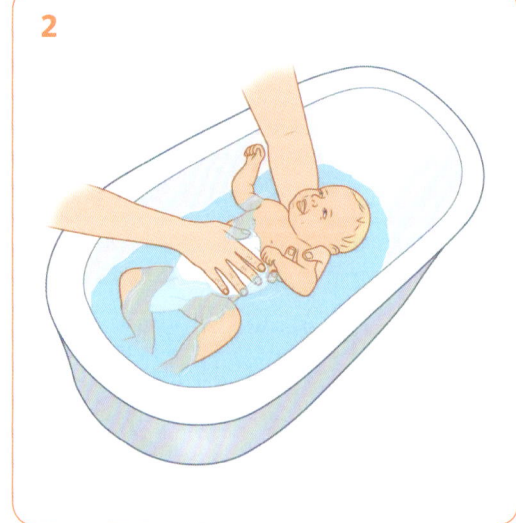

liegt. Heben Sie das Kind mit diesem Griff aus der Wanne und legen Sie es auf das warme Handtuch. Trocknen Sie das Kind gründlich ab, bevor Sie es wickeln und anziehen.

Neugeborene sollten nach dem Bad für eine Stunde ein dünnes Baumwollmützchen tragen und nicht nach draußen gehen.

Baden im Eimer

Eine praktische Alternative zur Babybadewanne ist der Badeeimer. Die Rundum-Begrenzung mögen Babys sehr, weil sie ihnen ein sicheres Gefühl vermittelt und an die Position im Mutterleib erinnert. Sogar eher wasserscheue Babys baden meist gern im Badeeimer. Und Eltern schätzen den kompakten Helfer, weil er das Baden einfacher und sicherer macht. Zudem verbraucht er wesentlich weniger Wasser als die Babybadewanne und lässt sich wegen seiner geringeren Größe leichter entleeren und mitnehmen.

In den ersten Wochen müssen Sie das Köpfchen noch halten, später nicht einmal mehr das. Allerdings müssen Sie selbstverständlich auch beim Baden im Eimer immer dabeibleiben und dürfen Ihr Baby nie alleine lassen.

❋ Füllen Sie den Badeeimer zunächst bis zur angegebenen Markierung mit 37 bis 38 °C warmem Wasser auf.

❋ Nehmen Sie dann Ihr nacktes Baby so auf Ihren Unterarm, dass sein Köpfchen in der Armbeuge und sein Rumpf auf Ihrem Unterarm liegen. Mit Ihrer Hand umfassen Sie seinen Oberschenkel (Fliegergriff, siehe Bild 3).

❋ Setzen Sie nun Ihr Baby in den Eimer, und halten Sie mit Ihren Händen das Köpfchen so, dass es nicht nach vorne ins Wasser fällt oder an den Eimerrand stößt. Beim Waschen sollte immer eine Hand am Kopf bleiben (siehe Bild 4). Sobald Ihr Baby seinen Kopf alleine halten kann, müssen Sie nur noch dabeibleiben.

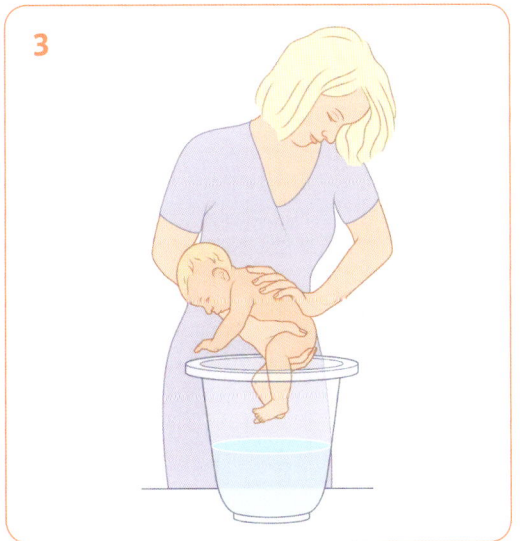

3

4

INFO

Zusätze im Shampoo

Auf manchen Babyshampoos oder Seifen findet sich der ausdrückliche Hinweis, dass sie nicht in den Augen brennen. Es kann durchaus sein, dass einem solchen Produkt Natrium-Lauryl-Sulfat zugesetzt wurde, das kurzzeitig die Augenschleimhaut betäubt und Brennen sowie Tränenfluss unterdrückt. Mangels Tränenfluss können Schadstoffe jedoch ungehindert ins Auge und damit in den Körper eindringen. Schützen Sie die kleinen Augen daher auch bei der Verwendung von nicht brennendem Shampoo mit einem Waschlappen.

Haare waschen

Der feine Haarflaum des Babys braucht im ersten Lebensjahr noch keine Shampoos. Es reicht aus, beim Bad in der Wanne mit der bloßen Hand und Wasser zart über den Kopf und die Haare zu streichen. Die Reinigung mit Haarshampoo eignet sich eher für ältere Babys. Achten Sie dann auf ein mildes Produkt, das für kleine Kinder entwickelt wurde. Damit der Schaum beim Haarewaschen nicht in die Augen gelangt, schützen Sie diese mit einem Waschlappen, und halten Sie das Kind so, dass sein Köpfchen leicht nach hinten gebeugt ist. Sollte doch einmal Schaum in die Augen laufen und brennen, waschen Sie ihn sanft mit klarem Wasser ab. Tränen die Augen nach dem Kontakt mit Shampoo oder Seife, ist dies ein natürlicher Schutz, denn der Tränenfluss spült Fremdstoffe aus.

Ohren und Nase säubern

Die Ohrgänge reinigen sich von ganz alleine, sie müssen nicht extra gepflegt werden und brauchen keine Reinigung mit Wattestäbchen. Diese Stäbchen dürfen ausschließlich für die sanfte Reinigung der Ohrmuschel und der Falten hinter dem Ohr benutzt werden. Im Inneren des Ohrs sind sie tabu, da die Verletzungsgefahr groß ist und Ohrenschmalz nach innen geschoben werden kann. Dort kann es verklumpen, den Gehörgang verstopfen und eine Entzündung begünstigen.

Auch die Nase braucht keine tägliche Pflege. Hat das Baby jedoch Schnupfen, funktioniert das Naseputzen auf besondere Art: Feuchten Sie die Nasenschleimhaut mit Nasenspray aus einer Meersalz- oder Kochsalzlösung (Natriumchlorid 0,9 %) an, und geben Sie dafür einen Tropfen oder Sprühstoß in jedes Nasenloch. Drehen Sie die Ecke eines Papiertaschentuchs oder ein Wattepad spitz zusammen, und säubern Sie damit die vorderen Nasengänge. Auch für diesen Reinigungsprozess dürfen keine Wattestäbchen verwendet werden.

Die Nabelpflege

Die spezielle Pflege des Nabelrestes betrifft in der Regel nur die ersten zwei Lebenswochen des Babys. Denn der Nabelrest trocknet schnell ein und fällt ganz von alleine zwischen dem 4. und 14. Lebenstag des Kindes ab. Die Nachsorgehebamme (siehe Seite 70) kümmert sich bei ihren Besuchen auch darum und wird Ihnen zeigen, was zu tun ist. In der ersten Zeit mit dem Baby sollten Sie darauf achten, ob die Nabelwunde gut heilt. Den Heilungsprozess erkennen Sie an einer Verhärtung und dunkelbraunen, schwärzlichen Verfärbung des Nabelstumpfes. In diesem Fall reicht es, den Bereich rund um den Nabel gut trocken zu halten. Dafür müssen Sie die Windel nach dem Anlegen vorne etwas umkrempeln, bis der Nabel frei ist (siehe Seite 50). Das garantiert auch genügend Luft für die Heilung.

Sollte der Nabelrest jedoch noch rot und weich sein oder nässen, bestäuben Sie ihn nach dem Wickeln mit Desinfektionspuder. Umwickeln Sie ihn anschließend mit einer sterilen Mullkompresse. Sollte die Nabelumgebung gerötet sein, sprechen Sie Ihre Hebamme oder den Kinderarzt darauf an. Auch Absonderungen aus dem Nabel sollten Sie abklären lassen. Ist der Nabelrest abgefallen und der Nabel abgeheilt, braucht er keine Extrapflege mehr. Fahren Sie mit dem Waschlappen bei der täglichen Wäsche einfach darüber. Reinigungen in der Tiefe oder gar mit Wattestäbchen sind nicht nur unnötig, sondern sollten wegen möglicher Hautreizungen und Verletzungen unterbleiben.

Babys Po

Die zarte Haut im Windelbereich wird durch Urin, Stuhl und auch das Klima in der Windel ganz schön strapaziert. Das macht die regelmäßige Pflege umso nötiger. Hautschutz versprechen vor allem eine trockene Windel – das heißt häufiges Windelwechseln – sowie die milde Reinigung des Pos gleich nach dem Stuhlgang. Vermeiden Sie außerdem zu kleine und zu eng gewickelte Windeln.

Haben Sie die alte Windel entfernt, können Sie zur groben Vorreinigung mit einem weichen Papiertuch Stuhlreste abwischen. Damit keine Bakterien aus dem Stuhl zu den Genitalien gelangen, sollten Sie, vor allem bei Mädchen, immer vom Genitalbereich zum After hin säubern.

Abwaschen

Nach der Vorreinigung kommt das Waschen mit klarem Wasser an die Reihe. Stellen Sie dafür eine Schüssel mit höchstens 38 °C warmem Wasser in Ihre Nähe, und wringen Sie einen Waschlappen darin aus.

Damit Sie an alle Stellen gut herankommen, benutzen Sie am besten den sogenannten Wickelgriff (siehe Abbildung unten), der beim Beugen der Beinchen die Hüften schont. Greifen Sie mit Ihrer linken Hand zwischen die Beinchen, und umfassen Sie den linken Unterschenkel Ihres Babys. Schieben Sie die kleinen Beine sanft Richtung Bauch. Mit der freien Hand können Sie nun mit dem Reinigen beginnen.

Während Sie mit dem Waschlappen von vorne nach hinten wischen, sollten die Hautfalten zwischen den Beinchen gleich mit gesäubert werden. Reinigen Sie bei einem Mädchen auch die Schamlippen sowie die dazwischen liegende Haut. Beim Jungen gehören die Hautfalten am Hodensack ebenfalls mit zur Wäsche dazu, die Vorhaut sollten Sie während des Säuberns nicht zurückschieben. Das gilt übrigens für die ersten drei Lebensjahre.

Vor dem Anlegen der Windel halten Sie mit einer Hand die Beine, mit der anderen säubern Sie den Po.

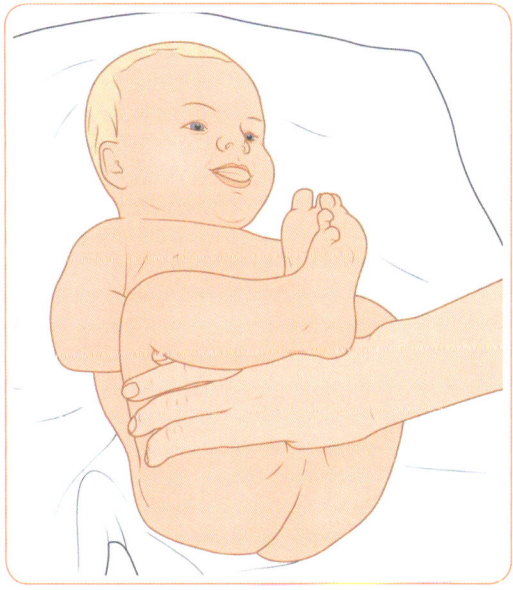

Trocknen und Wickeln

Nach dem Waschen folgt das gründliche Trocknen der Haut mit dem Handtuch. Um die Haut des Babys dabei nicht zu reizen, sollten Sie beim Trocknen mehr tupfen als reiben. Auch die gut getrocknete Haut verhindert schließlich wunde Stellen im Windelbereich.

Ist der Po nicht gerötet, muss er nach dem Trocknen und vor dem Anlegen der neuen Windel nicht eingecremt werden. Denn auch Creme kann als Auslöser für schmerzhaftes Wundsein in Betracht kommen, wenn sie zum Beispiel zu dick aufgetragen wurde. Eine dicke Cremeschicht, die nicht genügend Luft an die Haut lässt, begünstigt nämlich zusammen mit dem feuchtwarmen Milieu in der Windel die Entwicklung und Vermehrung von Bakterien. Wenn Sie eine Wundschutzcreme (etwa eine Lebertran-Zinkpaste) verwenden, sollten Sie daher nur eine ganz dünne Schicht auftragen.

Pflegetücher

Feucht- oder Öltücher sind ohne Zweifel äußerst praktisch, wenn Sie Ihr Baby unterwegs wickeln und säubern müssen. Doch diese vermeintlichen Pflegetücher können aufgrund ihrer Inhaltsstoffe die zarte Babyhaut reizen und Unverträglichkeiten, selten sogar Allergien auslösen. Zu Hause sollten Sie daher besser auf den feuchten Waschlappen zurückgreifen. Für unterwegs können Sie den Waschlappen über mehrere Stunden in einer fest verschlossenen Plastikdose transportieren, ohne dass er austrocknet. Sie können die Dose auch mit mehreren Waschlappen ausstatten und für die gebrauchten eine kleine Plastiktüte mitnehmen.

UNVERTRÄGLICHE INHALTSSTOFFE

Sollte Ihr Kind eine Unverträglichkeitsreaktion auf Pflegetücher zeigen, erkennen Sie dies an einer sofortigen Veränderung der Haut nach der Verwendung des Produkts. Juckreiz, Pustelbildung und auch Entzündungen mit Rötungen gehören dazu. Solche Erscheinungen können übrigens von den verschiedensten kosmetischen Produkten ausgelöst werden und gehen in der Regel nach Absetzen des Produkts und der gewohnten Pflege wieder zurück.

Alle chemischen und natürlichen Inhaltsstoffe können Unverträglichkeiten verursachen. Hautreaktionen können auf Konservierungsstoffe genauso zurückgeführt werden wie auf ätherische Öle, die auch in Parfüms oder Aromen zu finden sind. In der Regel hat man es aber mit Unverträglichkeiten und Reizungen zu tun,

WICHTIG

Vorsicht bei Babypuder

Einst war Babypuder als Wundschutz weit verbreitet, wurde dann aber besonders in Deutschland von pflegenden Cremes ziemlich verdrängt. Vielleicht liegt es daran, dass der Puder zwar austrocknende und hautpflegende Eigenschaften hat, jedoch nicht die leichte Anwendung einer Creme bietet – vor allem unterwegs.

Doch Babypuder ist jüngst in die Schlagzeilen geraten, als schwere Unfälle bekannt wurden. Das Bundesinstitut für Risikobewertung (BfR) warnt ausdrücklich vor talkumhaltigem Babypuder, weil er bei Babys und Kleinkindern zu schweren Gesundheitsstörungen führen kann, wenn er vom Kind versehentlich eingeatmet wird und in die Lunge gerät. Das kann leicht passieren, wenn das liegende Kind mit der Puderdose spielt und sie über sich ausschüttet.

echte Allergien sind bei Babys sehr selten. Lassen Sie daher unklare Hautveränderungen beim Kinderarzt abklären. Ist Ihnen der Auslöser einmal bekannt, können Sie Ihr Kind zukünftig schützen, indem Sie das entsprechende Produkt bei der Babypflege nicht mehr verwenden.

PFLEGETÜCHER SELBST GEMACHT

Auf Nummer sicher gehen Sie, wenn Sie sich Ihre eigenen Pflegetücher herstellen. Legen Sie dazu mehrere Kosmetiktücher übereinander in eine Plastikdose, träufeln Sie einen guten Teelöffel Pflanzenöl darüber und verschließen Sie die Dose fest. Das Öl dringt nach kurzer Zeit in alle Tücher ein – und Sie haben bei Bedarf genug pflegende und reinigende Tücher zur Hand, auch unterwegs.

Der wunde Babypo

Die Hautreaktionen auf Stuhl und Urin können recht unterschiedlich sein. Manchmal ist der Po des Babys rot und wund – selbst bei häufig gewechselten Windeln und sorgfältiger Reinigung. Eine leichte Rötung ist dann meist schnell zu beheben: Nehmen Sie einen weichen Waschlappen, befeuchten Sie diesen mit etwas warmem Wasser, und geben Sie einen Teelöffel voll Mandelöl darauf. Waschen Sie damit sanft, aber gründlich den Windelbereich, der anschließend gut trocken getupft werden sollte. Falls diese Maßnahme alleine noch nicht reicht, cremen Sie die Haut anschließend dünn mit einer Wundcreme ein, die Auszüge aus Ringelblumen oder Zusätze von Panthenol, Lebertran oder Zinkoxid enthält.

VIEL LUFT!

Ein wunder Po braucht zudem so viel Luft wie möglich. Lassen Sie Ihr Kind daher nach dem Abtrocknen einige Minuten ohne Windeln im

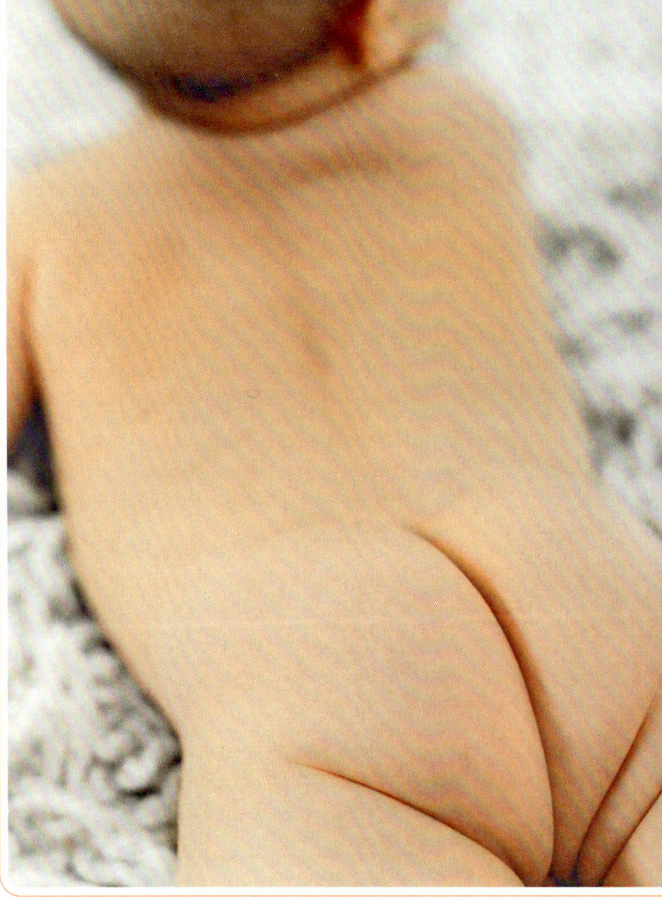

Damit Babys Po nicht wund wird, braucht er häufig frische Windeln und viel Luft.

warmen Raum auf der Krabbeldecke, im Laufstall oder auf dem Bettchen strampeln. Als schützende Unterlage bietet sich beispielsweise eine Moltonauflage mit Nässeschutz aus Baumwolle an, die auch für den Wickeltisch, den Kinderwagen oder das Babybett genutzt werden kann. Plastikunterlagen eignen sich nicht, denn darauf schwitzt der kleine Po, und Feuchtigkeit sowie Wärme fördern wiederum das Wundsein. Beim heilenden Trocknen des Pos mit dem lauwarmen Fön sollten Sie vorsichtig sein. Es besteht die Gefahr, dass das Kind uriniert und der Urinstrahl den Fön trifft. Das kann zu einem tödlichen Stromschlag beim Kind führen. Minimieren können Sie das Unfallrisiko durch ein Handtuch, das zwischen den Beinchen liegt. Oder Sie drehen das Baby auf den Bauch.

HEBAMMEN-TIPP

Heilwolle

Seit Jahrhunderten nutzen die Menschen die Wirkung der Heilwolle bei offenen Wunden, Entzündungen oder Erkrankungen wie Rheuma. Dabei handelt es sich um keine Zauberei, sondern um naturbelassene Schafwolle, die nach dem Scheren ohne chemische Substanzen nur einmal mit klarem Wasser durchgewaschen wird. Der hohe Lanolingehalt der Wolle aktiviert zusammen mit den Fasern den Selbstheilungsprozess und sorgt für eine gute Belüftung der wunden Körperpartie. Bei einem Windelausschlag wird eine Handvoll Heilwolle direkt auf den sauberen Po gelegt, der vorher nicht eingecremt wurde. Legen Sie wie gewohnt die Windel an, und erneuern Sie die Heilwolle beim nächsten Wickeln. Der hohe Fettanteil der Wolle fördert die Wundheilung, verhindert Juckreiz, pflegt die Haut und hält sie trocken, ohne sie auszutrocknen. Die lose Wolle schafft zudem ein gutes Klima in der Windel, bei dem es Keime schwer haben, sich weiterzuentwickeln. Heilwolle gibt es in der Apotheke oder über das Internet (siehe Adressen Seite 402).

Schlagen alle Heilungsversuche fehl und ist der Babypo länger als vier bis fünf Tage wund, könnte infolge des Wundseins eine Pilzerkrankung aufgetreten sein. Die Diagnose sollte von Ihrem Kinderarzt gestellt werden (siehe Windelausschlag Seite 400). Auch in diesem Fall sind häufiges Windelwechseln und viel Luft wichtig; die Maßnahmen reichen aber nicht aus. Der Pilz lässt sich meist nur mit einer speziellen Salbe oder Lösung ausschalten (siehe Seite 401).

Sanfte Babymassage

Zärtliche Streicheleinheiten, die Nähe und Vertrautheit schaffen, runden jedes Pflegeritual ab. Babymassage eignet sich aber auch besonders gut, um das Kind zu beruhigen, seine Muskulatur zu stärken und die Koordinationsfähigkeit zu verbessern. Darüber hinaus fördern die liebevollen Berührungen während der Massage die Kontaktfähigkeit des Kindes.

Babymassage tut den Kleinen von Anfang an gut, und so können Sie schon nach der Geburt mit sanftem Streichen über die Haut des Winzlings beginnen. Damit sich der kleine Nackedei bei der Massage richtig wohlfühlt, sollte es im Zimmer mindestens 24 °C warm sein. Legen Sie Ihr Baby mit dem Rücken auf die Wickelkommode, oder setzen Sie sich auf den Boden und legen Sie das Kind auf Ihre ausgestreckten, entblößten Beine. So spürt das Baby seine Mutter rundum und ist ihr ganz nah. Sind Sie von der Entbindung noch geschwächt, massieren Sie Ihr Baby einfach sitzend im Bett, und stützen Sie dabei Ihren Rücken mit Kissen gut ab.

Nach Wunsch: Massageöl

Ganz nach Ihren Vorlieben können Sie mit trockenen Händen massieren oder ein pflegendes Öl verwenden. Gut geeignet ist beispielsweise ein natürliches Mandelöl, das Sie für eine beruhigende Massage vor dem Schlafen mit einem Tropfen ätherischem Lavendelöl mischen können. Hat das Baby sehr trockene Haut, können Sie Avocado- oder Sesamöl verwenden. Nach Rücksprache mit dem Kinderarzt sind bei Neurodermitis zudem Hanf- oder Nachtkerzenöl geeignet.

Geben Sie das Öl in ein Gläschen, das Sie in eine Schüssel mit warmem Wasser stellen. Das leicht erwärmte Öl wird tröpfchenweise für die Massage in den Händen verrieben – und dann kann es losgehen. Doch Vorsicht: Hände und Gesicht des Babys nur trocken massieren, damit kein Öl in die Augen oder den Mund gelangen kann. Eine einfache Massageanleitung finden Sie auf den folgenden Seiten. Wenn Sie Freude daran haben, können Sie auch einen Kurs besuchen, der von vielen Einrichtungen angeboten wird.

Der beste Zeitpunkt

Wenn Sie den Eindruck haben, dass Ihrem Baby eine entspannende Massage guttäte, ist auch die richtige Zeit dafür. Achten Sie aber darauf, dass Ihr Kind weder zu satt noch zu müde oder hungrig ist. Ein guter Zeitpunkt kann sich nach dem Schlafen und Trinken finden lassen, wenn das Kind sich bereits etwas entspannt hat. Dann ist es aktiv genug für gezielte Berührungen. Praktisch sind aber auch die Zeiten nach dem Waschen oder dem Baden, da das Baby in diesen Momenten bereits entkleidet ist.

Zärtliche Berührung

Obwohl die Massage ein Genuss für Groß und Klein ist, sollten sie nicht zu lange dauern. Bei Babys bis zu vier Wochen reichen fünf Minuten, danach können Sie auf zehn Minuten verlängern. Auch der Stärke der Striche kommt große Bedeutung zu. Sie sollten nicht zu sanft und auch nicht zu stark sein. Vertrauen Sie auf Ihr Gespür. Schnell werden Sie erkennen, was Ihrem Baby gefällt und was nicht. Beim Massagetempo gilt es noch zu berücksichtigen, dass schnelle Bewegungen eher anregend wirken, langsame dagegen beruhigen.

Verzichten Sie auf die Massage, wenn das Kind Fieber hat. Eine Bauchmassage kommt zudem nicht infrage, solange der Nabel noch nicht verheilt ist. Dann sollten Sie den Bauch aussparen. Auch Babys mit Neugeborenengelbsucht dürfen schon massiert werden, es regt die Ausscheidung der Farbstoffe über den Stuhl an.

TIPP

Papas sanfte Massage

Die tägliche Babymassage kann sehr gut vom Vater übernommen werden. Die Berührungen festigen die Beziehung zum Kind und werden vom Vater besonders intensiv erlebt, wenn der Arbeitsalltag sonst wenig gemeinsame Zeit für beide bereithält. Die Streicheleinheiten gehen dem Kind dabei wahrlich unter die Haut: Es spürt die Liebe und fühlt sich rundum geborgen. Eigentlich brauchen Sie für die tägliche Massage keine »Methode«. Andererseits schadet es auch nicht, in einem Kurs oder von der Hebamme verschiedene Handgriffe zu lernen. Verkrampfen Sie sich aber nicht: Im Vordergrund stehen Entspannung und das Herstellen einer tiefen Bindung.

So massieren Sie Ihr Baby

Für Sie und Ihr Kind ist Babymassage eine feine Sache. Sie verspricht nicht nur eine sinnliche Wohltat und eine entspannende Zeit, sondern festigt auch die Eltern-Kind-Bindung durch intensive Zuwendung. Beginnen Sie bei der Babymassage am besten mit einer einfachen Variante wie der folgenden, die Sie leicht nachmachen können. Wenn Sie Freude daran haben, lassen Sie sich von Ihrer Hebamme oder in einem Baby-Massagekurs weitere Varianten zeigen – oder kaufen Sie sich ein Buch zum Thema (siehe Seite 407).

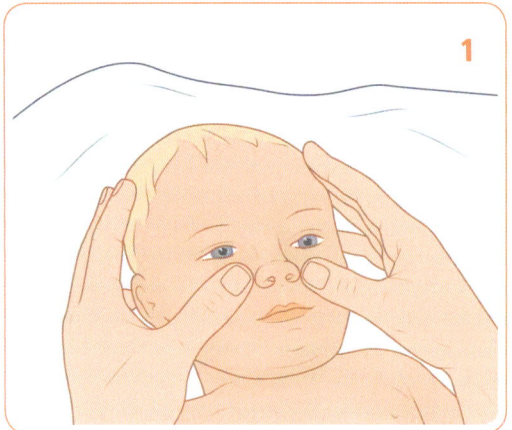

* Streichen Sie sanft mit beiden Handflächen von der Stirn des Babys zu den Schläfen.
* Von Nase und Mund streichen Sie anschließend ein paarmal zu den Ohren (siehe Bild 1).
* Legen Sie Ihre Hände auf das Köpfchen und fahren Sie hinunter über den Hals und über die Schultern.
* Legen Sie Ihre Hände nebeneinander auf den kleinen Brustkorb, und streichen Sie über die Rippen nach außen (siehe Bild 2).
* Für die Bauchmassage benutzen Sie nur zwei Finger einer Hand, mit denen Sie im Uhrzeigersinn um den bereits verheilten Nabel herumstreichen (siehe Bild 3).

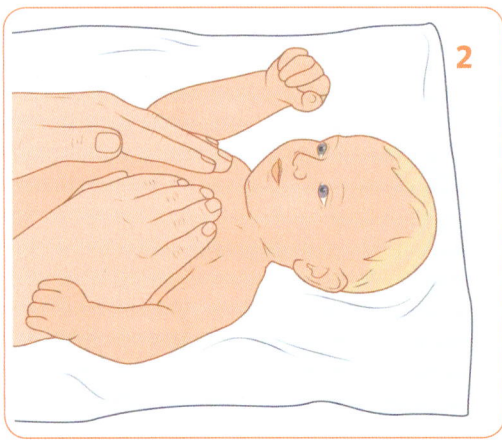

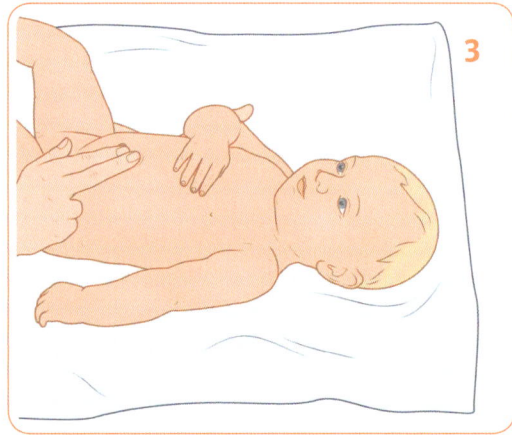

❋ Weiter geht es mit beiden Händen, die Sie rechts und links auf den unteren Bauch legen. Streichen Sie mit Ihren Fingern über das Becken die Beine hinunter, und gehen Sie noch über den Fußrücken hinaus (siehe Bild 4).

❋ Nun kommt die andere Seite dran. Drehen Sie das Baby auf den Bauch, und legen Sie Ihre Hände ganz oben am Rücken rechts und links neben die Wirbelsäule. Mit Strichen von innen nach außen

wird der Rücken von oben nach unten massiert (siehe Bild 5).

❋ Legen Sie Ihre Hände mit gespreizten Fingern auf die kleinen Pobacken, und streichen Sie bis zu den Fersen hinunter (siehe Bild 6).

❋ Zum Schluss sind die Hände und Füße Ihres Babys an der Reihe. Massieren Sie die Handinnenflächen und Fußsohlen mit kreisenden Bewegungen Ihres Daumens (siehe Bild 7).

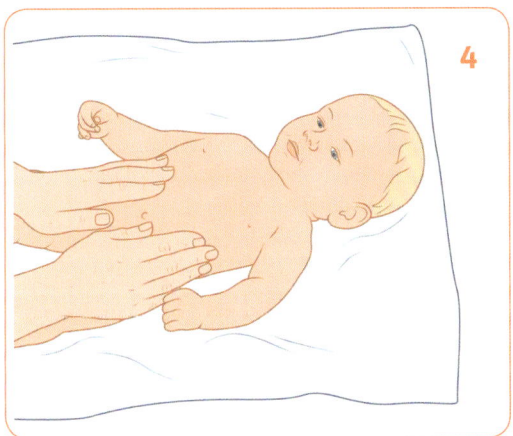

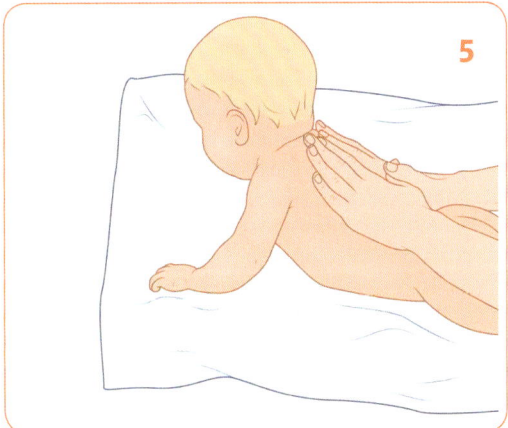

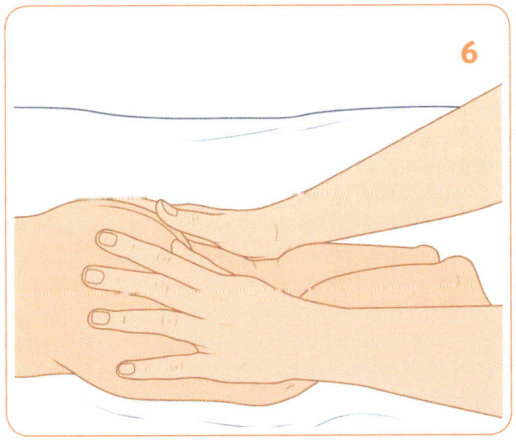

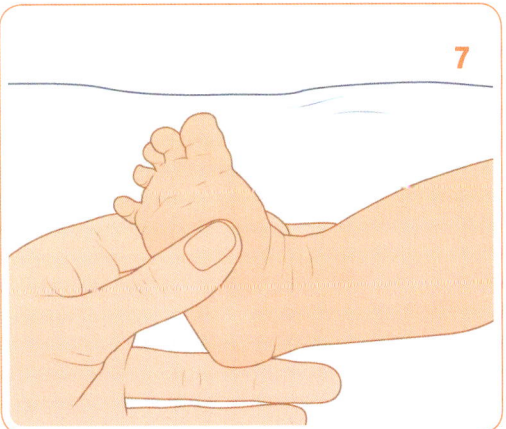

Begleitung durch die Hebamme

Vielleicht kennen Sie Ihre Nachsorgehebamme bereits recht gut, weil sie Sie schon während der Schwangerschaft betreut hat. Wenn nicht, haben Sie auch nach der Entbindung die Möglichkeit, die Hilfe einer Hebamme erstmals in Anspruch zu nehmen. Ideal ist es, wenn Sie sich bereits während der Schwangerschaft eine Nachsorgehebamme gesucht und sie in einem ersten Gespräch kennengelernt haben. Sie können aber auch in der Entbindungsklinik oder sobald Sie zu Hause sind, eine Hebamme kontaktieren. Adressen von Hebammen in Ihrer Nähe bekommen Sie beim örtlichen Gesundheitsamt oder im Internet (siehe Adressen Seite 402).

Die Nachsorgehebamme ist eine wichtige Unterstützung in den ersten Wochen mit Baby, die Sie unbedingt in Anspruch nehmen sollten. In erster Linie geht es um die Wochenbettbetreuung und die Gesundheit der Mutter, die von der Hebamme bei regelmäßigen Hausbesuchen begutachtet wird. Sie kontrolliert dabei die Rückbildung der Gebärmutter, beobachtet die Wundheilung und schaut, ob beim Stillen alles klappt – wenn nicht, ist sie auch hierbei behilflich. Als Ratgeberin steht Ihnen die Hebamme auch im Umgang mit dem Baby zur Seite, gibt Tipps für die Pflege, hilft beim ersten Baden und überprüft den allgemeinen Zustand des Neugeborenen, beispielsweise das Schlaf- und Trinkverhalten. Sollte es Probleme mit der Gewichtszunahme des Kindes geben, wird Ihnen die Hebamme auch Alternativen zum ausschließlichen Stillen zeigen und Sie darin unterstützen. Außerdem hilft sie bei kindlichen Verdauungsproblemen oder Hautausschlägen wie der Windeldermatitis (siehe Seite 400).

Die Kosten werden übernommen

Die gesetzliche Krankenkasse übernimmt Hebammenleistungen innerhalb der ersten zehn Lebenstage des Babys für tägliche Hausbesuche oder Beratungen per Telefon oder E-Mail. Nach Bedarf sind bis acht Wochen nach der Geburt bis zu 16 weitere Besuche oder Beratungen möglich – mit einem ärztlichen Attest auch mehr. Bis zum Ende der Stillzeit trägt die Krankenkasse zudem die Kosten für die Beratung und Unterstützung durch die Hebamme bei Stillproblemen und -schwierigkeiten. Im Bedarfsfall vermittelt sie auch Kontakte zu Beratungsstellen und Selbsthilfegruppen.

Alle Leistungen, die über diese Regelungen hinausgehen, werden von Ihnen privat bezahlt. Das zusätzliche Angebot einer Hebamme kann recht vielfältig sein und enthält zum Beispiel Kurse zur Kinderpflege, Tragetuchkurse, Stillberatung, Ernährungsberatung für Mutter und Kind, Breikochkurse, Babymassagekurse und Akupunktur. Fragen Sie Ihre Nachsorgehebamme, wenn Sie Interesse an einem der Kurse haben.

Rückbildungsgymnastik

Viele Hebammen bieten auch Kurse zur Rückbildungsgymnastik an, die von der gesetzlichen Krankenkasse gezahlt werden, wenn sie bis zum neunten Monat nach der Entbindung abgeschlossen sind. Übernommen werden dann zehnmal 60 Minuten. Meist können Sie bei der Rückbildungsgymnastik wählen, ob Sie einen Kurs mit oder ohne Baby belegen möchten. Mit Baby kann es sein, dass Sie – auch bei Kinderbetreuung – mehr mit Stillen und Trösten beschäftigt sind als mit Gymnastik. Ein Kurs in den Abendstunden ohne Kind erlaubt es Ihnen, ganz bei sich zu sein und neue Energie zu tanken. Und Ihr Partner kann diese Zeit mal ganz alleine mit dem Baby verbringen.

Begleitung durch den Arzt

Der Kinderarzt betreut Sie und Ihr Kind von der Geburt an. Er ist dafür speziell ausgebildet und hat an Kinderkliniken eine entsprechende langjährige Weiterbildung absolviert. Er sollte Ratgeber und Vertrauensperson zugleich sein, während er alle Vorsorgeuntersuchungen durchführt, sich um Ihr Kind kümmert, wenn es erkrankt, und Ihre Fragen zur Entwicklung und Befindlichkeit beantwortet.

Am besten suchen Sie sich einen Kinderarzt in der Nähe, damit Sie die Praxis im Bedarfsfall schnell erreichen können. Aber nicht die Nähe allein entscheidet: Sie sollten sich schon darüber klar werden, ob sich Ihre Einstellungen und Erwartungen mit den Vorstellungen des Arztes decken. Und auch die Sympathie zum Arzt und die sich entwickelnde Beziehung spielt eine große Rolle, gerade wenn es um Gespräche in aller Offenheit geht. Viele Kinderärzte haben besondere Qualifikationen und Zusatzbezeichnungen und haben sich in besonderer Weise spezialisiert. Bei der Wahl des Kinderarztes sollten Sie auch berücksichtigen, inwieweit Bereitschaftsdienste am Wochenende und an Feiertagen angeboten werden und ob Sie eine private Rufnummer für den Notfall bekommen. Denn bevor Sie sich beispielsweise nachts auf den Weg ins Krankenhaus mit all den Wartezeiten und Verwaltungsangelegenheiten machen, kann Ihnen der vertraute Arzt, der Ihr Kind, sein allgemeines Befinden und mögliche Vorerkrankungen kennt, oft besser helfen.

Folgende Kriterien können Ihnen bei der Wahl des Kinderarztes behilflich sein:

* Tritt Ihnen der Arzt freundlich und offen gegenüber?
* Nimmt sich der Arzt Zeit für ein Gespräch, und fragt er auch nach Ihrem Befinden?
* Gibt er Ihnen seine private Telefonnummer, damit Sie ihn im Notfall außerhalb der Sprechzeiten anrufen können?
* Bietet er Bereitschaftsdienste an Wochenenden und Feiertagen an?
* Hat er eine feste Vertretung für seine eigenen Urlaubszeiten?
* Macht er auch Hausbesuche?
* Geht er freundlich mit seinen Mitarbeitern um, und verbreitet er in der Praxis eine ansprechende Atmosphäre?
* Sind die Mitarbeiter des Arztes zuvorkommend und freundlich zu Ihnen?
* Gibt es separate Wartebereiche für Kinder mit ansteckenden Krankheiten und für Babys?
* Haben Sie die Möglichkeit, nachzufragen, und werden Sie in alle Entscheidungen, die Ihr Kind betreffen, eingebunden?
* Bietet der Arzt Ihnen und Ihrem Kind Hilfe an, und erteilt er Ratschläge statt Befehle?

Eine Untersuchung beim Kinderarzt kann für Babys auch ein interessantes Erlebnis sein.

Noch mehr Unterstützung

Manchmal geht es im Leben drunter und drüber. Nichts ist mehr, wie es war, und Überforderungen rauben Schlaf und Energie, die Sie eigentlich dringend für Ihr Baby brauchen würden. Dann können persönliche Stimmungsschwankungen, Streit in der Familie, Sorgen ums Baby, Krankheiten oder Geldprobleme den Alltag düster werden lassen. Zögern Sie in solchen Fällen nicht, kompetenten Rat einzuholen oder Ihr Herz etwa bei einer Beratungsstelle auszuschütten. Auch das Gespräch mit Menschen, auf deren Schweigepflicht Sie vertrauen können, kann Erleichterung bringen. Zu diesen Personen gehören zum Beispiel der Pfarrer, die Hebamme und der Arzt.

* Beim örtlichen Gesundheitsamt können Sie sich zudem erkundigen, ob man Ihnen eine Kinderkrankenschwester zur Beratung und Unterstützung vermitteln kann. Die Kosten für Hausbesuche und telefonische Beratungen werden in den ersten drei Lebensjahren des Kindes übernommen.

* Eine anonyme Beratung in Lebenskrisen gibt es bei verschiedenen Erziehungsberatungsstellen. Hier helfen speziell geschulte Psychologen weiter.

* Schwangerenberatungsstellen sind auch nach der Geburt des Kindes geeignete Ansprechpartner für Probleme mit dem Baby oder dem Partner. Man unterstützt Sie des Weiteren beim Ausfüllen von Anträgen (etwa für Elterngeld oder Elternzeit) und berät Sie, wo es welche Zuschüsse gibt. Diese Beratungsstellen helfen Ihnen auch dann weiter, wenn es um Sorgerechtserklärungen oder Vaterschaftsanerkennungen geht. Ein Hausjurist kann Sie bei Bedarf sogar kostenlos zu den Behörden begleiten.

Die Doula ist nur für Sie da

Eine persönliche Begleiterin, die Ihnen mit Rat und Tat, aber vor allem emotional beisteht, finden Sie in der »Doula« – der »Dienerin der Frau«, wie sich der Name aus dem Altgriechischen übersetzen lässt.

Die heutigen Doulas haben zwar keine Ausbildung zur Hebamme. Spezielle Schulungen machen sie jedoch zur kompetenten Ansprechpartnerin bei Ängsten, Sorgen und Fragen der jungen Mutter, die sie darüber hinaus mit ihren eigenen Erfahrungen als Frau und Mutter unterstützen.

Die Begleitung einer Doula kann bereits in der Schwangerschaft beginnen und über die Geburt hinaus weitergehen. Im Wochenbett bemühen sich diese Frauen darum, die Beziehung zwischen den Eltern und dem Baby zu stärken. Sie schaffen eine angenehme Atmosphäre für die Wöchnerin, übernehmen Arbeiten im Haushalt, kochen angemessene Kost für die stillende Mutter und ermöglichen ihr viele Ruhephasen, um wieder zu Kräften zu kommen.

Geht es ums Baby, hilft die Doula beim Wickeln, bei der Nabelpflege und beim Baden. Auch wenn sie nicht die Nachsorgehebamme ersetzt, ermöglicht sie es der jungen Familie doch, Unsicherheiten im Umgang mit dem Baby schnell zu überwinden und einen für alle befriedigenden Alltag mit Kind zu finden.

Auch der Stillbeginn kann leichter fallen, wenn die Mutter von einer kompetenten Hebamme und einer Doula unterstützt wird. Besonders Frauen, die ihr Kind nach der Geburt ohne Vater betreuen, deren Partner aus beruflichen Gründen wenig Zeit für Mutter und Kind hat, die Mehrlinge oder ein krankes Kind zur Welt gebracht haben, profitieren von der Einfühlsamkeit und der physischen Hilfe einer Doula.

Die Kosten für eine Doula hängen vom Angebot und dem Aufwand ab. Sollten Sie vom Arzt den

Hilfe für Mutter und Kind

Wenn Erschöpfung und Überforderung übergroß werden, ist schnelle Abhilfe gefragt:

* Bitten Sie Ihren Partner, Eltern oder Freunde, das Baby für einige Stunden zu übernehmen, damit Sie sich ausruhen können.
* Machen Sie mit Ihrem Baby einen langen Spaziergang an der frischen Luft – das hebt die Stimmung. Wenn es viel weint, beruhigt vielleicht Tragen im Tragetuch.
* Schlafen Sie immer, wenn auch das Baby schläft.

Anspruch auf eine Haushaltshilfe attestiert bekommen, ist es möglich, für die Betreuung durch eine Doula im Wochenbett einen Zuschuss von der Krankenkasse zu bekommen. Ansonsten sind die Leistungen der Doula privat zu zahlen. Informationen rund um die Doula erhalten Sie im Internet (siehe Adressen Seite 402).

Haushaltshilfe nach der Geburt

Sollten Sie nach der Geburt Ihres Kindes erkranken, sehr schwach sein oder ins Krankenhaus müssen, wird die Führung des Haushalts sicherlich zum Problem. Nehmen Sie daher frühzeitig Kontakt zu Ihrer gesetzlichen Krankenkasse auf. Denn es kann durchaus sein, dass sie Ihnen in angemessenem Umfang die Kosten für eine Haushaltshilfe erstattet. Auch Beratungsstellen wie pro familia helfen weiter und teilen Ihnen mit, ob Sie Anspruch haben und welche Formalitäten oder Atteste nötig sind. Manche Beratungsstellen vermitteln auch Hilfen, die sich um den Haushalt und natürlich auch um das Baby kümmern.

»wellcome« – die moderne Nachbarschaftshilfe

Unterstützung für Familien mit Neugeborenen bieten rund 200 »wellcome«-Teams in ganz Deutschland. Mehr als 2000 ehrenamtliche Mitarbeiter engagieren sich für Familien, denen es an Entlastung durch Großeltern, Freunde oder Nachbarn fehlt. Die Hilfe ist schnell und unkompliziert und kann ganz unterschiedlich aussehen: Die Ehrenamtlichen kommen zu den Familien nach Hause, passen aufs Kind auf, wenn Mutter oder Vater in Ruhe etwas erledigen möchten oder einen wichtigen Termin haben. Sie begleiten Mutter oder Vater mit Zwillingen zu einem Vorsorgetermin oder spielen mit den Geschwisterkindern, damit Mutter oder Vater mit dem Baby zum Kinderarzt gehen können. Sie machen Einkäufe oder hören einfach nur zu. So verschaffen die Helfer den Eltern kleine Pausen zwischendurch, um wieder Kraft zu schöpfen.

Die praktische Hilfe gibt es für ein paar Stunden an zwei Tagen in der Woche und kann vom »wellcome«-Team in Ihrer Nähe organisiert werden. Für die Vermittlung fällt eine einmalige Grundgebühr von zehn Euro an, für die Betreuung sind es bis zu fünf Euro pro Stunde. Finanzschwache Familien erhalten eine Ermäßigung.

Das Elterngeld

Zusätzlich zum Kindergeld haben Eltern die Möglichkeit, Elterngeld zu beziehen. Voraussetzung ist, dass mindestens ein Elternteil nach der Geburt des Kindes ein Jahr zu Hause bleibt oder dass sich die Eltern insgesamt 14 Monate aufteilen (ein Elternteil muss mindestens zwei Monate nehmen). Sie können sich auch gleichzeitig dem Kind widmen, dann werden die Monate bei jedem einzeln berechnet. Das heißt: Es sind gemeinsam maximal sieben Monate möglich, da sie in diesem Fall zusammen auf die erwähnten 14 Monate kommen. Alleinerziehende haben einen Anspruch auf 14 Monate Elterngeld. Auch Teilzeitarbeit ist während der Elterngeldzeit möglich – doch Vorsicht: Sobald Sie mehr als 30 Stunden pro Woche arbeiten, verlieren Sie den Anspruch auf Elterngeld.

Und so viel gibt es: Der Elternteil, der nicht arbeiten geht, erhält bis zu 65 Prozent seines Nettoverdienstes, wenn er vor der Geburt des Kindes mehr als 1240 Euro netto pro Monat verdient hat. Lag der Nettoverdienst zwischen 1000 und 1200 Euro gibt es 67 Prozent. Wer unter 1000 Euro netto verdient hat, bekommt schrittweise bis zu 100 Prozent seines letzten Nettoverdienstes. Dabei ist zu berücksichtigen, dass das Elterngeld mindestens 300 Euro pro Monat und maximal 1800 Euro beträgt. Spitzenverdiener mit einem Jahreseinkommen von über 250.000 Euro (bei Ehepaaren über 500.000 Euro) erhalten kein Elterngeld.

Den Antrag auf Elterngeld erhalten Sie etwa bei der Stadt- oder Gemeindeverwaltung, abgeben können Sie ihn frühestens am Tag der Geburt des Kindes. Doch so schnell müssen Sie nicht sein: Bis zu drei Monate vor dem Monat der Antragstellung wird Elterngeld rückwirkend gewährt (siehe Adressen Seite 402).

Die Elternzeit

Unabhängig vom Elterngeld stehen Ihnen und Ihrem Partner insgesamt drei Jahre Elternzeit zu. In dieser Zeit genießen Sie Kündigungsschutz und haben die Gewissheit, wieder an Ihre Arbeitsstelle zurückkehren zu können.

Elternzeit kann ganz oder teilweise von einem der beiden Elternteile in Anspruch genommen werden. Zudem haben Sie die Option, die Zeit untereinander aufzuteilen oder Teile davon gleichzeitig zu nutzen.

Der Zeitpunkt, ab dem Sie Ihre Elternzeit antreten möchten, kann von Ihnen gewählt werden. Es ist also ganz egal, ob Sie direkt im Anschluss an die Mutterschutzfrist beginnen oder später. Sie müssen Ihrem Arbeitgeber nur spätestens sieben Wochen vor der geplanten Elternzeit schriftlich Bescheid geben. Außerdem endet der Anspruch auf Elternzeit, sobald das Kind drei Jahre alt ist. Es sei denn, Sie haben einen Anteil von bis zu zwölf Monaten aufgespart, und Ihr Arbeitgeber hat zugestimmt, dass Sie die Zeit bis zum achten Geburtstag des Kindes nehmen können. Generell ist es möglich, die Elternzeit mit Einverständnis Ihres Arbeitgebers auf mehrere Zeitabschnitte zu verteilen.

Wenn Sie während der Elternzeit gerne Teilzeit bis zu 30 Stunden die Woche arbeiten möchten, müssen Sie dem Arbeitgeber diese Entscheidung spätestens sieben Wochen vor Aufnahme der Teilzeitbeschäftigung mitteilen.

Während der Elternzeit bleibt die Mitgliedschaft in der gesetzlichen Krankenversicherung erhalten und ist beitragsfrei. Nur im Falle eines versicherungspflichtigen Teilzeitjobs fallen Beiträge an. Freiwillig und privat Versicherte sind immer beitragspflichtig. Arbeitnehmer bleiben während ihrer Elternzeit arbeitslosenversichert und bekommen die Kindererziehungszeit in der Rentenversicherung angerechnet.

Sicher zu Hause und unterwegs

Voller Neugier startet das kleine Kind ins Leben. Immer mehr und immer schneller erkundet es seine Umwelt. Anfangs schaut das Baby gerne zu, hört genau auf jedes Geräusch, lernt Stimmen kennen und bald auch Gesichtsausdrücke zu deuten. Und je mobiler das Kind wird, desto genauer untersucht es auch sein Umfeld. Sobald sich das Baby dann drehen kann, durch die Wohnung robbt oder krabbelt, kann es ganz schön gefährlich werden. Hinter vielen kleinen und großen Dingen lauern Gefahren: vom Verschlucken bis zu Verbrennungen oder schweren Verletzungen durch herunterstürzende Gegenstände. Damit es erst gar nicht so weit kommt, sollten Sie Ihre Wohnung so früh wie möglich sichern, damit der kleine Forscher gefahrlos auf Entdeckungsreise gehen kann. Am besten Raum für Raum.

WICHTIG

Nummern für den Notfall

Folgende Rufnummern sollten auf Ihrer Notfallliste stehen:

* 110 Polizei
* 112 Notarzt, Rettung, Krankenwagen, Feuerwehr
* 030/19240 Giftnotruf mit der Vorwahl von Berlin (Berlin ist speziell für Kinder zuständig)
* 19240 Giftnotruf (Erkundigen Sie sich, ob diese allgemeine Giftnotrufnummer mit der Vorwahl Ihrer Ortschaft oder der nächst größeren Stadt gültig ist.)
* Rufnummer Ihres Kinderarztes
* Rufnummer des nächsten Krankenhauses
* Rufnummer des Kinderärztlichen Notdienstes (falls Ihr Kinderarzt außerhalb der Sprechzeiten nicht zu erreichen ist)
* Rufnummer des allgemeinen ärztlichen Bereitschaftsdienstes
* Rufnummer eines Taxis
* Rufnummer Ihres Partners

Sollte doch einmal etwas passieren, hängen Sie für den Notfall am besten alle wichtigen Nummern (siehe Kasten) in die Nähe des Festnetztelefons oder zentral im Eingangsbereich auf. Denn wenn Sie schnell handeln müssen, aufgeregt sind und nicht mehr wissen, was als Erstes zu tun ist, kann es sogar sein, dass Ihnen vor lauter Nervosität nicht einmal mehr die Rufnummer der Polizei einfällt. Daher gehören auch die »einfachsten« Nummern, die Sie sonst in- und auswendig können, auf Ihre Liste.

Das Kinderzimmer

Das kleine Reich des Babys birgt mehr Gefahren als man denkt. Das fängt schon beim Bettchen an. Um das Baby besonders in den ersten drei Lebensmonaten vor dem plötzlichen Kindstod (SIDS) zu schützen (siehe Seite 157), muss das Bett genügend Luftzirkulation zulassen, damit sich die Wärme nicht stauen kann und eine ausreichende Frischluftversorgung besteht. Verzichten Sie daher auf enge Wiegen, Stubenwagen mit Vorhängen oder textile Umrandungen, die das Bett zum kleinen Nest machen. Erstickungsgefahren bergen aber auch Kopfkissen und Bettdecken fürs Kind. Auch darauf sollten Sie verzichten. Es reicht aus, wenn Sie Ihrem Kind zum Schlafen einen Schlafanzug anziehen und darüber einen Sommer- oder Winterschlafsack. Im Winter kann zusätzlich eine leichte Decke über das Kind gelegt werden.

EIN SICHERES BETT

Auch das Gitterbettchen sollte unbedingt stabil sein und der Abstand zwischen den Gitterstangen auf keinen Fall größer als 6,5 Zentimeter. Damit verhindern Sie, dass das Baby seinen Kopf durch die Stangen steckt und sich verletzt oder gar stecken bleibt. Die Gitter am Fußende des Bettes sowie am Rand müssen höher als 60

Zentimeter sein, damit das Kind, wenn es sich hochziehen kann, nicht hinausklettern oder gar herausfallen kann. Achten Sie auch darauf, in das Bett keine kleinen Spielsachen oder Gegenstände zu legen, die das Kind verschlucken könnte, oder größere, die sich in ihre Einzelteile zerlegen lassen. Angenähte Knöpfe als Augen für Püppchen oder Bären sollten sich ebenfalls nicht von den kleinen Fingern abdrehen lassen. Liegt ein elektrisches Spielzeug im Bett, überprüfen Sie unbedingt, ob das Kind an die Batterie kommen kann. Treten aus einer älteren Bat-

terie bereits Schadstoffe aus, kann sie das Kind über den Mund aufnehmen. Als Gefahrenquelle in und ums Bettchen herum gelten auch Spielzeugketten, die quer über das Bett gespannt werden und in die das Kind sich mit Fingern und Händen und schlimmstenfalls sogar mit dem Hals gefährlich verheddern kann.

AUSDÜNSTEN UND LÜFTEN

Von neuen Möbeln oder auch Matratzen, Stoffen, Teppichen und Textilien können unangenehme Gerüche sowie gesundheitlich bedenkli-

WICHTIG

Vorsicht vor schädlichem Spielzeug

Ob Puppe, Plüschtier oder Holzeisenbahn: Giftstoffe in Spielzeug haben immer wieder Schlagzeilen wegen ihrer mehr oder weniger gesundheitlich bedenklichen Bestandteile gemacht. Vom gesundheitsschädigenden Flammschutzmittel TCEP über den Weichmacher PAK bis hin zu nickelhaltigen Metallteilen war klassisches Holzspielzeug genauso betroffen wie solches aus Plastik. In einem Test war sogar mehr Spielzeug aus anderen Materialien belastet als Hartplastik-Spielzeug. Der Kauf von sicheren Spielwaren ist daher nicht immer einfach. Auch Prüfsiegel sind kritisch zu hinterfragen, macht das ein oder andere doch nur deutlich, dass sich die Hersteller an die Mindestanforderungen der EU-Spielzeugrichtlinie halten. Und diese Richtlinie wird unter anderem vom Bundesamt für Risikobewertung (BfR) kritisiert, da die Regelungen zur chemischen Sicherheit von Spielzeug nicht ausreichen sollen. Manche Siegel dürfen auch von den Herstellern selbst angebracht werden, ohne dass das Produkt von einem unabhängigen Prüflabor kontrolliert werden

muss. Vielleicht liegt ja bereits ein Testergebnis der bekannten Verbraucherschützer über ein bestimmtes Produkt vor. Die örtliche Verbraucherzentrale kann Ihnen weiterhelfen. Hat das Spielzeug kein Prüfsiegel oder möchten Sie sich lieber selbst ein Urteil bilden, nehmen Sie das Produkt am besten in die Hand und begutachten es:

* Riecht es auffallend, hat es scharfe oder spitze Kanten, oder geht Farbe ab, wenn Sie mit dem feuchten Finger darüberrubbeln?
* Fallen kleine oder leicht ablösbare Einzelteile auf, oder gibt es klappbare Teile, mit denen sich das Kind die Finger quetschen kann? In diesen Fällen sollten Sie unbedingt vom Kauf absehen.
* Ungeeignet für Kinder unter drei Jahren ist grundsätzlich Spielzeug, das kleiner als ein Tischtennisball ist.
* Wegen der Gefahr des Verschluckens sollten Sie auch Produkte wie Rasseln, in deren Innerem sich Kleinteile befinden, auf die Verarbeitung hin testen.

che Ausdünstungen ausgehen. Es empfiehlt sich, Neuanschaffungen bereits aufzubauen oder einzurichten, bevor das Baby ins Zimmer einzieht. Lüften Sie den Raum häufig, damit eventuelle Schadstoffe entweichen können. Auch Möbel und Stoffe mit Ökosiegel bieten in der Regel Schutz vor einem schlechten Raumklima. Lüften Sie frisch gestrichene Räume gut durch, und warten Sie mindestens einen Tag, bevor Sie das Baby in diesen Raum bringen.

Der Wickeltisch

Die für Ihren Rücken angenehme Höhe des Wickeltisches von etwa 1,20 Metern ist leider auch gefährlich fürs Baby – wenn es von hier hinunterstürzt. Eine rund 20 Zentimeter hohe Umrandung der freien Seiten bietet etwas Schutz. Ein Wickeltisch, der in eine Raumecke geschoben werden kann, braucht praktischerweise nur noch an einer Seite gegen einen Sturz gesichert zu werden. Denken Sie immer daran, dass der Wickeltisch von Anfang an kein Ort ist, an dem ein Kind alleine liegen bleiben kann. Beim Wickeln und Ankleiden sollte deshalb aus Sicherheitsgründen immer eine Hand am Kind sein. Falls das Telefon oder die Hausglocke läutet, nehmen Sie das Kind am besten gleich mit oder legen es auf den mit einem Teppich oder einer Krabbeldecke gepolsterten Fußboden.

Abgerundete Ecken des Wickeltisches sowie ein Maß von 70 x 80 Zentimetern bieten Komfort und Sicherheit. Um das Baby beim Wickeln nicht zu blenden, sollte sich die Lichtquelle nicht direkt über dem Tisch befinden.

Ein einfacher und sicherer Wickelplatz ist der Fußboden, auf dem eine Wickelunterlage liegt. So kann das Kind nicht stürzen und sich nicht an Ecken und Kanten stoßen. Neben dem Wickeln ist dort unten auch genug Platz fürs Turnen, Spielen und Strampeln.

Selbst der sicherste Hochstuhl kann für bewegungsfreudige Babys schnell zur Gefahr werden.

Der Hochstuhl

Sobald das Kind alleine sitzen kann, ist der Hochstuhl der ideale Platz am Esstisch. Doch manche Exemplare bieten nicht genug Sicherheit: Der Stuhl kann kippen und das Kind herausfallen. Achten Sie daher auf ein standfestes Modell, das am besten mit dem Alter des Kindes »mitwächst«. Ein Schritt- und Hüftgurt schützt Ihr Kind anfangs davor, alleine aufzustehen und zu stürzen. Da Kinder gerne klettern, werden sie versuchen, den Hochstuhl als Leiter zu benutzen oder auch, um von da aus auf den Tisch zu steigen. Behalten Sie Ihr Kind deshalb immer im Auge, solange es sich auf dem Stuhl oder in seiner Reichweite befindet.

Der Laufstall

Ein wirklich sicherer Ort ist der Laufstall. Müssen Sie Ihr Baby mal für kurze Zeit allein lassen, ist es im Laufstall am besten aufgehoben (siehe auch Seite 302).

Lauflernhilfen

Die unterschiedlichen Gehfrei-Modelle sehen meist lustig aus, scheinen den Kindern Spaß zu bereiten und sie mobil zu machen. Das stimmt auch – doch laufen lernen können sie mit einer solchen Hilfe auch nicht schneller als ohne. Und die Mobilität, die das Kind mit einer Lauflernhilfe erreicht, kann leider verhängnisvolle Folgen haben. Da das Kleine hierin bis zu zehn Stundenkilometer schnell werden kann, hat es keine Chance, rechtzeitig zu bremsen, wenn Gefahr droht. Ein ungesicherter Gartenteich, eine steile Treppe oder eine heiße Backofentür können dann zu schweren Unfällen führen. Lauflernhilfen sind daher überflüssig und zu gefährlich (siehe auch Seite 252).

Die Nachttischlampe

Ein buntes Lichtobjekt, das vielleicht auch noch geheimnisvoll leuchtet, lädt kleine Kinder leider dazu ein, es mit den Fingerchen genauer zu erkunden. Greift das Kind dann an die Fassung der Glühbirne oder an andere Teile, die Strom führen, kann es zu einem äußerst gefährlichen Stromschlag kommen. An der heißen Glühbirne kann sich ein Kind außerdem verbrennen, und die Lampe kann Feuer fangen, falls sie mit einem Tuch zur Dämpfung des Lichtes bedeckt wird. Vermeiden können Sie derartige Unfälle am ehesten, wenn Sie eine Lampe wählen, deren Abdeckung sich vom Kind alleine nicht öffnen lässt und deren Leuchtkraft sich nach Ihren Wünschen per Schalter dimmen lässt.

Das Badezimmer

Diesen Raum werden Sie vermutlich hauptsächlich zum Wickeln, Waschen und Baden nutzen. Dennoch gibt es auch hier besondere Gefahrenquellen. Denken Sie an die Rutschgefahr. Schnell kommt Wasser beim Planschen oder Waschen auf den Boden und macht die Fliesen rutschig. Ein Sturz Ihrerseits mit Baby auf dem Arm kann für beide schlimme Folgen haben. Tragen Sie daher im Bad rutschfeste Schuhe, oder legen Sie den Boden mit rutschfesten Matten aus.

In Reichweite des Babys sollten auch hier keine Kleinteile liegen, die das Baby greifen und verschlucken kann. Schere, Nagelfeilen, Kosmetika, ätzende Substanzen wie Nagellackentferner oder Arzneimittel jeglicher Art dürfen ebenfalls nicht greifbar sein. Selbst wenn Sie immer eine Hand am Kind haben, sind Ihre Augen und Ihre Aufmerksamkeit wahrscheinlich doch einmal woanders. Dieser kurze Moment kann schon ausreichen, und das Kind hat einen fatalen Griff getan und etwas Gefährliches erwischt.

Wegen der Verbrühungsgefahr sollte auch kein Warmwasserhahn in Reichweite des Kindes sein. Sollten Sie einen Boiler im Bad haben, stellen Sie die Temperatur am besten auf maximal 50 °C ein.

Nicht zu unterschätzen ist die Gefahr, dass das Baby in der Wanne ertrinken könnte. Babys und Kleinkinder unter drei Jahren dürfen daher niemals alleine baden. Wenige Zentimeter Wasser reichen leider schon aus, um zu ertrinken – ohne dass Sie davon irgendetwas mitbekommen. Denn kleine Kinder unternehmen keine eigenen Rettungsversuche, und Sie hören kein alarmierend lautes Planschen. Sobald das Gesicht des Kindes unter Wasser ist, haben die Kleinen keine Chance, sich von alleine wieder aufzurichten. Bereits wenige Minuten unter Wasser können dann tödlich sein.

Auch im Bad lauern Gefahren, die vom Strom ausgehen. Ob an- oder ausgeschaltet, Geräte wie Fön, elektrische Zahnbürsten, Lockenstab oder Rasierer vertragen sich nicht mit Wasser. Lassen Sie diese Gegenstände daher niemals in der Nähe der Wanne oder des Waschbeckens liegen, wenn gebadet oder gewaschen wird. Zusätzliche Sicherheit vor Stromunfällen bietet Ihnen vor allem eine Fehlerstrom-Schutzeinrichtung (RCD), die auch FI-Schutzschalter oder Fehlerstrom-Schutzschalter genannt wird.

Die Küche

Da das Baby meistens bei Ihnen sein möchte, wird es Sie auch in die Küche begleiten wollen. Anfangs findet es in der Wippe noch einen ungefährlichen Platz. Doch wenn das Kind erst einmal krabbelt oder beginnt, sich an Möbeln hochzuziehen, kann die Küche ganz schön gefährlich werden. Wird die Frontklappe des Ofens beispielsweise beim Gebrauch heiß, drohen bei der Berührung mit den kleinen Händchen schwere Verbrennungen. Der Griff der Ofentür verleitet außerdem zum Festhalten und kann vom Kleinen unbeabsichtigt mit Schwung geöffnet werden. Bestenfalls endet das Malheur mit einem Plumps auf den Po, doch auch Prellungen oder Verbrennungen können die Folgen sein. Zur Sicherung der Ofentür gibt es im Handel Herdtürstopps zu kaufen, die die Tür sicher versperren. Ein heißes Backofenfenster lässt sich am besten mit einer zusätzlichen Acrylplatte sichern.

Stehen Töpfe auf dem Herd, sollten die Griffe bzw. Stiele immer in Richtung Wand gedreht werden. Denn alles, was in den Raum hineinragt, kann bei einer unbeaufsichtigten Kletter- oder Tastaktion heruntergerissen werden. Verbrennungen durch das heiße Kochgut sowie Verletzungen durch herunterstürzende Töpfe sind dann nicht selten. Als Schutz bieten sich sogenannte Herdschutzgitter an, die auch das schmerzhafte Ertasten der heißen Kochfelder erschweren. Spezielle Schutzvorrichtungen an den Herdplattenreglern machen es spielenden Händchen zudem unmöglich, die Herdplatten anzuschalten.

Denken Sie auch daran, dass sich Schranktüren und Schubladen in der Küche meist leicht öffnen lassen. In ihrem Inneren sollten daher nur ungefährliche Dinge aufbewahrt werden. Messer, Gabeln, Scheren, Öffner, Feuerzeuge und Ähnliches sollten Sie sicher unter Verschluss halten.

Es ist schwierig, die vielen Gefahrenquellen in der Küche wirklich kindersicher zu machen.

Auch Putzmittel oder andere Haushaltschemikalien dürfen keinesfalls leicht zugänglich gelagert werden. Die Versuchung des Kindes ist groß, diese Mittel einmal auszuprobieren und vielleicht auch zu schlucken. Schwere Vergiftungen und Verätzungen sind dabei nicht auszuschließen. Bewahren Sie solche Mittel zum Beispiel in den Oberschränken oder in sicher verschließbaren Behältern auf.

Elektrische Geräte bergen in der Küche ebenfalls Gefahren fürs Kind. Wasserkocher, Toaster und Kaffeemaschinen auf Arbeitsplatten sollten mit aufgerolltem Kabel unerreichbar direkt an der Wand stehen, damit das Kind von unten nicht an ihnen ziehen kann. Achten Sie auch darauf, den Stecker dieser Geräte nach Gebrauch immer gleich aus der Steckdose zu ziehen. Das gilt ebenfalls für Küchenhelfer wie elektrische

Messer, Küchenmaschine, Mixer oder Pürierstab. Oft finden sich in der Küche auch Schubladen mit Plastiktüten, Kordeln oder Geschenkbändern – Dinge, die auf den ersten Blick recht ungefährlich aussehen. Doch zieht sich das Kind aus Neugier eine Plastiktüte über den Kopf, kann es ersticken. Und beim Spiel mit Kordeln und Bändern kann sich ein Kind erdrosseln, wenn es sie um den Hals wickelt. Inspizieren Sie deshalb alle Schubladen.

WICHTIG

Achtung Stromschlag!

Dass das Erkunden einer Steckdose zum Programm des neugierigen Kindes gehört, liegt auch an der leicht erreichbaren Höhe. Steckt das Kind dann auch noch dünne Gegenstände in die zu erforschenden Löcher, kann es sogar zu einem tödlichen Stromschlag kommen. Das Risiko eines Stromumfalls ist so hoch, dass Steckdosen unbedingt mit einem Verschlussmechanismus gesichert werden müssen. Im Handel gibt es beispielsweise einen Steckdosenschutz zum Aufkleben. Diese Plastikscheibe verdeckt die Löcher der Steckdose, und Stecker können nur noch mit einer für das Kind zu komplizierten Drehbewegung eingesetzt werden. Da die Kleber dieser Plastikscheiben mit der Zeit jedoch nachlassen, sollten Sie den Steckdosenschutz regelmäßig auf seine Funktionalität überprüfen. Es gibt auch Kinder-Schutzsteckdosen, die direkt in die Wand eingebaut werden. Sie eignen sich weniger zum Nachrüsten, aber beim Neubau. Der Handel hält darüber hinaus Mehrfachsteckdosen im Angebot, die von vorneherein eine Sicherungsfunktion eingebaut haben.

Das Wohnzimmer

So manche Tischkante und Schrankecke machen dem mobil werdenden Kind das Leben schwer. Im Fachhandel gibt es daher schützende Plastikkappen, die Sie auf Ecken kleben können. Regale sollten immer an der Wand befestigt sein, damit sie nicht auf das daran kletternde oder sich hochziehende Kind stürzen können. Standfest müssen auch schwere Gegenstände wie Fernseher, Stehlampen, Vasen, Kerzenständer oder andere Dekorationsobjekte gemacht werden. Die kleinen Dinge, die das Wohnzimmer oder auch andere Räume verschönern, werden gerne einmal in den Mund genommen. Räumen Sie daher alles, was das Kind verschlucken könnte, an einen sicheren Ort.

Achten Sie auch darauf, dass Ihr Kind nicht an brennende Kerzen oder an das Feuerzeug samt Aschenbecher mit Zigarettenkippen auf dem Wohnzimmertisch gelangen kann. Zigarettenkippen, die sich das Kind wie Bonbons in den Mund steckt, können schwere Vergiftungen auslösen. Daher sollten auch keine »ganzen« Zigaretten im Umkreis des Kindes zu finden sein. Herumliegende Medikamente oder Tabletten, die an Bonbons erinnern, werden ebenfalls schnell in den Mund gesteckt und geschluckt, was Gesundheitsschäden und Vergiftungen zur Folge haben kann. Darüberhinaus werden nicht abgeräumte Gläser mit Alkoholresten zur Vergiftungsquelle, wenn der Nachwuchs den Inhalt für Saft hält und davon trinkt.

Treppen und Türen

An Treppensteigen ist im ersten Lebensjahr Ihres Kindes zwar noch nicht zu denken, doch ans Hinunterfallen leider schon. Schutz bietet ein Gitter mit einer Mindesthöhe von 65 Zentimetern, das stabil verankert werden muss. Ab dem zweiten Lebensjahr sollte das Gitter erhöht wer-

Ein Treppengitter schützt das Baby vor schweren Stürzen und Verletzungen.

den, da das Kind sonst daran hochklettern und hinunterfallen kann.

Auch eine Tür kann zur Gefahr fürs Kind werden, wenn sie zufällt und das krabbelnde Kind alleine im Raum ist und Angst bekommt oder übermutig auf Entdeckungstour geht. Außerdem kann eine Tür auch ein Fingerchen schmerzhaft einklemmen. Dem allem kommen Sie zuvor, wenn Sie ein Tuch von der Innen- zur Außenklinke binden, sodass die Tür nicht mehr schließen kann und immer ein Spalt offen bleibt. Im Handel sind zudem leicht anzubringende Klemmschutzvorrichtungen aus Schaumstoff erhältlich. Diese werden an das Türblatt geklemmt.

Giftige Pflanzen

Giftige Zimmerpflanzen und Schnittblumen sollten vorsichtshalber ganz aus der Wohnung verbannt werden. Der Bewegungsdrang des äl-

teren Babys kann ungeahnte Wege einschlagen und doch einmal zu einer Pflanze führen, deren Verzehr Vergiftungen auslöst.

Lang ist auch die Liste giftiger Pflanzen, die in Gärten oder Balkonkästen wachsen. Lassen Sie Ihr Kind daher niemals unbeaufsichtigt im Freien auf einer Decke strampeln oder spielen. Welche Pflanzen giftig sind, erfahren Sie im Internet (siehe Adressen Seite 402).

Balkon und Garten

Frische Luft tut dem Kind im Sommer wie im Winter gut. Doch unbeaufsichtigt sollte sich Ihr Kleines weder auf dem Balkon noch im Garten aufhalten, auch wenn der große Rasen noch so ungefährlich ausschaut. Nicht nur unbekömmliches Unkraut kann ihm schaden, sondern auch Bienen und Wespen, die von blühendem Klee oder Löwenzahn angelockt werden. Ein kurz gemähter Rasen ist daher der beste Schutz vor Insektenstichen oder aber ein dünnes Tuch, das sie über den Kinderwagen spannen – sofern Ihr Baby noch gerne darin schläft.

Beim Balkon sollten Sie neben der richtigen Blumenauswahl darauf achten, dass das Kind nicht auf Stühle oder andere Gegenstände klettern und über das Geländer fallen kann.

Teich und Wassertonne

Leider sind Gartenteiche und Regentonnen schon oftmals zur tödlichen Falle für kleine Kinder geworden. Begrenzen Sie daher den Teich in ausreichendem Abstand, damit das Kind erst gar nicht an den Rand gelangen kann, und decken Sie alle Sammelbehälter für Regenwasser sicher ab. Und auch ein Gartenteich mit niedrigem Wasserstand ist gefährlich: Kleinkinder können bereits bei einer Wassertiefe von wenigen Zentimetern ertrinken, wenn sie mit dem Gesicht voran ins Wasser fallen.

Der Sandkasten

Größere Babys lieben es, im Sand zu spielen, leider aber auch, den Sand in den Mund zu nehmen. Daher ist es wichtig, die Sandkiste auf dem Balkon oder im Garten bis zum Spielbeginn gut abzudecken und so vor Regen, Ungeziefer und Verunreinigungen durch Tierkot zu schützen.

Für die Begutachtung des Sandes auf öffentlichen Spielplätzen bleibt Ihnen nur, ganz genau hinzuschauen. Immer wieder finden sich hier vor allem Hunde- und Katzenkot, Glasscherben, leere Alkoholflaschen, Zigarettenkippen oder auch gebrauchte Spritzen. Entweder Sie machen sich die Mühe, bei vereinzelten »harmlosen« Verschmutzungen selbst Hand anzulegen, oder Sie verlassen den Ort vorsichtshalber lieber gleich.

Mit dem Baby im Auto

Damit Ihr Kind auch im Auto seinen richtigen Platz findet, gibt es im Fachhandel verschiedene Kinder-Rückhaltesysteme. Diese Sicherheitsplätze sind gesetzlich für den Transport eines Kindes vorgeschrieben und bieten Halt und Sicherheit, falls es zu einem Unfall kommen sollte. Da die kindliche Halswirbelsäule und die Muskulatur noch schwach sind, kann es selbst bei einem »harmlosen« Auffahrunfall zu schweren Verletzungen kommen – sofern das Kind nicht richtig gesichert ist oder in einem nicht altersgerechten Kindersitz transportiert wird.

* Bis zum neunten Monat und einem Körpergewicht von bis zu zehn Kilogramm sind Babyschalen gut geeignet. Denken Sie daran, dass das Kind außerhalb des Autos mit diesen Schalen nur kurz getragen werden sollte, um seine Wirbelsäule zu schonen. Rückenfreundliche Schalen lassen sich zwar flach stellen, doch das ist nicht für die Fahrt im Auto erlaubt. Es ermöglicht jedoch das Tragen über einen etwas längeren Zeitraum. In der Babyschale muss das Kind wegen der großen Sturzgefahr immer, auch beim Tragen, angeschnallt sein.

* Bis zum 18. Lebensmonat werden rückwärtsgerichtete Kindersitze (Reboardsitze) empfohlen, die den Kopf und die Halswirbelsäule bei einem Auffahrunfall besser schützen.

* Möchten Sie Ihr Baby neben sich auf dem Beifahrersitz transportieren, muss der Airbag auf dieser Seite von der Werkstatt immer ausgeschaltet werden. Auch auf dem vorderen Platz werden Schale und Reboardsitz rückwärtsgerichtet montiert.

Ob Ihr Kinderrückhaltesystem der aktuellen europäischen Prüfnorm ECE 44 entspricht, erkennen Sie an dem gelben ECE-Prüfzeichen. Beginnt die Prüfziffer nicht mit 03 oder 04, handelt es sich um ein älteres Modell, das nicht mehr zugelassen ist.

Achten Sie beim Befestigen der Schale oder des Reboardsitzes immer auf die richtige Gurtführung. Am einfachsten geht es mit einem Modell, das sich per Klicksystem leicht auf einem Grundträger befestigen lässt.

TIPP

Der Babyspiegel

Um Ihr Baby in einem rückwärts gerichteten Kindersitz auch auf der Rückbank gut im Blick zu haben, können Sie einen sogenannten Babyspiegel montieren. Befestigen Sie den Spiegel an der Kopfstütze des hinteren rechten Sitzes, auf dem der Kindersitz steht.

Wenn Sie nun in Ihren Rückspiegel schauen, können Sie das Gesicht Ihres Kindes im Babyspiegel sehen.

Erste gemeinsame Reisen

Auch im ersten Lebensjahr kann Reisen mit dem Baby erholsam sein und Spaß bereiten. Doch dafür ist eine gute Vorbereitung und Planung des Urlaubs wichtig. Als Erstes sollten Sie sich Gedanken über das Reiseziel machen. Es sollte von den Temperaturen her nicht zu heiß, aber auch nicht zu kalt sein. Denken Sie vor allem daran, dass das Baby vor Überhitzung und direkter Sonneneinstrahlung geschützt werden muss. Das heißt, in südlichen Ländern braucht das Kind ein schattiges Plätzchen, ein leichtes Baumwollhütchen, das das Gesicht und den Nacken vor Sonnenbrand schützt, sowie eine Sonnencreme mit Lichtschutzfaktor 30. Auch wenn die Sonne einmal nicht scheint, muss die Creme zum Schutz vor den auch bei Bewölkung schädlichen UV-Strahlen aufgetragen werden (siehe auch Seite 57).

Essen und Trinken

Besonders einfach ist der Urlaub, wenn Sie noch stillen. Dann müssen Sie sich keine großen Gedanken um die Ernährung des Babys machen. Sollten Sie zusätzlich Tees oder Wasser zum Durstlöschen anbieten, verwenden Sie zum Schutz vor Keimen, die schwere Erkrankungen hervorrufen können, nur gekauftes Mineralwasser. Sollten Sie Ihr Baby mit dem Fläschchen und Muttermilchersatzpulver füttern, nehmen Sie dieses am besten in ausreichenden Mengen von zu Hause mit. Zwar gibt es auch in anderen Ländern Milchpulver zu kaufen, doch die Qualitätsunterschiede können groß sein. Zur Reinigung des Fläschchens und zur Zubereitung des Pulvers sollte nur Flaschenwasser aus dem Handel verwendet werden.

In vielen Urlaubsländern ist Leitungswasser nicht nur fürs Kind tabu. Auch Sie sollten dieses

WICHTIG

Bei Hitze viel trinken

Bei Temperaturen über 25 °C im Schatten schützt ausreichend Flüssigkeit das Baby vor Überhitzung und Austrocknung (Dehydrierung). Legen Sie Ihr Kind häufiger an die Brust, falls Sie stillen, und geben Sie ihm zwischendurch ungesüßte lauwarme Tees, wenn Sie das Kind mit dem Fläschchen ernähren. Frauen, die stillen, können bei Hitze bis zu drei Liter Flüssigkeit pro Tag benötigen.

Wasser keinesfalls trinken, um einer schweren bakteriellen Erkrankung vorzubeugen. Vorsicht ist auch vor Eiswürfeln in Getränken geboten, die meistens aus Leitungswasser hergestellt werden. Schmelzen die Würfel, gelangt verunreinigtes Wasser mit dem Getränk in den Körper. Auch Lebensmittel können krankmachende Keime tragen. Daher gilt die Regel: Essen Sie nur Gekochtes oder Geschältes. Auf den Verzehr von Salat sollten Sie in fernen Urlaubsländern ganz verzichten.

Reisen mit Auto, Bus, Bahn oder Schiff

Je nachdem, wie groß das Auto für die Reise ist, können Sie wesentlich mehr Babysachen mitnehmen als bei einer Fahrt mit einem anderen Transportmittel. So birgt das Auto Platz für Kinderwagen, Sonnenschirm, Reisebettchen, Wickeltasche, Windelpakete, Pflegeprodukte, Babynahrung, Babywanne, Krabbeldecke, Sandspielzeug, Kuscheltiere und natürlich die Babyschale für das Kind. Jetzt fehlen noch die Koffer mit Bekleidung – und das Ganze erinnert eher an einen Umzug als an einen entspannten Urlaub.

Gut organisiert, muss eine Flugreise mit einem Baby nicht anstrengend sein.

Überlegen Sie sich, was Sie wirklich brauchen und was es eventuell am Urlaubsort auszuleihen gibt. Weniger Gepäck macht das Reisen im Auto bequemer, ermöglicht aber auch eine entspannte Fahrt mit dem Reisebus oder dem Zug. Während Sie im Zug einen bedarfsgerechten Platz in einem Mutter-Kind-Abteil buchen können, sollten Sie Ihrem Baby bei einer Autofahrt nicht weniger Annehmlichkeiten bieten: Sorgen Sie für einen ausreichenden Schutz vor Sonne, Zugluft und Hitze. Legen Sie spätestens alle zwei Stunden eine Rast ein, und lassen Sie Ihr Baby nach dem Füttern oder Wickeln ein wenig auf einer Plastikunterlage im Freien auf dem fla-

chen Rücken liegen und strampeln. Bewegung und Entlastung der Wirbelsäule tun dem Baby nach der Einengung im Transportsystem des Autos gut. Sollte das Kind beim Halt an einem Parkplatz oder einer Raststätte einmal fest schlafen, lassen Sie es niemals alleine im Auto. Wenn es wach wird und niemand da ist, kann es große Angst bekommen, schreien, sich verschlucken oder nach einem Gegenstand greifen, der es in eine gefährliche Situation bringen könnte. Babys dürfen – auch wegen der Überhitzungsgefahr – niemals alleine im Auto gelassen werden, egal ob wach oder schlafend.

ÜBELKEIT UNTERWEGS

Falls das Kind die Autofahrt einmal nicht gut verträgt und spucken muss, ist es von Vorteil, wenn Mutter oder Vater neben dem Kind auf der Rückbank sitzen. Dann kann dem Kleinen schnell geholfen werden. Für den Notfall sind Sie mit einer Plastiktüte für das Erbrochene, weichen Papiertüchern und einem feuchten Waschlappen zur Reinigung des Babys sowie frischer Kleidung in Reichweite gut gerüstet. Medikamente gegen Reiseübelkeit dürfen Babys übrigens nicht verabreicht werden. Halten Sie an, wenn das Kind erbricht, und sorgen Sie für Bewegung an der frischen Luft.

Noch weniger als Autofahren vertragen kleine Kinder oftmals eine längere Reise mit dem Schiff. Suchen Sie sich daher vorbeugend einen Platz in der Mitte des Schiffes, wo es normalerweise am wenigsten schaukelt.

Unterwegs mit dem Flugzeug

Wenn das Baby noch klein ist und viel schläft, ist eine Fernreise mit dem Flugzeug leichter zu bewältigen als mit dem mobilen größeren Kind. Ordern Sie rechtzeitig vor dem Flug bei der Airline eine Babywiege, die an einem Sitz der Vorderreihe angebracht wird. Da das Baby ohne mitgebrachte Trageschale keinen Anspruch auf einen eigenen Sitzplatz hat, ist die Babywiege eine Alternative zum eigenen Schoß. Entsprechend einer Entscheidung der EU-Kommission erlauben Fluglinien die Mitnahme des Kindes in einer bestimmten Trageschale. Es lohnt sich, nachzufragen, welches Modell für den Flug zugelassen ist, da die Schale auf einem eigenen Sitz befestigt werden kann. Allerdings sind damit auch höhere Flugkosten verbunden.

Um den Druckausgleich in den Ohren zu erleichtern, sollten Sie das Baby während des Starts und der Landung stillen oder ihm das Fläschchen geben. Sonst besteht die Gefahr, dass das Kind starke Ohrenschmerzen bekommt. Ältere Geschwisterkinder freuen sich über Kaugummi oder Gummibärchen, die ebenfalls für einen Druckausgleich sorgen.

FERNREISEN

Auch wenn Schwangeren, Babys und Kleinkindern generell von Fern-, vor allem von Tropenreisen abgeraten wird, gibt es doch ein kleines Zeitfenster, wo dies möglich ist – etwa vom dritten bis sechsten Lebensmonat. In diesem Alter ist auch eine Malariaprophylaxe durch ein imprägniertes Mückennetz vergleichsweise einfach zu gewährleisten, und vor allem bei gestillten Kindern sind die üblichen Gefahren durch Lebensmittel und Wasser beherrschbar. Lassen Sie sich in jedem Fall in ausreichendem Abstand vor der geplanten Reise von einem damit erfahrenen Arzt reisemedizinisch beraten (siehe Adressen Seite 402).

Da heute viele Elternteile ihre Ursprungsfamilie in anderen Ländern haben, ist das Interesse der Verwandtschaft an dem fernen Sprössling groß. Und weil Kleinkinder mobiler und unberechenbarer sind, durch die Verwandtschaft gefüttert und von allen abgeküsst und verwöhnt werden, ist auch für diesen Besuch das Babyalter günstiger. Sicher wird man mehr Verständnis aufbringen, wenn Sie Ihr Kind etwas abschirmen. Wenn möglich, sollten Sie auf eine Fernreise in exotische Ferienorte jedoch besser verzichten.

Für die Reise benötigen Sie Unterlagen, die beweisen, dass Sie das Recht haben, mit dem Kind zu reisen, besonders, wenn Sie einen anderen Familiennamen haben. Sie müssen sich auf Kontrollen einrichten, die vorgenommen werden, um Kindesentführungen oder illegale Einwanderungen zu verhindern.

MÜCKENSCHUTZ

Mücken sind nicht nur ein Plage, weil ihre Stiche jucken und sich entzünden können. In feuchten, sumpfigen Gebieten Indiens, Afrikas, Asiens oder Südamerikas können sie auch Malaria übertragen. Eine unbehandelte Malariaerkrankung führt nach wie vor zum Tod. Zur Vorbeugung helfen je nach Alter eine ausreichende medikamentöse Malariaprophylaxe und ein imprägniertes Mückennetz, das den Schlafplatz Ihres Kindes gänzlich umschließen sollte. Ein imprägniertes Mückennetz sollte in jedes südliche Land mitgenommen werden, auch wenn keine Malaria droht. Juckende Mückenstiche können für das Baby unerträglich werden. Kratzt es sich die Stiche auf, drohen zudem schmerzhafte Entzündungen. Säubern Sie diese Verletzungen mit Desinfektionsmittel, und verteilen Sie darauf dünn eine Salbe gegen Insektenstiche. Bei einer Mückenplage am Urlaubsort kann ausnahmsweise auch der Säugling mit einer minimalen Dosis eines chemischen Mückenschutzes mit DEET (Diethyltoluamid) behandelt werden. Lassen Sie sich vor Reiseantritt von Ihrem Kinderarzt ein Produkt empfehlen sowie die Anwendung und Dosierung erklären.

Die Unterkunft

Während eine Ferienwohnung etwas mehr Freiheiten verspricht als ein begrenztes Zimmer in einem Hotel mit vorgeschriebenen Essenszeiten, kann das Hotel mancherorts mit Extras wie einem Familienzimmer oder Babysitter aufwarten. Die meisten jungen Eltern schätzen es, sich im Urlaub viel verwöhnen und alltägliche Pflichten wie das Kochen oder die Rund-um-die-Uhr-Babybetreuung abnehmen zu lassen. Genießen Sie die Zeit auch zu zweit, um die Partnerschaft und die Liebe auch mit Baby nicht zu kurz kommen zu lassen.

Spezielle Kinder- und Familienhotels haben sich auf die besonderen Bedürfnisse von Eltern mit Kind eingestellt. Sie bieten neben Kinderbetreuung auch passende Bettchen, Wickelmöglichkeiten, Babyfone, Kinderstühle, geeignetes Essen oder einen eigenen Miniclub schon für die Kleinsten.

Der Arzt am Urlaubsort

Am einfachsten ist es, Ihren Kinderarzt daheim anzurufen und sich mit ihm zu beraten, bevor Sie einen fremden Arzt konsultieren. Erkundigen Sie sich schon vor der Reisebuchung, ob es am Ferienort eine ärztliche Betreuung gibt. Manche Krankenkassen stellen für die Reise ins europäische Ausland eine eigene Versichertenkarte aus, mit der die Kosten für den Arztbesuch abgerechnet werden können. Praktisch ist auch eine Reiseversicherung, die eine Abdeckung der Arztkosten, des Krankenhausaufenthalts oder des Rückflugs im Krankheitsfall übernimmt. Oftmals müssen Reisende aber in Vorkasse gehen und den Arzt oder das Krankenhaus direkt bar bezahlen. Lassen Sie sich in jedem Fall eine Rechnung über die Behandlung ausstellen, um nach Ihrer Rückkehr eine Kostenerstattung von der Krankenkasse oder dem Versicherungsunternehmen zu beantragen.

 WICHTIG

Die Reiseapotheke

Die richtige Auswahl an Medikamenten und Verbandsmitteln hilft bei kleinen Wehwehchen oder bis zum Arztbesuch. Vergessen Sie daher nicht, eine gut sortierte Reiseapotheke mit ins Gepäck zu nehmen. Dazu gehören:

* Desinfektionsmittel (zum Beispiel flüssiges Povidon-Jod)
* Wund- und Heilsalbe
* Sterile Mullkompressen zur Wundauflage
* Pflaster und Verbandszeug
* kühlendes Gel gegen Sonnenbrand und Insektenstiche
* Schmerz-Fieberzäpfchen (Paracetamol oder Ibuprofen – nach Absprache mit dem Kinderarzt)

* Zucker-Salzteelösung (Glucose-Elektrolytlösung) bei Erbrechen und Durchfall, um den Flüssigkeitshaushalt des Babys zu regulieren
* Kindernasenspray mit Meer- oder Kochsalzlösung
* gegebenenfalls eine homöopathische Säuglingsapotheke (siehe Seite 373)
* digitales Fieberthermometer
* Schere und Pinzette

Denken Sie vor allem an spezielle, für Ihr Kind notwendige Medikamente (zum Beispiel bei Fieberkrampf- oder Pseudokruppneigung) und die Telefonnummer Ihres Kinderarztes.

Die ökologische Verantwortung

Ob Wickeln oder Urlaubsreise – auch Eltern müssen immer wieder Entscheidungen fällen, die ökologische Fragen berühren. Und weil sie ein Kind haben, wird ihnen klar, dass sie nicht nur für sich und das Kind, sondern in besonderem Maße auch für die zukünftige Lebenswelt ihres Kindes verantwortlich sind.

Es ist verständlich, dass Eltern ihren Nachkommen mehr als Müllberge, knappe Ressourcen und eine verarmte Natur hinterlassen wollen. Ihnen ist es ein Anliegen, dass die eigenen Kinder und deren Kinder noch die Schönheit und den Reichtum der Erde erleben können. So lehren Kinder ihre Eltern, dass es nicht nur um das Hier und Jetzt, sondern um die Zukunft geht, um ihre und um unser aller Zukunft.

Umweltfreundliches Verhalten

Was können Sie konkret tun? In erster Linie sollten Sie Ihrem Kind Vorbild sein, was das Konsumverhalten und den Umgang mit Energie angeht. Denn das Kind lernt von Ihnen. Es lohnt sich daher kritisch umzugehen mit

* Wegwerfartikeln, unnötigen Umverpackungen und Plastikmüll.
* unnötigen Autofahrten. Legen Sie öfter einmal Wege aus eigener Kraft zurück, und ermuntern Sie auch Ihr Kind dazu. Wenn Sie das Auto benutzen und einen klaren Grund dafür angeben, erwecken Sie in Ihrem Kind schon früh ein Problembewusstsein für die Risiken und Nebenwirkungen einer automobilisierten Gesellschaft.
* überhitzten Räumen. Ein kühleres Raumklima ist nicht nur besser für die Atemwege, sondern auch für die Umwelt.
* Energieverbrauch. Sparen Sie so viel Energie wie möglich und sinnvoll.

Gebraucht ist oft besser

»Neu« muss nicht immer besser sein. Die Wertschätzung von gebrauchten Dingen ist ein wichtiger Schritt, das Konsumdenken in verträgliche Bahnen zu lenken. Gerade im Säuglings- und frühen Kindesalter ist die Gebrauchsdauer von Kleidung, Kindermöbeln, Kinderwagen und Spielzeug kurz. Auf Second-hand-Kinderbörsen können Eltern preiswert und alltagserprobt all das erwerben, was sie für ihr Kind brauchen. Entgegen einer landläufigen Meinung können auch Kinderschuhe, sofern sie nicht abgenutzt sind, weitergegeben werden. Zudem sind aus häufig gewaschenen Anziehsachen mögliche Schadstoffe bereits entwichen.

Kritisch konsumieren

Ob neu oder gebraucht: Batteriebetriebene Geräte stellen, was das Recyceln anbelangt, ein großes Problem dar – vor allem dann, wenn die Batterien nicht ausgewechselt oder vor dem Entsorgen nicht entfernt werden können. Wieder aufladbare Akkus jedoch können manche als Sondermüll zu entsorgende Batterie ersetzen.

Umweltbewusstsein fängt bereits in dem Moment an, wenn Sie sich bei allem, was Sie kaufen wollen, fragen, ob das sinnvoll ist und wie Sie es wieder entsorgen können. Der heute übliche Begriff »Verbraucher« legt zwar nahe, dass Dinge durch die Benutzung verbraucht und wertlos werden. Doch viele Gegenstände machen erst bei einer langen Nutzungsdauer Sinn – und dadurch erhalten sie ihren eigentlichen Wert.

Das Baby betreuen lassen

Rund um die Uhr ausschließlich von Mutter und Vater betreut zu werden ist für ein Baby über sechs Monaten nicht empfehlenswert. Kinder sollten Erfahrungen mit anderen Menschen machen, weil sie vor allem an menschlichen Vorbildern lernen und einen entsprechenden Erfahrungshorizont brauchen. Deshalb wäre es gut, wenn Sie Ihrem Kind zunehmend mehr Kontakt zu anderen Kindern und Erwachsenen ermöglichen könnten. Auch wenn Sie noch keinen Betreuungsplatz für Ihr Kleines möchten, können Sie für vielfältige menschliche Kontakte sorgen. So finden Sie Gruppen mit Frauen (selten auch Männern) und Kindern unterschiedlichen Alters auch in Mütterzentren, Spielgruppen oder in den vielfältigen Babykursen.

Es ist für Kinder auch nahezu ideal, wenn sie mit einer Reihe vertrauter Menschen unterschiedlichen Alters aufwachsen. Das Leben in der Großfamilie ermöglicht zudem eine wechselnde Betreuung, die allen Seiten zugutekommt. Doch leider kommt dies nur für ganz wenige Familien in Betracht, denn die Großeltern und andere Verwandte wohnen häufig weit entfernt. Manche Menschen gründen deshalb Mehrgenerationenhäuser, um diese Idee mit Gleichgesinnten umzusetzen.

Es ist auch möglich, sich mit einem oder mehreren befreundeten Eltern in der Betreuung der Kinder abzuwechseln. Dazu müssen die Kinder nicht unbedingt im selben Alter sein. Zwar ist es nicht ganz leicht, passende Familien und eine ausgewogene Aufteilung zu finden. Aber in vielen Fällen ist ja schon etwas gewonnen, wenn an einzelnen Tagen eine gemeinsame Betreuung bei einer der Familien stattfindet.

Suchen Sie nach einer Betreuung für Ihr Baby, kommen unterschiedliche Varianten in Betracht. Vielleicht suchen Sie stundenweise einen Babysitter, um mal wieder als Paar auszugehen. Oder Sie brauchen eine regelmäßige Kinderbetreuung, weil beide Elternteile wieder arbeiten möchten oder müssen. Dann sollten Sie sich frühzeitig über die Form der Betreuung Gedanken machen und sich über die möglichen Alternativen informieren. Von der Kinderkrippe über die Tagesmutter bis hin zum Au-pair-Mädchen sind die Angebote vielfältig. Die Anzahl der freien Plätze in Gruppen kann je nach Region aber sehr gering sein.

Finden Sie keinen geeigneten Betreuungsplatz, können Sie auch selbst aktiv werden und Kinderbetreuung im Rahmen einer Elterninitiative organisieren. In diesem Fall finden Sie Unterstützung bei der Bundesarbeitsgemeinschaft Elterninitiativen e.V. (siehe Adressen Seite 402).

Der Babysitter

Ein Babysitter schafft Ihnen regelmäßig für einige Stunden Freiraum, um wichtige Erledigungen ohne Kind zu machen oder auch um die Partnerschaft mit einem Ausgehabend pro Woche zu beleben. Denn trotz Baby sind Sie nicht nur Mama und Papa, sondern weiterhin auch ein Liebespaar, das Zeit zu zweit braucht.

INFO

Kostenübernahme

Die Kosten für die Tagesmutter sowie für die Kinderkrippe werden unter Umständen teilweise oder ganz vom Jugendamt übernommen: Bei geringem Einkommen haben Eltern Anspruch auf »wirtschaftliche Jugendhilfe«, die beim zuständigen Jugendamt beantragt werden kann.

Bei der Wahl des Babysitters sollte Vertrauen eine große Rolle spielen. Nur so können Sie ohne Sorgen und mit freiem Kopf die Zeit verbringen, in der Sie Ihr Kind einer anderen Person überlassen. Am einfachsten ist es, einen lieben Menschen aus dem privaten Umfeld oder Freundeskreis zu bitten. Ist Ihnen das zu lästig oder haben Sie ein schlechtes Gewissen, weil Sie schon wieder die beste Freundin um Unterstützung bitten, freut sich ja vielleicht ein Kind aus der Nachbarschaft, wenn es gefragt wird. Es sollte jedoch alt genug sein, um selbstständig auch im Ernstfall Entscheidungen treffen oder seine Eltern kontaktieren zu können. Am besten hat das Nachbarskind den Umgang mit einem Baby durch ein kleineres Geschwisterkind schon gelernt.

AUF DIE SUCHE MACHEN

Sie können auch junge Eltern aus der Nachbarschaft fragen, ob sie einen zuverlässigen Babysitter kennen, oder Sie erkundigen sich bei Ihrer Gemeinde oder sozialen Einrichtungen vor Ort. Einen Pool an Babysittern finden Sie auch über das Internet (siehe Adressen Seite 402). Ein kurzer Einblick in den Lebenslauf kann bei der Vorauswahl bereits nützlich sein. Auf alle Fälle ist es ratsam, denjenigen oder diejenige vorab in einem persönlichen Gespräch etwas kennenzulernen. Wenn es mit der Sympathie auf Anhieb klappt, sollten Sie Baby und Betreuer als Nächstes für eine Stunde zusammenbringen. Bleiben Sie beim ersten Treffen dabei, und machen Sie sich ein Bild davon, ob der Babysitter ein Fläschchen geben kann, wie er die Windeln wechselt, mit dem Baby spielt und es für einen Spaziergang anzieht. Haben Sie ein gutes Gefühl, sollten Sie erst einmal mit kürzeren Betreuungszeiten beginnen, um dann, wenn Sie sicher sind, dass alles funktioniert, den freien Abend mit Ihrem Partner wirklich genießen zu können.

Bei der Tagesmutter finden auch schon Babys ein anregendes Umfeld in der Gruppe.

Die Tagesmutter

Das Tagesmütterwesen hat in den letzten Jahren einen großen Aufschwung genommen, ist vielerorts gut etabliert und wird staatlich qualifiziert und kontrolliert. So müssen Tageseltern, die über das Jugendamt vermittelt werden, in mehreren Schritten eine Ausbildung absolvieren, die sie dazu qualifiziert, mit kleinen Kindern zu arbeiten. Ausbildungsinhalte sind unter anderem die wichtigsten Entwicklungsschritte im Baby- und Kleinkindalter, Methoden und Materialien zur Frühförderung sowie ein Erste-Hilfe-Kurs. Erst wenn eine Tagesmutter den Nachweis über den Abschluss dieser Grundqualifizierung erbracht hat, darf sie die ersten Tageskinder bei sich aufnehmen.

Bei einer Tagesmutter können Sie Ihr Kind individuell und in einem überschaubaren Umfeld betreuen lassen. Benötigen Sie nur an einzelnen

Tagen oder für bestimmte Stunden Kinderbetreuung, zeigt sich die Tagesmutter am flexibelsten. Mit rund fünf Kindern bietet sie in ihrem eigenen häuslichen Umfeld eine familiäre Betreuung, die häufig auch eine enge Bindung zu den Eltern entstehen lässt. Es gibt zudem Tagesmütter oder Kinderfrauen, die zu Ihnen nach Hause kommen und sich allein um Ihren Nachwuchs kümmern. Das verkürzt die Bring- und Holzeiten und ermöglicht eine intensive Betreuung im gewohnten Umfeld des Kindes.

Unterstützung bei der Suche nach der richtigen Ersatzmama bieten die örtlichen Jugendämter oder der Bundesverband der Tagesmütter (Adressen siehe Seite 402). Und damit Sie sich am Arbeitsplatz auf den Job konzentrieren können und nicht ständig daran denken, ob es Ihrem Baby auch wirklich gut geht, gilt für die Wahl der Tagesmutter dasselbe wie für den Babysitter: Sympathie, Vertrauen und die Möglichkeit, offen über Bedenken und Wünsche zu reden, haben oberste Priorität.

GUTE VORBEREITUNG

Vor dem ersten Gespräch mit einer Tagesmutter oder einem Tagesvater ist es hilfreich, sich über einige Anforderungen, die sie oder er erfüllen sollte, im Klaren zu sein. Begleitet von einem Fragenkatalog sind Sie dann bestens auf das Treffen vorbereitet. Wichtig könnten folgende Aspekte sein:

* Verschaffen Sie sich einen Eindruck, ob die Tagesmutter warmherzig und einfühlsam mit den Kindern umgeht.
* Kennt sie Entwicklungsprozesse von Kindern, und geht Sie auf die individuellen Bedürfnisse und Unterschiede von Kindern ein?
* Ist für die Sicherheit, den hygienischen Standard und eine angemessene Ernährung der Kinder gesorgt?

* Wie lange arbeitet die Tagesmutter schon in diesem Beruf? Über welche Erfahrungen, Ausbildungen und regelmäßige Fortbildungen verfügt sie?
* Wie viele Kinder betreut sie, ist die Anzahl täglich gleich? Nimmt sie auch kleine Säuglinge auf?
* Gibt es eigene Kinder, die mitbetreut werden oder nach der Schule hinzukommen?
* Gibt es Haustiere?
* Wie sieht der Tagesablauf aus?
* Wird ferngesehen?
* Geht die Tagesmutter täglich mit den Kindern an die frische Luft? Macht sie auch Ausflüge mit den Kindern? Benutzt sie dafür öffentliche Verkehrsmittel oder ein eigenes, dafür ausgerüstetes Auto?
* Steht ein Garten zum Spielen zur Verfügung oder ist ein schöner Spielplatz in unmittelbarer Nähe?
* Wie viele Räume stehen den Kindern zum Spielen in der Wohnung/dem Haus der Tagesmutter zur Verfügung? Gibt es einen separaten Schlafraum für die Kinder?
* Wie sieht – bei Ganztagsbetreuung – der Essensplan aus? Welche Mahlzeiten gibt es? Wer kocht?
* Wird in der Wohnung/ dem Haus der Tagesmutter geraucht?
* Gibt es eine Vertretung im Krankheitsfall oder bei Urlaub der Tagesmutter?
* Gibt es einen regelmäßigen Austausch mit der Tagesmutter und den anderen Eltern, zum Beispiel an einem Stammtisch?

Die Kinderkrippe

Brauchen Sie eine tägliche, feste Betreuung und legen Sie viel Wert auf soziales Lernen und Spielen unter Gleichaltrigen, dürfte auch eine Kinderkrippe eine gute Wahl sein. Sie hat gegen-

TIPP

Ohne schlechtes Gewissen!

Haben Sie sich entschlossen, Ihre berufliche Tätigkeit wieder aufzunehmen, sollten Sie es mit ganzem Herzen tun und wirklich dahinter stehen. Nur so können Sie ganz bei Ihrer Arbeit und davor und danach ganz bei Ihrem Kind sein. Sie stellen sich selbst ein Bein, wenn Sie zaudern und mit der Situation hadern. Und von Ihrem Kind können Sie in dieser Frage keine Hilfe erwarten: Es wird Ihnen die Entscheidung eher schwerer machen. Suchen Sie einen geeigneten Betreuungsplatz, bei dem Sie ein wirklich gutes Gefühl haben. Machen Sie sich bewusst, dass sich Ihr Kind auch woanders wohlfühlen kann.

Wenn beide Elternteile arbeiten, müssen Sie sich gut organisieren und die anfallenden Aufgaben gut verteilen. Wechseln Sie sich mit der Betreuung Ihres Kindes ab, damit Sie nicht alle am Abend müde und fertig sind, sondern wenigstens einer noch die Energie aufbringen kann, um für Ihr Kind Zeit und Muße zu haben. Das ist das Wichtigste, was Sie Ihrem Kind geben können, wobei es nicht auf die Menge der Zeit, sondern auf die Qualität der Gemeinsamkeit in dieser Zeit ankommt.

Seien Sie sich auch darüber im Klaren, dass sie trotz eines Krippenplatzes viel Zeit daheim bleiben müssen. Denn Ihr Kind wird sich häufig bei anderen Kindern anstecken und gerade im ersten Betreuungsjahr allerlei Infekte aufschnappen. Es braucht dann zum Genesen Zeit, Geduld und Ihre liebende Fürsorge.

über einer Tagesmutter, die auch mal aus persönlichen oder Krankheitsgründen ausfallen kann, den Vorteil einer kontinuierlichen Präsenz. Oft sind die Betreuungszeiten auch den heutigen flexiblen Arbeitszeiten angepasst.

Eine Kinderkrippe zeichnet sich durch mehr Regeln und eine straffere Struktur des Tages aus. Die Gruppen in Kinderkrippen haben eine Größe von rund zwölf Kindern, wobei schon Säuglinge ab wenigen Wochen aufgenommen werden. Pädagogische Fachkräfte fördern das soziale Lernen mit einem großen Spiel- und Beschäftigungsangebot. Noch sind Krippenplätze besonders in Ballungsgebieten rar, daher sollten Sie Ihr Kind so früh wie möglich, am besten schon in der Schwangerschaft, anmelden. Auch wenn Sie nicht so früh dran sind, lohnt es sich, persönlich in verschiedenen Häusern nachzufragen. Manchmal ergibt sich schneller als gedacht ein freier Platz.

Das Au-pair

Eine feste Bindung für meist ein Jahr gehen Sie mit einem Au-pair ein: einem jungen Menschen aus einem anderen Land, der bei Ihnen wohnt und sich bis zu 30 Stunden pro Woche um Ihr Kind kümmert. Dafür erhält er von Ihnen freie Kost und Unterkunft, eine private Versicherung, einen freien Tag pro Woche, 24 Tage Urlaub im Jahr, ein festgesetztes monatliches Taschengeld von derzeit 260 Euro sowie die Möglichkeit, an einem regelmäßigen Sprachkurs teilzunehmen. Bevor Sie sich für diese Art der Kinderbetreuung entscheiden, ist eine sehr gute Information bei etablierten Vermittlungsagenturen hilfreich (siehe Adressen Seite 402). Bedenken Sie, dass ein junger Mensch aus einem fremden Land auch selbst erhebliche Unterstützung braucht. Für viele Kinder können Beziehungen zu Au-pairs aber auch sehr innig sein.

KAPITEL 2

STILLEN UND FÜTTERN

DAS BABY STILLEN

Die Brust ist prall, das Baby ist da – und hat Hunger. Schmatzende Geräusche, das kleine Fäustchen wandert in den Mund, unruhiges Hin und Her, Weinen ... jetzt ist es so weit: Sie dürfen Ihrem Baby die Brust geben. Keine Sorge, die Natur hat Sie körperlich bestens darauf vorbereitet, und auch aus rein medizinischer Sicht kann fast jede Frau stillen. Lassen Sie sich in aller Ruhe darauf ein. Spüren Sie diese Innigkeit, diese tiefe Verbundenheit zu Ihrem

Kind. So nah werden Sie ihm nie mehr sein. Genießen Sie die Zweisamkeit und den Moment des Stillens in der Stille. Denn dann sind Sie entspannt, das Baby kann sich ganz auf Mamas Brust konzentrieren, und die Milch fließt. Neben einer ruhigen Stillumgebung wird der Milchfluss auch durch Rooming-in angeregt, denn Nähe und Liebe sind wichtig. Haben Sie keine Angst. Lassen Sie sich von der Hebamme beim ersten Anlegen oder auch später helfen.

Aller Anfang ist nicht leicht

Wenn Sie stillen, ist eines ganz besonders wichtig: Trinken Sie genug! Mit gut zwei Litern täglich haben Sie Ihrem kleinen Schatz genügend Milch zu bieten. Kurz nach der Geburt regt auch Milchbildungstee den Milchfluss an, eine Flasche alkoholfreies Weißbier soll auch schon geholfen haben – ganz gleich: ob Tee, stilles Wasser oder gut verdünnte Fruchtschorlen, Hauptsache Sie trinken viel. Sollten Sie dennoch nach der Geburt bis zu fünf Tage warten müssen, ohne dass die Milch so richtig fließt, ist das auch kein Problem. Haben Sie Geduld! Sie brauchen nicht nervös zu werden. Ihrem Baby geht es gut, selbst wenn Ihre Brust scheinbar gar keine Milch enthält (es kommt aber immer etwas heraus, auch wenn Sie davon gar nichts merken).

Erst abnehmen, dann zunehmen

Ihr Baby hat genug Gewichtsreserven mit auf die Welt gebracht, mit denen es bestens zurechtkommt. Erschrecken Sie also nicht, wenn es in der ersten Lebenswoche bis zu zehn Prozent abnimmt. Das kann noch völlig normal sein. Wenn es noch mehr abnehmen sollte, kann nach Absprache mit Kinderarzt, Hebamme oder Krankenschwester auch mal eine Zufütterung notwendig werden. Durch das Zufüttern kann Ihr Kind also gar nicht entkräften. Nutzen Sie die Zeit derweil, um sich an Ihrem Baby zu erfreuen und den Zauber der ersten Tage so richtig zu genießen. Sie werden sehen: In den ersten fünf Tagen nach der Geburt kommt es zum Milcheinschuss. Das Stillen kann beginnen und Ihr Baby an Gewicht zulegen. Zwischen dem 10. und 14. Lebenstag hat es sein Geburtsgewicht wieder erreicht und nimmt von da an bis zum Ende des dritten Monats durchschnittlich 200 Gramm pro Woche zu. Bis die Milchmenge genau dem Bedarf Ihres Babys entspricht, dauert es nach dem Milcheinschuss nur wenige Tage.

Stillen nach Bedarf

Wenn Sie sich ganz auf den Rhythmus des Kindes einlassen, klappt es mit dem Stillen am besten. Stillen Sie also, sobald Ihr Kind die Brust verlangt, und halten Sie keine festen Zeiten ein. Der englische Fachausdruck hierfür ist »Feeding on Demand« und bedeutet nichts anderes als Füttern auf Verlangen. Das klingt zwar ziemlich fordernd, aber eigentlich essen Erwachsene ja auch am liebsten genau dann, wenn sie Hunger haben. Ein zufriedenes Baby ist der beste Beweis dafür, dass Sie es richtig machen. Schließlich richtet sich die Milchmenge nach den Bedürfnissen des Kindes. Hat es einmal mehr Hunger, wird es öfter angelegt – was wiederum die Milchbildung anregt.

Da Ihr Baby noch nicht auf »Vorrat« trinken kann, hat es auch nachts Hunger. Zudem weiß es in den ersten sechs Wochen noch gar nicht, wann Tag und wann Nacht ist. Zeitempfinden entwickelt das Kind erst später. Um sich selbst aber in der Nacht so viel Schlaf wie möglich zu gönnen, hilft es, das Babybettchen neben das Elternbett zu stellen. Große Wege zum Baby sind so in der Nacht nicht nötig. Außerdem hat es die Natur so eingerichtet, dass sich der Schlafrhythmus der Mutter schnell an den des Babys anpasst. Sobald Sie dann von der Unruhe des Kindes aufwachen, können Sie es gleich zu sich holen. Schreien und Herumtragen werden so auf ein Minimum reduziert. Wenn Sie dann in Ihrem Bett stillen, das Licht dimmen oder ganz auslassen, können Sie ein wenig dösen, und das Baby lernt bald, dass es in der Nacht keine großen Aktivitäten gibt.

Die Milchbildung anregen

In den ersten zwei Wochen sollten Sie Ihr Baby acht- bis zwölfmal in 24 Stunden stillen. Lassen Sie Ihr Baby dabei so lange an der Brust saugen, bis es von alleine satt und zufrieden loslässt. Bieten Sie ihm auch die zweite Brust an, wenn es danach verlangt. So kommt Ihre Milchproduktion gut in Gang, und Ihr Baby kann sich über besonders viel Körperkontakt und Nähe freuen. Bieten Sie also anfangs am besten immer beide Brüste an, und berücksichtigen Sie nach dem Milcheinschuss, dass eine Stillmahlzeit pro Brust 10 bis 20 Minuten dauert, also insgesamt 20 bis 40 Minuten.

Sobald die Milchbildung gut angeregt ist, verringern sich die Stillmahlzeiten auf sechs bis acht pro Tag. Zwischen dem zehnten und vierzehnten Lebenstag des Babys hat sich die Stillbeziehung in der Regel eingespielt, und es reicht aus, nur eine Brust pro Milchmahlzeit anzubieten. Nur wenn das Stillen länger als 15 Minuten dauert, nehmen Sie auch die andere Brust. Wechseln Sie die Brüste bei jeder Stillmahlzeit ab. Damit Sie wissen, mit welcher Sie zuletzt gestillt haben, legen Sie sich ein Armbändchen an den entsprechenden Arm oder binden Sie sich ein Bändchen an den BH-Träger.

Stillen, um satt zu werden

Achten Sie darauf, Ihr Kind nur dann anzulegen, wenn es Hunger hat und richtig trinkt. Ein Kind, das bei jeder Unwillensäußerung an die Brust gelegt wird, um es zu beruhigen, kann nämlich unter Umständen auch überfüttert werden. Dies gilt auch für Babys, die mit Fläschchen gefüttert werden. Bekommen sie regelmäßig eine Extraportion Milch als Trost, entwickeln sie ein falsches Essverhalten. Auf spätere Situationen, die Unlust oder Frustration erzeugen, können diese Menschen mit Nahrungsauf-

INFO

So viel Milch trinkt das Baby

Kurze schnelle Saugbewegungen des Kindes bringen die Milch nach dem Anlegen zum Fließen. Danach hören Sie deutliche Schluckgeräusche und verspüren ein langsameres, aber kräftigeres Saugen. Nun erhält Ihr Baby sättigende und nährende Muttermilch – pro Tag sind das:

* ✿ am 3. Lebenstag etwa 140 Milliliter
* ✿ am 4. Lebenstag etwa 210 Milliliter
* ✿ am 5. Lebenstag etwa 280 Milliliter
* ✿ am 6. Lebenstag etwa 350 Milliliter
* ✿ am 7. Lebenstag etwa 420 Milliliter
* ✿ am 8. Lebenstag etwa 490 Milliliter
* ✿ ab dem 9. Lebenstag: zwischen 500 und 1200 Milliliter. Diese Menge bleibt in den ersten sechs Monaten relativ konstant.

nahme reagieren. In der Folge treten Störungen des Sättigungsgefühls auf.

So wie es möglich ist, ein Baby zu überfüttern, kann es auch (schlimmstenfalls) an der Mutterbrust verhungern. Wenn das Stillen, aus welchen Gründen auch immer, nicht richtig klappen sollte, macht sich das vor allem an der Unzufriedenheit und an der Gewichtsabnahme des Kindes bemerkbar. Setzen Sie sich daher niemals einem Stillzwang aus. Ihre Hebamme oder Stillberaterin wird Ihnen dabei behilflich sein, das Kind wenn nötig auch durch Zufüttern ausreichend zu ernähren (siehe Seite 107). Sollte Ihr Kind nach dem 14. Lebenstag sein Geburtsgewicht noch nicht wieder erreicht haben, besprechen Sie das weitere Vorgehen bezüglich des Stillens und Zufütterns unbedingt mit der Hebamme oder dem Kinderarzt.

Gut für Mutter und Kind

Gestillt zu werden hat für ein Baby nur Vorteile: Es bekommt über die Brust die optimale Nahrung in der richtigen Temperatur. Zusätzlich tankt es noch ganz viel Nähe, spürt die warme Haut der Mutter und bekommt über die Muttermilch zudem einen wichtigen Immunschutz. Aber nicht nur für das Kind, auch für die Mutter hat das Stillen viele Vorteile.

* Die Rückbildung der Gebärmutter wird durch die Ausschüttung des Hormons Oxytocin während des Stillens gefördert.
* Da das Stillen Energie verbraucht, wird das Abnehmen nach der Entbindung unterstützt.
* Frauen, die ihre Kinder stillen, sollen unterschiedliche Studien zufolge ein geringeres Risiko haben, an Brustkrebs, Eierstockkrebs, Herz-Kreislauf-Erkrankungen und an Depressionen zu erkranken.
* Die Ernährungseinheit Mutter-Kind, die durch die Geburt beendet wurde, kann über das Stillen wieder aufgenommen werden. Der Trennungsschmerz, den die Mutter nach der Geburt empfinden kann, wird gelindert.
* Stillen kann die eigene Körperwahrnehmung und das Empfinden steigern, das Selbstbewusstsein als Mutter fördern und die Mutter-Kind-Bindung festigen.
* Zu jeder Zeit and an jedem Ort ist genügend Milch in der richtigen Zusammensetzung und Temperatur vorhanden. Deshalb müssen Sie sich um die Nahrungszubereitung im eigentlichen Sinne nicht kümmern. Das ist praktisch, macht Sie flexibel, und Sie sparen im Hinblick auf die Versorgung Ihres Kindes viel Geld und Zeit.
* Für Ihr Baby ist Muttermilch die beste Ernährung überhaupt. Auch wenn die industriell hergestellte Milchersatznahrung heute so gut ist wie noch nie, kommt sie doch an die Qualität des Originals nicht heran. Muttermilch ist leicht verdaulich und enthält alle Nährstoffe, die ein Kind zum Wachsen benötigt.
* Langes Stillen, auch über den sechsten Lebensmonat hinaus, gilt bei gefährdeten Kindern als wirksame Allergieprophylaxe. Wenn in Ihrer Familie Allergien häufig sind, können Sie Ihr Kind begleitend bis zum ersten Geburtstag und darüber hinaus weiter stillen. Meist beginnt im sechsten Monat die Beikostzeit, das heißt nach und nach erhält das Kind immer mehr zusätzliche Nahrung – sofern es dies möchte (siehe ab Seite 129).

Unterstützung vom Partner

Nachweislich stillen Frauen umso länger, je mehr Unterstützung sie von ihrem Partner annehmen. Binden Sie den Vater Ihres Kindes also verstärkt mit in den Alltag der Stillzeit ein. Es bringt Ihnen bereits viel Entlastung und auch Zeiten der Ruhe, wenn der Partner sich vermehrt um den Haushalt kümmert, Essen zubereitet, Telefongespräche annimmt oder sich um den Besuch kümmert. Teilen Sie Ihre Sorgen mit ihm, auch wenn es sich ums Stillen dreht. Dank seines seelischen Beistands wird Ihnen bestimmt vieles leichter fallen – auch das Stillen. Sorgen Sie auch dafür, dass Ihr Partner viel Zeit mit dem Baby verbringen kann. Das geht beim Kuscheln genauso wie beim Wickeln oder Baden des Kindes. Wenn er das Baby dann auch noch öfter spazieren fährt oder mit dem Tragetuch oder -sack trägt, kann er seine Beziehung zum Baby stärken und fühlt sich nicht zurückgesetzt, weil er nicht stillen kann. Und wenn es Ihnen gefällt, können Sie täglich Milch abpumpen und dem Vater zum Beispiel am Abend das Füttern des Babys mit einem speziellen Fläschchen samt Sauger für Neugeborene überlassen.

So klappt das Anlegen

Das richtige Anlegen des Babys schützt Sie vor Stillproblemen wie zum Beispiel wunden Brustwarzen. Die Hebamme wird Sie darin unterstützen, bis Sie es bald auch im Schlaf beherrschen. Bereiten Sie alles gut vor, und machen Sie es sich auf Ihrem Platz bequem – dann kann es losgehen.

Ihre Hände sollten nach Möglichkeit sauber sein, bevor Sie in Kontakt mit der Brust und dem Baby kommen. Reinigen Sie vor dem Stillen sanft Ihre Brust mit einem sauberen, feuchtwarmen Waschlappen oder Tuch, falls Sie zuvor eine Creme, Lotion oder Tinkturen wie Retterspitz aufgetragen hatten.

Wenn die Brüste beim Milcheinschuss schmerzen und spannen, können Sie für einige Minuten feuchtwarme Tücher darauflegen. Das verschafft Erleichterung und regt außerdem den Milchfluss an. Denn durch die Wärme weiten sich die Milchgänge, die Milch kann leichter fließen und das Baby muss weniger stark saugen.

Das Stillen vorbereiten

Bevor das Baby dann an die Brust kommt, sollten Sie Ihren Stillplatz gut vorbereiten, damit Sie ungestört und bequem stillen können. Auch der Gang zur Toilette gehört zur Stillvorbereitung, denn Stillen kann schon mal bis zu 40 Minuten dauern.

Wählen Sie einen bequemen Stuhl oder Sessel, und platzieren Sie für eine angenehme Stellung Ihrer Beine ein kleines Fußbänkchen oder übereinander gestapelte Bücher davor. Stellen Sie in Sichtweite eine Uhr auf, um die Stilldauer besser im Blick zu haben, und griffbereit dazu ein Glas Wasser. Denn Stillen macht durstig. Ein Kissen für den Rücken unterstützt Sie darin, eine gute Haltung einzunehmen. Ein handelsübliches Stillkissen unterstützt Sie in unterschiedlichen Stillpositionen. Wenn alles an Ort und Stelle ist und Sie beispielsweise durch das Ausstellen des Handys für zusätzliche Ruhe gesorgt haben, können Sie Ihr Baby zu sich holen.

Die Brust führen

✿ Greifen Sie mit der freien Hand um Ihren Warzenhof: Vier Finger liegen unterhalb und der Daumen oberhalb (siehe Bild 1).

✿ Mit diesem sogenannten C-Griff umschließen Sie den Warzenhof und drücken ihn leicht zusammen.

✿ Beugen Sie sich etwas nach vorne, und holen Sie das Kind zur Brust.

✿ Sollte der kleine Mund noch geschlossen sein, reiben Sie mit der Brustwarze sanft über die Unterlippe des Babys.

✿ Sobald der Mund geöffnet ist, geben Sie die Warze zusammen mit einem großen Teil des Warzenhofes in den Mund und lehnen sich gemeinsam mit Ihrem Baby entspannt zurück.

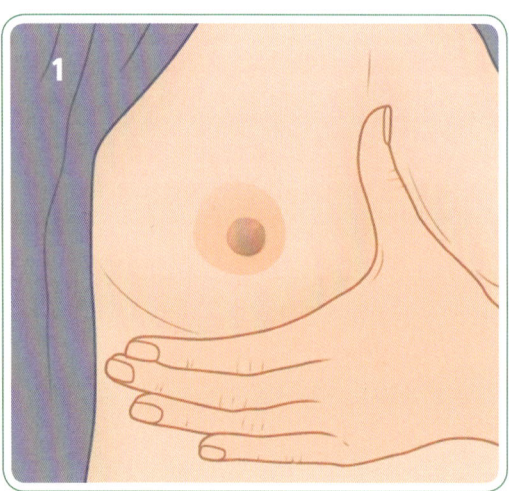

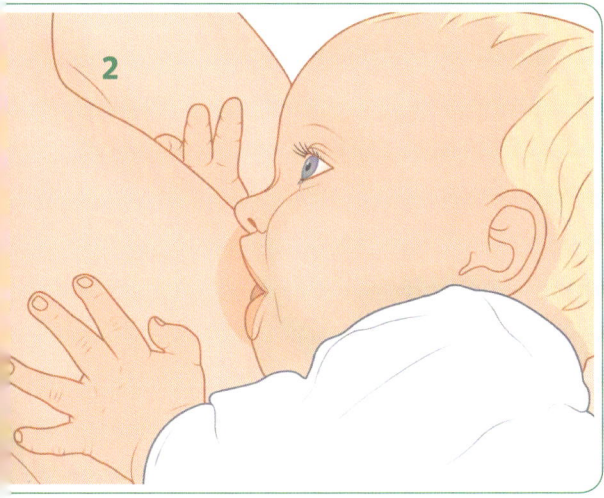

Brust zugedrückt werden. Nur die Nasenspitze und das Kinn des Babys sollen die Brust berühren (siehe Bild 2). Damit die Luftzufuhr gewährleistet ist, können Sie Ihre Brust mit einem Finger unterhalb des Näschens leicht nach unten drücken.

Lehnen Sie sich während des Stillens unbedingt zurück, und verbleiben Sie nicht in einer vorgebeugten Haltung, die schmerzhafte Verspannungen der Schultern und des Rückens hervorrufen kann. Auch das Stillkissen ist dafür da, Sie zu entlasten. Legen Sie daher beim Stillen nicht das Baby auf das Kissen, sondern Ihren Arm, mit dem Sie das Baby halten (siehe Bild 3). Das entspannt Ihre Schultern. Probieren Sie mehrere Stillpositionen aus (siehe ab Seite 100). Die Abwechslung ist nicht nur gut für Ihre Haltung, sondern regt auch das Baby in unterschiedlicher Weise an.

Nicht richtig angelegt

Hat das Baby nur die Brustwarze oder einen zu kleinen Teil des Warzenhofes erwischt, sollten Sie zur Vermeidung von Verletzungen die kleinen Lippen sofort lösen. Das ist gar nicht so einfach, da durch das Saugen des Babys ein Vakuum entsteht. Dieses können Sie sanft lösen, wenn Sie Ihren kleinen Finger vorsichtig in den Mundwinkel des Babys schieben. Nehmen Sie erneut den Warzenhof in den C-Griff, und lassen Sie das Baby so viel wie möglich davon in den Mund nehmen. Auch ein anfänglicher starker Schmerz beim Trinken des Babys ist ein Zeichen dafür, dass das Baby nicht richtig angelegt ist. Probieren Sie es noch einmal.

Die richtige Trinkposition

Sobald das Baby genug vom Warzenhof erwischt hat und sich seine Ober- und Unterlippe nach außen stülpen, hat es die richtige Trinkposition gefunden. Achten Sie auch darauf, dass Ihr Kind genug Luft bekommt und die kleinen Nasenlöcher nicht von der

Die Stillpositionen

Verschiedene Stillpositionen im Sitzen und im Liegen ermöglichen es, das Stillen an Ihre ganz persönlichen Bedürfnisse anzupassen. So eignet sich die Seitenlage beispielsweise gut für die Nacht und die Rückenhaltung für das Stillen von Zwillingen oder zur Entlastung der Narbe bei einem Kaiserschnitt. Generell sollten Sie die Stillposition mindestens dreimal täglich ändern, um einem Milchstau vorzubeugen. Da unterschiedliche Milchgänge beim Trinken aktiviert werden, löst das Saugen und Hindurchfließen der

Milch Stauungen auf. Mit seinem Unterkiefer massiert das Baby je nach Position verschiedene Bereiche rund um die Brustwarze und verhindert damit das Auftreten eines Milchstaus.

Die Seitenlage

Hier liegen Sie im Bett ganz nah »Bauch an Bauch«: Legen Sie sich ausgestreckt auf eine Seite, und winkeln Sie den Arm unter Ihrem Körper ab. So hat Ihr Baby genug Platz und kommt, ebenfalls auf der Seite liegend, mit seinem Kopf gut an die Brust. Ziehen Sie das Baby mit der Hand des abgewinkelten Armes zu sich heran, und geben Sie ihm mit der anderen Hand, die den Warzenhof im C-Griff umschließt (siehe Seite 98), die Brust.

Die Seitenlage ist vor allem nachts eine entspannende Variante für Mutter und Kind.

Ein Stillkissen erleichtert das Stillen in vielen Positionen, vor allem bei der Wiegehaltung.

Die Wiegehaltung

Das ist die klassische Stillposition: Setzen Sie sich mit einem Stillkissen auf Ihren Oberschenkeln bequem hin, stützen Sie Ihren Rücken gut, und legen Sie Ihr Baby in den rechten oder linken Arm. Das Köpfchen liegt in der Armbeuge und schaut direkt zu Ihrer Brust. Mit dem Unterarm

TIPP

Hungerzeichen

Ist das Baby hungrig, macht es nicht nur mit Schreien auf sich aufmerksam. Schon vorher gibt es deutliche Zeichen, mit denen es seinen Hunger kundtut:

* **Suchbewegungen:** Das Baby dreht das Köpfchen hin und her, es sucht die Brust.
* **Saugbewegungen** mit dem Mündchen.
* **Lecken** an den Lippen.
* **Körperaktivitäten:** Ein Händchen geht zum Mund, die Ärmchen und Beinchen werden gebeugt.
* **Gespannte Körperhaltung:** Der Körper ist angespannt, die kleinen Fäuste sind geballt.
* **Schreien:** Das ist meist das letzte und lauteste Hungerzeichen.

und der Hand stützen Sie den kleinen Rücken, sodass das Baby mit seinem Bauch zu Ihrem Körper zeigt. Umschließen Sie mit der freien Hand die Brust im C-Griff (siehe Seite 98), und ziehen Sie das Baby zu sich und Ihrer Brust heran. Nachdem das Baby angesaugt hat, nehmen Sie Ihre Schultern nach hinten und lehnen sich entspannt zurück.

Die Rückenhaltung

Das Stillkissen hilft Ihnen dabei, das Baby ohne Anspannung seitlich mit dem Arm zu halten: Nehmen Sie eine bequeme Sitzhaltung ein, und stützen Sie Ihren Rücken mit einem Kissen. Legen Sie ein Stillkissen vor Ihren Bauch, und halten Sie das Baby mit dem rechten oder linken Arm. Dabei wird das Köpfchen mit der Hand gestützt, und der Oberkörper liegt auf Ihrem Unterarm und dem Stillkissen. Das Köpfchen schaut zu Ihnen, und die kleinen Beine liegen seitlich auf dem Stillkissen neben Ihrem Körper. Mit der freien Hand nehmen Sie die Brust in den C-Griff (siehe Seite 98) und führen den Kopf des Babys mit Ihrem anderen Arm heran, bis es mit seinem Mund einen großen Teil des Warzenhofs fassen kann. Lehnen Sie sich entspannt zurück, sobald das Baby saugt.

Lehnen Sie sich bei der Rückenhaltung entspannt zurück, das schont den Rücken.

Die stillende Mutter

Während des Stillens steigt Ihr Energiebedarf um rund 500 Kilokalorien täglich. Dieses Mehr an Energie benötigen Sie zur Muttermilchproduktion. Sollten Sie die Energiezufuhr nicht oder nur wenig erhöhen, wird Ihr Körper sich den Mehrbedarf aus den Reserven holen, die er während der Schwangerschaft angelegt hat. Sie bemerken das an einem vermehrten Gewichtsverlust, der Ihnen und Ihrem Kind jetzt jedoch nicht guttut. Es können Schadstoffe, die in Ihren Fettdepots gelagert sind und beim Abbau der Reserven mit »abgeholt« werden, in die Muttermilch gelangen. Aus diesem Grund sind Abnehmen und Stillen auch nicht zu vereinbaren. Achten Sie darauf, dass Sie auch bei einer kalorienbewussten Ernährung mindestens 1800 Kilokalorien pro Tag zu sich nehmen.

Gesund und vielfältig essen

Wichtig während des Stillens ist eine abwechslungsreiche Mischkost: Brot, Teigwaren, Milchprodukte, Früchte, Vollkornprodukte, Kartoffeln, Gemüse, Hülsenfrüchte, Pflanzenöle, Fisch und Fleisch sollten auf Ihrem wöchentlichen Speiseplan zu finden sein. Zwar haben bestimmte Nahrungsmittel wie Kohl, Lauch, Zwiebeln oder Hülsenfrüchte den Ruf, Blähungen beim Kind auszulösen. Doch dies ist tatsächlich nur relativ selten der Fall. Blähungen beim Kind müssen also nicht zwangsläufig mit der Ernährung der Mutter zusammenhängen. Schränken Sie Ihre Kost also diesbezüglich nicht von vornherein ein, und ernähren Sie sich gesund und vielseitig. Dann sorgen Sie auch für eine gute Qualität der Muttermilch. Sollte Ihr Kind wiederholt mit Bauchweh oder Blähungen reagieren, dann holen Sie sich Rat von der Nachsorgehebamme oder Stillberaterin.

Vegetarierinnen oder Veganerinnen sollten mit ihrem Arzt oder einem Ernährungsberater sprechen, wie sie den Bedarf unter anderem an Eiweiß, Vitaminen, Spurenelementen und Eisen decken können.

Medikamente

Manche Erkrankungen der Mutter erfordern es unumgänglich, dass sie Medikamente einnimmt. Leider gibt es viele Wirkstoffe, die über die Muttermilch zum Baby gelangen und in dem kleinen Körper großen gesundheitlichen Schaden hervorrufen können. Die Gesundheit Ihres Kindes steht dann auf dem Spiel, nicht zu vergessen die körperliche und geistige Entwicklung. Der Verzicht auf das Stillen ist daher bei einigen Medikamenten unumgänglich.

Aber es gibt auch Präparate, die sich mit dem Stillen vertragen. Fragen Sie unbedingt Ihren Gynäkologen, was Sie bedenkenlos einnehmen dürfen und was nicht. Einen Überblick gibt Ihnen auch das Internet: Auf der Informationsseite des Pharmakovigilanz- und Beratungszentrums für Embryonaltoxikologie (Embryotox) finden Sie unabhängige Informationen zur Verträglichkeit der wichtigsten Medikamente und zur Behandlung häufig vorkommender Krankheiten bei Müttern in Schwangerschaft und Stillzeit (siehe Adressen Seite 402). Die Daten wurden so aufbereitet, dass Sie Antworten darauf finden, ob ein bestimmtes Medikament einer Stillenden verordnet werden darf, und was zu tun ist, wenn die Stillende das Medikament bereits eingenommen hat.

Alkohol

Ob ein Gläschen Sekt wohl schadet? Diese Frage haben sich schon viele besorgte Mütter während der Stillzeit gestellt. Denn zweifelsfrei gelangt Alkohol in die Muttermilch und so in den kleinen Körper. Da die kindliche Leber aber noch lange nicht so gut entwickelt ist wie die eines Erwachsenen, wird sie durch den Abbau des Alkohols über die Maßen strapaziert. Zudem kann Alkohol im Körper des Babys auch den Saugreflex beeinflussen, wodurch das Kind weniger trinkt als nötig und weniger schnell zunimmt. Kinder von Müttern, die regelmäßig oder öfter Alkohol konsumieren, tragen darüber hinaus ein erhebliches Risiko einer gestörten motorischen Entwicklung.

Einer aktuellen Studie zufolge soll es aber keine schädigende Wirkung auf das Baby haben, wenn die Mutter ein bis zwei Gläser Wein pro Woche trinkt. Die Untersuchung ergab, dass zwei Prozent des aufgenommenen Alkohols in die Muttermilch übergehen und der Alkoholgehalt in der Muttermilch etwa 30 bis 60 Minuten nach dem Genuss am höchsten ist – sofern die Frau auf nüchternen Magen getrunken hat. Trinkt sie aber zum Beispiel ein Glas Rotwein zum Essen, ist der höchste Alkoholgehalt nach 60 bis 90 Minuten in der Muttermilch zu finden. Dieses Ergebnis lässt folgenden Schluss zu: Wenn Sie ab und an Alkohol trinken möchten, dann warten Sie mindestens zwei Stunden mit dem Stillen, nachdem Sie ein Glas Wein getrunken haben.

Rauchen

Und wie sieht es nun mit der Zigarette aus? Ein Neugeborenes im Haus ist ein guter Grund, spätestens jetzt mit dem Rauchen aufzuhören. Rauchen erhöht die Anfälligkeit für Infekte, Lungen- und Mittelohrentzündungen und ist ein Risikofaktor für den plötzlichen Kindstod (siehe Seite 157). Auch das Stillen wird durch das Rauchen negativ beeinflusst. Einerseits kann es durch das Rauchen zu Einschränkungen der Stillfähigkeit kommen, andererseits gelangen giftige Substanzen in die Muttermilch und damit

INFO

Merkzettel für die Stillzeit

* Essen Sie faserreiche Nahrung wie Vollkornprodukte, Hülsenfrüchte, Gemüse, Obst und Nüsse.
* Nehmen Sie täglich drei bis vier Portionen Milch- oder Milchprodukte zu sich.
* Essen Sie ein- bis zweimal pro Woche Meeresfisch und zwei- bis dreimal die Woche Fleisch.
* Trinken Sie täglich rund zweieinhalb Liter, und zwar ungesüßte Früchte- oder Kräutertees, verdünnte Obst- oder Gemüsesäfte, Mineral- oder Leitungswasser.
* Schränken Sie den Konsum koffeinhaltiger Getränke ein, und trinken Sie nicht mehr als zwei bis drei Tassen Kaffee oder schwarzen Tee pro Tag. Da Koffein in die Muttermilch übergeht, wird Ihr Baby sonst unruhig und bekommt Schlafprobleme. Bei einem unruhigen Säugling sollten Sie am besten ganz auf Koffein verzichten.
* Verzichten Sie auf Diäten zur Gewichtsreduzierung.
* Stellen Sie das Rauchen ein, und seien Sie vorsichtig mit Alkohol (siehe links).

zum Kind. Es wurde nachgewiesen, dass viele der Giftstoffe in gleicher Konzentration in der Muttermilch zu finden sind wie im mütterlichen Blut. Bei starken Raucherinnen konnten in der Stillzeit ein reduziertes Saugvermögen des Kindes, Unruhe, Koliken, Erbrechen und eine verminderte Gewichtszunahme festgestellt werden. Viele dieser negativen Auswirkungen werden wahrscheinlich durch die passive Rauchaufnahme verstärkt.

Stillen mit Brustimplantaten

Aus medizinischer Sicht können auch Frauen mit Brustimplantaten erfolgreich stillen. Bei den ersten Anzeichen einer Brustentzündung oder bei beginnenden Stillproblemen sollte jedoch umgehend der Arzt aufgesucht werden, um eine mögliche Kapselkontraktur durch die Gabe von Antibiotika zu verhindern. Bei einer Kapselkontraktur verhärtet sich das Narbengewebe, das sich im Normalfall um das Implantat herum bildet, und kann das Implantat quetschen. Zu den Symptomen zählen Schmerzen, ein hartes bis unangenehmes Gefühl sowie die Tastbarkeit oder Verlagerung des Implantats. Eine Operation, bei der das Narbengewebe oder das Implantat entfernt wird, kann nötig werden.

Stillen nach Brustverkleinerung

Grundsätzlich ist das Stillen auch nach einer Brustverkleinerung möglich. Jedoch sollte im Einzelfall ausprobiert werden, ob noch genügend Milchgänge Kontakt zur Brustwarze haben. Da bei der Operation auch Milchkanäle durchtrennt wurden, können vermehrt Milchstaus und Brustentzündungen auftreten. Es ist daher ratsam, sich besonders zu Beginn des Stillens kompetente Hilfe von einer Hebamme oder Stillberaterin zu holen. Sie beobachtet einige Zeit den Verlauf des Stillens und kann sofort helfend eingreifen, wenn es zu Problemen kommt. Sollte die Milchmenge nicht ausreichen, wird die Hebamme durch eine nur geringe Gewichtszunahme oder durch den Gewichtsverlust des Babys darauf aufmerksam. Sie selbst merken, dass Ihr Baby satt wird, wenn es zufrieden ist und gut gedeiht. Zusätzlich zu den Milchmahlzeiten an der Brust kann das Baby dann mit einer Muttermilchersatznahrung im Fläschchen gefüttert werden, also mit Zwiemilch (siehe Seite 116).

Stillen mit Brustwarzenpiercing

Frauen mit gepiercter Brustwarze können zwar stillen, sollten aber unbedingt den Schmuck entfernen, bevor sie das Kind anlegen. Es besteht nicht nur die Gefahr, dass das Baby den Schmuck verschluckt, sondern auch, dass es sich verletzt. Da viele Frauen in der Anfangszeit des Stillens unter wunden Brustwarzen leiden, kann eine zusätzliche Belastung der Warze durch das Metall die Schmerzen noch verschlimmern. Am besten verzichten Sie während der gesamten Stillzeit auf den Schmuck, da sich durch ein ständiges Ein- und Ausstecken des Metalls das Risiko für Entzündungen erhöht. Wer den Schmuck dennoch tragen möchte, sollte das Piercing unbedingt vor jedem Einsetzen gut reinigen, um Infektionen zu vermeiden. Erfahrungsberichten zufolge soll es bei horizontalen Piercings weniger Probleme geben als bei vertikalen. Wundern sollten Sie sich auch nicht, wenn aus dem Stechloch Milch herausläuft – das ist völlig harmlos.

In einigen Fällen kann das Narbengewebe, das sich durch das Piercen gebildet hat, die Milchausführungsgänge verlegen. Ein schmerzhafter Milchstau oder zu wenig Milch sind dann häufiger zu beobachten. Kontaktieren Sie bei den ersten Problemen am besten gleich die Nachsorgehebamme.

Stillen nach Brust-Operation

Nach der Entfernung von Tumoren können Narbengewebe, durchtrennte Milchgänge oder entferntes Drüsengewebe zu anhaltenden Stillproblemen führen. Suchen Sie in diesem Fall unbedingt Unterstützung bei einer Stillberaterin oder der Hebamme. Oft gleicht die nicht betroffene Brust jedoch die verringerte Milchmenge der operierten Brust aus, auch nach der Entfernung einer Brust.

Wird das Baby satt?

Wenn Sie am Anfang unsicher sind, ob Sie oft genug gestillt haben und ob Ihr Kind ausreichend nasse und volle Windeln pro Tag hat, legen Sie doch einfach ein Stillprotokoll an, das Sie wie unten jeden tag ausfüllen können.

Kopieren Sie dazu das abgebildete Stillprotokoll und füllen Sie es aus: Schreiben Sie in die obere Zeile das Datum, und streichen Sie die Uhrzeiten an, zu denen Sie gestillt haben. Machen Sie außerdem Striche oder Kreuze für nasse Windeln und Stuhlwindeln. Als Richtschnur gilt: Ein Säugling wird pro Tag rund achtmal gestillt und hat etwa sechs nasse Windeln sowie drei bis vier Stuhlwindeln.

 ## DAS STILLPROTOKOLL

Tag																								
Uhrzeit	0	1	2	3	4	5	6	7	8	9	10	11	12	13	14	15	16	17	18	19	20	21	22	23
Nasse Windel																								
Stuhlwindel																								
Tag																								
Uhrzeit	0	1	2	3	4	5	6	7	8	9	10	11	12	13	14	15	16	17	18	19	20	21	22	23
Nasse Windel																								
Stuhlwindel																								
Tag																								
Uhrzeit	0	1	2	3	4	5	6	7	8	9	10	11	12	13	14	15	16	17	18	19	20	21	22	23
Nasse Windel																								
Stuhlwindel																								
Tag																								
Uhrzeit	0	1	2	3	4	5	6	7	8	9	10	11	12	13	14	15	16	17	18	19	20	21	22	23
Nasse Windel																								
Stuhlwindel																								
Tag																								
Uhrzeit	0	1	2	3	4	5	6	7	8	9	10	11	12	13	14	15	16	17	18	19	20	21	22	23
Nasse Windel																								
Stuhlwindel																								
Tag																								
Uhrzeit	0	1	2	3	4	5	6	7	8	9	10	11	12	13	14	15	16	17	18	19	20	21	22	23
Nasse Windel																								
Stuhlwindel																								
Tag																								
Uhrzeit	0	1	2	3	4	5	6	7	8	9	10	11	12	13	14	15	16	17	18	19	20	21	22	23
Nasse Windel																								
Stuhlwindel																								

Gehaltvolle Muttermilch

Unbestritten ist die heute im Handel erhältliche Babynahrung von größter Qualität. Dennoch bietet die Muttermilch diverse Vorteile:

* Die Aufnahme der Muttermilchfette ist besser als aus Flaschennahrung. Deshalb ist Muttermilch leicht verdaulich. Das liegt auch daran, dass die Muttermilch eine Lipase enthält, die durch Gallensäuren im kindlichen Dünndarm aktiviert wird. Lipasen sind Enzyme, die für die Fettverdauung verantwortlich sind.
* Der Schutz des Babys vor Ansteckungen aller Art ist einer der auffälligsten Vorteile der Muttermilch. Sie enthält verschiedene Abwehrstoffe (Immunglobuline), die zusammenwirken und Infektionen wie auch Entzündungen verhindern können. Das Risiko eines gestillten Kindes, an Magen-Darm-Infekten zu erkranken, ist daher rund fünfmal geringer als bei nicht gestillten. Bei einem gestillten Baby, das an einem infektiösen Durchfall erkrankt, verläuft die Erkrankung milder und dauert weniger lang als bei Kindern, die mit Muttermilchersatznahrung aus der Flasche ernährt werden.
* Muttermilch reduziert den Ausbruch verschiedener Erkrankungen wie Mittelohrentzündung, Infektion der Atemwege sowie der Harnwege, bakterielle Meningitis, Allergien oder auch Windeldermatitis.

Die Zusammensetzung

Die Inhaltsstoffe der Muttermilch variieren je nach den Anforderungen des kindlichen Organismus. So ändert sich das Verhältnis zwischen Kohlenhydraten, Fett, Eiweiß und Mineralien mit dem Alter des Babys. Generell werden drei Milcharten unterschieden:

* **Die Vormilch** (Kolostrum) der ersten Lebenstage – sie ist fettarm und eiweißreich. Die wegen des Karotins gelbe, eher dickflüssige Milch enthält viele Abwehrstoffe, die den Darm des Babys von innen auskleiden und vor Infektionen schützen. Immunglobuline, Lactoferrin, Lysozym und Makrophagen sorgen für den Schutz vor Viren, Bakterien und verschiedenen Krankheiten. Aus diesem Grund wird die Vormilch auch als »erste Schutzimpfung für Neugeborene« bezeichnet. Da die Vormilch eine hohe Konzentration an Natrium aufweist, benötigt das Baby in den ersten Tagen weniger Flüssigkeit als später. So reicht die eher geringe Menge an Vormilch für die Versorgung des Babys in der Regel völlig aus. Zudem kann der kleine Magen noch gar keine großen Nahrungsmengen aufnehmen. Die Vormilch regt aufgrund ihrer Zusammensetzung auch den Abgang des Kindspechs (schwarzer erster Stuhlgang, auch Mekonium genannt) an. Mit rund 55 Kilokalorien pro 100 Milliliter ist Kolostrum kalorienarm und leicht verdaulich.
* **Die Übergangsmilch** (transitorische Milch) vom 3. bis 14. Tag nach der Geburt – sie ist weißer und flüssiger als die Vormilch und verfügt über einen höheren Fett- und Kohlenhydratanteil. Mit 100 Millilitern Übergangsmilch bekommt das Baby dann bereits rund 65 Kilokalorien.
* **Die reife Muttermilch** ab dem 14. Tag – von nun an ändert sich die Zusammensetzung der Milch kaum noch: In 100 Millilitern sind ein bis zwei Prozent Eiweiß, vier Prozent Fett, sieben Prozent Kohlenhydrate, Vitamine, Spurenelemente, Mineralstoffe, Hormone und Immunkörper enthalten. An Energie liefert die reife Muttermilch dabei rund 70 Kilokalorien pro 100 Milliliter.

Stillprobleme

Sollten Sie Schmerzen beim Stillen haben, sind hierfür meist Fehler beim Anlegen verantwortlich. Überprüfen Sie noch einmal Ihre Anlegetechnik (siehe Seite 98), und holen Sie sich umgehend Rat von der Hebamme oder einer Stillberaterin. Je eher Sie sich Hilfe holen oder zum Arzt gehen, desto geringer ist die Wahrscheinlichkeit, ernsthafte Erkrankungen wie eine Brustentzündung oder einen Stillabszess zu entwickeln (siehe Seite 115).

Zu wenig Milch

Übermüdung, Stress oder auch ein Wachstumsschub Ihres Babys kann Ihre Milchmenge durchaus über einige Tage reduzieren. Wenn Sie den Eindruck haben, dass Ihr Baby gerne länger trinken würde, aber nichts mehr kommt, oder es nach den ersten zwei Wochen noch an Gewicht verliert, sprechen Sie mit Ihrer Nachsorgehebamme oder Ihrem Kinderarzt. Sie können die Milchmenge auch mit unterschiedlichen Methoden erhöhen: Anregend auf die Milchbil-

dung wirkt häufiges Anlegen, ein häufiger Wechsel der Brüste während des Stillens, viel Ruhe und eine ausgewogene Ernährung. Zusätzlich hilft eine Brustmassage vor dem Stillen (siehe Kasten Seite 108). Zur Stimulation können Sie zwischendurch auch ein- oder zweimal behutsam Milch abpumpen (siehe Seite 110). Eine Steigerung der Milchmenge erzielen Sie überdies nachweislich, wenn Sie beide Brüste gleichzeitig abpumpen.

Damit Ihr Körper genug Flüssigkeit zur Verfügung hat, um Milch zu produzieren, sollten Sie zwei bis drei Liter täglich trinken. Nach neuesten Empfehlungen der Hebammen sollten Sie aber niemals zu viel, das heißt über Ihren Durst hinaus trinken. Denn bei Frauen, die sich dazu zwingen müssen, große Mengen an Flüssigkeit zu trinken, kann dies sogar zu einem Rückgang der Milchmenge führen.

Die Menge der Milch hängt übrigens nicht von der Größe der Brüste ab. So bieten auch kleine Brüste genügend Milch fürs Baby.

ZUFÜTTERN

Die Zufütterung von gesunden, gestillten Neugeborenen mit Tee, Zuckerlösungen oder verschiedenen Milchmischungen ist ohne medizinischen Grund nicht nötig. Das Baby stillt seinen Energiebedarf in den ersten Tagen seines Lebens mit Reserven, die es in den letzten Schwangerschaftswochen in der Leber sowie im Fettgewebe gespeichert hat. Der Bedarf an Muttermilch ist noch gering, sodass die kleine Menge an Vormilch ausreicht. Auch Wasser braucht der kleine Mensch nur wenig, sodass der Wasserüberschuss, mit dem das Baby geboren wurde, dies ausgleicht. Verliert das Neugeborene in den ersten sieben Tagen jedoch mehr als zehn Prozent seines Geburtsgewichts, muss unter Umständen aus medizinischer Notwendigkeit und

INFO

Ausgeglichener Stoffwechsel

Eine Vielzahl von Hormonen, die nach der Geburt des Kindes vermehrt ausgeschüttet werden, reguliert den Stoffwechsel und den Wasserhaushalt des Babys. Einer Studie zufolge ist der Stoffwechsel bei ausschließlich gestillten Neugeborenen selbst bei geringer Nahrungszufuhr und deutlicher Gewichtsabnahme völlig ausgeglichen. So ist es auch ganz normal, dass Ihr Baby am ersten Tag seines Lebens fast keinen Urin ausscheidet.

Mit einer Pipette und anderen Hilfsmitteln können Sie trinkschwache Babys unterstützen.

nach Rücksprache mit Ihrem Arzt zugefüttert werden. Sofern der Gewichtsverlust nicht mit Stillproblemen in Zusammenhang gebracht wird, kann eine unzureichende oder verzögerte Milchbildung der Grund sein. Doch keine Sorge, Sie müssen deshalb keinesfalls abstillen. Zufütterung heißt hier: Zusätzlich zur Muttermilch erhält das Baby eine hochwertige industriell hergestellte Muttermilchersatznahrung, die alle notwendigen Nährstoffe beinhaltet.

ZUFÜTTERUNGSMETHODEN

Wenn das Baby abwechselnd an der Brust und mit der Flasche gefüttert wird, muss es sein Saugverhalten jedes Mal umstellen. Stellen sich hierbei Schwierigkeiten ein, und das Baby möchte nicht mehr von der Brust trinken oder verweigert das Fläschchen, spricht man von Saugverwirrung. In den ersten Lebenswochen kann diese meist durch ein spezielles Fläschchensystem für Neugeborene oder mit besonderen Zufütterungstechniken vermieden werden. Bewährt hat sich die Zufütterung mit:

TIPP

Die Brustmassage

Eine Brustmassage regt vor dem Stillen den Milchfluss an und beugt zudem Milchstau sowie Brustentzündungen vor. Bei schmerzenden Brüsten, starkem Milcheinschuss oder wenn das Baby Schwierigkeiten hat anzusaugen, verschafft die Massage Erleichterung.

* Legen Sie Ihre sauberen Hände waagerecht auf die Brust: eine Hand über den Warzenhof, eine darunter. Massieren Sie sanft mit den flachen Händen hin und her.
* Nun legen Sie die Hände senkrecht neben den Warzenhof und schieben mit den flachen Händen das Gewebe sanft hin und her. Achten Sie auf den Druck Ihrer Hände, denn die Brustmassage sollte niemals schmerzen.
* Als Nächstes legen Sie eine Hand unterstützend unter die Brust, während Sie mit den Fingerkuppen des Mittel- und Ringfingers der anderen Hand kleine kreisende Bewegungen rund um den Warzenhof machen.
* Nun ist das Ausstreichen an der Reihe: Neigen Sie Ihren Oberkörper leicht nach vorne und streichen Sie mit beiden flachen Händen von allen Seiten her die Brust sanft von den Ansätzen bis zur Brustwarze aus.
* Drücken Sie den Warzenhof mit Daumen und Zeigefinger einer Hand leicht zusammen und schieben Sie die Finger mit leichtem Druck zur Brustwarze. Lassen Sie den so gewonnenen Milchtropfen ruhig an der Brustwarze. Das motiviert Ihr Baby zu trinken.
* Sie können zur Anregung des Milchflusses vor der Massage zusätzlich feuchtwarme Auflagen mit kleinen Handtüchern machen.

* Becher, Löffel, Pipette, Spezialtrinkflasche mit weichem löffelförmigem Mundstück (geeignet für reif sowie zu früh geborene Babys; schnell und leicht zu erlernen),
* Silikonfütteraufsatz oder Spritze mit Nahrungssonde, die am Finger befestigt werden (geeignet für reif sowie zu früh geborene Babys, schnell und leicht zu erlernen),
* Brusternährungsset oder Spritze mit Nahrungssonde, die an der Brust der Mutter mit Pflaster festgehalten wird (geeignet für reif sowie zu früh geborene Babys; es bleiben alle Vorteile des Stillens erhalten, da dem Kind während des Stillens an der Brust gleichzeitig Zusatznahrung zugeführt wird; besonders geeignet für Mütter, die zu Hause über längere Zeit zufüttern müssen).

Welche Methode im Einzelfall die beste ist, entscheiden Sie gemeinsam mit dem Pflegepersonal in der Klinik oder mit der Nachsorgehebamme. Sie machen die Mutter mit der jeweiligen Fütterungstechnik vertraut, kontrollieren die Gewichtszunahme des Babys und damit die Wirksamkeit der Zufütterung (siehe auch ab Seite 124).

Zu viel Milch

Wenn Ihre Milch »zu viel« fließt und auch zwischen den Stillmahlzeiten ausläuft, sollten Sie auf Wärmeauflagen und Brustmassage verzichten. Legen Sie nach jedem Stillen – oder bei Bedarf auch zwischendurch – eine Kältekompresse aus dem Kühlschrank für etwa 20 Minuten rund um die Brust. Zum Schutz der Brustwarze können Sie vorher einen Wattepad auflegen, sodass hier das Kühlmaterial keinen direkten Kontakt mit der Haut hat. Denn egal ob Sie mit Kältekompresse oder Quarkpackungen (siehe Seite 114) kühlen, die Brustwarze sollte immer ausgespart bleiben.

TIPP

Schicke Ausnahme

Sollten Sie sich einmal so richtig schick machen wollen und keine Lust auf dick verpackte Brüste mit auftragenden Stilleinlagen haben, bieten sich spezielle Silikon-Pads aus dem Fachhandel an. Die Milch kann mit ihnen erst gar nicht ausfließen, da das dünne Silikon die Milchausgänge komplett verschließt. Aus diesem Grund sollten die Silikon-Pads nur ausnahmsweise verwendet werden und nicht für den täglichen Gebrauch. Zu häufig angewendet, besteht das Risiko eines Milchstaus mit all seinen schmerzhaften und krankmachenden Folgen.

Ist Ihr Kind bereits satt und Ihre Brüste spannen, weil sie noch voller Milch sind, hilft es auch, die Brust auszustreichen. Beugen Sie sich dazu leicht nach vorne und streichen Sie beide Brüste nacheinander mit den flachen Händen vom Ansatz bis zur Brustwarze aus, bis keine Milch mehr kommt. Verzichten Sie aber darauf, die Milch abzupumpen, denn das regt den Milchfluss eher noch an.

Nach dem Ausstreichen sollten Sie gleich mit einer Kältekompresse kühlen. Zum Schutz vor Milchflecken auf der Kleidung helfen weiche, hautverträgliche und atmungsaktive Stilleinlagen, die Sie häufig wechseln sollten. Nasse Stilleinlagen schaffen nämlich ein gutes Milieu für Bakterien, die wiederum durch kleine Verletzungen der Haut eindringen können und Entzündungen verursachen. Auch ein gut sitzender BH aus dem Fachgeschäft bringt Erleichterung, da er die Brust entlastet und höherstellt. So laufen die Milchseen nicht so schnell voll.

TIPP

Die richtige Milchpumpe

Ob Sie sich eine Handmilchpumpe oder eine elektrische besorgen, hängt von der Häufigkeit des Gebrauchs ab. Sollten Sie täglich abpumpen, empfiehlt sich eine elektrische Pumpe. Sie können Sie von Ihrer Hebamme, der Stillberaterin oder auch in der Apotheke mieten. Bei Stillproblemen gibt es die elektrische Pumpe auch auf Rezept vom Gynäkologen oder Kinderarzt. Achten Sie bei der Milchpumpe vor allem auf die richtige Brustglockengröße. Die Brustwarze sollte sich frei im Trichterrohr bewegen können, um den rhythmischen Bewegungen der Pumpe zu folgen. Außerdem darf sich im Trichterrohr kein oder nur wenig Gewebe des Brustwarzenhofes befinden. Wenn die Milch beim Pumpen fließt und sich die Brust nach dem Abpumpen rundum weich anfühlt, hat alles gut geklappt.

ABGEPUMPTE MUTTERMILCH

Muttermilch lässt sich nach dem Abpumpen kurzfristig bis zu drei Tage bei 4 bis 6 °C im Kühlschrank aufbewahren und langfristig bis zu sechs Monate im Drei-Sterne-Gefrierfach des Kühlschranks oder im Gefrierschrank bei mindestens -18 °C. Diese Milchvorräte schaffen Ihnen nicht nur Gewissheit, dass Ihr Kind während Ihrer Abwesenheit gut versorgt werden kann, sondern schenken Ihnen auch Zeit für sich. Gönnen Sie sich wohltuende Freizeitaktivitäten, oder erledigen Sie wichtige Termine so stressfrei wie möglich, während Ihr Partner, eine Freundin oder die Großeltern das Kleine versorgen. Und es kommt auch Ihrem Baby zugute, wenn die Mama nach einem längeren Ausflug ausgeruht und gut gelaunt zurückkehrt.

Damit die aufgehobene Milch dem Baby auch genauso guttut wie »frische«, sollten Sie einige Tipps zur Lagerung und Verwendung berücksichtigen:

* Pumpen Sie die Milch direkt in ein gesäubertes Fläschchen oder in spezielle Milchbeutel.
* Verschließen Sie das Fläschchen oder den Beutel, versehen Sie die Behälter mit dem Datum des Abpumptages, und geben Sie sie gleich in den Kühlschrank.
* Wollen Sie die Milch gefrieren, kommt sie zum Abkühlen erst in den Kühlschrank und dann in das Gefrierfach.
* Muttermilch aus dem Kühlschrank können Sie vor dem Füttern in einen Fläschchenwärmer geben oder im Wasserbad erwärmen. Die ideale Trinktemperatur liegt bei 37 °C.

* Tiefgefrorene Muttermilch sollten Sie im Kühlschrank oder bei Raumtemperatur auftauen. Danach wird die Milch im Wasserbad oder im Fläschchenwärmer auf Trinktemperatur erwärmt.
* Einmal aufgetaute Muttermilch müssen Sie innerhalb von 24 Stunden verwenden.
* Reste von aufgewärmter Muttermilch dürfen nicht noch einmal verfüttert werden.
* Achten Sie auch darauf, aufgetaute Muttermilch sowie Milch aus dem Kühlschrank immer nur einmal aufzuwärmen. Wird sie nicht gleich verfüttert, muss diese Milch wegen gefährlicher Keimbildung verworfen werden.
* Einmal aufgetaute Muttermilch darf nicht wieder eingefroren werden.
* Hat sich tiefgekühlte Muttermilch nach dem Auftauen in einen fetthaltigen und in einen wässrigen Teil getrennt, ist sie keinesfalls verdorben. Schütteln Sie die Milch vorsichtig, dann verbinden sich die Teile wieder.

Wunde Brustwarzen

In den ersten Tagen nach der Entbindung sind wunde Brustwarzen ganz normal. Doch es ist nötig, zwischen einer wunden Brustwarze und einer schmerzenden Brustwarze mit blutigen Rissen und Krusten zu unterscheiden. Eine solche Brustwarze muss nämlich schnellstens behandelt werden.

Schmerzende, verletzte Brustwarzen entstehen nicht nur durch falsches Anlegen. Achten Sie daher auch während des Stillens darauf, dass das Baby richtig liegt, nicht wegrutscht und die Brustwarze dadurch falsch zu fassen bekommt. Auch eine Hefepilzbesiedlung (Soorinfektion) des Babys kann der Grund für wunde Brustwarzen sein: Über den Mund des kleinen Kindes wird die Brustwarze mit dem Pilz infiziert, was sogar zu einer Brustentzündung führen kann. Soor zeigt

sich im Mund des Babys mit weißen Belägen (siehe Seite 389). Der Kinderarzt ist in diesem Fall der richtige Ansprechpartner und verschreibt ein pilzhemmendes Medikament. Damit sollten das Kind und die Brust der Mutter behandelt werden, um ein Hin und Her der Pilzinfektion durch das Stillen zu verhindern.

Auch der falsche Gebrauch einer elektrischen Milchpumpe kann wunde Brustwarzen zur Folge haben. Stellen Sie die Pumpe daher nicht zu stark ein, damit der Sog die Brustwarzen nicht verletzt. Es ist umstritten, ob die Ursache von wunden Brustwarzen an einem verkürzten Zungenbändchen des Babys liegen kann. Ob dies der Fall ist, kann die Hebamme oder der Kinderarzt an der beim Herausstrecken der Zunge eingekerbten Form erkennen.

MASSNAHMEN BEI VERLETZTEN BRUSTWARZEN

Bei einer »normal wunden« Brustwarze hilft es, diese mit einem Tropfen Muttermilch oder Lanolin einzucremen. Die verletzte Brustwarze braucht zusätzlich Frischluft und vorübergehend bis zum Abklingen der Beschwerden ein Stillhütchen aus hauchdünnem weichem Silikon, das die Schmerzen beim Stillen lindert und neuen Verletzungen vorbeugt.

Benutzen Sie die Stillhütchen nur so lange, bis Ihre Brustwarze wieder geheilt ist. Und keine Sorge: Ihr Baby kann seine Trinkgewohnheiten dem Stillhütchen, das der Größe Ihrer Brustwarze entsprechen muss, anpassen und später wieder auf Trinken »ohne Hütchen« umstellen. Das ist alles besser, als wenn Sie das Stillen wegen einer stark verletzten Brustwarze aufgeben müssen. Sollte es mit dem Stillhütchen aus irgendeinem Grund nicht klappen, besorgen Sie sich eine Milchpumpe, und füttern Sie Ihr Kind mit der abgepumpten Milch und Fläschchen. Hilfreich ist es, ein Flaschen- und Saugersystem zu benutzen, das extra zur Stillunterstützung entwickelt wurde und dessen Trinksauger in Form und Funktion der Mutterbrust nachempfunden sind. Erschrecken Sie nicht, wenn die abgepumpte Milch wie ein Erdbeer-Shake aussieht. Dass eine verletzte Brustwarze auch beim Abpumpen blutet, ist normal. Ihrem Baby schadet die Blutbeimengung nicht. Sobald die abgepumpte Milch weiß ist und Sie keine Krusten mehr an Ihrer Brustwarze sehen, kann es mit dem Stillen normal weitergehen. Holen Sie Ihre Hebamme dazu, falls Ihr Kind anfangs wegen der Umstellung vom Fläschchensauger auf die mütterliche Brust irritiert sein sollte. Bald trinkt Ihr Baby bestimmt wieder von der Brust. Achten Sie nur darauf, dass es beim Trinken immer die Warze mitsamt dem Warzenhof erwischt, und pflegen Sie Ihre Brustwarze weiterhin mit Lanolin. Dieser Wirkstoff ist auch für Ihr Baby ungefährlich. Es reicht völlig, ihn vor dem Stillen mit einem feuchten Tuch vorsichtig abzuwischen.

WENN DAS BABY BEISST …

Größere Babys, bei denen bereits ein Zahn durchgekommen ist, können beim Stillen durchaus kräftig zubeißen und dadurch die Brustwarze verletzen. Wenn Sie dann vor Schmerzen erschrocken aufschreien, versucht das Kind vielleicht bei der nächsten Stillmahlzeit noch einmal, diesen Effekt zu erzielen – ohne Ihnen damit absichtlich wehtun zu wollen. Das Kind ist sehr neugierig und probiert gerne aus. Damit das Stillen nicht zum Drama wird, versuchen Sie erst gar nicht, auf den Biss zu reagieren, sondern lösen Sie das Vakuum schnellstens durch Einschieben Ihres kleinen Fingers in Babys Mund. Wenn Sie das Loslösen unmittelbar und bei jedem Beißversuch durchführen, wird das Kind lernen, dass es nur zu einer sättigenden Mahlzeit kommt, wenn es vorsichtig ansaugt. Sprechen Sie ruhig, aber eindringlich mit dem Kind darüber, dass es nicht beißen soll. Auch wenn das Baby noch nicht alles verstehen kann, versteht es doch mehr als Sie glauben.

HEBAMMEN-TIPP

Hilfe bei wunden Brustwarzen

* Wechseln Sie feuchte Stilleinlagen umgehend aus, und schützen Sie die Warzen zusätzlich mit Heilwolle (siehe Seite 66), die zwischen die Stilleinlage und Brustwarze gelegt wird.
* Fördern können Sie die Wundheilung mit lauwarmen Frauenmantelteebeuteln, die dreimal täglich für rund fünf Minuten auf die Brustwarzen aufgelegt werden.
* Ebenfalls hilfreich sind pflegende Salben wie Beinwellsalbe, Lanolin oder Calendulasalbe, die aber nur ganz dünn und sanft aufgetragen werden sollten. Auch ein speziell für die Brust-

warzenpflege entwickeltes Aloe-Vera-Gel unterstützt die Heilung. Reinigen Sie eingecremte Brustwarzen vor dem Stillen mit einem feuchten Tuch.
* Lassen Sie so viel Luft wie möglich an Ihre Brust. Auch ein Sonnenbad oben ohne kann helfen. So kann die Haut trocknen, und die entzündete Stelle heilt allmählich ab.
* Bessern die Beschwerden sich nicht innerhalb von drei bis vier Tagen, nehmen Sie am besten Kontakt zu Ihrer Hebamme oder Ihrem Arzt auf, um eine Pilzerkrankung auszuschließen.

INFO

Trinkschwäche und Nahrungsverweigerung

Trinken ist für ein Neugeborenes eine intensive, Energie erfordernde Tätigkeit, die es erst lernen muss. Aber nur selten ist eine Trinkschwäche die Ursache für Stillschwierigkeiten. Diese vom Kind ausgehende Fütterstörung kann vielfältige Ursachen haben: Frühgeburtlichkeit, Herzfehler, Stoffwechselstörungen oder neurologische Erkrankungen. Eine Trinkschwäche muss immer vom Arzt abgeklärt werden. In schwereren Fällen muss eine Sondenernährung oder eine intravenöse Ernährung erfolgen.

Manchmal verändert sich das Trinkverhalten eines Babys von einem Tag auf den anderen. Wenn das Kind dabei unverändert lebhaft und fröhlich ist, macht das nichts. Verweigert es allerdings mehrere Mahlzeiten vollständig, gibt es einen Grund dafür. Dann muss das Baby vom Kinderarzt untersucht werden. Nach dem Wiegen wird geklärt, ob vielleicht Schluckbeschwerden, ein Mundsoor (siehe Seite 389) oder eine andere Infektion vorliegen. Doch auch wenn das Baby, ob gesund oder krank, das Essen komplett verweigert und Sie sich große Sorgen machen: Zwingen Sie Ihrem Kind niemals eine Mahlzeit auf; es erbricht sonst. Ein gesundes Kind reguliert seinen Nahrungs- und Flüssigkeitsbedarf selbst.

Der Milchstau

Schmerzen in der Brust, Spannungen, Verhärtungen und Rötungen zählen zu den Symptomen eines Milchstaus. Wenn Sie außerdem das Gefühl haben, eine Grippe stecke in Ihren Knochen, und wenn Ihre Glieder schmerzen, müssen Sie sofort ins Bett. Ein Milchstau kann sich zum Beispiel bilden, wenn das Baby nicht oft genug angelegt und die Brust nicht vollständig entleert wurde. Vielleicht hat auch etwas bei der Stillposition nicht gestimmt, oder Sie waren in letzter Zeit gestresst und abgespannt, wodurch Ihnen die nötige Ruhe beim Stillen fehlte. Wie auch immer: Verständigen Sie umgehend Ihre Hebamme, die Ihnen zeigt, wie Sie einen Milchstau behandeln und sich so vor einer Brustentzündung oder einem möglichen Stillabszess schützen. Wichtigste Maßnahme: häufiges Anlegen des Babys an die schmerzende Brust, auf die Sie vorher für zehn Minuten einen feuchtwarmen Wickel gelegt haben. Achten Sie darauf, dass der Unterkiefer des Kindes beim Trinken zur betroffenen Brustpartie hinzeigt. Hat das Kind nicht viel Hunger und können Sie daher nicht oft genug anlegen, pumpen Sie die Milch mit einer elektrischen Milchpumpe ab. Während des Pumpens sollten Sie die verhärtete Stelle sanft mit einer Fingerkuppe massieren.

EINE KÜHLENDE AUFLAGE HILFT

Nach dem Pumpen oder Stillen wird die Brust dann für 20 Minuten mit einem Quark- oder Kohlwickel (siehe Seite 114) oder einer Kältekompresse aus dem Kühlschrank gekühlt. Besonders praktisch zum Kühlen der Brust sind Kältekompressen in Brustform aus dem Fachhandel. Lassen Sie die gekühlte Kompresse etwa 20 Minuten auf der Brust, und geben Sie sie anschließend wieder in den Kühlschrank. Manche Kältekompressen können auch erwärmt werden und regen, vor dem Stillen für etwa zehn Minuten aufgelegt, den Milchfluss an.

TIPP

Quark- und Kohlwickel

Ob nach dem Stillen bei stark fließender Milch, bei Hitzegefühl in der Brust, Rötungen, Schmerzen, Milchstau oder Brustentzündung: Der Brustwickel kühlt, hilft, dass sich geweitete Milchgänge zusammenziehen und Entzündungen zurückgehen.

Und so wird ein Quarkwickel angefertigt:
* Falten Sie eine Stoffwindel erst zu einem Dreieck und dann weiter, bis eine etwa zehn Zentimeter breite Manschette entsteht.
* Geben Sie gekühlten Magerquark (nur kühl, nicht eiskalt) großzügig auf den Stoff, etwa 30 bis 40 Zentimeter der Manschette sollten je nach Größe der Brust bedeckt sein.
* Legen Sie den Wickel nun mit der Quarkseite nach unten rund um die Brust, wobei die Brustwarze frei bleiben sollte.
* Lassen Sie den Wickel so lange auf der Brust, bis er warm wird. Legen Sie sich während dieser Zeit entspannt aufs Sofa, und bedecken Sie die Brust mit einem zusätzlichen dünnen

Tuch, damit Sie nicht frieren. Decken Sie sich aber nicht mit der Bettdecke oder einer warmen Wolldecke zu, da die Feuchtigkeit dann nicht wie gewünscht verdunsten kann. Denn durch das Verdunsten der Flüssigkeit im Quark entsteht Verdunstungskälte, die kühlend, schmerzlindernd und abschwellend wirkt. Nach dem Wickel reicht es, die angetrockneten Quarkkrümel sanft mit einem feuchten Waschlappen abzuwischen.

Ebenso gut funktioniert eine kühlende Auflage mit gut gereinigtem Kohl:
* Nehmen Sie dazu ein großes, im Kühlschrank gekühltes Weißkohlblatt, und schneiden Sie die Mittelrippe mit einem scharfen Messer etwas flach, damit sie nicht drückt.
* Jetzt können Sie das Kohlblatt einfach in Ihren BH einlegen, bis es sich erwärmt. Nach etwa 20 Minuten können Sie die Auflage entfernen und bei Bedarf wiederholen.

Kohlwickel, Quarkwickel und Kältekompressen lindern die oben genannten Beschwerden. Der Quarkwickel bietet aber noch mehr: Seine Inhaltsstoffe sind hautpflegend und besonders hautverträglich, selbst bei empfindlicher Haut. Die im Quark enthaltene Milchsäure öffnet nach der Berührung mit der Haut die Poren und kann so in das Gewebe eindringen. Durch das saure Milieu der Milchsäure sollen die Entzündungsstoffe aus dem Brustgewebe gezogen und in den Quark abgeleitet werden. Gebrauchsfertige Quarkpackungen gibt es auch in der Apotheke zu kaufen.

Sie können es auch mit Homöopathie versuchen (siehe Kasten rechte Seite). Doch in jedem Fall gilt: Sollten die Symptome für den Milchstau nicht innerhalb weniger Stunden nachlassen, melden Sie sich unbedingt wieder bei Ihrer Hebamme. Sollten Sie zusätzlich Schüttelfrost und Fieber bekommen, ist es Zeit, zum Arzt zu gehen.

STILLPOSITIONEN BEI MILCHSTAU

Der Unterkiefer des Babys soll während des Stillens bei Milchstau in Richtung der Verhärtung zeigen. Da kann es schwierig sein, eine gute Stillposition zu finden, wenn die betroffene Stelle zum Beispiel oberhalb oder direkt über dem Warzenhof liegt. Erleichterung bringt die »Vornübergebeugt-Position«. Legen Sie dafür Ihr Baby auf eine weiche Unterlage auf den Boden und knien Sie sich im Vierfüßlerstand darüber. Drehen Sie sich in dieser Position so weit, bis die Verhärtung der Brust zum Kinn des Babys zeigt. Beugen Sie sich hinunter, und geben Sie Ihrem Baby die Brust. Dies ist für Sie keine bequeme Stellung, aber der kleine Kiefer massiert die richtige Stelle, und durch die Schwerkraft kann Ihre Milch besser abfließen. Beides wirkt positiv auf den Milchstau.

Wenn sich der Milchstau unterhalb der Brustwarze befindet, bringt auch die sogenannte Football-Haltung Erleichterung. Bei dieser Stillposition erreicht der Unterkiefer des Kindes die Stelle unterhalb der Brustwarze, die massiert werden soll: Setzen Sie sich auf den Boden oder aufs Bett, und klemmen Sie das Kind wie einen Football unter Ihren rechten oder linken Arm. Dazu muss das Kind am besten so mit dem Rücken auf ein Kissen gelegt werden, dass seine Beine nach hinten zu Ihrem Rücken zeigen und das Köpfchen nahe Ihrer Brust ist. Beugen Sie sich zum Kind, nehmen Sie den Kopf in die Hand, und führen Sie ihn sanft zur Brust.

Brustentzündung

Tritt Fieber über 38,5 °C in Verbindung mit Kopf- und Gliederschmerzen auf, manchmal mit schmerzhaft gespannter Brust, sollten Sie sofort den Arzt oder die Hebamme kontaktieren, um eine mögliche Brustentzündung (Mastitis) behandeln zu lassen. Bei einer Brustentzündung vergrößern sich recht früh die Lymphknoten in der Achsel auf der Seite der entzündeten Brust. Der Entzündungsherd lässt sich als warme Stelle ertasten und ist von außen als Rötung zu erkennen. Grund für eine

Brustentzündung kann ein Milchstau sein, der die Milchgänge extrem weitet und damit einen Nährboden für Hautkeime und andere Bakterien bietet. Risse und Verletzungen der Brustwarze können das Eindringen der Keime begünstigen. Meist handelt es sich um Staphylokokken, die mit Antibiotika behandelt werden können.

Bei einer Brustentzündung muss nicht unbedingt abgestillt werden, da stillverträgliche Antibiotika eingesetzt werden. Sie schaden dem Kind nicht. Ein Antibiotikum ist aber nicht immer notwendig. Viele Mütter haben auch mit einer frühzeitigen homöopathischen Behandlung Erfolg (siehe Kasten unten). Ein Quarkwickel (siehe Kasten linke Seite), der regelmäßig aufgelegt wird, verschafft auch bei einer Brustentzündung zusätzlich zur medikamentösen Therapie Linderung.

TIPP

Homöopathie für die Brust

Eines von drei Hauptmitteln kann je nach Befund bei entzündeten Brüsten zum Einsatz kommen:

✿ **Belladonna:** Die Brust ist hochrot und heiß, erschütterungsempfindlich bei jedem Schritt. (1-mal 3 Globuli; C30-Potenz)

✿ **Phytolacca:** Bei Milchstau. Die Brust ist knotig und schmerzhaft. (1-mal 3 Globuli; C30-Potenz)

✿ **Apis:** Es sticht in der Brust, sie ist geschwollen und berührungsempfindlich. (1-mal 3 Globuli, C30-Potenz)

Wenn sich die Symptome vier bis sechs Stunden nach der Einnahme eines homöopathischen Mittels nicht bessern, sollte umgehend ein Arzt konsultiert werden.

Stillabszess

Gelegentlich kann sich nach einer Brustentzündung ein Abszess bilden. Dieser zeigt eine rote bis lilafarbene Verfärbung der Haut und lässt sich als grober Knoten tasten. Es handelt sich hierbei um eine Ansammlung von Eiter im Brustgewebe, die unbedingt ärztlich behandelt werden muss. Leider ist in den meisten Fällen eine Krankenhauseinweisung nötig, vor allem um mögliche Komplikationen abzuwenden. Zur Behandlung wird der Eiter mit einer Nadel oder einem Schnitt ausgeleitet. Meist werden Antibiotika zusätzlich verabreicht, und das Abstillen ist oft unumgänglich, kann aber hinterher wieder aufgenommen werden (siehe Kasten unten). Der Klinikaufenthalt dauert bei gutem Verlauf rund eine Woche. Versuchen Sie, mit Ihrem Kind zusammen aufgenommen zu werden.

INFO

Stillen nach dem Abstillen

Auch wenn wegen einer Brustentzündung oder einer Operation abgestillt werden musste, ist es in einigen Fällen möglich, wieder mit dem Stillen zu beginnen. Denn erst vier bis sechs Wochen nach der letzten Stillmahlzeit bilden sich die Milchgänge und Alveolen wieder zurück, bis zu der Größe, die sie vor der Schwangerschaft hatten.

Lassen Sie sich von Ihrer Hebamme beraten und unterstützen. Vielleicht wird durch häufiges Anlegen des Kindes die Milchproduktion wieder in Gang gesetzt. Sollte die Milch trotz allem nur wenig fließen, haben Sie die Möglichkeit, Ihr Kind mit Zwiemilch zu ernähren. Das heißt teils mit Muttermilch, teils mit Flaschennahrung (siehe rechts).

Zwiemilch

Bei großen Stillproblemen kann die Ernährung mit Zwiemilch eine gute Alternative sein. Mit dieser »Fütterungsmethode« erhält das Baby beides: Muttermilch über die Brust und fertige Ersatznahrung über das Fläschchen. Hebammen wie Ärzte sind sich einig, dass Zwiemilchernährung besser ist als komplett abzustillen. So bekommt das Kind weiterhin die wertvollen Inhaltsstoffe der Muttermilch, kann die besondere Nähe beim Stillen genießen und wird darüber hinaus dank zusätzlichem Fläschchen richtig satt. So eignet sich Zwiemilch besonders, wenn das Baby durch das alleinige Stillen nicht ausreichend Gewicht zunimmt oder wenn die Mutter nicht genug Milch zur Verfügung oder Mehrlinge zu ernähren hat. Auch Mütter, die schnell wieder ins Berufsleben zurückkehren, profitieren von dieser Methode, falls sie in ihrer Abwesenheit keine abgepumpte, sondern Fertigmilch verfüttern möchten.

Bei der Ernährung mit Zwiemilch kann die Mutter dem Baby nach dem Trinken an der Brust das Fläschchen geben (nicht umgekehrt!), bis es satt ist. Es ist auch möglich, ganze Mahlzeiten durch Milchfläschchen zu ersetzen. So entscheiden sich manche Mütter dafür, nur noch morgens und abends im Bett zu stillen und tagsüber Fläschchen zu geben, weil das zu ihren Lebensumständen besser passt. Selbst wenn das Baby nur ein bis zwei Stillmahlzeiten pro Tag erhält, ist ein positiver Effekt auf die Gesundheit nachweisbar. Denn auch in geringer Menge stärken die mit der Muttermilch verabreichten Immunglobuline und Antikörper das junge Immunsystem.

Wählen Sie für die Ernährung mit Zwiemilch ein brustähnliches Fläschchensystem, damit das Kind sein Saugverhalten von Mahlzeit zu Mahlzeit nicht zu sehr ändern muss.

Zwei Kinder stillen

Das gleichzeitige Stillen von Zwillingen, auch Simultanstillen genannt, erfordert etwas Übung. Milch ist in der Regel genug vorhanden, da das mütterliche Angebot über die Nachfrage der Babys geregelt wird. Das Einnehmen der Stillposition kann hingegen etwas schwieriger sein. Da die Mutter keine zusätzliche Hand mehr frei hat, ist besonders die korrekte Gabe der Brustwarze nicht ganz einfach. Zum Teil muss ganz auf den C-Griff verzichtet und der Mund des Babys mit der Brustwarze stimuliert werden, damit er sich weit genug öffnet. Als günstige Stillpositionen bieten sich die Rückenhaltung (siehe Seite 101) oder das parallele Liegen der Kinder an. Dabei liegen die Körper der Babys in gleicher Richtung vor dem Bauch der Mutter. Die Beinchen zeigen nach rechts oder links.

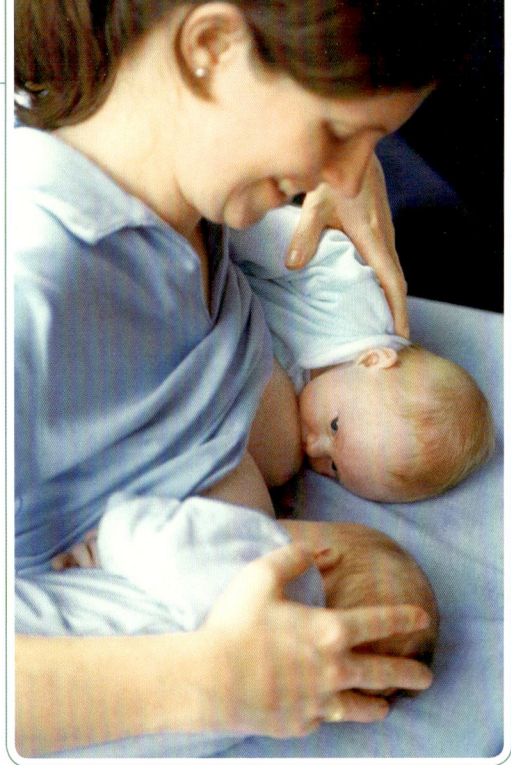

Zwillinge können Sie mit Hilfe eines Stillkissens gleichzeitig in Rückenhaltung stillen.

Brust und Flasche gleichzeitig

Wenn das Stillen mit beiden Kindern gleichzeitig nicht klappen sollte, gibt es die Möglichkeit, einem Kind die Brust anzubieten und das andere auf ein nahe gebettetes Stillkissen zu legen. Nach dem korrekten Anlegen eines Babys können Sie das andere Kind auf dem Kissen gleichzeitig mit Fläschchen und abgepumpter Milch füttern. Bei der nächsten Mahlzeit wird dann gewechselt. Sollten Sie im Laufe der Stillzeit irgendwann nicht mehr genug Milch haben, können Sie das Fläschchen mit Muttermilchersatznahrung füllen (Zwiemilch). Wechseln Sie auch beim Füttern mit Zwiemilch die Kinder bei jeder Mahlzeit an der Brust ab.

Sollten Ihre Zwillinge zu unterschiedlichen Zeiten Hunger haben und gleichzeitiges Stillen nicht möglich sein, werden Sie vermutlich die meiste Zeit des Tages damit beschäftigt sein, eines der Kinder anzulegen. Das kann ganz schön an die Substanz gehen. Auf Dauer werden Sie die Anstrengung am ehesten bewältigen können, wenn Sie im Haushalt völlig entlastet werden. Gönnen Sie sich so viel Ruhe wie möglich, und finden Sie eine angenehme Stillposition, die Hals, Schultern und Rücken entlastet.

Tandemstillen

Wenn Sie Ihr Baby gleichzeitig mit dem älteren Geschwisterkind stillen möchten, spricht man von Tandemstillen. Sollten Sie Ihr älteres Kind noch nicht abgestillt haben, ist es möglich, ihm auch während der erneuten Schwangerschaft die Brust zu geben – und auch über die Geburt hinaus. In der Schwangerschaft reduziert sich aufgrund der Hormonumstellung des weiblichen Körpers jedoch oftmals die Milchmenge, sodass das Stillkind dann zugefüttert werden muss. Das kann ein Grund für das ältere Kind sein, sich selbst im Laufe der neuen Schwangerschaft abzustillen.

Bleibt die Milchproduktion während der Schwangerschaft erhalten, bekommt das Baby nach der Geburt bereits »reife Muttermilch« und keine Vormilch (Kolostrum). Da die reife Muttermilch sofort und in großen Mengen für das neue Baby verfügbar ist, erhält das Baby auch mit dieser Milch alles, was es nach der Geburt benötigt. Sein Immunsystem wird wie mit dem Kolostrum gestärkt und aufgebaut. Und es ist genug Nahrung für Groß und Klein vorhanden, da sich die Milchmenge nach der Geburt in der Regel dem Bedarf von zwei Kindern anpasst.

Wenn Sie sich für Tandemstillen entschieden haben, können Sie entweder beide Kinder gleichzeitig stillen oder nach Bedarf auch zeitversetzt. Es kommt sogar vor, dass ältere Kinder nach der Geburt des Säuglings wieder an die Brust möchten, obwohl Sie bereits abgestillt wa-

Babys, die nach sechs Monaten noch gestillt werden, brauchen meist zusätzliche Nahrung.

ren. Auch das schadet nicht, im Gegenteil: Das ältere Kind ist durch dieselbe Nähe zur Mutter, wie sie das Baby erlebt, weniger eifersüchtig. Auch die Mutter profitiert davon, weil sich das Gefühl einstellt, jedem Kind in puncto Aufmerksamkeit gerecht zu werden.

Doch Tandemstillen kann auch sehr anstrengend werden und an den mütterlichen Kräften zehren. Achten Sie daher ganz besonders auf Ihre Gesundheit, und sorgen Sie für viele Ruhepausen. Suchen Sie sich Unterstützung für die Hausarbeit, essen Sie ausgewogen, trinken Sie viel, gönnen Sie sich täglich einen Mittagsschlaf und – wenn möglich – einen Spaziergang nur für Sie alleine. Vielleicht tut Ihnen auch ein Erfahrungsaustausch mit anderen tandemstillenden oder langzeitstillenden Müttern gut, für die es besonders in Großstädten extra Stillgruppen gibt.

Abstillen

Grundsätzlich können Sie so lange stillen, wie Sie möchten. Auch Kinder, die schon einige Jahre alt sind, können theoretisch noch gestillt werden. Allerdings reicht das alleinige Stillen ab dem zweiten Lebenshalbjahr in der Regel nicht mehr aus. Die Weltgesundheitsorganisation (WHO) empfiehlt Müttern, Ihre Babys in den ersten sechs Lebensmonaten ausschließlich zu stillen. Wird ein Kind »voll« gestillt, bekommt es außer Muttermilch keine weiteren zusätzlichen Flüssigkeiten wie Tee oder abgekochtes Wasser. Das reicht in der Regel völlig aus, schließlich enthält Muttermilch alles, was Ihr Kind zur gesunden Ernährung benötigt. Mit vier bis sechs Monaten beginnt dann die Zeit des Zufütterns, in der nach und nach Brustmahlzeiten durch feste Mahlzeiten ersetzt werden. Beginnen Sie mit einer Breimahlzeit pro Tag, und warten Sie jeweils drei Wochen, bevor eine weitere Brustmahlzeit durch Brei ersetzt wird. Weiterhin empfiehlt die WHO zusammen mit der Kinderschutzorganisation Unicef das begleitende Stillen bis ins zweite Lebensjahr. Diese Empfehlung ist aber im Lichte der weltweiten Kindergesundheit zu sehen: In armen Ländern tritt nicht selten die Situation ein, dass nach dem Abstillen keine angemessene Nahrung zur Verfügung steht und die unter Muttermilchernährung gut gediehenen Kinder im zweiten Lebensjahr unter einer Gedeihstörung leiden. In unseren Breiten, in denen normalerweise angemessene Babynahrung erhältlich oder zubereitbar ist, ist Stillen im zweiten Lebensjahr nicht überlebenswichtig. Sofern es Ihnen und Ihrem Baby jedoch guttut, können Sie zum Beispiel eine Stillmahlzeit pro Tag beibehalten. Wenn Sie Ihr Kind beispielsweise vor dem Schlafenlegen am Abend stillen, schaffen Sie zusätzlich zur Nahrungsaufnahme ein liebevolles und beruhigendes Ritual, mit dem Sie die Aktivitäten des Tages abschließen. Bedenken Sie dabei, dass häufiges Anlegen im zweiten Lebensjahr auch zu einer unangemessen engen Mutter-Kind-Beziehung führen und die Selbstständigkeit des Kindes beeinträchtigen kann.

Sollte Stillen während des Einführens von Beikost im sechsten Monat und darüber hinaus aus verschiedenen Gründen nicht mehr möglich sein, ist es sinnvoll, mit der Beikost bereits in einem Alter von vier Monaten und unter dem Schutz des Stillens zu beginnen. Die Kombination Beikost plus Stillen soll nämlich das Allergie- und Zöliakierisiko des Kindes senken. Bei einer Zöliakie handelt es sich um eine lebenslange Unverträglichkeit unter anderem von Weizenprodukten.

Abstillen nach der Geburt

Frauen, die aus gesundheitlichen Gründen nicht stillen können oder sich dazu entschlossen haben, nicht zu stillen, erhalten vom Arzt direkt

HEBAMMEN-TIPP

Petersilie als Abstillhilfe

Petersilie wirkt ganz natürlich unterstützend beim Abstillen. Sie können einen Esslöffel der Blätter täglich roh verzehren oder als Petersilienaufguss trinken. Schneiden Sie die Petersilie dafür in kleine Stücke, geben sie in eine Teetasse und übergießen alles mit heißem Wasser. Nach rund fünf Minuten wird der Sud dann getrunken.

nach der Geburt des Kindes ein Medikament zum sogenannten primären Abstillen. Hormone sorgen in diesem Fall dafür, dass die Milchbildung erst gar nicht in Gang kommt.

Sollte es nach Stillbeginn wegen einer Erkrankung oder eines nötigen operativen Eingriffs unumgänglich sein, schnell abzustillen, wird der Gynäkologe auch hierfür ein Präparat verschreiben, das die Milchbildung unterdrückt. Das notwendige hormonhaltige Medikament für das sogenannte sekundäre Abstillen wirkt effektiv und schnell, kann jedoch Nebenwirkungen wie Schwindel, Kopfschmerzen oder Depressionen auslösen.

Mit und ohne Plan

Oft ist das Abstillen ein ganz natürlicher Prozess, der zwischen Mutter und Kind »im Einverständnis« abläuft. Das Baby interessiert sich immer mehr für andere Nahrung, es möchte dasselbe essen wie die Großen und verlangt nach anderer Kost. Dazwischen sucht es immer wieder die Brust, insbesondere am Abend. Dabei trinkt es immer weniger Milch, stattdessen nuckelt es lieber. Damit ist die Phase des Abstillens eingeleitet, die sich dann über viele Wochen

TIPP

Langsam abstillen

Stillen Sie niemals ohne Medikamente abrupt ab. Das kann zu einem sehr schmerzhaften Milchstau und einer Brustentzündung führen. Sollten während des Abstillens keine kurzen Stillmahlzeit möglich sein, greifen Sie stattdessen kurz zur Milchpumpe.

hinziehen kann – was für beide Seiten gut ist. Durch die geringere Nachfrage produziert die Brust auch immer weniger Milch, bis diese schließlich ganz versiegt.

Können oder möchten Sie nicht so lange warten, bis die Initiative vom Kind ausgeht, können Sie grundsätzlich jederzeit mit dem Abstillen beginnen, wobei dieser Prozess ohne Medikamenteneinnahme rund 14 Tage dauert. Nach Anleitung der Hebamme oder der Stillberaterin wird das Anlegen des Kindes an die Brust täglich reduziert, das heißt, die Stillhäufigkeit und die Stilldauer werden nach und nach verringert, bis sich keine Muttermilch mehr bildet. Sobald sich während der Abstillzeit ein unangenehmes Spannungsgefühl in den Brüsten bemerkbar macht, sollten Sie das Baby ganz kurz anlegen. Auf längeres Stillen oder Abpumpen sollten Sie unbedingt verzichten, da die Milchproduktion damit wieder angeregt wird. Ist die Spannung in den Brüsten trotz kurzem Stillen noch da, legen Sie am besten feuchtwarme Tücher auf. Streichen Sie die Brust nach rund fünf Minuten vorsichtig mit den Händen von oben nach unten aus. Zur Vorbeugung einer Brustentzündung können Sie anschließend ein Kohlblatt oder einen kühlenden Quarkwickel auflegen, bis er sich warm anfühlt (siehe Seite 114).

Als unterstützende Maßnahmen helfen beim Abstillen zwei bis vier Tassen Salbei- oder Pfefferminztee täglich. Auch eine einmalige Gabe homöopathischer Phytolacca-Globuli reduziert die Milchmenge. Diese Globuli sollten allerdings nicht ohne Begleitung durch die Hebamme eingenommen werden. Zusätzlich sollten Sie während des Abstillens die Brust hochbinden, indem Sie die Träger des BHs kurz stellen. Auch das drosselt die Milchproduktion.

Gespendete Muttermilch

Auf Muttermilch muss Ihr Baby auch dann nicht verzichten, wenn Sie nicht genug Milch haben oder aus gesundheitlichen oder persönlichen Gründen nicht stillen. Wer – besonders im frühen Babyalter – die Vorzüge der Muttermilch nutzen möchte, kann sein Kind auch mit der Milch einer anderen Frau ernähren. Heute gibt es zwar keine Ammen mehr, die einst fest zu unserer Kultur gehörten und das Kind einer anderen Frau an der eigenen Brust nährten, dafür aber tiefgefrorene »fremde« Muttermilch, die aufgetaut bei rund 37 °C mit dem Fläschchen gefüttert werden kann. Doch Vorsicht! Muttermilch-Handel liegt voll im Trend, und damit werden auch riskante Geschäfte möglich. Besorgen Sie sich daher niemals Muttermilch aus Ihnen unbekannten Quellen. Frauen, die Muttermilch spenden, müssen vorher unbedingt auf Hepatitis B und C sowie Aids untersucht werden. Da solche schweren Infektionskrankheiten über die Muttermilch an das Kind weitergegeben werden können, müssen Sie bei der Organisation der Milch besonders achtsam sein. Fragen Sie Ihre Hebamme oder den Gynäkologen nach vertrauenswürdigen, gesunden Spenderinnen. Vielleicht unterstützt Sie aber auch eine gute Bekannte oder Freundin, die selbst gerade

WICHTIG

Gut gekühlte Muttermilch

Aus hygienischen Gründen darf gespendete, tiefgefrorene Muttermilch die Kühlkette niemals verlassen. Holen Sie die Milch daher am besten mit einer Kühltasche ab, die mit Kühlaggregaten gekühlt ist. Zu Hause angekommen, müssen Sie die Muttermilch gleich wieder ins Gefrierfach stellen. Auf- oder angetaute Milch geben Sie in den Kühlschrank und verfüttern sie innerhalb von 24 Stunden. Einmal aufgewärmte Milch, die nach dem Füttern übrig bleibt, muss unbedingt verworfen werden. Die Keimbildung ist sonst zu groß, was für Ihr Kind ein gesundheitliches Risiko birgt.

Kliniken von gespendeter Muttermilch. Geschützt werden die Kleinen auf diese Weise besonders vor einer bei Frühgeborenen nicht seltenen Darmerkrankung namens Nekrotisierende Enterocolitis (NEC), die zu einem lebensbedrohlichen Durchbruch der Darmwand führen kann. Mittlerweile werden in Deutschland auf mehreren Frühgeborenen-Stationen Babys mit gespendeter Milch versorgt, und es kann zum Teil bereits auf eine jahrzehntelange Erfahrung zurückgeblickt werden.

Als Spenderinnen kommen gesunde, stillende Mütter mit einem Milchüberschuss von mindestens 800 Milliliter pro Woche in Frage. Sie sollten nicht rauchen, keinen Alkohol und keine Drogen konsumieren. Ihr eigenes Kind sollte nicht älter als vier Monate sein. Muttermilchbanken gibt es zum Beispiel in München, Leipzig,

stillt. Das Thema Gesundheit muss hier wie da jedoch immer zur Sprache kommen.

Spenden bei Frauenmilchbanken

In Deutschland, Österreich, der Schweiz, England, Frankreich, Skandinavien und anderen Ländern gibt es sogenannte Frauenmilchbanken. Hier ist es zwar nicht möglich, Milch für das eigene Kind abzuholen, aber es besteht die Möglichkeit, Milch zu spenden. Meist sind Frauenmilchbanken direkt an Kinder- oder Geburtskliniken angeschlossen, um Babys, die zu früh auf die Welt gekommen sind, mit dieser Nahrung zu versorgen. In der Ernährung von Frühgeborenen und kranken Neugeborenen spielt Muttermilch eine besonders wichtige gesundheitsfördernde Rolle. Da manche Mütter von Frühgeborenen nicht selbst stillen können, zu wenig Milch produzieren oder Medikamente einnehmen müssen, die das Stillen ausschließen, profitieren ihre Babys in den entsprechenden

INFO

Gesundheit mit Langzeitwirkung

Gestillte Kinder haben einen gesundheitlichen Vorteil, ganz gleich ob es sich um die Milch der eigenen Mutter oder der einer fremden handelt. So kam eine Münchener Untersuchung zu dem Schluss, dass gestillte Kinder in ihrem späteren Leben weniger häufig an Übergewicht leiden. Auch das Risiko für Krebserkrankungen im Jugendalter ist geringer sowie die Gefahr, einen Diabetes oder eine chronisch entzündliche Darmerkrankung zu entwickeln. Noch im hohen Alter profitiert der Körper vom Stillen, indem der Erwachsene niedrigere Cholesterinwerte und weniger Gefäßablagerungen aufweist. Damit ist er besser vor Herz-Kreislauf-Erkrankungen geschützt.

TIPP

Stillen in der Öffentlichkeit

Das Baby hat Hunger, und Sie sind gerade unterwegs in der U-Bahn, im Park, in der Innenstadt oder im Restaurant. Kein Problem. Mittlerweile ist es bei uns in Deutschland fast überall möglich, ungestört zu stillen. Doch leider fühlen sich manche ungewollte Beobachter nach wie vor peinlich berührt, wissen nicht, wo sie hinschauen sollen, oder ärgern sich sogar über die »Belästigung«. Auch wenn es solche Probleme immer wieder einmal geben kann, sollten Sie sich keinesfalls entmutigen lassen oder die Öffentlichkeit meiden. Ein paar Tipps sollen Sie darin unterstützen, öffentlich zu stillen und sich dabei auch wohlzufühlen:

❀ Ein großes dünnes Baumwoll- oder Seidentuch beispielsweise gibt Ihnen und Ihrem Baby genügend Ruhe bei der Nahrungsaufnahme. Legen Sie es großzügig über Ihren Oberkörper, sodass Brust und Baby vor ungewollten Blicken geschützt sind. Denn auch das Baby braucht seinen Schutz vor der hektischen Außenwelt und den vielen unbekannten Eindrücken, die es aufregen und beim Trinken stören.

❀ Fragen Sie im Geschäft oder Kaufhaus nach einer Stillmöglichkeit. Oft gibt es einen Raum, der Ihnen genügend Ungestörtheit bietet. Auch im Restaurant ist es ratsam, nach einem geeigneten Platz oder einem abseits liegenden Tisch zu fragen. Mit dem Rat, auf der Toilette zu stillen, sollten Sie sich jedoch niemals abfinden. Es sitzt ja auch kein Gast mit seinem Essen auf dem Klo. Suchen Sie sich lieber ein nettes anderes Restaurant, in dem Sie und Ihr Baby willkommen sind. Das alles mag ein wenig kompliziert klingen. Doch nur wenn viele Mütter in der Öffentlichkeit stillen, wird es – ganz egal an welchem Ort – irgendwann für alle Menschen ganz selbstverständlich sein.

Potsdam, Dresden, Wien und Basel. Wenn Sie spenden möchten, wenden Sie sich an Ihre Hebamme oder Geburtsklinik.

Stillen im Beruf

Der Wiedereinstieg in den Job nach der Babypause muss nicht notwendigerweise mit dem Abstillen verbunden sein. Wenn Sie und Ihr Baby auch nach Ablauf der Elternzeit noch am gemütlichen und innigen Stillritual festhalten wollen, spricht nichts dagegen. Da stillende Mütter unter besonderem Schutz des Staates stehen, gibt es rechtliche Bestimmungen, die das Stillen im Berufsalltag ausdrücklich ermöglichen. Die Bestimmungen des Mutterschutzgesetzes gelten für alle Arbeitnehmerinnen gleichermaßen:

❀ Jede stillende Mutter hat Anspruch auf Stillpausen, die als Arbeitszeit anzurechnen sind. In diesen Pausen können die Mütter ihre Kinder entweder am Arbeitsplatz stillen, zum Stillen nach Hause fahren oder Milch abpumpen.

❀ Entscheidet sich die Frau, ihre Milch während der Arbeitszeit abzupumpen, muss sichergestellt werden, dass die abgepumpte Milch ausreichend gekühlt werden kann, damit sie dem Baby später zu Hause auch zur Verfügung steht.

❀ Stillende Mütter dürfen im Rahmen ihrer Arbeit keinen schädigenden Einflüssen durch

Strahlung, Giftstoffe, Gase, Dämpfe oder Staub ausgesetzt werden.

✿ Auch die Einteilung in Schichtdienste nachts, am Wochenende und an Feiertagen ist nicht zulässig.

Stillen im Ausland

Im europäischen Ausland ist es ähnlich wie in Deutschland. Es ist zwar nicht verboten, öffentlich zu stillen, aber es wird von der Gesellschaft erwartet, dass die Frau sich dabei vor den Augen aller ein wenig distanziert. Schwieriger wird es schon in Amerika. Hier ist das Stillen in der Öffentlichkeit mittlerweile zwar gesetzlich erlaubt, es wird aber nicht gerne gesehen und sollte in Restaurants und Bars sowie in Gegenden, die als weniger liberal gelten, unterlassen werden.

Weniger Probleme sollte es in islamischen Ländern wie der Türkei geben, wo das (lange) Stillen zur Kultur gehört. In Geschäften oder Restaurants wird man Ihnen in der Regel einen ungestörten Platz anbieten. Aber auch in diesen Ländern ist es ratsam, die Brust beim Stillen zu bedecken.

Vor der Reise in ein fernes Land sollten Sie am besten Kontakt zum hiesigen Auswärtigen Amt (siehe Adressen Seite 402) aufnehmen. Dort kann man Ihnen genau sagen, ob es Probleme gibt oder ob es gar strafbar ist, wenn Sie in der Öffentlichkeit stillen. Auch können Sie sich im Internet rechtzeitig informieren, ob es an Ihrem Urlaubsort Stillräume gibt, in die Sie sich zurückziehen können. Denken Sie im Ausland ganz besonders an Hygiene: Um einer Infektion durch Bakterien vorzubeugen, sollten Sie Ihre Brust vor dem Stillen mit abgekochtes Wasser oder Trinkwasser aus Flaschen abwaschen. Die Hände sollten Sie vor dem Stillen mit Seife waschen, oder, wenn Sie unterwegs sind, mit einem Desinfektionstüchlein reinigen.

Stillen während der Reise

Wenn Sie mit der Bahn reisen, haben Sie die Möglichkeit, einen Platz im Mutter-Kind-Abteil zu buchen. Der Zugbegleiter bringt Ihnen auf Wunsch sicher auch abgekochtes Trinkwasser, mit dem Sie Ihre Brust oder Ihre Hände vor dem Stillen reinigen können. Benutzen Sie hierfür niemals das Wasser aus dem Waschraum oder der Toilette des Zuges. Sie können sich auch von zu Hause einen feuchten Waschlappen in einer Plastikdose für die Reinigung der Brust (wie für das Windelwechseln unterwegs) und Desinfektionstücher für die Hände mitnehmen. Auch im Flugzeug wird sich die Flugbegleitung um Sie kümmern und abgekochtes Trinkwasser zur Verfügung stellen. Meist organisieren die Fluggesellschaften Plätze in der ersten Reihe für Mütter mit Kind, wo es mehr Beinfreiheit gibt. Sollte es Ihnen aus irgendeinem Grund (Flugangst, Nervosität) nicht möglich sein zu stillen, nehmen Sie vorsichtshalber Muttermilchersatz-Pulver sowie Fläschchen mit altersgerechten Saugern mit. Sterilisieren Sie Fläschchen und Sauger bereits zu Hause, und verpacken Sie diese zum Beispiel in einer Plastikdose.

Bei einer Busreise empfiehlt es sich, in der ersten Reihe Platz zu nehmen, damit Ihnen vom Fahren nicht übel wird und Sie fit für Ihr Kind sind. Nehmen Sie abgekochtes Wasser für die Reinigung in einer Thermoskanne mit, da Servicepersonal eher selten in Reisebussen mitfährt.

Wer mit dem Auto fährt, ist recht flexibel: Machen Sie eine Rast, wenn Ihr Baby an die Brust möchte. Manche Raststätten bieten neben Wickelräumen auch Stillräume an. Sollten Ihnen diese Orte nicht komfortabel genug sein oder Sie wegen mangelnder Sauberkeit abschrecken, ist der zurückgestellte Autositz sicherlich die beste Alternative. Sie können sich abgekochtes Wasser in einer Thermoskanne mitnehmen.

FLÄSCHCHEN GEBEN UND ZUFÜTTERN

Bei der Ernährung mit dem Fläschchen kann zwischen Mutter und Kind eine gleich tiefe Beziehung entstehen wie beim Stillen: Halten Sie das Kind so, wie Sie es beim Stillen halten würden. Schauen Sie Ihrem Baby beim Trinken in die Augen, und streicheln Sie die kleinen Wangen. Ähnlich wie beim Stillen erfährt Ihr Baby in diesem Moment ein großes Maß an Geborgenheit und Liebe. Wer viel Hautkontakt möchte, kann seinem Kind auch mit freiem Oberkörper das Fläschchen geben. Ein Vorteil des Fläschchengebens liegt darin, dass das Kind auch in Abwesenheit der Mutter problemlos ernährt werden kann. Gerade die Väter kommen so vermehrt in den Genuss, ihr Baby zu füttern. Und wenn die Zeit des Zufütterns gekommen ist, wird sich Ihr Baby von der Flasche auf dieselbe Art verabschieden wie gestillte Babys von der Brust – denn beide möchten dann gerne am Familientisch mitessen.

Füttern mit Fläschchen

Auch die Ernährung mit industriell hergestelltem Muttermilchersatzpulver bietet dem Baby heutzutage von Anfang an einen perfekten Start. Die Produkte sind gut verträglich, qualitativ hochwertig und enthalten alle Nährstoffe, die das Baby benötigt, in optimaler Zusammensetzung und Menge. Ernährungsfehler sind mit »Fertigfläschchen« im ersten Lebensjahr des Kindes kaum möglich, da die EU im Jahre 2009 eine neue Richtlinie erlassen hat, die den Kaloriengehalt für Säuglingsanfangs- und Folgenahrung regelt. Achten Sie aber unbedingt darauf, altersentsprechende Milch zu kaufen, und halten Sie die Dosierungsanleitungen der Hersteller ein. Überfüttern wird auf diese Weise unmöglich – und auch Ihr Baby weiß genau, wie viel es braucht. Hat es also einmal keinen großen Hunger, sollten Sie es nicht zwingen, das Fläschchen leer zu trinken. Trinkt das Baby jedoch über einen längeren Zeitraum wenig, macht es einen unruhigen und kränklichen Eindruck oder stagniert das Gewicht, ist es ratsam, den Kinderarzt aufzusuchen.

Die richtige Milch für jedes Alter

Für die ersten vier Monate des Babys und auch zum Zufüttern eignet sich Säuglingsmilchnahrung mit der Vorsilbe »Pre«. Diese Pre-Milch ist der Muttermilch in der Zusammensetzung sehr ähnlich, dünnflüssig und gut verdaulich und kann wie Muttermilch nach Bedarf gefüttert werden. Danach gibt es die etwas dickflüssigere und stärker sättigende Folgemilch mit dem Zusatz »1«. Diese Milchzubereitung können Sie Ihrem Kind das ganze erste Jahr lang geben, ohne auf Pulver mit dem Zusatz »2« umzusteigen.

Sollten Mutter, Vater oder beide allergisch veranlagt sein, kann das Baby von Anfang an mit einem sogenannten hypoallergenen Milchprodukt mit dem Namenszusatz »HA« gefüttert werden. Man erhofft sich davon, das Risiko für das Auftreten allergischer Erkrankungen zu vermindern. Für die Herstellung von HA-Nahrung wird nämlich das Eiweiß der Kuhmilch in kleine Bausteine gespalten, wodurch Allergien auslösende Merkmale weitgehend verloren gehen sollen – allerdings auch der Geschmack, wie Sie selbst feststellen können. Die für die Ernährung des Kindes wichtigen Eigenschaften des Eiweißes bleiben jedoch erhalten. HA-Nahrung gibt es als Pre-Produkt und auch als Folgemilch. Sie kann bis zum Beginn der Beikost ausschließlich verfüttert werden.

Wie viel darf es sein?

Wie beim Stillen müssen Sie Ihr Kind auch mit dem Fläschchen anfänglich nicht nach festen Zeiten füttern, sondern dann, wenn es Hunger hat. In den ersten drei Lebensmonaten sollten jedoch nicht mehr als vier Stunden zwischen den Fläschchenmahlzeiten liegen. Die tägliche Nahrungsmenge hängt von verschiedenen Faktoren ab, zum Beispiel davon, wie schwer das Kind ist, wie alt, ob es zu früh geboren wurde oder krank ist. Fragen Sie daher Ihre Hebamme oder den Kinderarzt, wenn Sie sich nicht sicher sind, wie viel Sie pro Tag füttern sollen. Als Anhaltspunkt seien folgende Mengen genannt:

* 0 bis 2 Monate: 80 bis 120 Milliliter pro Mahlzeit und etwa sechs Fläschchen täglich,
* 2 bis 4 Monate: 120 bis 200 Milliliter pro Mahlzeit und etwa fünf Fläschchen täglich.

Sobald das Kind feste Nahrung bekommt, reduziert sich die Milchmenge. In der Regel wird dann pro Breimahlzeit eine der bisherigen Milchmahlzeiten weggelassen beziehungsweise durch ein angemessenes Getränk ersetzt.

TIPP

Fläschchen und Sauger

Mit vier Fläschchen, vier Milchsaugern und einer Flaschenbürste kommen Sie gut über den Tag. Eine dem Kind gemäße Größe der Sauger und des Sauglochs sind für die Nahrungsverträglichkeit und die Sättigung des Kindes wichtig.

Hygiene bei Fläschchen und Sauger

Da das Immunsystem des Neugeborenen noch nicht ausgereift ist, kann das Kind besonders in den ersten sechs Lebensmonaten heftig mit Fieber, Durchfall und Erbrechen auf bakterielle Infektionen reagieren. Bei der Zubereitung der Fläschchenmahlzeit ist es daher besonders wichtig, einige Hygienemaßnahmen einzuhalten, um den Bakterien mit der Milchnahrung keinen Nährboden zu bieten.

Um einer vermehrten Keimbildung vorzubeugen, sollten Sie Fläschchen und Sauger gleich nach dem Füttern säubern. Reinigen Sie Flaschen, Deckel und Flaschensauger sorgfältig mit einer nur dafür benutzten Bürste und mit Spülmittel. Spülen Sie Fläschchen und Zubehör mit klarem warmem Wasser gut nach. Stellen Sie die Utensilien nach dem Spülen zum Trocknen auf ein sauberes Geschirrtuch, wobei Fläschchen und Sauger mit der Öffnung nach unten zeigen. Decken Sie alles mit einem weiteren sauberen Geschirrtuch ab. Nach dem vollständigen Trocknen werden die Sauger falsch herum in die Fläschchen gesteckt und die Verschlüsse zugedreht.

Feste Milchreste in Latexsaugern können Sie vor dem Spülen mit etwas Salz ausreiben, so lassen sich die Sauger gründlich säubern. Da diese Gummisauger im Gegensatz zu Silikonsaugern mit der Zeit porös werden, sollten sie ab und zu ausgekocht und spätestens nach zweimonatigem Gebrauch gegen neue ausgetauscht werden. Silikonsauger sind zwar besonders temperaturbeständig, doch leichter als Latexsauger etwa durch Beißen zu beschädigen. Daher sollte auf die Reinigung mit Salz verzichtet werden. Tauschen Sie Silikonsauger bei ersten Beißspuren oder anderen Beschädigungen sofort aus, ansonsten reicht es, diese Sauger aus hygienischen Gründen spätestens nach zwei Monaten gegen neue zu wechseln. Das Auskochen von Silikonsaugern ist nicht erforderlich.

Nach der Reinigung von Fläschchen und Zubehör ist das Sterilisieren laut den Fachorganisationen heutzutage nicht mehr nötig. Ein Dampfsterilisator (Vaporisator), ein Sterilisator für die Mikrowelle oder das 5-minütige Abkochen der Flaschen samt Zubehör gehören demnach der Vergangenheit an. Haben sich jedoch stark verkrustete Reste gebildet oder wurden benutzte Fläschchen samt Sauger nach dem Trinken nicht direkt abgespült, ist die Sterilisation nach dem Spülen ein Muss.

Sie können die Fläschchen, Sauger und das Zubehör auch in die Spülmaschine stecken. Allerdings kann der enge Flaschenhals eine effektive Maschinenreinigung verhindern. Deshalb müssen die Fläschchen auch in diesem Fall gleich nach der Benutzung vorgespült werden.

Die Zubereitung des Fläschchens

Es ist äußerst wichtig, sich beim Zubereiten des Fläschchens immer an die Angaben des Herstellers zu halten. Ein falsches Mischverhältnis zwischen Wasser und Pulver kann Unverträglichkeiten und gesundheitliche Probleme hervorrufen. Zu viel Pulver könnte den Wasserhaushalt und die Nieren des Babys belasten, zu viel Wasser hingegen Unterernährung begünstigen.

Bei der Zubereitung der Milchnahrung muss aufgrund der guten Wasserqualität im deutschsprachigen Raum auch hierfür das Leitungswasser nicht mehr abgekocht werden. Fragen Sie bei Ihrem örtlichen Wasserwerk nach. Um die Verkeimung am stehenden Wasser am Wasserhahn und die Verunreinigung durch Metalle zu minimieren, reicht es, das frische Wasser aus dem Kaltwasserhahn so lange vor Gebrauch laufen zu lassen, bis es sich deutlich kalt anfühlt. Wegen einer möglichen Belastung mit Keimen sollten Sie kein Warmwasser aus der Leitung benutzen, sondern das kalte Wasser auf die benötigte Temperatur erwärmen. Auch stilles Mineralwasser, das für die Zubereitung von Babynahrung gekennzeichnet ist, kann, frisch geöffnet, für die Milchzubereitung benutzt werden. Bevor Sie die Milch mit heißem Wasser anrühren, sollte das Wasser schon etwas abgekühlt sein und nicht mehr sprudelnd kochen. So gehen Sie sicher, dass keine wichtigen Vitalstoffe im Milchpulver zerstört werden.

ERST WASSER, DANN PULVER

Nachdem Sie die nötige Menge an Wasser mit der vom Hersteller vorgeschriebenen Temperatur in die Flasche gefüllt haben, fügen Sie mit dem Messlöffel oder Messbecher der Verpackung die angegebene Menge Milchpulver hinzu. Füllen Sie den Löffel oder Becher nur locker, das Pulver sollte nicht hineingepresst werden. Pulver, das übersteht, wird mit einem Messerrücken abgestrichen.

Nach dem Verschließen der Flasche mit dem Deckel wird die Flasche sanft geschüttelt. Hat sich der Inhalt gut vermischt, müssen Sie aber noch so lange mit dem Füttern warten, bis die Milch auf Körpertemperatur abgekühlt ist – ideal ist eine Temperatur zwischen 35 und 37 °C. Machen Sie eine Temperaturprobe: Geben Sie ein

Um Milchfläschchen und Sauger zu reinigen, brauchen Sie diverses Zubehör.

paar Tropfen auf die empfindliche Pulsregion an der Innenseite Ihres Handgelenkes. Empfinden Sie die Temperatur als angenehm, können Sie mit dem Füttern beginnen. Haben sich nach dem Vermischen von Pulver und Wasser viele Luftblasen oder Schaum in der Milch gebildet, sollten Sie zur Vermeidung von Blähungen aber noch einen kurzen Moment warten, um die Luft aufsteigen und entweichen zu lassen.

PRAKTISCH: DIE THERMOSKANNE

Um auch unterwegs immer gut temperiertes Wasser dabei zu haben, ist es ratsam, eine saubere Thermoskanne, in die zuvor noch keine anderen Flüssigkeiten gefüllt wurden, zu verwenden. Füllen Sie die Kanne mit frischem Wasser, das auf die vom Hersteller vorgegebene Temperatur erhitzt wurde. Sobald Sie füttern möchten, vermischen Sie das Pulver mit nur zwei Dritteln der benötigten Wassermenge im

Fläschchen. Wenn Sie das Fläschchen anschließend mit frisch geöffnetem stillem Mineralwasser auffüllen und nochmals kurz schütteln, ist die optimale Trinktemperatur schnell erreicht. So können Sie natürlich auch zu Hause verfahren und anstelle des Mineralwassers frisches kaltes Leitungswasser verwenden.

Achten Sie darauf, dass die Thermoskanne ausschließlich für die Aufbewahrung von Wasser für die Babynahrung verwendet wird. Einmal eingefülltes Wasser kann 24 Stunden in der Kanne verbleiben. Ist das Wasser für die Milchzubereitung allerdings kühler als die vom Hersteller empfohlene Temperatur zum Anrühren der Nahrung, vermischt sich das Milchpulver nicht richtig mit dem Wasser. Kleine Klümpchen verstopfen dann den Sauger, und das Baby kann nicht richtig trinken. Hier hilft leider nur ein neues Fläschchen, denn einmal geklumpte Milch wird weder durch längeres Schütteln noch durch stärkeres Rühren flüssig.

Das Bäuerchen danach

Generell schlucken Babys beim Nuckeln am Fläschen mehr Luft als beim Trinken an der Brust. Daher muss das Kind nach jeder Mahlzeit an die Schulter gehoben werden, um ein Aufstoßen der Luft zu ermöglichen: Es macht sein »Bäuerchen«.

TIPP

Babyflaschen-Thermometer

Mit einem speziellen Thermometer aus dem Fachhandel können Sie die genaue Wassertemperatur für das Anrühren der Babynahrung sowie die Trinktemperatur der Milch messen. Der Messbereich liegt ungefähr zwischen 20 und 70 °C.

Legen Sie sich zum Schutz eine Stoffwindel über die Schulter, und streichen oder klopfen Sie ganz leicht auf den oberen Rücken des Babys. Das Tuch schützt Ihre Kleidung, da nicht selten mit dem Bäuerchen auch etwas Milch ausgespuckt wird. Ohne Bäuerchen ist die Gefahr von Blähungen und damit einhergehenden Bauchschmerzen groß.

Auch wenn das Baby nach dem Trinken mit dem Bäuerchen einen richtigen Schwall Milch ausspuckt, ist dies kein Grund zur Sorge. Was zu viel für den kleinen Magen ist, kommt so wieder heraus, der Volksmund sagt »Speikind – Gedeihkind«. Die Menge an ausgespuckter Milch wird meist überschätzt. Auffällig häufiges, reichliches und schwallartiges Erbrechen (Reflux, siehe Seite 395) muss jedoch durch Nachwiegen und ärztliche Untersuchung abgeklärt werden, da der Wasserverlust durch fortgesetztes Erbrechen zu Salzverlust und Austrocknen führen kann.

Immer frisch und sauber

Fläschchen und Zubehör sollten immer sauber gereinigt sein. Halten Sie angebrochene Milchpulverpackungen stets gut verschlossen, und bereiten Sie Fläschchen niemals im Voraus zu, um sie später zu verfüttern. Zubereitete Milch, die sich vor dem Füttern länger als eine Stunde im Fläschchen befindet, sollte verworfen werden. Die Keimbildung ist dann recht groß, und die Bakterien stellen eine gesundheitliche Gefahr für das Baby dar. Der Vorteil der Fertignahrungen ist ja gerade der, dass sie immer frisch zubereitet werden können. Aus demselben Grund dürfen niemals Reste aufgewärmt oder verfüttert werden. Auch auf längeres Warmhalten im Fläschchenwärmer sollten Sie möglichst verzichten. Und nicht zu vergessen: Waschen Sie sich vor jeder Fläschchenzubereitung mit Seife gründlich die Hände.

Die richtige Haltung

Setzen Sie sich zum Füttern des Babys bequem hin, und achten Sie darauf, Ihren Oberkörper anzulehnen, um keine Verspannungen der Schultern zu riskieren. Ein Stillkissen auf dem Schoß entlastet zudem Ihre Arme, wenn Sie das Baby halten. Nehmen Sie das Baby halb aufrecht in den Arm. Das Köpfchen sollte dabei auf dem Oberarm liegen und leicht nach hinten geneigt sein. So kann es am besten trinken. Da Ihr Baby in den ersten Wochen mindestens einmal pro Nacht ein Fläschchen braucht, sollten Sie es auch für diese Mahlzeit aus dem Bettchen herausnehmen und in Ihrem Arm entspannt füttern. Lassen Sie das Licht in der Nacht gedämpft, damit das Kind nicht zu aktiv wird und nach dem Füttern und Wickeln leichter wieder in den Schlaf findet. Das ermöglicht auch Ihnen eine ruhigere Nacht.

Fläschchen nur bei Hunger

Ist Ihr Kind besonders unruhig oder weint es häufig, sollte ein Fläschchen zum Trost oder zur Beruhigung die absolute Ausnahme sein. Schließlich soll Ihr Kind lernen, dass eine Mahlzeit nur zum Stillen des Hungers eingenommen wird und kein Trost oder Ersatz für emotionale Zuwendung ist. Versäumen Sie es, Ihrem Baby diesen Unterschied klarzumachen, besteht die Gefahr, dass Sie Ihr Kind überfüttern und es falsche Trinkgewohnheiten entwickelt. Deshalb soll dem Baby das Fläschchen auch nie zum Dauernuckeln überlassen werden. Ist das Kind satt, sollte ihm das Fläschchen gleich abgenommen werden. So schützen Sie Ihr Kind zudem vor Karies und einer möglichen Verformung des Gaumens. Zur Kariesvorbeugung gehört auch, dem Kind keine Säfte oder gesüßten Tees zu geben und später zur Breikost ausschließlich Wasser anzubieten (siehe Seite 58).

Das Essen vom Löffel muss das Baby erst lernen – und auch die Geschmäcker sind neu.

Die Beikostzeit beginnt

Der Zeitpunkt, an dem feste Nahrung eingeführt werden kann, ist individuell sehr unterschiedlich. Das liegt unter anderem an einem Reflex, der die Zunge nach vorne schiebt und für die Melkbewegung beim Saugen verantwortlich ist. Er baut sich erst ab dem vierten Monat langsam ab. Wenn das Kind den Brei mit der Zunge wieder herausdrückt, haben Eltern das Gefühl, dass das Kind die Nahrung nicht mag. Aber das zeigt nur, dass der richtige Moment für den Beginn der Beikost noch nicht gekommen ist.

Der richtige Zeitpunkt kündigt sich meist so an: Das Kind fängt an, Ihnen beim Essen zuzusehen, schaut der Nahrung hinterher und gibt Ihnen die Botschaft: »Ich auch!« Hinzu kommt starkes Sabbern, Gieren und das Vorschieben des Kopfes. Jetzt wäre es völlig falsch, noch nicht mit fester Nahrung anzufangen, weil Sie sich vorgenommen haben, ein halbes Jahr ausschließlich zu stillen. Kinder richten sich nicht nach Lehrbüchern und Meinungen, sondern nach ihrem eigenen inneren Plan.

Zeigt Ihr Baby wenig Eigeninitiative, können Sie ihm auch immer mal wieder ein wenig von Ihrem Teller anbieten. Wenn es so weit ist, wird es zugreifen und nach mehr verlangen.

Zu welcher Tageszeit Sie mit der Beikost beginnen, ist nicht besonders wichtig. Sie können es

INFO

Höchste Zeit für Beikost

An bestimmten Reifezeichen können Sie erkennen, wann es Zeit ist, Ihrem Kind etwas zuzufüttern:

* Der Zungenstreckreflex ist verschwunden. Das heißt, Ihr Baby befördert nicht mehr alles, was es in den Mund bekommt, automatisch nach außen.

* Ihr Baby kann mit Unterstützung aufrecht sitzen. Das ist meist um den sechsten Lebensmonat herum der Fall.

* Ihr Baby interessiert sich lebhaft für das Essen der Großen und versucht in den Teller von Mutter oder Vater zu fassen und sich die »Beute« in den Mund zu stecken.

* Ihr Baby wird nicht mehr satt. Sie merken das, wenn sich die Abstände zwischen den Stillmahlzeiten immer mehr verkürzen und es auch nachts plötzlich wieder häufiger wach wird.

* Ihr Baby giert und sabbert, sobald es etwas Essbares in seiner Nähe sieht.

* Wenn es seine Eltern beim Essen beobachtet, macht Ihr Baby Kaubewegungen oder gibt Schmatzlaute von sich.

danach ausrichten, wann Sie die meiste Ruhe und Zeit dazu haben und das Kind wach und aufmerksam ist. Bedenken Sie dabei, dass Essen nicht nur Kalorienzufuhr, sondern eine bedeutende soziale Tätigkeit ist. In allen Kulturkreisen wird der gemeinsamen Mahlzeit eine große Bedeutung zugemessen. Versuchen Sie daher, mit Ihrem Kind zusammen zu essen.

Aber wie reagieren Sie am besten, wenn das Baby mit an der sonntäglichen Kaffeetafel sitzt und die Oma ihm Sahne oder ein Stück Käsekuchen zuschiebt, obwohl das nicht die Ernährung ist, die Sie für Ihr Baby anstreben? Keine Sorge, genau so lernt ein Kind, dass es von dem isst, was auf dem Tisch steht – und an diesem Tag ist es nun mal die Schlagsahne. Ihr Kind hat große Freude daran, gemeinsam mit allen zu essen, und der Genuss der Gemeinsamkeit ist wichtiger als ein vorher festgelegter Essensplan. Wenn das gemeinsame Essen jedoch allen Beteiligten keine Freude macht, weil das Kind den Kopf wegdreht oder weint, warten Sie ein, zwei Wochen und nehmen Sie dann einen neuen Anlauf.

Die Art zu essen

Anders als beim Stillen und Fläschchengeben, sollte das Kind beim Füttern aufrecht sitzen, damit es sich nicht verschluckt: am besten auf dem Schoß oder mit einem stützenden Kissen im Rücken im Hochstuhl. Geben Sie die feste Nahrung nicht püriert in ein Fläschchen mit »Breisauger«, sondern füttern Sie mit dem Löffel. Wenn das Baby den Löffel jedoch verweigert oder auf eine Flasche besteht, ist es einfach noch zu früh für Beikost.

Ein Horn- oder Plastiklöffel ist am Anfang besser als einer aus Metall. Er fühlt sich im Mund nicht kalt an und hat keinen störenden Nebengeschmack. Füllen Sie die Nahrung nur auf die Spitze, also auf das erste Drittel des Löffels, und stören Sie sich nicht am Herausschieben der Nahrung durch die Zunge, was durch den nur langsam zurückgehenden Zungenstreckreflex bedingt ist. Bleiben Sie ruhig und geduldig, und vermeiden Sie Hektik. Automatisch machen Sie während des Fütterns selbst den Mund weit auf, um das Kind zum Mundöffnen zu bewegen, sagen »ah« oder kommentieren Ihr Tun und die Reaktion des Kindes. In diesem Dialog macht das Essen Spaß!

Oft sind die Kinder allerdings hastig und unruhig, weil sie sehr hungrig sind und es nicht erwarten können, endlich zu essen. In diesem Fall geben Sie dem Baby vorher die Brust oder die Flasche, bis der größte Hunger gestillt ist. Ebenso können Sie, wenn das Kind nach ein paar Häppchen genug hat, zunächst noch die Flasche nachgeben oder nachstillen.

Der Brei für den Start

Es gibt keine wissenschaftlichen Daten, ob es besser ist, mit Getreidebrei oder Gemüse zu beginnen. Welche Nahrung gegeben wird, hat mehr kulturgeschichtliche als ernährungsphysiologische Grunde. Fruher hat man wegen des Vitamin-A-Gehalts gerne mit Frühkarotten begonnen, die oft schon mit sechs Wochen ins Fläschchen gegeben wurden. Das gilt heute als veraltet. Da ein Vitamin-A-Mangel mittlerweile kein Problem mehr darstellt, hat sich in unserem Kulturkreis die Pastinake, eine Art weiße Karotte, verbreitet. Auch dafür gibt es keine besonderen Gründe.

GEMÜSEBREI UND GEMÜSE-FLEISCH-BREI

Sollte die Nahrung nun frisch zubereitet oder aus dem »Gläschen« gegeben werden? Beides hat Vor- und Nachteile. Die handelsübliche Gläschennahrung wird besonders schonend hergestellt und gut kontrolliert, ist aber vergleichsweise teuer und umweltbelastend, denn Gläschen dürfen aus lebensmittelrechtlichen Gründen nicht zur erneuten Verwendung zurückgegeben werden.

Wenn Sie aus dem Gläschen füttern, ist es besser, einen Teil auf ein Tellerchen umzufüllen, zu erwärmen und vom Teller zu füttern. Den Gläschenrest können Sie im Kühlschrank bis zu drei Tage aufbewahren. Wenn Sie dagegen das ganze Gläschen erwärmen und direkt aus dem Gläschen füttern, müssen Sie die Reste entweder selbst aufessen oder verwerfen.

Sie können natürlich auch selbst kochen. Das bietet sich vor allem dann an, wenn im Haushalt ohnehin gekocht wird. Sie können dann das Gemüse, das Sie selbst essen, für die Babymahlzeit mit der Gabel klein drücken und so von vorneherein Ihre Mahlzeit gemeinsam einnehmen. Wenn Fleisch dabei ist, zerkleinern Sie das gekochte Gemüse und Fleisch am besten mit dem Pürierstab und frieren es nach dem Abkühlen portionsweise ein. Es gibt viele Wege und Möglichkeiten, es »richtig« zu machen. Folgen Sie Ihrem Gefühl, und denken Sie an den Wert einer gemeinsam eingenommenen Mahlzeit.

GETREIDEBREI

Parallel zur Gemüsemahlzeit können Sie eine Getreidebreimahlzeit einführen. Ob sie auf Reisbasis oder heimischen Getreiden basiert, ist ebenfalls kulturbedingt. Entgegen früheren Ansichten scheint eine frühe, noch unter dem Stillen eingeführte Getreidebreimahlzeit, die Gluten (Weizenklebereiweiß) enthält, eher vor Zöliakie zu schützen, als diese Erkrankung auszulösen. Ähnliches gilt für die Einführung von Milcheiweiß: Getreidebreie auf Vollmilchbasis können ab dem sechsten Monat gegeben werden. Vollmilch als Flaschennahrung sollte im ersten Lebensjahr wegen des zu hohen Mineralstoff- und

Neugierig kostet das Baby das neue Angebot – aber nicht alles schmeckt gleich gut.

Eiweißgehaltes nicht verabreicht werden. Früher wurde sehr viel mit Kuhmilchverdünnungen gearbeitet (sogenannte Halbmilch oder Zweidrittelmilch). Angesichts der Vorteile von Fertignahrungen wird dies heute nicht mehr empfohlen.

Ernährung ab dem 7. Monat

Fleisch, Fisch und Ei dürfen ab einem halben Jahr in den Speiseplan aufgenommen werden, Fleisch meist in Form von püriertem Rindfleisch. Das ist wegen des in diesem Alter möglichen Eisenmangels bei Kindern, vor allem ehemaligen Frühgeborenen, notwendig. Rindfleisch ist auf jeden Fall besser als ein Eisenpräparat, das zu Verstopfung, Bauchschmerzen und dunkel gefärbten Stühlen führen kann.

Wundern Sie sich nicht, wenn mit der Einführung von Fleisch der Stuhlgang des Kindes unangenehmer riecht als sonst. Das ist ganz normal.

EMPFEHLENSWERT: FLEISCH

Man mag einwenden, dass große Teile der Weltbevölkerung fleischlos leben und deshalb Fleisch nicht unbedingt notwendig ist. Wer auf Fleisch verzichtet, sollte aber besonders auf die ausreichende Eisenzufuhr durch Gemüse und Getreide achten. Fisch ist im asiatischen Raum früh Bestandteil von Babynahrung. Wegen der Jodzufuhr kann eine ein- bis zweimalige Fischmahlzeit pro Woche, wie sie für Kleinkinder empfohlen wird, auch schon in diesem Alter sinnvoll sein. Auch gegen Ei gibt es von vielen Seiten Bedenken. Ein Herauszögern eines Kontaktes mit Fremdeiweißen wie Hühnereiweiß ist aber nach neueren Erkenntnissen – die in direktem Gegensatz zu älteren Empfehlungen stehen – nicht sinnvoll. Ein früher Antigenkontakt hat eher eine Schutzwirkung im Sinne der Entwicklung einer Immuntoleranz. Natürlich muss bei dem eher seltenen Auftreten von allergischen Symptomen nach Auslösern bei den neu eingeführten Nahrungsmitteln gesucht werden. Trotzdem macht es keinen Sinn, von vornherein allergenarm zu ernähren. Auch ist eine bunte, breit gefächerte Ernährung für die differenzierte Geschmacksbildung notwendig. Hierzu können Sie Ihrem Kind auch unterschiedliches Fingerfood anbieten, wie Sie es auf der rechten Seite finden.

INFO

Würzen der Speisen

Sollte Babynahrung nicht viel weniger gesalzen und gewürzt werden als Erwachsenennahrung? Diese Einschränkung gilt heute nicht mehr generell, da der Salzverbrauch im Rahmen gesünderer Ernährungsvorstellungen sehr stark zurückgegangen ist. Ein wenig Salz schadet dem Kind gar nicht und kann sogar nützlich sein. Vorsichtig sollten Sie aber bei Fertigmahlzeiten und Konserven sein, die zu viel Salz und auch Konservierungsmittel enthalten. Verzichten sollten Sie zudem auf Geschmacksverstärker wie Glutamat, die in vielen Fertiggewürzen enthalten sind. Dieser starke Wirkstoff kann die Appetitregulierung beeinflussen.

Selbstbedienung für das Baby

Bei der schrittweisen Umstellung von der Milch zur festen Nahrung verzichtet die Methode »Baby-led weaning« (wörtlich »Baby-gesteuerte Entwöhnung«) ganz auf Breie und das Füttern mit dem Löffel. Stattdessen greift das Kind selbstständig mit den Händen etwa weich gekochte Gemüsestücke und bedient sich ganz nach Belieben selbst.

Ein bunter Teller

Da es sich bei der angebotenen Kost um weich ge-kochtes, grobstückiges Gemüse wie Karotten, Kartof-feln oder Bananenstücke handelt, die leicht im Mund zerdrückt und geschluckt werden können, ist die Ge-fahr des Verschluckens gering. Dennoch sollten El-tern mit der Nahrungsumstellung und dem selbst-ständigen Essen erst dann beginnen, wenn das Kind aufrecht sitzen kann – und es auch dann beim Essen nicht alleine lassen.

Stellen Sie Ihrem Kind zu allen gemeinsamen Mahl-zeiten einen Teller an seinen Platz, auf dem es an-fangs zum Beispiel ein Stück gekochten weichen Brokkoli findet. Dieses Gemüse ist recht griffig und lässt sich mit dem ganzen Händchen gut fassen und zum Mund führen. Vermutlich wird das Kind zu Be-ginn der Kostumstellung viel mit dem Gemüse und dem Teller spielen und nicht alles aufessen. Lassen Sie Ihrem Kind genug Zeit zum Umgewöhnen. Stillen Sie zwischen den Tischmahlzeiten, oder geben Sie ein Fläschchen. Nach und nach wird das Kind immer mehr feste Nahrung essen und sich so selbst von der Muttermilch oder dem Fläschchen entwöhnen.

Fingerfood als Ergänzung

Sie müssen aber nicht ganz so konsequent sein und völlig auf das Füttern mit Breien verzichten. Stattdes-sen können Sie zu den Breien und zur pürierten Nahrung auch Festeres wie sogenanntes Fingerfood anbieten – also Essen, das Ihr Kind mit den Fingern greifen kann. Da Kinder ab dem sechsten Lebensmo-nat auch Fleisch als Eisenspender benötigen, kön-nen Sie dieses püriert anbieten, bevor Sie es ab dem achten Monat weichgekocht in kleinen Stücken und damit als Fingerfood reichen.

Das bietet sich als Fingerfood oder als Snack zum Brei oder Püree an:
* geschälte weiche Avocado-Stücke
* griffige gekochte Nudeln wie Fusilli
* Stücke von ungesüßtem und ungewürztem Eier-pfannkuchen
* Bananenstücke
* Stücke von weichen geschälten Birnen
* geschälte weiche Pfirsichstücke
* kleine ungewürzte Tofuwürfel
* gekochte Kartoffelstücke
* dünne Scheiben von geschälten Gemüsegurken
* geschälte gekochte Karottenstücke
* geschälte gekochte Pastinakenstücke
* gekochte Zucchinistücke
* gekochte weiße Selleriestücke
* kleine Käsescheiben
* Stücke von gekochten harten Eiern.

Und nicht zu vergessen: Fingerfood sollte nicht aus Pizza, Schokoriegeln oder Pommes frites bestehen, die zwar auch gut mit der Hand gegessen werden können, doch dem Kind keine gesunde Ernährung mit Vitaminen und Mineralstoffen bieten, die es für seine Entwicklung braucht.

Neues Essverhalten

Bald wird das Kind lieber selbst essen wollen und nicht mehr gefüttert werden. Es holt mit den Fingern die Nahrung wieder aus dem Mund, spielt damit und schlägt nach dem Löffel. Lassen Sie aber keine Schlachten um das Essen zu. Geben Sie dem Kind lieber einen eigenen Löffel zum Spielen und »Mithelfen« beim Essen. Wenn Sie merken, dass das Kind nur noch spielt, erklären Sie die Mahlzeit für beendet. Selbst mit einem Löffel zu essen lernt das Kind frühestens im zweiten Lebensjahr.

Mit rund acht Monaten lieben es die Kleinen, Brotstückchen, Erbsen, Bohnen oder kleine Reiswaffelstückchen mit den Fingern aufzupicken und in den Mund zu stecken. Geben Sie Ihrem Kind immer nur ein oder zwei Stückchen und keine Dinge, die es noch kauen muss. Zermahlen kann das kleine Kind die Nahrung noch lange nicht, auch nicht, wenn es schon ein paar Zähne hat. Die Kauleiste kann aber schon wirkungsvoll zermanschen. Streng verboten sind Nahrungsmittel, die das Kind verschlucken kann, wie Erd- oder andere Nüsse. Sie sind erst für Kinder ab dem Schulalter geeignet. Damit sich Ihr Kind nicht verschluckt, sollte es auch nicht mit vollem Mund herumlaufen.

Der »schlechte Esser«

»Mein Kind isst nicht«, wird ab dem zweiten Lebenshalbjahr und im Kleinkindalter häufig geklagt. Nahrungsverweigerung ist ein Verhalten, das Eltern tief verunsichert, weil es ihre Rolle als Ernährer im wahrsten Sinne des Wortes infrage stellt. Dabei wird die Tatsache, dass Kinder das Wachstumstempo des ersten Lebenshalbjahres nicht beibehalten und sich der Energiebedarf reduziert, oft nicht ausreichend berücksichtigt. Die elterlichen Vorstellungen – oder die der Schwiegereltern oder der Patentante – über die

TIPP

Keine Sondermahlzeiten

Sollte Ihr Kind während der Mahlzeit zu wenig essen, bieten Sie ihm keine Nahrung zwischendurch an. Das führt nur dazu, dass Ihr Kind ein »schlechter Esser« bleibt, aber dafür den ganzen Tag an etwas herumknabbert.

Essmenge sind in dieser Zeit oft unrealistisch. Mit Essensverweigerung reguliert das Kind seinen Nahrungsbedarf dann selbst. Späteren Essstörungen können Sie am besten vorbeugen, wenn Sie der Selbstständigkeit und Eigenheit Ihres Babys mit Respekt begegnen und es möglichst zu nichts zwingen.

Trinken: Wasser als Durstlöscher

Kinder brauchen keine Fruchtsäfte. Vor allem die beliebten verdünnten Apfelsäfte (Apfelschorle) aus der Flasche sind für die Milchzähne gefährlich. Zwar ist bekannt, dass zuckerhaltige Tees und Säfte eine Zuckerflaschenkaries hervorrufen können. Dass Fruchtsäure, auch stark verdünnt, die Zähne angreift, einen Säureschaden verursacht und Karies begünstigt, ist jedoch eher weniger verbreitet. Außerdem führen Fruchtsäfte nicht selten zu einem wunden Po und zu weicheren Stühlen, weshalb sie bei Verstopfung eingesetzt werden.

Zwischendurch brauchen Babys, wenn überhaupt etwas, dann nur Wasser. Ein gesundes Kind regelt seinen Flüssigkeitshaushalt immer selbstständig: Wenn es kein Wasser trinken möchte, hat es keinen Durst. Ständiges Anbieten von Flüssigkeit, vor allem aber von Säften, kann zu gewohnheitsmäßigen »Vieltrinkern« führen, die ständig an der Flasche hängen und auch nachts nach Flüssigkeit begehren. Dann laufen den Kleinen ständig die Windeln aus, und sie werden mit Verdacht auf Diabetes beim Kinderarzt vorgestellt.

Pauschale Empfehlungen, wie viel ein Kind trinken soll, sind nicht sinnvoll. Denn die Frage der Trinkmenge ist von vielen Faktoren abhängig: Umgebungstemperatur, Luftfeuchtigkeit, Schwitzen oder Flüssigkeitsverluste aufgrund von Durchfall und Erbrechen. Was Flüssigkeitsmenge und was Nahrungsmenge ist, lässt sich ohnehin nicht leicht auseinanderhalten: Auch ein Brei wird mit viel Flüssigkeit angemacht und dickt durch die Stärke ein. Ein Joghurt, der als »feste Nahrung« gilt, hat genauso viel Flüssigkeit wie die gleiche Menge Milch. Insofern ist es ratsam, die zahlreichen Trinkmengenvorschläge zu ignorieren, wenigstens solange das Kind gesund ist. Anders ist es jedoch bei Durchfall und Erbrechen, wo das Angebot an Flüssigkeit überlebenswichtig ist (siehe Seite 379).

TIPP

Fruchtsaft nur ausnahmsweise

Wenn Sie Ihrem Baby ab und zu etwas Fruchtsaft anbieten möchten, reichen Sie ihn zur Mahlzeit und vom Löffel oder mit einem Trinklernbecher ohne Schnuller. So kann der Saft die Zähne am wenigsten angreifen.
Sie können es sich aber auch zur Gewohnheit machen, nur zu feierlichen Anlässen, wie zu Weihnachten oder an Geburtstagen, Fruchtsäfte anzubieten. So bleiben Säfte die Ausnahme und Teil eines Rituals. Trinkt Ihr Kind Saft als Schorle, sollten Sie sie mindestens im Verhältnis 1:3 mit Wasser verdünnen – und nie pur aus der Flasche geben!

Ernährung im 1. Lebensjahr

Auf der Basis wissenschaftlicher Erkenntnisse hat das Forschungsinstitut für Kinderernährung Dortmund (FKE) einen »Ernährungsplan für das 1. Lebensjahr« entwickelt. Er empfiehlt für die ersten vier Lebensmonate des Kindes eine ausschließliche Milchernährung mit Muttermilch oder Fertigmilch. Zwischen dem vierten und fünften Lebensmonat kann erstmals ein Gemüse-Kartoffel-Fleisch-Brei angeboten werden, ab dem sechsten Monat ein Milch-Getreide-Brei und ab dem siebten Monat ein Getreide-Obst-Brei. Mit Beginn des zehnten Lebensmonats wird dann die Familienkost eingeführt, die vom Brei zur Mahlzeit führt. Solange Mutter und Kind es wünschen, kann neben der Einführung von Beikost und Familienkost weiter gestillt werden.

Gemüse-Kartoffel-Fleisch-Brei

Zwischen dem vierten und spätestens siebten Monat sollten Sie mit der Beikostzeit beginnen. Ersetzen Sie dann eine Milchmahlzeit durch den Gemüse-Kartoffel-Fleisch-Brei. Als erste Breimahlzeit empfiehlt sich eine reine Gemüsemischung aus Pastinaken, Kartoffeln und etwas Öl. Sobald die Breimahlzeit gut mit dem Löffel verfüttert werden kann, können Sie das Gemüse (etwa 100 Gramm) mit etwas Öl und magerem, in wenig Wasser weich gekochtem Fleisch (etwa 30 Gramm) zusammen pürieren. Ein- bis zweimal pro Woche bringen Sie Abwechslung auf den Speiseplan, indem Sie Fisch anstelle von Fleisch für den Brei verwenden. Am besten eignet sich Meeresfisch wie Lachs, dem spätestens vor dem Pürieren die Gräten entfernt werden sollten. Servieren Sie die Breie, ohne sie zu würzen. Auch wenn Ihnen die Kost fade erscheint, wird Ihr Baby sie mögen und nichts vermissen.

Diese ersten Breimahlzeiten versorgen Ihr Kind mit Eisen, Zink, Jod, essentiellen Fettsäuren und Vitaminen.

Milch-Getreide-Brei

Einen Monat, nachdem Sie den Gemüse-Kartoffel-Fleisch-Brei eingeführt haben, wird es Zeit für den Milch-Getreide-Brei. Er ersetzt eine weitere Milchmahlzeit, sodass Ihr Baby von nun an zwei Breimahlzeiten pro Tag bekommt.

Verwenden Sie für den neuen Brei etwa 200 Milliliter Vollmilch, in der Sie etwa 20 Gramm Vollkorn-Getreideflocken wie Grieß oder Haferflocken unter Rühren aufkochen. Zum Schluss rühren Sie etwa 20 Gramm Obstsaft unter. Verzichten Sie auf weitere Zutaten wie Zucker oder Aromen.

Der Milch-Getreide-Brei ist unter anderem ein wichtiger Lieferant von Mineralstoffen und Vitaminen der B-Gruppe.

INFO

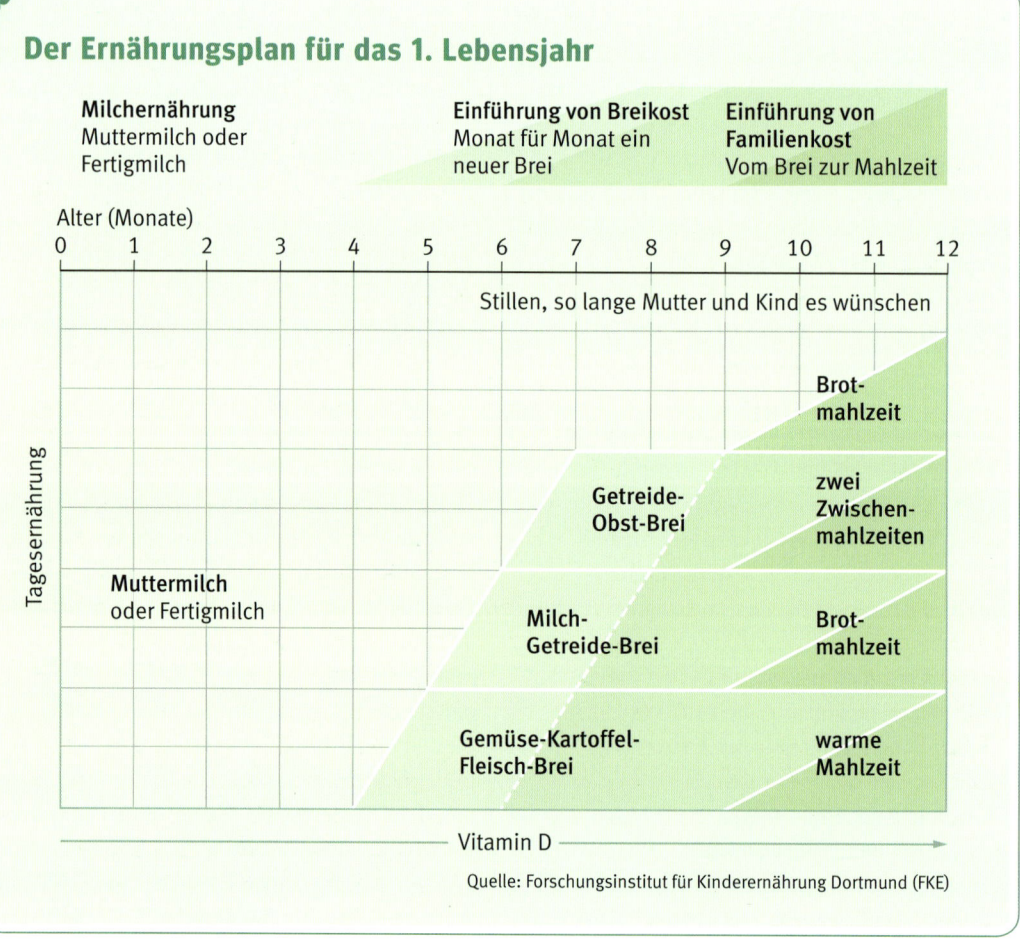

Der Ernährungsplan für das 1. Lebensjahr

Milchernährung
Muttermilch oder Fertigmilch

Einführung von Breikost
Monat für Monat ein neuer Brei

Einführung von Familienkost
Vom Brei zur Mahlzeit

Alter (Monate)
0 1 2 3 4 5 6 7 8 9 10 11 12

Tagesernährung

Stillen, so lange Mutter und Kind es wünschen

Muttermilch oder Fertigmilch

Getreide-Obst-Brei

Milch-Getreide-Brei

Gemüse-Kartoffel-Fleisch-Brei

Brot-mahlzeit

zwei Zwischen-mahlzeiten

Brot-mahlzeit

warme Mahlzeit

Vitamin D

Quelle: Forschungsinstitut für Kinderernährung Dortmund (FKE)

Getreide-Obst-Brei

Weitere vier Wochen später können Sie den Getreide-Obst-Brei einführen. Auch er ersetzt eine Milchmahlzeit, sodass Ihr Kind von jetzt an drei Breimahlzeiten pro Tag bekommt. Die verbleibenden Mahlzeiten des Tages bestehen weiterhin aus Muttermilch oder dem Fläschchen mit Muttermilchersatznahrung.

Kochen Sie für diesen Brei rund 20 Gramm Vollkorn-Getreideflocken in etwa 90 Gramm Wasser auf, und rühren Sie anschließend etwa 100 Gramm Obstsaft und rund 5 Gramm Pflanzenöl unter.

Der Getreide-Obst-Brei ist auf die anderen, eiweißreichen Breie abgestimmt und ergänzt deren Nährstoffpalette.

Familienkost

Ab dem zehnten Lebensmonat des Kindes können Sie die Breimahlzeiten Schritt für Schritt durch Familienkost ersetzen. So geht der Gemüse-Kartoffel-Fleisch-Brei in das Mittagessen über, das aus Gemüse, Kartoffeln/Reis/Nudeln und etwas Fleisch bestehen kann. Das Fleisch sollte weich sein und wie das Gemüse zerdrückt oder in ganz kleine Stücke geschnitten werden.

Aus dem Milch-Getreide-Brei und einer Milchmahlzeit werden ein Frühstück und ein Abendessen. Bieten Sie hierfür zum Beispiel Milch, Brot, Getreideflocken und weiches Obst an.

Anstelle des Getreide-Obst-Breis gibt es zwei Zwischenmahlzeiten, die Sie jeweils am Vormittag und am Nachmittag anbieten. Sie bestehen aus Brot und weichem oder zerdrücktem Obst. Denken Sie daran, dass eine Zwischenmahlzeit kleiner ist als eine Hauptmahlzeit. Sie soll zwar sättigen, aber nicht den Hunger für das Mittagessen oder Abendessen nehmen.

Als Brot eignet sich besonders ein fein ausgemahlenes Vollkornbrot, das sich leichter ein-

speicheln lässt als Weißmehlprodukte und weniger im Mund verklebt. Verzichten Sie noch auf feste Nahrungsmittel wie rohe Karotten oder Stücke von Kohlrabi. Diese kann Ihr Kind erst kauen, wenn die Backenzähne vollständig erschienen sind. Nüsse darf das Kind wegen der Gefahr des Verschluckens erst ab dem Grundschulalter essen. Bieten Sie Ihrem Kind zu den Mahlzeiten Wasser als Getränk an.

Ungeeignete Lebensmittel im 1. Lebensjahr

Obwohl sich mittlerweile alle Experten darin einig sind, dass schon die Kost der Allerkleinsten so abwechslungsreich und vielseitig wie möglich sein soll, gibt es einige wenige Lebensmittel, die in den ersten Lebensjahren nicht geeignet sind:

❋ Honig kann gefährliche Keime enthalten, die eine schwere, mitunter tödliche Vergiftung, den sogenannten Säuglingsbotulismus, auslösen können.

❋ Geben Sie Ihrem Kind wegen der Gefahr des Verschluckens keine Nüsse zum Kauen.

❋ Weder scharfe Gewürze noch viel Salz haben in der Babykost etwas verloren. Wenn Sie Ihr Kind am Familientisch mitessen lassen wollen, stellen Sie die Gewürze einfach zum Nachwürzen auf den Tisch.

❋ Bieten Sie Ihrem Kind vor allem ungesüßte Lebensmittel und Speisen an, und verzichten Sie ganz auf künstliche Süßstoffe.

❋ Führen Sie blähende Lebensmittel wie Kohl, Linsen und Bohnen sehr vorsichtig ein, und beobachten Sie genau, wie Ihr Kind diese Gemüsesorten verträgt.

Selbstgekochter Babybrei

Viele Mütter wollen gern ganz genau wissen, welche Nahrung ihr Baby zu sich nimmt. Aus diesem Grund entscheiden sie sich dafür, den Babybrei selbst zuzubereiten. Und es ist auch gar nicht viel dabei. Wer Zeit sparen möchte, kocht eine größere Menge auf einmal und friert mehrere Babyportionen als Vorrat ein.

Wichtig sind natürlich die Zutaten. Diese sollten möglichst hochwertig sein und wenn möglich aus biologischer Erzeugung stammen. Das gilt insbesondere für Fleisch und Wurzelgemüse. Auch exotische Früchte wie Mangos oder auch Pfirsiche und Trauben sind aus konventionellem Anbau häufig erheblich mit Schadstoffen belastet.

Aus Gemüse, Kartoffeln und Fleisch lässt sich ein schmackhafter Brei herstellen.

Gemüse-Kartoffel-Fleisch-Brei

Zutaten für 1 Mahlzeit

100 ml Wasser
50 g Möhren
50 g Kohlrabi
50 g Kartoffeln
30 g mageres Rindfleisch, in kleine Stücke zerteilt
1 EL Pflanzenöl
2–3 EL Möhrensaft

1 Das Wasser in einem Topf zum Kochen bringen.
2 Möhre, Kohlrabi und Kartoffel schälen und in kleine Würfel schneiden.
3 Das Fleisch klein schneiden.
4 Alles in den Topf geben und 8 Min. kochen.
5 Den Topf vom Herd nehmen. Das Öl und den Saft zufügen und mit einem Stabmixer fein pürieren.

Obstbrei

Zutaten für 1 Mahlzeit

100 ml Wasser
1 Apfel oder Pfirsich

1 Das Wasser in einem Topf geben und zum Kochen bringen.
2 Den Apfel oder Pfirsich schälen, vom Kerngehäuse befreien und klein schneiden.
3 Das Obst in 3–4 Min. weich kochen, dann pürieren und abkühlen lassen.

Als Zutaten für einen Obstbrei eignen sich verschiedene Früchte ohne Kerne.

Nach dem Kochen muss der Brei gut püriert werden, damit sich das Baby nicht verschluckt.

Milch-Getreide-Brei

Zutaten für 1 Mahlzeit

200 ml Vollmilch
20 g Weichweizengrieß
2 EL Mangosaft ohne Zuckerzusatz

1 Die Milch in einen Topf geben und einmal aufkochen lassen.
2 Den Grieß unter ständigem Rühren einrieseln lassen. Kräftig umrühren, bis der Gries beginnt anzudicken, dann den Topf vom Herd nehmen und den Brei 5 Min. ausquellen lassen.
3 Den Mangosaft unterrühren. Sollte der Brei zu fest sein, können Sie ihn nach Belieben mit Saft verdünnen.

Getreide-Obst-Brei

Zutaten für 1 Mahlzeit

80 ml Wasser
10 ml Apfelsaft ohne Zuckerzusatz
20 g feine Haferflocken
½ Apfel
1 TL Pflanzenöl

1 Das Wasser und den Saft in einem Topf zum Kochen bringen.
2 Die Haferflocken einrühren, den Herd ausschalten und die Haferflocken 5 Min. ziehen lassen, bis sie weich sind.
3 Inzwischen den Apfel schälen und auf einer Gemüsereibe fein reiben.
4 Den Brei von der Kochstelle nehmen und den geriebenen Apfel sowie das Öl unterruhren.

Ein Brei aus Getreide, Obst, Saft und etwas Öl ist eine leckere und nahrhafte Mahlzeit.

KAPITEL 3

SCHLAFEN UND TRÖSTEN

SCHLAF, KINDLEIN, SCHLAF!

Die Ärmchen und Beinchen zucken, die Augen fallen zu, der Kopf rollt zur Seite … und das Baby schläft. Doch nicht immer schlafen Babys so friedlich und problemlos ein. Denn manchmal sind sie überreizt und unzufrieden. Zudem finden Babys nicht ohne Weiteres einen regelmäßigen Rhythmus. Auch zwischen Tag und Nacht können sie anfangs nicht unterscheiden. Zu alldem brauchen sie die Unterstützung ihrer Eltern. Diese müssen die Rahmenbedingungen schaffen, damit sich die Kleinen beruhigt dem Schlaf hingeben können. Wichtig ist es, auf Signale zu achten, mit denen sich die Müdigkeit zeigt. Zudem helfen ein geregelter abendlicher Ablauf, verlässliche Gute-Nacht-Rituale und ruhige nächtliche Stillgewohnheiten, um einen regelmäßigen Rhythmus einzuführen. Denn dadurch gewinnen Kinder Vertrauen und Halt – und auch die Eltern kommen zu ihrem wohlverdienten Schlaf.

Das Geheimnis des Schlafs

Der Mensch verbringt ungefähr ein Drittel seiner Lebenszeit mit Schlafen. Noch immer ist nicht geklärt und auch nicht biologisch begründbar, warum das so ist. Fest steht, dass dieser geheimnisvolle und erquickende Zustand lebensnotwendig ist und unseren Geist und Körper reorganisiert – nicht zuletzt durch die Träume. Ihnen geben sich unsere Gefühle und Gedanken hin, Träumen ist ein Teil unserer Wahrnehmung, es lehrt uns, dass die Grenzen zwischen Wirklichkeit und Vorstellung unscharf sind.

Der Schlaf-wach-Rhythmus

Die 24 Stunden des Tages sind in Tag und Nacht unterteilt. Zudem gibt es noch einen Rhythmus,

der etwa ein bis zwei Stunden umfasst und den Tag und die Nacht strukturiert. Tagsüber nehmen wir diese Stunden als »Tief« wahr, nachts als Schlafzyklus mit Phasen tieferen oder wenig tiefen Schlafes sowie Aufwachphasen, an die wir uns häufig nicht erinnern. Wenn wir aus den tiefsten Schlafstadien geweckt werden, sind wir häufig verwirrt und desorientiert. Werden wir dagegen von alleine wach, fühlen wir uns meist erfrischt und leistungsbereit.

Das Neugeborene kennt zunächst noch keinen Schlaf-wach-Rhythmus. Es hat zwar im Mutterleib schon gelernt, dass es Phasen gesteigerter Aktivität und Ruhephasen gibt – und Sie haben gemerkt, dass die Kindsbewegungen oft besonders lebhaft waren, wenn Sie selbst zur Ruhe gekommen sind. Aber was Ruhe und Aktivität mit

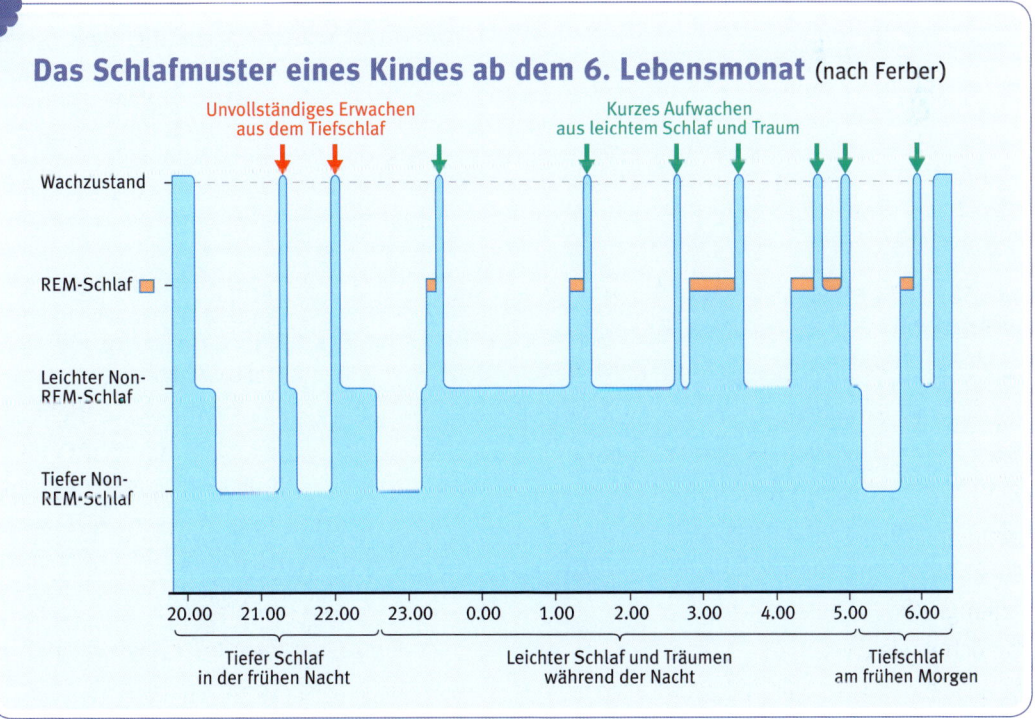

Hell und Dunkel zu tun haben, muss das Kind erst noch lernen. So läuft in den ersten Tagen und Wochen ein permanenter Rhythmus aus Schlafen-Essen-Spielen-Schlafen ohne Rücksicht auf die Tageszeit ab.

Das Baby wird an Ihrem Verhalten bald merken, dass nachts alles anders ist. Machen Sie nicht die Nacht zum Tag, sondern zeigen Sie dem Kind von Anfang an, dass die Nacht zum Schlafen und der Tag zum Wachen da ist. Dazu sollten Sie beim nächtlichen Stillen und Wickeln das Licht nur dimmen und möglichst leise sprechen (siehe Kasten unten). Nach vier Wochen müsste sich auf diese Weise ein gewisser Rhythmus eingespielt haben, der allen Beteiligten guttut.

TIPP

Das Schlafen vorbereiten

Sorgen Sie für Nachtruhe, indem Sie das Zubettgehen schon sehr frühzeitig nach einem immer gleichen Muster vorbereiten: Mit dem Anziehen des Schlafsacks, später des Schlafanzuges, einem Gute-Nacht-Ritual (siehe Seite 146) und einer entsprechenden Verabschiedung mit Küsschen oder Ähnlichem.

Nachts ist es dunkel, halten Sie deshalb das Licht gedämpft, und vermeiden Sie Spielen und Stimulationen, indem Sie das Kind nach der Mahlzeit und dem Windelnwechseln gleich wieder hinlegen.

Erklären Sie das alles ruhig dem Baby, sprechen Sie leise zu ihm, auch wenn Sie meinen, es verstehe ja ohnehin noch nichts. Die Tonlage, das vermittelte Gefühl, die Stimme, all das kommt auch in der vorsprachlichen Zeit beim Kind an. Und so lernt es rasch, was gerade angesagt und gewünscht ist.

Schlafen kann man lernen

Neugeborene haben kurze Schlafperioden von etwa einer Stunde Dauer und wachen dann kurz auf. Bald bilden sich längere Wachperioden, und wenn die ersten sechs, acht Wochen um sind, werden die Perioden regelmäßiger und länger. Das heißt für die jungen Eltern, sich mit Gelassenheit, Freiheit zur Improvisation und Organisationstalent auf die Bedürfnisse des Kindes einzustellen.

Zudem braucht ein Neugeborenes noch jede Nacht seine Mahlzeiten und seine frischen Windeln, anfangs zwei- bis dreimal pro Nacht, später nur noch einmal. Wenn der erste Monat um ist, schlafen manche Babys schon durch, das heißt in diesem Alter fünf oder mehr Stunden am Stück. Die meisten Babys brauchen aber länger, bis sie ihren Rhythmus gefunden haben – und sie brauchen dazu die Unterstützung ihrer Eltern. Doch egal, in welchem Rhythmus Säuglinge schlafen, sie bekommen eigentlich immer genügend Schlaf ab. Anders sieht es bei ihren Eltern aus. Für sie kann ein Dauerzustand der Übernächtigung entstehen, der zu den schwierigsten anfänglichen Problemen des neuen Lebens mit Kind gehört. Zum Glück werden diese Schwierigkeiten aber auch schnell wieder vergessen. Denn die wirklich harten ersten Wochen gehen rasch vorbei, so rasch, dass sich anfänglich völlig erschöpfte Eltern nach ein paar Monaten oft gar nicht mehr an den früheren Erschöpfungszustand erinnern können.

Wann ein Kind wirklich durchschläft, kann niemand genau vorhersagen. Man kann aber davon ausgehen, dass der Schlafrhythmus eines Kindes in den ersten Monaten eher biologisch, also von seinen Bedürfnissen, gesteuert wird, danach eher durch Gewohnheit und die Struktur des Alltags – und die haben Sie als Eltern in der Hand.

Rituale für eine gute Nacht

Feste, regelmäßig wiederkehrende Gewohnheiten helfen Ihnen, den manchmal chaotischen und mitunter auch anstrengenden Tagesablauf mit Kind besser in den Griff zu bekommen. Besonders in den ersten Wochen und Monaten mit Baby kann dies auf beiden Seiten als große Erleichterung erlebt werden.

Struktur im Alltag

Rituale wie die Babymassage nach dem morgendlichen Waschen oder das Gute-Nacht-Lied vor dem Schlafenlegen am Abend unterstützen das Kind darin, ein Gefühl für den aktiven Tag und die ruhige Nacht zu entwickeln. Auch zur Festigung der Beziehung zwischen Eltern und Kind eignen sich Rituale sehr gut. Wenn Sie besondere Ereignisse schaffen, für die immer nur ein Elternteil zuständig ist, fördert dies auch die Bindung zu dem Elternteil, der aus beruflichen Gründen weniger Zeit mit dem Kind verbringen kann. Und das Kind kann sich darauf verlassen, dass sich Mutter und Vater zuverlässig kümmern. Die positiven Erfahrungen fördern die kindliche Entwicklung, lassen das Urvertrauen wachsen und schaffen eine sichere Basis, von der aus das Kind seine Umwelt erkundet und lehrreiche Erfahrungen macht.

Das Gute-Nacht-Lied: Ritual aus alten Zeiten

Wiegenlieder haben eine lange Tradition und sind gerade in den ersten Monaten ideal für das Abendritual. So wurde das Kind schon seit Menschengedenken in den Schlaf gesungen. Das Abendritual war und ist bekannt als bewährtes Mittel, um das kleine Kind von den Ereignissen des Tages abzulenken, es zu beruhigen und das Einschlafen zu erleichtern. Das Kind lernt, dass eine Bezugsperson mit einem Lied die ruhige Nachtphase einläutet und es so gemeinsam mit dem lieben Menschen in das Reich der Träume gelangt. Auf diese Weise stärkt Singen die Kompetenz der Eltern, ihrem Baby achtsam zu begegnen und es auch liebevoll in den Schlaf zu begleiten.

Singen: optimale Frühförderung

Doch Singen verspricht noch mehr, denn Musik gehört bereits im jungen Säuglingsalter zur optimalen Frühförderung: Gesang regt die Gehirnentwicklung an, verbreitet gute Laune und gibt dem Baby Geborgenheit. Es verwundert daher nicht, wenn Musik die sogenannte emotionale Intelligenz fördert. Außerdem schult der Gesang das Gehör des Babys und schafft einen Weg der Kommunikation zwischen Singendem und Zuhörer. Babys lernen schnell, dass ein leises Lied mit getragener Melodie zur Beruhigung einlädt und ein flottes, lautes Lied für fröhliche Momente zusammen mit Mutter, Vater, Oma, Opa oder Geschwistern sorgt. Melodie und Rhythmus sind also die Sprache der Musik, mit der das Baby angesprochen wird. Das wache Kind schaut dabei gerne auf die Mund- und Lippenbewegungen des Singenden und prägt sich Mimik, Gestik, Betonung, Stimmlage und Melodie ein. Das schult vor allem die kognitiven Fähigkeiten des Babys.

Nebenbei stärkt die intensive Zuwendung beim Vorsingen die Bindung zwischen Baby und Betreuungsperson. Und das kleine Kind kann mit dem abendlichen Ritual des »leisen« Singens den Tag in Vertrautheit und Geborgenheit beschließen.

Gut und gerne schlafen

Es gibt für Babys so vieles zu erkunden und zu lernen, dass es ihnen oft ganz schön schwer fällt, abzuschalten. Da wundert es nicht, wenn hier die Hilfe der Großen gefragt ist, die für einen leichten Übergang in den Schlaf eine ruhige Atmosphäre und Strukturen schaffen. Dazu zählen etwa feste Schlafenszeiten, die, wenn möglich, Tag für Tag eingehalten werden.

Während dem kleinen Baby zusätzlich zur Nachtruhe noch ein Schläfchen am frühen Vormittag und eins am frühen Nachmittag guttun, reicht dem älteren Baby gegen Ende des ersten Jahres meist ein Nachmittagsschlaf aus. Die Schlafenszeiten könnten zum Beispiel morgens von 9:00 bis 10:00 Uhr stattfinden, nachmittags von 13:00 bis 15:00 Uhr und abends von 20:00 bis 6:30 Uhr. Das sind zwar nur Richtwerte, da das Kind manchmal länger und manchmal kür-

Schläft das Baby auf dem Arm ein, kann es vorsichtig ins Bett gelegt werden.

zer schlafen mag – doch solch ein Rhythmus hilft den Eltern, Aktivitäten und Termine um die Schlafenszeiten herum zu planen. Ein Babyschwimmkurs zum Beispiel, der von 14:00 bis 16:00 Uhr stattfindet, ist dann eher ungeeignet, weil das Kind in seinem Rhythmus gestört und auch der Schlaf beeinträchtigt wird. Tagesabläufe, bei denen das Kind häufig zu verschiedenen Uhrzeiten hingelegt wird, können zu Einschlafproblemen führen.

Wenn das Kind gerne eine halbe Stunde länger schlafen möchte, ist das sicher kein Problem. Doch achten Sie darauf, dass die Schläfchen am Tag nicht länger andauern, damit das Kind am Abend nicht putzmunter ist. Der Nachtruhe sollte generell die längste Wachzeit (rund vier Stunden) vorausgehen, um dem Kind das Ein- und Durchschlafen zu erleichtern. Durchschlafen heißt in der Nacht: einschließlich Stillen oder Füttern mit dem Fläschchen bei gedimmtem Licht und begleitet von gedämpfter Stimme. Nach dem Füttern sollte das Baby wieder leicht in den Schlaf finden.

Das Einschlafritual

Damit das Baby erkennt, dass es schlafen soll, helfen wiederkehrende Rituale (siehe Seite 145). Das kann ein bestimmtes Lied sein, die Melodie der Spieluhr oder ein Sprüchlein, mit denen das Kind den Prozess des Einschlafens verbindet: morgens, nachmittags und abends. Soll das Kind tagsüber schlafen, braucht es eigentlich keine extra Verdunklung, da es ja lernen soll, den Tag von der Nacht zu unterscheiden. Sollte es aber besser im Dunkeln einschlafen können, spricht nichts dagegen, auch tagsüber den Schlafraum zu verdunkeln.

Um Einschlafprobleme so gut es geht zu vermeiden, ist es besonders wichtig, den Schlaf positiv zu besetzen. Sagen Sie Ihrem Kind, wie schön es ist, jetzt schlafen zu gehen und zu träumen. Wenn Sie hingegen Sorge haben, dass das Kind nicht einschläft, überträgt sich diese Anspannung auch aufs Kind – und prompt schläft es tatsächlich nicht. Vermeiden Sie auch Äußerungen wie: »Du musst keine Angst haben, ich bin ja in der Nähe.« Das gibt dem Kind zu verstehen, dass Schlaf etwas ist, vor dem man sich fürchten muss und deshalb Schutz von einem anderen Menschen braucht. Wenn das Kind dann weint und partout nicht schlafen mag, ist dies verständlich. Für Sie selbst sollte das Zubettgehen des Kindes daher ganz selbstverständlich zum Alltag gehören wie das Stillen und das Wechseln der Windeln.

Wichtig ist es, den Akt des Zubettbringens kurz und liebevoll zu gestalten. Verlassen Sie daher gleich das Zimmer, sobald Sie das Kind hingelegt haben und die Spieluhr aufgezogen oder das Lied gesungen ist. Schauen Sie nicht in kurzen Abständen nach, ob Ihr Kind auch wirklich schläft. Dann hört es Sie und wartet, bis Sie kurz darauf wiederkommen, anstatt einzuschlafen.

Wenn das Baby regelmäßig weint, sobald es alleine im Zimmer ist, kann auch eine kleine Lampe, die gedämpftes Licht spendet, Sicherheit vermitteln und das Einschlafen erleichtern. Ist das Kind krank oder hat es einen aufregenden Tag hinter sich, wirkt aber auch ein Schnuller oder die Brust beruhigend. Oft hilft es auch, sich neben das Bettchen zu setzen, leise ein Lied zu summen, ein Händchen zu streicheln und zu warten, bis das Kind einschläft. Manche Kindern mögen es, wenn sich Vater oder Mutter mit ins Bett legen oder – bei kleinen Kinderbetten – wenn sie es zum Einschlafen mit ins Elternbett nehmen und dann wieder zurücklegen. All diese Maßnahmen sollten aber nur ausnahmsweise oder vorübergehend getroffen werden und nicht zur Gewohnheit werden.

Das Familienbett

Ein gemeinsames Bett für Eltern und Kind bringt viel Nähe und entschädigt den Elternteil, der erst am Abend zu seiner Familie zurückkehrt, für die entgangenen Zweisamkeiten am Tag. Bei der Entscheidung für ein gemeinsames Bett gilt es zu berücksichtigen, dass das Kind strampelt und eine gewisse Unruhe in den elterlichen Schlaf bringt, die nicht stören sollte.

Davon abgesehen hat das Familienbett aber viele Vorteile zu bieten. So muss das Kind für das nächtliche Stillen nicht extra aus seinem Bettchen geholt werden, was sich Studien zufolge positiv auf eine längere Stilldauer auswirkt. Untersuchungen haben auch gezeigt, dass Babys, die im Familienbett schlafen, seltener aufwachen, kürzer wach sind und weniger schreien. Die Eltern können sich zudem schneller um Ihr Kind kümmern, wenn es weint.

Wird das Kind ins gemeinsame Bett schlafen gelegt, bietet sich auch hier ein Ritual an, nach dessen Ende das Kind alleine im Bett zurückbleibt – da die Eltern in der Regel später schlafen gehen. Damit das Kind nicht aus dem großen Bett herausfällt, sollte ein seitliches Gitter oder ein Rahmen angebracht werden und rund um das Bett sollten dicke Kissen liegen.

Um das Risiko des plötzlichen Kindstods zu minimieren, sollte das Baby nicht mit unter dem Oberbett der Eltern liegen. Hier bietet sich wie im Kinderbettchen ein Schlafsack ohne weitere Decke an. Achten Sie im gemeinsamen Schlafzimmer auf eine Raumtemperatur von 18 Grad. Ein absolutes Tabu ist das Familienbett allerdings, wenn die Eltern rauchen, Alkohol trinken oder Drogen nehmen. Auch frühgeborene Kinder und Babys mit geringem Geburtsgewicht gehören nicht ins Familienbett. Von Seiten der Fachgesellschaften wird ein eigenes Bett für das Baby empfohlen.

Die Schlafdauer

Das Schlafbedürfnis ist nicht nur bei Erwachsenen, sondern auch bei jungen Säuglingen sehr unterschiedlich. Es gibt Neugeborene, die fast den ganzen Tag schlafen, und solche, die nur den halben Tag brauchen. Wie die Augenfarbe und der Körperbau ist auch das Schlafbedürfnis ein konstitutionelles Merkmal – es ist also angeboren, ebenso wie die Tendenz, eher früh oder spät am Tag aktiv zu sein.

Eltern unterschätzen meistens die tatsächliche Schlafdauer ihres Babys. Denn nur, wenn Sie alle Schlafeinheiten am Tag und in der Nacht zusammenzählen, wissen Sie, wie viele Stunden Ihr Kind tatsächlich schläft. Wenn Sie dies herausfinden möchten, hilft Ihnen das Wochenprotokoll auf Seite 150.

Wach ist nicht gleich wach

Bei einem jungen Säugling lassen sich sechs Wachheitsgrade unterscheiden, die das Kind mehrfach am Tag phasenweise durchläuft.

1. Tiefschlaf (Non-REM-Schlaf)
2. leichter Schlaf (REM-Schlaf)
3. Dösigkeit, Müdigkeit
4. Wachzustand
5. Aktivitätszustand
6. Schreien

Je nachdem, in welchem Zustand er ist, braucht der Säugling eine unterschiedliche Ansprache. Nur im Wach- und Aktivitätszustand macht es Sinn, sich mit dem Kind aktiv zu beschäftigen, mit ihm zu spielen und es zu stimulieren. Wenn es schreit, wird es in den ersten Lebenswochen durch Ablenkung und »Halligalli« nur überstimuliert und noch unruhiger. Die einzig wirkungsvolle Maßnahme ist in diesem Fall, dass der Säugling abgeschirmt wird und von einer einzelnen Person ruhig und fest auf dem Arm gehalten wird (siehe auch Seite 159). Die Wahrnehmung der Bedürfnisse des Kindes ist anfangs keine leichte Aufgabe, auch die Schlafgrade sind oft nur schwer zu unterscheiden.

Wie Erwachsene schlafen auch Säuglinge in Phasen von Tiefschlaf und leichtem, von Spontanbewegungen, kleinen Tönen und Unruhe begleiteten Schlaf (siehe Abbildung Seite 143). Wenn das Baby dann gleich aufgenommen und herumgetragen wird, hält es eine Beruhigung von außen für notwendig. So wird seine Fähigkeit zur Selbstregulation behindert oder gar nicht erst entwickelt. Es gewöhnt sich daran und eine für lange Zeit gestörte Nachtruhe ist vorprogrammiert. Am besten leben Sie nach der Devise: Nachts ist es dunkel und alle wollen schlafen. Auch Babys wollen nachts keine Unterhaltung und anregenden Kontakte. Das heißt natürlich nicht, dass Sie Ihr Baby nicht trösten sollen, wenn es schreit und Sie wirklich braucht.

INFO

Selbstregulierung erlernen

Eine zentrale Entwicklungsaufgabe der frühen Kindheit besteht darin, die Fähigkeit zur Selbstregulierung zu entwickeln. Sie ist die Voraussetzung dafür, dass ein Mensch später mit Frustrationen und Enttäuschungen zurechtkommt. Bezogen auf das Schlafen bedeutet das, dass ein Kind selbst in der Lage ist, in den Schlaf zu finden. Fehlt die Möglichkeit zur Selbstregulation, erlebt das Baby das Einschlafen als einen Zustand, den es nur mithilfe seiner Eltern, der mütterlichen Brust, auf dem Arm des Vaters ... erreichen kann. Indem Sie Ihrem Baby ermöglichen, alleine einzuschlafen und sich selbst zu beruhigen, tun Sie ihm für sein ganzes Leben etwas Gutes.

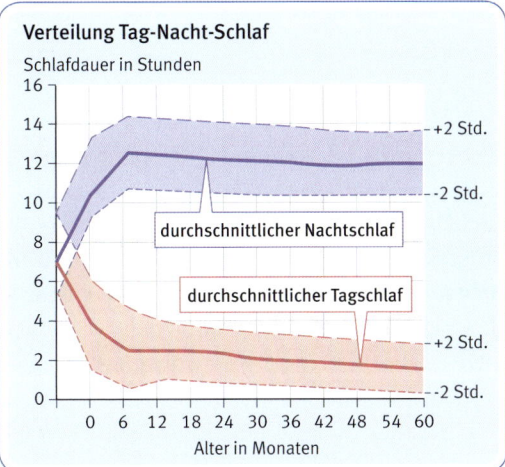

Nach rund sechs Monaten schlafen die meisten Babys tagsüber nur noch etwa zwei Stunden.

Wann ins Bett?

Kinder gehen zu sehr unterschiedlichen Zeitpunkten ins Bett. In südlichen Ländern sieht man sie noch um Mitternacht herumspringen, bei uns ist es eher üblich, sie ab etwa einem halben Jahr zwischen 19 und 20 Uhr schlafen zu legen. Einen »richtigen« Zeitpunkt gibt es nicht, es ist, wie so vieles im Umgang mit Kindern, keine biologische oder medizinische, sondern eine kulturelle Frage. Man kann sich auch an einen völlig anderen Rhythmus gewöhnen, etwa nach einem Langstreckenflug, wenn man sich auf eine andere Zeitzone einstellen muss. Das fällt Kindern übrigens oft leichter als ihren Eltern, was zeigt, dass Schlafverhalten in relativ kurzer Zeit erlernbar ist und schnell zur Gewohnheit wird.

Das heißt, dass die Eltern den Zeitpunkt des Zubettgehens weitgehend selbst bestimmen. Es ist, wie so oft in der Erziehung, immer ein Kompromiss zwischen den Wünschen der Eltern, der Persönlichkeit des Kindes und sachlichen Not-

wendigkeiten. Der Zeitpunkt des Schlafengehens muss auch deswegen von Ihnen bestimmt werden, weil die meisten Kinder abends nicht in der Lage sind, ihre vielfältigen motorischen und geistigen Anstrengungen von alleine zu beenden und dann aus eigener Initiative und »freiwillig« schlafen gehen wollen – was nicht heißt, dass sie nicht gerne schlafen.

Baby, bist du müde?

Damit Ihr Baby schnell ein- und gut durchschläft ist ein entspannter Zustand gepaart mit angenehmer Müdigkeit die beste Voraussetzung. Hilfreich für Eltern ist es daher, ihr Kind genau zu beobachten, damit sie den richtigen Zeitpunkt fürs Zubettgehen erkennen und nicht gegen die innere Uhr ihres Babys arbeiten – eine Prozedur, die sowohl für die Eltern als auch für das Kind quälend sein kann.

Zum Glück kündigt die Schlafbereitschaft sich durch viele kleine äußere Signale an:

* Ihr Baby gähnt immer wieder.
* Es verzieht sein Gesicht zu Grimassen oder runzelt die Stirn.
* Es wendet sein Gesichtchen ab und möchte offensichtlich »in Ruhe« gelassen werden.
* Sein Blick wird starr und glasig.
* Es reibt sich die Äuglein oder zupft an den Haaren oder seinen Ohren.

Das Baby unterstützen

Erkennen Sie an diesen Zeichen, dass Ihr Baby nun bereit ist, ins Bett zu gehen, helfen Sie ihm, wenn Sie die momentane Aktivität sanft ausklingen lassen, Licht und Geräusche dimmen und ihm die Möglichkeit geben, sich in einem Schläfchen oder Schlaf zu regenerieren.

Neben einem regelmäßigen Tagesablauf helfen die nachfolgenden Hinweise, um das Baby aktiv in seinem Schlafbedürfnis zu unterstützen:

Schläft das Baby genug?

Mit dem einfachen Wochenprotokoll lässt sich das Schlafbedürfnis Ihres Kindes jederzeit neu überprüfen. Das ist gerade in Umstellungsphasen sehr nützlich.

Vielleicht merken Sie, dass Ihr Baby nur noch ein Mittagsschläfchen braucht statt der gewohnten zwei Nickerchen am Morgen und am Nachmittag. Oder Sie müssen neue Gewohnheiten einführen, weil Ihr Kleines bald in die Krippe oder zur Tagesmutter gehen soll und alle dafür früher aufstehen müssen. Um die durchschnittliche Gesamtschlafdauer richtig zu ermitteln, müssen Sie natürlich alle Schlafzeiten in das Protokoll eintragen, denn Tag- und Nachtschlaf bilden zusammen eine feste Größe, die sich auf tagsüber und nachts verteilt.

Datum																								
Uhrzeit	7	8	9	10	11	12	13	14	15	16	17	18	19	20	21	22	23	0	1	2	3	4	5	6
schlafen																								
wach sein																								
Uhrzeit	7	8	9	10	11	12	13	14	15	16	17	18	19	20	21	22	23	0	1	2	3	4	5	6
schlafen																								
wach sein																								
Uhrzeit	7	8	9	10	11	12	13	14	15	16	17	18	19	20	21	22	23	0	1	2	3	4	5	6
schlafen																								
wach sein																								
Uhrzeit	7	8	9	10	11	12	13	14	15	16	17	18	19	20	21	22	23	0	1	2	3	4	5	6
schlafen																								
wach sein																								
Uhrzeit	7	8	9	10	11	12	13	14	15	16	17	18	19	20	21	22	23	0	1	2	3	4	5	6
schlafen																								
wach sein																								
Uhrzeit	7	8	9	10	11	12	13	14	15	16	17	18	19	20	21	22	23	0	1	2	3	4	5	6
schlafen																								
wach sein																								
Uhrzeit	7	8	9	10	11	12	13	14	15	16	17	18	19	20	21	22	23	0	1	2	3	4	5	6
schlafen																								
wach sein																								

› Kennzeichnen Sie Schlafzeiten mit –. Unter »wach sein« notieren Sie:
• für Mahlzeiten, ‹–› für Unruhe/Quengeln/Weinen/Schreien, ›–‹ für ruhige Wachphasen.

* Verbringen Sie jeden Tag ein bis zwei Stunden an der frischen Luft. Lassen Sie Ihr Baby dabei ruhig krabbeln oder laufen, sobald seine Mobilität dies zulässt.
* Bieten Sie Ihrem Baby regelmäßig alle drei bis vier Stunden eine altersangemessene Mahlzeit und ausreichend Flüssigkeit an.
* Geben Sie Ihrem Baby ausreichend Gelegenheit, sich intensiv zu bewegen – etwa auf einer Krabbeldecke, bei Schmusespielen auf dem Wickeltisch oder beim Baden.

Älteren Babys helfen

Im zweiten Halbjahr, wenn die motorischen Fähigkeiten weiter zugenommen haben, fängt das Kind an, sich an den Gitterstäben seines Bettchens hochzuziehen. Dann kann es eine neue Phase anstrengender Nächte geben. Denn die Erfahrung des Stehens und die Aufmerksamkeit, die das Kind damit erzielt, ist so aufregend, dass es damit nicht von alleine aufhört und sich selbst wieder zum Schlafen bringen kann – zumal wenn es sich noch nicht von alleine wieder hinsetzen kann. Nachts können Sie ihm das auch nicht zeigen, denn nachts kann man gar nichts beibringen oder groß erklären. Aber Sie können versuchen, Ihrem Baby tagsüber zu zeigen, wie es sich aus dem Stand wieder ablassen kann. Vielleicht gelingt es Ihnen mit deutlichen Worten und mit einem »Nestchen« – einer Stoffumrandung, die die Gitterstäbe von innen bedeckt –, Ihr Kind davon abzuhalten, ständig aufzustehen. Das Nestchen, das Sie im ersten halben Jahr wegen der Gefahr des plötzlichen Kindstods aufgrund der geringeren Luftzirkulation nicht anbringen sollten, nimmt dem Kind Sicht und Halt an den Gitterstäben.

Schließlich ist es wichtig, dass Kind und Eltern ausgeschlafen sind, damit keine unnötigen Spannungen entstehen. Denn schnell baut sich ein Teufelskreis auf, bei dem die Eltern schon in der Erwartung, dass das Kind ohnehin bald wieder wach ist, nicht schlafen können – und das Kind dann diese Erwartungen auch erfüllt. Unterbinden Sie die Entwicklung einer solchen Spirale so früh und bestimmt wie möglich. Sie handeln damit im besten Sinne Ihres Kindes. Denn wenn Sie dem Kind die Entscheidung überlassen, ob es nun schlafen will oder nicht, tun Sie weder sich noch dem Kind einen Gefallen.

Schlafen lernen mit Programmen?

Es gibt Babys, die trotz aller elterlichen Bemühungen, dem Tag einen wiederkehrenden verlässlichen Rhythmus zu geben und dem Kind mit sanfter Unterstützung in den Schlaf zu helfen, nur schwer in den Schlaf finden. Andere Babys wachen auch mit neun oder zwölf Monaten immer noch jede Nacht drei- bis viermal auf und verlangen nach der Brust oder einem Fläschchen. In diesen Fällen ist schnelle Hilfe gefragt, damit die zum Teil zermürbenden Schlafgewohnheiten nicht sämtliche Energiereserven der Eltern aufzehren und sich im schlimmsten Fall negativ auf die Eltern-Kind-Beziehung auswirken.

Viele Eltern stoßen in dieser Situation früher oder später auf den Vorschlag, ihrem Kind mit Hilfe eines Schlafprogramms, zum Beispiel nach dem amerikanischen Schlafforscher Dr. Ferber, das Ein- und Durchschlafen beizubringen. Es gibt eine Reihe von Büchern zu diesem Thema, die dem Kind beibringen sollen ohne langes Einschlafzeremoniell und vor allem alleine einzuschlafen und auch selbst in den Schlaf zurückzufinden, wenn es nachts am Ende einer Tiefschlafphase daraus emportaucht.

Schlafprogramme

Es gibt verschiedene Varianten des Programms, aber alle basieren auf demselben Prinzip: Das Kind wird nach der gewohnten abendlichen Pflege-, Spiel- und Schmusestunde in sein Bettchen gebracht, mit einem liebevollen, aber kurzen Ritual verabschiedet und dann alleine gelassen. Schläft das Kind daraufhin von selbst ein, ist alles gut, und die Eltern können sich auf einen entspannten Abend freuen.

Weint das Baby, warten die Eltern zunächst eine kurze Frist von drei bis fünf Minuten ab, bevor sie ins Kinderzimmer zurückkehren, um dort ihr Baby im Bettchen zu trösten und danach wieder allein zu lassen.

Diese Vorgehensweise wird so lange wiederholt, bis das Kind von alleine eingeschlafen ist. In den ersten Tagen kann dies gut ein bis zwei Stunden dauern. Deshalb sollten Eltern, die sich für die Durchführung eines Schlafprogramms entscheiden, dies im Vorfeld genau planen: Sie sollten über ausreichend Zeit sowie Energie und Durchhaltevermögen verfügen, damit das Programm funktionieren kann.

Gerade das Durchhalten fällt aber vor allem Müttern schwer, die das lange und zum Teil verzweifelte Weinen ihrer Babys kaum ertragen können. Soll das Training dennoch fortgeführt werden, sollten die Eltern sich gegenseitig bei der Durchführung unterstützen und möglichst beide abends zu Hause sein, solange das Programm andauert. Meist stellt sich bei konsequenter Durchführung das erhoffte Ergebnis schon nach wenigen Tagen bis zwei Wochen ein.

Schlaftraining: Nicht unumstritten

Kritiker der Methode wenden ein, dass die Methode zwar scheinbar zum Ziel führe, aber dem Baby dadurch erheblicher seelischer Schmerz zugemutet werde. Das ungewohnte Alleinsein kön-ne beim Kind Verlassenheitsängste hervorrufen, die sogar das Urvertrauen erschüttern würden. Dagegen ist einzuwenden, dass auch die chronische elterliche Übermüdung zu Reizbarkeit und schlechter Atmosphäre im Alltag führen kann, die sich auf das Wohlbefinden des Babys ebenso schädlich auswirkt.

Die Schlaflage

Die Diskussion um die richtige Schlaflage von Säuglingen wird in jeder Generation neu belebt. Vor 30 Jahren hieß es noch, dass Kinder auf dem Bauch schlafen sollen, um ein Ersticken durch Aufstoßen und Einatmen (Aspirieren) von Nahrung zu verhindern und um die motorische Entwicklung zu fördern. Inzwischen hat sich die Haltung dazu radikal gewandelt. Derzeit wird die Rückenlage als sicherste Schlaflage propagiert. Auch das abwechselnde Legen auf eine Seite wird nicht mehr empfohlen, aus Angst, das Kind könnte sich dabei auf den Bauch drehen.

Der Grund, warum die Bauchlage als Schlaflage nicht mehr empfohlen wird, ist die Tatsache, dass Säuglinge, die am plötzlichen Kindstod (SIDS – Sudden Infant Death Syndrom, siehe Seite 157) starben, häufiger auf dem Bauch liegend aufgefunden wurden. Durch die ausschließliche Empfehlung der Bauchlage wurde diese Todesursache zur häufigsten im Säuglingsalter überhaupt, und seit der Einführung der Rückenlage scheinen die Todesfälle wieder abzunehmen. Warum das so ist, bleibt unklar.

Vor einigen Jahren war es üblich, dass die Babys in Bauchlage mit einer glattgezogenen Stoffwindel unter dem Kopf auf einem Fell lagen. So konnten sie sich nicht gegen Ersticken wehren, wenn die Luft verbraucht war. Außerdem waren sie oft zu warm eingepackt und nicht in der Lage, durch Herausstrecken der Arme die über-

Erbrechen in Rückenlage

Früher wurde von der Rückenlage als Schlafposition für Babys abgeraten, weil ein Zusammenhang zwischen Erbrechen und plötzlichem Kindstod gesehen wurde. Mittlerweile hat sich jedoch gezeigt, dass gesunde Babys, die auf dem Rücken schlafen, mit dieser Situation zurechtkommen: Die angeborenen Schutzreflexe verhindern das Ersticken am Erbrochenen.

schüssige Wärme loszuwerden. Die Überwärmung scheint beim plötzlichen Kindstod eine große Rolle zu spielen, wie man aus alten Erfahrungen bei Kindern mit fehlenden Extremitäten, zum Beispiel beim Contergan-Syndrom, weiß (siehe Seite 157).

Die Rückenlage

Legen Sie Ihr Kind also zum Schlafen auf den Rücken. Dreht es sich von hier aus etwas hin und her, ist dies kein Problem. Sobald sich das Baby selbst drehen kann, haben Sie keinen Einfluss mehr auf die Schlafposition. Lassen Sie Ihr Kind dann so schlafen, wie es möchte. Wenn es so weit ist, hat sich auch das Risiko des plötzlichen Kindstods deutlich verringert.

ACHTUNG »LIEBLINGSSEITE«

Der Nachteil der ausschließlichen Rückenlage ist, dass manche Kinder eine ausgeprägte »Lieblingsseite« entwickeln. Da der Hinterkopf bei Neugeborenen ziemlich ausladend ist, wird das Köpfchen zur Seite gelegt. Wenn es immer dieselbe Seite ist oder sich interessante Dinge wie die Mama, das Licht oder ein Mobile immer auf derselben Seite befinden, wird sich der Hinter-

kopf an der Aufliegestelle abflachen. Die Schädelknochen sind ja noch nicht fest verwachsen und lassen sich gegeneinander verschieben, damit der Kopf während der Geburt durch das Becken passt. Und wenn sich erst einmal eine solche Lieblingsseite eingeschlichen hat, ist es sehr schwer, sie wieder loszuwerden, da der Kopf durch die Abflachung automatisch wieder in die Vorzugshaltung gerät. Daher ist es von vornherein wichtig, darauf zu achten, dass der Kopf entweder in der Mitte steht oder gleichmäßig nach rechts und links gewendet wird.

DIE SEITE WECHSELN

Eine Lieblingsseite zu erkennen fällt oft gar nicht so leicht. Schauen Sie vorsorglich den Kopf Ihres Kindes von oben an. Ist er schön oval und sind beide Ohren auf der gleichen Höhe, ist alles in Ordnung. Sobald Sie eine Veränderung wahrnehmen, sollten Sie Ihre Hebamme oder den Kinderarzt nach der für Ihr Kind geeigneten Lagerung fragen. Beobachten Sie auch, ob Ihr Kind das Köpfchen beim Schlafen in eine bevorzugte Richtung dreht.

Betrachtet man das Köpfchen von oben, sieht man, ob das Baby eine »Lieblingsseite« hat.

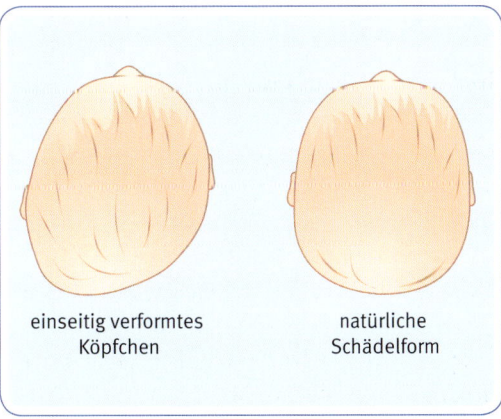

einseitig verformtes Köpfchen   natürliche Schädelform

Haben Sie seine Lieblingsseite erkannt, versuchen Sie zunächst einfach, es beim Liegen um 180 Grad zu drehen, also das Fußende zum Kopfende zu machen. Außerdem können Sie zum Beispiel ein Mobile so aufhängen, dass das wache Kind seinen Kopf in die andere Richtung drehen muss, um es zu betrachten. Gerne schauen die kleinen Kinder auch zum Licht, zu einer Schallquelle oder zur Mutter. Auch hierfür können Sie Ihr Baby so legen, dass es den Kopf auf die »ungeliebte« Seite drehen muss, um Sie zu beobachten (siehe auch Seite 153).

Für die Drehung des Köpfchens spielen außerdem die Still- und die Trageposition eine Rolle. Denn auch jeder Erwachsene hat eine Lieblingsseite, auf der er das Kind trägt. Häufig ist das auf der linken Schulter – dann schaut das Kind nach rechts. Wechseln Sie die Seite und die Trageart deshalb häufiger – das gilt auch für die Stillposition (siehe Seite 43).

Weniger Erfolg versprechend ist es, das Köpfchen mit den Händen einfach auf die andere Seite zu drehen. Dagegen wehren sich die Babys häufig. Sprechen Sie Ihr Kind einfach von der anderen Seite an, und bespielen und besingen Sie es aus der weniger bevorzugten Richtung. Das geht natürlich erst, wenn das Kind fixieren kann, also nach vier bis sechs Wochen.

Eine solche Verformung des Kopfes durch eine ausgeprägte Lieblingsseite kann, wenn sie nicht erkannt wird, sehr heftig ausfallen. Dann gibt es verschiedene therapeutische Maßnahmen, von der Osteopathie (siehe Kasten rechts) bis zur Anpassung eines Helms. Wird die Lieblingsseite frühzeitig erkannt, ist eine derartige Behandlung aber überflüssig.

MEDIZINISCHE URSACHEN

Neben einer ausgeprägten Lieblingsseite gibt es noch weitere Ursachen für eine Vorzugshaltung beim Baby: eine Zwangslage im Mutterleib, in dem es ja ganz schön eng zugeht, oder eine Zerrung an der Halswirbelsäule während der Geburt, die zu Blockaden führen und durch die sich eine Asymmetrie entwickelt. Kinder, die darunter leiden, sind häufig sehr unruhig, haben Schmerzen und bedürfen einer anderen medizinischen Therapie.

Die Rückenlage gilt heute als die sicherste Schlafposition für Säuglinge.

Wenn das Baby auf der Seite schläft, wird sein Rumpf mit einem gerollten Handtuch stabilisiert.

INFO

Mit Osteopathie Blockaden lösen

Beschwerden, die durch eine einseitige Kopfhaltung ausgelöst werden, können zum Beispiel mit Osteopathie behandelt werden. Diese manuelle Heilmethode ist auch für Babys geeignet. Mit den Händen werden in der Osteopathie Funktionsstörungen im Körper erkannt, sogenannte Blockaden gelöst und die Selbstheilung wird aktiviert. Die sanften manuellen Techniken wirken entspannend auf das Baby und können oftmals mit wenigen Behandlungen zur Linderung der Beschwerden führen.

Die Osteopathie wird bei Babys vielfältig eingesetzt, etwa bei Schädeldeformationen, Überstreckung des Kopfes, Tonus-Asymmetrie- und KISS-Syndrom (siehe Seite 385), Saug- oder Schluckproblemen, Stillschwierigkeiten, Verkrampfungen sowie bei Auffälligkeiten im Bewegungsablauf oder bei der Entwicklung. Erfolge versprechen Osteopathen auch bei Schreibabys, nach komplizierten Geburten oder bei Frühgeburten, um die Entwicklung des Kindes zu fördern.

Begründet wurde die Osteopathie Ende des 19. Jahrhunderts von dem amerikanischen Arzt Andrew Taylor Still. Er wollte eine manuelle Behandlungsmethode entwickeln, die ohne Medikamente Erfolge erzielt. Als alternative und begleitende Therapie wird Osteopathie heute von Ärzten, Physiotherapeuten oder auch Heilpraktikern mit entsprechender Zusatzausbildung angeboten. Privatversicherungen und auch manche gesetzlichen Krankenkassen erstatten die Osteopathie als freiwillige Leistung.

Die Seitenlage

Es kann sein, dass Ihnen die Nachsorgehebamme oder der Arzt die Seitenlage empfiehlt – wenn der Säugling durch die Geburt beispielsweise einen verformten Kopf oder ein muskuläres Ungleichgewicht im Halsbereich hat. Durch eine spezielle Lagerung des Kindes kann dies behoben werden. Fragen Sie die Hebamme oder den Kinderarzt, ob für Ihr Kind eventuell eine andere Schlafposition als die Rückenlage besser ist. Die Seitenlage an sich ist für das Kind unproblematisch. Als riskant gilt sie nur, weil das Baby aus dieser Position schneller auf den Bauch rollen kann als aus der Rückenlage. Liegt Ihr Kind auf der Seite, sollten Sie daher öfter kontrollieren, ob die Position noch stimmt. Zur Stabilisierung können Sie ein Handtuch fest zusammenrollen und vor den Bauch, aber nicht vors Gesicht legen. So kann es nicht auf den Bauch rollen, wohl aber auf den Rücken. Empfiehlt die Nachsorgehebamme oder der Arzt die Seitenlage für Ihr Baby, können Sie es auch mit einem gefalteten Handtuch im Rücken stabilisieren, damit es nicht auf den Rücken rollt (siehe Abbildung linke Seite).

Die Bauchlage

Als Schlafposition wird die Bauchlage im Hinblick auf den plötzlichen Kindstod nicht empfohlen. Liegt das Kind bäuchlings auf einer weichen Unterlage, einem Fell, einer flauschigen Decke oder einem Wasserbett, kann es zu einem Wärmestau oder zu einem Sauerstoffmangel kommen. Inwieweit aus der Matratze eingeatmete Schadstoffe eine Rolle für die Gefährlichkeit der Bauchlage spielen, wird noch diskutiert.

Dennoch: Wenn Sie den Eindruck haben, dass Ihr Kind auf dem Bauch einfach besser einschläft und zufriedener ist, lassen Sie es unter Berücksichtigung einiger Maßnahmen (siehe Seite 156) ruhig zu. Wenn Sie wollen, können Sie es rund 40 Minuten nach dem Einschlafen, sobald es tief schläft, auf den Rücken drehen. Manchmal sind Säuglinge auf dem Bauch einfach viel zufriedener und werden deshalb zu gewohnheitsmäßigen Bauchschläfern. Gerade manchen unruhigen Kindern mit Bauchweh und Blähungen tut die Bauchlage gut, weil etwas Druck auf den Bauch ausgeübt wird. Besprechen Sie die Möglichkeit der Bauchlage im Einzelfall mit Ihrer Hebamme oder Ihrem Kinderarzt.

Bisweilen gibt es aber auch therapeutische Gründe, warum Babys auf dem Bauch schlafen sollen. So kann es hilfreich sein, Kinder mit einem sehr flachen oder seitlich abgeplatteten

Auch wenn die Bauchlage nicht zum Schlafen empfohlen wird, tut sie manchen Babys gut.

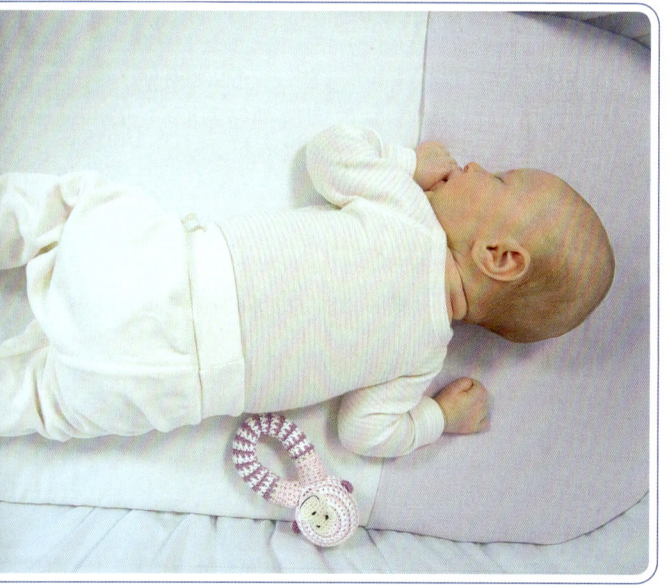

Hinterkopf auf dem Bauch schlafen zu lassen. Besprechen Sie auch das mit Ihrem Kinderarzt.

SICHERHEIT FÜR BAUCHSCHLÄFER

Wenn Sie Ihr Kind auf dem Bauch schlafen lassen wollen oder sollen, dann achten Sie darauf,

* dass das Köpfchen ohne Kissen auf einer harten, flachen Unterlage liegt, das Kind also nicht einsinkt,
* dass die Händchen frei sind, um die Wärme abzuleiten,
* dass Sie kein Mützchen aufsetzen und
* dass Ihr Baby nicht unter die Decke rutschen kann und überwärmt. Ein Baby-Schlafsack und eine leichte Decke bis gerade über den Po reichen völlig aus.

Auf dem Bauch liegen

Auch wenn das Baby nicht unbedingt auf dem Bauch schlafen sollte, kann es dennoch viel auf dem Bauch liegen – wenn es wach ist. Legen Sie Ihr waches Kind auf eine feste Unterlage oder auf die Krabbeldecke am Boden, damit es die Bauchlage üben kann. Liegt es auf dem Rücken, dann drehen Sie es immer wieder einmal auf den Bauch. Greifen Sie dafür mit einer Hand die Unterseite des linken Oberschenkels, während Sie mit der anderen Hand unter die linke Pobacke greifen. Drehen Sie das Baby mit diesem Griff langsam über die Seite, bis es auf dem Bauch liegt. Die Bauchposition stärkt die Muskulatur im Nacken-, Rücken- und Bauchbereich, und das Baby wird bestens auf das Krabbeln und selbstständige Sitzen vorbereitet.

Bleiben Sie immer dabei, wenn das kleine Kind auf dem Bauch liegt. So gehen Sie sicher, dass es nicht einschläft und mit dem Gesicht auf der Unterlage liegt oder sich auf den Rücken dreht und an Gegenstände gelangt, die nicht in seine Fingerchen geraten sollten.

Der plötzliche Kindstod

Der plötzliche Kindstod, auch Krippentod genannt, ist in Westeuropa die häufigste Todesursache von Kindern jenseits der Neugeborenenzeit. Unter dem Fachbegriff SIDS – Sudden Infant Death Syndrome – versteht man den unerwarteten und nicht erklärbaren Tod eines Säuglings, meist im Schlaf. Etwa 80 Prozent der Todesfälle ereignen sich vor dem sechsten Lebensmonat, am häufigsten zwischen dem zweiten und vierten Monat.

Risikofaktoren

Zu den Risikofaktoren für plötzlichen Kindstod zählen in erster Linie:

* Überwärmung des Säuglings und unzureichende Luftzirkulation. »Hitzeschlag« ist ein alter Ausdruck für die akuten Folgen einer Überwärmung: Fieber, Übelkeit, Erbrechen, sogar Bewusstseinstrübung sind die typischen Symptome. Abhilfe können Sie lediglich durch Abkühlen und »Abdampfenlassen« schaffen.
* Rauchen der Mutter, auch Passivrauchen, sowohl während der Schwangerschaft (siebenfach erhöht) als auch nach der Geburt (zwei- bis vierfach erhöht).
* Auch die Schlafposition des Säuglings soll eine Rolle spielen. Es gibt viele Theorien, die zu erklären versuchen, warum die Bauchlage im Schlaf gefährlich sein könnte, ohne dass eine derzeit für gültig erklärt werden kann. Sicher ist, dass die Bauchlage (wie das Rauchen) als ein Risikofaktor ausgemacht ist und deshalb möglichst vermieden werden sollte – es sei denn mit den auf der linken Seite beschriebenen Vorsichtsmaßnahmen.

Nicht oder weniger beeinflussbare Risiken sind das vermehrte SIDS-Vorkommen bei Früh- und Mehrlingsgeburten, bei Kindern aus sozial benachteiligten Familien, besonders junger Mütter und Alleinerziehender, sowie bei Kindern, deren Geschwister an SIDS verstorben sind.

Vorsichtsmaßnahmen

Wichtig als vorbeugende Maßnahmen sind:

* Vermeiden Sie Überwärmung, indem Sie Ihr Kind auch nachts nicht zu warm einpacken (siehe Seite 38). Achten Sie auf eine kühle Umgebungstemperatur, etwa 18 °C in Babys Schlafraum.
* Sorgen Sie für eine rauchfreie Umgebung.
* Bevorzugen Sie die Rückenlage zum Schlafen.
* Benutzen Sie eine feste, wenig eindrückbare und schadstofffreie Matratze sowie einen Schlafsack.
* Verzichten Sie beim Schlafen auf Kopfbedeckung, Kissen, »Nestchen«, zusätzliche Decken oder Felle.
* Auch das Einschlafen mit einem Schnuller scheint einen gewissen Schutzeffekt zu bieten – es ist aber nicht bekannt, warum.

Hilft eine Schlafüberwachung?

Viele Eltern sehen in der Überwachung (»Monitoring«) ihres Säuglings mit Kontrollgeräten während des Schlafs einen Schutz vor dem plötzlichen Kindstod. Zwar ist der Wunsch danach verständlich, doch ist die Überwachung mit Geräten wie speziellen Monitoren oder Sensormatten kritisch zu sehen. Denn es ist nie bewiesen worden, dass sie dazu beitragen können, Gefahrensituationen zu erkennen oder Todesfälle zu reduzieren – ganz im Gegensatz zur Vermeidung der Risikofaktoren.

Tröste mich!

WEINEN UND TRÖSTEN

Babys schreien – denn sie können sich noch nicht anders äußern, wenn ihnen etwas nicht behagt. Meist gelingt es den Eltern auch, ihr Kleines zu beruhigen, es liebevoll zu trösten und ihm das zu geben, was es braucht. Doch manchmal schreien Kinder ganz haltlos einfach weiter und lassen sich durch nichts davon abbringen. Das ist für alle Beteiligten, aber auch für Unbeteiligte wie gestörte Nachbarn eine schwierige Situation, die es zu meistern

gilt. Eines ist sicher: Diese Phase geht vorüber. Ein schwacher Trost, wenn man mit dem schreienden Kind konfrontiert ist, aber ein starker Trost für die Zukunft. Mit der Zeit wächst das gegenseitige Verstehen, und beide Seiten stellen sich immer besser aufeinander ein. Das Kind kann sein Unwohlsein und seine körperlichen Bedürfnisse wie Hunger und Müdigkeit bald auch anders als nur durch haltloses Schreien ausdrücken.

Das »Schreibaby«

Manche Babys leiden unter abendlichen Unruhe- und Schreizuständen, sie sind am Spätnachmittag, frühen Abend oder gar die ganze Nacht hindurch unruhig und schreien und lassen sich gar nicht mehr beruhigen. Derartige Unruhezustände treten meist im zweiten Lebensmonat, mit einem Höhepunkt um die sechste Lebenswoche herum auf. Viele Erwachsene sprechen dann von Blähungen oder Dreimonatskoliken, was eine notwendige Behandlung suggeriert: Es wird an ein Umstellen der Nahrung gedacht, an entbehrungsreiche Diäten, entblähende Tropfen, Zäpfchen oder Salben bis hin zu Einmal-Darmrohren, die die vermeintlichen Übeltäter, die Darmgase, ablassen sollen.

Die oft vermuteten Blähungen oder Koliken sind aber nicht die Ursache für Unruhezustände. Blähungen und Koliken können sich allerdings als Folge des vielen Schreiens und damit Luftschluckens einstellen. Ebenso kann eine ungeeignete Trinktechnik zu Luftschlucken und Blähungen führen. Die Ernährung der Mutter spielt hingegen kaum eine Rolle, auch nicht die Art der Nahrung des Babys, sehr wohl aber ein häufiger Nahrungswechsel, der eher zu Blähungen führt. Denn der Magen-Darm-Trakt muss sich auf jede Änderung der Nahrung einstellen, was wiederum zu Unpässlichkeit, Koliken und Blähungen führen kann.

Regulationsstörungen

Als Diagnose für »Schreibabys« wird heute gerne der Begriff »Regulationsstörung« verwendet. Dieser neutrale Begriff besagt, dass die Selbstregulationskräfte des Kindes (siehe Seite 148) noch nicht genug entwickelt sind, um sich selbst aus dem Teufelskreis von Unpässlichkeit-Schmerzen-Schreien-Luftschlucken-Unpäss-

lichkeit zu lösen. Dabei spielt immer ein Zusammentreffen mehrerer Faktoren eine Rolle: Neben einer gewissen Unreife und den Temperamentsunterschieden der Kinder mit niedriger Reizschwelle ist oft zu beobachten, dass sich die Eltern schwer damit tun, sich abzugrenzen. Sie stellen dann ihre eigenen Bedürfnisse zu sehr zurück, wodurch schließlich ein chronischer Erschöpfungszustand aller Beteiligten eintritt, der vor allem am Ende des Tages seinen Höhepunkt findet. Auch Paarkonflikte oder andere zwischenmenschliche Probleme sowie eine anstrengende Schwangerschaft können die Reizschwelle von Eltern und Kind herabsetzen, denn gestresste Eltern führen auch zu gestressten Kindern – und umgekehrt.

INFO

Schreien bei Säuglingen

Fachleute unterscheiden fünf Arten, wie Säuglinge schreien:

* **Normales Schreien:**
  bei Grundbedürfnissen
* **Krankhaftes Schreien:**
  bei krankheitsbedingtem Unwohlsein und Schmerzen
* **Unspezifisches unstillbares Schreien:**
  anhaltendes Schreien ohne erkennbaren Grund
* **Exzessives Schreien:**
  unspezifisches, unstillbares Schreien, das über ein erträgliches Maß hinausgeht, oder alternativ die Dreier-Regel: mehr als drei Stunden an drei Tagen über drei Wochen
* **Fortgesetztes Schreien:**
  exzessives Schreien, das über die ersten drei Monate hinaus anhält

Trösten und verstehen

Wenn Ihr Baby weint und schreit, braucht es Trost. Schmusen Sie mit Ihrem Kind, und schaukeln Sie es dabei, sobald es schreit, mit ruhigen und langsamen Bewegungen. Haben Sie keine Angst, Ihren Säugling damit zu sehr zu verwöhnen – das ist in diesem Alter nicht möglich. Sie können mit dem Baby zusammen in einem Schaukelstuhl schmusen, es in einer Wiege oder Babyhängematte schaukeln, in einem Tragetuch tragen oder mit ihm im Kinderwagen spazieren gehen. Vielleicht hilft auch ein Beruhigungssauger, ein warmes Bad (siehe Seite 59) oder eine Massage (siehe Seite 66). Vielen »Schreibabys« hilft es auch, wenn sie gepuckt werden (siehe Seite 162). Probieren Sie aus, was Ihrem Baby guttut, aber nicht alles auf einmal, um es nicht zu überfordern.

INFO

Babys Zeichen für Überforderung oder Müdigkeit

✽ Stirnrunzeln

✽ Gähnen

✽ Schluckauf

✽ Aus dem Blickkontakt gehen

✽ Wegdrehen

✽ Arme und Beine wegziehen

✽ Finger spreizen

✽ Blasse Haut mit »hektischen Flecken«

Babys Zeichen für Kontaktwunsch

✽ Geöffnete Augen, Blickkontakt

✽ Einladende Bewegungen

✽ Zufriedenheitslaute

Auf Babys Zeichen achten

Besonders im Alter von vier bis acht Wochen ist Ihr Baby abhängig von der feinfühligen Unterstützung seiner Bezugspersonen, um seine Selbstregulation zu entwickeln. Diese ist dann schon gut entwickelt, wenn das Baby in diesem Alter zeitweilig einen ruhigen, aufmerksamen Wachzustand aufrechterhalten, andererseits auch »abschalten« und sich selbst vor Außenreizen schützen kann. Achten Sie genau auf die Zeichen, die Ihr Baby gibt, und versuchen Sie darauf einzugehen (siehe Kasten).

Schreiende Babys ernst nehmen

Ein viel schreiender, unruhiger Säugling ist eine große Belastung für die junge Familie. Um zu verstehen, warum Eltern ihrer Intuition, ihrem Bauchgefühl nicht mehr vertrauen können und zu manchmal absurden oder gar gefährlichen Maßnahmen greifen, ist es wichtig genauer hinzusehen, sich dem Problem des »unruhigen Säuglings« zu stellen und sich hierzu Gedanken zu machen, die über die Unruhephasen hinausgehen. Denn die Schreiattacken hören zwar auf, aber die Spirale der Missverständnisse kann sich im schlimmsten Fall so fortsetzen: Den Schreiphasen der ersten drei Monate folgen Schlafstörungen, dann Fütterprobleme und schließlich aggressives Verhalten, Störungen des Sozialverhaltens und der Emotionen. Danach kommen womöglich Schulprobleme, es wird eine Hyperaktivität (ADHS) diagnostiziert und so weiter – wie ein roter Faden können sich diese Probleme durch das Leben ziehen.

HERAUSFORDERUNGEN FÜR ELTERN

Es ist heute schwer geworden, Kindern eine sichere Basis zu bieten. Manchmal haben Eltern sie selbst nicht, sind voller Schuldgefühle und hin- und hergerissen zwischen all den Ansprüchen und Widersprüchen der modernen Gesellschaft. Wo hat bei all den beruflichen, gesellschaftlichen und sonstigen Verpflichtungen noch ein Kind Platz? Andererseits ist vielleicht alles genau geplant, minutiös organisiert, perfekt gemanagt – und dann schreit das Kind ständig und unterläuft so die Vorstellung von einer netten kleinen Familie, wie es die Fernsehwerbung suggeriert und andere, glücklichere Eltern vorschwärmen.

Eltern müssen heute neu lernen, in die kindliche Lebenswelt einzutauchen, hören, was das Kind ihnen sagen will, und ihre intuitiven Kompetenzen und Fähigkeiten stärken. Sie müssen versuchen, eine sichere Basis zu finden, die dem Kind Heimathafen für seinen Weg in die Welt sein kann. Eltern können ihrem Kind aktive Partner werden.

Da der individuelle Alltag und die Lebensbezüge so unterschiedlich sind, helfen allgemeine Ratschläge nicht weiter. Die Quellen, aus denen wir schöpfen, sind genauso individuell wie die Probleme, denen wir uns stellen müssen. Wichtig ist, sich auf das zu konzentrieren, was gut läuft, was positiv ist, und nicht auf die weniger gelungenen Gemeinsamkeiten oder das Schreien.

INFO

Was Babys mögen – und was nicht

Das tut dem Baby gut:

* Getragen werden
* Spazieren gehen
* Vertraute Personen
* Ruhiges, langsames Sprechen
* Singen und sanfte Beruhigungen
* Handauflegen
* Großflächiger Hautkontakt
* »Pucken« (siehe Seite 162)
* Feste Strukturen, Regelmäßigkeit, Rituale
* Saugen und Nuckeln, genügend Schlaf
* Wachphasen von ein bis zwei Stunden
* Zufriedene Eltern
* Schnelle und stimmige Reaktionen auf die Signale des Kindes
* Viel Ansprache während der Wachphasen

Das tut dem Baby nicht gut:

* Alleinsein
* Lärm
* Grelles Licht
* Nervöse, hektische Umgebung
* Unregelmäßigkeiten, Ungewohntes
* Zu viele Eindrücke
* Überreizung durch zu viel Stimulation
* Längere erzwungene Wachphasen

Pucken – wickeln für Geborgenheit

Fest umwickelt mit einer dünnen Babydecke oder einem Moltontuch fühlt sich das Baby sicher und geborgen wie im Mutterleib. Durch Pucken, wie sich das Umwickeln des Babys nennt, spürt das Baby Grenzen an seinem Körper, die es beruhigen. Besonders eignet sich Pucken daher für Babys, die schlecht einschlafen oder häufig weinen. Auch Blähungen werden durch die im Puckwickel entstehende Wärme reduziert.

Nicht zu warm!

Damit es dem Kind aber nicht zu warm wird, sollte es fürs Pucken nur mit einem kurzärmeligen Body bekleidet sein. Im Sommer reicht auch nur die Windel und eine leichte Baumwolldecke oder ein Baumwolltuch. Wird das Kind im Puck schlafen gelegt, geben Sie niemals noch eine weitere Decke darüber. Sonst riskieren Sie eine Überwärmung, die unter anderem mit dem plötzlichen Kindstod in Verbindung gebracht wird (siehe Seite 157). Beim Pucken sollte es dem Kind daher nie zu warm sein – aber auch nicht zu kalt. Machen Sie zwischendurch die Temperaturprobe, und testen Sie, ob sich der kleine Nacken verschwitzt oder kühl anfühlt, indem Sie zwei Finger unter den Pucksack stecken.

Schon für Neugeborene

Pucken ist bereits etwas für Neugeborene, und es lässt sich gut bis in den vierten Lebensmonat – oder solange Ihr Kind es möchte – weiterführen. Das gepuckte Baby müssen Sie zum Stillen oder für das Fläschchen nicht unbedingt auswickeln. Vielleicht mag es ja so ganz gerne trinken. Spätestens für eine neue Windel muss das Kind dann aus dem Puck herausgenommen werden.

Sorgen Sie dafür, dass das Baby zwischendurch Gelegenheit für ausreichend Bewegung bekommt. Täglich eine sanfte Babymassage, anregende Spiele beim Wickeln oder ein gemeinsam getanztes Lied sind für einen regelmäßigen Schlaf-wach-Rhythmus ebenso förderlich. Pucken Sie Ihr Baby vor allem in

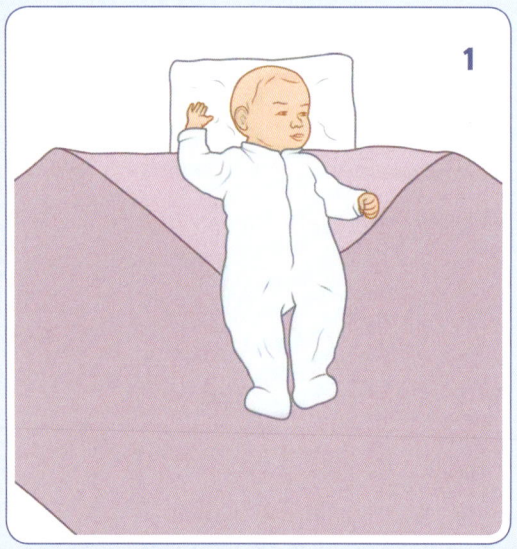

Situationen, in denen es weinerlich und unpässlich erscheint, unruhig ist und sich offensichtlich nicht selbst beruhigen kann. Dann werden Sie beide diese Methode als große Erleichterung für einen entspannten Alltag erleben.

Tipp: Wem die Puck-Wickeltechnik zu aufwändig ist, der findet im Fachgeschäft fertige Pucksäcke, bei denen die Arme, je nach Bedarf und den persönlichen Vorlieben, auch draußen bleiben können. Kinder, denen das feste Pucken nicht gefällt, mögen vielleicht eher einen Pucksack mit Armfreiheit.

Nicht immer geeignet

Verzichten Sie aber aufs Pucken, wenn Ihr Baby Fieber hat oder breit gewickelt werden muss, eine Hüft-Beuge-Schiene oder eine Spreizhose benötigt. Da die Beine in diesem Fall nicht eng eingewickelt werden dürfen, gefällt es Ihrem Kind vielleicht, wenn Sie nur die Arme und den Oberkörper umwickeln.

Ob Ihr Kind mit einem juckenden Hautausschlag gepuckt werden sollte, muss mit dem Kinderarzt besprochen werden. Auf alle Fälle wird das Kind durch den Puck am Kratzen gehindert und fühlt sich deshalb vielleicht unwohl.

So wird gepuckt

❋ Breiten Sie das Moltontuch oder die kleine Babydecke auf dem Boden aus. Schlagen Sie eine beliebige Ecke etwa 20 Zentimeter nach innen, und legen Sie das Kind so auf die Decke, dass die neu entstandene Kante mit den Schultern des Babys abschließt. Der Kopf liegt oberhalb der Decke und ist normalerweise der einzige Körperteil, der beim Pucken frei bleibt (siehe Bild 1). Sie können aber auch die Händchen draußen lassen.

❋ Nehmen Sie nun den Deckenzipfel, der unter den kleinen Füßen liegt, in die Hand, führen ihn nach oben über den kleinen Körper und legen ihn unter die linke Babyschulter. Lassen Sie eine Handbreit Platz zwischen den Füßen und er Umschlagkante (siehe Bild 2).

❋ Führen Sie die linke freie Ecke der Decke quer nach rechts über das Baby und legen Sie den Zipfel unter dem Kind ab (siehe Bild 3).

❋ Die noch freie rechte Deckenecke wird zum Schluss fest nach links um den Körper des Babys gewickelt (siehe Bild 4).

❋ Damit dieser Wickel auch hält, schlingen Sie einen dünnen Schal in Höhe der Oberarme um das Kind und binden ihn zu.

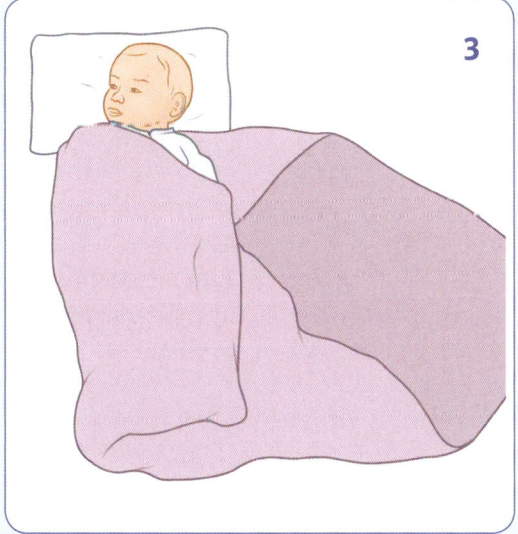

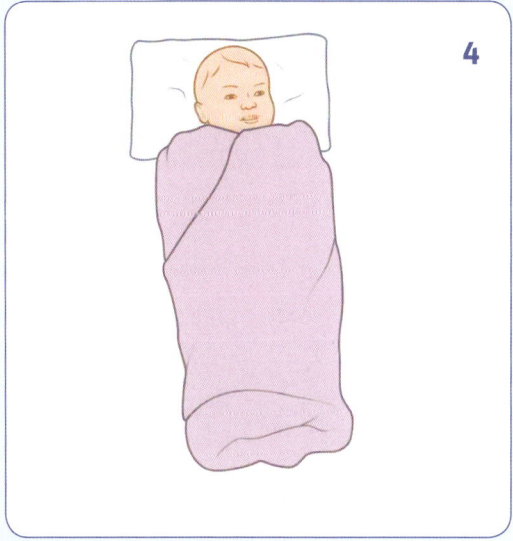

Das Schreien verändert sich

Die gute Nachricht: Egal wie schlimm Sie im Augenblick eine Schreiphase erleben und wie sie behandelt wird – sie geht vorbei. Das Schreien bessert sich typischerweise nach dem zweiten Lebensmonat, und meist mit drei bis vier Monaten (daher der Name Dreimonatskolik) erlangt der Säugling die Fähigkeit zur Selbstregulation, die es ihm ermöglicht, sein Unwohlsein nicht mehr durch fortgesetztes Schreien zu äußern, sondern differenziertere Ausdrucksformen zu finden.

Eine sanfte Massage des Bäuchleins kann Erleichterung verschaffen und Blähungen lindern.

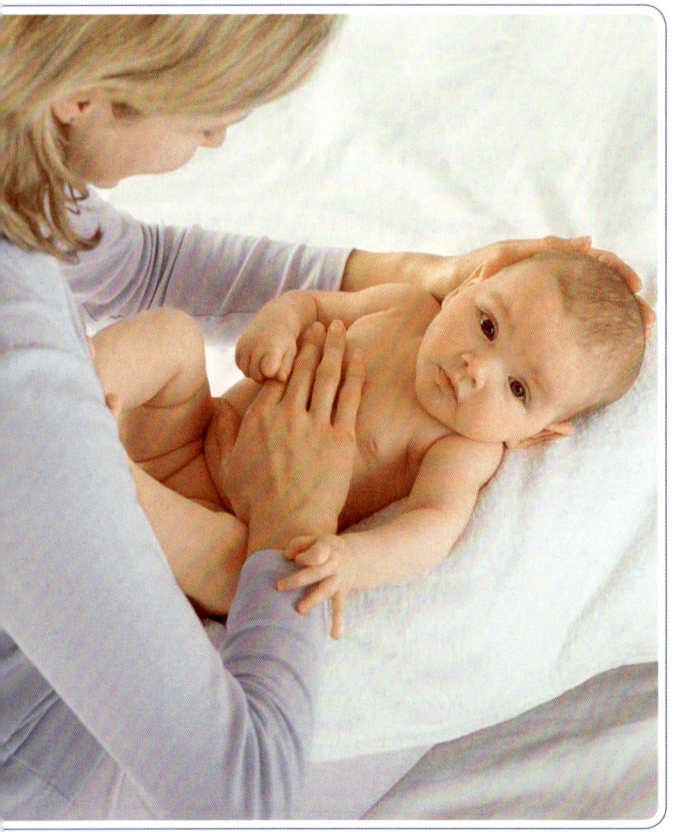

Die Schreiphasen und Unruhezustände werden immer seltener. Wenn das größere Baby laut wird, ist sein Schreien weniger haltlos als zuvor. Kein Wunder, denn jetzt nutzt es diese Ausdrucksform gezielt als Kommunikationsmittel. Je nachdem, was das Kind Ihnen mitteilen möchte, ändern sich Melodie und Rhythmus seines Schreiens. Ein Schmerzschrei hört sich ganz anders an als ein Hungerschrei, und wenn die Windeln voll sind, klingt es ganz anders als wenn das Kleine seine Langeweile kundtut. Bald werden Sie bereits an der Art des Schreiens erkennen, was los ist. Dann können Sie schnell reagieren und sich schon bald wieder über ein zufriedenes Baby freuen.

Denn Ihr Baby erfährt, dass es mit unterschiedlichen Lauten und differenziertem Schreien das bewirken kann, was es möchte. Auch diese Erfahrungen sind für die Entwicklung der Selbstwirksamkeit und damit des Selbstbewusstseins von großer Bedeutung.

Einen Rahmen schaffen

Mit einem gewissen Rahmen können Sie Ihrem Kind die nötige Sicherheit vermitteln, in der es sich geborgen und aufgehoben fühlt – und hoffentlich weniger schreit. Gewöhnen Sie Ihr Kind dazu an einen Tag-Nacht-Rhythmus. Falls Ihr Kind tagsüber länger als drei Stunden ununterbrochen schläft, wecken Sie es sanft auf. Bald verschieben sich die längeren Schlafphasen auf die Nacht. Suchen Sie Körperkontakt, und tragen Sie Ihr Kind auch, wenn es nicht schreit, damit es sein Bedürfnis nach körperliche Nähe tagsüber deckt und nicht durch Schreien einfordern muss. Dagegen benötigt ein Kind nicht unbedingt zum Einschlafen engen Körperkontakt. Wenn es müde ist, sollten Sie es in sein Bett legen, damit es lernt, selbst in den Schlaf zu finden.

Das Baby nicht überfordern

Eine große Gefahr besteht auch in einer Über-stimulation, die im Alltag leicht passiert. Die Babys werden dann mit Reizen überflutet, die sie überfordern und unruhig werden lassen. Ge-ben Sie Ihrem Kind nach dem ersten Lebens-monat nicht bei jedem Schreien gleich etwas zu trinken. Der Magen benötigt etwa zwei Stunden bis zur Entleerung, und häufigere Fütterungen können Bauchschmerzen verursachen. Schrän-ken Sie Ihre eigene Ernährung nicht ein, sie muss sättigend und stärkend sein, aber verzich-ten Sie auf Kaffee, Tee und koffeinhaltige Ge-tränke. Verzichten Sie auch darauf, Ihrem Baby immer einen Schnuller in den Mund zu stecken, wenn es sein Unwohlsein bekundet.

Die Nerven liegen blank

Irgendwann ist man am Ende, verzweifelt, wü-tend, frustriert, und am liebsten würde man weglaufen, weil das Schreien einfach kein Ende nimmt. Wenn Sie an diesem Punkt und allein sind – gehen Sie aus dem Zimmer, lassen Sie das Baby schreien, atmen Sie tief durch und zahlen bis zehn. Rufen Sie beim Kinderarzt an oder fahren Sie hin – oder wenigstens tun sie so, denn in dem Augenblick, in dem Sie losfahren, ist das Kind meistens ruhig. Warum? Ihr Kind wurde haltlos und ängstlich, weil es gemerkt hat, dass Sie nicht mehr weiterwussten und verzweifelt waren. In dem Moment, in dem Sie eine zielgerichtete Handlung vornehmen, spürt es, dass Sie wieder wissen, was zu tun ist – und beruhigt sich.

Niemals schlagen und schütteln!

Anhaltendes Schreien kann bis zur Verzweif-lung an die Nerven gehen. Wenn Sie das Gefühl haben, die Kontrolle über sich zu verlieren, ver-lassen Sie lieber für fünf Minuten das Zimmer,

besinnen Sie sich, und denken Sie an die lebens-langen Folgen einer Affekthandlung.

Und wenn gar nichts mehr geht, lassen Sie Ihr Kind sich in den Schlaf schreien, vor allem, wenn es völlig überdreht und übermüdet ist. Aber eines dürfen Sie nie: das Kind schütteln oder schlagen. Das Schütteltrauma kann zu le-bensgefährlichen Hirnblutungen und lebens-langen schweren Schäden und Behinderungen führen. Sollte es Mutter oder Vater dennoch passiert sein – verschweigen Sie es nicht, und lassen Sie Ihr Kind umgehend untersuchen. Auch wenn Ihnen diese Ratschläge Angst ma-chend und bedrohlich vorkommen: Es ist bes-ser, man ist darauf vorbereitet, dass es zu sol-chen Zuspitzungen kommen kann.

Absurde und gefährliche Maßnahmen

Wie groß das Schreiproblem ist, lässt sich da-ran ablesen, dass es neben einer unüber-schaubaren Literatur zum Thema heute sogar elektronische Geräte gibt, die das Schreien des Kindes analysieren und daraus eine Dia-gnose liefern sollen. Andere Geräte ahmen die Bewegungen und die Geräusche einer Autofahrt nach und greifen damit die Erfah-rungen vieler Eltern auf, dass sich ihr Kind beim Autofahren beruhigt. Manche Eltern setzen das Baby vor oder auf die Waschma-schine oder den Trockner, machen den Staubsauger an oder rütteln und schütteln das Kind, was bis zum sogenannten Schüttel-trauma führen kann. Verzichten Sie auf alle derartigen Versuche. Gehen Sie besser spa-zieren und suchen Sie Hilfe.

Achten Sie auf sich!

Das Leben mit Kindern bedingt, dass man seinen Erwartungshorizont etwas korrigieren muss. Stellen Sie nicht zu hohe Ansprüche an sich, erwarten Sie nicht, dass immer alles perfekt funktioniert. Seien Sie froh, wenn Sie den Tag gut hinter sich gebracht haben, auch wenn Sie sonst nichts »geschafft« haben. Einen Tag einigermaßen zufrieden gestaltet zu haben ist ein großes Geschenk an Ihr Kind. Es ist einen Tag älter und größer geworden und hat sich weiterentwickelt. Das ist das Wichtigste, was Sie ihm Tag für Tag geben können.

Um Ihrem Kind und sich selbst gerecht zu werden, sollten Sie gut auf sich achten und sich auch um sich selbst kümmern. Nehmen Sie Ihre eigenen Ängste und Sorgen ernst, suchen Sie Quellen der Entlastung und nehmen Sie Hilfe in Anspruch. Schaffen Sie sich Ruhezonen, vermeiden Sie Übermüdung, indem Sie sich mit dem Partner abwechseln. Wenn sich zwei oder noch mehr Personen gleichzeitig um ein unruhiges, schreiendes Kind kümmern, führt das zu Unruhe und Verzweiflung, denn jeder möchte dem Baby auf seine Art helfen. Es ist besser, wenn sich nur eine Person mit frischem Mut mit dem Kind beschäftigt. Schicken Sie also die Oma oder Schwiegermutter mit dem Baby spazieren, und genießen Sie die so gewonnene Zeit, um etwas für sich zu tun. Gönnen Sie sich und dem Kind eine Auszeit – dann gehen Sie anschließend frisch und mit besseren Nerven wieder aufeinander zu.

Nicht zu viel Programm

Befreien Sie sich, gerade mit einem »Schreibaby«, von Beschäftigungsprogrammen und dem Förderdruck, dem so viele Eltern heute unterliegen. Suchen Sie Kontakt zu Eltern in einer ähnlichen Lage, mit denen Sie sich austauschen und gleichfalls abwechseln und entlasten können. Finden Sie Gesprächspartner, die ein offenes Ohr für Ihre ganz natürlichen widersprüchlichen Gefühle haben. Stillgruppen oder Babymassagegruppen können dabei eine gute Hilfe sein: Gut und geduldig angeleitet, bieten sie den Rahmen für gegenseitige Begleitung, Unterstützung, Aussprache und Hilfe. Es ist nicht nur wichtig, was Sie unternehmen, sondern wie Sie etwas unternehmen: regelmäßig, sanft, einfühlsam und ohne Hektik.

Legen Sie regelmäßig einen freien Nachmittag ein, an dem Sie sich ganz bewusst nichts vornehmen und auch keine Hausarbeiten verrichten. Bereiten Sie altersangemessene Spielsachen wie ein Mobile, Tücher, Bälle oder interessante Gegenstände aus der Welt der Erwachsenen vor, und machen Sie es sich gemeinsam mit dem Kind mit Kissen und Decken auf dem Boden gemütlich. Überlassen Sie Ihrem Baby die Initiative, und warten Sie einfach ab, was geschieht. Wahrscheinlich ist, dass Sie beide nach einer kurzen Aufwärmphase einen sehr innigen und fröhlichen Nachmittag verleben.

Hilfe suchen

Doch Sie können nicht – im schlimmsten Fall sind es drei Monate – abwarten, bis sich die Situation beruhigt hat. Schreit Ihr Baby so viel, dass Sie darunter leiden und sich Sorgen machen, bitten Sie zunächst Ihren Kinderarzt um einen baldigen Untersuchungstermin, damit er mögliche Erkrankungen ausschließen kann. Diese äußern sich aber selten »nur« in gesteigerter Unruhe und Schreien: Hier ist zum Beispiel an Gedeihstörungen, an unzureichendes Stillen (siehe Seite 107) oder an die Folgen von Geburtsverletzungen zu denken.

Mit dem Arzt sprechen

Ist das abgeklärt, bitten Sie um einen ausführlicheren Termin bei Ihrem Kinderarzt, denn in der Kürze der Akutsprechstunde oder der Notfallambulanz lässt sich ein solches Problem nicht klären. Machen Sie nicht den Fehler und befragen Sie in Ihrer Verzweiflung verschiedene Ärzte, Hebammen und andere Ratgeber. Unter Umständen hat nämlich jeder ein anderes Konzept, und Sie bekommen viele, oft widersprüchliche Aussagen, die Sie als Eltern nur noch verwirrter und verunsicherter zurücklassen.

Die Babyambulanzen

Die ehemaligen Schreiambulanzen werden heute meist Babyambulanzen genannt. Es gibt sie in vielen Städten, meist gekoppelt an Kinderkliniken oder Kinder- und jugendpsychiatrische Ambulanzen. Auch niedergelassene Kinderärzte, Kinderpsychiater und Kinderpsychotherapeuten nehmen sich dieses Themas vermehrt an, da die Notwendigkeit erkannt wurde, den Säuglingen und ihren Eltern Hilfen anzubieten, den Ursachen auf den Grund zu gehen und sich nicht damit zu begnügen, dass die Schreiphasen irgendwann von selbst weggehen. Vor allem vor dem Hintergrund späterer Verhaltensprobleme, die sich bei ehemaligen Schreibabys zeigen können, ist es wichtig, die Ursachen des haltlosen Schreiens zu erkennen und zu behandeln.

FRÜHZEITIG ANSPRECHEN

Zögern Sie nicht, eine solche Beratungsstelle in Anspruch zu nehmen, wenn Ihnen Ihr Kinderarzt versichert hat, dass Ihr Kind gut gedeiht und ihm sonst »nichts fehlt«. Er kann Ihnen Adressen vermitteln oder ist vielleicht selbst Spezialist für solche Fragen. Voraussetzung dafür ist, dass er überhaupt erfährt, mit welchen Problemen Sie sich tagsüber und nachts herumschla-

gen müssen. Denn während der Untersuchung sind die Kinder oft friedlich und interessiert, und die Eltern schämen sich manchmal, das Problem offen anzusprechen. So entspricht es doch der Erwartung, dass man mit einem Baby glücklich zu sein hat und alles unproblematisch läuft. Sich und vor allem Dritten gegenüber einzugestehen, dass das Leben mit Baby nicht so einfach oder gar nur schwer erträglich ist, ist für viele Eltern kränkend, da sie ganz zu Unrecht das Gefühl haben, als Eltern zu »versagen«.

UNTERSCHIEDLICHE METHODEN

Babyambulanzen arbeiten je nach Ausrichtung mit ganz verschiedenen Methoden. Die einen legen mehr Wert auf das Erleben und die Emotionen, die mit der Geburt des Kindes verbunden sind, und versuchen, Erwartungen und Zuschreibungen zu klären. Andere benutzen verhaltenstherapeutische Methoden, etwa Analysen von Videoaufzeichnungen, um die wechselseitigen Signale und Interaktionen verständlicher zu machen. Voraussetzung ist immer eine gründliche kinderärztliche Untersuchung und der Ausschluss organischer Ursachen.

WICHTIG

Zum Arzt!

Gehen Sie sofort zum Kinderarzt, wenn

* Ihnen das Schreien Ihres Babys anders als sonst und mehr schmerzbedingt erscheint,
* das Schreien länger als drei Stunden andauert und es Ihnen nicht gelingt, Ihr Kind zu beruhigen,
* Sie befürchten, Ihrem Kind etwas antun oder es schütteln zu müssen,
* Sie Ihr Kind geschüttelt haben.

KAPITEL 4

MONAT FÜR MONAT

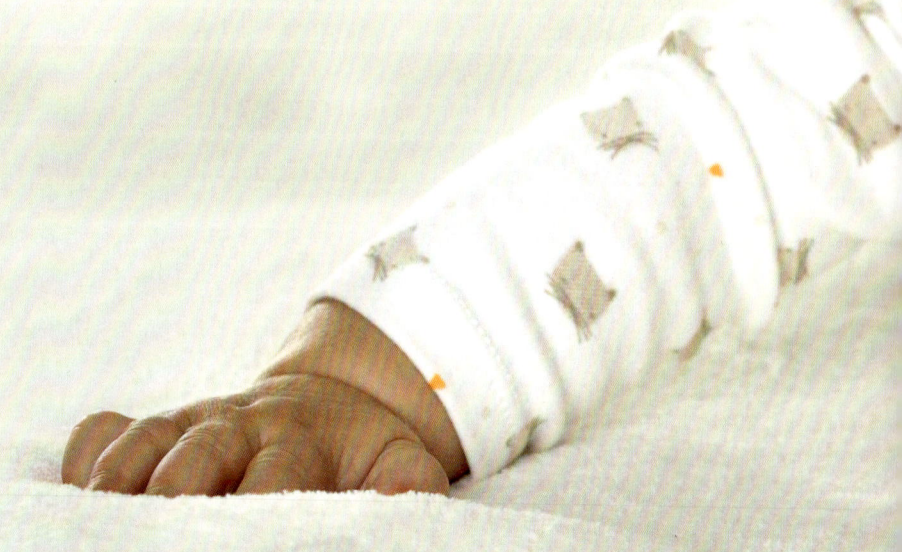

DAS NEUGEBORENE

Wenn Ihr Kind geboren ist, hat es den wichtigsten und zugleich gefährlichsten Moment seines Lebens schon hinter sich: die »goldene« erste Minute. Doch schon bald wird der seidene Faden, an dem das junge Leben in diesem ersten Augenblick hängt, zu einem stabilen Seil, und innerhalb kürzester Zeit wird aus dem besonders zerbrechlichen Wesen ein kräftiges Kind. Schon während der Schwangerschaft haben Sie Ihr Kind kennengelernt. Es hat Sie mit seinen Bewegungen überrascht, Sie getreten, es hat in Ihnen Freude, aber auch Ängste ausgelöst. Sie haben es vielleicht bei Ultraschalluntersuchungen gesehen, sein Profil, seine kleinen Händchen, seine abrupten Bewegungen – dennoch: Das alles ist nicht mehr vergleichbar mit dem Erlebnis, wenn das Kind da ist. Von nun an führt das Kind ein eigenes Leben, hat seine eigenen Gefühle, Gedanken und Wünsche – und das vom ersten Tag an.

Nach der Geburt

Die Faszination, die von einem Neugeborenen ausgeht, schlägt jeden in den Bann. Auch nach vielen Jahren Umgang und Erfahrungen ist jeder Geburtshelfer, jede Hebamme und jeder Kinderarzt aufs Neue fasziniert von dem kleinen Individuum – ganz zu schweigen von den Eltern, die es verzückt anschauen und ihren Blick gar nicht lassen können von diesem Wesen, das so vertraut und doch so fremd erscheint. Das zeigt sich vor allem beim Augenkontakt: Oft haben Neugeborene, speziell kurz nach der Geburt, einen ausgesprochen wachen und munteren Ausdruck in den Augen, bei dem man sich angesichts der Intensität dieses Blicks fragt, was in ihnen vorgeht.

Viele Menschen stellen sich ein Neugeborenes wie ein zwei, drei Monate altes Baby aus der Werbung vor: Es ist glatt und weich und schaut den Betrachter mit großen Augen an. Unmittelbar nach der Geburt sehen Neugeborene aber eher verschmiert, verrunzelt und zerdrückt aus. Sie sind nicht gerade hübsch, aber dennoch schön und einmalig. Manche kommen mit einem dichten Haarschopf auf die Welt, andere sind ganz kahl. Bei fast allen Kindern fallen die ersten Haare aus, Farbe und Feinheit haben mit der späteren Behaarung nichts zu tun. Auch am Körper findet sich, vermehrt bei frühgeborenen Kindern, eine feine Behaarung vor allem der Schultern und des Rückens: die Lanugo-Behaarung. Auch sie hat mit der späteren Behaarung nichts zu tun, sondern fällt bald aus.

Noch nicht in Form: der Kopf

Die Kopfform kann bei Neugeborenen noch sehr merkwürdig anmuten: Manchmal ist der Hinterkopf lang ausgezogen, oder der Schädel ist durch die Lage im Mutterleib anderweitig verformt.

Diese Verformungen belegen, wie anpassungsfähig der kindliche Kopf ist, damit er durch den Geburtskanal kommt: Die Schädelnähte zwischen dem Stirnbein und den beiden Scheitelbeinen sowie dem Hinterhauptbein sind noch beweglich und erlauben sogar ein Überlappen der Knochen. Ganz oben, vorne auf der Scheitelhöhe, befindet sich die rautenförmige große Fontanelle, die Schaltstelle zwischen den Stirnbeinen und den Schläfenbeinen. Nach hinten setzt sie sich in der sogenannten Pfeilnaht (Sagittalnaht) bis in die dreieckige kleine Fontanelle, die sich am Ansatz des Hinterhauptbeins befindet, fort. Die Fontanellen und die Schädelnähte können sehr unterschiedlich weit sein. Manchmal sind die Scheitelbeine im Bereich der Pfeilnaht einen Zentimeter weit auseinander und bilden eine sogenannte dritte Fontanelle. Bis auf die vordere große Fontanelle schließen sich die Schädelnähte rasch, doch bis zur endgültigen Verknöcherung dauert es noch einige Jahre – der Kopf muss ja noch wachsen können.

GUT GESCHÜTZT: DAS GEHIRN

Unmittelbar unter der Fontanelle sitzt das Gehirn, weshalb man diese Kopfpartie zwar nur vorsichtig anfassen sollte, aber trotzdem keine Angst vor Verletzungen haben muss: Die harten Hirnhäute schützen das darunterliegende Organ gut. Beim aufgerichteten Kind ist die Fontanelle meist etwas eingefallen, sie pulsiert leicht mit dem Herzschlag, was man manchmal sogar sehen kann. Beim liegenden Kind ist sie in der Regel leicht vorgewölbt. Eine stark eingesunkene Fontanelle kann ein Zeichen für einen Flüssigkeitsmangel sein, eine deutlich vorgewölbte für einen erhöhten Druck im Hirnschädel. Wenn Ihnen an der Fontanelle etwas auffällig erscheint, zeigen Sie Ihrem Kinderarzt oder einer Hebamme die Stelle.

SCHWELLUNGEN AM KOPF

Durch den Geburtsvorgang gibt es bei Spontangeburten neben der Verformung weitere Auffälligkeiten am Hinterkopf, etwa eine sulzige, weiche Schwellung, die vor allem nach einer Saugglockengeburt auch ein paar kleine Bläschen oder Krüstchen haben kann. Eine solche Geburtsgeschwulst geht innerhalb weniger Tage von alleine weg, im Gegensatz zu einem etwas länger anhaltenden Bluterguss zwischen Knochenhaut und Knochen (Kephalhämatom). Er wird durch die Scherkräfte des Geburtsvorganges verursacht und kann sich gleichfalls als Schwellung zeigen. Ein solcher Bluterguss ist asymmetrisch, weil er die Grenzen des Scheitelbeines nicht überschreitet. Er kann auch beidseitig vorkommen und durch zusätzliche Flüssigkeitsansammlung in den ersten Wochen sogar noch etwas zunehmen. Da das Hämatom unter dem vorsichtig tastenden Finger »schwabbelt«, kann es sicher von einer Geburtsgeschwulst unterschieden werden. Spätestens nach drei Monaten ist es von alleine verschwunden, nicht selten bleibt noch vorübergehend ein kraterartiger Randsaum, der durch Verkalkungen entsteht. Früher hat man solche Blutergüsse abgelassen, doch davor kann aufgrund der Infektionsgefahr nur gewarnt werden.

Die Haltung des Neugeborenen

Die Körperhaltung ist in den ersten Tagen noch von der Lage in der Gebärmutter bestimmt. Der Hals ist gedrungen, die Ärmchen liegen am Körper an, und vor allem die Beine und Füße können recht abenteuerlich aussehen:

* Die Füße sind vielleicht nach innen umgebogen, sodass die Fußsohle fast senkrecht steht.
* Oder der Fuß ist sichelförmig nach innen verkrümmt, was man »Kletterfußhaltung« nennt.
* Wenn ein »Hackenfuß« besteht, kann das Fußgelenk so stark gebeugt sein, dass die Zehen fast den Unterschenkel berühren. Kinder mit dieser Fußhaltung im Mutterleib können die Mutter übrigens sehr viel effektiver treten.

Durch das Strecken und die nach der Geburt gewonnene Bewegungsfreiheit verlieren sich diese Haltungen rasch, sanfte Massage und Stimulierung des seitlichen Fußrandes können dabei helfen (siehe auch Seite 200).

INFO

Nabelvenenblut

Nach der Geburt enthält der Mutterkuchen noch eine recht große Menge kindlichen Blutes. Dieses Blut braucht das Kind für das Leben außerhalb des Mutterleibes nicht mehr, es wird verworfen. Nabelvenenblut enthält Stammzellen, die ein großes Vermehrungspotenzial haben und für die Behandlung einer Vielzahl von Stoffwechsel-, Blut- und Krebserkrankungen verwendet werden können. Deshalb kann eine freiwillige Nabelvenenblutspende eine gute Sache sein.

Dagegen sollte gut überlegt werden, ob es sinnvoll ist, Nabelvenenblutzellen von kommerziellen Anbietern als »Ersatzteillager« für das eigene Kind einfrieren zu lassen. Noch ist keinem Kind Nutzen daraus erwachsen, und es ist nicht sehr wahrscheinlich, dass das jemals eintreten wird. Kommerzielle Anbieter spielen mit Angst und Hoffnung und drängen Eltern in der schwierigen und unpassenden Zeit der Geburt zu einer meist teuren und wahrscheinlich nutzlosen Maßnahme. Besprechen Sie das Thema am besten schon in der Schwangerschaft mit Ihrem Frauenarzt, der Hebamme oder dem Kinderarzt.

Die Atmung nach der Geburt

Wenn Sie den Brustkorb Ihres Neugeborenen beobachten, sehen Sie seine Atmung, die noch sehr schnell sein kann. In den ersten Lebensstunden ist es normal, wenn das Baby unharmonisch, »eckig« und angestrengt atmet. Danach sollte die Atmung allerdings leicht und ohne Mühe erfolgen. Benachrichtigen Sie bei allen Atemstörungen Ihres Neugeborenen sofort den Arzt! Denken Sie aber auch daran, dass ein Neugeborenes, dem es zu warm ist, auffällig schnell und geräuschvoll atmet.

Die Augen

Die Augenfarbe steht bei der Geburt noch nicht fest. Auch blauäugige Kinder haben zunächst sehr dunkle Augen, dunkelhäutige Menschen meist braune. Im Lauf des ersten Lebensjahres ändert sich die Farbe jedoch, sodass auch blaue Augen noch grün oder braun werden können. Nach der Geburt schaut das Kind oft sehr wach, doch in den folgenden Tagen werden die Augen seltener geöffnet. Häufig sind die Lider angeschwollen, und das Baby kriegt die Augen kaum auf. Manchmal finden sich kleine harmlose Bindehautblutungen neben der Iris, die wie die vorübergehende Lidschwellung durch den Druck auf die Augenhöhle während der Geburt bedingt sind. Will das Neugeborene die Augen gar nicht öffnen, reicht es manchmal, das Kind aufzusetzen – häufig öffnen sich dann die Augen von alleine. Versucht man dagegen, die Augen mit den Fingern zu öffnen – zum Beispiel, um sie zu reinigen, weil sie verschleimt sind –, kneift das Kind die Lider erst recht zu (Lidkrampf). Versuchen Sie das erst gar nicht! Wenn das Auge viel Schleim absondert und Sie meinen, einen »Eitertropfen« im inneren Augenwinkel zu sehen, kann es sich um die Folgen einer in diesem Alter noch normalen Tränenweg-

verengung handeln (siehe Seite 398). Auch hier sollten Sie nicht selbst behandeln, sondern den Kinderarzt zu Rate ziehen.

Die Haut

Bei Neugeborenen ist die Haut sehr fein und dünn und von Kind zu Kind verschieden. Während das eine Baby eine glatte Haut hat, kann ein anderes runzlig und schuppig sein, vor allem, wenn es nach dem errechneten Termin geboren wurde. Nicht selten schälen sich nach ein paar Tagen die obersten Schichten lamellenartig in groben Schuppen ab, besonders am Bauch und an den Beinen. Das liegt daran, dass die obersten Hautschichten, die im Fruchtwasser aufgequollen waren, eintrocknen und sich ablösen. Solange die Haut nicht rissig wird, etwa in den Beugefalten der Füße, muss man sie nicht behandeln. Auch später dunkelhäutige Babys werden übrigens hell und rosig geboren und dunkeln erst im Lauf der Zeit nach.

HAUTVERFÄRBUNGEN UND AUSSCHLÄGE

Neugeborene haben verschiedene Hauterscheinungen, die die Eltern häufig sehr beunruhigen, in der Regel aber harmlos sind. So zeigt sich die Haut oftmals marmoriert oder fleckig, wenn ein Baby ausgezogen wird. Das liegt an der Regulation der Hautdurchblutung, die noch labil ist, und nicht daran, dass das Kind friert.

❋ Viele Neugeborene haben eine gelbliche, ins Orange gehende Verfärbung der Haut, eine Neugeborenengelbsucht. In leichter Form ist sie sehr verbreitet und ganz harmlos, muss aber kontrolliert werden (siehe Seite 390).

❋ Feuermale, auch Storchenbisse genannt, sind rote Flecken, die man im Nacken – eben da, wo der Storch mit seinem Schnabel die Babys trägt – oder auf dem Nasenrücken, den Augenlidern, der Oberlippe oder keilförmig auf der Stirn findet. Sie sehen unterschiedlich aus: Von Blassrot bis Tiefblau kommen alle Schattierungen vor. Wenn sich das Kind aufregt, werden sie deutlicher, sodass ein Mal auf der Stirn wie ein »Donnerkeil« aussieht. Feuermale gehen in den ersten Monaten weg und sind später nur noch bei Zorn und Aufregung zu sehen. Im Nacken wird der Storchenbiss oft erst dann deutlich sichtbar, wenn nach ein paar Wochen die Haare ausfallen. Er war aber schon vorher da.

✽ Viele Babys, vor allem dunkelhäutige oder mit Vorfahren aus mediterranen oder östlichen Ländern, haben große blauviolette Flecken, häufig am unteren Rücken, am Gesäß und am Oberschenkel. Oft werden diese Flecken für einen Bluterguss gehalten, aber sie verschwinden nicht so schnell, sondern meist erst nach dem ersten Lebensjahr. Man nennt diese Flecken etwas despektierlich »Mongolenflecken«, obwohl sie weder mit Mongolismus noch mit der gleichnamigen Bevölkerung, zu tun haben. Leider hat sich bislang keine andere Bezeichnung durchgesetzt, und auch der wissenschaftliche Name »Melanozytennävus« ist keine echte Alternative zu Steiß- oder Hunnenfleck.

✽ Davon abgesehen gibt es noch eine ganze Reihe anderer Hauterscheinungen, die von alleine vergehen und nicht ausgedrückt werden sollten: Milien sind kleine weiße, verstopfte Talgdrüsen, und Pusteln sehen aus wie kleine Eiterpickelchen. Der Neugeborenen-Ausschlag (Erythema toxicum) zeichnet sich durch kleine erhabene, helle oder gelbliche Papeln aus, die von einem roten Hof umgeben sind und in ihrem Aussehen und ihrer Verteilung rasch wechseln. Dieser Ausschlag ist ganz harmlos und verschwindet von alleine innerhalb weniger Tage. Im Zweifelsfall

Ein Neugeborenes strahlt eine enorme Faszination auf seine Eltern und die Umgebung aus.

fragen Sie Ihre Hebamme oder Ihren Kinderarzt, um nicht eine infektiöse Hauterkrankung zu übersehen. Typische Ausschläge der »Kinderkrankheiten« sind jetzt auf alle Fälle noch weitgehend auszuschließen, denn sie kommen in diesem Alter nur sehr selten vor (siehe auch Seite 384).

Die Geschlechtsmerkmale

Bedingt durch die mütterlichen Hormone sind bei beiden Geschlechtern in den ersten Tagen oft die Brustdrüsen geschwollen. Manchmal tritt sogar ein Tropfen Milch aus der Brustwarze aus, die sogenannte Hexenmilch. Diese Erscheinung geht von selbst zurück, wenn auch eine Verhärtung der Brustdrüsen während der ganzen Säuglingszeit bestehen bleiben kann.

Bei Mädchen ist aus demselben Grund das äußere Genitale häufig ziemlich angeschwollen, und die Scheide sondert Schleim ab, der manchmal sogar etwas blutig sein kann. Auch das ist nicht besorgniserregend, sondern eine hormonell bedingte Blutung.

Beim männlichen Geschlecht sind die Hoden oft recht groß und der Hodensack ist mit Flüssigkeit gefüllt (Hydrozele). Die Hoden sind manchmal noch im Leistenkanal. Außer einer Kontrolle wird der Arzt oder die Hebamme aber nichts weiter unternehmen, denn die Hoden werden wahrscheinlich selbstständig in den nächsten Wochen endgültig in den Hodensack, das Skrotum, wandern.

»LEISTENBRUCH« UND VORHAUTVERENGUNG

Die Hoden entstehen im Körperinneren und steigen erst um die Geburt herum durch den Leistenkanal ab. Danach verschließt sich dieser normalerweise. Bleibt er offen, kann es passieren, dass Darmschlingen durch den offenen Leistenkanal drängen – so kann ein Leistenbruch (siehe Seite 386) entstehen. Der Name ist allerdings irreführend, denn gebrochen ist nichts, vielmehr hat sich der Leistenkanal nicht verschlossen. Auf demselben Weg kann Flüssigkeit in den Hodensack gelangen und die erwähnte Hydrozele verursachen. Auch hier ist die übliche Bezeichnung »Wasserbruch« eigentlich nicht korrekt.

Die Vorhaut bedeckt beim neugeborenen Jungen die Eichel in der Regel vollständig. Sie soll nicht zurückgestreift werden, denn es kann zu feinen Einrissen kommen, die vernarben können und dann eine echte narbige Vorhautverengung (Phimose, siehe Seite 400) verursachen. Solange der Säugling im Strahl Harn lässt und sich die Vorhaut dabei nicht aufbläht, besteht kein Grund zur Sorge.

Bauch und Nabel

Der Bauch ist bei Neugeborenen oft recht ausladend, auch weichen die großen Bauchmuskeln häufig noch auseinander und lassen in der Bauchmitte eine Lücke. Eine solche Rektusdiastase ist ganz normal und schließt sich durch die Straffung des Gewebes von alleine.

In der Bauchwand befindet sich eine Öffnung, durch die sich die Nabelgefäße, zwei Nabelarterien und eine Vene, ziehen, die das Kind versorgen. Mit der Trennung des kindlichen Kreislaufes vom Mutterkuchen ziehen sich diese Gefäße zusammen, der Nabel trocknet ein und fällt ab. Langsam verschließt sich der Nabelring. Nun kann es sein, dass der Nabel zwar abfällt und verheilt, aber der Nabelring noch nicht verschlossen ist. Dann tritt eine mitunter ziemlich große Vorwölbung über dem Nabel auf, die ebenfalls Darmschlingen enthält.

Früher hat man versucht, durch Anwendung von Nabelbinden einen solchen »Bruch« zu verhindern. Diese Binden verrutschen aber häufig, engen den Bauch ein und werden heute nicht mehr empfohlen. Ebenso wenig macht es Sinn, den Nabel mit einem Pflaster zu verschließen

WICHTIG

Zum Arzt!

Wenn ein Leisten- oder Nabelbruch prall glänzend und hart ist und der Säugling sich nicht beruhigen lässt, sollten Sie umgehend zum Kinderarzt gehen.

INFO

Jedes Kind in seinem Tempo

Sehen Sie die chronologische Einteilung in diesem Buch nicht zu eng, vor allem nicht im zweiten Lebenshalbjahr. Denn die biologische Uhr, die die Entwicklung steuert, tickt bei jedem Kind anders. Das zeigt sich schon während der Zeit im Mutterleib: Weder die Dauer der Schwangerschaft ist genormt, noch sind die Babys bei der Geburt gleich reif. Jedes Kind hat sein eigenes Tempo – das eine entwickelt sich schneller, das andere braucht etwas mehr Zeit. Eltern können diesen Prozess nicht beschleunigen. Vielmehr ist es ihre Aufgabe, dem Kind ein wohlwollendes, förderndes Umfeld zu schaffen, in dem es sich entfalten kann. Sein innerer Drang, groß zu werden, zu lernen und sich Fertigkeiten anzueignen, Erfahrungen zu sammeln und alles selbst auszuprobieren, ist von allein stark genug (siehe auch Seite 284).

oder eine Münze darauf zu legen. Im ersten Lebensjahr wird ein solcher Nabelbruch nicht operiert. Noch bis zum Alter von vier Jahren verschließt sich der Nabelring meist von selbst. Und seien Sie versichert: Bei einem Nabelbruch kommt es so gut wie nie zu einem Darmverschluss; der Darm »klemmt nicht ein«.

Die ersten Untersuchungen

Mit der Geburt wird ein neues Leben wortwörtlich abgenabelt. Der kindliche Organismus vollbringt während der Geburt in kürzester Zeit unglaubliche Umstellungs- und Anpassungsleistungen, um das vollkommen abhängige Leben im Mutterleib zu beenden und sein eigenes, unabhängiges Dasein zu beginnen. Noch immer ist nicht geklärt, wie diese komplexen Mechanismen, die sich am sichtbarsten mit der Atmung und dem ersten Schrei zeigen, gesteuert werden. Die dabei zielgerichteten Kräfte kommen jedenfalls nicht nur aus der Lunge und dem Kreislauf. Die allermeisten Neugeborenen passen sich nach der Geburt, egal ob diese spontan oder per Kaiserschnitt erfolgte, ganz problemlos an. Nur selten, vor allem, wenn die Zeit noch nicht reif war, ist in irgendeiner Form Hilfe bei der Anpassung an das Dasein außerhalb des Mutterleibes nötig.

Das Apgar-Schema

Als Maß für die unmittelbare Anpassung hat sich ein Schema bewährt, das nach der amerikanischen Narkoseärztin Virginia Apgar (1909 bis 1974) benannt wurde (siehe Abbildung rechts). Die Bestimmung der Werte erfolgt nach einer, nach fünf und nach zehn Minuten im Anschluss an die Geburt, wobei dem Einminutenwert heute keine so große Bedeutung mehr beigemessen wird. Für Atmung, Puls, Muskeltonus, Aussehen und Reflexe können jeweils null bis zwei Punkte vergeben werden, ein Wert von zehn entspricht demnach einer optimalen Anpassung. Aber auch sieben Punkte sind noch im Bereich des Normalen, bei weniger werden weitere Untersuchungen durchgeführt. Die Apgar-Werte des Kindes werden im gelben Kinder-Untersuchungsheft (siehe Seite 326) festgehalten, ebenso wie die Körpermaße und der pH-Wert im Nabelvenenblut. Auch dieser ist wichtig, um den Zustand des Neugeborenen zu beurteilen.

Die U1

Nach der Geburt wird das gut angepasste Baby in der Regel zuerst der Mutter auf den Bauch gelegt und später dem Vater in den Arm, bevor die

INFO

Der Apgar-Test

Zeichen	0 Punkte	1 Punkt	2 Punkte
Atmung	keine	unregelmäßig	gut, regelmäßig
Puls/Herzschlag	keiner	weniger als 100 Schläge pro Minute	über 100 Schläge pro Minute
Muskeltonus	schlaff	leichte Beweglichkeit der Extremitäten	aktive Bewegungen
Aussehen/Hautfarbe	blass/blau	Körper rosig, Extremitäten blau	rosig
Reflexe/Reaktionen auf Reize	keine	geringe Reaktion/ grimassieren	niest, hustet oder schreit

erste Früherkennungsuntersuchung, U1, stattfindet. Bei ihr wird durch den Geburtshelfer oder die Hebamme festgestellt, dass »alles dran« ist, es wird das gelbe Kinder-Untersuchungsheft angelegt und das Untersuchungsergebnis dokumentiert. Die U1 soll sicherstellen, dass sich die Anpassung an das Leben außerhalb des Mutterleibes in allen Organsystemen zufriedenstellend vollzogen hat. Außerdem werden die sogenannten Reifezeichen überprüft. Hierbei geben etwa die Dicke und Transparenz der Haut, die Ausformung der Ohrmuscheln, die Größe der Brustwarzen oder die Fältelung der Fußsohlen, aber auch die ganze Körperhaltung genau über die Dauer der Schwangerschaft Auskunft. Wenn ein Kinderarzt bei der Geburt anwesend war, insbesondere bei einem Kaiserschnitt, bei einer Frühgeburt oder vorsorglich bei zu erwartenden Problemen, übernimmt dieser das Kind nach der Entbindung und untersucht es.

Alle Kinder erhalten bei der U1, später noch einmal bei der U2 und U3, Vitamin K, ein Vitamin, das für die Blutstillung und Blutgerinnung wichtig ist. Diese Vitamingabe ist nötig, da die Zufuhr im Mutterleib und über die Muttermilch nicht ausreicht und die Darmflora, die ebenfalls Vitamin K produziert, noch nicht entwickelt ist. In der Vergangenheit kam es bei Neugeborenen gelegentlich zu schweren Blutungserscheinungen, wobei die Hirnblutung am meisten gefürchtet war. Durch die Vitamin-K-Prophylaxe gehören derartige Blutungen der Vergangenheit an.
Viele Eltern fragen sich, warum die Natur nicht selbst eine ausreichende Versorgung mit Vitamin K eingerichtet hat. Das hat sie, denn die natürliche Umgebung in Wald und Feld bewirkt einen raschen Aufbau der Darmflora. Unter den heutigen steril-hygienischen Umständen dauert es aber länger, bis das Baby selbst ausreichend Vitamin K produzieren kann (siehe Seite 325).

Das Screening

Eine andere, etwas schmerzhafte Untersuchungsmaßnahme ist die Abnahme einiger Blutstropfen aus der Ferse für den Stoffwechseltest (»Screening«), früher als sogenannter »Guthrie-Test« bekannt. Er ist für die Früherkennung von eher seltenen angeborenen Stoffwechselerkrankungen vorgesehen, die in diesem Alter noch keine Symptome machen, aber unbehandelt rasch zu nicht mehr aufholbaren Entwicklungsrückständen oder gar zum Tod führen. Die häufigste dabei entdeckte Erkrankung ist eine Schilddrüsenunterfunktion, die Hypothyreose. Das Screening ist heute durch modernere Techniken stark erweitert worden, was dazu führt, dass nicht selten Wiederholungsuntersuchungen gemacht werden müssen.

Durch die neuen Gentechnikgesetze müssen Sie Ihr ausdrückliches Einverständnis geben, dass diese Untersuchung gemacht werden darf. Denn ein Blutstropfen ist ein genetischer Fingerabdruck Ihres Kindes. Damit entscheiden Sie auch, ob die Blutprobe vernichtet oder für eventuelle Kontrollen und Nachuntersuchungen aufbewahrt werden darf. Da die Regelungen in allen Bundesländern etwas anders sind, empfiehlt es sich, die Ihnen vorgelegten Unterlagen genau durchzulesen. Wenn Sie sich vor der Geburt schon mit diesen Dingen vertraut machen konnten – umso besser. Dann verunsichert Sie das Nachdenken über die Konsequenzen und überhaupt über diese ganzen Erkrankungen, von denen Sie wahrscheinlich noch nie etwas gehört haben, weniger.

INFO

Vorname gesucht?

Der Familienname kann wechseln, der Vorname aber wird in der Regel lebenslanger Begleiter sein. Wenn Sie noch keinen Namen für Ihr Baby ausgesucht haben, wird es jetzt, nach der Geburt, höchste Zeit.

Vornamen sind sehr stark der Mode unterworfen – das macht die Wahl aber nicht leichter. Wie wäre es da mit einem Namen, der traditionell in Ihrer Familie üblich ist? Keine Sorge: Waren Leonie und Sophie früher eher mit Großmüttern und Urgroßtanten verknüpft, sind sie heute wieder verbreitet und modern geworden. Auch Anton und Emil sind wieder »erlaubt«. Wer weiß, ob nicht auch Hildegunde und Adelheid wieder anstehen? Andererseits dienen heute gern Stars und Sternchen als Namensgeber – oder es soll etwas möglichst Ausgefallenes sein.

Bedenken Sie, dass die Wahl des Vornamens weitreichende Konsequenzen hat, »nomen est omen«, sagt ein lateinisches Sprichwort, der Name ist also ein Vorzeichen. So ist es ratsam, von allzu modischen Namen Abstand zu nehmen, denn schnell ist ein schicker neuer Name unmodern, oder er wird plötzlich mit negativen Eigenschaften verbunden.

Achten Sie bei der Namenswahl auch darauf, dass sich ein längerer Name gut abkürzen lässt und dass Ihnen die übliche Abkürzung auch gefällt, etwa wenn Ihr Anton »Toni« genannt wird und aus Elisabeth »Betty« wird.

Soll Ihr Kind mehrere Vornamen tragen, bieten Sie ihm gleichzeitig die Möglichkeit, später ganz legal den Namen als Rufnamen zu wählen, der ihm am besten gefällt.

Die U2

Zwischen dem dritten und zehnten Lebenstag wird die Früherkennungsuntersuchung U2 durchgeführt. Sie ist die erste fachärztliche und vollständige Untersuchung des Kindes. Wenn Sie in der Klinik entbinden, können Sie die U2 dort von einem der Kinderärzte vornehmen lassen. Ansonsten können Sie einen Hausbesuch vereinbaren oder Ihren Kinderarzt selbst aufsuchen. Bei der U2 wird Ihr Kind gewogen und gemessen, außerdem wird sein Kopfumfang bestimmt. Anschließend untersucht es der Arzt von Kopf bis Fuß, hört es ab, inspiziert seine Körperöffnungen und prüft die Reflexe (siehe Seite 184). Das Gewicht des Kindes liegt, zum Schrecken der Eltern, jetzt deutlich unter dem Geburtsgewicht. Das ist aber kein Grund zur Besorgnis. Nach ein bis zwei Wochen ist das Geburtsgewicht normalerweise wieder erreicht.

PROPHYLAXE IST WICHTIG

Der Arzt vergewissert sich, dass der Test zur Erkennung angeborener Stoffwechselerkrankungen abgenommen wurde und berät Sie zur Vitamin-D-Prophylaxe: In unseren Breiten erhalten Säuglinge täglich eine Tablette mit 500 Einheiten Vitamin D. Auch hier werden Eltern mit Recht nachfragen, warum gesunde Kinder täglich Tabletten nehmen sollen. Vitamin D wird unter dem Einfluss von Licht in der Haut gebildet. Da die Säuglinge überwiegend von Kopf bis Fuß bekleidet sind, ist die Vitamin-D-Bildung, vor allem im Winter, nur begrenzt möglich. Eine zusätzliche Gabe ist daher im ersten Lebensjahr, und über den zweiten Winter hinweg, wenn der Geburtstag im Herbst oder Winter liegt, notwendig. Näheres dazu erfahren Sie auf Seite 325. Am Ende der U2 bekommt Ihr Kind erneut zwei Tropfen Vitamin K in den Mund. Jetzt haben Sie Zeit, Ihren Arzt etwas zu fragen.

Doch meistens kommen die Fragen erst im Nachhinein, denn die Eltern sind noch ganz beeindruckt von der Geburt und dem Tempo, in dem das Leben nun weitergeht. Wenn Sie es nicht geschafft haben, sich ein paar Fragen vorab zu notieren, ist das auch nicht schlimm, denn zum Glück gibt es auch dafür Nachsorgehebammen.

Die Nachsorgehebamme

Sollten Sie noch keine Nachsorgehebamme haben, können Sie die Adressen beim zuständigen Gesundheitsamt erfragen oder im Internet herausfinden (siehe Adressen Seite 402). Nutzen Sie dieses wunderbare Angebot, dessen Kosten die Krankenkassen übernehmen. Die Hebamme kommt in den ersten Wochen nach der Geburt zu Ihnen nach Hause und hilft Ihnen beim Stillen, bei der Babypflege und allen Fragen rund um Geburt und Familienleben. Außerdem kontrolliert die Hebamme Ihre Rückbildung und berät Sie auch in Ernährungsfragen.

Meist findet die zweite Vorsorgeuntersuchung, die U2, noch in der Entbindungsklinik statt.

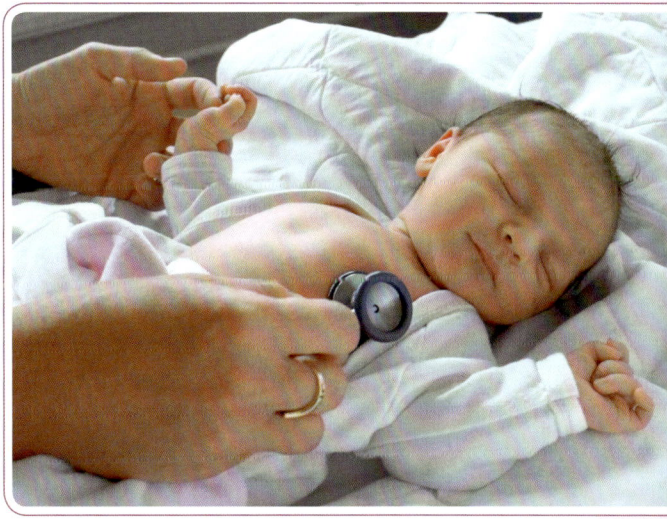

DER 1. MONAT

Der erste Monat beschreibt die Neugeborenenzeit, in der die Anpassungsleistung an ein Leben außerhalb des Mutterleibes die erste große Herausforderung für das kleine Lebewesen ist. Der Übergang von der Versorgung über die Nabelschnur zu einem selbstständig atmenden, seine Nahrung selbst aufnehmenden Wesen ist vollbracht. Bei dem kleinen Menschen handelt es sich von Geburt an um eine eigene Persönlichkeit. Wenn Sie sich diese Individualität schon jetzt bewusst machen und verinnerlichen, wird Ihnen später der Umgang mit dem aufwachsenden Kind wesentlich leichter fallen. Lernen Sie also Ihr Kind kennen: Wenn Sie es in unterschiedlichen Situationen betrachten, seine Mimik beim Weinen, Lächeln, Schlafen, Trinken und neugierigen Betrachten vergleichen, werden Sie bald eine Idee davon bekommen, was in seinem Köpfchen vorgehen könnte und wann es Ihre Nähe oder Hilfe braucht.

Wachstum und Entwicklung

Nach den aufregenden ersten Tagen des Kennenlernens scheint es nun so zu sein, als ob das Baby nur isst, schläft, schreit und die Windeln füllt. Aber das ändert sich rasch, mit jedem Tag wird es wacher und entwickelt sich zu einem wirklichen Gegenüber. Seine Körperbewegungen werden weicher und harmonischer, es reagiert immer deutlicher auf Umgebungsreize und auf Ihre Ansprache – und schließlich lächelt Ihr Baby Sie an. Mit diesem Glücksmoment ist die Neugeborenenzeit abgeschlossen.

Nach der Geburt nehmen alle Babys zunächst ab, weil die durch das Fruchtwasser aufgequollene Haut eintrocknet, der Darm vom ersten Stuhl, dem Mekonium, entleert wird und sie über die Nahrung erst langsam neue Substanz ansetzen. Je nachdem, wie viel Flüssigkeit das Neugeborene verliert, und je nach Geburtssituation und Milcheinschuss kann die Gewichtsabnahme sehr unterschiedlich sein. Bis zu zehn Prozent Gewichtsverlust sind tolerierbar. Wenn es mehr ist, wird der Arzt der Ursache genauer nachgehen. Der tiefste Punkt liegt meistens um den vierten bis sechsten Lebenstag, und zwischen dem 10. und 14. Lebenstag sollte das Geburtsgewicht wieder erreicht sein.

Es empfiehlt sich, das Baby zum Zeitpunkt des größten Gewichtsverlustes, um den fünften Lebenstag, zu wiegen und das Erreichen des Geburtsgewichts zu dokumentieren, damit der Arzt die Gewichtsentwicklung richtig beurteilen kann. Denn wenn man das Geburtsgewicht berücksichtigt und das Ausmaß der Gewichtsabnahme nicht kennt, fällt dies schwer. Die Nachsorgehebamme wird Ihr Baby ohnehin regelmäßig wiegen, wenn Zweifel am Stillerfolg bestehen. Auch diese Daten können Sie notieren und zum Kinderarzt mitnehmen.

MEMOS

1. Monat

❀ **Geburtsurkunde:**
In den ersten sieben Tagen nach der Geburt muss das Baby beim Standesamt gemeldet werden. Lassen Sie sich die Geburtsurkunde mehrfach für weitere Behördengänge geben.

❀ **Kinderausweis:**
Beim Meldeamt können Sie den Kinderausweis und den für Reisen ins Ausland nötigen Reisepass beantragen und Ihre oder die Steuerkarte Ihres Partners ändern lassen (Kinderfreibetrag).

❀ **Kindergeld:**
Bei der Familienkasse der Bundesagentur für Arbeit erhalten Sie den Kindergeldantrag.

❀ **Krankenkasse:**
Ihre Krankenkasse benötigt die Geburtsurkunde für die Auszahlung des Mutterschaftsgeldes und die Versicherung Ihres Kindes.

❀ **Elternzeit:**
In der ersten Lebenswoche bietet sich die letzte Möglichkeit, dem Arbeitgeber schriftlich Ihre Wünsche zur Elternzeit mitzuteilen.

❀ **Elterngeld:**
Den Antrag auf Elterngeld sollten Sie rechtzeitig stellen, da es rückwirkend nur für die drei Lebensmonate vor Antragstellung gezahlt wird.

❀ **Die U3 wird fällig:**
Diese Untersuchung findet zwischen der vierten und sechsten Lebenswoche statt.

❀ **Nachsorgehebamme:**
Die Hebamme kontrolliert Ihre Rückbildung und unterstützt Sie rund um Stillen, Ernährung, Babypflege, Beziehung und Familie.

❀ **Babykleidung:**
Konfektionsgröße 50 bis 56, Strumpfhosengröße 00, Mützenweite 34/36.

Es geht voran

Ist die Talsohle erst einmal durchschritten, nehmen die Babys mehr zu als jemals später im Leben: 15 bis 25 Gramm pro Tag oder noch mehr, mindestens 100 bis 200 Gramm pro Woche. Neugeborene wachsen sehr schnell. Über die Längenentwicklung von ungefähr fünf Zentimetern pro Monat gibt es jedoch oftmals Streit, wenn ein Baby plötzlich zu schrumpfen scheint. Das Phänomen erklärt sich daraus, dass Neugeborene nach der Geburt nur selten in einer Messmulde gemessen werden. Sie werden vielmehr mit dem Maßband nur so ungefähr gemessen oder gar abschnittsweise.

Vorsicht Schieflage!

Die Kopfform verändert sich nach der Geburt, und auch der Kopfumfang nimmt rasch zu. Die anfänglichen Verformungen des Schädels nehmen ab, und das Köpfchen wird schön rund – wenn man darauf achtet, dass das Kind keine »Lieblings- oder Schokoladenseite« entwickelt (siehe Handling Seite 42). Von einem durchschnittlichen Kopfumfang von 35 Zentimetern bei der Geburt wächst dieser auf 38 Zentimeter an. Auch diese Werte werden in den entsprechenden Wachstums- und Gedeihkurven des gelben Heftes (siehe Seite 326) vermerkt, stellen sie doch einen wichtigen Hinweis auf die Gehirnentwicklung dar. Denn nicht das Kopfwachstum bedingt das Gehirnwachstum, sondern umgekehrt folgt das Kopfwachstum dem des Gehirns.

Der Körper entfaltet sich

Durch die gewonnene Bewegungsfreiheit streckt sich der Körper des Babys allmählich. Die Lage, die der Säugling in den ersten Tagen in Erinnerung an die Haltung im Mutterleib noch eingenommen hat, ändert sich entsprechend, auch wenn die Füße häufig noch stark eingedreht sind. Der oft gedrungene Hals streckt sich zwar, aber das Baby mag es gar nicht, die Halsfalten oder auch die Achseln zu strecken, so sehr ist die Beugehaltung noch programmiert. Gerade deshalb ist es wichtig, die Beugefalten gut sauber und trocken zu halten.

INFO

Pickel und Co.

Gegen Ende des ersten Lebensmonats kommt es häufig zur sogenannten Neugeborenenakne. Diese Pickel im Gesicht haben wie die Pubertätsakne mit einer hormonellen Umstellung zu tun. Auch wenn das Gesicht wie ein kleiner Streuselkuchen aussieht: Am besten tun Sie gar nichts, denn die Neugeborenenakne geht bis spätestens zum Alter von sechs Wochen von alleine weg. Auf keinen Fall dürfen Sie die Pickelchen ausdrücken, denn das könnte Entzündungen und Infektionen hervorrufen.

Die wichtigste Maßnahme, die Sie treffen können: Vermeiden Sie Überwärmung. Wenn es dem Baby zu warm ist, wird der Ausschlag rot und blüht auf, wenn die Haut dagegen kühler ist, sieht man ihn weit weniger. Außerdem kommen bei zu viel Wärme noch Hitzepickel, auch Schweißfrieseln genannt, zu den Aknepickeln hinzu. Diese sind bei jungen Säuglingen sehr häufig und immer wieder ein Grund, den Kinderarzt aufzusuchen. Doch auch die Hitzepickel vergehen von alleine und müssen nicht behandelt werden.

Wunde Haut am Po

Auch die Haut im Windelbereich ist empfindlich, oft gerötet und gereizt, mit gelegentlich sogar offenen und nässenden Stellen – was der Mutter oft mehr wehtut als dem Kind. Der wunde Windelbereich wird am besten mit viel Luft behandelt, denn eigentlich ist es von der Natur nicht vorgesehen, den Genital- und Gesäßbereich mit Windeln zuzudecken. Und der Kontakt mit Urin, Stuhl, dem Gewebe und den Kunststoffen der Windel tut der Haut nicht gut. Entfernen Sie Stuhl und Urin mit reichlich warmem Wasser, nicht mit Öl- oder anderen Pflegetüchern, denn Stuhl ist wasser- und nicht fettlöslich (siehe auch ab Seite 64).

Die richtige Körpertemperatur

Es ist gar nicht so leicht, den Wärmebedarf eines jungen Säuglings herauszufinden, denn die Wärmeregulation und das Schwitzen funktionieren noch nicht richtig. Grundsätzlich sind Säuglinge eher zu warm als zu kalt eingepackt. Eltern können sich an dem orientieren, was sie selbst anziehen, wobei sie berücksichtigen sollten, dass sich Säuglinge noch kaum körperlich bewegen. So ist es ein guter Tipp, jungen Säuglingen immer eine dünne Schicht mehr anzuziehen, als man selbst trägt – mehr aber auch nicht. Überwärmung führt zu Unruhe, schnaufender Atmung und nicht selten zu erhöhter Körpertemperatur. Bei jungen Säuglingen liegt nicht selten eine solche Überwärmung vor.

Viele Hebammen empfehlen zur Temperaturüberprüfung die Nackenprobe. Wenn Sie mit den Fingern die Temperatur im Nacken des Kindes als zu kühl oder feucht-schwitzig erfühlen, sollten Sie das Kind entsprechend umkleiden. Ertasten Sie eine angenehme trockene Wärme, geht es dem Kind gut. Die Fingermessung ist aber nur ein grober Anhaltspunkt.

Die Reflexe

Reflexe sind gleichförmige, unwillkürliche Reaktionsmuster des Organismus auf einen bestimmten Reiz. Ein junger Säugling ist ein Reflexwesen (siehe Seite 184): Er saugt an allem, was an seinen Mund kommt, er sucht bei allem, was die Wange berührt, nach der Nahrungsquelle. Diese Reflexe sind einerseits überlebenswichtig, andererseits hinderlich, weil solche automatischen Reaktionen die willkürlichen, also gewollten Handlungen verhindern. Deshalb verschwinden in der Regel alle Säuglingsreflexe von alleine, wenn gezielte Bewegungen an ihre Stelle treten. So verhindert der Greifreflex das gezielte Greifen und Loslassen, und muss daher verschwunden sein, wenn das Kind gezielt nach Gegenständen greift. Bei einigen Reflexen ist der Sinn nicht bekannt. Sie werden als entwicklungsgeschichtliches Überbleibsel angesehen.

INFO

Reflexe

Reflex	ab wann	bis wann
Suchreflex	Geburt	3–4 Monate
Handgreifreflex	Geburt	4–5 Monate
Fußgreifreflex	Geburt	9–10 Monate
Mororeflex	Geburt	ca. 2 Monate
Schreitreflex	Geburt	4–6 Monate
ATNR-Reflex	Geburt	5–7 Monate

Die wichtigsten Reflexe

Die zum Teil komplexen Neugeborenenreflexe geben dem Kinderarzt einen guten Anhaltspunkt über die motorische Entwicklung und den neurologischen Reifezustand des Kindes. Sie werden daher bei jeder Untersuchung überprüft. Als Eltern sollten Sie die folgenden Reflexe kennen, um sich nicht über auffällige Bewegungsmuster zu wundern.

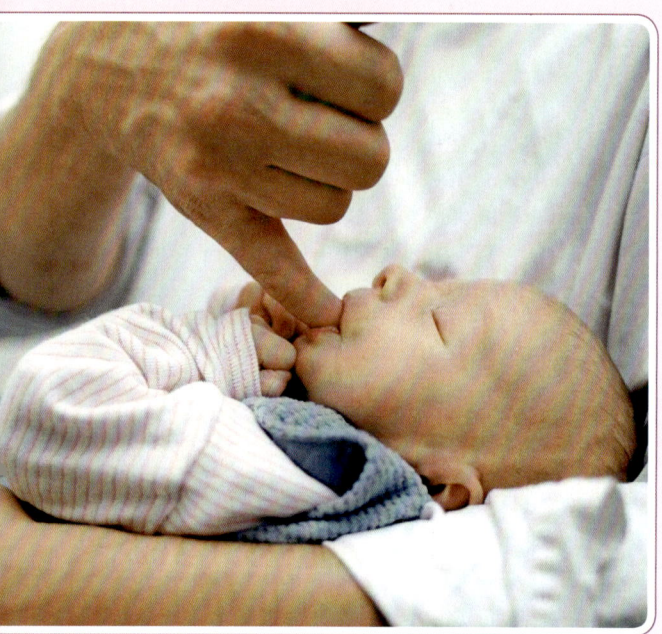

Mit dem Saugreflex bringt das Baby den Milchfluss in der Brust in Gang.

Saugreflex

Dieser Reflex hat für den Säugling eine überlebenswichtige Bedeutung. Vielleicht hat es Sie schon vor der Geburt während einer Ultraschalluntersuchung angerührt, wenn der Fetus am Daumen gesaugt hat. Der Saugreflex besteht aus zwei Phasen: dem festen Umfassen der Brustwarze, des Saugers oder des Fingers mit den Lippen und dem Erzeugen eines Unterdruckes, der durch Zurückziehen der Zunge entsteht. Spezielle Fettpolster in der Wange, der sogenannte Wangenfettpfropf, verhindern das Einfallen der Wangen beim Saugen. Luftholen und Schlucken zu koordinieren, macht den Saugakt für das Baby recht schwierig. Dieses komplizierte Zusammenspiel, das bei kranken wie auch bei gesunden Säuglingen gelegentlich zu Koordinationsschwierigkeiten führt, muss das Baby erst lernen.

Zum Suchen der Nahrungsquelle hat die Natur kleine Babys mit dem Suchreflex ausgerüstet.

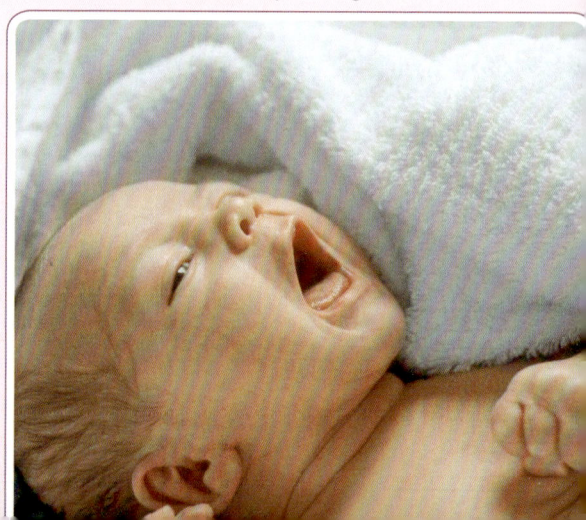

Suchreflex

Streichelt man die Wange des Säuglings, dreht er sich sofort zu der berührten Hautstelle hin, um eine Nahrungsquelle zu suchen. Zunächst ist dieser Reflex noch unkoordiniert, überschießend und hastig. Mit etwa drei Wochen wird er ruhiger und zielgerichteter, um im dritten Monat zu einer willentlichen Handlung zu werden.

Greifreflex

Der Greifreflex fasziniert die Eltern, weil schon das Neugeborene mit seinem Händchen einen Finger seiner Eltern oder Geschwister festhält. Ein ähnlicher Reflex findet sich auch an den Zehen: Sie krallen sich zusammen, wenn man die Fußsohle unter den Zehen berührt. Entwicklungsbiologen haben darauf hingewiesen, dass Säuglinge anhand ihrer Reflexmuster, speziell der Greifreflexe, Eigenschaften eines »Traglings« zeigen, das heißt, dass ihr biologisches Grundmuster darin besteht, sich im Fell des Muttertieres festzukrallen. Auf jeden Fall lassen diese heute funktionslos gewordenen Reflexe auf das Bedürfnis von Säuglingen schließen, engen Körperkontakt zu ihren Bezugspersonen zu halten. Schließlich lassen sich Säuglinge bei Angst und Unzufriedenheit am ehesten durch Körperkontakt beruhigen.

Berührt das Baby mit seinen Fußsohlen den Boden, »schreitet« es los.

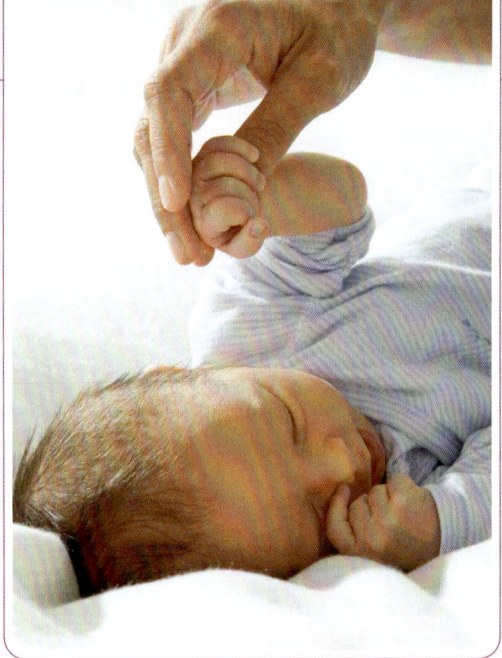

Wird der Greifreflex ausgelöst, hält das Baby alles fest, was es zu fassen bekommt.

Wenn diese Reflexe krankheitsbedingt bleiben, persistieren, wie man sagt, kann das Kind weder gezielt greifen noch laufen lernen, weil sich das Füßchen zusammenkrallt, sobald es den Boden berührt. Deshalb muss der Handgreifreflex mit vier bis fünf Monaten, der Fußgreifreflex mit neun bis zehn Monaten langsam verschwinden.

Schreitreflex

Auch dieser Reflex ist sehr beeindruckend, weil schon das Neugeborene mit großen Schritten »losläuft«, sobald man es unter den Schultern fasst und es unter den Füßen einen Widerstand spürt. Durch das Auslösen dieses Reflexes sieht der Arzt, dass der Bewegungsapparat des Kindes intakt ist. Da es nicht immer leicht ist, diese Reflexe auszulösen, weil andere Reflexe sie stören, zum Beispiel die sogenannte Sprungbereitschaft oder der asymmetrisch-tonische Halsreflex, sollte man die Beurteilung dem Arzt überlassen. Geschwisterkinder dürfen keinesfalls selbst ausprobieren, ob das Baby schon laufen kann, denn das könnte zu schlimmen Unfällen führen. Mit vier bis fünf Wochen baut sich der Schreitreflex ab.

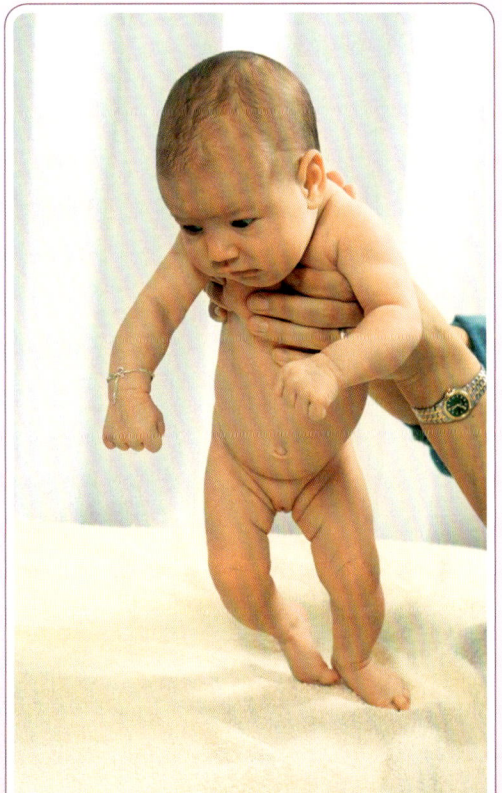

185

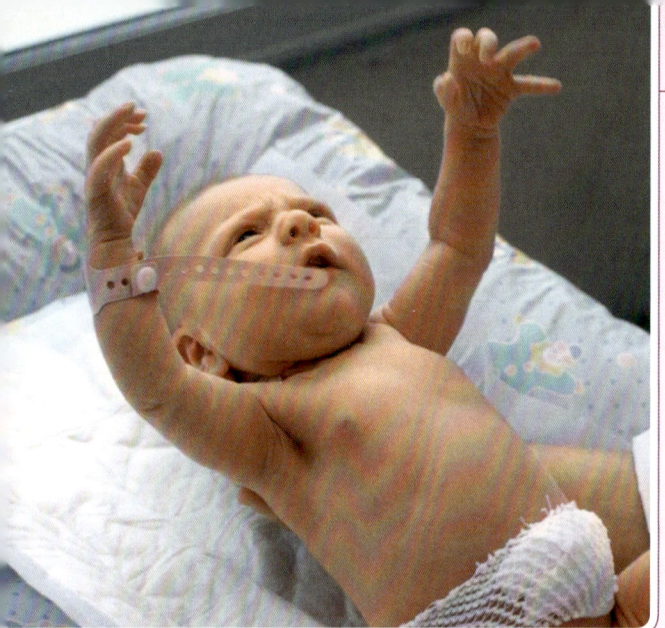

Erschrickt ein Neugeborenes, reagiert es mit dem Moro-Reflex: Es will sich festklammern.

Moro-Reflex

Der nach dem berühmten Kinderarzt Aldo Moro benannte Reflex wird auch als Umklammerungsreflex bezeichnet und besteht aus zwei Phasen: In der ersten wirft das Baby die Arme plötzlich ausgestreckt nach hinten, in der zweiten führt es sie dann langsam zusammen. Dieser Reflex wird bei Schreck, Erschütterung oder durch Zurückfallen des Kopfes oder Oberkörpers ausgelöst. Unter »Spontanmoros« versteht man das Auftreten des Reflexes ohne sichtbaren Auslöser, etwa bei schreckhaften Babys. Da Moro-Reaktionen häufig zu Weinen und Unruhe führen, sollten Sie diese durch einfache Maßnahmen des »Handlings« (siehe Seite 42) vermeiden. Mit etwa zwei Monaten geht der Reflex stark zurück.

Nackenreflex

Der asymmetrisch-tonische Nackenreflex (ATNR) führt zur »Fechterstellung«: Liegt der Kopf nach rechts gewendet, wird der rechte Arm gestreckt und der linke gebeugt und umgekehrt. Auch dieser Reflex verschwindet normalerweise mit einem halben Jahr. Bleibt er bestehen, stört er willkürliche Bewegungsabläufe.

Augenreflexe

In den ersten Wochen zeigen Neugeborene verschiedene Augenreflexe. Der Glabellareflex führt zu einem Zusammenpressen der Augenlider beim vorsichtigen Klopfen auf die Nasenwurzel. Eine ähnliche Reaktion sieht man bei lauten Geräuschen als Ohr-Lid-Reflex. Löst ein Geräusch das Schließen der Augen aus, kann dies als sehr grober Hörtest dienen.

Vestibulookulärer Reflex

Ein eigenartiger Reflex tritt ein, wenn nicht das Baby, sondern eine andere Person den Kopf des Säuglings wendet: Die Augen verändern ihre Stellung nicht, sondern bleiben in der ursprünglichen Blickrichtung (Puppenaugenphänomen). Dieser Reflex sagt dem Untersucher, wie intakt die Steuerung der Augenbewegungen und die Koordination sind. Er lässt sich am besten beim aufrechten Oberkörper auslösen und verschwindet noch im ersten Lebensmonat.

Die »Fechterstellung« nimmt der Säugling ein, wenn der Nackenreflex ausgelöst wird.

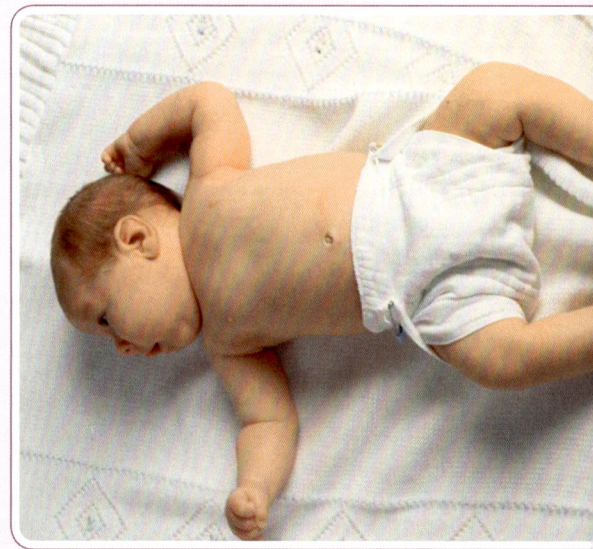

Die geistige Entwicklung

Wir wissen nur wenig darüber, was und wie ein Neugeborenes wahrnimmt und was sich davon in sein Gedächtnis einbrennt. Eines scheint durch die Erkenntnisse der modernen Säuglingsforschung gesichert: Das sogenannte emotionale Gedächtnis entwickelt sich viel früher als das konkrete Gedächtnis. An konkrete Ereignisse wird sich das Neugeborene nicht mehr erinnern, wohl aber daran, wie es sich gefühlt hat. Dieses Gefühlsgedächtnis ist ganz losgelöst vom konkreten emotionalen Gedächtnis und bleibt dauerhaft als Erfahrung bestehen. So wird das Neugeborene im emotionalen Gedächtnis behalten, ob es zufrieden oder unglücklich, geborgen oder ungeschützt, in friedlicher oder feindlicher Atmosphäre groß geworden ist.

Wir können uns also nicht darauf berufen, dass ein Kind zum Beispiel kein Schmerzempfinden oder wenigstens kein Schmerzgedächtnis hat, dass es nicht Angst und Unsicherheit empfindet, nicht merkt, ob es willkommen oder unwillkommen ist. Diese frühen Gefühle prägen unser ganzes Leben und sollen alle, die mit Neugeborenen und jungen Säuglingen, ja mit Kindern überhaupt zu tun haben, daran erinnern, wie wichtig es ist, gut zu ihnen zu sein, ihnen keine Schmerzen zuzufügen, sie zu trösten – und diese natürlichen Empfindungen, die ein Kind in uns allen auslöst, zuzulassen und uns entsprechend zu verhalten.

Erste Kontaktaufnahmen

Sehr früh lernt ein Kind, Gefühle des Gegenübers zu spiegeln und auszulösen. Es lacht, wenn wir es anlachen, es öffnet den Mund, wenn wir den Mund öffnen, es runzelt die Stirn, wenn wir die Stirn runzeln. Neuere neurobiologische Erkenntnisse haben über die Theorie der sogenannten Spiegelneuronen gezeigt, wie sehr Menschen reflektorisch und unwillkürlich ihr Gegenüber durch Mimik und Gestik beeinflussen, und am deutlichsten sieht man dies beim Neugeborenen.

Alle Erwachsenen nähern sich dem Kind automatisch auf die Entfernung, in der dieses am besten sehen kann, das sind etwa 30 bis 40 Zentimeter. Wir alle verwenden gegenüber Babys eine übertriebene Mimik und Gestik sowie eine Sprache, die wir Erwachsenen gegenüber nicht gebrauchen. Wir reißen die Augen weit auf, machen merkwürdige Geräusche und werden »kindisch« – alles natürliche Reaktionen, wie sie auch ein Neugeborenes zeigt. Sie machen ebenso Sinn wie der Beschützerinstinkt, den ein Säugling in uns auslöst und der als sogenanntes Kindchenschema durch die Werbung genutzt und auch ausgenutzt wird: große Augen, großer Kopf, plumpe Bewegungen – »niedlich« eben.

Vererbt oder erworben?

Sind die Fähigkeiten und Eigenschaften eines Menschen überwiegend angeboren oder erworben? Diese uralte Streitfrage ist noch nicht gelöst. Grundsätzlich kann man sagen, dass die angeborene genetische Ausstattung den möglichen äußeren Gestaltungsrahmen der intellektuellen Fähigkeiten bildet, während die Umweltbedingungen die tatsächliche Nutzung unserer Möglichkeiten beschränken.

ANLAGE UND UMWELT

Vergleichbar ist das Zusammenspiel von Veranlagung und Umwelt mit einem Computer: Seine fest verdrahtete Hardware und die einzelnen Installationskomponenten bilden den Rahmen der Möglichkeiten dessen, was man mit ihm anfangen könnte. Sein tatsächliches Funktionieren hängt aber von den entsprechenden

Programmen, der Software, ab, die auch noch laufen und untereinander kompatibel sein muss. Vielleicht schlummern unbekannte Programme mit fantastischen Möglichkeiten auf unserer Festplatte, die wir aber nicht abrufen können, oder Programme können wegen eines winzigen Zugriffsfehlers nicht laufen. Dieses An- und Abschalten von Programmen wird in der modernen Genetik als epigenetische Modulation beschrieben. Man nimmt an, dass sie eng verknüpft ist mit emotionalen Faktoren. So, wie man im Dunkeln den Lichtschalter nicht findet, kann ein Mensch unter ungünstigen Lebensumständen den Zugang zu seinen Fähigkeiten nicht finden. Wird das Licht angemacht, findet er den Schalter von selbst und ohne Hilfe von außen. Das emotionale Fundament, das wir unseren Kindern mitgeben, ist also wichtig für ihre geistige Entwicklung und Voraussetzung dafür, dass sie den Zugang zu ihren Fähigkeiten und Möglichkeiten finden.

Die emotionale Entwicklung

Die erste soziale Umgebung eines Menschen, zumeist also die frühe Eltern-Kind-Beziehung, bildet das Muster für alle weiteren Beziehungen im Leben. Sie lehrt das Kind, was es von anderen erwarten kann und wie es am besten mit seinen Mitmenschen umgeht. Wie sehr das elterliche Verhalten das gegenwärtige und zukünftige Verhalten des Kindes beeinflusst, kann heute sogar mit bildgebenden (kernspintomografischen) Verfahren sichtbar gemacht werden. Überhaupt haben die Erkenntnisse der Hirnforschung Wesentliches zum Verständnis von fördernden und hemmenden Faktoren der Eltern-Kind-Beziehung, zur emotionalen und geistigen Gesundheit und zur Frage, wie die inneren Heilkräfte mobilisiert werden, beigetragen.

Eine liebevolle Umgebung schaffen

Zur gesunden emotionalen Entwicklung braucht ein Kind Liebe, Wertschätzung und das Gefühl der Einzigartigkeit. Diese Einzigartigkeit ergibt sich aus der bedingungslosen Liebe, die nur ihm gilt. Das Kind verlangt nach Sicherheit, die ihm die Eltern nur dann geben können, wenn sie sich selbst ihrer sicher sind. Sicherheit bekommt ein Kind auch durch Regelmäßigkeit, Rhythmus und Regeln, damit es weiß, was es wann erwarten kann. Es braucht Führung und Halt in einem ausgewogenen Verhältnis von Freiheiten und Grenzen. Und es bedarf zum gesunden Aufwachsen einer angemessenen Umwelt, die nicht zu reizarm, aber auch nicht überstimulierend ist. In der Regel ist die uns umgebende Welt (nicht nur) für junge Säuglinge zu hell, zu schnell, zu grell und zu laut.

Das Baby nicht anschreien oder schütteln

Die ersten Wochen und Monate mit Baby zehren an den Kräften von Mutter und Vater. Der fehlende Schlaf und die vielen neuen Herausforderungen rauben Eltern Energie. Kein Wunder, dass sie sich dann auch mal ärgern, wenn das Weinen gar kein Ende nimmt oder es mit dem Stillen nicht klappt. Lassen Sie Ihren Ärger zu. Sie dürfen sich über das Kind ärgern – aber lassen Sie Ihre Wut niemals am Kind aus. Es versteht nicht, warum Sie böse sind, und kann sich nicht wehren. Lassen Sie Ihr Baby daher niemals länger weinen, schreien Sie es nicht an und schütteln Sie es nicht. Auch wenn Sie ärgerlich sind, sollten Sie Ihrem Kind Sicherheit vermitteln, indem Sie es trösten, wenn es weint, es fürsorglich pflegen und ihm die Gewissheit geben, immer da zu sein, wenn es Sie braucht. Dazu müssen Sie nicht immer lächeln. Gelingt Ihnen das nicht, wenden Sie sich an Ihre Hebamme, den Kinderarzt oder eine Beratungsstelle (siehe Adressen Seite 402).

Ein förderndes Umfeld

Der allgemeine Umgang mit dem Kind ist für seine Zukunft weichenstellend: Selbstwertgefühl und Selbstbewusstsein können sich nur entwickeln, wenn das Kind in einer wertschätzenden, liebevollen und verlässlichen Umgebung aufwächst. Ein solchermaßen förderndes Umfeld benötigt nicht nur Sie als Eltern, sondern, wie es ein afrikanisches Sprichwort ausdrückt, ein ganzes Dorf. Schaffen Sie sich dieses Dorf, indem Sie Hilfe annehmen und die Unterstützung und vor allem Gemeinsamkeit von Familie, Freunden, Still- und Babymassagegrup-

pen und anderen Angeboten nutzen – aber ohne das Kind und sich selbst zu überfordern und von einem Termin zum nächsten zu hetzen. Wenige gute Beziehungen sind für Sie und das Kind wichtiger als viele oberflächliche.

Am Ende des ersten Monats wird sich ein Rhythmus von Essen, Schlafen, Beschäftigung und auch mal Schreien von alleine einstellen. Versuchen Sie diesen sanft zu steuern und beizubehalten. Es ist für alle Beteiligten hilfreich zu wissen, was als Nächstes an der Reihe ist. Auch ein gewisser Tag-Nacht-Rhythmus wird sich bald einstellen. Ihr Kind wird tagsüber immer noch alle drei bis vier Stunden seine Mahlzeit benötigen, aber in der Nacht kann sich die Zeit dazwischen schon mal auf fünf bis sechs oder gar acht Stunden verlängern.

INFO

Das Kind gedeiht

Das etwas altmodisch klingende Wort »gedeihen« ist in der Kinderheilkunde traditionell verankert und ein Synonym für eine gute Entwicklung des Kindes. Gedeihen bedeutet wachsen, aufblühen, entfalten, entwickeln, voranschreiten. Zusätzliche Untersuchungen, die ohne einen Krankheitsanlass stattfinden, kann man auch als »Gedeihkontrollen« bezeichnen. Diese können zu bestimmten, individuell unterschiedlichen Terminen sinnvoll sein.

Eltern wundern sich oft, warum ihre Kinder so häufig gewogen und gemessen werden. Es liegt daran, dass Wachstum und Entwicklung, eben das Gedeihen, ein sehr empfindlicher Parameter für Störungen aller Art sind. Ein gut gedeihendes Kind wird zunächst einmal als gesund angesehen. Ein nicht gedeihendes Kind hingegen muss

sehr genau untersucht werden, da fast alle Erkrankungen, aber auch falsche Ernährung oder unzureichende Umgebungsbedingungen zu einer Gedeihstörung führen.

Der Verlauf der Gewichts- und Wachstumskurven ist daher ein wichtiger Indikator für das gesunde Aufwachsen Ihres Kindes, wobei die Gesamtentwicklung, nicht aber einzelne Messwerte von Bedeutung sind. In der internationalen Kinderheilkunde, die sich wegen der starken Verbreitung von Wachstums- und Entwicklungsstörungen durch Unter- und Fehlernährung, Krankheiten und Parasiten mit diesem Thema beschäftigt, werden diese Gewichtskurven als »Road to Health«, Weg zur Gesundheit, bezeichnet. Sie spielen in allen Gesundheitserziehungsprogrammen eine wichtige Rolle.

Gesund bleiben

Am Übergang vom ersten zum zweiten Monat, zwischen der vierten und sechsten Lebenswoche, steht die U3 an. Wenn die U2 in der Entbindungseinrichtung oder bei Ihnen daheim stattgefunden hat, ist das in der Regel der erste Besuch mit Baby bei Ihrem Kinderarzt. Lassen Sie sich für die U3 möglichst einen Termin außerhalb der Kernsprechzeiten der Praxis geben, um zu vermeiden, dass Ihr gesunder Säugling gleich mit vielen Menschen und kranken Kindern in Kontakt kommt. Viele Arztpraxen haben ein eigenes Babywartezimmer für gesunde Babys.

Wenn die U3 der erste Kontakt mit Ihrer Kinderarztpraxis ist, kann es ein sehr voller Termin werden, der gut vorbereitet sein sollte. Schreiben Sie sich einen Merkzettel, damit Sie nichts vergessen. Es ist auch gut, sich vorher mit dem gelben Kinder-Untersuchungsheft bekannt zu machen (siehe Seite 326), und die vielen Informationen, die Sie zur Geburt bekommen, zu

sortieren. Manche sind nämlich sehr wichtig, zum Beispiel die Sammlung lokaler Notfalladressen oder eine Liste der Kinderärzte. Andere sind dagegen weniger wichtig, etwa Werbeträger, die Ihnen nur überreicht werden, um Sie mit Gratisproben oder kleinen Willkommensgeschenken als Kunden zu locken. Es wird sehr viel Papier bedruckt, und die Absichten der Firmen sind klar, auch wenn sie neutral aufgemacht sind. Sie können das meiste getrost wegwerfen. Eine Ausnahme bilden die Broschüren der Bundeszentrale für gesundheitliche Aufklärung, die viele gesundheitliche Felder abdecken, frei von Werbung sind und kostenlos abgegeben werden (siehe Adressen Seite 402).

Zeit zum Kennenlernen

Wenn Sie sich nicht schon während der Schwangerschaft mit der Kinderarztpraxis vertraut gemacht haben, sollten Sie Zeit mitbringen. Sie müssen die Praxis erst einmal finden, sich mit den Räumlichkeiten und dem Personal vertraut machen, es gibt ein paar Formalitäten zu erledigen, und inzwischen schreit das Baby, muss gefüttert oder gewickelt werden – da kommt schnell Stress auf. Sie wollen den Kinderarzt kennenlernen, und er möchte von Ihnen einiges erfahren, etwa Ihren privaten und beruflichen Hintergrund, Ihre Vorerfahrungen mit Kindern, die Schwangerschafts- und Geburtsvorgeschichte – das ist schon ziemlich viel.

Ihr Baby wird untersucht

Die körperliche Untersuchung beginnt mit dem Ausziehen, Wiegen und Messen. Dann wird Ihr Baby von oben bis unten – oder in umgekehrter Reihenfolge – untersucht, abgehört und in verschiedene Körperhaltungen gebracht, etwa vorsichtig zum Sitzen hochgezogen oder auf den Bauch gelegt. So kann der Arzt die Muskelspan-

INFO

Arztbesuche vorbereiten

❋ Vereinbaren Sie mit der Arztpraxis einen für Sie geeigneten Termin. Wenn möglich nehmen Sie nicht den Montagmorgen und den Freitag, da diese Tage auch in Terminpraxen häufig schlechter planbar sind.

❋ Erkundigen Sie sich nach Parkmöglichkeiten, auch für den Kinderwagen.

❋ Fragen Sie auch nach Still- und Wickelgelegenheiten und ob Sie etwas Besonderes mitbringen sollen.

❋ Wichtig sind das Vorsorgeheft und, soweit schon vorhanden, der Impfpass, das Versichertenkärtchen oder ein anderer Versicherungsnachweis, falls das Kärtchen noch nicht erstellt wurde.

❋ Lassen Sie sich schon telefonisch oder an der Anmeldung erklären, wie die Sprechzeiten, die Notdienstregelung und die Vertretungen organisiert sind. Viele Praxen haben dafür ein Informationsblatt oder einen eigenen Flyer.

❋ Bringen Sie zu jedem Arztbesuch immer Ersatzwindeln, Wechselwäsche und ein eigenes Handtuch mit, auf das Sie Ihr Kind zur Untersuchung legen können.

❋ Denken Sie, falls es länger dauert und Ihr Baby Hunger bekommt, an eine Teeflasche oder – bei nicht gestillten Kindern – eine Milchflasche und den gewohnten Beruhigungssauger.

❋ Schreiben Sie sich Ihre Fragen am besten auf einen Zettel, damit Sie beim Termin nichts Wichtiges vergessen.

❋ Bitten Sie um ein separates Impfgespräch, falls bei der U3 dafür keine Zeit war. Es ist gut, wenn der Vater beim Impfgespräch mit dabei ist, denn die Impfentscheidung sollte gemeinsam getragen werden. Besprechen Sie bereits vorher mit Ihrem Partner Ihre Standpunkte.

❋ Schauen Sie sich den vorgeschlagenen Impfkalender an (siehe Seite 333), und bringen Sie Ihre eigenen Impfbücher zum Termin mit. Denn manche Impfungen Erwachsener, zum Beispiel gegen Keuchhusten (siehe Seite 383), schützen das Kind mit.

nung und Bewegungsmuster überprüfen. Auch die Ultraschalluntersuchung der Hüfte (das sogenannte Hüftscreening) gehört dazu, ebenso die Erklärung des gelben Heftes mit den Wachstums- und Gedeihkurven sowie die Beurteilung des individuellen Gedeihens Ihres Kindes. Der Arzt wird Ihnen die Rachitisprophylaxe erläutern und Ihrem Baby (wie schon bei der U1 und U2) die dritte und letzte Vitamin-K-Gabe verabreichen. Sie soll eine durch Vitamin-K-Mangel verursachte Blutungsneigung verhindern (siehe Seite 325).

Dieser Termin ist völlig überfrachtet, vor allem dann, wenn noch auf die individuelle Lebenssituation der jungen Familie eingegangen wird, auf etwaige Schwierigkeiten und Sorgen, oder wenn, wie im Vorsorgeplan vorgesehen, schon jetzt ein vorbereitendes Impfgespräch geführt werden soll. Versuchen Sie, die U3 zu entzerren, indem Sie schon vor der Geburt eine Kinderarztpraxis wählen und sie ganz in Ruhe kennenlernen. Dabei können Sie auch Fragen zur Einstellung Ihres Arztes und zum organisatorischen Ablauf stellen.

DAS MACHT IHREM BABY SPASS

Bunte Hand- und Fußabdrücke

Zu den bleibenden Erinnerungen an die Zeit kurz nach der Geburt gehören neben vielen Fotos und Filmen auch kunstvolle Abdrücke der Hände und Füße des Babys.

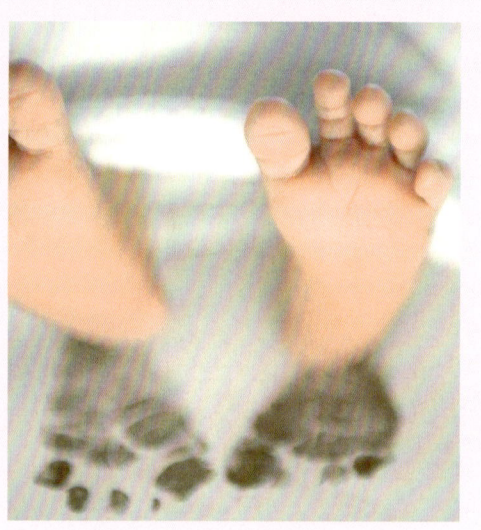

✿ Bemalen Sie die kleinen Hand- und Fußflächen mit ungiftiger Fingerfarbe, und drücken Sie die Flächen sanft auf Zeichenpapier, Leinwand oder Postkarten. Damit kreieren Sie nicht nur einen individuellen Wandschmuck, sondern auch ganz persönliche Geschenke für die Familie und Freunde.

✿ Nach der Malstunde lässt sich die Farbe mit einem feuchten Lappen und etwas Seife von den Händen und Füßen des Kindes abwaschen.

Elterncoach

Wenn Sie mit dem Neugeborenen aus der Geburtsklinik oder dem Geburtshaus wieder nach Hause zurückkehren, fängt das neue Leben als Familie an. Nichts ist so, wie es vor der Geburt war. Darüber, wie das neue Leben aussehen könnte, haben Sie sich bestimmt schon während der Schwangerschaft Gedanken gemacht oder sich bei anderen Paaren mit Kind Anregungen geholt. Doch wenn es dann so weit ist, brauchen die jungen Eltern vor allem Geduld und Flexibilität, denn vieles kommt anders als gedacht.

Unsicherheiten und Ängste

Auch wenn vieles schief zu gehen scheint, ist das kein Grund zu verzweifeln. Denn Krisen gehören zum Leben – und erst recht zum Familienleben. Und jede Krise, die Sie als Paar und in Ihrer neuen Rolle als Eltern gemeistert haben, stärkt vor allem Ihre Beziehung und die Familie. Am wichtigsten ist es, über alles miteinander zu sprechen. Tauschen Sie sich sooft es geht mit Ihrem Partner aus, und sprechen Sie Ihre Ängste und Befürchtungen offen an. Das hilft und schafft Vertrauen untereinander.

Freude und Leid teilen

Vergessen Sie dabei aber nicht die schönen Dinge. Auch darüber sollten Sie mit Ihrem Partner, Ihren Freunden oder Verwandten sprechen. Freude und Glück gemeinsam zu erleben macht vieles, was im Alltag nicht ganz rund läuft, halb so schlimm. Doch das gelingt nicht immer. Sobald Sie merken, dass Sie sich in einer Zwickmühle befinden und alleine nicht aus einer Krise herauskommen, sollten Sie sich professionelle Hilfe suchen. Je eher, desto besser. Befreien Sie sich von dem Druck, alles alleine schaffen zu wollen und zu müssen.

Bindung und Vertrauen

Eine innige Verbundenheit mit dem Baby entsteht bereits durch den ersten Körperkontakt zwischen Mutter, Vater und Kind gleich nach der Geburt. Das Streicheln, Halten und Wiegen des Babys lassen eine intensive Gefühlsbindung wachsen. Verstärkt wird dieses Phänomen, das auch Bonding genannt wird, durch Rooming-in, also das gemeinsame Zimmer von Mutter und Baby nach einer Klinikgeburt und durch das Stillen.

Geschenke an Ihr Kind

Die Bindung zwischen Eltern und Kind wächst aber nicht nur durch Körperkontakt, Zuwendung, Aufmerksamkeit und emotionale Sicherheit, sondern auch durch die Erfüllung körperlicher Bedürfnisse wie Füttern oder Wickeln. Auf diese Weise beeinflusst Bonding die gesamte Entwicklung des Kindes – und damit sein ganzes Leben.

Während das körperliche Wachstum praktisch von alleine vor sich geht, ist das Kind bei der geistigen und emotionalen Entwicklung auf sein Umfeld und seine Bezugspersonen angewiesen. Doch das heißt nicht, dass Sie Ihr Kind von Geburt an gezielt fördern müssen und jeden Tag Lernprogramme mit ihm durchführen sollen. Auch sollen Sie nicht nach einem bestimmten Plan oder Schema Ihren Alltag gestalten. Die Entwicklung Ihres Kindes geht bestens voran, wenn Sie ihm Aufmerksamkeit, Liebe, Geborgenheit und Freiheit schenken.

✽ **Aufmerksamkeit** bedeutet zum Beispiel: Reden Sie mit Ihrem Kind – von Anfang an. Erklären Sie, was Sie beim Waschen mit ihm machen, wie Sie wickeln, sprechen Sie beim Anziehen mit dem Kind (»Jetzt kommt das Hemd über den Kopf …«), kommentieren Sie auch Ihr Tun in der Küche, wenn das Baby bei Ihnen ist, und erklären Sie ihm die Welt, wenn Sie mit ihm spazieren gehen. So lernt das Baby, was Kommunikation bedeutet, wie gesprochen wird und dass Sie da sind, um ihm alles zu erläutern. Dabei schenken nicht nur Sie Ih-

rem Baby Aufmerksamkeit, sondern umgekehrt hört auch das Kind Ihnen aufmerksam zu und lernt dabei fürs Leben.

✽ **Liebe** zeigen Sie Ihrem Baby ganz besonders, wenn Sie es tröstend in den Arm nehmen, ihm nahe sind oder ganz einfach mit ihm kuscheln. Auch während der Pflege und des Fütterns ist Nähe und Liebe spürbar. Das Baby erlebt, wie Sie es umsorgen und es behüten, und baut dadurch Bindung auf.

✽ **Geborgenheit** ist eng verknüpft mit Liebe, aber auch mit Sicherheit, die Sie dem Baby vermitteln, wenn Sie es füttern, sobald es hungrig ist, die Windel wechseln, sobald Sie voll ist, das Bäuchlein massieren, wenn Blähungen drücken, oder gleich nach ihm sehen, wenn es im Bettchen liegt und weint. Das Baby lernt, dass es sich auf Sie verlassen kann. Das wiederum stärkt das sogenannte Urvertrauen des Kindes, auf dem das Selbstwertgefühl des Menschen aufbaut.

✽ **Freiheiten** fürs Ausprobieren und Entdecken braucht ein Baby – trotz eines großen Maßes an Aufmerksamkeit, Sicherheit und Geborgenheit – ebenfalls von Anfang an, damit es seine Fähigkeiten voll entwickeln kann. Dazu gehört schon für kleine Babys das Spielen alleine im Bettchen mit altersgerechtem Spielzeug oder ungefährlichen Dingen wie einem Stofftuch. Lassen Sie das Kind einfach mal machen – solange es sich zufrieden und interessiert mit etwas beschäftigt, gibt es keinen Grund einzugreifen.

Hier gibt es Unterstützung

Die Nachsorgehebamme ist auch Ansprechpartnerin für Probleme in der jungen Familie und der Elternbeziehung. Viele von ihnen sind als Familienhebamme ausgebildet und damit nicht nur für die Versorgung im Wochenbett qualifiziert. Sie kommen zu Ihnen nach Hause und kennen nach mehreren Besuchen Ihre Lebenssituation recht gut.

Es gibt darüber hinaus viele Menschen und Institutionen, die Hilfestellungen besonders für junge Eltern anbieten. Dazu gehören Familienbildungsstätten, Beratungsstellen wie pro familia oder die Caritas, aber auch Geburtskliniken, die Elternschulen anbieten und Paare im ersten Lebensjahr des Kindes mit Kursen begleiten. In kleinen Gruppen finden sich hier Paare in der gleichen Lebenssituation und mit ähnlichen Problemen zusammen. Der Informationsaustausch untereinander ist genauso hilfreich wie praktische Übungen, die von psychologisch geschultem Personal durchgeführt werden.

Mit Kind alleine

Wenn sich nach der Geburt des gemeinsamen Kindes oder schon während der Schwangerschaft ein Elternteil von der jungen Familie trennt, ist das ein harter Schlag. Demjenigen, der mit dem Kind zurückbleibt, fällt nun die hauptsächliche Sorge um das Baby zu und auch die Organisation rund um den Alltag. Für die Frau, die sowieso emotional und körperlich mit der Geburt des Kindes an ihre Grenzen kommt, ist es doppelt schwer, sich ohne Unterstützung zurechtzufinden. Zukunfts- und Existenzängste sind alleine kaum zu bewältigen. Daher ist es umso wichtiger, sich in Trennungssituationen sofort Beistand zu suchen – sei es bei der Familie, lieben Freunden, der Hebamme, dem Jugendamt oder Institutionen wie der Caritas, der Arbeiterwohlfahrt oder pro familia.

Letztgenannte Einrichtungen bieten auch Rat, wenn es um rechtliche Angelegenheiten oder finanzielle Unterstützung geht. Der jeweilige Elternteil findet hier aber auch psychologischen Beistand. Darüber hinaus werden in vielen Regionen Treffen für Alleinerziehende angeboten, bei denen es die Möglichkeit gibt, andere Eltern in ähnlichen Lebenssituationen kennenzulernen und weitergehende Beratungen und Unterstützung zu erhalten. Familienbildungsstätten beispielsweise vermitteln Plätze in Krabbelgruppen, Spielgruppen oder Eltern-Kind-Gruppen.

Ob Wiegen, Rückbildung oder Hilfe beim Stillen – die Nachsorgehebamme unterstützt Sie.

TIPP

Erholung mit Kind

Nicht nur Ihr Kind soll gesund bleiben, auch Sie selbst sollten auf Ihre Gesundheit achten. Gerade im ersten Babyjahr sind Eltern sehr gefordert und vergessen darüber schnell mal ihr eigenes Wohlbefinden und Erholungsbedürfnis. Vielleicht steht Ihnen bald der Sinn nach Urlaub, weil Ihnen die Anstrengungen des Alltags die Kräfte geraubt haben. Verreisen Sie dann nach Möglichkeit, es gibt unterschiedliche Varianten, die sich auch mit einem Baby umsetzen lassen (siehe Seite 83). Ist es aber, aus welchen Gründen auch immer, nicht möglich, jetzt Ferien zu machen, versuchen Sie trotzdem, Abstand zu gewinnen. Unternehmen Sie viele Spaziergänge an der frischen Luft und Ausflüge in die nähere Umgebung.

Mutter/Vater-Kind-Kur

Sind Sie als Elternteil gesundheitlich angeschlagen oder haben Sie seelische Probleme, zögern Sie nicht, zum Arzt zu gehen und die Möglichkeit einer Mutter/Vater-Kind-Kur in Betracht zu ziehen. Wenn bei der Mutter, dem Vater oder dem Kind eine Kurbedürftigkeit vorliegt und diese vom Arzt attestiert wird, können Sie eine solche Kur beantragen. Die nötigen Formulare für den Antrag erhalten Sie bei Ihrer Krankenkasse, einer Beratungsstelle für Mutter/Vater-Kind-Kuren oder beim Mutter-Kind-Hilfswerk e. V. (siehe Adressen Seite 402). Beratungsstellen und Hilfswerke helfen Ihnen zudem unentgeltlich bei der Beantragung der Kur und der Auswahl einer Klinik.

TROTZ TRENNUNG ELTERN BLEIBEN

Solange es möglich ist, das Gespräch zwischen den Elternteilen trotz Trennung in Gang zu halten, sollten sich beide sooft es geht treffen. Ein Paartherapeut oder Mediator unterstützt solche Gespräche fachmännisch und hilft Paaren nicht nur wieder zusammenzufinden, sondern auch trotz Trennung miteinander zu reden. Er hilft zudem dabei, Lösungen zu finden, wenn es um die Verteilung der Rechte und Pflichten in der gemeinsamen Erziehung des Kindes geht.

Manchmal ist eine Trennung der Eltern sogar besser für das Kind. Wenn Streit und emotionale Verletzungen die Nerven bloß legen, leidet auch das Kind darunter. Seine Entwicklung kann dadurch gefährdet werden, dass die nötige elterliche Hingabe zum Kind durch den Zwist beeinträchtigt ist. Ist die Trennung im Guten abgelaufen, bekommt das Kind zwar keine Streitereien mit, es spürt jedoch das Leid und den Kummer des verlassenen Partners. Wenn der verlassene Partner derjenige ist, der mit dem Kind »zurückbleibt«, besteht durch die Doppelbelastung »Leben mit Kind/Verarbeitung der Trennung« die Gefahr einer seelischen Erkrankung. Daher ist es ganz besonders wichtig, sich frühzeitig – sobald sich die Trennung abzeichnet – psychologischen Beistand zu suchen.

EINELTERNFAMILIEN

Fast jede fünfte Familie in Deutschland ist eine sogenannte Einelternfamilie, in der ein alleinerziehender Elternteil mit seinen Kindern zusammenlebt. Auch wenn die gesellschaftliche Anerkennung dieser Familienform zum Glück gestiegen ist, darf das nicht darüber hinwegtäuschen, dass viele Alleinerziehende in prekären finanziellen Verhältnissen leben.

Extra für Mütter:
Das Wochenbett

Mit der Geburt des Babys beginnt das sogenannte Wochenbett der Mutter. Die ersten 14 Tage bezeichnet man als frühes Wochenbett und die darauf folgende Zeit bis zur Vollendung der sechsten Lebenswoche des Kindes als spätes Wochenbett.

Der Wochenfluss

Nach der Entbindung hinterlässt die Ablösung von Plazenta und Eihäuten eine große Wundfläche in der Gebärmutter. Bis zur Verheilung dieser »Verletzung« sondert sie ein Wundsekret ab, das über die Vagina abfließt. In den rund sechs Wochen, die der Wochenfluss (Lochien) dauert, reduziert sich die Menge des Sekrets von rund 300 Millilitern täglich bis zu einem allmählichen Versiegen, das sich als leichter Ausfluss äußert. Auch die Farbe und die Zusammensetzung ändern sich von einem rein blutigen Wochenfluss aus Blut, Blutgerinnseln, Schleimhautresten, Zervix- und Vaginalschleim über ein rot-bräunliches Sekret aus Lymphe, Leukozyten, verflüssigten Geweberesten, Bakterien und Schleim bis hin zu einem weißlichen bis klaren Ausfluss, der aus Leukozyten, Lymphe und Vaginalschleim besteht.

Hört der Wochenfluss plötzlich auf oder verringert er sich drastisch, sollten Sie umgehend einen Arzt aufsuchen oder die Hebamme rufen. Es könnte sich um einen gefährlichen Lochialstau handeln, der unter anderem mit einer Gabe des Hormons Oxytocin aufgelöst werden kann. Bleibt der Wochenfluss erst ganz aus und stellt sich dann eine heftige Blutung mit frischem Blut ein, müssen Sie sich sofort in frauenärztliche Behandlung begeben. Es kann sein, dass ein Plazentarest in der Gebärmutter verblieben ist und eine Ausschabung vorgenommen werden muss. Wird sie nicht rechtzeitig durchgeführt, kann es zu sehr starken Blutverlusten kommen.

Heilung von Verletzungen

Unterstützen können Sie den Heilungsprozess von Dammrissen oder -schnitten durch Ruhe und Schonung. Die Einnahme von Arnica in einer homöopathischen Dosierung (C30 oder C200, siehe Seite 347) kann die Beschwerden lindern. Arnica ist das Hauptmittel für Verletzungsfolgen. Aber auch andere Arzneien, etwa Staphisagria nach einem Dammschnitt, können sinnvoll sein. Nach Rücksprache mit dem Arzt oder der Hebamme dürfen Sie entzündungshemmende Schmerzmittel wie Paracetamol oder Ibuprofen einnehmen. Kältekissen im Dammbereich können Schmerzen lindern und lokale Spülungen mit kühlem oder warmem Wasser unter Zusatz eines Calendula- oder Kamillenkonzentrats die Heilung fördern. Treten bei einer Naht im Dammbereich Blutergüsse auf, ist das Sitzen besonders schmerzhaft. Auch hier ist Arnica die wichtigste Arznei. Legen Sie sich sooft wie möglich hin, damit der Druck gemindert und ein Stau der Gewebsflüssigkeit (Weichteil-Ödem) verhindert wird.

Rückbildung der Gebärmutter

In den rund sechs Wochen bildet sich auch die Gebärmutter auf ihre ursprüngliche Größe von sechs bis zehn Zentimetern zurück. Unterstützt wird die Rückbildung von einer vermehrten Oxytocinausschüttung, die sich ganz von alleine durch häufiges Anlegen des Kindes an die Brust einstellt. Fördern können Sie die Gebärmutterrückbildung zudem durch frühzeitiges Aufstehen nach der Entbindung und durch Wochenbettgymnastik. Fragen Sie jedoch unbedingt Ihren Arzt oder Ihre Hebamme, ob Gymnastik für Sie schon empfehlenswert ist oder ob Sie wegen einer Geburtsverletzung oder einem Kaiserschnitt noch warten sollten. Selbst wenn Sie erst vier bis sechs Wochen nach der Entbindung mit der Rückbildungsgymnastik beginnen können, reicht das immer noch für eine optimale Rückbildung aus. Am besten melden Sie sich zu einem der zahlreichen Kurse an, die von unterschiedlichen Einrichtungen angeboten werden (siehe Adressen Seite 402).

Den Beckenboden schonen

In den ersten sechs bis acht Wochen nach der Geburt sollten Sie darauf achten, den Beckenboden nicht zu überlasten. Seine vier Zentimeter dicken Muskelstränge schließen den Bauchraum nach unten ab und halten die Unterleibsorgane an Ort und Stelle. Schwangerschaft und Geburt schwächen den Beckenboden jedoch, und er kann seine ursprüngliche Funktion nicht mehr voll erfüllen. Um beispielsweise eine Senkung der Gebärmutter zu vermeiden, sollten Sie jetzt nichts tragen, was schwerer als zehn Kilogramm (maximal fünf Kilogramm nach einem Kaiserschnitt) ist. Auch ein starker Husten belastet den Beckenboden und sollte deshalb behandelt werden. Nach Rücksprache mit dem Arzt oder der Hebamme können Sie schon im Wochenbett eine sanfte Übung zur Stärkung des Beckenbodens durchführen:

* Legen Sie sich im Bett entspannt auf den Rücken und überkreuzen Sie die lang gestreckten Beine. Die Arme liegen locker neben dem Körper und die Handflächen zeigen nach oben.
* Spannen Sie die Pobacken an und versuchen Sie die Muskeln der Vagina langsam in Richtung Bauchnabel Stück für Stück nach oben zu ziehen. Zählen Sie bis vier und entspannen Sie alle Muskeln.
* Wiederholen Sie die Übung noch zweimal.

Babyblues

Zu Beginn des frühen Wochenbetts kommt es auch zum Milcheinschuss, der manchmal recht schmerzhaft sein kann. Wenn dann auch noch ein Stimmungstief dazukommt, kann das ziemlich an die Substanz gehen – es ist ganz einfach zum Heulen. Darum nennt

man diese Zeit auch »Heultage«, ebenso gebräuchlich sind »Babyblues« oder »Maternity-Blues«. Die Auslöser dieses Stimmungstiefs, das fast jede zweite Frau überkommt und rund drei Tage anhalten kann, sind unterschiedlicher Art: Der nachgeburtliche, abrupte Abfall der Schwangerschaftshormone Östrogen und Progesteron sowie der Anstieg der Prolaktinkonzentration wird genauso mit dem Babyblues in Zusammenhang gebracht wie Schlafmangel, Stillprobleme, Versagensängste als Mutter oder die seelische und körperliche Erschöpfung.

Was auch immer der Auslöser für den Babyblues ist: Machen Sie sich bewusst, dass diese Stimmungsschwankungen ganz normal sind. Es hilft, sich in dieser Situation mit lieben Menschen zu umgeben und umsorgen zu lassen. Sprechen Sie mit Ihrem Partner über Sorgen und Ängste, die sich jetzt vielleicht verstärkt aufdrängen, und lassen Sie sich von anderen Müttern oder der Hebamme versichern, dass die Heultage bald vorüber sind. Akzeptieren Sie die Phase auch als Ausdruck Ihrer seelischen und körperlichen Erschöpfung, und gönnen Sie sich viel Ruhe.

Wochenbett-Depression

Bei einigen Frauen kann sich aus dem Stimmungstief eine ernstzunehmende Wochenbett-Depression entwickeln. Typisch für diese Erkrankung ist, dass sie wesentlich länger dauert als der Babyblues und dass die Frauen unter ständiger Erschöpfung leiden und schnell reizbar sind. Die jungen Mütter werden von Selbstvorwürfen geplagt und fühlen sich schuldig, weil sie von der Babypflege überfordert sind und nicht richtig glücklich über ihr Kind sein können. Betroffen sind besonders Frauen, die bereits vor der Entbindung psychische Probleme hatten oder ein traumatisches Erlebnis wie eine schwere Geburt durchmachen mussten. Eine Wochenbett-Depression gefährdet die Gesundheit der Mutter sowie die Bindung zum Kind. Professionelle Hilfe durch einen Psychotherapeuten ist deshalb unbedingt erforderlich.

DER 2. MONAT

Die Neugeborenenzeit ist nach den ersten vier Lebenswochen bereits vorbei. Ab jetzt wird Ihr Kind fachmännisch Säugling genannt und hat schon enorme Entwicklungsschritte gemacht. Seine Bewegungen werden harmonischer, und es kann seinen Kopf in Bauchlage kurz anheben und drehen. Vor allem das erste aktive Lächeln wird Ihr Herz höher schlagen lassen. Von nun an lächelt Ihr Baby nicht mehr nur »passiv« wie zuvor im Schlaf – nein, es erwidert Ihr Lächeln und gibt Ihnen damit das Signal, Sie »erkannt« zu haben. Damit geht das Baby eine soziale Beziehung mit seinem Gegenüber ein und lernt, auf diese Weise zu kommunizieren: Ein Austausch von Gefühlen wird möglich. Wie schön, wenn das Baby seinen Betrachter dabei aufmerksam anschaut. Beim ausdauernden Blickkontakt fixiert das Kind vor allem die Augen-Nase-Region, denn es ist fasziniert vom menschlichen Gesicht.

Wachstum und Entwicklung

Inzwischen hat Ihr Baby bereits ordentlich zugelegt, seit Erreichen des Geburtsgewichts waren es rund 150 bis 200 Gramm pro Woche. Nun können es sogar noch mehr werden, denn die Gewichtszunahme ist im zweiten Monat am größten. Auch die Körperlänge nimmt um drei bis vier Zentimeter pro Monat zu, das ist mehr als in jedem anderen Lebensabschnitt. Ob das Wachstum in Schüben, den häufig beschriebenen Wachstumsschüben, verläuft, ist eher strittig. Meist wachsen Kinder stetig und konstant, wobei es auch Phasen mit stärkerem und geringerem Appetit sowie scheinbarem Wachstumsstillstand und schnellem Wachstum gibt.

Gutes Gedeihen ist entscheidend

Ein Säugling, der wächst, zunimmt und fröhlich ist, ist auch gesund. Eltern sind zwar schnell beunruhigt, wenn einer der drei Faktoren nicht zutrifft oder nicht zuzutreffen scheint. Dazu besteht aber meist kein Grund, denn Kinder können in jedem Lebensalter unterschiedlich groß und schwer sein. Das statistische Standardmaß ist lediglich ein Mittelwert, von dem sich jedes Individuum mehr oder weniger weit entfernen kann. Manche Babys nehmen im zweiten Monat eben nur 500 Gramm zu, andere über ein Kilo. Ist das Kind allerdings unzufrieden und stagniert das Gewicht über längere Zeit, sollten Sie kinderärztlichen Rat einholen, um die Ursachen zu klären. Sind Schwierigkeiten beim Stillen der Grund für ein Gewichtsproblem des Babys, können Sie auch eine Stillberaterin (Laktationsberaterin) oder Ihre Nachsorgehebamme kontaktieren (siehe Adressen Seite 402). Sie kommen zu Ihnen nach Hause, beobachten, wie Sie Ihr Kind anlegen und wie es trinkt – und helfen Ihnen, wenn es nötig ist.

MEMOS

2. Monat

❁ Kinderarzt:
Bis spätestens zur vollendeten 6. Lebenswoche haben Sie Zeit für die U3.

❁ Treffen Sie andere Mütter:
Bleiben Sie nicht alleine zu Hause! Frauen aus dem Geburtsvorbereitungskurs freuen sich bestimmt, von Ihnen und Ihren Erlebnissen zu hören. In Mütter- und Familienzentren lernen Sie nicht nur andere Mütter mit kleinen Babys kennen, sondern finden auch ein meist umfangreiches Angebot an Kursen sowie die Möglichkeit individueller Beratungen rund um Familie und Muttersein.

❁ Rückbildung:
Dafür ist es nie zu früh, aber auch nie zu spät! Sobald Ihre Geburtsverletzungen abgeheilt sind, kann es mit der Stärkung des Beckenbodens losgehen. Entweder zusammen mit dem Baby oder alleine zeigt Ihnen die Hebamme, wie Sie einer späteren Inkontinenz sicher vorbeugen können. Die Kosten für den Rückbildungskurs übernehmen die Krankenkassen, sofern die Kursleiterin eine entsprechende Ausbildung hat.

❁ Frauenarzt:
Für die Mutter steht in diesem Monat die Abschlussuntersuchung beim Gynäkologen an. Vergessen Sie dazu den Mutterpass nicht!

❁ Babykurse:
In diesem Monat bietet sich ein Babymassage-Kurs an. Diese werden auch speziell für Väter angeboten.

❁ Babykleidung:
Konfektionsgröße 56 bis 62, Strumpfhosengröße 00, Mützenweite 38/40.

Fehlbildungen

Manche Babys werden mit körperlichen Fehlbildungen geboren, die Eltern erst einmal erschrecken. Doch die meisten sind gut therapierbar, auch eine Lippen-Kiefer-Gaumenspalte. Viele Fehlstellungen lassen sich ganz korrigieren.

Schielen

In den ersten Lebenswochen dürfen Neugeborene, etwa bei Müdigkeit, noch »schielen«, denn dabei handelt es sich nicht um Schielen, sondern ein noch nicht koordiniertes Schauen. Schielt Ihr Kind noch mit einem halben Jahr beim Fixieren, schielt es erneut oder noch immer, fragen Sie Ihren Kinderarzt nach einem erfahrenen Augenarzt. Häufig wird das stärkere Auge eine Zeit lang abgeklebt, um das schwächere zu animieren. Bei der U5 und U6 wird besonders auf Schielen geachtet. Je früher ein Schielen behandelt wird, umso eher kann das beidäugige, räumliche Sehen entwickelt und eine bleibende Beeinträchtigung verhindert werden.

Hüftdysplasie

Nicht wenige Babys kommen mit einer angeborenen Fehl- oder Unterentwicklung der Hüftgelenkspfanne auf die Welt. In diesen Fällen hat die Kugel des Hüftgelenks keinen festen Sitz, da die Hüftgelenkspfanne zu flach angelegt ist. Liegt die Kugel außerhalb der Pfanne, spricht man von einer angeborenen Verrenkung, einer Luxation. Meist tritt eine Hüftdysplasie familiär gehäuft (vor allem bei Mädchen) auf oder bei Kindern nach Steißlage (Beckenendlage).
Die Ultraschalluntersuchung bei der U3 kann auch leichte Formen einer Hüftunreife gut darstellen. Hierfür und zur Vorbeugung ist die heute übliche »breite« Wickeltechnik (siehe Seite 52) und das Tragen des Kindes auf der Hüfte (siehe Seite 48) wirkungsvoll. Schwerere Formen werden mit Spreizhöschen oder Hüftbeugeschienen behandelt, nur selten operativ.

Fußfehlstellungen

Beim Sichelfuß ist der Vorfuß nach innen eingeknickt, was durch eine erzwungene Fußhaltung in der Gebärmutter bedingt ist. Er bildet sich zurück, indem man den Fuß immer wieder sanft in die richtige Position massiert. Beim Hackenfuß sind die Füße hochgeschlagen. Sie sind nur behandlungsbedürftig, wenn sie sich nicht durch wiederholte spielerische Manipulationen in die normale Lage bringen lassen. Der eher seltene Klumpfuß bedarf einer orthopädischen Behandlung sowie häufig operativer Maßnahmen und intensiver Krankengymnastik.

Skoliose

Bedingt durch die Lage im Mutterleib kommt es bei manchen Säuglingen zu einer seitlichen Verkrümmung der Wirbelsäule. Sie ist nur behandlungsbedürftig, wenn das Kind eine ausgeprägte Lieblingsseite entwickelt. Andere Formen der Skoliose können durch Wirbelfehlbildungen bedingt sein. Sie zeigen sich häufig erst ab dem Kleinkindalter.

Lippen-Kiefer-Gaumenspalte

Einige Babys kommen mit einer Lippen-Kiefer-Gaumenspalte zur Welt. Dabei sind die Bereiche des Mittelgesichts nicht oder nur zum Teil miteinander verschmolzen, was zur charakteristischen Spaltbildung führt. Diese kann ein- oder beidseitig auftreten. Da diese Fehlbildung sofort sichtbar ist, sind die Eltern zunächst schockiert. Doch den Kieferchirurgen gelingen heute recht befriedigende Ergebnisse.

TIPP

Anreize zum Kopfdrehen

Mit einfachen Maßnahmen lässt sich eine noch nicht fixierte »Lieblingsseite« (siehe Seite 153) gut behandeln.

✿ Bevorzugt Ihr Baby etwa die linke Seite, könnten Sie neben seinem Bettchen links nur die weiße Wand lassen, rechts aber Dinge zum Schauen anbringen.

✿ Sitzt Ihr Kind in der Babywippe können Sie es in diesem Fall etwas nach links wegdrehen, damit es den Kopf nach rechts wenden muss, um Ihnen etwa beim Kochen zuzuschauen.

Motorische Fortschritte

Im zweiten Lebensmonat werden die Bewegungen zunehmend harmonischer, wohingegen die groben Bewegungsmuster und spontanen Moro-Reflexe (siehe Seite 184), die man auch als Massenbewegungen bezeichnet, abnehmen. Jetzt entdeckt Ihr Baby auch seine Finger. Zwar hält es die Finger noch überwiegend gebeugt, doch schon bald wird es sie betrachten und mit ihnen spielen. Seine Finger werden Ihrem Baby im ganzen ersten Lebensjahr eine Quelle der Faszination und Freude sein.

Auch wenn die Kopfkontrolle noch nicht ausgereift ist, kann das Baby sein Köpfchen in Bauchlage schon heben und drehen. In Rückenlage wendet es den Kopf aktiv zum Licht, zu einem Mobile oder zu Mama und Papa. Falls Ihr Baby eine Lieblingsseite hat, können Sie nun durch entsprechende Anreize (siehe Kasten) seinen Kopf in die weniger geliebte Richtung lenken. Ein sicheres Indiz für eine Lieblingsseite ist eine Liegeglatze, die sich in diesem Alter häufig durch Ausfall der Haare an der aufliegenden Stelle zeigt. Ist die Glatze genau in der Mitte, liegt sicher keine Asymmetrie vor.

Die geistige Entwicklung

Die erste große »Beförderung«, die Ihr Kind erhält, ist der Sprung vom Neugeborenen zum Säugling. Nach der üblichen zeitlichen Definition endet die Neugeborenenzeit nach vier Wochen, biologisch gesehen aber endet sie mit dem ersten aktiven Lächeln. Dies wird auch als »soziales Lächeln« bezeichnet und ist einer der großen »Meilensteine« der Entwicklung und »Organisator der Persönlichkeit«, wie es der Entwicklungspsychologe René A. Spitz nannte. Er begründete die psychologische Säuglingsforschung unter dem Aspekt der sozialen Beziehungen des Babys.

Ein besonderer Glücksmoment: Das Baby lächelt Mama und Papa gezielt an.

Die Entwicklung der Sinne

Auch Babys nehmen ihre Umwelt mit den fünf Sinnen wahr: dem Sehsinn, dem Hörsinn, dem Geruchssinn, dem Geschmackssinn und dem Tastsinn. Bei der Geburt sind die Sinne allerdings unterschiedlich weit entwickelt, doch gerade in den ersten Monaten macht das Baby erstaunliche Fortschritte.

Sehen

Mit dem erkennenden Lächeln kann das Kind jetzt auch Gegenstände betrachten und ihnen mit den Augen folgen: Es fixiert. Während das Neugeborene nur in etwa 30 bis 40 Zentimetern scharf sieht, gelingt dies dem Säugling bis zu einer Entfernung von einem Meter. Am meisten fasziniert das Baby ein menschliches Gesicht. Untersuchungen haben gezeigt, dass es vor allem die Augen-Nase-Region ist, die ein Kind unverwandt fixiert und studiert. Während vorher die Augen noch stark schielen oder herumwandern dürfen, sollten sie beim Fixieren nicht schielen (siehe Seite 257). Das ist wegen des relativ breiten Nasenrückens und der Lidfalten nicht leicht zu beurteilen. Orientieren Sie sich an den Lichtreflexen auf Iris und Pupille: Sind sie bei beiden Augen an derselben Stelle? Wenn Sie Zweifel haben oder der Augenhintergrund durch die Pupille hell aufleuchtet, suchen Sie Ihren Kinderarzt auf.

Hören

Das Hören ist im zweiten Monat schon voll entwickelt. Ein Hörtest, der meist schon in der Geburtsklinik vorgenommen wird, soll spätestens jetzt beweisen, dass mit dem Gehör alles in Ordnung ist. Ein gutes Gehör ist für die geistige Entwicklung von größter Bedeutung, da sich Sprache nur durch Hören entwickeln kann. Trotzdem kann ein sehr gut hörendes Kind in diesem Alter auch sehr gut »abschalten«, wenn es müde oder anderweitig abgelenkt ist. Manche Kinder sind sehr geräuschempfindlich und weinen, wenn es laut wird. Eine ständige Geräuschkulisse durch Fernseher, Radio oder CDs ist nicht gut für das Kind. Sprechen Sie dagegen viel mit ihm, die menschliche Stimme ist der wesentliche Motor für die Sprachentwicklung.

Riechen und Schmecken

Auch der Geruchssinn ist weit entwickelt. Schon das Neugeborene riecht den Busen der Mutter und wird auf diesen Geruch geprägt. Das ist einer der Gründe, warum man heute das Neugeborene der Mutter direkt nach der Geburt auf den nackten Bauch zwischen die Brüste legt und alsbald anlegt. Allgemein mögen Babys süße Gerüche wie die von Milch, Vanille oder Banane. Alkoholische Dämpfe dagegen lehnen sie ab, weshalb Sie auf alkoholische Desinfektionsmittel verzichten sollten. Vermeiden Sie auch Parfums und Deodorants – das Baby will Sie riechen, nicht ein Kosmetikprodukt. Auch parfümierte Pflegetücher oder Körperpflegeprodukte sind unnötig.

Tasten

Der Tast- und Berührungssinn ist am ganzen Körper vorhanden, daher liebt das Baby den Hautkontakt. Vor allem findet das Tasten mit den Fingern, die man deswegen nicht mit Kratzhandschühchen versehen sollte, und mit dem Mund statt. Der Mund entwickelt sich zu einem der wichtigsten Organe zur Erfassung der Umwelt, und zu allererst müssen damit die Finger und Hände erkundet werden.

Das soziale Lächeln

Ihr Kind hat bereits gelächelt und Ihnen im Schlaf das sogenannte Engelslächeln gezeigt. Das war schon sehr süß, doch ist der Augenblick, wenn das Baby zurücklächelt, einer jener besonderen Glücksmomente, die sich tief in das Mutterherz einbrennen: Mein Kind hat mich erkannt! Auch das Baby merkt jetzt, dass es selbst etwas bewirken kann, dass es zu einem Austausch, einem Hin und Her von Gefühlen kommt. Aus medizinischer Sicht ist das erste Lächeln ein wichtiges Ereignis. Wenn nach einer schweren Geburt oder nach Erkrankungen im Neugeborenenalter das soziale Lächeln zeitgerecht auftritt, ist es für den Kinderarzt ein wichtiges Indiz, dass keine bedeutsamen Folgen für das zentrale Nervensystem zu befürchten sind.

Die emotionale Entwicklung

Inzwischen haben sich die Aufnahmefähigkeit und die Kommunikationsbereitschaft Ihres Säuglings enorm weiterentwickelt. Er hat großes Interesse an Menschen und Gesichtern, ob Eltern, Geschwister oder auch Fremde. Er ist nun in der Lage, mit seinem Gesichtsausdruck zu spielen und sich durch noch recht grobe Bewegungen, sogenannte Massenbewegungen, mitzuteilen. Allerdings braucht Ihr Baby dazu viel Zeit, ermüdet schnell, wendet sich dann ab und braucht wieder Ruhe. Häufig werden diese Botschaften nicht erkannt und die Kinder durch Zuviel des Guten überfordert. Eltern und Kontaktpersonen, die sich auf das Kind wirklich einstellen, bemerken intuitiv, ob es Ruhe braucht oder spielen will. Trauen Sie Ihren Gefühlen, wenn Sie das Kind einmal vor den Großeltern oder anderen wohlmeinenden, aber zu überschwänglichen und vielleicht etwas übergriffigen Menschen schützen müssen.

Anders als erwartet?

Sich aufeinander einzustellen ist für Eltern und Kind ein nicht immer reibungsloser Prozess, denn auch ein Baby bringt seine eigene Persönlichkeit und seinen Charakter mit. Junge Säuglinge sind so verschieden wie alle Menschen. Der eine ist friedlich und ausgeglichen, der andere nervös und leicht irritierbar. Der eine schläft schnell durch, der andere kommt noch alle zwei bis drei Stunden. Die ganze Bandbreite ist in diesem Alter normal – doch manchmal auch verunsichernd. Für Eltern, die kein »pflegeleichtes« Kind haben, kann es frustrierend sein, wenn sie ihr Baby mit dem von Freunden oder Nachbarn vergleichen, das sich scheinbar »besser« oder »richtiger« verhält.

Manchmal hatten Eltern auch eine ganz andere Vorstellung davon, wie ihr Baby einmal sein würde. Das wirkliche Erleben des Kindes klafft dann mit den Erwartungen der Eltern auseinander. Doch solche Erwartungen engen das Kind ein und rauben ihm seine Individualität. Deshalb sollten Eltern aus Respekt vor der Persönlichkeit des Kindes nicht versuchen, das Kind den eigenen Erwartungen und Vorstellungen anzupassen, sondern ihr vorgefasstes Bild zurechtrücken. Kein Ratgeber, kein Experte kann Ihnen genau sagen, was für Ihre persönliche Lebenssituation, Ihr persönliches Erleben und Ihre Beziehung zu Ihrem Kind das Richtige ist. Folgen Sie Ihrem Inneren, Ihrer Intuition und dem, was sich richtig anfühlt. Lassen Sie sich von der Absicht leiten, Ihrem Kind stets Gutes zu tun!

Gesund bleiben

Die Hebamme kommt nun nicht mehr nach Hause, Sie können sie aber bei Stillproblemen und anderen Fragen jederzeit bitten, noch einmal nach Ihnen und Ihrem Kind zu schauen.

Die Vitamin-D-Prophylaxe ist in diesem Alter besonders wichtig, da die Kinder nun sehr schnell wachsen und zunehmen. Der früher übliche Rat, ab sechs Wochen einige Löffelchen Gemüse- oder Fruchtsäfte zu geben, um einem Vitamin-A- oder -C-Mangel vorzubeugen, wird heute nicht mehr gegeben.

Gegen Ende des zweiten Monats ist es sinnvoll, wenn Sie Ihr Baby noch einmal untersuchen zu lassen – vor allem beim ersten Kind – und sich von seinem altersgemäßen Gedeihen und Entwickeln überzeugen. Auch für das Erkennen von Vorzugshaltungen (»Lieblingsseiten«, siehe Seite 153) ist ein solcher Termin wichtig, denn der Abstand von der U3 zur U4 ist doch recht groß, und der U3-Termin hat oft nicht ausgereicht, alle wichtigen Fragen zu besprechen. Deshalb ist jetzt auch eine günstige Gelegenheit für ein Impfgespräch. Denn dieses sollte nicht erst »mit der Spritze in der Hand«, sondern unabhängig von einem Impftermin geführt werden. Viele Ärzte nehmen die erste Impfung nach der Empfehlung der Ständigen Impfkommission (STIKO) mit Beginn des dritten Monats oder sogar schon früher vor. Ab Seite 327 finden Sie alles Wichtige zum Thema »Impfen«.

DAS MACHT IHREM BABY SPASS

Krabbelspiele

Babys lieben sanfte, kitzelnde Berührungen. Und wenn dann auch noch ein lustiger Reim von zwei Fingern begleitet wird, die den kleinen Arm hinauflaufen, ist die Freude besonders groß:

Kommt ein Mäuschen

Kommt ein Mäuschen
übers Häuschen
(»Laufen« Sie mit Zeige- und Mittelfinger einen Arm des Babys hoch)
über die Stiege,
(Laufen Sie weiter über die Schulter)
klopfet an,
(Tippen Sie mit den Fingern an die kleine Stirn)
»Tag, Herr Nasemann«
(Ziehen Sie mit den Fingern leicht an Babys Nase)

Erst kommt die Schnecke

Erst kommt die Schnecke
und krabbelt um die Ecke.
(»Laufen« Sie mit zwei Fingern am Arm des Babys hoch)

Dann kommt der Hase
und zwickt dich in die Nase.
(Das Baby sanft an der Nase »zwicken«)
Jetzt kommt der Zwerg,
der klettert über'n Berg.
(Weiter über die Stirn auf den Kopf »klettern«)
Nun kommt der Floh
und der macht so.
(Vom Kopf des Babys »herunterspringen«)

Elterncoach

Beim ersten Kind fühlen sich die neuen Rollen als Mutter und Vater noch recht fremd an, und es klingt seltsam in den Ohren, wenn man sich selbst Sätze sagen hört wie »Schau mal, da kommt die Mama« oder »Der Papa wickelt dich gleich«. Doch auf diese Weise stellen Sie sich nicht nur Ihrem Kind vor, auch Sie selbst werden durch die neue Anrede mit Mama und Papa immer vertrauter mit Ihrer neuen Rolle.

Das Mama-Papa-Spiel

Sie können diesen Prozess des Kennenlernens beschleunigen und die Identifikation mit den Namen Mama und Papa vertiefen, indem Sie verabreden, sich einen Tag lang am Wochenende – ruhig ein bisschen übertrieben – gegenseitig ausschließlich mit Mama und Papa anzureden. Sobald Ihr Baby am Nachmittag schläft, nutzen Sie die Zeit für eine gemeinsame »Eltern-Sprechstunde«. Reden Sie darüber, wie es Ihnen gefällt, ständig Mama und Papa genannt zu werden. Tut es gut oder fühlt es sich seltsam an? Was ist daran schön und was genau bereitet Unbehagen? Indem Sie sich mit Ihren Rollen als Mutter und Vater aktiv auseinandersetzen, wachsen Sie mehr und mehr hinein.

ROLLENTAUSCH

Um Verständnis für die Aufgaben, Sorgen, Zweifel und auch Freuden des anderen zu bekommen, können Sie das Mama-Papa-Spiel nach der Gesprächspause mit vertauschten Rollen weiterspielen. Von der Einzelrolle als Mutter und Vater kommen Sie so Schritt für Schritt der Einheit als Eltern näher.

Schlüpfen Sie in die Haut des anderen, und spüren Sie, wie sich seine Rolle anfühlt. Vertauschen Sie nicht nur die Anreden, sondern versuchen Sie auch, die Arbeiten und Aufgaben des anderen zu übernehmen. »Mama« wird also zu »Papa« und »Papa« zu »Mama«. Das ist beim Stillen natürlich schwierig. Wenden Sie dafür einen kleinen Illusionstrick an: Die Mutter setzt sich zum Stillen bequem auf den Boden, und der Vater setzt sich direkt dahinter. Er umfängt die Mutter mit den Beinen, sein Oberkörper schmiegt sich an den Rücken der Mutter, und seine Arme unterstützen das trinkende Kind. Bleiben Sie dann bis zum Ende des Stillvorgangs so zusammen sitzen, und genießen Sie das Ereignis im Dreierpack.

Das gemeinsame Stillen ermöglicht es dem Vater nicht nur, die Rolle der Mutter besser kennenzulernen, er bekommt auch eine Bestätigung der Zugehörigkeit. Oft fühlen sich Männer zurückgesetzt, weil sie den intimen Vorgang des Stillens nicht ausüben können.

Stressbewältigung als Paar

Damit Sie als Paar und Eltern sicher in den Hafen der Familie einkehren können, sollte vor allem dem gefährlichen Harmoniekiller und Energieräuber namens Stress Einhalt geboten werden. Gehen Sie das Thema gemeinsam an, und bedenken Sie, dass der Umgang mit Stress von größter Bedeutung für ein zufriedenes Leben ist. Wenden Sie sogenannte funktionale Stressbewältigungsstrategien an, und beseitigen Sie aktiv die Ursachen für Stress. Bitten Sie zum Beispiel Freunde und Bekannte um Unterstützung bei diversen Alltagsverpflichtungen, versuchen Sie positiv zu denken und vieles, was schief läuft, mit Humor zu nehmen. Und achten Sie darauf, keine sogenannten dysfunktionalen Stressbewältigungsstrategien anzuwenden. Zu ihnen gehören beispielsweise das Verleugnen von Stress, Selbstvorwürfe und auch die Beruhigung durch Alkohol und Drogen.

Extra für Mütter:

Der neue Körper

Zwischen der sechsten und achten Woche nach der Geburt kontrolliert der Gynäkologe die Rückbildung Ihrer Gebärmutter, die Heilung und Narben von Geburtsverletzungen sowie die Blut- und Urinwerte. Zur Krebsvorsorge macht er zudem einen Abstrich vom Muttermund. Da trotz fehlender Regelblutung ein Eisprung stattfinden kann, berät Sie der Arzt über Verhütungsmethoden (siehe Seite 239). Für Stillprobleme, wunde, entzündete Brustwarzen oder persönliche Stimmungsschwankungen ist der Arzt ebenfalls der richtige Ansprechpartner. Sollten Sie aufgrund körperlicher oder seelischer Schwäche den Alltag mit Baby nicht mehr meistern können, kann der Arzt Ihnen eventuell attestieren, dass Sie eine Haushaltshilfe benötigen. Diese Leistung wird dann von der Krankenkasse übernommen. Bringen Sie zur Abschlussuntersuchung den Mutterpass mit.

Zeit zur Erholung

Was Ihr Körper jetzt vor allen Dingen braucht, ist Zeit, um sich zu regenerieren. Erwarten Sie daher keine Wunder, das wird nicht von heute auf morgen gehen. Die Erfahrung sagt: Es dauert neun Monate, bis das Kind zur Welt kommt, und neun Monate, bis der Körper wieder in seinen ursprünglichen Zustand zurückgefunden hat. Auch wenn es Sie dazu drängt, Sport zu treiben, um überflüssige Pfunde loszuwerden, sollten Sie damit noch etwas warten und erst einmal mit sanfter Rückbildungsgymnastik unter der Anleitung der Hebamme beginnen.

Ab vier bis sechs Wochen nach der Entbindung sind dann nach Rücksprache mit Arzt oder Hebamme vor allem Yoga und Pilates geeignet, um den Beckenboden zu kräftigen. Tägliche ausgiebige Spaziergänge – am besten mit Baby – helfen zudem, den Körper wieder fit zu machen. Rund zwei Monate nach der Entbindung können Sie wieder walken, Rad fahren oder schwimmen. Das Training im Fitnessstudio ist ungefähr drei Monate nach der Entbindung wieder möglich. Nach einem Kaiserschnitt dauert es in der Regel vier bis sechs Wochen, bis die Wunde verheilt ist. In dieser Zeit dürfen Sie keinen Sport treiben. Erkundigen Sie sich dennoch bei Ihrem Arzt, ob Ihre Gesundheit es erlaubt, beispielsweise alle zwei Tage leichte Dehnübungen zu machen. Diese können durchaus die Wundheilung fördern.

Körperliche Veränderungen

Die anfänglich mangelnde körperliche Bewegung kann sich auf die Darmtätigkeit auswirken. Doch auch die durch die Rückbildung kleiner werdende Gebärmutter verursacht Darmträgheit, da sich die Lage des Darms durch den vermehrten Platz im Bauchraum verändert. Sorgen Sie daher mit ausgewogenen Mahlzeiten, ausreichend Flüssigkeitszufuhr von rund zwei Litern am Tag sowie Spaziergängen für eine gute Verdauung. Sollte das alles nichts nützen, können Sie mit einem Teelöffel Leinsamen täglich die Darmtätigkeit anregen. Halten die Probleme über längere Zeit an, suchen Sie einen Arzt auf. Wegen der Hormonumstellung, aber auch als Reaktion auf den Stress der Geburt kann es bei einigen Frauen noch bis zu vier Monate nach der Entbindung zu einem mehr oder weniger starken Haarausfall kommen, der einige Monate anhalten kann. Nach dieser Zeit hört der Haarausfall von alleine wieder auf, und die Haare wachsen wieder wie zuvor. Der Hormonumstellung nach der Entbindung wird auch ein gewisses Maß an Vergesslichkeit und Zerstreutheit zugeschrieben, die ihre Ursache aber auch in der Rund-um-die-Uhr-Versorgung des Kindes sowie in akutem Schlafmangel haben können.

Schwangerschaftsstreifen

Feine Risse im Unterhautgewebe von Bauch, Busen, Oberarmen, Oberschenkeln und Po können durch die Dehnung der Haut während der Schwangerschaft entstehen und zeigen sich als bläuliche bis braunrote Linien in Wellenform. Nach der Entbindung beginnen viele der sogenannten Schwangerschaftsstreifen zu verblassen. Grobe Dehnungsstreifen verändern sich zu grau-weißen Streifen, die sich nicht mehr ganz zurückbilden. Mit Sport, Bindegewebsmassagen, Wechselduschen sowie regelmäßiger Pflege mit speziellen Cremes (etwa mit einem Pflanzenauszug aus Centella asiatica) oder pflanzlichen Ölen können Sie das Hautbild jedoch verbessern. Sollten die Streifen zum bleibenden Problem für Sie werden, kann sich der Gang zum Hautarzt lohnen: Glykosesäure-Peelings, Gels zur Narbentherapie oder die Behandlung mit Laser versprechen Besserung.

Pflege der Brust

Ein gepflegter Busen ist auch während der Stillzeit möglich. Verzichten Sie lediglich auf stark parfümierte Cremes, Seifen oder Duschgels, und verwenden Sie sanfte, neutral duftende Produkte. Reiben Sie mit einem Peeling-Handschuh während des Duschens sanft von innen nach außen um jede Brust herum. Das regt die Durchblutung an und kräftigt das Bindegewebe. Sparen Sie aber unbedingt die Brustwarze aus, um die zarte Haut nicht zu verletzen. Nach dem Abtrocknen pflegt Körpermilch die Haut der Brust, wobei Sie für das Cremen der Brustwarze eine spezielle Pflege wie Lanolin verwenden sollten – oder Muttermilch, die Sie nach dem Stillen rundum verreiben und an der Luft trocknen lassen. Muttermilch versorgt die zarte Haut der Brustwarze und des Warzenhofs mit pflegenden Fetten, wirkt heilend und entzündungshemmend. Das vollständige Trocknen der Muttermilch an der Luft ist wichtig, damit die Haut nicht aufweicht und keine Keime durch die Milchausführungsgänge in die Brust gelangen.

Das erste Vollbad

Auf ein entspannendes Bad haben Sie sich bestimmt schon seit der Entbindung gefreut. Doch warten Sie damit, bis Ihnen keine Kreislaufprobleme mehr zu schaffen machen und ein Kaiserschnitt mindestens fünf Wochen zurückliegt. Fragen Sie im Einzelfall Ihre Hebamme, wann der beste Zeitpunkt für das Bad ist. Die vorhandenen Keime im Wochenfluss sind in der Mehrzahl nicht krankheitserregend – und nicht infektiöser als Periodenblut. Daher darf gebadet werden. Hat der Wochenfluss aber eine eitrige Beschaffenheit oder einen fischartigen Geruch, sollten Sie umgehend mit Ihrer Hebamme sprechen und auf ein Bad verzichten.

Als Badezusatz eignet sich ein kleiner Becher Sahne, dem Sie fünf Tropfen ätherisches Lavendelöl zufügen. Das Lavendelbad ist hautpflegend, entspannend und entzündungshemmend. Duschen Sie sich nach dem Baden mit lauwarmem Wasser ab, und legen Sie sich anschließend am besten ins Bett.

Mit einem entspannenden Vollbad kann die junge Mutter wieder Kraft tanken.

DER 3. MONAT

Tagsüber ist das Baby jetzt immer länger wach, und es bieten sich viele Stunden der Gemeinsamkeit. Nebenbei hat sich bestimmt schon eine gewisse Routine eingestellt, die vieles, was in den ersten Wochen nach der Geburt noch schwierig war, leichter von der Hand gehen lässt. Auch wenn sich der Schlaf-wach-Rhythmus des Kindes verändert hat, heißt das noch lange nicht, dass Ihr Baby wegen der längeren Wachzeiten am Abend auch besser einschläft

oder zu einem festen Zeitpunkt seine Nachtruhe beginnt. Selbst wenn es ein paar Tage hintereinander zur selben Zeit einschläft, kann die Uhrzeit tags darauf schon wieder eine ganz andere sein. Für feste Schlafenszeiten ist es noch zu früh. Beim Einschlafen benötigt das Kind nach wie vor Ihre sanfte Unterstützung, zu der ein geordneter Tagesablauf, Rituale und eine Abschirmung vor zu vielen Reizen am Abend gehören.

Wachstum und Entwicklung

Das Baby ist noch immer in der größten Wachstumsphase seines Lebens, hat vielleicht ein weiteres Kilo zugenommen und ist noch rund drei Zentimeter gewachsen. Der Kopf ist nun runder geworden und hat um einen weiteren Zentimeter an Umfang zugenommen.

Neben dem nun intensiven Blickkontakt und dem Beobachten der näheren Umgebung kommen die ersten stimmhaften Laute dazu, die die Eltern beglücken. Das Schreien wird weniger, gezielte Lautäußerungen nehmen zu, und man sieht dem Baby die Freude und das Interesse an den Geräuschen, denen es lauscht, deutlich an. Auch wenn es alleine ist, brabbelt es vor sich hin. Es kann nun sein Zuwendungsbedürfnis anders äußern als nur mit Schreien.

Das Plaudern und Brabbeln wird zu einer Quelle der Kommunikation. Wenn Sie die Laute Ihres Kindes aufnehmen und wiederholen, kommt es schon zu einer kleinen Unterhaltung. Vor allem nach den Mahlzeiten, wenn es satt und zufrieden ist, aber auch am Spätnachmittag oder am frühen Abend – glücklicherweise häufig dann, wenn in vielen Familien der Papa heimkommt – ist das Baby bereit zum Spielen. Ansonsten ist die Zeit, in der es aufnahmebereit ist, durch Nahrungsaufnahme, Wickeln und Schlafen noch sehr begrenzt.

Neben dem Kontakt mit seinen Bezugspersonen sind in diesem Alter die eigenen Hände das wichtigste Spielzeug. Das Baby kann sich stundenlang an seinen Händen ergötzen und lernt diese dadurch immer besser kennen. Es betrachtet sie aufmerksam, spielt mit ihnen und steckt sie in den Mund – oft auch die ganze Faust. Die Entdeckung der Hand ist ein langer, intensiver Prozess, der schließlich in die Fähigkeit des Greifens übergeht.

MEMOS

3. Monat

✿ Kinderarzt:
Die U4 führt der Kinderarzt zwischen dem dritten und vierten Lebensmonat durch. Zudem stehen nach den Empfehlungen der Impfkommission die ersten Impfungen an.

✿ Mutterschutz:
Nach der achten Lebenswoche des Babys endet der gesetzliche Mutterschutz.

✿ Elterngeld:
Spätestens jetzt sollten Sie das Elterngeld schriftlich beantragen, das drei Monate rückwirkend gezahlt wird.

✿ Babyschwimmen:
Ein Babyschwimmkurs macht den meisten Babys und natürlich auch den begleitenden Müttern und Vätern richtig Spaß. Es geht nämlich nicht ums Schwimmenlernen an sich, sondern um Freude und Entspannung im angenehm temperierten Wasser um die 33 °C. Das Baby wird jetzt zum Beispiel mit den Händen von Mutter oder Vater unter den Achseln gehalten und langsam vorwärts durchs Wasser gezogen. Auch Wasserspielzeug, aufblasbare Schwimmringe und Schwimmnudeln bereiten den Kleinen unter der Aufsicht der Großen viel Vergnügen.

✿ Wellness zu Hause:
Gemeinsames Baden in der großen Wanne mit dem Papa (oder der Mama) ist eine tolle Sache – und sorgt abends für eine angenehme Müdigkeit. Erwärmen Sie das Wasser nicht über 37 °C.

✿ Babykleidung:
Konfektionsgröße 62 bis 68, Strumpfhosengröße 00, Mützenweite 40/42.

Die Bewegungen mit Kinästhetik unterstützen

Der Bewegungsdrang des Menschen ist groß – kein Wunder, dass er sich bereits im Mutterleib dreht, mit den Füßen strampelt oder mit den Ellenbogen knufft. Doch nach der Geburt geht das alles nicht mehr so einfach, da Ihr Säugling zunächst einmal Kraft entwickeln muss, um der Schwerkraft zu trotzen. Genau hier können Sie Ihr Baby mit Kinästhetik unterstützen.

Die Motorik fördern

Der amerikanische Trend hat in den letzten Jahren auch in unsere Säuglingspflege Einzug gehalten. Wörtlich übersetzt handelt es sich beim »Kinaesthetic Infant Handling« um die Wahrnehmung der Bewegungen beim Umgang mit dem Kind. Nach den Begründern des Kinästhetik-Programms, Dr. Lenny Maietta und Dr. Frank Hatch, ist es für Babys äußerst

Beim Drehen auf den Bauch können Sie Ihrem Baby mit sanften Griffen helfen.

unbefriedigend, wenn sie von den pflegenden Personen nur passiv bewegt werden. So ist es beispielsweise üblich, Säuglinge hochzuheben und wieder ins Bettchen zu legen, ohne dass sie sich daran aktiv körperlich beteiligen. Ähnlich wie den Babys im Mutterleib soll ihnen jedoch die Möglichkeit gegeben werden, sich mit elterlicher Unterstützung selbst zu bewegen. Das geht am besten, wenn die Großen ganz genau hinschauen, was die Kleinen bereits von sich aus für Bewegungen machen. Davon profitiert nicht nur die motorische Entwicklung. Auch die Eltern-Kind-Bindung vertieft sich. Denn das genaue Beobachten verbessert die Interaktion zwischen Eltern und Kind.

Angepasste Bewegungen

Ganz gleich ob beim Drehen oder Räkeln im Bettchen: Beobachten Sie Ihr Kind und lernen Sie seine Bewegungen kennen. Legen Sie sich zum Beispiel neben Ihr Baby auf die Krabbeldecke, und ahmen Sie seine Aktivitäten nach, folgen und führen Sie die Bewegungen. Wenn Sie mit den Bewegungen des Kindes mitgehen, fördern Sie seine Wahrnehmung. Indem Sie die Aufmerksamkeit beim Umgang mit dem Baby aber auch auf Ihre eigenen Bewegungen lenken, können Sie diese so ausführen, wie das Kind es benötigt. Ihre Bewegungen passen sich bestenfalls denen des Babys an und unterstützen sie oder führen sie weiter.

Bewegungsmöglichkeiten erkennen

Beim Trinken an der Brust oder aus der Flasche ist die Lagerung des Kindes besonders wichtig. Vielleicht möchte es sich mit den Händen an der Brust oder der Flasche festhalten und sich mit seinen Füßchen an Ihrem Oberschenkel abdrücken? Bieten Sie ihm die Möglichkeit dazu. Wenn das Kind seine Füße aktiv abstützen kann, ist es in der Lage, sein Becken zu bewegen und die Bauchmuskulatur einzusetzen. Auf diese Weise unterstützt das Baby auch seine Darmtätigkeit, wodurch es Blähungen und Koliken entgegenwirkt.

Mittlerweile bieten verschiedene Geburtskliniken und Hebammen Kinästhetik-Kurse an und sind davon überzeugt, dass Kinder, die nach diesem Konzept bewegt werden, längere und entspannte Schlafphasen haben, während sie in der Wachphase besonders aufmerksam und mobil sind.

Sich Hinlegen kann Ihr Kind am besten über die Seite – mit Ihrer Unterstützung.

Unterstützen, was das Baby kann

Um sich an den Fähigkeiten des Kindes zu orientieren, müssen Sie jedoch genau wissen, was Ihr Kind schon kann. Dreht Ihr Baby beim Wickeln beispielsweise das Köpfchen nach links, unterstützen Sie die Bewegung und drehen es auf die linke Seite, um es von hier aus weiter zu wickeln. Alleine kann das kleine Baby die Drehung noch nicht durchführen, doch mit Ihrer Hilfe schafft es sie bereits. Zusammen haben Sie sich also erfolgreich gedreht. Dank Ihrer bewegungsfördernden Unterstützung vermitteln Sie dem Kind Sicherheit, und es kann die neue Erfahrung weiter üben und bald in sein eigenes Bewegungsmuster übernehmen.

Beim Hochnehmen hilft Ihr Baby kräftig selbst mit, wenn Sie seine Bewegungen lenken.

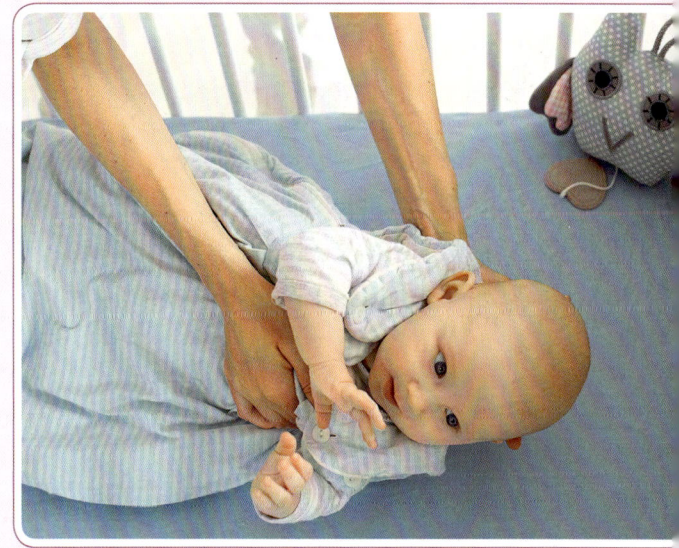

Den Kopf kontrollieren

In aufrechter Position kann Ihr Kind nun sein Köpfchen selbst halten. Die motorischen Funktionen reifen, das Baby beschäftigt sich viel mit seinen Fingern. Die Bewegungen werden gezielter und nur noch selten von Massenreflexen (Moro-Reflex, siehe Seite 184) gestört – vor allem wenn das Baby erschrickt oder Angst hat. Es strampelt gern und ausgiebig und kann sich so in seinem Bettchen schon an das Kopfende bewegen. Manche Säuglinge strampeln nur, wenn sie nackt sind, andere mögen gar nicht ausgezogen werden und bewegen sich lieber im »Strampler«. Ihr Baby wird gern herumgetragen und lässt sich nicht mehr einfach ablegen. Jetzt, da eine gewisse Kopfkontrolle möglich ist, ist es ganz unbedenklich, den Säugling in einer Tragehilfe (siehe Seite 49) herumzutragen und ihn so an Alltagsaktivitäten teilhaben zu lassen. Die Befürchtung, es könne dem Rücken schaden, wenn das Baby auch mal etwas länger in aufrechter Position oder, wenn es darin einschläft, mehr oder weniger eingesunken in der Tragehilfe sitzt, ist unbegründet. Es kann auch bis zu einer Stunde im Babysitz oder in der Wippe halb sitzend an den Vorgängen in der Familie und im Haushalt teilhaben. In dieser Position kann sich das Kind frei seiner Hände bedienen und mit den Beinen strampeln. Achten Sie darauf, dass Ihr Baby dabei keine Lieblingsseite entwickelt (siehe Seite 153), und drehen Sie den Sitz immer mal wieder um, damit es sein Köpfchen auf die andere Seite drehen muss, um Sie zu sehen oder Interessantes zu beobachten.

Den Kopf anheben

Auch in Bauchlage kann Ihr Baby nun stabil seinen Kopf heben. Da das die Voraussetzung für das Krabbeln ist, sollten Sie Ihr waches Baby viel auf den Bauch legen, damit es seine Arm- und Beinmuskeln kräftigt. Denn wenn das Kind immer gleich aufgesetzt wird, muss es sich für die Kopfkontrolle nicht so anstrengen wie in Bauchlage und will sich bald immer aufsetzen lassen. Da es das selbst aber noch lange nicht kann, ist ein ausgewogenes Verhältnis zwischen Bauch- und Rückenlage, Sitzen in der Wippe und Herumtragen sinnvoll.

Die Motorik unterstützen

Gesunde Babys haben einen natürlichen Drang, sich zu bewegen. Geben Sie Ihrem Kind also viel Raum und Gelegenheiten für spontane Bewegungen. Zudem können Sie seine Motorik bei jeder Beschäftigung mit ihm spielerisch fördern und durch Berührungen und Nachahmen unterstützen. Wenn Sie dabei noch lobende Worte und motivierende Kommentare finden, wird sich Ihr Baby bestätigt fühlen und seine Bemühungen fortsetzen. Auf Seite 210 erfahren Sie, wie Sie den Bewegungswunsch Ihres Babys mit Kinästhetik unterstützen können.

Eine echte Meisterleistung: Das Baby stützt sich auf seine Arme und hebt den Kopf.

Die geistige Entwicklung

Im dritten Monat hat sich meist vieles eingespielt und ist Routine geworden. Die täglichen Handhabungen sind nicht mehr ganz so aufregend. Das Baby und seine Familie haben hoffentlich viele schöne Stunden miteinander, wenn das Kind wach ist, und finden auch zur Ruhe, wenn es schläft. Die Wachphasen des Säuglings werden länger und stabiler. Auch die Unruhezustände und Schreiphasen sind seltener. Das Baby schreit weniger haltlos und zunehmend gezielt, um zu kommunizieren.

Große Fortschritte

In dieser Zeit finden große biologische Entwicklungsschritte statt. Das Großhirn wächst und übernimmt mehr und mehr die willentliche Steuerung des Verhaltens, was vorher überwiegend durch Reflexe gesteuert war (siehe Seite 184). Auf diese Art wird das kindliche Verhalten durch ständige Lernprozesse weiterentwickelt, die auch auf die Fortschritte der Sinnesorgane (siehe Seite 202) zurückzuführen sind. So gelingt es dem Kind zum Beispiel durch schärferes Sehen zunehmend besser, die äußeren Informationen zu verarbeiten, was wiederum die Entwicklung des Gehirns anregt.

Die emotionale Entwicklung

Das Kind schaut aufmerksam und beobachtet intensiv das Gesicht seines Gegenübers. Es ist nun schon in der Lage, sowohl positive Gefühle wie Freude, Interesse und Neugier als auch negative Affekte wie Wut und Enttäuschung zu zeigen. Es tauscht sich gerne mit seinem Gegenüber aus und zeigt Interesse an der Kommunikation durch Blickkontakt, Geräusche und Gesten. Die Eltern und andere Kommunikationspartner nehmen diese Äußerungen auf, ahmen sie nach und melden sie so zurück. Diese Unterhaltung wird zu einem sozialen Spiel, einem wechselseitigen Dialog, der von beiden Seiten, Kind und Bezugsperson, aufgegriffen und gestaltet wird. So entwickeln sich individuelle Kommunikationsmuster, die Außenstehende oft zum verständnislosen Kopfschütteln verleiten. Dabei fordert das Kind seine Eltern durch Augenkontakt dazu auf, mit ihm in Kontakt zu treten. Und wenn das Kind wegschaut, also den Blickkontakt beendet, erklärt es den Dialog für abgeschlossen und will erst einmal in Ruhe gelassen werden.

Feine Antennen

Zwar fremdelt das Baby noch nicht, es hat aber feine Sinne dafür entwickelt, ob es von fremden Händen angefasst wird oder von vertrauten. Auch spürt es die Sicherheit, mit der jemand mit ihm umgeht. Diese körperliche, auch taktil-kinästhetisch genannte Wahrnehmung, kann in diesem Alter sehr ausgeprägt sein und zu Missempfindungen oder Unruhe führen. Großeltern und Paten sind ganz enttäuscht, wenn das Baby auf ihrem Arm unzufrieden ist und zu quengeln beginnt. Aber das Baby merkt die Unterschiede: Sie fassen es anders an, riechen anders und machen andere Laute als die vertrauten Eltern.

Manche Babys haben noch Schwierigkeiten, ihre Spannungen und emotionalen Erregungszustände zu regulieren und können ganz haltlos wirken, während andere zunehmend »an sich halten« können. Generell nimmt die Selbstregulationsfähigkeit zu, das Kind wird anpassungsfähiger und flexibler im Umgang mit Stimulationen und Irritationen. Das zeigt sich auch darin, dass sich viele Babys mit drei Monaten schon ganz gut selbst beruhigen können und leichter in den Schlaf finden als früher.

Die Entwicklung des Gehirns

Neugeborene und Säuglinge haben im Verhältnis zum Körper einen sehr großen Kopf. Mit zunehmendem Wachstum gleichen sich die Proportionen an (siehe Abbildung unten). Bei Kindern mit Wachstumsstörungen dauert dieser Prozess viel länger als gewöhnlich. Deswegen fällt bei mangelentwickelten Kindern der große Kopf besonders ins Auge.

Frühe Entstehung

Die Entwicklung des Gehirns beginnt bereits in den ersten Wochen nach der Befruchtung. Dann differenzieren sich aus dem sogenannten Neuralrohr drei Bläschen heraus, aus dessen größtem durch fortschreitende Unterteilung das Gehirn entsteht. Aus dem mittleren Bläschen wird später das Mittelhirn und aus dem dritten das Rückenmark. Das frühe Wachstum und die frühe Entwicklung erfolgen regelhaft nach einem inneren Bauplan, dessen Ausarbeitung, Vererbung und Regulierung noch völlig unbekannt sind. Wahrscheinlich erfahren Zellen durch chemische Signale von ihren Nachbarzellen, welche Aufgabe ihnen im gesamten Bauplan zukommt. Im

Bis zum Erwachsenenaltern verändert sich das Verhältnis von Kopf und Körper stark.

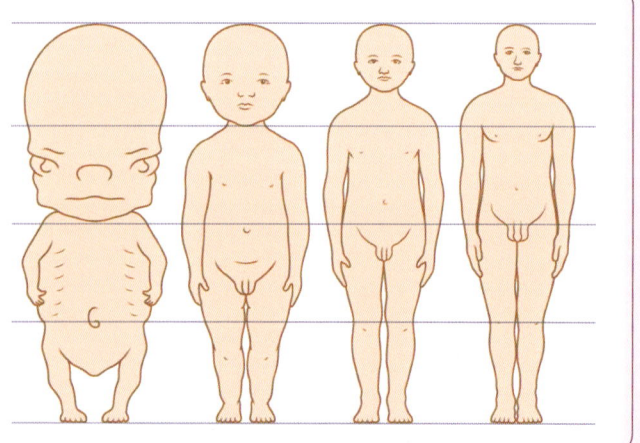

Zuge des Wachstums und der Entwicklung von Zellverbänden kommen Nerven dazu, die auf elektrischem Weg durch ihre Verbindungen (Synapsen) mit fortschreitendem Alter des Embryos die Entwicklung in zunehmendem Maße steuern.

Die Zahl der Synapsen explodiert

Das Gehirn wiegt beim Neugeborenen etwa 400 Gramm und verdoppelt sein Gewicht im ersten Lebensjahr. Bei der Geburt ist lediglich ein Grundgerüst vorhanden: Das Gehirn des jungen Säuglings besitzt zwar bereits ebenso viele Nervenzellen (Neuronen) wie das eines Erwachsenen, also rund 100 Milliarden. Diese sind aber funktionell noch nicht vollständig ausgebildet, vor allem weniger vernetzt. Die Zahl der Nervenverbindungen, der Synapsen, nimmt im ersten Lebensjahr um das Sechsfache auf bis zu 15 000 Synapsen pro Nervenzelle zu (siehe Abbildung rechts). Außerdem ist die Leitgeschwindigkeit der Nerven niedriger: Junge Säuglinge haben eine »längere Leitung«, weil es noch zu viele mögliche Leitungsbahnen gibt, auf denen sich die Impulse bewegen, vor allem aber, weil sich die Leitungsgeschwindigkeit erst mit der Zunahme der Markscheiden (Myelin) vervielfacht. Diese wirken wie eine Art Stromkabelisolierung und beschleunigen so die Nervensignale. Diese Myelinisierung beginnt in den letzten Schwangerschaftsmonaten und ist etwa im Alter von fünf Jahren abgeschlossen. Meist ist die rechte

Hirnhälfte, die eher Wahrnehmungen, Gefühle und Emotionen kontrolliert, weiter entwickelt als die linke, die das logische Denken, die Sprache und die Willkürmotorik beeinflusst.

Die im Hirnstamm ansässigen Vitalfunktionen wie Herzschlag und Atmung sind beim reifen Neugeborenen ausreichend entwickelt, lediglich bei Frühgeborenen noch unreif, was sich in Atemaussetzern und langsamem Herzschlag (Bradykardien) zeigen kann (siehe Seite 336).

Das Gehirn verändert sich ständig

Nicht nur im Mutterleib oder in der frühen Kindheit finden ständig Umbauarbeiten im Gehirn statt. Bis zur Pubertät und darüber hinaus strukturiert sich das Gehirn weiter um. Das hat einerseits eine Zunahme von grauer Gehirnsubstanz in bestimmten Regionen zur Folge, andererseits verliert das Gehirn an Gewebe, und zwar das nicht genutzter Zellen.

Bei Kindern im Alter von drei bis sechs Jahren vermehrt sich etwa die graue Hirnsubstanz vor allem in

Die neuronalen Netzwerke verdichten sich in den ersten beiden Lebensjahren enorm.

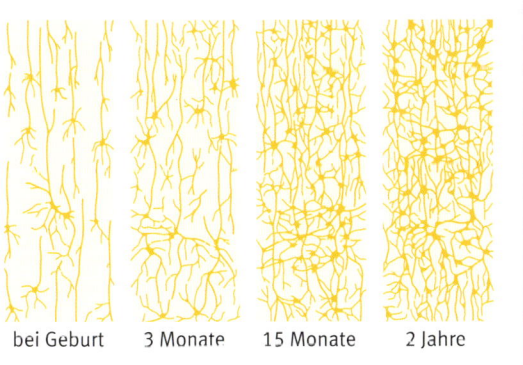

bei Geburt   3 Monate   15 Monate   2 Jahre

den vorderen Gehirnbereichen, die die Handlungsplanung und die Konzentrationsfähigkeit steuern.

Bei Schulkindern im Alter von sechs bis zwölf Jahren wachsen hintere Hirnregionen, die eine Rolle beim räumlichen Vorstellungsvermögen und der Entwicklung sprachlicher Fähigkeiten spielen. Daher nimmt zum Beispiel etwa ab dem Alter von zwölf Jahren die Fähigkeit zum Erlernen neuer Sprachen ab.

Selbst noch bei Jugendlichen kurz vor der Pubertät kann man ein erneutes Wachstum der grauen Gehirnsubstanz im Bereich des Frontalhirns nachweisen, welches für die Gefühls- und Verhaltenssteuerung verantwortlich ist. Diesem »späten« Wachstum folgt ein erheblicher Abbau dieser Gehirnzellen im Alter von 15 bis 25 Jahren.

Das Gehirn wächst an seinen Aufgaben

Bei Säugetieren, vor allem beim Menschen, ist die Gehirnentwicklung nach der Geburt noch nicht abgeschlossen; sie endet erst mit der Pubertät. Aber auch danach ist das Gehirn noch lernfähig und in der Lage, erhebliche Anpassungsleistungen zu vollbringen, etwa beim krankheitsbedingten Ausfall von Gehirnarealen. Das Gehirn muss das ganze Leben lang weiter trainiert werden.

Das Gehirn muss genutzt werden

Eine interessante Umwelt regt das Gehirn zu einer verstärkten Aktivität und zur Bildung von Verbindungen der Nervenzellen untereinander an und verhindert dadurch das Absterben von Nervenzellen und Nervenbahnen. Denn es überleben nur Zellen, die optimal zur erwünschten Funktion des Systems beitragen, die nicht genutzten sterben ab. Diese

Erkenntnisse sind von großer Bedeutung. Wird etwa eine angeborene Schwerhörigkeit nicht möglichst früh behandelt, wird die Hörbahn, also die Gehirnstruktur, die zur Vermittlung des Hörens vom Ohr zum Gehirn aufgebaut wurde, wieder abgebaut. Oder beim Schielen wird die Sehbahn und Sehrinde eines Auges abgebaut, um die Wahrnehmung von Doppelbildern zu verhindern – das kann durch Abkleben des gesunden Auges verhindert werden. Wir müssen annehmen, dass für die fehlende Stimulation anderer Sinne, aber auch der Gefühle, Ähnliches gilt, ebenso wie für das Lernen an sich.

Es kann heute als gesichert gelten, dass ein Fehlen von anregenden Umwelteinflüssen (Deprivation) oder das wiederholte Auftreten von angstvollen oder schmerzhaften Erlebnissen zu einer nachweisbaren Unter- oder Fehlentwicklung des Gehirns führt, was mit entsprechenden emotionalen und kognitiven Defiziten einhergeht.

Einfluss der Umwelt

Der tiefgreifende Einfluss von Erfahrungs- und Lern-

Bereits mit drei Jahren hat das Gehirn 90 Prozent seiner vollen Größe erreicht.

Das Gehirnwachstum ist bis zum 3. Lebensjahr zu 90 Prozent abgeschlossen. Danach nimmt es bis zum Erwachsenenalter nur noch 10 Prozent an Volumen zu.

Geburt	18 Monate	36 Monate	18 Jahre
30%	50%	90%	100%

prozessen in der Entwicklung des zentralen Nervensystems wurde in der Vergangenheit stark unterschätzt. Dabei kommt es in allen Entwicklungsstadien in unterschiedlichem Ausmaß zu einem feinen Wechselspiel zwischen angeborenen, vorgegeben Programmen und Umwelteinflüssen, Erfahrungen und Lernvorgängen.

Inwieweit diese komplexen und vielschichtigen Vorgänge durch alle Arten von Schadstoffen, wie Umweltgifte oder Medikamente, oder durch Elektrosmog beeinflusst werden, ist noch unklar. Neuere tierexperimentelle Untersuchungen konnten zum Beispiel Einflüsse von Mobiltelefonen auf die intrauterine Hirnentwicklung nachweisen. Noch weniger erforscht, aber doch wahrscheinlich sind die Einflüsse der mütterlichen Befindlichkeit, ihrer Stimmungen und Gefühle, schon auf die Embryonalentwicklung, sicher aber in der Säuglingszeit.

Frühe Fähigkeiten des Gehirns

Wie fortgeschritten die Gehirnentwicklung schon bei Babys ist, zeigt eine Untersuchung britischer Forscher. Danach reagiert das Gehirn des Babys schon im vierten Monat genauso stark auf bestimmte menschliche Lautäußerungen wie das Gehirn von Erwachsenen. Mithilfe der Kernspintomografie fanden die Forscher heraus, dass Babys wortlose menschliche Laute wie beim Weinen von anderen Geräuschen unterscheiden können. Auf traurige Lautäußerungen reagierten die Kleinen besonders stark. Die Forschungsergebnisse stützen auch andere Untersuchungen, nach denen Babys zwischen den Stimmen von Frauen, Männern, Kindern und Erwachsenen unterscheiden können. Besonders starke Reaktionen wurden zudem auf die Stimme der Mutter verzeichnet. Mit diesen Erkenntnissen können zum Beispiel Verhaltensstörungen frühzeitig erkannt und bei Bedarf behandelt werden.

Die Gehirnentwicklung

Nicht nur im Babyalter, sondern während der gesamten Kindheit bis zur Pubertät wird das Gehirn programmiert. Die Umgebung, die Eltern und auch die Kinder selbst beeinflussen mit den Dingen und Tätigkeiten, mit denen sie sich beschäftigen, wie geistige Aktivitäten, Medienkonsum, Sport, Musik und so weiter, die Leistungsfähigkeit des Gehirns. Die Bedeutung eines förderndes Umfelds auf die kindliche Entwicklung kann daher nicht hoch genug geschätzt werden. Schon im Babyjahr können die Eltern den Grundstein für eine positive kognitive Entwicklung legen. Folgende Faktoren gelten als förderlich:

* **Eine gesunde Umwelt und Lebensweise:**
Schon vor der Geburt beeinflussen die Umgebungsbedingungen die kindliche Gehirnentwicklung. Stress, Fehlernährung, Rauchen, Alkohol- und Medikamentenmissbrauch der Mutter sind nachweislich schädlich für das Kind. Eltern sollten für ihr Kind daher eine möglichst gesunde Umgebung schaffen. Eine ruhige, liebevolle Atmosphäre ist dabei genauso wichtig, wie eine rauchfreie Wohnung. Versuchen Sie Stress und Hektik der Erwachsenenwelt möglichst von Ihrem Kind fernzuhalten, zum Beispiel indem Sie selbst eine Entspannungstechnik erlernen, die Sie ruhiger werden lässt, wenn Sie unter Anspannung stehen.

* **Stillen:** Langes und ausschließliches Stillen während der ersten sechs Monate wirkt sich insgesamt positiv auf die kindliche Entwicklung aus, auch die kognitiven Fähigkeiten profitieren davon. Neben der stimulierenden Nähe und dem ausgedehnten Hautkontakt zwischen Mutter und Kind wird dies auf die ideale Nährstoffzusammensetzung der Muttermilch zurückgeführt, sie versorgt das Gehirn besonders gut mit Vitaminen, Mineralien und Spurenelementen. Nach der Stillzeit ist während der Phase des Heranwachsens gesunde, ausgewogene, vitamin- und mineralstoffreiche Ernährung für die Gehirnentwicklung förderlich.

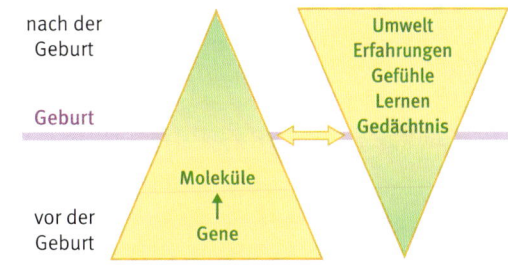

Die soziale Umwelt beeinflusst die genetisch definierten Entwicklungsprogramme und nimmt so großen Einfluss auf die Ausreifung und damit die Funktion des Gehirns

Viele Umweltfaktoren beeinflussen die Reifung und Entwicklung des Gehirns.

* **Sichere Eltern-Kind-Bindung:** Wenn es Ihnen gelingt, in den ersten Lebensmonaten zwischen sich und Ihrem Kind ein starkes, tragfähiges Band zu knüpfen, machen Sie ihm ein wertvolles Geschenk für sein gesamtes Leben. Kinder, die in einer Atmosphäre der Verlässlichkeit, Sicherheit und Geborgenheit aufwachsen dürfen, lernen schneller und leichter mit negativen Emotionen wie Stress, Angst und Wut umzugehen, ihre Affekte zu beherrschen und ihre Emotionen zu kontrollieren. Besonders positiv wirkt sich in dieser Hinsicht eine zugewandte, liebevolle und unterstützende Haltung der Eltern aus, auch und vor allem in »stressigen« Situationen.

* **Ein anregendes familiäres Umfeld:** Von besonderer Bedeutung für die kognitive Entwicklung ist ein anregendes Umfeld, das den Kindern von Anfang an die Möglichkeit gibt, ihre Fähigkeiten zu entdecken und zu entwickeln. Förderlich in diesem Zusammenhang ist es, wenn Eltern sich die Zeit nehmen, die vielen Fragen ihrer Kinder ernsthaft zu beantworten. Auch das Experimentieren mit Alltagsgegenständen wie es beim Helfen in der Küche und im Haushalt möglich ist, fördert die kindliche Entwicklung. Und nicht zuletzt wachsen alle Kinder immer wieder daran, wenn sie vor neue, dem Alter engemessene, Herausforderungen gestellt werden, die sie selbstständig und in ihrem eigenen Tempo lösen dürfen.

DAS MACHT IHREM BABY SPASS

Klingelspiel

Das Klingeln kleiner Glöckchen fasziniert Babys besonders, wenn sie die Töne durch Bewegungen der Arme oder Beine selbst auslösen können. Nebenbei wird auch das Gehör des Kindes geschult. Befestigen Sie für das Klingelspiel drei kleine Glöckchen (aus dem Bastelgeschäft) fest an einem weichen Gummiband. Verknoten Sie das Band so, dass eine Hand oder ein Fuß gut hindurch passt. Streifen Sie das Band abwechselnd über die Hand und über den Fuß, und vergnügen Sie sich zusammen mit dem Baby, das mit Armen und Füßen wackelt, um die Glöckchen klingeln zu lassen. Für eine rhythmische Musikeinlage können Sie die kleine Hand oder den Fuß unterstützend sanft im Takt bewegen.

Gesund bleiben

Vom Beginn des dritten bis zum Ende des vierten Monats kann die Vorsorgeuntersuchung U4 vorgenommen werden. In vielen Bundesländern werden behördliche Einladungen zu dieser Untersuchung verschickt, da sie die erste verpflichtende Vorsorgeuntersuchung ist. Auch laden unabhängig davon viele Krankenkassen ihre Versicherten zu den einzelnen Vorsorgeuntersuchungen ein. Oft werden die Einladungen sehr früh verschickt, sodass die Eltern sich unter Druck gesetzt fühlen, die Untersuchung bald vornehmen zu lassen. Da die U4 von den Inhalten auf einen drei Monate alten Säugling zugeschnitten ist, sollte sie idealerweise auch zu diesem Zeitpunkt stattfinden. Besprechen Sie aber den Termin mit Ihrem Arzt, um den Impfplan damit abzustimmen.

Die U4

Zunächst sollte der Arzt zuhören, wie es Ihnen geht, wie Sie zurechtkommen, wie Sie Ihr Kind ernähren und mit welchen Schwierigkeiten Sie zu kämpfen haben. Neben Wiegen und Messen sowie dem Führen der Gedeihkurven und der Kopfumfangkurve im Anhang des gelben Heftes (siehe Seite 326) steht die allgemeine Entwicklung im Vordergrund. So untersucht der Arzt die Kopfkontrolle beim Aufsetzen und in Bauchlage, die Stellung der Augen sowie das Sehen und das Folgen der Augen, ferner das Hören und die Blickwendung bei Geräuschen. Zudem schenkt der Arzt dem Skelettsystem, der Hüfte, der Kopfform und der Fontanelle besondere Beachtung, ebenso der Hand-Hand- und der Hand-Mund-Koordination.

Ein besonderes Augenmerk richtet der Arzt auf die soziale Kontaktaufnahme, die er durch Ansprache, Lächeln und Spielen herausfordert und wartet, ob das Baby seine Versuche durch aufmerksames Betrachten, Lächeln und andere kleine Gesten erwidert.

UNSCHEINBARE UNTERSUCHUNGEN

Nach außen scheint es so, als ob der Arzt das Kind eigentlich gar nicht richtig untersucht. Doch tatsächlich achtet er mehr auf den allgemeinen Eindruck als auf zahlreiche Einzelbefunde: die Gesamtheit der Bewegungsmuster und des Verhaltens sowie der Muskeltonus, der Blick und die Kontaktaufnahme. Ganz harmonisch untersucht der Arzt mit wenigen kleinen Bewegungen komplexe Dinge, etwa beim sogenannten Traktionsversuch, dem langsamen Aufziehen des auf dem Rücken liegenden Kindes. Diese wenige Sekunden dauernde Untersuchung gibt Auskunft über Muskeltonus, Symmetrie, Kopfkontrolle, Augenstellung und -bewegung, Orientierung im Raum und Kontaktaufnahme. All das wird von den Eltern gar nicht als Untersuchungsschritt wahrgenommen, sodass sie am Ende erstaunt fragen, ob das denn schon alles gewesen sei.

IMPFEN ERST AM SCHLUSS

Am Ende der U4 wird in der Regel eine Impfung stehen. Sehen Sie deshalb zu, dass Sie vorher alle Fragen losgeworden sind, denn danach sind Sie mit Trösten beschäftigt – und mit einem schreienden Kind im Arm kann man gar nichts mehr besprechen. Denken Sie auch noch an die Vitamin-D-Tabletten für die nächsten Wochen, und vereinbaren Sie am besten gleich einen neuen Termin. Fragen Sie nach, wann die nächste Untersuchung ansteht, etwa für die Folgeimpfung oder die nächste Vorsorgeuntersuchung. Damit Sie nicht unnötig oft in die Praxis müssen, versuchen Sie die Termine zu koppeln.

Elterncoach

Erziehung bedeutet in den ersten Lebenswochen vor allem liebevolle Begegnungen mit dem Baby. Je mehr das Kind erfährt, dass Sie sich ihm zuwenden und es sich auf Sie verlassen kann, desto zufriedener und selbstsicherer geht es später durchs Leben. Auch Reden ist eine Art der Zuwendung, obwohl Ihr Baby die Worte noch nicht verstehen kann. Es wird sich dabei vor allem auf Ihre Mimik, Gestik und den Klang Ihrer Stimme konzentrieren. Wenn Sie ihm nah sind, versteht es, was Sie ihm mitteilen möchten, auch ohne die Worte zu kennen.

Nicht verstellen

Bleiben Sie dabei aber authentisch und verstellen Sie sich nicht absichtlich. Wenn Sie vorgeben, fröhlich zu sein, obwohl Sie verspannt sind und Ärger hatten, spürt das Baby, dass etwas nicht stimmt. Sie können ihm wenig vormachen. Umgekehrt macht Ihnen auch das Baby nichts vor. Freut es sich einmal nicht wie üblich, wenn Sie sich ihm wohl gelaunt zuwenden, ist irgendetwas nicht in Ordnung. Schnell lernen Sie, sein Verhalten zu deuten, und können entsprechend darauf reagieren.

Vieles an seinem Wesen ist auch Temperamentssache. Wenn Sie mit dem Kind spielen oder einen Kurs mit anderen Babys besuchen, lernen Sie sein Wesen ganz gut kennen. Je besser Sie Ihr Kind einschätzen können, desto besser können Sie mit ihm kommunizieren und auf seine Bedürfnisse eingehen. Akzeptieren Sie, wenn Ihr Kind in manchen Dingen anders ist, als Sie selbst oder Ihr Partner es einst als Kinder waren. Loben Sie, wann immer es angebracht ist. Das macht das Kind glücklich und es lernt, welches Verhalten erwünscht ist und wie es seinen Mitmenschen eine Freude machen kann.

Vertrauen Sie auf Ihr Bauchgefühl

Manche starren Erziehungsregeln, die uns oder unseren Eltern noch mitgegeben wurden, können Sie getrost ignorieren. Es stimmt beispielsweise nicht, dass ein Kind, das einmal im Elternbett geschlafen hat, immer im Ehebett schlafen will. Auch veraltete »Weisheiten«, wie »wer schreit, bekommt erst recht nicht, was er will«, können fatale Folgen haben. Ein Kind, das weint, braucht Ihre Hilfe. Alleine kann es sich nicht helfen. Auch kann der Grund des Weinens recht unterschiedlich sein: eine volle Windel, frieren, schwitzen, Bauchweh, Hunger oder etwas ganz anderes. Wenn Sie Ihr Kind kennen, können Sie auf seinen Hilfeschrei reagieren und den Grund für sein Unwohlsein beheben.

Verlassen Sie sich bei der Wahl der Erziehungsmittel in den ersten Monaten am besten auf Ihr Bauchgefühl. Finden Sie auf sanfte und spielerische Art heraus, was funktioniert und was nicht. Daraus können Sie dann Ihre eigenen, klar definierten Regeln und Ziele für die Zukunft ableiten – denn Erziehung sollte später nicht ausschließlich vom Bauchgefühl ausgehen. Klare Regeln und liebevolle Konsequenzen sind für beide Seiten verlässliche Grundpfeiler. Eines ist jedoch sicher: Bestrafungen haben überhaupt keinen Sinn, da das Baby nicht vorsätzlich »böse« ist und nicht verstehen kann, was Sie damit beabsichtigen oder von ihm verlangen. Auch zu sehr verwöhnen können Sie Ihr Kind in diesem Alter noch nicht!

TIPP

Fitness mit Baby

Hoch im Kurs steht bei jungen Müttern Nordic Walking mit Baby. In Großstädten werden dafür Kurse und Treffen von Hebammen oder Fitnesstrainern organisiert – Frauen, die die Walking-Technik bereits beherrschen, kommen aber auch alleine gut zurecht. Tragen Sie Ihr Baby dem Alter entsprechend in einem Tuch oder einer Tragehilfe eng am Körper, nehmen Sie Ihre Stöcke in die Hand und laufen Sie los. Während das Baby schläft oder die Natur betrachtet und das Hin- und Herschaukeln genießt, tun Sie etwas gegen Verspannungen im Wirbelsäulen- und Schulter-Nacken-Bereich. Das Laufen hilft, Stimmungstiefs zu überwinden, und die frische Luft tut schließlich beiden gut. Wer in der Gruppe läuft, lernt zudem andere aktive Mütter kennen und wird zusätzlich motiviert, sich für die Gesundheit anzustrengen und wieder in Form zu kommen.

Extra für Mütter:

Im Kampf gegen die Müdigkeit

Der Schlaf-wach-Rhythmus des Babys kann sich nach einigen Wochen als mütterlicher Energieräuber erster Güte entpuppen. Durchwachte Nächte lassen die Tage manchmal endlos lang werden – verbunden mit dem Gefühl, den Anforderungen nicht gerecht zu werden, weil die Müdigkeit einen ständig lähmt. Nutzen Sie daher jede Gelegenheit, die sich bietet, um auszuruhen oder ein kleines Nickerchen zu machen. Immer dann, wenn Ihr Baby tagsüber eingeschlafen ist, sollten auch Sie sich hinlegen. Verwenden Sie die Zeit also nicht, um im Haushalt aktiv zu werden und das zu erledigen, was liegen geblieben ist. Ihr Schlaf ist genauso heilig wie der Ihres Kindes! Er gibt Ihnen Energie und sorgt dafür, dass Sie gesund bleiben. Ständige Übermüdung schlägt nämlich nicht nur aufs Gemüt, sondern macht den Körper auch anfälliger für Krankheiten aller Art. Zu den ersten Schlafmangelsymptomen gehören neben Abgeschlagenheit auch Gereiztheit, Konzentrationsprobleme sowie ein eingeschränktes Reaktionsvermögen. Extreme Übermüdung kann tagsüber aber auch einen unbeabsichtigten Sekunden- oder Minutenschlaf auslösen, der besonders im Straßenverkehr das Risiko eines Unfalls erhöht.

Nützliche Fitmacher

Viel Sauerstoff hilft, Phasen der Müdigkeit zu verscheuchen. Gehen Sie daher mehrmals täglich mit dem Kind nach draußen, und erledigen Sie kleinere Einkäufe und Besorgungen besser zu Fuß als mit dem Auto. Wenn es Ihre Zeit erlaubt, legen Sie zwischendurch immer wieder einmal die Beine für fünf Minuten hoch, und gönnen Sie sich über den Tag verteilt mehrere kleine Pausen, in denen Sie tief durchatmen und etwas für sich selbst tun. Wie wär's mit einer Teepause? Schwarzer, grüner und weißer Tee sollen als Wachmacher übrigens besser wirken als Kaffee, da der Körper das Koffein daraus langsamer aufnimmt und so die stimulierende Wirkung länger anhält. Maximal drei Tassen Tee oder koffeinhaltige Getränke pro Tag sind während der Stillzeit erlaubt. Auch mit der Ernährung können Sie ganz natürliche Muntermacher zu sich nehmen. Dazu gehören zum Beispiel frischer Bärlauch, Bananen, Nüsse, Brennnessel (als Tee, in der Suppe oder im Salat) und mageres Rindfleisch.

Vertrauen Sie auf den Ammenschlaf

Vielleicht trauen Sie sich auch nicht, nachts wirklich tief zu schlafen, weil Sie Angst haben, Ihr Kind nicht zu hören. Deshalb schlafen Sie dann nur oberflächlich und unruhig. Diese Befürchtung ist jedoch unbegründet, denn die Natur hat dafür gesorgt, dass Sie Ihr Kind auch dann hören, wenn Sie tief schlummern. Egal ob es weint oder Hungerzeichen von sich gibt: Der sogenannte Ammenschlaf lässt Sie aufhorchen und wach werden.

Nach wissenschaftlicher Erklärung ändert sich das Schlafverhalten der Mutter oder einer anderen Person, die sich viel um den Säugling kümmert, sobald sich das Baby in der gleichen häuslichen Umgebung befindet. Gehen dann vom Baby spezifische Weckreize aus, wie unruhige Bewegungen oder auch ganz leise Laute, wird die in der Nähe schlafende Bezugsperson sofort wach. Forscher wollen zwar herausgefunden haben, dass Frauen eher von weinenden Babys wach werden als Männer. Im Einzelfall wird sich aber zeigen, wie schnell ein Vater, der sich vermehrt um das Baby kümmert, vor dem Bettchen steht. Während des Ammenschlafs ist zudem der Geruchssinn geschärft, sodass Sie auch dann geweckt werden, wenn Ihr Kind erbricht oder in die Windel macht.

Yoga zur Rückbildung

Kraft für Beckenboden, Bauch und Rücken

Yoga hilft Ihnen, nach der Entbindung wieder in Ihre Mitte zu finden und Ihren neuen Körper als Mutter zu erfahren. Entspannen Sie, laden Sie Ihre Energiespeicher auf und unterstützen Sie die Rückbildung. Mit speziellen Übungen können Sie Ihren Beckenboden stärken und die Bauch- und Rückenmuskulatur langsam wieder aufbauen. Schultern und Rücken, die durch den Alltag mit Baby besonders beansprucht sind, werden gelockert und entspannen sich. Etwa sechs Wochen nach der Entbindung können Sie nach Rücksprache mit der Hebamme oder Ihrem Arzt mit dem Training beginnen. Frauen mit Kaiserschnitt sollten mindestens bis zur achten Woche nach der Entbindung warten. Die folgenden Übungen empfehlen wir erst ab dem dritten Monat, wenn alle Geburtsverletzungen sicher verheilt sind.

Bevor Sie beginnen, legen Sie sich eine rutschfeste Yogamatte zurecht und ziehen Sie leichte Sportsachen an. Bleiben Sie barfuß oder in Socken. Am besten trainieren Sie zwischen zwei Mahlzeiten, dann fühlen Sie sich nicht zu voll und nicht zu hungrig. Stellen Sie Mineralwasser für zwischendurch bereit. Denn auch Yoga kann ganz schön anstrengend und schweißtreibend sein. Doch übertreiben Sie nicht. Führen Sie die Übungen nur so lange aus, wie es Ihnen guttut, und brechen Sie sicherheitshalber sofort ab, sobald Sie Schmerzen empfinden.

Wenn Sie mindestens einmal pro Woche üben, wird Ihre Hebamme die gute Rückbildung sicher bald auch ertasten können. Und Sie werden fit und können so manche Hürde, die vielleicht noch vor Ihnen liegt, seelisch gelassen und körperlich gestärkt nehmen. Es empfiehlt sich, die Übungen in der vorgeschlagenen Reihenfolge durchzuführen und dabei immer über die Seite aufzustehen.

1. Entspannen im Fersensitz

✳ Knien Sie sich mit geschlossenen Beinen auf Ihre Yogamatte. Die Füße berühren mit dem Fußrücken die Matte. Setzen Sie sich mit Ihrem Po auf die Fersen.

✳ Strecken Sie Ihre Arme gerade nach oben und führen Sie Ihren Oberkörper in dieser Haltung langsam zum Boden. Der Po bleibt auf den Fersen und die Brust liegt auf den Oberschenkeln. Die ausgestreckten Arme zeigen nach vorne, die Handflächen berühren die Matte.

✳ Legen Sie Ihren Kopf mit der Stirn auf der Matte ab. Atmen Sie regelmäßig und entspannen Sie sich. Bleiben Sie etwa eine Minute in dieser Stellung (Bild 1).

Die Variation im Fersensitz bringt neue Energie, sie entspannt die Bauchorgane, harmonisiert Körper und Geist und befreit von Anspannungen.

1

2

Der Berg führt in die innere Mitte, stärkt die Bauchmuskulatur und die Wirbelsäule. Die Verdauung wird gefördert, die Nerven beruhigt und der Körper stabilisiert.

2. Der Berg

❋ Kommen Sie langsam Wirbel für Wirbel mit dem Oberkörper aus dem »Zusammengerollten Blatt« nach oben. Der Po hebt sich von den Fersen – nur die Schienbeine liegen noch auf der Matte. Führen Sie Ihre Hände in Brusthöhe zusammen und drücken Sie die Handflächen fest gegeneinander. Die Fingerspitzen schauen nach oben.

❋ Führen Sie die zusammengepressten Hände an Ihrem Gesicht vorbei nach oben, bis die Arme ganz ausgestreckt sind. Die Oberarme sind neben Ihren Ohren, die Augen schauen weiter gerade nach vorne. Atmen Sie tief und regelmäßig. Die Hände drücken weiterhin gegeneinander. Ziehen Sie die Muskeln in der Vagina zusammen und bleiben Sie etwa eine Minute in dieser Stellung (Bild 2).

❋ Führen Sie die Arme langsam zurück zur Brust. Wiederholen Sie die Übung noch zweimal.

3. Die Pumpe

❋ Legen Sie sich auf den Rücken. Die Beine sind ausgestreckt und berühren sich. Die ausgestreckten Arme liegen eng neben dem Körper, die Handflächen berühren die Matte.

❋ Führen Sie die Beine mit gestreckten Zehen ganz langsam nach oben, während Sie bis zehn zählen. Dann sollten die Beine gerade in den Himmel zeigen und einen rechten Winkel zum Boden bilden (Bild 3). Bleiben Sie in dieser Position und zählen Sie bis zehn.

❋ Senken Sie die Beine wieder ganz langsam Richtung Boden und zählen Sie währenddessen bis zehn. Danach legen Sie die Beine ab. Schütteln Sie die Beine im Liegen aus und wiederholen Sie die Übung noch zweimal.

Die Pumpe kräftigt Bauch- und Rückenmuskulatur, massiert die Organe des Unterleibs, festigt das Gesäß und fördert die Durchblutung.

3

4. Das Boot

✽ Bleiben Sie nach der Pumpe noch einen Moment entspannt auf dem Rücken liegen.

✽ Winkeln Sie Ihre geschlossenen Beine an. Ziehen Sie Ihren Oberkörper nach oben, indem Sie mit Ihren Händen in die Kniekehlen fassen.

✽ Strecken Sie die Beine langsam schräg nach oben. Lösen Sie die Hände von den Kniekehlen und strecken Sie die Arme waagerecht nach vorne. Die Handflächen zeigen nach unten. Der Rücken sollte gestreckt sein (Bild 4). Es ist anfangs nicht ganz einfach, auf dem Po sitzen zu bleiben und die Balance zu finden. Am besten schaukeln Sie etwas hin und her, bis Sie Stabilität bekommen.

✽ Bleiben Sie solange im Boot, wie es Ihre Muskeln zulassen. Legen Sie sich langsam wieder zurück auf die Matte, wackeln Sie mit Armen und Beinen und entspannen Sie ein wenig.

✽ Nehmen Sie wieder die Ausgangsstellung ein und wiederholen Sie die Übung noch zweimal.

Das Boot kräftigt besonders die Bauchmuskulatur und stärkt Ihr Körpergefühl. Verbessert werden zudem das Gleichgewicht und die Haltung.

4

5

Die Heuschrecke kräftigt den Beckenboden und die Pomuskulatur, festigt den Bauch und stärkt den Rücken.

5. Die Heuschrecke

✽ Drehen Sie sich für die Heuschrecke auf den Bauch. Strecken Sie die Arme in Schulterbreite nach vorne aus. Die Handflächen liegen auf der Matte. Die Beine sind gerade gestreckt und geschlossen. Die Füße liegen auf dem Fußrücken.

✽ Heben Sie gleichzeitig Ihre Arme und Beine vom Boden ab – so hoch es geht. Auch der Kopf und der Brustkorb werden mit angehoben. Kneifen Sie die Pobacken zusammen und lassen Sie die Beine geschlossen (Bild 5).

✽ Bleiben Sie solange in der Position, wie es Ihre Kraft erlaubt. Mit etwas Übung werden Sie bald die Beine und Arme höher vom Boden abheben können als zu Beginn der Übung – da sind es wahrscheinlich nur wenige Zentimeter.

✽ Wiederholen Sie die Heuschrecke noch zweimal und entspannen Sie zwischen den Übungen kurz in der Bauchlage.

6. Das Brett

❋ Nachdem Sie sich in der Bauchlage etwas ausgeruht haben, kommen Sie in den Vierfüßlerstand: Ihre Hände und Schienbeine liegen auf der Matte. Schieben Sie die Beine zusammen, stellen Sie die Zehen auf und drücken Sie Po und Beine nach oben. »Laufen« Sie mit Ihren Händen so weit nach vorne, bis sich Ihr Rumpf und Ihre Beine wie ein schräges Brett über dem Boden befinden. Die ausgestreckten Arme sind schulterbreit auseinander, die Finger zeigen nach vorne (Bild 6). Der Kopf ist die Verlängerung: Kippen Sie ihn nicht in den Nacken und senken Sie ihn nicht zur Brust.

❋ Spüren Sie die Anspannung im Beckenboden und kneifen Sie zusätzlich die Pobacken zusammen. Sobald Ihre Muskeln ermüden, gehen Sie über den Vierfüßlerstand wieder in die Bauchlage. Ruhen Sie etwas aus und wiederholen Sie die Übung noch zweimal.

Das Brett kräftigt den Rücken und den Beckenboden.

6

7. Die Schlussentspannung

❋ Zur abschließenden Entspannung legen Sie sich auf den Rücken und decken sich mit einer leichten Decke zu. Bei Bedarf können Sie Ihren Nacken polstern und eine gefaltete Decke unter die Kniekehlen legen.

❋ Beine und Arme sind ganz gerade und leicht vom Körper abgewinkelt beziehungsweise geöffnet. Die Handflächen zeigen nach oben.

❋ Der Kopf liegt gerade, das Kinn zeigt leicht zum Brustbein.

❋ Schließen Sie die Augen. Lassen Sie sich ganz auf den Boden sinken, jeden einzelnen Knochen. Geben Sie Ihr ganzes Gewicht an die Erde ab.

❋ Wandern Sie mit Ihrer Aufmerksamkeit zum linken Fuß. Krallen Sie die Zehen fest nach innen ein und zählen Sie bis zehn. Dann loslassen und entspannen. Nun ist der rechte Fuß an der Reihe: anspannen, bis zehn zählen, entspannen.

❋ Es folgt die linke Wade, deren Muskeln im selben Rhythmus an- und entspannt werden. Danach kommt die rechte Wade an die Reihe, der linke Oberschenkel, der rechte Oberschenkel, die linke Pobacke, die rechte Pobacke, der Bauch unterhalb des Nabels, der zum Boden hin eingezogen wird, der obere Bauch, der zum Boden eingezogen wird.

❋ Im Anschluss folgt die linke Hand, die zur Faust geballt wird, dann die rechte Hand, der linke Oberarm wird angespannt, der rechte Oberarm, der linke Brustkorb, der mit den Muskeln Richtung Decke geschoben wird, der rechte Brustkorb, der vordere Hals, dessen Muskeln angespannt und entspannt werden, und zuletzt der hintere Hals.

❋ Bleiben Sie ganz entspannt liegen. Spüren Sie nach und genießen Sie die Leichtigkeit Ihres Körpers und Ihrer Seele.

225

Meilensteine im ersten Quartal

Jeder neue körperliche, geistige und emotionale Entwicklungsschritt bringt das Kind ein Stück weiter, damit es sich in seinem Leben auf dieser Welt zurechtfindet. Solche »Meilensteine« tragen es ins Erwachsenenalter und folgen gerade im ersten Jahr Schlag auf Schlag.

Das Baby hebt sein Köpfchen.

wie etwa das Greifen mit Daumen und Zeigefinger, den grobmotorischen, wie dem freien Sitzen oder Laufen, weit vorausgehen. Oder die Sprache entwickelt sich rascher als die Motorik. Es ist auch möglich, dass einzelne Entwicklungsschritte wie das Krabbeln ganz ausfallen. Deshalb kann eine Chronologie der Meilensteine nur Anhaltspunkte geben. Denken Sie daran, wenn Ihr Kind einzelne Entwicklungsschritte in abweichenden Zeitmustern bewältigt. In einem gewissen Rahmen ist alles normal – schließlich ist jedes Kind vom ersten Tag an ein Individuum.

✿ Jeder in seinem Tempo

Es stimmt: Nie wieder lernt ein Mensch so viel wie im ersten Lebensjahr. In nur zwölf Monaten entwickelt sich das hilflose Neugeborene zum energischen Kleinkind, das schon ganz eigene Vorstellungen davon haben kann, was es möchte und was nicht. Der Zeitpunkt, zu dem Ihr Kind die verschiedenen Fähigkeiten erreicht, kann jedoch stark variieren. Die Entwicklung verläuft nicht selten in Schüben oder auch in den verschiedenen Bereichen sehr unterschiedlich. So können feinmotorische Fähigkeiten,

Das erste Lächeln verzückt alle.

✿ Die Kopfkontrolle

Die wichtigste Entwicklungsaufgabe der ersten drei Monate besteht für ein Baby darin, eine gewisse Kontrolle über das eigene Köpfchen zu erlangen. Dies ist keine sprunghafte Entwicklung, sondern ein kontinuierlicher Prozess. Schon am Ende des ersten Monats können die meisten Babys kurz den Kopf heben, wenn sie auf dem Bauch liegen. Das ist zwar noch etwas wackelig und mit großer Anstrengung verbunden, aber es geht. Einen Monat später können viele Babys den Kopf ruhig halten und dabei Bewegungen verfolgen – und manchmal sogar schon den Oberkörper mit anheben. Den meisten gelingt das am Ende des dritten Monats bereits sehr gut, bisweilen verbunden mit einer spontanen Drehung auf den Rücken.

✿ Erstes Lächeln

Im Schlaf zeigt schon das Neugeborene ein erstes Vorlächeln, das auch Engelslächeln genannt wird. Ein wunderbarer Anblick – auch wenn die Mundwinkel lediglich durch reflexhafte Muskelbewegungen hochgezogen werden und die Augen noch nicht mitlächeln. Um den zweiten Lebensmonat folgt dann das erste bewusste Lächeln. Mit diesem sozialen Lächeln richtet sich das Kind direkt an sein Gegenüber. Nun lächeln Augen und Mund gleichermaßen beim Betrachten von Gesichtern.
Der Körper- und Blickkontakt sind wichtige Entwicklungshelfer im ersten Lebensjahr. Sprechen Sie daher viel mit Ihrem Kind, erklären Sie ihm alle Pflegehandlungen, und kramen Sie die alten Kinderlieder aus Ihrem Gedächtnis hervor – und singen Sie! Ihr Baby wird sich für diese Mühe mit einem strahlenden Lächeln bedanken. Am Ende des zweiten Monats macht das Baby dazu krähende und glucksende Geräusche und lächelt nun auch zurück, wenn man es anlächelt. Und am Ende des ersten Quartals lacht, kräht und quietscht dann fast jedes Baby, wenn es sich freut.

✿ Der Blickkontakt

Mit etwa vier Wochen reagiert das Baby auf Geräusche und verfolgt Bewegungen. Weil es inzwischen schärfer sehen kann, gelingt es dem Kind nun zunehmend besser, Informationen, die ihm seine Umwelt bietet, zu verarbeiten. Es schaut aufmerksam und beobachtet intensiv das Gesicht seines Gegenübers. Zu diesem Zeitpunkt ist das Baby bereits in der Lage, positive Gefühle, wie Freude, Interesse und Neugier, und auch negative Gemütsregungen, wie Wut und Enttäuschung, zu zeigen. Nach den ersten drei Monaten erkennt das Baby Gesichter und Stimmen und wendet sich Geräuschquellen zu.

✿ Die Finger entdecken

Geschafft! Wenn es Ihrem Baby am Ende des dritten Monats gelingt, seine Händchen bewusst in den Mund zu stecken oder über dem Gesicht zusammenzuführen, ist ein weiterer Meilenstein gelungen: Die gezielte Bewegung hat die sogenannte Massenbewegung abgelöst. Sie können Ihr Kind dabei beobachten, wie es staunend seine Finger und Hände entdeckt, und sich an der stillen Konzentration freuen, mit der es seinen eigenen Körper erkundet. Genießen Sie diese kostbaren Momente der Selbstversunkenheit, und versuchen Sie, Störungen von außen möglichst zu vermeiden.

Mit seinen kleinen Händchen kann sich das Baby viel und ausdauernd beschäftigen.

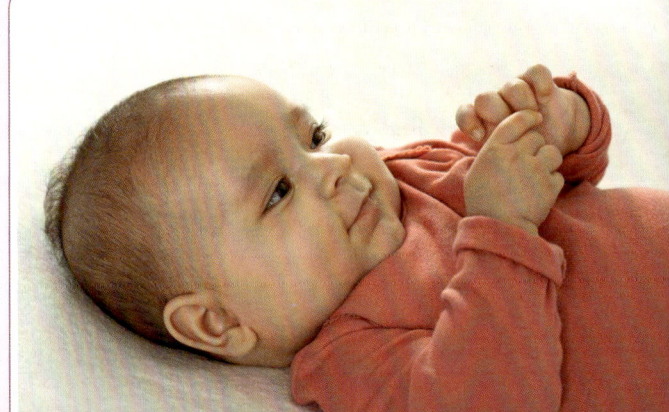

DER 4. MONAT

Neugierig geht Ihr Baby nun fühlend und tastend auf große Entdeckungsreise. Als wichtigstes Wahrnehmungsorgan kommt dabei auch der Mund zum Einsatz: Die Finger und alles, was es greifen kann, werden hier lutschend erforscht und schließlich »be-griffen«. Das Wandern der Händchen zum Mund, die sogenannte Hand-Mund-Koordination, ist jetzt kein sicheres Zeichen mehr für Hunger, sondern dient vor allem dem Kennenlernen der Hände. Zudem tröstet sich das Baby selbst, indem es anfängt, am Daumen oder gar der ganzen Hand zu lutschen. Diesen wichtigen Entwicklungsschritt der Eigenerkundung sollten Sie auf keinen Fall unterbinden. Bieten Sie Ihrem Kind daher nicht den Schnuller an, wenn es geschäftig an seinen Händchen schleckt. Und seien Sie nicht verwundert, wenn diese Phase länger anhält: Erst ab dem zweiten Lebensjahr wird das Kennenlernen über den Mund weniger.

Wachstum und Entwicklung

Ab dem vierten Monat lässt die Gewichtszunahme des Babys oft recht schnell nach. Das liegt nicht nur daran, dass die Kinder einfach weniger wachsen und weniger essen, sondern auch daran, dass sie mehr Energie verbrauchen, weil sie sich körperlich immer mehr bewegen. Auch das Längenwachstum geht auf zwei Zentimeter pro Monat zurück. Nur der Kopfumfang nimmt weiterhin einen Zentimeter im Monat zu.

Ihr Baby hält nun Gegenstände fest, die es allerdings wegen des noch vorhandenen Greifreflexes häufig noch nicht loslassen kann – leider sind das auch manchmal Ihre Haare. Alles, was es zufällig in die Finger bekommt, führt es automatisch zum Mund und steckt es hinein. Der Moro-Reflex (siehe Seite 184) baut sich nun ab.

Motorische Fortschritte

Dadurch kann sich die willkürliche Motorik weiter fortentwickeln. Gezielt greifen kann das Baby zwar noch nicht, aber es ist extrem neugierig, und interessante Gegenstände lösen oft im ganzen Körper eine Unruhe aus, wodurch der Wille und das Bemühen sichtbar werden – doch es ist noch nicht so weit.

Seinen Kopf kann es hingegen schon gut halten. Wenn Sie Ihr Kind auf eine Unterlage stellen, stößt es sich ab und drückt die Beine durch. Sie sollten das aber nicht zu oft ausprobieren, da manche Babys das sehr gerne mögen: Sie drücken die Beine durch und wollen scheinbar gleich stehen. Kein Wunder, denn in dieser Position sehen sie weit mehr als am Boden oder in der Wippe. Viele Babys finden das gut und fordern es immer wieder ein, anstatt sich in den viel anstrengenderen Armstütz zu begeben und ihr Gewicht auf den Armen und später beim Krabbeln auch auf den Knien zu halten.

MEMOS

4. Monat

❋ Kinderarzt:

Falls noch nicht gemacht, ist spätestens jetzt die U4 fällig. Meist steht auch der nächste Impftermin an, der auch eine Gedeih- und Entwicklungskontrolle beinhalten sollte.

❋ Babyausstattung:

Auf der Krabbeldecke und im guten alten Laufstall wird sich Ihr Kind wohlfühlen, seine Umwelt und das Spielen entdecken.

❋ Spielzeug:

Ihr Baby interessiert sich jetzt für alles, was es in die Hand nehmen und in den Mund stecken kann. Achten Sie bei der Wahl des Spielzeugs darauf, dass es groß genug ist, um nicht verschluckt zu werden, die kleinen Hände es aber dennoch gut greifen können. Ihr Baby liebt jetzt auch Schaukelspiele und Kniereiter wie »Hoppe, hoppe, Reiter«.

❋ Eltern-Kind-Gruppe:

Kirchengemeinden und Müttertreffs bieten vielerorts Gruppentreffen für Eltern und Kinder ab null Jahren an. Neben dem Knüpfen von Kontakten zu anderen Eltern haben Sie dort die Möglichkeit, sich über Partnerschafts- und Erziehungsfragen auszutauschen, Spiele und kindgerechte Beschäftigungen kennenzulernen und sich in einer kinderfreundlichen Umgebung aufzuhalten.

❋ Reisen mit dem Baby:

Jetzt ist ein guter Zeitpunkt, um gemeinsam mit dem kleinen Kind zu verreisen. Sogar Fernreisen sind möglich.

❋ Babykleidung:

Konfektionsgröße 62 bis 68, Strumpfhosengröße 00, Mützenweite 42/44.

Die Zähne und ihre Vorboten

Ihr Baby hat in diesem Alter in der Regel noch keine Zähne, aber das »Zahnen« geht dem eigentlichen Zahndurchbruch weit voraus. Bereits mit acht Wochen oder schon früher kauen manche Babys heftig auf allem herum, schieben die Faust in den Mund und sind unruhig und quengelig. Es ist nicht leicht, die Begleiterscheinungen der sich im Kiefer vorschiebenden Zahnanlagen von anderen Symptomen des jungen Säuglings zu unterscheiden, zumal er in diesem Alter die Hände und andere Objekte vor allem mit dem Mund erkundet. Dieser normale Vorgang der sogenannten oralen Phase hat mit dem Zahnen an sich gar nichts zu tun. Andererseits

bekommt das Baby natürlich auch Zähne – nur wann diese in Erscheinung treten, steht auf einem anderen Blatt (siehe Seite 233).

Auf das Zahnen werden oft alle möglichen Symptome zurückgeführt. Zwar kann das Zahnen mit Unwohlsein, roten Wangen, Wundsein und häufigeren Stühlen, nicht aber mit größeren Schmerzen, Fieber oder richtigem Durchfall einhergehen. Wenn Ihnen Ihr Kind krank vorkommt, führen Sie das nicht auf den Durchtritt der Zähne zurück, sondern suchen Sie kinderärztlichen Rat. Beim Zahnen selbst helfen Ihrem Kind vor allem Zuwendung und Trost. Daneben will es etwas, auf dem es kräftig herumkauen kann (siehe Kasten unten).

TIPP

Hilfe für zahnende Kinder

* Sie können Ihrem zahnenden Kind die Zahnleiste etwas massieren.
* Beißobjekte aus Silber (früher auch Elfenbein) sind seit Generationen üblich.
* Auch Veilchenwurzelstangen aus dem Reformhaus versprechen Abhilfe.
* Kunststoff-Beißringe, die genoppt sind oder gekühlt werden (im Kühlschrank, nicht im Gefrierfach!), lassen sich mit Spülmittel reinigen und sind sogar spülmaschinenfest.
* Warum und wie die verbreiteten Bernsteinkettchen wirken sollen, ist unklar. Die Steine sind leicht, glatt und kühl und verletzen die Schleimhäute nicht. Bei allem, was um den Hals gelegt wird, besteht aber die Gefahr des Strangulierens. Außerdem kann die Kette reißen und die Bernsteine können verschluckt werden. Wer auf Nummer sicher gehen will, sollte deshalb auf jeglichen Baby-Schmuck verzichten.

Zahnen und Gebiss

Der Zeitpunkt des Zahndurchbruchs kann von Kind zu Kind stark variieren. Ebenso wenig, wie die Mehrheit der Kinder am errechneten Termin zur Welt kommt, bricht der erste Zahn genau mit sechs Monaten durch. Das ist nur ein Erwartungswert. Statistisch treten die meisten Zähne im achten Monat durch.

Oft vermuten die Eltern, dass die harten weißlichen Stellen auf der Zahnleiste schon Zähnen entsprechen. In der Regel handelt es sich dabei aber um die sehr häufig zu findenden Hornperlen, die in der Mittellinie des weichen Gaumens Epstein-Perlen und auf der Zahnleiste Bohn'sche Knötchen genannt werden. Sehr selten gibt es auch angeborene Zähne, die aber nicht entfernt werden sollten. Handelt es sich um sogenannte Hexenzähne ohne Wurzel, dann fallen sie bald nach der Geburt ohnehin von selbst aus. Bei den angeborenen Zähnen handelt es sich allerdings häufiger um echte erste Milchzähne.

O je, die Zähne ...

Wenn sie erst einmal sichtbar sind, wachsen die ersten Milchzähne mit erstaunlicher Geschwindigkeit. Das Wort »durchbrechen« hört sich sehr martialisch an und passt eigentlich nicht, denn es bricht nichts beim Austreten der Zähne. Der erste sichtbare Zahn ist in der Regel einer der unteren mittleren Schneidezähne. Dann folgen die oberen Schneidezähne, später die ersten Backenzähne, und dann erst die Eckzähne. Nicht selten treten nach den unteren Schneidezähnen zuerst die seitlichen oberen Schneidezähne auf. Das Baby sieht dann wie ein kleiner Vampir aus, obwohl die Eckzähne noch fehlen. Wenn Sie besorgt über das Ausbleiben der Zähne sind, fragen Sie Ihre Eltern und Schwiegereltern, wann Sie oder Ihr Partner die ersten Zähne bekommen haben. Denn der Zeitpunkt des Zahndurchbruchs ist stark familiär bedingt.

Nur Geduld!

Wenn Sie selbst erst mit einem Jahr Ihre Zähne bekommen haben, ist es nicht unwahrscheinlich, dass auch Ihr Kind spät dran ist. Sie können sich leicht selbst davon überzeugen, dass die Zahnanlagen vorhanden sind, denn sie sind lange vor dem Hervortreten zu sehen – nicht oben auf der Zahnleiste, sondern als Vorwölbung vorne auf dem Kieferknochen. Bei der überwiegenden Mehrheit der Kinder treten die Zähne ganz undramatisch durch. Sie brauchen daher keine Angst vor durchwachten Nächten, Ausschlägen und Durchfall zu haben. Nicht selten fühlt der Arzt bei der U5 beim Betasten der Zahnleiste ein Zähnchen, welches die Eltern noch gar nicht bemerkt hatten. Die Eltern wundern sich dann sehr, wie ihnen das entgehen konnte.

Vielen Babys ist es deutlich anzumerken, wenn die ersten Zähnchen kommen.

Zahnen ist keine Krankheit

Dem Zahnen werden traditionell viele Symptome zugeschrieben, wie Durchfall, grüner Stuhlgang, Unruhe, »Zahnfieber« oder »Zahnkrämpfe«. Da das Kind ab dem Alter von zwei Monaten die ganze Zeit zahnt, kann man alles, was in dieser Zeit passiert, auf das Zahnen zurückführen. Was das Zahnen tatsächlich macht, ist Speicheln, Sabbern, Unruhe und das Bedürfnis, auf etwas zu beißen und zu kauen. Zum Glück gibt es einige bewährte Hilfsmittel, die Ihrem Kind das Zahnen erleichtern (siehe Kasten Seite 230). Neben dem Massieren der Zahnleiste und dem Kauen auf Hilfsmitteln braucht Ihr Baby vor allem Zuwendung und Trost von Ihnen. Dann wird es diesen ganz normalen Vorgang des Zahnens auch meistern. Auf Mittel wie Schmerz- oder Fieberzäpfchen sollten Sie nur im Notfall zurückzugreifen. Hat Ihr Kind Fieber oder gar Fieberkrämpfe, Gedeih- oder Verdauungsstörungen und Durchfall, sollten Sie das nicht einfach als Begleiterscheinung des Zahnens abtun. In diesen Fällen müssen Sie zum Kinderarzt, damit dieser nach der Ursache suchen kann.

Die Zähne kommen zwar nicht im selben Alter, aber fast immer in derselben Reihenfolge.

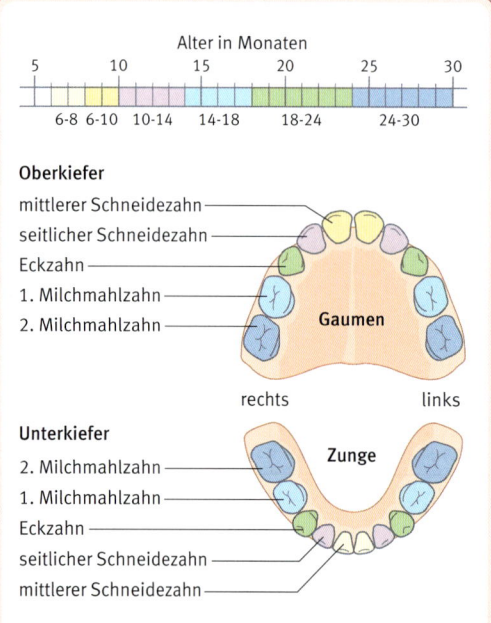

Alter in Monaten

5   10   15   20   25   30

6-8 6-10 10-14 14-18 18-24 24-30

Oberkiefer

mittlerer Schneidezahn
seitlicher Schneidezahn
Eckzahn
1. Milchmahlzahn
2. Milchmahlzahn

Gaumen

rechts   links

Unterkiefer

Zunge

2. Milchmahlzahn
1. Milchmahlzahn
Eckzahn
seitlicher Schneidezahn
mittlerer Schneidezahn

Ungeeignete Hilfsmittel

Es gibt aber auch Maßnahmen, von denen dringend abzuraten ist. Dazu gehört ein Zahnungsgel. Das ist nicht nur unnötig, sondern möglicherweise sogar gefährlich, weil es Betäubungsmittel enthält. Außerdem wird es rasch vom Speichel fortgespült und wirkt nicht in der Tiefe, wo die Zähne schieben. Wenn Sie selbst mal ein solches Gel ausprobieren, werden Sie auch merken, dass es ein unangenehm pelziges Gefühl verursacht.

Auch homöopathische Komplexmittel, die speziell gegen Zahnungsbeschwerden angeboten werden, sind nicht zu empfehlen. Eine homöopathische Behandlung ist etwas Individuelles, und die Wahl eines passenden Mittels kann nicht durch eine Kombination verschiedener infrage kommender Mittel ersetzt werden (siehe Seite 364).

Pflegen und putzen

Die wichtigste Maßnahme zur Pflege der Zähne ist, Ihrem Kind zwischen den Mahlzeiten keine Säfte oder zuckerhaltigen Getränke anzubieten. Auch das Dauernuckeln an der Milchflasche, ja sogar an der Brust, kann Karies verursachen. Benutzen Sie weder Brust noch Flasche als Beruhigungssauger. Vor allem die oberen Schneidezähne sind stark kariesgefährdet. Ob Zähne im ersten Lebensjahr geputzt werden sollen, wird kontrovers beurteilt. Sie können einfach einmal täglich abgewischt werden. Zahnpasta, selbst Kinderzahnpasta, brauchen Sie jedenfalls noch nicht, da Ihr Kind sie ohnehin verschluckt. Sie können Ihrem älteren Säugling eine Zahnbürste zum Spielen geben und einmal täglich die Zähne damit reinigen. So gewöhnt er sich spielerisch an das Zähneputzen. Machen Sie aber keinen Kampf daraus. Denn manche Kinder mögen es partout nicht, sich am Mund irgendetwas machen zu lassen – das merkt dann auch der Kinderarzt bei der Racheninspektion. Mehr zur Zahnpflege erfahren Sie ab Seite 57.

Die geistige Entwicklung

Das Baby ist noch immer viel mit seinen Händchen beschäftigt und steckt sie oft in den Mund. Diese Hand-Mund-Koordination – nach der sich der Kinderarzt bei der U4 immer erkundigt – ist nicht nur ein gutes Selbstberuhigungsmittel und ein Zeichen von Hunger. Da der Mund das wichtigste Wahrnehmungsorgan in diesem Alter ist, hilft er beim ausführlichen Kennenlernen dessen, was die Hände fühlen und ertasten. Gegen Ende des vierten Monats kennt das Baby die Hände gut genug, und der automatische Greifreflex hat dem willentlichen Begreifen Platz gemacht. Doch die Hände werden dem Kind auch in den nächsten Jahren als Tröster weiterhin nützlich sein. Selbst Erwachsene fassen sich bei Verlegenheit noch an den Mund oder kauen auf den Fingern herum, wenn sie ein kniffliges Problem zu lösen haben.

Manche Kinder, die nachts schon durchgeschlafen haben, melden sich jetzt wieder. Das kann am Zahnen liegen, aber auch an einer unruhigeren Umgebung, wenn die häusliche »Schonzeit« um ist. Manchmal genügt dem Baby die abendliche Nahrung nicht mehr. Dann braucht es etwas Gehaltvolleres (siehe ab Seite 130).

Die emotionale Entwicklung

Das Baby erkennt Sie, auch aus größerer Entfernung, und strahlt Sie an, interessiert sich aber auch für andere Gesichter und nimmt freundlich Kontakt auf. Es schaut aufmerksam, auch nach allen Seiten, und schielt nicht mehr, wenn es Sie oder einen Gegenstand ansieht. Das Kind reagiert deutlich auf Geräusche, wendet auch mal den Kopf nach einer Geräuschquelle, wenn nicht etwas anderes sein Interesse stärker beansprucht oder es in diesem Moment nicht will. Es

Nicht nur während des Zahnens stecken Säuglinge gerne ihre Finger in den Mund.

erkennt Ihre Stimme und lächelt, wenn es Sie hört. Geräusche zu machen und auszuprobieren ist eine seiner Hauptbeschäftigungen.

Nicht über das Kind reden

Zwar versteht das Baby noch nicht viele Worte, doch es hat sehr feine Antennen. Deshalb sollten Sie sich von Anfang an angewöhnen, in seiner Anwesenheit nicht über das Kind zu sprechen – egal ob positiv oder negativ. Beziehen Sie das Kind stattdessen aktiv in die Kommunikation ein, und reden Sie mit ihm. Alle anderen Dinge, die das Kind nicht hören sollte, besprechen Sie lieber, wenn es nicht im Raum ist und Sie ganz bestimmt nicht hören kann.

Spielzeug für Babys

Kein Spielzeug kann die Beschäftigung mit dem Kind ersetzen, wenn Sie ihm vorsingen oder sanft und leise mit ihm sprechen: über all das, was mit dem Kind geschieht, was sich draußen ereignet oder was geplant ist. Ihr Baby genießt es, wenn Sie ein Fingerspiel mit ihm machen oder ihm neue Gegenstände zeigen, die es berühren kann.

Weniger ist mehr

Ein Neugeborenes braucht noch kein extra Spielzeug, allenfalls ein sich ruhig bewegendes, buntes Mobile, ohne Batterieantrieb und Geräuschkulisse. Junge Säuglinge freuen sich an einer Spielkette, an Holzrasseln, Glöckchen, einem Spiegel oder an Stoffbüchern.

Plastikspielzeug dagegen fasst sich unangenehm an, altert schlecht und ist meist zu bunt. Ein hygienischer Vorteil gegenüber Holzspielzeug besteht nicht, wenn Sie auf ungiftige Farben achten, da Holzspielzeug gelegentlich abblättert. Holzspielzeug hat entweder die Farbe der verschiedenen Holzarten oder ist in meist angenehmen, wenig künstlichen Farben lackiert. Außerdem lässt sich Holzspielzeug besser reparieren und umweltfreundlicher entsorgen als Plastik.

Auch Stoffbälle mit Glöckchen sind bei Säuglingen sehr beliebt. Stofftiere oder -bälle mit einer integrierten Spieluhr können ein hilfreicher Bestandteil des abendlichen Einschlafrituals werden.

Die Spielekiste wird größer

Im zweiten Lebenshalbjahr sind Klötzchen, Becher und Gefäße, Spiegel, Badeenten, Quietschtiere, Puppen und auch schon Fahrzeuge interessant. Auch Bälle jeder Größe und Bücher mit großen Abbildungen machen das Kind neugierig. Später kommen noch ein Schiebewägelchen und ein Spieltelefon dazu. Batteriebetriebenes und elektronisches Spielzeug ist nicht unbedingt nötig. Statt vorgefertigtem Spielzeug können auch saubere Pappschachteln, Verpackungen oder auch nur Papier zum Knistern als Spielzeug dienen. Sie regen die Fantasie noch mehr an, weil sie besser als konkrete Gegenstände Anreize für die Vorstellungskraft bieten.

Spielzeug muss sicher sein!

Achten Sie darauf, dass das Spielzeug altersgemäß, ungefährlich und gut sauber zu halten ist. Spitzes, scharfkantiges und zerbrechliches Spielzeug ist ebenso ungeeignet wie Dinge, an denen sich das Kind Finger einklemmen oder mit denen es sich strangulieren kann. Auch Halsketten wie eine Bernsteinkette können ebenso wie Kordeln oder Spielketten gefährlich werden. Vorsicht auch mit Kleinteilen, die sich vom Spielzeug ablösen können, wie Augen oder Perlen (siehe Seite 76).

Ein Baby braucht nur wenig Spielzeug, das altersgerecht und ungefährlich sein soll.

Gesund bleiben

Eine spezielle Vorsorge gibt es im vierten Monat nicht. Es könnte jedoch ein Termin zur Auffrischimpfung anstehen, den Sie immer auch dazu nutzen sollten, um das Wachstum und die Entwicklung zu kontrollieren und anstehende Fragen zu stellen. Insgesamt ist es ab jetzt sinnvoll, das Kind einmal monatlich zu wiegen. Wenn Sie keine eigene Waage haben, sollten Sie Ihr Kind bei jedem Arztkontakt wiegen lassen. Denn bei einer Erkrankung oder einer Gedeihstörung ist das letzte dokumentierte Gewicht oft von großer Bedeutung.

Da sich der Bewegungsradius des Kindes ständig erweitert, müssen Sie immer wieder Vorsichtsmaßnahmen treffen, damit Ihrem Kind nichts passiert. So kann es sich in diesem Alter oft zum ersten Mal drehen, was auf dem Wickeltisch gefährlich werden kann, wenn Sie es auch nur einen Moment außer Acht lassen. Oder es zieht blitzschnell einen Gegenstand heran, den es zu fassen bekommt. Vorsicht auch vor sehr kleinen, giftigen oder abfärbenden Dingen in seiner Nähe – denn Ihr Kind will alles greifen und in den Mund stecken. Mehr zum Thema Kindersicherheit finden Sie ab Seite 76.

Elterncoach

Den eigenen Bedürfnissen und denen des Partners, des Babys oder auch der älteren Geschwister immer gerecht zu werden ist ein Kunststück. Schnell fühlt sich einer zurückgesetzt, wenn dringendere Aufgaben bewältigt werden müssen und keine Zeit für das andere Familienmitglied da ist. Natürlich hat das nichts mit Liebesentzug zu tun, doch der Partner und die älteren Kinder können dies durchaus so empfinden. Wenn nicht offen darüber gesprochen wird, tragen solche seelischen Verletzungen zu einem gespannten Verhältnis innerhalb der Familie bei, und auch psychische Probleme des Betroffenen sind nicht auszuschließen.

Um vorzubeugen, ist es wichtig, dass jedes Mitglied innerhalb der Familie feste Aufgaben hat, die von den anderen geschätzt werden und zum reibungslosen Ablauf des Alltags beitragen. Die Erledigung der Aufgaben sollte immer wieder lobend erwähnt werden und auch, wie wichtig es ist, sich gerade jetzt auf die anderen verlassen zu können. Denn nicht nur das Baby benötigt Lob, wenn es etwas gut gemacht hat, sondern auch der Rest der Familie.

Eifersucht ist ganz natürlich

Eifersucht auf das Baby, das ständig im Mittelpunkt des Geschehens steht, stellt sich unvermeidlich beim älteren Geschwisterkind ein. War es bislang das einzige Kind, hat es diese Aufmerksamkeit alleine bekommen. Nun ist mit der Geburt des Geschwisterchens plötzlich ein neues Familienmitglied da, das diesen Platz beansprucht. Denn das Baby wird die meiste Zeit von Mutter und Vater gepflegt und behütet. Auch wenn Sie während der Schwangerschaft schon mit ihm über die anstehenden Veränderungen gesprochen haben, ist diese Situation doch völlig neu für das erste Kind. So richtig vorstellen konnte es sich dies noch nicht – egal, wie alt es ist. Erst mit der Geburt des Babys wird dem älteren Kind eine neue Rolle in der Familie zuteil, die es kennenlernen und akzeptieren muss. Dabei benötigt es unbedingt die Unterstützung der Eltern.

DIE GRÖSSEREN KINDER EINBEZIEHEN

Beziehen Sie daher das ältere Kind mit in die Pflege des Babys ein, lassen Sie es kleinere Handgriffe ausführen, wenn Sie die kleine

DAS MACHT IHREM BABY SPASS

Spiel mit der Hand

Finger- und Handspiele sind amüsant und können ohne großes Zubehör überall gespielt werden. Nebenbei wird auch das Sehen des Babys geschult, wenn es gebannt auf Ihre Hand schaut.

Die kleine Schnecke Max

Die kleine Schnecke Max
wollt' sich die Welt besehn,
(Schließen Sie eine Hand zur Faust, und strecken Sie Zeige- und Mittelfinger als Fühler aus. »Setzen« Sie Ihre Schnecke gut sichtbar fürs Kind auf den Tisch oder den Boden.)
nahm's Häuschen huckepack
und sagt auf Wiedersehn.
(Schließen Sie die andere Hand zur Faust, und setzen Sie diese auf die Schnecke.)
So vierzehn Tage lang
kroch sie geradeaus,

(Kriechen Sie los, indem Sie die doppelten Fäuste langsam vorwärtsschieben.)
dann hatte sie genug,
verschwand im Schneckenhaus.
(Umfassen Sie mit der »Haus-Hand« die »Schnecken-Hand«.)

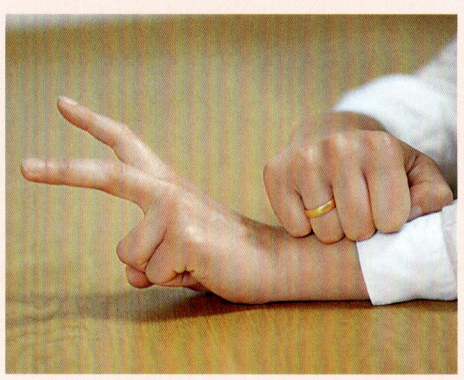

Schwester oder den kleinen Bruder wickeln, baden und waschen. Auch der Kinderwagen wird gerne vom älteren Kind geschoben – bei manchen Modellen lässt sich der Bügel extra dafür nach unten verstellen. So gibt es noch viele Alltagssituationen, in die ältere Kinder einbezogen werden können.

DIE STILLSITUATION

Die innigen Stunden des Stillens oder Fütterns mit dem Fläschchen können für das ältere Kind besonders schwierig sein. Holen Sie es auch in diesen Momenten zu sich, reden Sie ruhig und sanft mit ihm, während Sie das Kleine nahe bei sich haben. Auch können Sie eine Lieblingsgeschichte des größeren Kindes von der CD ab-

spielen, während Sie alle drei zusammen sind. Dann wird das Stillen auch für das ältere Geschwisterkind zu einem schönen, gemeinsamen Erlebnis. Wenn Sie den Tag in Baby-, Geschwister- und Elternzeit einteilen, kommt bestimmt niemand zu kurz. Zugegeben ist die Babyzeit die längste am Tag, doch sie kann mit dem Schlafenlegen am Abend offiziell enden. Noch während der Babyzeit gibt es die Geschwisterzeit. Das heißt, innerhalb einer bestimmten Zeitspanne kümmern sich Mutter oder Vater ausschließlich um das ältere Geschwisterkind, während der andere Elternteil für das Baby da ist. Wenn dann am Abend alle Kinder im Bett sind, beginnt die Zeit der Eltern, in der die Kinder auch mal kein Thema sind.

Mit dem Baby verreisen

In diesem Alter kann es viel Freude machen, gemeinsam mit dem Baby eine kleine Reise zu unternehmen. Dabei können Sie die weit entfernt wohnenden Großeltern besuchen, oder Sie spannen einfach mal ein paar Tage in einem familienfreundlichen Hotel oder einer Wohnung in einer schönen Gegend aus.

Jetzt ist Reisezeit!

Wenn Sie stillen, haben Sie auch auf Reisen immer Babys Essen dabei, und müssen nicht mit abgekochtem Wasser und einem Vorrat von Milchpulver hantieren. In der Regel füttern Sie noch keine feste Nahrung zu und brauchen also auch dies nicht mitzunehmen. Kinder schlafen in diesem Alter oft auch woanders recht gut, sofern sie ihre gewohnte Einschlafumgebung oder gar ein Reisebettchen haben. Versuchen Sie, Ihre Reiseplanung so zu gestalten, dass der Rhythmus des Kindes möglichst beibehalten werden kann oder nur wenig geändert werden muss. Durch den Nestschutz sind Babys in diesem Alter auch nicht oft krank, und Unfälle passieren auch nicht so leicht wie später, wenn die Kinder mobiler sind. Der Säugling lässt sich noch gerne tragen und mitnehmen. Das Baby steckt zwar auch jetzt schon alles in den Mund, was es findet, aber der Aktionsradius ist noch überschaubar. Trotzdem ist ein Sicherheitscheck in jeder neuen Umgebung unabdingbar.

Flugreisen

Schon Neugeborene dürfen fliegen, wenn die Anpassungsphase vorbei ist. Ob sie es müssen, steht auf einem anderen Blatt. Die Fluglinie muss in jedem Fall Bescheid wissen, denn jede hat eigene Regeln, zum Beispiel ob ein ärztliches Unbedenklichkeitszeugnis mitgeführt werden muss. Wenn das Kind einen Kindersitz benutzen soll, was dringend empfohlen wird, braucht es einen eigenen Sitzplatz. Das kann teuer werden. In der Regel werden Babys auf dem Schoß

oder in Tragetaschen transportiert. Gerade in diesem Alter stellt die Flugreise an sich kein Problem dar, wohl aber die Unwägbarkeiten, die mit dem Fliegen in Verbindung stehen: die langen Schlangen vor den Sicherheitskontrollen oder die möglichen Flugverspätungen. Deshalb müssen Sie alles, was das Baby braucht, im Handgepäck mitführen. Denn wer weiß, wo der Koffer landet.

Trinken und nuckeln hilft

Die Angst vor Ohrenschmerzen oder einer Mittelohrentzündung durch das Fliegen ist unbegründet. Wenn Kinder trinken und schlucken, öffnet sich die innere Verbindung zwischen Nasenrachenraum und Mittelohr, etwas, das Erwachsene durch Druckausgleich oder »Durchpusten«, auch Valsalva genannt, bewerkstelligen können, aber Babys noch nicht. Legen Sie Ihr Baby beim Starten und Landen an, oder geben Sie ein Fläschchen. Auch das Nuckeln am Sauger hilft gegen Ohrenschmerzen. Es kann aber durch den Lärm, die ungewohnte Situation, die vielen Menschen und auch Bezugspersonen, die Flugangst haben, zu unhaltbaren Unruhezuständen kommen, die für Kind, Eltern und die anderen Passagiere sehr belastend sein können. Zwar sollten Sie auf »Beruhigungsmittel« verzichten. Doch kann es – auch den Mitreisenden zuliebe – hilfreich sein, für den Notfall ein Schmerz-Fieberzäpfchen im Handgepäck mitzuführen, falls das Baby sehr unruhig wird und Schmerzen bekommt. Mehr zum Thema »Reisen« erfahren Sie ab Seite 83.

Extra für Mütter:
Lust und Liebe

Nach der Entbindung braucht eine Frau viel Verständnis und Zuneigung von ihrem Partner, um sich weiterhin auch als Frau geliebt zu fühlen – und nicht »nur« als Mutter. Sind die Geburtsverletzungen dann verheilt und stört der Wochenfluss nicht mehr, spricht aus medizinischer Sicht auch nichts dagegen, wieder Sex zu haben. Das Leben als Mutter ist je-

Nach der Geburt eines Babys muss das Paar erst wieder langsam zueinander finden.

doch oft sehr anstrengend, und vor lauter Erschöpfung kann die Lust schon mal auf der Strecke bleiben. Es gibt auch Frauen, die sich nach der Entbindung körperlich nicht attraktiv genug für ihren Mann fühlen und daher Scheu vor intimen Begegnungen haben. Die daraus resultierende Zurückhaltung in puncto Sex ist verständlich, für den Partner jedoch nicht immer leicht zu akzeptieren. Um die Paarbeziehung nicht zu gefährden, sollten Sie mit Ihrem Partner offen über die Gründe für Ihr Verhalten sprechen.

Liebevolle Nähe

Wichtig ist jetzt besonders, Ihrem Partner zu versichern, dass Sie ihn noch genauso lieben wie vor der Geburt. Er soll sich nicht zurückgestoßen fühlen oder gar glauben, Ihre Liebe gelte nur noch dem Baby. Eifersucht auf das Kind ist keine seltene Reaktion des Partners, wenn die Zweisamkeit nicht mehr so innig ist wie früher. Doch das alles kommt wieder. Sie brauchen Zeit, um als Frau, Mutter und Geliebte in allen Rollen und mit allen unterschiedlichen Gefühlen anzukommen. Verwöhnen Sie sich bis dahin gegenseitig mit zärtlichen Kuschelstunden oder Partnermassagen mit duftenden Ölen im Kerzenschein. Und wundern Sie sich auch nicht, wenn Sie nach der Entbindung plötzlich ein gesteigertes Lustgefühl haben. Auch das ist möglich – und Sie sollten es zusammen mit Ihrem Partner genießen.

Das »erste Mal«

Hat sich die liebevolle Vereinigung beim Sex nach der Geburt verändert? Fühlt es sich für den Mann und für die Frau anders an als zuvor? Viele Paare stellen sich diese Fragen und sind gespannt und vielleicht auch etwas ängstlich vor dem »ersten Mal«. Und in der Tat kann eine Narbe vom Kaiserschnitt noch einige Zeit empfindlich sein, sodass Stellungen zu empfehlen sind, die den Bauch vor Berührungen schützen. Nach einer spontanen Geburt sollten eventuelle Verletzungen wie ein Dammschnitt erst einmal gut verheilt und die Erinnerung an starke Schmerzen verblasst sein. Aufgrund ihrer Elastizität zieht sich die Vagina von alleine wieder zusammen und verringert das Empfinden nicht. Unterstützen können Sie den Prozess der Rückbildung mit stärkenden Beckenboden-Übungen, die ja auch für eine gute Durchblutung sorgen und so das Lustempfinden weiter steigern (siehe Seite 248).

Um das Gefühl für den Intimbereich wieder zu wecken oder weiterzuentwickeln, können sich Mann und Frau gemeinsam mit einem Training der Beckenböden auf das erste Mal vorbereiten – denn Beckenboden-Übungen gibt es auch für den Mann: Regelmäßig angewandt verbessern sie die Durchblutung in der Lendengegend und stärken die Potenz. Wie bei der Frau beugen die Übungen beim Mann zudem Inkontinenzproblemen vor. Und so geht's:

* Stellen Sie sich vor, Sie würden mit den Beinen im eiskalten Wasser stehen, das ganz langsam bis über Ihren Nabel steigt.
* Die Hoden werden angezogen und der Beckenboden wird von alleine aktiv. Ist das imaginäre Wasser über dem Nabel angekommen, lassen Sie los und entspannen.
* Wiederholen Sie die Übung fünf Minuten lang, wobei die jeweilige Entspannungsphase doppelt so lang ist wie die Anspannungsphase.

Verhütung nicht vergessen!

Das Thema Verhütung ist auch wenige Wochen nach der Geburt sehr wichtig. Frauen, die nicht stillen, bekommen ihre erste Periode rund sechs Wochen nach der Entbindung. Und auch die Eierstöcke beginnen wieder, reife Eier zu produzieren. Auch wenn die Periode bei stillenden Frauen erst nach rund 30 Wochen einsetzt, kann durchaus schon früher ein Ei-

sprung stattfinden. Um den noch geschwächten Körper nicht zu früh mit einer erneuten Schwangerschaft zu belasten, sollten Sie rechtzeitig mit Ihrem Arzt über eine geeignete Form der Verhütung sprechen.

Unterschiedliche Methoden

* **Stillen:** Es gibt Untersuchungen, die belegen, dass voll stillende Frauen, die sechsmal innerhalb von 24 Stunden stillen, weitgehend vor einer Schwangerschaft geschützt sind. Die Pausen zwischen den Stillmahlzeiten sollten allerdings nicht länger als sechs Stunden sein, es sollte täglich mehr als insgesamt 80 Minuten gestillt werden, kein Zufüttern stattfinden, Schnuller und Fläschchen nur selten zum Einsatz kommen und noch keine Periode stattgefunden haben. Doch bedenken Sie, dass Stillen trotzdem kein sicherer Empfängnisschutz ist!
* **Barrieremethoden:** Während ein Kondom gleich nach der Geburt von stillenden und nicht stillenden Frauen gleichermaßen vertragen wird und das Präservativ außerdem vor Infektionen schützt, sollten sie mit dem Einsatz eines Diaphragmas oder einer Portiokappe etwa drei Monate ab der Entbindung warten.
* **Spirale, Spritze und Minipille:** Unabhängig davon, ob Sie stillen oder nicht, können Sie nach dem Wochenbett auch die folgenden Verhütungsmethoden anwenden: Spirale (Intrauterinpessar), Hormonspirale (Gestagen abgebendes Intrauterin-System), Gestagen-Depotspritze sowie eine gestagenhaltige Minipille.
* **Kombinationspille:** Eine Pille, die Östrogene und Gestagene enthält, ist nur Frauen zu empfehlen, die nicht stillen. Östrogene verändern nämlich die Menge und Zusammensetzung der Muttermilch. Die Kombinationspille kann etwa drei Wochen nach der Entbindung genommen werden. Das Gleiche gilt für den Vaginalring und das Verhütungspflaster.

DER 5. MONAT

Mit jedem Entwicklungsschritt erweitert sich der Lebensraum Ihres Kindes. Die Körperbeherrschung nimmt mehr und mehr zu, vor allem weil die Reflexe zurückgehen und Platz machen für willentliche Handlungen. Das Kind wird auf diese Weise immer agiler: Es greift mit beiden Händchen alles, was sich in seinem Umfeld finden lässt, und steckt es zur Erkundung in den Mund. Das Leben ist so spannend geworden, dass die Umwelt das Baby immer mehr in seinen Bann zieht. So wundert es nicht, wenn das Kleine jetzt auch den unterschiedlichen Tonfall von Mutter oder Vater erkennt. Manches ernste Wort der Eltern wird daher mit einem erstaunten Gesichtsausdruck kommentiert – als Ausdruck des Verstehens und des Lernens. Auch wenn die erwachenden Sinne es Ihrem Kind erlauben, täglich Neues kennenzulernen, sollten Sie es vor zu vielen neuen Eindrücken und Reizen bewahren.

Wachstum und Entwicklung

Meist hat ein Kind mit fünf Monaten sein Geburtsgewicht verdoppelt – aber das ist nur ein Richtwert, der über- oder unterschritten werden kann. Vielleicht hat sich das Gewicht Ihres Kindes schon verdreifacht? Das kann sehr stark variieren und hängt vom Geburtsgewicht sowie der individuellen Konstitution ab. Wenn Sie Sorgen haben, ob Ihr Baby zu dick oder zu dünn sein könnte: Vertrauen Sie sich Ihrem Kinderarzt an! Bisher hat Ihr Kind alles festgehalten, was es zwischen die Finger bekommen hat, und nicht mehr loslassen können. Nun fängt es zu greifen an. Es kann einen Gegenstand mit beiden Händen fassen und zum Mund führen. Lange genug hat Ihr Kind seine Fingerchen betrachtet, sodass ihm die Auge-Hand-Koordination jetzt hilft, gezielt zu greifen. Noch fasst das Kind mit der ganzen Hand zu. Erst gegen Ende des ersten Lebensjahres gelingt den Kindern der sogenannte Pinzettengriff, bei dem sie den Daumen und Zeige- oder Mittelfinger gezielt zueinander führen, um etwas zu greifen.

Viel los im Mund

Langsam aber sicher beginnt bei vielen Babys das Zahnen, was sich vor allem durch vermehrten Speichelfluss und eine verstärkte Unruhe und Quengeligkeit zeigt. Halten Sie den Hals und die Brust des Babys mit einem Halstuch (praktisch: mit Klettverschluss) trocken, um Hautirritationen und Entzündungen durch den Speichel zu vermeiden. Sollte die Haut doch einmal wund werden, pflegen Sie sie mit einer speziellen Wundcreme für Kleinkinder. Verzichten Sie auf Pflegepuder, um ein gefährliches Einatmen der Partikel zu verhindern. Alles Wichtige zu den ersten Zähnen und wie Sie Ihrem Baby helfen können, erfahren Sie ab Seite 230).

MEMOS

5. Monat

✿ **Kinderarzt:**
Eventuell stehen ein Impftermin und eine Gedeihkontrolle beim Kinderarzt an.

✿ **Ernährung:**
Die Beikostzeit kann beginnen – wenn Ihr Baby Interesse daran hat. Mag es die neue Kost noch gar nicht annehmen, warten Sie ruhig noch, und machen Sie von Woche zu Woche einen neuen Versuch.

✿ **Förderung:**
Für Abwechslung im Eltern-Kind-Alltag können zum Beispiel PEKiP-Kurse sorgen. Mit PEKiP, dem »Prager-Eltern-Kind-Programm«, lernen sich die Eltern und Kinder im gemeinsamen Spiel besser kennen. Unter therapeutischer Anleitung soll die kindliche Entwicklung positiv unterstützt werden. Angeboten werden Bewegungs- und Sinnesanregungen, die dem jeweiligen Entwicklungsstand des Kindes entsprechen. Mithilfe der PEKiP-Gruppenleiter soll auch die Erziehungskompetenz der Eltern gestärkt werden.
Spielerisch gefördert werden Kinder während des ersten Lebensjahres auch mit Delfi-Bewegungsspielen. Delfi bedeutet »Denken–Entwickeln–Lieben–Fühlen–Individuell«, fördert die Entwicklung durch Bewegungs-, Spiel- und Liedanregungen in der Gruppe und unterstützt insgesamt eine positive Eltern-Kind-Beziehung. Neben Anregungen zu einer altersgemäßen Bewegungs- und Wahrnehmungsentwicklung lernen Eltern und Baby von- und miteinander.

✿ **Babykleidung:**
Konfektionsgröße 68, Strumpfhosengröße 01, Mützenweite 42/44.

Die geistige Entwicklung

Im fünften Monat haben Eltern und Kind in der Regel eine gute Zeit miteinander. Das Baby hat nun eine richtige kleine Persönlichkeit entwickelt, bestaunt täglich mit wachem Blick, was um es vorgeht, lacht stimmhaft und lernt jeden Tag etwas Neues. Die täglichen Verrichtungen wie Füttern und Wickeln, das wöchentliche Bad und auch das Schlafen sind eingespielt und machen allen Beteiligten Freude. Ein fester Tagesfahrplan hilft Ihnen, besser planen zu können – Ausnahmen von der Regel sind natürlich möglich.

Die erwachenden Sinne, die sich rasch entwickelnde Motorik sowie der Rückgang der automatischen Reflexe erlauben dem Baby, willentlich zu handeln und nicht mehr so stark von Reflexen bestimmt zu sein – die dennoch hier und da dazwischenfahren, zum Beispiel beim Greifen.

Reife Leistungen

Ihr Kind ist aber nicht nur schwerer und größer geworden, sondern hat sich auch hinsichtlich der Organe enorm entwickelt. So nimmt es wegen seiner fortgeschrittenen Gehirnentwicklung die Umwelt viel wacher und aufmerksamer wahr und reagiert deutlich: Es lacht, wenn es Spaß hat, und macht den Mund nicht auf, wenn es keinen Hunger mehr hat. Es lernt, immer besser auszudrücken, was es möchte, und macht Ihnen auch klar, was es nicht möchte – etwa beim Wickeln oder beim Essen. Dabei kann Ihr Kind schon einmal aus der Ruhe kommen. Langsames Sprechen und Singen helfen dann, das Kind auf sanfte Weise zu beruhigen – auch leichtes Kitzeln und Liebkosen lassen die Tränen verschwinden und zaubern schnell wieder ein Lächeln hervor.

Die Laut- und Sprachentwicklung

Schon das Neugeborene kann – neben dem Schreien – Laute bilden: Es gurrt und gluckst, reagiert auf Geräusche und lässt sich von einer ihm bekannten Stimme besser beruhigen als von Fremden. Sprechen Sie viel und »authentisch«, das heißt so, wie Sie sind und wie Sie sich fühlen, mit ihrem Kind.

Frühe Laute

Die ersten Laute sind meist »grrr«, »rrrö«, gefolgt von »aahh« und lallenden Lauten etwa im zweiten und dritten Monat. Das Baby hat viel Freude an den selbst gebildeten Lauten, probiert hohe und tiefe Töne, laute und leise, und bildet auch mit den Lippen brabbelartige Geräusche. Sie können sich mit Ihrem Baby unterhalten, indem Sie die Laute, die das Baby produziert, wiederholen. Nutzen Sie alle Gelegenheiten zu solchen kleinen Dialogen, aber sprechen Sie auch normal und beschreiben das, was Sie gerade machen, denn die Hörbahn und das Sprachzentrum im Gehirn entwickeln sich sehr rasch und wachsen, wie so vieles, mit ihren Aufgaben.
Ein großer Moment ist das erste stimmhafte Lachen, das meist im dritten oder vierten Monat erfolgt. Das spielerische Ausprobieren führt zu brummenden, quietschenden und kreischenden Lauten sowie Vokalen wie »oh«, »ah«, »ih«, die lang gezogen und gesungen werden. Wenn Sie Ihr Kind ansprechen, antwortet es Ihnen auf seine Weise.

Sprechende Vorbilder

Wenn Sie alles in Ihrer Muttersprache kommentieren, was gerade passiert und was Sie mit und an Ihrem Kind machen, etwa beim Wickeln, Anziehen und Essen, sind Sie ihm ein gutes Sprachvorbild. Viele, viele Wiederholungen alltäglicher Sätze und Begriffe prägen sich beim Kind nach und nach tief ein, und es fängt rasch an, häufig benutzte Wörter zu verstehen, auch seinen Namen. Rund um den fünften Monat kommt die Brabbelphase: Das Baby wiederholt Ketten mehrsilbiger Laute, wie »babababa«, »dadadada« oder »mamamama«. Bald plappert es munter drauflos. Die Äußerungen sind zwar noch ziellos und unbewusst, aber es ist anzunehmen, dass das »emotionale Gedächtnis« schon aufnimmt, welche Gefühle sich hinter dem Klang der Stimme verbergen.

Das zweite Halbjahr

Nach den ersten sechs Monaten sind Frage-Antwort-Spiele (»Wo ist der Teddy?« – »Da ist der Teddy!«) und Bitte-Danke-Spiele förderlich, um spielerisch Namen von Gegenständen zu erlernen. Etwa ab dem achten Monat zeigt das Kind ein erstes Wortverständnis und kennt seinen Namen. Nun ist es nicht mehr weit zum ersten bewusst gesprochenen Wort, das irgendwann zwischen dem 9. und 14. Monat geäußert wird. Das kann »Mama« oder »Papa« sein, »heiß« oder »njam njam« für Essen. Das Kind winkt jetzt als Zeichen für »Auf Wiedersehen«, es kann »Backe-backe-Kuchen« machen und den Kopf bei »Nein« schütteln. Einfache sprachliche Aufforderungen befolgt es und zeigt auf bekannte Menschen, Tiere und Gegenstände.
Aber wie bei vielen Entwicklungsschritten gilt auch für die Sprachentwicklung: Oft gibt es Schübe, gefolgt von Phasen scheinbaren Stillstandes, etwa, wenn das Baby zwischendurch eher damit beschäftigt ist, seine motorischen Fähigkeiten zu üben. Danach kommt dann wieder eine Zeit des verstärkten Sprechenlernens.

Die emotionale Entwicklung

Bei manchen Kindern kommt es in diesem Alter zu einer ersten Fremdelphase. Wenn Sie den Raum verlassen oder jemand Fremdes auf das Kind zugeht, fühlt es sich unsicher und weint. Denn es kann nun seine Bezugspersonen von anderen Gesichtern unterscheiden und reagiert auf das, was ihm vertraut ist.

Wenn Sie das Baby in diesem Alter einem anderen Menschen auf den Arm geben, den es noch nicht kennt, setzen Sie es ihm umgekehrt, mit dem Rücken zum Bauch des anderen auf den Arm, damit Ihr Baby Sie weiterhin sehen kann (siehe Abbildung). Damit können Sie viel Frust von Großeltern und Freunden – aber auch von Ihrem Baby – vermeiden, denen oft nicht klar ist, dass Kinder auch schon in diesem Alter viel Zeit brauchen, um sich mit anderen Menschen vertraut zu machen. Doch meist folgt der anfänglichen Unsicherheit bald Neugier und Schäkern. So können Sie Ihr Kind in diesem Alter schon einmal mit den Verwandten und dem Babysitter oder der späteren Tagesmutter bekannt machen. Das kann die Fremdelperiode etwas mildern. Das eigentliche Fremdeln kommt aber erst später, im achten Monat (siehe ab Seite 272).

Sitzt das Baby bei anderen auf dem Schoß, sollte es seine Bezugspersonen ansehen können.

Lauter kleine Individuen

Wenn Sie Ihr Baby mit gleichaltrigen vergleichen, werden Sie enorme Unterschiede feststellen. Jedes Kind ist einzigartig. Was dem einen Spaß macht, kann für das andere der Horror sein, zum Beispiel das Ausziehen oder Baden. Während das eine Kind lieber alleine einschläft, muss das andere in den Schlaf gewiegt werden. Es gibt kein Richtig oder Falsch, es gibt nur ein So und ein Anders. Es gibt unkompliziertere und schwierigere Babys, aber auch unkompliziertere und schwierigere Eltern. Doch eines gibt es nicht: absichtlich böse Babys, die ihre Eltern ärgern wollen. Leider gibt es in der Erziehung auch keine Patentrezepte. Was bei dem einen Kind gut funktioniert, geht bei dem anderen daneben. Auch die guten alten Tipps der Großeltern verfehlen heute oft ihre Wirkung – und sind manchmal einfach nicht mehr zeitgemäß. Lassen Sie sich von Ihrem Gefühl leiten und stellen Sie sich so gut es geht auf Ihr Kind ein, dann ist die Wahrscheinlichkeit am größten, dass Sie Ihrem Kind helfen können.

DAS MACHT IHREM BABY SPASS

Fußballspielen

Das findet Ihr Baby bestimmt großartig: Obwohl es noch nicht laufen kann, ist das Balltraining kein Problem. Wenn es aus dem Liegen oder mit Ihrer Unterstützung auch aus der senkrechten Position den Ball kickt, wird die Beinmuskulatur gestärkt und die Freude am Spiel entfacht.

❋ **Kicken im Liegen:** Befestigen Sie ein weiches Gummiband an einen Aufblasball, und nutzen Sie den Stöpsel zum Verknoten des Gummis. Hängen Sie den Ball so über das Baby, dass er über den Füßen des Kindes baumelt und diese leicht berührt. Wenn das Baby nun strampelt, kickt es den Ball mit Kraft in den Raum und freut sich über sein Können.

❋ **Kicken beim »Laufen«:** Legen Sie einen leichten, aber nicht zu kleinen Ball vor sich und halten Sie Ihr Baby unter den Achseln fest. Schwingen Sie das Kind leicht nach vorne, damit es den Ball mit den Füßen trifft und wegkicken kann. Treiben Sie den Ball gemeinsam immer weiter voran – quer durch die Wohnung oder über den Spielplatz und solange es Ihrem Kind Freude macht.

Gesund bleiben

Das Zeitfenster für die U5, für die Sie möglicherweise schon eine Einladung erhalten haben, öffnet sich in diesem Monat. Da die Spanne aber recht groß ist, empfehlen wir eher einen Termin im 6. Monat. Dort finden Sie auch die entsprechenden Informationen – ebenso wie zur Erweiterung des Nahrungsangebotes (siehe Seite 129). Manche Babys können es aber gar nicht abwarten und verlangen schon jetzt nach neuen Geschmäckern. Es spricht gar nichts dagegen, Ihr Kind hin und wieder von einem Stück Essen probieren zu lassen (siehe Seite 133)

Die Vitamin-D-Prophylaxe (siehe Seite 325) sollten Sie unbedingt weiterführen, vor allem im Winterhalbjahr. Im Sommer kann der Vitamin-D-Bedarf auch auf natürliche Weise durch Sonnenlicht – aber nicht in der direkten Sonne! – gedeckt werden. Besprechen Sie das aber vorher mit Ihrem Kinderarzt, damit Ihr Baby die richtige Dosis Vitamin D bekommt.

Elterncoach

Wenn Sie die täglichen Abläufe so gestalten, dass sie gut zu Ihrer Familiensituation passen und dem Kind mit wiederkehrenden Ritualen einen Rhythmus für den Tag vermitteln, haben Sie viel gewonnen. So geben Sie dem Baby Orientierung, und es lernt durch die Wiederholung, worauf es sich verlassen kann. Natürlich dreht sich dabei fast alles um das Kind. Doch Sie sollten Ihr Leben nicht nur »für« das Kind gestalten – leben Sie »mit« Ihrem Kind! Schaffen Sie ihm keine eigene künstliche Kinderwelt, in der Sie sich unwohl fühlen. Wenn Sie versuchen, mit dem Kind zusammen Spaß zu haben, fühlen Sie sich nicht so gestresst, sondern haben einen gemeinsamen Genuss.

Für jeden etwas dabei

Viele Notwendigkeiten des Alltags lassen sich zusammen erfahren: ob es ein Gang zur Behörde ist oder ein Großteil der Hausarbeit. Auch Ihre eigenen Interessen müssen Sie sich nicht versagen. Wenn sich beispielsweise Kurse fürs Baby nicht damit vereinbaren lassen, dass Sie etwas für sich tun oder eine gute Freundin besuchen, werden Sie bald unzufrieden sein. Lassen Sie den Kurs dann sausen! Ihr Baby hat wesentlich mehr von einer zufriedenen Mutter als von einem Überangebot an festen Terminen, die das Kind manchmal mehr überfordern als sie ihm gut tun. Finden Sie außerdem heraus, was Sie und Ihr Partner weiterhin brauchen, um als Paar glücklich zu sein. Auch das ist eine wichtige Basis für ein harmonisches Familienleben. Vielleicht möchten Sie auch gerne wieder früher zurück ins Arbeitsleben als ursprünglich geplant? Auch das ist möglich, wenn Sie sich auf die Kinderbetreuung durch eine Tagesmutter oder eine Kinderkrippe einlassen (siehe ab Seite 88). Ein schlechtes Gewissen müssen Sie deshalb nicht haben. Zufriedene Eltern, die ihr Kind lieben und ihm Geborgenheit schenken, müssen nicht rund um die Uhr für das Kind bereit stehen. Wichtig ist, dass Sie täglich gemeinsame glückliche Stunden verbringen. So kann auch ein Familienurlaub zu einem für alle Seiten freudigen Erlebnis werden (siehe Seite 237).

Das Baby teilnehmen lassen

Sie können mit Ihrem Baby auch ins Restaurant oder in Ausstellungen gehen. Wenn es dort weint, trösten Sie es, und machen Sie sich keine Gedanken um die anderen Leute. Es muss Ihnen nicht unangenehm sein, denn Ihr Baby testet gerade die Kinderfreundlichkeit unserer Gesellschaft. Lässt sich das Kleine einmal gar nicht beruhigen, können Sie immer noch gehen und es ein anderes Mal erneut probieren.

Auch wenn Sie wichtige Termine wie einen Behördengang oder einen persönlichen Arztbesuch haben, dürfen Sie Ihr Kind mitnehmen und müssen dafür nicht unbedingt einen Babysitter organisieren. Dem Baby muten Sie auf keinen Fall zu viel zu. Wenn es müde ist, wird es schlafen – egal, wo Sie gerade sind.

Und Einkaufen mit Kind kann sogar ganz praktisch sein: Legen Sie Ihre Einkäufe im Supermarkt in den Korb des Kinderwagens, oder hängen Sie eine große Tasche über den Bügel des Kinderwagens. Es gibt keine Vorschrift, dass Sie einen Einkaufswagen oder -korb des Geschäfts benutzen müssen.

Spannender Alltag

Machen Sie sich keine Gedanken, Ihr Kind langweilt sich bei solchen Unternehmungen nicht – im Gegenteil: Es bekommt viele neue Anregungen, wenn Sie sich dabei ein bisschen mehr Zeit nehmen als sonst und ihm allerlei zeigen. Frühförderung findet nicht nur in Kursen oder mit speziellen Spielen statt, die Alltagswelt hält viel Wertvolles für Ihr Kind bereit. Und es macht viel Freude, den Alltag aus der Perspektive eines Kleinkindes wahrzunehmen. Natürlich braucht das alles mehr Zeit und muss kindgerecht ablaufen, aber es lohnt sich. Vielleicht fahren Sie ja nicht in einen Supermarkt, sondern gehen mit Ihrem Kind auf den Wochenmarkt oder in die kleinen Lädchen um die Ecke. Davon haben Sie beide jedenfalls mehr, als wenn Sie Ihr Kind »bespaßen«.

Kinder nicht »bespaßen«

Dieses Unwort beschreibt eine Unsitte unserer Zeit. Manche Eltern sehen es als ihre Aufgabe und Pflicht an, ihren Kindern immer ein besonderes Programm anzubieten, um sie vor Langeweile zu bewahren. Dabei sollen Kinder und Eltern gemeinsam Freude haben, und das Kind soll weder die Eltern noch die Eltern das Kind »bespaßen«. Bei diesem passiven Vorgang sitzt das Kind da und muss unterhalten werden, damit es seinen Spaß hat. Diese Ansicht von Erziehung erwächst aus der in unserer Gesellschaft vorherrschenden Trennung von Kinder- und Erwachsenenwelt. Kinder sind aus der normalen Lebenswelt der Erwachsenen weitgehend ausgeschlossen, und so mangelt es ihnen bald an Alltagserfahrungen, die zum Erwerb sozialer Fertigkeiten und Lebenskompetenzen unabdingbar sind.

TIPP

Väterabende

Regelmäßige Vaterabende intensivieren die Beziehung zwischen Vater und Kind. Anregungen für die gemeinsame Zeit zu zweit bekommen Sie auf Väterstammtischen. Sie werden beispielsweise von Familienbildungsstätten angeboten. An mehreren Stunden am Abend treffen sich Väter und sprechen von Mann zu Mann, etwa über die neue Rolle als Vater, die Paarbeziehung, die Beziehung zum Kind und darüber, wie Vaterschaft und Beruf zu vereinbaren sind.

Extra für Mütter:
Noch mehr Beckenboden-Power

Mittlerweile sollte Ihr Beckenboden eine gewisse Grundspannung zurückerlangt haben, sodass Sie mit gezielten Übungen die Straffung dieser Muskelgruppe weiter vorantreiben können. Ist der Beckenboden nur wenig oder gar nicht trainiert, kann es zu einer Gebärmutter- oder Blasensenkung kommen – was wiederum Harninkontinenz nach sich ziehen kann. Und wie viele Frauen davon betroffen sind, zeigt uns die Werbung, die mit auffallend jungen Frauen für entsprechende Einlagen wirbt.

Leider ist Inkontinenz noch immer ein Tabuthema, weshalb man zum einen wenig von betroffenen Frauen hört und zum anderen still für sich alleine leiden muss. Doch das Training des Beckenbodens bringt, besonders unter fachkundiger Anleitung etwa eines Physiotherapeuten, deutliche Besserung – auch dann noch, wenn die Probleme bereits da sind und die Entbindung schon länger zurückliegt.

Um Erfolge zu erzielen und das Tröpfeln des Urins versiegen zu lassen, ist ein kontinuierliches, am besten tägliches Training nötig.

Neben einem geschwächten Beckenboden kann aber auch die Seele Auslöser für eine Inkontinenz sein. Stress und Überforderung können sich in einer Blasenschwäche niederschlagen. Hier hilft Entspannung durch autogenes Training, progressive Muskelentspannung oder auch Yoga (siehe Seite 222). Unabhängig davon, was der Auslöser einer Blasenschwäche ist, sollten Sie unbedingt ausreichend trinken. Eine geringe Flüssigkeitszufuhr stoppt den ungewollten Urinabgang nicht, sondern fördert vielmehr Erkrankungen der Blase und der Harnwege. Mit rund zwei Litern am Tag schützen Sie sich vor Blasensteinen und Infektionen. Harntreibende Getränke

wie Kaffee sollten Sie am besten meiden. Im Folgenden finden Sie noch einige Übungen, um Ihren Beckenboden zu kräftigen.

Der Schinkengang

✽ Setzen Sie sich für den Schinkengang auf den Boden und strecken Sie die leicht geöffneten Beine gerade aus. Der Oberkörper ist gestreckt, der Blick geht nach vorne und die Hände liegen locker auf dem Bauch. Spüren Sie Ihre Gesäßhöcker und »laufen« Sie mit Ihnen nach vorne, zurück und zur Seite (Bild 1). Das fördert die Durchblutung des Beckenbodens und kräftigt die Muskeln.

✽ Sie können die Übung noch intensivieren, indem Sie dabei die Muskulatur der Vagina anspannen. Rutschen Sie so oft und so lange im Schinkengang (Schinken steht hier für Gesäß) hin und her, wie es Ihnen guttut.

Beim »Schinkengang« bewegen Sie sich im Sitzen aus dem Po heraus in alle Richtungen.

1

2

»Hüfthebungen«: den Beckenboden anspannen und die Hüften heben.

Hüfthebungen

✽ Legen Sie sich auf eine Gymnastikmatte und stellen Sie die Beine hüftbreit auf. Schieben Sie Ihre Hände rechts und links unter die Lendenwirbel, mit den Handflächen nach unten.

✽ Drücken Sie mit den Lenden leicht auf die Hände, spannen Sie Ihren Schließmuskel an und heben Sie die Hüfte etwas vom Boden ab (Bild 2). Zählen Sie bis zehn und senken Sie die Hüfte wieder. Wiederholen Sie die Übung noch zweimal.

Smartballs für den Beckenboden

Manche Hebammen empfehlen zur Festigung des Beckenbodens auch den Einsatz sogenannter Liebeskugeln oder Smartballs aus Silikon. Sie sind ähnlich wie ein Tampon mit einem Rückholfaden ausgestattet und werden während des Beckenbodentrainings in die Vagina eingeführt und auch zwischendurch getragen. Bei jeder Bewegung stoßen die zwei aneinanderhängenden Kugeln die Beckenbodenmuskulatur sanft an. Das wirkt sich übrigens nicht nur auf den Beckenboden positiv aus, sondern auch auf die Orgasmusfähigkeit, wie eine Studie belegen konnte.

Kippeln

✽ Bleiben Sie auf der Gymnastikmatte liegen und stellen Sie die Beine wieder hüftbreit auf. Die Arme liegen locker neben dem Körper. Stellen Sie sich vor, unter Ihrem Becken würde ein Zifferblatt liegen.

✽ Kippen Sie das Becken zwischen zwölf und sechs Uhr hin und her, dann zwischen drei und neun Uhr.

✽ Abschließend kippen Sie das Becken im Uhrzeigersinn und gehen von der Zwölf auf die Drei, dann auf die Sechs und die Neun und so weiter. Machen Sie die Übung etwa fünf Minuten lang.

Sitzen

✽ Setzen Sie sich aufrecht auf einen Stuhl und rutschen Sie vor zur Kante. Halten Sie sich mit den Händen an der Stuhlkante fest und drücken Sie die Arme durch.

✽ Spannen Sie die Muskeln des Beckenbodens so stark wie möglich an, »ziehen« Sie also die Vagina so weit wie möglich nach oben und zählen Sie bis acht.

✽ Lassen Sie los und wiederholen Sie die Übung noch neunmal. Atmen Sie während der Übung normal weiter.

So wie es Möglichkeiten gibt, den Beckenboden zu stärken, gibt es leider auch Faktoren, die diese Muskulatur schwächen – meist ohne dass man etwas davon ahnt. So können sich Sitzen mit krummem Rücken sowie langes Stehen negativ auf die Beckenbodenmuskulatur auswirken, ganz abgesehen von schwerer körperlicher Arbeit, schwerem Heben und Tragen sowie Übergewicht.

Die Ernährung wird bunter

DER 6. MONAT

Gab es bislang ausschließlich die Brust oder ein Fläschchen, machen nun erste Breimahlzeiten den Essensplan abwechslungsreicher. Diese wichtige Umstellung geht nicht unbedingt von heute auf morgen. Lassen Sie sich und Ihrem Kind Zeit, um sich mit den noch ungewohnten Mahlzeiten bekannt zu machen. Auch in dieser Phase hilft Ihnen die Hebamme, sich mit dem Neuen zurechtzufinden, und hält wertvolle Tipps zur Ernährung bereit.

Spezielle Kochbücher zum Thema beinhalten viele Rezepte, und ein Breikochkurs, etwa in einem Familienzentrum, erleichtert Ihnen die Zubereitung am eigenen Herd und gibt Ihnen zudem Gelegenheit, Erfahrungen mit anderen Müttern auszutauschen. Im Kapitel Ernährung ab Seite 92 erfahren Sie alles Wissenswerte zum Thema, damit Sie Ihr Kind mit allem, was es für eine gute körperliche und geistige Entwicklung benötigt, versorgen können.

Wachstum und Entwicklung

Im Durchschnitt reduziert sich das Längenwachstum jetzt auf eineinhalb Zentimeter und die Gewichtszunahme auf 400 Gramm pro Monat – diese Mittelwerte müssen auf Ihr Kind aber nicht zutreffen. Vielleicht hat es im letzten Monat gar nicht zugenommen und ist trotzdem munter und lebhaft. Möglicherweise reicht das Stillen aber auch nicht mehr aus. In jedem Fall sollten Sie jetzt übers Zufüttern nachdenken (siehe auch ab Seite 192), was die meisten Kinder jetzt ohnehin deutlich einfordern, indem sie sich für das Essen der Eltern interessieren und den Mund zum Kosten weit öffnen.

Die Mobilität steigt

Bis jetzt waren Sie es gewohnt, dass Ihr Kind seine Lage nur mit Ihrer Hilfe ändern konnte. Zwar hat es sich schon mal »aus Versehen« gedreht, als es in Bauchlage auf die Seite kippte und sich auf den Rücken drehte. Oder es hat sich beim Strampeln bereits unwillkürlich fortbewegt. Doch nun beginnt Ihr Baby allmählich, sich gezielt zu drehen und seine Lage willentlich zu verändern. Das stellt Sie als Eltern vor neue Herausforderungen. So kann das Wickeln zu einem Kampf werden, weil sich das Kind immer zu drehen versucht. Vor allem aber steigt die Gefahr von Unfällen.

Jetzt ist die Zeit günstig, um Ihr Kind an einen Laufstall (siehe Spezial Seite 300) zu gewöhnen – bevor es sich selbst fortbewegen kann. Wenn Sie den Laufstall erst später hervorholen, wird es sich eher eingesperrt fühlen. Die Frage, ob Laufstall, Türgitter oder gar keine Begrenzungen, wird hitzig diskutiert. Der Vorteil: Sie können einen Laufstall überall hin mitnehmen, zu spielenden Geschwistern, ins Wohnzimmer, in die Küche oder ins heimische Büro.

MEMOS

6. Monat

❀ Kinderarzt:
Die U5 steht an.

❀ Stillen und Beikost:
Auch wenn Sie jetzt mit Beikost beginnen, ist das nicht gleichbedeutend mit Abstillen. Es sind ja zunächst nur wenige Löffelchen, die Sie zufüttern – der Rest der Mahlzeit erfolgt weiterhin durch Stillen. Erst langsam wird die Stillmahlzeit durch die Breimahlzeit ersetzt.

❀ Babysprache:
Jetzt wird nach Lust und Laune geblubbert.

❀ Trinkbecher:
Ein Trinkbecher mit zwei Henkeln und Trinkhilfe kann von nun an das Saugfläschchen ersetzen. Das mögen Babys, denn Greifen ist eine ihrer Lieblingsbeschäftigungen.

❀ Ausstattung:
Überprüfen Sie, ob die Größe Ihrer Babyschale noch stimmt oder ob Sie bereits den nächst größeren Autositz benötigen. Beim Kinderwagen können Sie jetzt die Blickrichtung umstellen, damit Ihr Kind beim Ausfahren in die Welt hinausschauen kann.

❀ Sicherheitscheck:
Machen Sie den Sicherheitscheck in jedem Raum: Sind die Wohnräume kleinkindgerecht? Sind alle Steckdosen, Treppen, Türen und Fenster gesichert? In manchen Städten können Sie für den Sicherheitscheck im Haus über das Gesundheitsamt kostenlos die Unterstützung einer Kinderkrankenschwester in Anspruch nehmen.

❀ Babykleidung:
Konfektionsgröße 68 bis 74, Strumpfhosengröße 01, Mützenweite 44/46.

6

Stürze vermeiden

Auf jeden Fall ist ein Laufstall (siehe Seite 302) besser als ein Gitterbettchen, denn schneller als geplant lernen die Kinder, je nach Bauart des Bettchens, das Gitter irgendwie zu überwinden, und stürzen dann ab. Es gilt, wie auch beim Wickeln, der einfache Grundsatz: Nur wer oben ist, kann herunterfallen. Ein mit einem Türgitter abgesperrtes Kinderzimmer gibt zwar einen größeren Freiraum, aber dafür ist das Kind nicht mitten im Geschehen und hat seine Bezugspersonen nicht im Blick. Manchen Babys reicht auch der Blickkontakt und das Beobachten der Eltern nicht aus. Sie brauchen zu ihrer Zufriedenheit noch viel körperliche Nähe und wollen am Körper herumgetragen werden.

Ein Hochstühlchen eignet sich jetzt für begrenzte Zeiten, damit das Kind etwa bei den Mahlzeiten dabei sein kann, ohne auf dem Schoß sitzen zu müssen. Das wird nämlich ziemlich anstrengend, vor allem, wenn die Eltern selbst essen möchten. Denn die Kinder greifen oder schlagen nach dem Besteck und fassen in den Teller. Auch wenn es noch nicht ganz frei sitzen kann, ist es erlaubt, ein Kind kurzzeitig mit einem Kissen im Rücken in ein Hochstühlchen zu setzen.

Gehfrei, Hopser & Co.

Andere »Kinderverwahreinrichtungen«, insbesondere Lauflernhilfen, sogenannte Gehfreis, sind zwar immer noch verbreitet, aber sehr gefährlich (siehe Infokasten). Die erwünschte Hilfe zum Laufenlernen stellen diese Geräte trotz ihres Namens nicht dar. Denn die Motorik wird sehr einseitig gefördert, die Beine werden steif und gehen in Spitzfußstellung. Außerdem gewinnen die Kinder ein Fortbewegungstempo, dem sie gar nicht gewachsen sind – ähnlich wie ein Jugendlicher auf einem Motorrad.

WICHTIG

Auf Gehfreis verzichten!

Lassen Sie die Finger von Lauflernhilfen, denn Stürze, vor allem von der Treppe, sind vorprogrammiert. Und die Folgen betreffen immer den Kopf, denn der ist am schwersten und fällt am schnellsten nach unten.

Auch in den Türrahmen gehängte Babyhopser überfordern die Motorik. Eine Babyschaukel ist da günstiger. Nutzen Sie alle derartigen Hilfsmittel immer mit Bedacht und nur kurzzeitig!

Sicherheitsvorkehrungen im Auto

Nicht nur zu Hause besteht Unfallgefahr, auch für unterwegs müssen Sie für Sicherheit sorgen. Wenn Sie Ihr Kind im Auto mitnehmen, achten Sie auf entsprechende Rückhaltesysteme, die heute wie Sicherheitsgurte vorgeschrieben sind. Babyschalen, in denen die Kinder liegen, sind bis zu einem Alter von etwa neun Monaten und bis zu zehn Kilogramm Körpergewicht geeignet. Sie werden gegen die Fahrtrichtung befestigt und eignen sich auch als Tragetaschen, weil das Kind darin recht sicher angeschnallt ist.

DER AUTOSITZ LÖST DIE SCHALE AB

Wenn Ihr Kind sitzen kann, benötigen Sie einen richtigen Kindersitz. Dieser wächst etwa bis zum vierten Lebensjahr mit. Der Sitz sollte auf der sicheren Rückbank und gegen die Fahrtrichtung (»rear facing«) mit dem vorhandenen Dreipunktgurt gesichert werden. Nur wenn es nicht anders geht, sollten Sie Ihr Kind auf dem Beifahrersitz transportieren, dann aber unbedingt den Airbag deaktivieren. Beachten Sie die entsprechende Anleitung Ihres Fahrzeuges und auch des Sitzes, denn bei allen Gurtsystemen ist die korrekte Gurtführung wichtig.

Alle Kindersitze müssen die europäische Prüfnorm ECE 44 erfüllen und mit dem gelben ECE-Prüfzeichen versehen sein. Derzeit sind nur Sitze zugelassen, deren Prüfziffer mit 03 oder 04 beginnt. Ältere Modelle dürfen nicht mehr verwendet werden. Rückwärtsgerichtete Kindersitze bieten bis in das Kleinkindalter den besten Schutz, weil der schwere Kopf des Kindes bei einem Aufprall in den Sitz gedrückt und nicht nach vorne geschleudert wird.

RICHTIG BEFESTIGEN

Achten Sie auch auf den richtigen Einbau des Kindersitzes. Der ADAC hat festgestellt, dass fast ein Drittel aller Kindersitze falsch eingebaut sind. Suchen Sie im Zweifelsfall Expertenrat. Die Zahl der im Verkehr tödlich verunglückten Kinder ist in den letzten 40 Jahren um 95 Prozent zurückgegangen – trotz des vervielfachten Verkehrsaufkommens. Seien Sie dennoch nicht nachlässig bei der Sicherheit im Auto – und verzichten Sie öfter einmal auf das Autofahren (siehe Seite 254).

 ## DAS MACHT IHREM BABY SPASS

Schaukelspiele

Schaukeln oder Hopsen zu lustigen Reimen auf den Knien der Großen regt beim Baby den Hörsinn an und fördert die Sprachentwicklung sowie den Gleichgewichtssinn. Auch wird die Beziehung zum Kind über das intensive Spiel und die Berührungen weiter gestärkt.

Stützen Sie Ihr Kind während des Schaukelspiels gut ab, bis es eigenständig sitzen kann. Am besten halten Sie es mit den Händen unter den Achseln fest und stützen Kopf und Nacken, wenn es im Spiel einmal nach hinten oder unten geht.

»Schiffschaukeln«

Setzen Sie das Baby auf Ihre Knie und heben Sie diese abwechselnd an. Lassen Sie Ihr Kind zur letzten Zeile des Reims langsam nach hinten kippen, ohne es dabei loszulassen.

Fährt das Schifflein auf dem Meer

Fährt das Schifflein auf dem Meer,
wackelt hin und wackelt her.
Kommt ein starker Sturm daher,
kippt das Schifflein in das Meer.

Fli, fla, flutsch

Fli, fla, flutsch,
die Mama (der Papa) ist die Kutsch,
(wackeln Sie mit Ihren Beinen auf und ab)
da kommt die Kurv' und es macht Rutsch, *(öffnen Sie Ihre Beine, halten Sie das Baby weiter fest, und lassen Sie es sanft auf den Boden plumpsen)*
und Baby kriegt 'nen Kuss.

Autofahren mit Kind?

In unserer automobilen Gesellschaft ist es schwer, ohne Auto auszukommen. Gerade mit Kind gibt es so vieles, was transportiert werden muss: die Windelpakete und der Einkauf oder auch das Kind selbst, das vor der Arbeit noch schnell zur Betreuung am anderen Ende der Stadt gefahren wird. Es gibt sehr viele Gründe, ein Auto zu benutzen, aber es gibt auch gute Gründe, es nicht zu tun.

✱ **Für Neugeborene ungünstig:** Das lange Liegen in der Autoschale ist gerade für sehr kleine Babys anstrengend. Abgesehen davon, dass sie während der Fahrt nicht auf dem Arm der Eltern getröstet werden können, ist auch die Haltung in der Babyschale ungünstig für die kleine Wirbelsäule. Experten plädieren deshalb dafür, Neugeborene und junge Säuglinge höchstens eine Stunde am Stück im Auto zu transportieren. Steht eine längere Fahrt in den Urlaub oder zu Verwandten an, sind Ausnahmen aber erlaubt.

✱ **Fehlprägung:** Sicher finden viele Kinder Autofahren beruhigend – manche Eltern fahren sogar extra mit dem Auto um den Block, damit ihr Kind einschläft. Dies ist vor allem deswegen problematisch, weil dadurch eine Prägung fürs Leben erfolgt: Wer es von klein auf gewohnt ist, sich aus eigener Kraft fortzubewegen, wird weniger bequem und abhängig vom Auto.

✱ **Risikofaktor Autofahren:** Die Gefahren des Straßenverkehrs stellen für Kinder mit die größten Risiken überhaupt dar. 60 Prozent aller im Verkehr verunfallten Kinder kommen im Auto zu Schaden.

✱ **Nachhaltiger Umweltschaden:** Autofahren schädigt vor allem auch die Umwelt durch Lärm, Abgase, Energie- und Ressourcenverbrauch. Denken Sie an die zukünftige Lebenswelt der heranwachsenden Generation, die Ihnen als Eltern sicher besonders am Herzen liegt. Fragen Sie sich daher bei jeder Fahrt, ob sie notwendig ist oder ob die Strecke mit anderen Verkehrsmitteln bewältigt werden kann.

✱ **Alternativen zum Auto:** Es gibt heute gute Alternativen für den Transport von Kindern. Für kurze Strecken reichen meist Tragehilfe oder der Kinderwagen, der den nötigen Stauraum für Einkäufe gleich mitliefert. Größere Distanzen lassen sich mit dem Fahrrad gut bewältigen. Fahrradanhänger gibt es heute auch schon mit Kindersitzen für ganz junge Säuglinge, sodass Sie sich um Ihr Baby keine Sorgen machen müssen. Einen Fahrradsitz können Sie benutzen, sobald das Kind sicher frei sitzen kann. Und für längere Strecken gibt es die Bahn, die häufig auch mit Extraabteilen nur für Familien ausgestattet ist. Da diese sehr begehrt sind, lohnt es sich, im Vorfeld zu reservieren.

Radfahren ist für größere Babys viel interessanter als Autofahren – und zudem umweltschonend.

Die geistige Entwicklung

Fördern Sie die Bewegungsfreude Ihres Kindes. Gehen Sie mit ihm bei Wind und Wetter vor die Tür, am besten zweimal täglich ein bis zwei Stunden, in den Wald, durch Felder und Wiesen, zu Baustellen oder zum Einkaufen. Erklären Sie Ihrem Baby, was es alles zu sehen gibt, und freuen Sie sich an dem aufmerksamen Blick, mit dem das Kind die Welt betrachtet. Kinder, die nicht ausreichend frische Luft und Auslauf haben, werden rasch missmutig und launisch – und schlafen auch schlechter.

Vielleicht kennt Ihr Kind schon die Bedeutung mancher Wörter und wendet den Kopf zur Mutter, wenn der Papa fragt: »Wo ist die Mama?« Es macht Ihnen bestimmt viel Spaß, dem Brabbeln Ihres Kindes zuzuhören, und Sie sind gespannt auf die Zeit, wenn ein »richtiges« Wort-zu-Wort-Gespräch möglich sein wird.

Die emotionale Entwicklung

Das Kind ist jetzt nicht mehr nur auf die Eltern fixiert, sondern sieht auch schon dahin, wohin die Eltern schauen: Es wendet sich vom ausschließlichen Blickkontakt zur Bezugsperson nach außen. Die Eltern tragen das Kind jetzt instinktiv mehr mit dem Rücken zu sich, damit es den Blick in die Welt richten kann. In vielen Tragesitzen kann man die Blickrichtung kurzzeitig umdrehen, was die Babys sehr schätzen. Weil sie nun erkennen, dass sie mit ihrem Tun etwas bewirken können, freuen sie sich daran, an der Schnur eines Hinterherzieh-Spielzeugs zu ziehen oder Geräusche mit einer Rassel oder einem Glöckchen zu erzeugen. Spielen Sie Ihrem Kind also nicht nur etwas vor, sondern lassen Sie es erleben, dass es selbst Einfluss auf etwas nehmen kann. Das bildet das Fundament eines gesunden Selbstbewusstseins (siehe Seite 256).

6

INFO

Zeichensprache für die Kleinsten

Wer nicht warten möchte, bis das Kind zu sprechen anfängt, kann es mit vorsprachlicher Kommunikation versuchen, etwa mit »Handzeichen« wie sie in der Gebärdensprache gebräuchlich sind. Die Zeichen werden gemeinsam mit dem gesprochenen Wort vorgemacht. Wenn Ihr Baby dann so weit ist, wird es selbst die Zeichen geben. Forschungsergebnisse vor allem aus den USA, wo die Babyzeichensprache seit über 20 Jahren untersucht wird, zeigen, dass dadurch eine Entwicklungsförderung möglich ist. Auch hierzulande gibt es zahlreiche Bücher und Kurse, die die Zeichensprache vermitteln. Ihr Baby verpasst aber nichts, wenn es die Zeichensprache nicht lernt.

Selbstwirksamkeit

Hilflos ausgeliefert zu sein ist für alle Menschen ein unerträglicher Zustand. Jeder möchte Einfluss haben, etwas bewirken, andere in seinem Sinne handeln lassen. Viele Menschen haben heute das Gefühl, ohnehin nichts bewirken zu können. Dieses Gefühl lähmt sie und macht sie unzufrieden.

Schon Babys wollen etwas bewirken

Auch Babys wollen nicht hilflos ausgeliefert sein, sondern Wirkung entfalten, Einfluss auf ihr Gegenüber nehmen. Dazu muss das Gegenüber aber in der Lage sein, die Botschaft zu verstehen und diesen Wunsch zu erfüllen. Am Beispiel des Hungers ist dies leicht nachzuvollziehen: Das Baby schreit, weil es hungrig ist. Die Mutter versteht diese Botschaft richtig und legt es an. Das Baby ist dann zufrieden, nicht nur, weil es nun gesättigt wird, sondern auch, weil es verstanden wurde: Es hat etwas bewirkt, was in diesem Moment das Richtige war. Wenn die Mutter die

Botschaft falsch versteht und zum Beispiel meint, das Baby schreie, weil es die Windeln voll habe, wird das Baby nicht nur in seinem elementaren Bedürfnis nach Nahrung, sondern auch in seinen Bemühungen nach Selbstwirksamkeit frustriert. Deshalb ist es so wichtig, dass sich Eltern bemühen, die Bedürfnisse und Signale ihres Kindes zu verstehen. Aber es macht auch nichts, wenn sie mal daneben liegen – beim nächsten Mal klappt's dann wieder.

Selbstbewusst – Schritt für Schritt

Mit zunehmender Erfahrung des Säuglings, dass etwas folgt, wenn er etwas tut, wird sich das Kind seiner selbst immer bewusster: Es merkt, dass seine Lernerfolge und Fortschritte auf seinen eigenen Bemühungen und Fähigkeiten beruhen. Selbstwirksam zu sein heißt, aufgrund bisheriger Erfahrungen auf seine Fähigkeiten und verfügbaren Mittel vertrauen zu können. Das ist ein wichtiger Schritt zur Entwicklung des Selbstwertes, eines Selbstbewusstseins und damit letztlich zur persönlichen Identitätsfindung eines Menschen.

Umgekehrt wird auch das Selbstvertrauen der Eltern gestärkt, wenn sie die Botschaften ihres Kindes richtig verstehen. Auch sie merken, dass sie etwas bewirken können, und werden in ihrer Elternrolle gestärkt und gefestigt. Es sind hunderte, tausende derartige Interaktionen, die den Alltag bestimmen und uns zu zufriedenen Menschen machen.

Das Weinen ihres Babys richtig zu deuten, ist für Eltern keine leichte Aufgabe.

Gesund bleiben

Die U5 steht zum Ende des ersten Lebenshalbjahres an. Je älter die Kinder werden, umso mehr ist der Arzt von den Angaben der Eltern abhängig. So wird die erste Frage sein, ob die Eltern mit der Entwicklung ihres Kindes zufrieden sind, wie sich ihre Beziehung zum Kind und wie sich sein Verhalten und die Motorik weiterentwickelt haben. Auch wird sich der Arzt erkundigen, wie das Baby isst, verdaut und schläft und welche Schwierigkeiten und Probleme den Alltag bestimmen.

Speziell fragt der Arzt bei der U5 nach Hören und Sehen, auch nach Sehstörungen in der Familie. Außerdem untersucht er die Augenstellung und -bewegung. Bei familiären Sehstörungen, wie höhergradiger Fehlsichtigkeit, Sehschwächen und Schielen (siehe Kasten unten), wird er Ihnen zu einer augenärztlichen Untersuchung raten. Der Blick des Arztes auf die Eltern, ob sie eine Brille tragen, genügt da nicht. Denn viele Menschen haben Kontaktlinsen und einseitige Sehschwächen (Amblyopien) oder andere Augenerkrankungen, die man von außen nicht sieht.

Körperliche Untersuchungen

Ausziehen, wiegen und messen können jetzt schon mal zu einem kleinen Kampf geraten. Aber der Arzt muss das Kind in seiner ganzen Pracht sehen. Neben einer genauen körperlichen Untersuchung, bei der er zum Beispiel auch die Zahnleiste betastet, werden die sogenannten Lagereaktionen geprüft: Kommt der Kopf dem Untersucher schon entgegen, wenn er das Kind an den Ärmchen zum Sitzen hochzieht? Kann es in den Armstütz gehen, und fängt es dabei schon an, den Po zu heben? Dreht es sich bereits vom Bauch auf den Rücken oder sogar schon umgekehrt? Greift es nach vorgehaltenen Gegenständen? Der Arzt trägt die Befunde dann in das gelbe Kinder-Untersuchungsheft ein (siehe Seite 326). Bestandteil der Früherkennungsuntersuchung sollten auch Beratungen über die Ernährung, zur Unfallverhütung und über erste Erkrankungen sein, die Sie im nächsten halben Jahr zu erwarten haben. Sie lassen sich in der eher ruhigen Atmosphäre einer Vorsorge besser anbringen als im Krankheitsfall. Steht noch eine Impfung an, wird sie am Ende der Untersuchung vorgenommen.

INFO

Schielt mein Kind?

Wenn Ihr Kind Sie anschaut, darf es nicht schielen, auch müssen die Lichtreflexe, die man auf der Hornhaut vor der Pupille sieht, bei beiden Augen auf derselben Stelle sichtbar sein. Oft haben die Kinder in diesem Alter ein scheinbares Schielen (Pseudostrabismus), bedingt durch die Lidfalte und einen relativ weiten Augenabstand. Fragen Sie Ihren Arzt bei der U5, ob Sie zu einem mit Kindern erfahrenen Augenarzt gehen sollten.

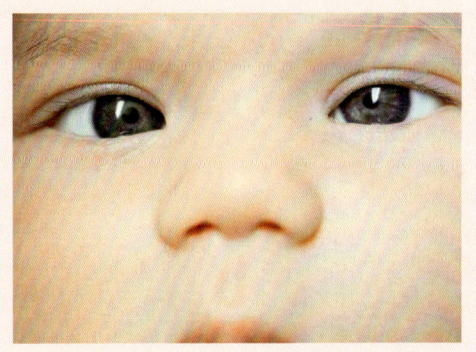

Elterncoach

Manche Tage und Nächte mit dem Baby können sehr anstrengend sein. Das zehrt an den Kräften von Mutter und Vater, ohne dass sie es anfänglich bemerken. Viel zu sehr sind die Pflegepersonen in die alltäglichen Prozesse verstrickt. Gönnen Sie sich daher täglich eine Auszeit nur für sich, und horchen Sie in sich hinein. Wie geht es Ihnen, wie fühlen Sie sich? Sind sie abgespannt, müde und kraftlos? Haben Sie Schmerzen oder seelischen Kummer?

Schreiben Sie alles auf, was Ihnen an sich selbst auffällt. Schauen Sie sich später Ihre Liste an, und überlegen Sie, vielleicht zusammen mit dem Partner, wie Sie Körper und Geist wieder beleben können. Der achtsame Umgang mit sich selbst ist wichtig, um dem Leben mit Kind gerecht zu werden und dabei selbst nicht unterzugehen. Überlegen Sie, wie Sie schon immer am besten entspannen konnten. Beim Musikhören, Lesen, Joggen, Saunieren, Kaffeetrinken mit der Freundin? Schaffen Sie Gelegenheiten, um wieder aufzutanken.

Denken Sie auch an sich!

Verdrängen Sie auch keine Schmerzen oder auffällige körperliche Veränderungen. Gehen Sie rechtzeitig zum Arzt und lassen Sie sich untersuchen. Auch, eine Blutuntersuchung gibt Aufschluss über eine eventuelle Mangelerscheinung, die sich hinter Kopfschmerzen, Müdigkeit und Abgeschlagenheit verbergen kann. Sie müssen nicht alles aushalten! Es ist kein Zeichen von Schwäche, wenn Sie jetzt, wo das Baby da ist, kränkeln. Nehmen Sie Veränderungen des Körpers und der Seele zum Anlass, um nachzuforschen und sich auch gut um sich selbst zu sorgen. Auch persönliche Wünsche dürfen nicht auf der Strecke bleiben. Denn die Erfüllung eines Wunsches macht Sie glücklich und zufrieden – was auch Ihr Kind und Ihr Partner schätzen werden. So ist es empfehlenswert, neben der Liste mit körperlichen und seelischen Auffälligkeiten eine Wunschliste anzulegen. Notieren Sie, was Sie gerne möchten und was Sie sich von anderen Mitgliedern Ihrer Familie wünschen oder welche Erwartungen Sie haben.

Das Gleiche kann Ihr Partner machen, dann haben Sie eine Grundlage für ein gemeinsames Gespräch und können Wünsche offenbaren, die auch Ihre Beziehung beleben und stärken. Oft ist es ja so, dass ein Partner glaubt, der andere wisse, was er sich wünscht. Doch ein ausgefüllter Alltag hält gar keine Zeit bereit, um die subtilen Wünsche des anderen zu erkennen. Das kann zu Streit und Disharmonie in der Partnerschaft führen. Und gerade das brauchen Sie als junge Familie nicht. Beugen Sie also vor und besprechen Sie Ihre Wunschliste. Manche Wünsche lassen sich vielleicht gleich erfüllen, andere erst später, aber sie sollen trotzdem Beachtung finden.

Ein Paar bleiben

Wichtig für die Zufriedenheit der Eltern ist besonders, dass Sie weiterhin als Liebespaar zusammenleben. Ihre Gefühle füreinander sollten Sie sich an einem speziellen Partnerabend pro Monat versichern. Gehen Sie gemeinsam aus, und lassen Sie den Abend in vertrauter Zweisamkeit enden. Reden Sie an diesem Abend bewusst nicht über Ihr Kind. Nur so haben Sie die Möglichkeit, sich nur mit sich und dem anderen zu beschäftigen. Sollten Sie keinen Babysitter zur Verfügung haben, lohnt sich ein Aushang am Schwarzen Brett einer Hebammenschule. Oder Sie suchen sich eine Leihoma oder einen Leihopa, die sich gerne um das Kind kümmert, wenn Sie einmal ausspannen möchten (siehe Adressen Seite 402).

Extra für Mütter:
Abstillen? Aber langsam!

Nach rund sechs Monaten ist für viele Mütter und Babys die Zeit des Abstillens gekommen (siehe Seite 118). Für beide ist es ein Schritt in Richtung Abnabelung und Selbstständigkeit. Das Kind wird mit der Einführung der Beikost langsam an die Familienkost und ans eigenständige Essen gewöhnt – die Mutter gewinnt an Freiraum, wird wieder flexibler und kann das Füttern auch anderen Familienmitgliedern oder Krippenbetreuern überlassen.

Die Muttermilch wird weniger

Während des Abstillens kommt es durch die anfänglich noch laufende Produktion der Muttermilch zu Stauungen, die sich als Spannungsgefühle bemerkbar machen können. Diese Milchreste werden in der Regel vom Körper absorbiert, während die in der Schwangerschaft neu gebildeten Drüsenelemente nach und nach zurückgehen. So wandelt sich die Milch spendende Brust innerhalb einiger Monate wieder um in eine sogenannte ruhende Brust – die auf einen erneuten Zeitpunkt wartet, zu dem sie wieder eine Milch produzierende Brust wird.

Um während des Abstillens weder einen Milchstau noch eine Brustentzündung zu riskieren, ist es wichtig, die Produktion der Milchmenge bis zum »Versiegen« langsam zu drosseln. Geben Sie Ihrem Körper genügend Zeit zum Abstillen, und ersetzen Sie die Stillmahlzeiten nach und nach durch Beikost (siehe Seite 129). Auf diese Weise erkennt Ihr Körper, dass weniger Muttermilch benötigt wird, und stellt die Produktionsmenge darauf ein.

Die Brust produziert selbst nach dem Abstillen noch einige Wochen Milch. Daher sollten Sie nicht an der Brust drücken, um nachzuschauen, ob noch Milch kommt. Auf diese Weise kann die Milchproduktion in geringem Maße aufrechterhalten bleiben.

Weniger Prolaktin

Mit dem Abstillen geht auch die Produktion des Milchbildungshormons Prolaktin zurück. Auf diese Hormonumstellung können Frauen recht unterschiedlich reagieren. Manche haben keine Probleme, andere leiden mehr oder weniger stark an Stimmungsschwankungen und Ungeduld. Diese Phase geht vorüber, doch sie dauert unterschiedlich lang und hängt auch mit dem seelischen Allgemeinzustand der Frau zusammen. Wenn Sie der Alltag nach dem Abstillen plötzlich viel mehr anstrengt, muss das aber nicht unbedingt mit der hormonellen Umstellung zusammenhängen. Es kann auch schlicht daran liegen, dass Ihnen die Stillpausen fehlen. Legen Sie daher bewusste Ruhephasen ein, um die Beine hochzulegen oder eine Tasse Tee zu genießen.

Schöner Busen nach dem Abstillen

Das langsame Abstillen wirkt sich auch positiv auf die Brüste aus: Die Gefahr eines Hängebusens wird gemildert. Sport stärkt zudem die Brustmuskulatur und das Bindegewebe. Hier zwei effektive und leichte Übungen für zwischendurch:

* Drücken Sie Ihre Handflächen mit nach oben zeigenden Fingerspitzen vor Ihrer Brust für einige Sekunden so fest wie möglich gegeneinander. Lockern Sie die Muskeln und wiederholen Sie die Übung noch viermal.

* Sie können sich auch im Abstand von einer Armlänge vor eine Wand stellen und die Handflächen mit nach oben zeigenden Fingern in Schulterbreite auflegen. Knicken Sie die Arme ein und führen Sie den Oberkörper wie bei einer Liegestütze langsam zur Wand – bis die Nasenspitze anstößt – und langsam wieder zurück. Wiederholen Sie die Übung noch viermal.

Meilensteine im zweiten Quartal

Seit der Geburt Ihres Kindes vor sechs Monaten haben Sie gemeinsam viel erlebt. Das zarte Neugeborene, das ganz auf Sie angewiesen war, hat sich in einen aktiven Säugling verwandelt, der neugierig und voller Tatendrang seine erworbenen Fähigkeiten ausprobiert.

Greifen

Zum Ende des zweiten Quartals können die meisten Babys sicher greifen. Egal ob die Cremetube auf dem Wickeltisch, Mamas Handtasche oder die liegen gelassene Zeitung: Alles, was Ihr Baby mit den Händen erreichen kann, ist nicht mehr sicher vor ihm. Seine Neugier und sein Tatendrang kennen keine Grenzen. Erlauben Sie Ihrem Kind daher gelegentlich, Gegenstände aus der Erwachsenenwelt zu erkunden. Die Brottüte vom Bäcker, ein Kochlöffel, Wäscheklammern oder eine weiche Haarbürste sind faszinierende Forschungsobjekte für kleine Entdecker – und bestimmt ungefährlich.

Das Baby greift gezielt nach Gegenständen.

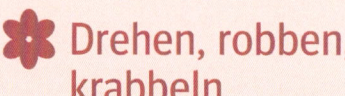 Drehen, robben, krabbeln

Manchen Kindern gelingt es mit einem halben Jahr sogar schon, in der Bauchlage mit einer Hand nach Gegenständen zu greifen und mit ihnen zu hantieren. Zum genaueren Erkunden drehen die meisten sich aber noch zurück auf den Rücken – so ist es einfach bequemer, und beide Hände stehen für die Forschungsarbeiten zur Verfügung.

Viele Babys nutzen die neuerworbene Fähigkeit des Drehens gleich zur Fortbewegung, indem sie sich kullernd durch den Raum rollen. Darin zeigt sich, dass sich das Gleichgewichtsempfinden des Kindes weiter entwickelt hat.

Liegt ein begehrter Gegenstand außerhalb der unmittelbaren Reichweite, kann dies manche Babys dazu animieren, sich bereits durch Robben oder Krabbeln nach vorn zu bewegen. Aber auch wenn Ihr Baby noch keine Anstalten dazu macht, brauchen Sie sich keine Sorgen zu machen, denn jedes Baby entwickelt sich in seinem eigenen Tempo.

Kommunikation

Dass Kinder von Anfang an soziale Wesen sind, wird schon beim ersten Blick in die Augen eines Neugeborenen deutlich. Dennoch ist diese erste Kontaktaufnahme natürlich noch sehr undifferenziert. Und auch in den nächsten Wochen steht dem Säugling überwiegend Weinen und Schreien als Ausdruck seines Unwohlseins zur Verfügung. Wenige Monate später sieht dies schon ganz anders aus. Als Vorbereitung auf das Sprechen imitiert das Baby Sprachlaute, wodurch erste »Gespräche« möglich werden, die nicht nur für das Kind, sondern auch für die Eltern sehr unterhaltsam sein können. Etwa wenn das Baby Geräusche wie Blubbern, Quietschen oder Brummen nachahmt und sich damit amüsiert, das »R« gefährlich zu rollen.

Aus der Bauchlage beginnt das Baby sich langsam fortzubewegen: Es robbt.

✿ Beikost

Das Ende des sechsten Monats läutet meist auch den allmählichen Abschied von der Stillzeit ein. Vielen Babys ist zu diesem Zeitpunkt der Appetit auf feste Kost regelrecht anzusehen: Mit interessiertem Blick verfolgen sie jeden Bissen, der im Mund der Eltern verschwindet. Reiswaffeln, Brotrinden und Obstschnitze nehmen sie mit Begeisterung entgegen,

und die Milchflasche oder die mütterliche Brust scheint nicht mehr so zu sättigen wie gewohnt: Jetzt ist der richtige Zeitpunkt für die erste feste Mahlzeit. Egal, ob Sie sich für Breinahrung (Seite 131) oder Fingerfood (Seite 133) entscheiden, das erste Mahl wird Ihnen sicher in Erinnerung bleiben. Lassen Sie sich und Ihrem Baby Zeit, diese neue Form der Ernährung ganz entspannt kennenzulernen. Und wenn Ihr Baby zu den Kindern gehört, die partout nichts von Brei und Reiswaffeln wissen wollen, denken Sie daran, dass die Beikost die Milchernährung im ersten Jahr nicht ersetzen, sondern nur ergänzen soll. So können Sie es immer wieder versuchen – bis auch Ihr Baby den Spaß am Essen entdeckt.

Babys Nahrung wird vielfältiger.

✿ Der erste Zahn

Als kleiner, weißer Meilenstein kann sich am Ende des zweiten Quartals der erste Zahn (Seite 231) zeigen. Und diese Hürde ist nicht immer ganz einfach zu nehmen, denn das Zahnen kann das Baby in seinem Wohlbefinden zum Teil stark beeinträchtigen: Weinen, Anhänglichkeit und unruhiger Schlaf können die Folgen sein. Doch wenn es nun kräftig auf einem Zahnring oder auf Brotrinde herumbeißt, wird es auch diesen Schritt tapfer meistern.

261

DER 7. MONAT

Das erste halbe Jahr mit Ihrem Baby liegt nun schon hinter Ihnen. Vermutlich ist die Zeit zu schnell vergangen, in der sich so vieles ereignet hat. Und hoffentlich wurden Sie mit zahlreichen freudigen Momenten als junge Familie für manch anstrengende Phasen belohnt. Auf alle Fälle bleibt das Leben mit Kind weiter spannend: Während Neugeborene bei aller Individualität noch relativ einheitliche Verhaltensmuster zeigen, fächert sich mit zunehmendem Lebensalter die persönliche Entwicklung immer stärker auf. Jetzt sind die Angaben über das, was Kinder »können« sollten und wie sie sich entwickeln, noch vorsichtiger auf Ihr Kind zu übertragen als in den ersten Monaten – und Vergleiche mit anderen Kindern noch weniger angebracht. Das Temperament und der Charakter Ihres Kindes treten ab dem zweiten Lebenshalbjahr immer deutlicher hervor und gehören zur Eigenart eines Menschen.

Wachstum und Entwicklung

Ihr Baby wächst weiterhin etwa eineinhalb Zentimeter im Monat, der Kopfumfang nimmt jetzt etwas stärker zu. Die Gewichtszunahme ist abhängig von dem, was das Baby isst und was es durch seine motorischen Aktivitäten verbraucht, sie ist also von Kind zu Kind recht unterschiedlich. Meist sind es um die 400 Gramm pro Monat. Manche Kinder nehmen in diesem Alter auch mal zwei oder drei Wochen gar nicht zu, was an der Nahrungsumstellung liegen kann. Solange sie aktiv und fröhlich sind und gesund wirken, gibt es keinen Grund zur Sorge. Um einen Überblick über die Gewichtsentwicklung zu behalten, sollten Sie Ihr Kind nach wie vor etwa einmal im Monat wiegen.

Ihr Kind kann zwar mit Ihrer Hilfe schon sitzen, aber das sollten Sie nicht zu häufig üben, denn wenn es von seiner Entwicklung her so weit ist, setzt sich das Kind von alleine auf. Sie dürfen es aber ruhig schon mal für 20 Minuten mit Unterstützung des Rückens (durch Ihre Hand oder ein Kissen) in ein Hochstühlchen setzen, vor allem zum gemeinsamen Essen am Tisch.

Die Drehung vom Bauch auf den Rücken und zurück funktioniert schon recht sicher, wobei sie manchmal noch einseitig ist. Ihr Kind trägt sein eigenes Gewicht, wenn Sie es auf die Füße stellen – aber auch das sollten Sie nicht ständig ausprobieren, damit es erst krabbeln lernt.

Weiterhin nimmt Ihr Kind alle Gegenstände in den Mund, um sie zu erkunden und um etwas zum Beißen für die neuen Zähne zu haben. Dieses elementare Bedürfnis kann und soll es befriedigen können. Die Angst vor dem Verschlucken ist groß, aber unberechtigt, denn das passiert eigentlich nur, wenn das Kind erschrickt. Sollten Sie sehen, dass es ein kleines Teilchen im Mund hat, bleiben Sie ruhig, und holen Sie es

MEMOS

7. Monat

✿ Babypflege:

Das »Zähneputzen« kann beginnen. Im Fachhandel gibt es Fingerzahnbürsten für Babys Zähne, die Sie sich auf einen Finger stecken können, um damit sanft zu putzen. Auch ein Noppenbeißring, der mit einer kleinen Bürste versehen ist, pflegt die ersten Zähne.

✿ Erste-Hilfe-Kurs:

Das Baby wird immer mobiler, was auch Unfallgefahren birgt. Deshalb ist jetzt ein guter Zeitpunkt, um einen Erste-Hilfe-Kurs für Säuglinge und Kleinkinder zu besuchen.

✿ Hochstuhl:

Ihr Kind kann mittlerweile gut alleine sitzen und sein Essen bequem im Kinderhochstuhl einnehmen. Lassen Sie es darin aber nie unbeaufsichtigt, selbst mit einem Sicherungsbügel nicht. Stützt sich das Kind beispielsweise mit den Händen auf dem Tischchen ab und richtet sich gleichzeitig auf, kann es vorneüber aus dem Stuhl fallen. Aktive Kinder können zusätzlich mit einem Kindergeschirr am Stuhl gesichert werden, um die Bewegungsfreiheit sicherheitshalber einzuschränken.

✿ Essen und Trinken:

Ihr Baby trinkt selbstständig aus dem Henkelbecher und will jetzt auch gerne Ihr Essen probieren. Wird dieses in mundgerechte Stücke zerteilt und ist es nicht hart oder zäh, können Sie Ihrem Kind ruhig ab und zu etwas abgeben und es langsam an den Geschmack des Familienessens gewöhnen.

✿ Babykleidung:

Konfektionsgröße 74, Strumpfhosengröße 01, Schuhgröße 18, Mützenweite 46/48

TIPP

Erste-Hilfe-Kurs

Um beim Verschlucken von Gegenständen und anderen Unfällen im Haushalt richtig reagieren zu können, empfiehlt sich ein Erste-Hilfe-Kurs für Babys und Kleinkinder (siehe Seite 346). Veranstaltet werden die Kurse zum Beispiel von den Johannitern, den Maltesern oder dem Roten Kreuz, aber auch von vielen gesetzlichen Krankenkassen.

sehr behutsam heraus. Sonst macht es einen heftigen Atemzug – und das Teilchen ist in der Lunge. Wie Sie Ihre Wohnung kindersicher machen, erfahren Sie ab Seite 74.

Die Zähne …

Das Zahnen ist jetzt ein großes Thema, denn die meisten Zähne treten im siebten und achten Monat heraus (siehe Seite 231). Ihr Kind beißt heftig auf seinen Fingern und auf Gegenständen herum. Ob die häufigen Ohrsymptome in dieser Phase unmittelbar mit dem Zahnen zu tun haben oder nur Zeichen eines allgemeinen Unwohlseins sind, ist nicht ganz klar. Jedenfalls fassen sich zahnende Kinder oft an die Ohren, manchmal schlagen sie auch wütend darauf oder bohren darin herum, vielleicht sogar bis es blutet. Am besten lassen Sie Ihren Kinderarzt einmal in die Ohren schauen.

Die geistige Entwicklung

Mit einem halben Jahr spielen Kinder gerne und sind meist fröhlich. Sie versuchen, an Dinge außerhalb ihrer Reichweite heranzukommen und finden Gegenstände auch dann, wenn sie etwas

verdeckt sind. Ihr Baby möchte jetzt viel sehen und erleben, allerdings besteht auch die Gefahr, es zu überfordern.

Ihr Baby erforscht nun Gegenstände nicht mehr nur mit dem Mund, sondern fängt an, sie mit den Händen zu erkunden: Dinge werden aneinandergeschlagen, hin und her bewegt oder weggeworfen. Besonders gerne bohrt es mit seinem Finger in hohlen Gegenständen – aber auch in Nase, Mund, Ohren und Augen, bei sich selbst und seinem Gegenüber. Vorsicht, es könnte sich auch für die Steckdosen in Reichweite interessieren! Deshalb müssen spätestens jetzt alle Steckdosen gesichert sein. Außerdem interessiert sich das Baby für sein Spiegelbild, vor dem es früher eher zurückgeschreckt ist. Machen Sie daraus ein schönes Spiel!

Spielerisch erkunden Babys ihre Umgebung und beginnen, die Welt zu begreifen.

Die Welt erobern

Immer aktiver und mobiler erforschen die Kleinen nun ihr Umfeld – und kaum etwas ist dabei noch sicher vor ihnen. Da hilft nichts anderes, als auch einmal ein Verbot auszusprechen. Denn nicht allen gefährlichen Situationen können Sie vorbeugen, und auch nicht den ganzen Tag ein wachsames Auge auf Ihr Baby haben.

Gefahrenquellen minimieren

Damit Sie aber nicht ständig nein sagen müssen und Ihr Kind vor lauter Verboten gar keine Regeln erkennen kann, ist es ratsam, das Umfeld, in dem sich Ihr Kind bewegt, so sicher wie möglich zu machen (siehe ab Seite 74). Alles was in seiner Reichweite ist und nicht in die kleinen Hände soll oder darf, räumen Sie gleich ganz weg. Auch eine Tischdecke verleitet zum Ziehen – deshalb sollten Sie eine Zeit lang darauf verzichten. In die unteren Küchenschubladen und Regalböden können Sie alles räumen, womit Ihr Kind spielen darf, etwa Plastikdosen und Töpfe (ohne Glasdeckel). Haben Sie Ihre Wohnung entsprechend präpariert, müssen Sie zwar noch aufpassen, aber nur noch wenig verbieten – und Ihr Alltag entspannt sich erheblich.

So wenig Neins wie möglich

Sie müssen also vor allem zum Schutz des Kindes auch Grenzen setzen und in ernsten Situationen ein deutliches Nein aussprechen. Zwar kann Ihr Kind den Sinn des Neins noch nicht richtig verstehen. Ihr strenger Tonfall lässt es jedoch einen kurzen Moment innehalten, und Sie können Ihr Kind schnell von der Gefahrenquelle entfernen. So wird es mit der Zeit lernen, was das Nein zu bedeuten hat. Gebrauchen Sie ein Nein so selten wie möglich und wirklich nur in gefährlichen Situationen. Dann wird Ihr Kind besser folgen und die Regeln und Verbote eher beachten. Viele Kinder setzen sich nämlich häufiger über ein Nein hinweg, wenn ihre Eltern ihnen

viel verbieten. Außerdem können sich zu viele Verbote auch negativ auf die Eltern-Kind-Beziehung auswirken weil das Kind sich gegängelt fühlt. Berücksichtigen Sie daher, dass Kinder sich in einer Welt aus Regeln besser zurechtfinden, wenn die Regeln klar sind und Verbote auf ein notwendiges Minimum beschränkt sind.

Manchmal genügt es auch schon, das Kind ermahnend anzusehen und die Stirn in Falten zu legen, damit es eine Grenzsetzung erfährt, sie akzeptiert und von seiner Absicht ablässt. Eine weitere Möglichkeit besteht darin, ein falsches Verhalten des Kindes absichtlich zu übersehen (solange keine Gefahr fürs Kind besteht, also zum Beispiel, wenn es den Brei mit den Fingern auf dem Tisch verteilt). In diesem Fall sollten Sie es aber nicht beim Ignorieren belassen, sondern im Gegenzug erwünschtes Verhalten deutlich loben. So weiß Ihr Kind, was von ihm erwartet wird und wie es sich verhalten soll.

Keine langen Erklärungen

Weint Ihr Kind, weil Sie es ermahnt und von einer Gefahrenquelle entfernt haben, hilft Ablenkung. Suchen Sie schnell eine andere interessante, aber erlaubte und ungefährliche Tätigkeit für Ihr Kind. Dann sind Geschrei und Unmut bald vergessen. Lange Erklärungen, warum das Kind etwas nicht darf und warum Sie es von einer Handlung abgehalten haben, bringen in diesem Alter noch nichts. Es reicht, wenn Sie Ihrem Kind fest in die Augen sehen und ruhig, aber deutlich das Verbot aussprechen.

Die emotionale Entwicklung

Ihr Kind kann die Zuneigung zu seinen Bezugspersonen nun zeigen und durch seine Mimik und Laute auf Gefühle reagieren. Mit seinen feinen Antennen nimmt es auch Ärger oder Kummer wahr. Es erkennt Sie auf größere Entfernung und folgt Ihnen mit den Augen und reagiert auf Ihren Tonfall. Zudem macht es selbst unterschiedliche Geräusche und antwortet auf das, was es hört, mit eigenen Tönen. Seine Freude drückt das Baby durch Quietschen und Juchzen aus und fängt an, auf Ansprache und auf seinen Namen zu reagieren. Es versteht bereits, was »nein« bedeutet. Bestimmt bemüht es sich sehr um Ihre Aufmerksamkeit und liebt es, in Gesellschaft zu sein.

Gesund bleiben

In diesem Monat gibt es keinen routinemäßigen Untersuchungstermin. Die U5 ist bereits vorbei, und die U6 folgt erst am Ende des ersten Lebensjahres. Sie können aber jederzeit, auch ohne die »Eintrittskarte« eines Symptoms oder einer Erkrankung, Ihre Kinderarztpraxis aufsuchen, wenn Sie sich über Ihr Kind und seine Entwicklung Sorgen machen. Gehen Sie aber nicht von einem Arzt zum nächsten, um sich immer wieder neu bestätigen zu lassen, dass »alles in Ordnung« ist. Das macht wenig Sinn, denn Gesundheit kann man nicht beweisen, höchstens sichtbare Auffälligkeiten und Erkrankungen wahrnehmen. Außerdem besteht die Gefahr, auf diese Weise in die Mühlen medizinischer Diagnostik und Therapien zu geraten, aus denen es nicht immer leicht ist zu entrinnen.

Erste Krankheiten

Vielleicht hatte Ihr Neugeborenes mal einen Schnupfen, oder beim Zahnen oder nach einer Impfung gab es mal Schmerzen und Unruhe. Aber so richtig krank sind die meisten Säuglinge in den ersten Monaten nur selten. Das ändert sich im zweiten halben Jahr, da dann der sogenannte Nestschutz endet (siehe Kasten rechte Seite). Nun werden viele Kinder zum ersten Mal krank und haben Fieber. Dann ist das Baby ganz heiß, hochrot oder blass, es wimmert, schaut mit glasigem Blick und gesenkten Lidern, ist apathisch, appetitlos oder hat die schon Stunden zurückliegende Mahlzeit erbrochen. An Spielen ist nicht zu denken.

Das Wichtigste, was Ihr Kind jetzt braucht, ist Zuwendung, Zeit und Geduld. Früher sagte man, es muss die Krankheit »ausbrüten«, wie eine Henne das Ei mit ihrer Körperwärme ausbrütet. Dieser Ausdruck bezeichnet sehr treffend, dass man noch nicht wissen kann, was dabei herauskommt. Das Fieber an sich ist nicht das Problem, sondern im Gegenteil eine sinn-

WICHTIG

Gefahren bei Fieber

Fieber ist meist harmlos, in seltenen Fällen aber gefährlich. Ist Ihr Baby nicht mehr ansprechbar, bohrt es sein Köpfchen nach hinten ins Bett und kann es nicht nach unten schauen, sollten Sie sofort den Notarzt rufen. Auch ein Fieberkrampf kann gefährlich sein. Dabei zucken die Extremitäten oder der ganze Körper rhythmisch. Ein solcher Krampfanfall hat etwas Bedrohliches – und Sie sollten auch nicht zögern, Ihren Kinderarzt oder in dessen Abwesenheit den Notarzt anzurufen. Verkrampft sich Ihr Kind etwa beim Stuhlgang, hat das allerdings nichts mit einem Krampfanfall zu tun (siehe auch ab Seite 357).

INFO

Das Immunsystem

Das Abwehrsystem unseres Körpers, das uns vor Krankheitserregern schützt, ist in seiner Komplexität trotz großer wissenschaftlicher Fortschritte noch weitgehend unverstanden. Bei Neugeborenen besteht ein sogenannter Nestschutz.

❋ Diese **passive Immunität** (Leihimmunität) erhält das Baby durch seine Mutter. Entsprechend hängt sein Immunstatus von dem der Mutter ab. Das ist zum Beispiel bei Masern von Bedeutung, denn die heutigen Mütter haben Masern nicht mehr selbst durchgemacht, sondern sind dagegen geimpft worden. Dadurch ist die Leihimmunität vermindert, und der Säugling kann anstecken.

❋ Die **aktive Immunität** erwirbt ein Kind durch den Kontakt mit Erregern oder deren Bestandteilen in Form durchlebter Infektionen oder durch eine Impfung (siehe ab Seite 327). Daher ist es notwendig, eine gewisse, nicht zu geringe Anzahl von Infekten jeder Art durchzumachen, um in Zukunft dagegen gefeit zu sein. Wer also häufig erkrankt, leidet in aller Regel nicht an einer Abwehrschwäche, sondern stärkt damit sein Immunsystem. Das heißt aber nicht, dass Sie Ihr Kind absichtlich schweren Erregern aussetzen sollten!

❋ Von einer **»stillen Feiung«** spricht man, wenn Erkrankungen unbemerkt verlaufen, zum Beispiel Windpocken bei jungen Säuglingen, die noch einen gewissen Nestschutz haben. Die so erworbene Immunität ist allerdings weniger stark als die nach einer durchgemachten Infektion. Deshalb sollte sie später noch einmal vom Arzt überprüft werden.

volle Abwehrreaktion des Körpers (siehe Seite 357). Allerdings kann Fieber in seltenen Fällen auch gefährlich werden (siehe Kasten links).

DREITAGEFIEBER

Die erste richtige Erkrankung im Säuglingsalter ist zumeist das sogenannte Dreitagefieber. Es handelt sich um eine Viruserkrankung mit einem bestimmten Herpesvirus, die gehäuft im zweiten Lebenshalbjahr auftritt. Beim Dreitagefieber entwickelt sich plötzlich ein hohes Fieber ohne sonstige Symptome. Meist läuft die Nase ein wenig, und das Baby ist, gemessen an der Höhe des Fiebers, das auf über 40 °C ansteigen kann, verhältnismäßig wenig beeinträchtigt. Zwar ist es unruhig und quengelig, zeigt aber sonst keine anderen, ernsteren Symptome. Es

trinkt, will aber nicht spielen und nichts essen. Das Fieber hält volle drei Tage an, manchmal auch länger, und die Krankheit endet mit einem blassroten feinfleckigen Ausschlag an Brust, Rücken und Kopf, weniger oder gar nicht an den Extremitäten. Da das Fieber plötzlich fällt, spricht man auch von einer »kritischen« Entfieberung. Nun ist die eigentliche Erkrankung zwar vorüber, aber das Kind ist noch nicht gesund und anstrengender als zuvor. Es dauert einige Tage, bis es wieder im Lot ist. Häufig gehen die Eltern noch einmal zum Arzt und sind besorgt, ob dem Kind nicht doch noch irgendetwas fehlt – es sei so »verkehrt«, knatschig und ganz anders als sonst. Oft sind kranke Kinder »pflegeleichter« als gesunde, weil ihnen die Energie und der Eroberungsdrang fehlen.

DAS MACHT IHREM BABY SPASS

Gute-Nacht-Geschichte

Wenn Ihr Baby bereit ist für das Reich der Träume, erleichtern Sie ihm das Einschlafen mit einer kleinen Geschichte, die den Tag sinnlich beschließt.

Schoschus Reise

Kennst du Schoschu? Ja, den kennst du,
der macht doch die Tür vom Tag zu.
Das kleine Männlein, so groß wie dein Daumen,
kommt jetzt zu dir zum Träumen.
Schließ deine Augen, dann wirst du staunen!
Siehst du ihn laufen, auf roten Strümpfen mit kurzer Hose
und einem Rucksack auf seinem Rücken?
Daraus schaut eine rote Rose
mit einem Gesichtchen – zum Entzücken.
Schoschus Weg geht über die Wolken, Schritt für Schritt
bewegt er sich hin zu einem herrlichen Licht.
Mal Blau, mal Grün, mal Gelb sieht Schoschu die Strahlen,
die ihm den Weg zu einem kleinen plätschernden Bache malen.
Dort am Ufer schaukelt ein Boot aus Holz,
das ist Schoschus ganzer Stolz:
sein Bettchen für die Nacht,
das er sich jeden Morgen wieder aufs Neue macht.
Mit Kissen und Decken
kann sich Schoschu im Boot herrlich ausstrecken.

Die ganze Nacht,
wenn die rote Rose ihn Stunde für Stunde bewacht.
Und der Mond ist auch dabei, denn er liebt sie beide:
Schoschu und seine Rose, die ganz leise
in wunderbarer Weise
ihr Lied zu den Sternen singt:
»Schau, Schoschu, schau,
der Himmel ist dunkelblau.
Jetzt schläfst du bis in den Morgen,
träumst so süß, ganz ohne Sorgen.
Schau, Schoschu, schau.«
(Die letzte Strophe kann zur Melodie von »Schlaf, Kindlein, schlaf« gesungen werden.)

ANDERE ERKRANKUNGEN AUSSCHLIESSEN

Das Dreitagefieber ist zwar nicht das einzige Fieber, das Säuglinge befällt, aber häufig das erste und eindrucksvollste. Es ist immerhin so häufig, dass Eltern mit einem fiebernden Säugling ohne sonstige Symptome diese drei Tage abwarten können, bevor sie zum Arzt gehen – aber nur, wenn sonst keine beunruhigenden Symptome hinzukommen! Wenn Sie dennoch besorgt oder unsicher sind, sollten Sie Ihren Kinderarzt konsultieren, der Sie und Ihr Kind bereits kennt. Es ist in diesem Fall nicht nötig, eine Notfall- und Klinikambulanz aufzusuchen, zumal diese nicht immer mit Kinderärzten besetzt sind und im Zweifelsfall Kinder lieber stationär aufnehmen (siehe Seite 353). Der Arzt kann beim Dreitagefieber allerdings auch nicht mehr machen, als andere, schwerere Erkrankungen auszuschließen. Auch Laboruntersuchungen machen frühestens dann Sinn, wenn nach drei, spätestens vier vollen Tagen der erwartete Ausschlag nicht aufgetreten und das Kind immer noch nicht gesund ist. Dann wird der Arzt zum Beispiel mit einer Urinprobe abklären, ob möglicherweise eine Harnwegsinfektion vorliegt.

Elterncoach

Wenn die Mutter sich hauptsächlich um das Kind kümmert, während der Vater seinem Beruf nachgeht, lernt der Mann nicht alle Bereiche rund um das Leben mit dem Kind kennen. Das kann sehr gut an einem »Vatertag« nachgeholt werden. Zum einen stärkt der Tag die Vaterrolle, zum anderen wird er zum verlässlichen Ersatz geschult, falls die Mutter aus gesundheitlichen Gründen einmal ausfallen sollte. Das Gefühl, gebraucht zu werden und nützlich zu sein (nicht nur fürs Geldverdienen), macht den Papa bestimmt stolz und glücklich.

Der Vatertag

Deshalb sollte der »Vatertag« nicht nur einmal im Jahr eine Rolle spielen, sondern am besten einmal im Monat. An diesem Tag ist nur der Vater für die Pflege und Versorgung des Kindes verantwortlich. Das integriert ihn stärker in das Familienleben und festigt die Bindung zum Kind noch mehr. Der Vatertag ist natürlich ein Ausruhtag für die Mutter. Sie sollte am besten gleich morgens das Haus verlassen, um nicht doch noch ins Alltägliche eingebunden zu werden. Nutzen Sie als Mutter den Tag für Ihr Wohlergehen. Gehen Sie shoppen oder ins Kino, treffen Sie Freundinnen, oder suchen Sie eine Wellness-Oase auf. Damit Sie richtig abschalten können und Ihr Partner das Gefühl bekommt, dass Sie ihm voll vertrauen, rufen Sie nicht zu Hause an. Seien Sie versichert: Er wird alles gut alleine schaffen. Verabreden Sie schon im Vorfeld mit ihm, dass auch er Sie nicht anruft und Ihre freie Zeit respektiert. Wenn Sie ohne Partner leben, können Sie vielleicht einen Oma- oder Opatag einführen.

Väter spielen oft ganz anders mit ihren Kindern als es Mütter für gewöhnlich tun.

Extra für Mütter:
Ayurveda

Hinter Ayurveda steckt eine jahrtausendealte indische Wissenschaft vom langen und gesunden Leben, die drei verschiedene Lebensenergien (Dosha) unterscheidet: Vata, Pitta und Kapha. Bei jedem Menschen überwiegt eine dieser Energien, weshalb man ihn seiner Konstitution entsprechend einem Dosha zuordnet:

Vata-Typ: Er hat einen feingliedrigen Körperbau, trockene Haut und friert schnell.

Pitta-Typ: Er verfügt über eine mittlere, meist ausgewogene Statur. Seine Haut ist warm und geschmeidig, kann aber auch gerötet und empfindlich sein. Sie neigt zu Irritationen und Allergien.

Kapha-Typ: Er hat volles Haar, eine kräftige Statur und neigt zu fettiger Haut, die schlecht durchblutet ist. Oder er zeigt eine kühle, geschmeidig-feuchte Haut.

Wenn die ursprüngliche Konstitution durch physische und psychische Belastungen beeinträchtigt wird, kann der Mensch erkranken. Daher ist es das Ziel einer ayurvedischen Therapie, das Dosha wieder herzustellen, das eigene Gleichgewicht wiederzufinden und die Selbstheilungskräfte zu aktivieren. Zu den wirksamen ayurvedischen Anwendungen gehören vor allem Massagen mit speziellen Ölen. Für den **Vata-Typ** eignen sich alle Pflanzenöle, für den **Pitta-Typ** Kokosöl, Olivenöl, Sonnenblumenöl und Sojaöl und für den **Kapha-Typ** Mandelöl, Maisöl und Sonnenblumenöl. Alle Öle pflegen die Haut, bringen Elastizität und Geschmeidigkeit und stärken das Bindegewebe. Im Fachhandel gibt es zudem spezielle ayurvedische Öle. Achten Sie während der Massage auf fließende, streichende und kreisende Bewegungen, mit denen Sie das im Wasserbad auf etwa 36 °C erwärmte Öl langsam einmassieren.

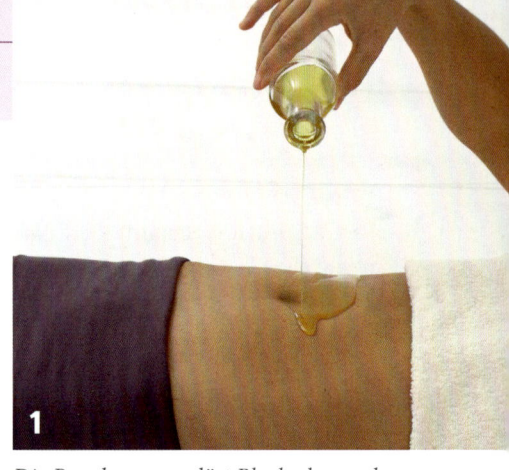

Die Bauchmassage löst Blockaden und aktiviert die Verdauung.

Rund um den Bauch

Diese Massage können Sie im Stehen oder Liegen durchführen. Lassen Sie rund zwei Esslöffel warmes Öl im dünnen Strahl auf Ihren Bauch rinnen (Bild 1).

✽ Legen Sie eine Hand flach auf den Bauch und kreisen Sie mit leichtem Druck im Uhrzeigersinn rund um den Bauchnabel. Geben Sie mal mehr, mal weniger Druck auf den Bauch und kreisen Sie zu Beginn ganz nah um den Nabel herum. Lassen Sie die Kreise wie bei einer Spirale immer größer werden, bis der ganze Bauch massiert ist. Kreisen Sie etwa eine Minute lang.

Brustmassage

Die Brustmassage belebt das Kreislauf- und Atmungssystem.

✽ Stellen Sie sich auf ein Handtuch und lassen Sie rund vier Esslöffel warmes Öl langsam über Ihren Brustkorb rinnen.

✽ Legen Sie Ihre Hände zwischen die Brüste: Die Fingerspitzen schauen zum Ende des Brustbeins, die Handflächen liegen auf dem Brustkorb.

✽ Streichen Sie mit sanftem Druck der Hände außen an den Brüsten vorbei und zum Magen. Hier treffen sich die Hände und schieben sich eng nebeneinander zurück zur Ausgangsposition. Bei dieser Massage ziehen Sie mit jeder Hand einen großen

Kreis um die jeweilige Brust herum. Führen Sie diese fließende Bewegung auf beiden Seiten ohne Unterbrechung für etwa eine Minute aus.

Becken und Po

Diese Massage geht am einfachsten, wenn Sie stehen. Verteilen Sie rund vier Esslöffel warmes Öl mit den Händen auf dem Po und der Lendenregion.

* Legen Sie eine Hand flach auf das Kreuzbein. Massieren Sie mit leichtem Druck der Finger rund um das Kreuzbein: erst kleine, enge Kreise, dann nach außen hin größer werdend, bis der ganze Beckenbereich massiert ist. Massieren Sie etwa eine Minute lang (siehe Bild 2).
* Legen Sie Ihre linke und rechte Hand mittig auf die entsprechende Pobacke. Beginnen Sie wieder mit kleinen kreisenden Bewegungen zu massieren, die spiralförmig größer werden, bis die ganze Pobacke massiert ist. Massieren Sie wiederum für etwa 1 Minute.

Die Becken- und Pomassage belebt Haut, Muskeln und Gewebe.

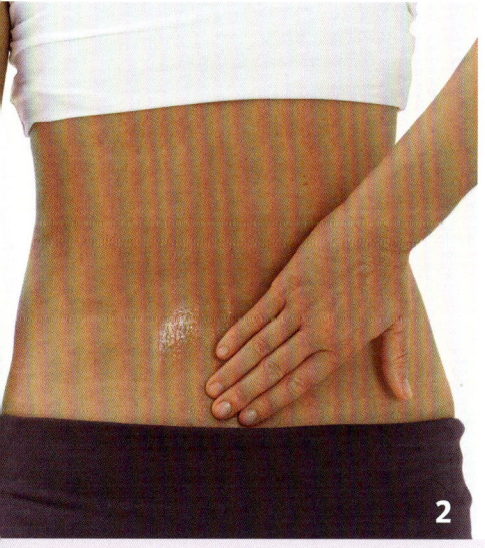

Die Gesichtsmassage fördert die Vitalität und die Konzentration.

Gesichtsmassage

* Nehmen Sie Ihre Haare aus dem Gesicht und legen Sie sich auf ein Handtuch. Lassen Sie einen Esslöffel warmes Öl langsam auf Ihre Stirn rinnen.
* Legen Sie den Mittelfinger einer Hand auf die Mitte der Stirn (siehe Bild 3). Geben Sie etwas Druck auf den Punkt und beginnen Sie, mit kleinen Kreisen um diesen Punkt herum zu massieren. Lassen Sie den Kreis immer größer werden, bis er vom Haaransatz zu den Augenbrauen reicht.
* Von hier aus massieren Sie wieder zurück, der Kreis wird wieder kleiner. Enden Sie an Ihrer Ausgangsposition. Massieren Sie etwa eine Minute.
* Legen Sie die Fingerspitzen beider Hände (ohne Daumen) auf die Mitte der Stirn, wo sie sich berühren. Wischen Sie mit den Fingern und leichtem Druck nach außen. Wiederholen Sie die Streichbewegung zehnmal. Danach wischen Sie ebenfalls von der Mitte nach außen, zehnmal über die Augen, die Nase und den Mund.

Baden nach der Massage

Lassen Sie das Öl nach der Massage auf der Haut, und ölen Sie damit die noch freien Hautpartien ein. Gehen Sie anschließend in die Badewanne.

DER 8. MONAT

Eine gewisse Zurückhaltung fremden Menschen gegenüber ist auch für Erwachsene ein ganz natürlicher Schutzmechanismus. Und diese Vorsichtsmaßnahme ergreift jetzt auch Ihr Kind: Es fremdelt. Möglich wird dieses neue Verhalten, weil das Kind in den letzten Monaten gelernt hat, zwischen vertrauten und nicht vertrauten Menschen zu unterscheiden. Vorbei sind nun die Zeiten, in denen sich das Baby von jedem trösten ließ oder sein Lächeln jedermann schenkte. Allein der Anblick einer fremden Person kann nun heftige Reaktionen auslösen. In diesen Momenten braucht das Kind vor allem die Nähe und den Trost seiner Mutter oder seines Vaters. Nehmen Sie Ihr Kind auf den Arm oder den Schoß, und ermöglichen Sie es ihm, aus der sicheren Entfernung Blickkontakt aufzunehmen und den neuen Menschen langsam kennenzulernen. Die neue Scheu tritt bei allen Kindern mehr oder weniger stark auf.

Wachstum und Entwicklung

Kinder, die sich bäuchlings mithilfe der Hände oder Beine über den Boden schieben, bereiten sich so auf das Krabbeln vor – doch nicht jedes Kind »robbt«, es gibt kein Muss. Etwa gleichzeitig mit dem Robben und Krabbeln fangen manche Kinder schon an, sich an Gegenständen und Möbelstücken hochzuziehen. Dann stehen sie stolz und freuen sich über ihren Erfolg. Doch wenn sie genug davon haben, gibt es ein Problem. Denn sie lernen erst viel später, sich aus dem Stand wieder herunterzulassen. Weil ihnen das noch nicht gelingt, werden sie wütend, weinen oder lassen sich einfach nach hinten fallen. Das kann ziemlich laut und schmerzhaft sein, denn ein Baby kann sich noch nicht einrollen und den Kopf vor dem Aufschlagen schützen. Vielmehr drückt es die Wirbelsäule durch und lässt den Kopf nach hinten fallen. Diese Reaktion ist noch dem Moro-Reflex (siehe Seite 184) geschuldet, der beim Rückwärtsfallen ausgelöst wird. Mit einer entsprechend gepolsterten Unterlage im Laufstall können Sie zu heftiges Aufschlagen verhindern. Aber selbst wenn das Köpfchen mal hart aufschlägt – in aller Regel passiert nichts, das hat die Natur so eingerichtet (siehe auch Sturzverletzungen Seite 398).

Hilflos auf dem Rücken

Babys und sogar noch Kleinkinder, die auf den Rücken gefallen sind, können einen sehr hilflosen Eindruck machen – wie ein auf den Rücken gefallener Käfer. Denn häufig ist die Fähigkeit, sich vom Rücken auf den Bauch zu drehen, in diesem Alter noch nicht gut entwickelt. Manchen Kindern fällt in dieser Situation auch gar nicht ein, dass sie sich schon drehen können. Hier können Sie mit Ihrer Hand am Rücken des Babys ein wenig nachhelfen und es anstupsen.

MEMOS

8. Monat

❋ Bewegung:

Robben und Krabbeln stehen hoch im Kurs, und alle interessanten Dinge, die in Reichweite liegen, regen den Bewegungsdrang an. Wenn das Kind nun zu dem Objekt seiner Begierde eilt und Sie den Erfolg verhindern, etwa weil es gefährlich ist, kann Ihr Kind durchaus wütend werden. Es hat schließlich nicht bekommen, was es gerne wollte. Nun ist Ihre Diplomatie gefordert. Entweder Sie schaffen es, Ihr Kind mit einem anderen Gegenstand abzulenken, oder Sie nehmen Ihr Baby aus der Situation heraus und trösten es durch gutes Zureden und Streicheleinheiten. Schimpfen Sie nicht, wenn Ihr Baby zornig wird. Es will Sie nicht ärgern, sondern ist frustriert und braucht jetzt Ihr Verständnis.

❋ Gewohnheiten:

Je aktiver Ihr Kind wird, desto mehr helfen ihm Regelmäßigkeiten und Gewohnheiten, um sich in seiner Welt zurechtzufinden und sich sicher zu fühlen. Kleine Rituale sorgen ebenfalls für Orientierung.

❋ Veränderung:

Das Fremdeln nimmt mehr und mehr zu. Sehen Sie es als ganz normalen Entwicklungsschritt an, und sprechen Sie mit anderen darüber, die über das Verhalten des Kindes irritiert sind. Dann fühlt sich niemand verletzt oder abgewiesen.

❋ Spiele:

Fingerspiele erfreuen sich jetzt besonders großer Beliebtheit.

❋ Babykleidung:

Konfektionsgröße 74, Strumpfhosengröße 01, Schuhgröße 18, Mützenweite 46/48.

8

Die geistige Entwicklung

Ihr Baby macht in dieser Zeit einen Entwicklungsschritt, der eine erhebliche geistige Leistung und Einsicht verlangt: Es kann Situationen als spielerisch und nichternst einstufen, etwa, wenn man es finster anschaut und dann zusammen lacht. Dieses gemeinsame Lachen ist ein starkes, sprichwörtlich unwiderstehliches soziales Signal. Denn Humor ist ein zwischenmenschliches Spiel, das aus reinem Vergnügen und ohne Zweck stattfindet. Es führt zu einem Glücksgefühl aller Beteiligten und animiert dazu, weitere Gelegenheiten für heitere Situationen zu schaffen. Humor erregt das Belohnungssystem des Gehirns und erzeugt so ein Hochgefühl. Erhalten Sie sich und Ihrem Kind auch in den nächsten Jahren den Humor – er ist so wertvoll und bereichernd für das Zusammenleben, gerade im Alltag und in schwierigen Zeiten.

Die emotionale Entwicklung

Ihr Baby kann sich immer selbstständiger fortbewegen und die Welt um sich herum erkunden, umgekehrt merkt es damit aber auch, dass die Bezugspersonen sich entfernen können. Diese Trennung wider Willen kann ein Kind ängstigen. Auch die vielen neuen Eindrücke und die Erweiterung seines Radius können dazu führen, dass sich das Baby sehr an die Eltern klammert und bei anderen, fremden Menschen weint: Es »fremdelt«. Dabei können die Fremden durchaus bekannt sein, wie etwa die Großeltern oder der Babysitter. Sie sind eben nicht die vertrauten Eltern. In dieser Phase ist es günstig, wenn die fremden Personen bei Kontaktaufnahme dem Kind nicht direkt in die Augen sehen und auch ausreichend Abstand zu ihm halten. So braucht niemand allzu heftige Fremdelreaktionen zu befürchten.

TIPP

Entspannen mit Baby

Durch das Krabbeln vergrößert sich die Welt Ihres Kindes immer mehr, seine Handlungsmöglichkeiten nehmen zu und seine Sinne sind stark gefordert. Deshalb braucht es auch regelmäßige Erholungsphasen, um das Erlebte zu verarbeiten. Machen Sie also zwischendurch immer mal wieder eine Ruhepause. Legen Sie sich zum Beispiel bequem mit einer Decke auf den Boden zu Ihrem spielenden Kind. Erzählen Sie ihm, dass Sie sich nun beide ausruhen wollen. Nehmen Sie Ihr Baby in den Arm und schließen Sie die Augen. Da Ihr Kind Sie seit der Geburt gut kennt, wird es Ihr Signal, das Sie mit dem Hinlegen geben, deuten können und es Ihnen nachmachen.

Schließen Sie Ihre Augen und atmen Sie tief ein und aus. Lassen Sie Ihr Baby ruhig fortkrabbeln, wenn es nicht in Ihrem Arm bleiben möchte. Behalten Sie trotzdem Ihre Lage bei, und lassen Sie die Augen weiterhin geschlossen. Das Kind spürt die Ruhe, die von Ihnen ausgeht. Selbst wenn es weiterspielt, wird es dies in der Regel in ruhigerem Tempo machen. Für den Fall, dass Sie einschlafen, sollten Sie das Zimmer vorher kindersicher gemacht haben und gewiss sein, dass dem Baby auch »alleine« nichts passiert. Wiederholen Sie die Zeremonie regelmäßig, dann können Sie beide von dieser Ruhepause profitieren und ein gemeinsames Entspannungsritual daraus machen.

TIPP

Kleine Füttertricks

Möchte Ihr Kind nicht essen, können Sie einige Maßnahmen ausprobieren, um Ihr Kind zum Essen zu bewegen. Vielleicht will es einfach nur selbst den Löffel halten? Oder es hat keine Lust mehr auf Babykost und zieht Fingerfood (siehe Seite 133) vor? Vielleicht will es auch Sie mal füttern? Manches machen Kinder besser, wenn die Eltern nicht dabei sind, besonders, wenn es sich um konfliktträchtige Bereiche handelt wie das Essen und Schlafen. Vielleicht geben Sie das Füttern mal ab? Der andere Elternteil, die Oma, der Onkel, das Nachbarsmädchen – ein Versuch ist es wert! Und wenn sich mal alles hochgeschaukelt hat, gar nichts mehr geht und Verzweiflung ausbricht, können Sie sich damit trösten, dass Milch das einzige Nahrungsmittel ist, von dem man ausschließlich leben kann. Gehen Sie also einen Schritt zurück und geben Sie Ihrem Kind viermal

am Tag die Brust oder 150 bis 200 Milliliter Milchnahrung. Damit hat Ihr Kind auf jeden Fall das Nötigste zum Leben. Und irgendwann wächst die Lust am Essen schon wieder, nur Geduld!

Konflikte beim Füttern

Babys spielen einfach gern, auch mit dem Essen. Denn sie erkunden und experimentieren mit allem, was sie erreichen können, auch mit dem Essen. So befriedigt ein Baby seine Neugier und das Bedürfnis nach möglichst vielen Eindrücken, aus denen es lernen kann. Das ist für die Entwicklung des Kindes in diesem Alter von größter Bedeutung.

Zugleich setzt sich ein Kind mit den Anforderungen auseinander, denen es beim Füttern ausgesetzt ist. Es merkt, dass seine Eltern ganz erpicht darauf sind und alles Mögliche veranstalten, damit es isst. Aber vielleicht hat es gerade keine Lust oder keinen großen Appetit. Und dann entdeckt es, was es alles bewirken kann,

wenn es mit dem Essen spielt oder es verweigert. Es kann damit Reaktionen bei den Eltern hervorrufen und ist in einer starken Position: So demonstriert Ihr Kind seinen Willen – und gegen den geht gar nichts.

In solchen Situationen können Eltern manchmal fast verzweifeln, wenn sie versuchen, das Baby zu füttern. Schließlich fühlen sie sich dafür verantwortlich, dass ihr Kind ausreichend isst und trinkt. Und wenn es das Essen verweigert oder regelmäßig Breischlachten veranstaltet, kann das die Eltern sehr verunsichern und ihnen Sorgen machen. Sie verstehen das Verhalten ihres Kindes nicht und fragen sich, was sie wohl falsch machen und warum sie anscheinend nicht in der Lage sind, ihr Kind zu ernähren.

Fördern, nicht überfordern

»Das Gras wächst nicht schneller, wenn man daran zieht«, besagt ein afrikanisches Sprichwort. Aber es wächst besser, wenn wir dafür sorgen, dass die Aussaat des Grases auf einem fruchtbaren Boden wächst, der gut gegossen und gedüngt wird, und von den wir schädliche Einflüsse fernhalten.

Den inneren Bauplan achten

Das gute Gedeihen hängt nicht nur von der Qualität des Saatgutes ab, sondern auch von dem Boden, auf den die Saat fällt. Ein ökologisches Gleichgewicht, eine ausgewogene Menge von Sonnenschein und Regen, der richtige Abstand zu den Nachbarpflanzen – das sind die idealen Voraussetzungen für optimales Wachstum und beste Entwicklung.

Auf Kinder übertragen bedeutet das: Die sooft beschworene »optimale« Förderung eines Kindes beschleunigt nicht notwendigerweise seinen Entwicklungsprozess. Wachsen und Gedeihen wird der kleine Organismus von selbst, nach seinem inneren Programm und Bauplan. Auch krabbeln, stehen und gehen lernt das Kind ohne besondere Fördermaßnahmen. Viele Dinge, wie Babyschwimmen oder PEKiP-Kurse, tun Eltern und Kind gut, sie machen Spaß und vertiefen die Bindung. Notwendig sind sie aber nicht unbedingt.

In einem Babykurs sollte immer der spielerische Aspekt im Vordergrund stehen.

Der Fördereifer zieht leider auch fragliche Entwicklungen nach sich. So soll die Babymilch Zusätze zur Intelligenzförderung enthalten, eine Krankengymnastin soll ein gesundes, robbendes Kind zum Krabbeln bewegen, die Logopädin frühes Sprechen bewirken. Spezielle Musik-CDs und grellbuntes Spielzeug sollen die Sinne fördern. In Kinder werden heute enorm viele Erwartungen und Wünsche hineinprojiziert, denen sie gar nicht gerecht werden können. Die Gefahr ist groß, dass die Erwachsenen sie damit überfördern und überfordern.

Falsche Signale

Der Übereifer mancher Eltern kann beim Kind aber auch die Erkenntnis auslösen, dass seine Leistung nie gut genug ist. Das setzt junge Menschen unter großen Druck und kann Versagensängste auslösen, die wiederum die Seele krank machen.

Der häufig zu beobachtende Zwang zu fördern hat noch eine weitere Schattenseite: Um zu einer Fördermaßnahme auf Kosten der gesetzlichen Krankenversicherung zu gelangen, ist eine Diagnose, also eine die Behandlung rechtfertigende Krankheit oder Fehlentwicklung notwendig. So werden gesunde Kinder nicht selten mit Diagnosen behaftet, die an ihnen hängen bleiben – und bei Eltern und Kindern ein Krankheitsgefühl und -bewusstsein erzeugen, das bis ins Erwachsenenalter anhalten kann. Ein ganz normaler Mensch kann so in eine Randgruppe gedrängt werden und sein Leben nicht in dem Umfang leben, wie es ihm eigentlich möglich wäre.

Keine Kämpfe ums Essen

Geht es ums Essen, ist schnell ein Kampfplatz eröffnet, auf dem aber niemand gewinnen kann – Sie nicht, weil Sie Ihr Kind nicht zum Essen zwingen können, und Ihr Kind nicht, weil es ja letztlich irgendwann hungrig ist und essen will und muss. Deshalb ist es für alle Beteiligten am besten, wenn Sie aus der Situation aussteigen und sich nicht auf die Machtspiele einlassen. Wenn das Kind jetzt nicht essen will, dann eben beim nächsten Mal. Versuchen Sie, die emotionale Aufladung und das Konfliktpotenzial aus der Füttersituation herauszunehmen. So sind die Chancen am größten, dass sich alles rasch entspannen wird. Mehr zum Thema Füttern und Beikost erfahren Sie ab Seite 129.

Wenn Sie sich ernsthaft Sorgen machen, dass Ihr Kind zu wenig isst, kontrollieren Sie jede Woche sein Gewicht, und achten Sie sehr genau darauf, was es zwischen den Mahlzeiten alles zu sich nimmt. Denn wenn Sie Ihrem Kind zwischendurch etwas anbieten, weil es zu den Mahlzeiten schlecht isst, kann es sein, dass es zu den Hauptmahlzeiten noch weniger isst und den ganzen Tag etwas zum Knabbern haben möchte. Manche Eltern meinen, ihr Kind esse »gar nichts«, dabei trinkt es zwischendurch viel Milch, auch in der Nacht. Auf diese Weise ist der Kalorienbedarf bereits gedeckt, und es ist kein Wunder, dass ein Kind zu den Mahlzeiten dann nichts mehr braucht.

Gesund bleiben

Eine Vorsorgeuntersuchung oder einen Impftermin gibt es in diesem Alter regulär nicht, es sei denn, Sie machen sich Sorgen oder Ihr Kind ist krank und Sie kommen mit den üblichen Mitteln nicht zurecht. Müssen Sie wegen einer Erkrankung zum Arzt, wird ein erfahrener, feinfühliger Kinderarzt wegen des Fremdelns Abstand halten. Er und seine Mitarbeiterinnen werden zum Beispiel das Wiegen und Messen weitgehend Ihnen überlassen und sich im Hintergrund halten. Der Arzt wird Sie bitten, das Kind auf Ihrem Arm zu behalten, und er wird sich dem Kind nur sehr behutsam und unter Vermeidung eines Blickkontaktes nähern – denn gibt es erst einmal Abwehr und Geschrei, gelingt es in dieser Situation kaum, das Kind überhaupt wieder zu beruhigen.

TIPP

Saunabaden für Babys

In Skandinavien hat Saunieren mit Babys nach dem vierten Monat eine lange Tradition. Babys und Kleinkinder fühlen sich bei einem Saunagang mit einer Niedrigtemperatur bis maximal 60 °C rundum wohl. Manche Schwimmbäder bieten auch in unseren Breitengraden Saunabaden unter der Aufsicht eines geschulten Saunameisters für die Kleinsten und ihre Eltern an. Die Vorteile des Saunabadens liegen in der Kräftigung des Immunsystems, der positiven Wirkung auf die Haut, der Stabilisierung des Herz-Kreislauf-Systems sowie der Förderung der Wärmeregulation.

Als Vorbereitung auf das richtige Saunabaden können Sie zu Hause beim Baden des Kindes die Wassertemperatur schrittweise auf etwa 34 °C absenken. Nach dem Baden sollte das Kind dann mit einem kälteren Waschlappen abgerieben werden. Wenn Sie Ihr Kind mehrmals auf diese Weise gebadet haben, ist die Abkühlung nach dem Saunieren keine große Überraschung mehr.

8

INFO

Spiel der Düfte

Reine ätherische Öle fördern die Sensibilisierung der Sinne. Jeder Duft hat seine eigene Schwingung und entfaltet eine individuelle Wirkung auf das Baby. Beruhigend wirken beispielsweise Lavendel oder Melisse, anregend Orange oder Grapefruit, ausgleichend Vanille oder Honigwabe, und fröhlich stimmt grüne Mandarine. Verwenden Sie aber nur Öle, die ausdrücklich für Babys ausgewiesen sind. Verzichten Sie bei Kindern unter drei Jahren auf Kampfer, Eukalyptus, Thymian und Pfefferminzöl (Menthol).

Wahl des Lieblingsduftes

Um zu testen, welches der Öle Ihrem Kind gefällt, halten Sie die geöffneten Fläschchen nacheinander in einem Abstand von etwa zehn Zentimetern kurz unter die kleine Nase. Achten Sie darauf, dass Ihr Baby das Öl nicht in den Mund bekommt und auch nicht an die Händchen. Die konzentrierten Inhaltstoffe könnten sonst die Schleimhäute in Mund oder Augen reizen.

Beobachten Sie die Reaktion Ihres Kindes auf die Düfte. Wendet sich das Kind ab oder verzieht es das Gesicht, haben Sie den jungen Geschmack eher nicht getroffen. Zeigt das Baby positive Reaktionen, indem es lächelt, gluckst oder ein zufriedenes Gesicht macht, gefällt dem kleinen Genießer das Aroma. Geben Sie zwei Tropfen des Lieblingsduftes auf ein feuchtes Baumwolltuch und beduften Sie damit den Raum, in dem Sie sich gerade mit dem Baby aufhalten.

Vieles kann man aus der Entfernung viel besser beobachten und erfassen als aus der Nähe. So gewinnt der Arzt zum Beispiel bei einem Atemwegsinfekt mehr Informationen über die Atmung, wenn er sie aus der Ferne beobachtet als durch Abhören. Er kann sehen, wie schnell und wie angestrengt das Kind atmet, wie das Verhältnis von Einatmung zu Ausatmung ist. Das ist wichtiger als das Abhören, denn nähert sich der Arzt dem Kind mit einem Instrument kann es sein, dass das Kind zu schreien beginnt. Dann hat das Abhören keinerlei Aussagekraft, es sei denn, der Gesamtzustand des Kindes und die Beobachtung der Atmung haben vorher Hinweise auf eine Beeinträchtigung ergeben. Eine ernsthafte Erkrankung wie eine Lungenentzündung zeigt sich unübersehbar am deutlich beeinträchtigten Allgemeinzustand des Kindes (siehe Seite 386).

Elterncoach

Es ist schön, wenn Sie sich in Ihrer Familie mit dem Baby so richtig wohlfühlen. Geborgenheit und Sicherheit geben Ihnen und dem Baby Halt. Doch nicht nur Ihr Baby braucht Kontakte zu anderen Menschen (siehe Seite 88), auch Sie sollten sich nicht von der Außenwelt abkapseln, auch Sie brauchen neben Ihrer Familie weitere soziale Kontakte, um sich mit anderen Menschen auszutauschen und am Leben teilzuhaben.

Nehmen Sie also wieder Kontakt mit Freunden auf, die ebenfalls Eltern von Babys oder Kleinkindern sind, und treffen Sie sich regelmäßig zum Beispiel in einem Café zum Frühstücken. Unter der Woche ist es morgens noch nicht so überfüllt, und Sie können auch mit Kindern das gemeinsame Essen und den Plausch über Kinder und den Rest der Welt genießen.

Kontakte knüpfen

Sollten Ihre Freunde noch keine Kinder haben, können Sie zum Beispiel in einem Stillcafé Kontakte mit jungen Müttern finden. Solche Stilltreffs werden unter anderem von Hebammen, Geburtshäusern oder Familien- und Mütterzentren angeboten. Auf Frauen, die sich in der gleichen Lebenssituation befinden, treffen Sie auch in PEKiP-Kursen, beim Babyschwimmen oder in Krabbelgruppen – und nicht zu vergessen: auf Spielplätzen und im Supermarkt, wo sich auch andere Mütter auf Ansprache freuen und gerne mit Ihnen plaudern werden. Sie werden feststellen, wie schnell Ihr Bekanntenkreis wächst. Aus manchen flüchtigen Kontakten entwickeln sich vielleicht Freundschaften, die Sie noch während der Kindergartenzeit oder sogar über die Schulzeit der Kinder hinaus verbinden. Je mehr Kontakte Sie knüpfen, desto öfter werden Sie auch zu Kindergeburtstagen eingeladen, wo Sie wiederum neue Eltern kennenlernen können. Diese Quelle der Freude und die Möglichkeiten zum Erfahrungsaustausch werden Ihr Leben gewiss bereichern.

DAS MACHT IHREM BABY SPASS

Spiele für die Sinne

Spiele mit den Fingern werden dem Baby im ersten Jahr nie langweilig und können gar nicht oft genug gespielt werden. Sie fördern sogar den Sprachsinn, wenn sie von melodisch vorgetragenen Reimen mit deutlichen Gesten und Mimik vorgetragen werden.

Himpelchen und Pimpelchen

(Beide Hände werden zur Faust geschlossen, die Daumen sind umschlossen.)
Himpelchen und Pimpelchen
(Daumen kommen nacheinander aus der Faust hervor und richten sich auf)
steigen auf den Berg,
(Fäuste klettern mit aufgerichtetem Daumen hoch in die Luft)
Himpelchen war ein Wichtelmann,
(ein Daumen wackelt)
Pimpelchen ein Zwerg.
(der andere Daumen wackelt)
Sie blieben lang dort oben sitzen
und wackelten mit den Zipfelmützen.
(beide Daumen wackeln gleichzeitig)

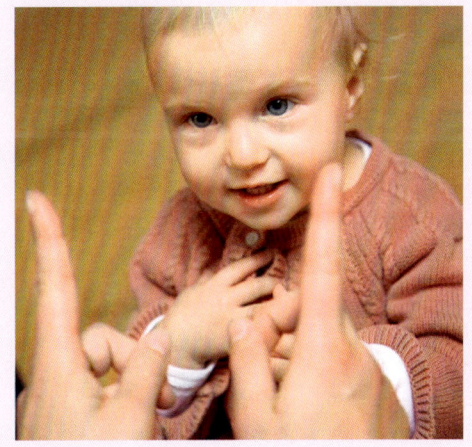

Doch nach fünfundsiebzig Wochen
sind sie in den Berg gekrochen.
(Beide Daumen verschwinden wieder in der geschlossenen Faust.)
Dort schlafen sie in großer Ruh.
Seid mal still und hört gut zu:
chrrrrr, chrrrr, chrrrr.
(Fäuste an die Ohren des Kindes halten und Schnarchgeräusche machen)

8

Babys spielen gerne eine Weile im Bett, man sollte aber immer wieder nach ihnen sehen.

Sich gegenseitig behilflich sein

Auch die gegenseitige Betreuung der Kinder ist eine positive Begleiterscheinung eines Netzwerks. Sie ist persönlicher, preiswerter und flexibler als eine professionelle Betreuung. Sollten Sie schon früh wieder ins Berufsleben zurückkehren, haben Sie die Möglichkeit, Kontakte mit anderen Eltern über die Kinderkrippe oder die Tagesmutter zu knüpfen. Eltern, die ihre Kinder bei derselben Institution betreuen lassen, können sich nach dem Abholen noch auf dem Spielplatz zu einer gemeinsamen Gesprächsrunde treffen, oder Sie initiieren einen regelmäßigen Stammtisch.

Krabbelgruppe selbst gründen

Regelmäßige Treffen für Mutter/Vater-Kind lassen sich auch selbst organisieren. Die Gründung einer Krabbelgruppe, die später in eine Spielgruppe übergehen kann, ist eine gute Möglichkeit, andere Eltern kennenzulernen und gemeinsam aktiv zu werden. Die Größe der Gruppe können Sie je nach Platz, der Ihnen zur Verfügung steht, wählen oder einfach danach, wie viele Menschen Ihnen guttun. Auch die Dauer der Gruppenstunde ist Ihnen überlassen und kann sich später nach dem Bedürfnis aller Beteiligten neu regeln. Inhaltlich lässt sich gut mit einem Plauderstündchen beginnen. Währenddessen dürfen sich die Kleinen in einem mit vielen Kissen ausgestatteten Raum erst einmal beschnuppern. Gemeinsames Singen, Spielen, Basteln und auch Ausflüge sind Beispiele für Themen, die der Gruppe auf Dauer Gestalt geben. Um gleichgesinnte Eltern zu finden, eignen sich Anzeigen in der Zeitung, ein Aushang am Schwarzen Brett im Supermarkt oder Flyer, die bei der Hebamme, dem Kinderarzt oder dem Gynäkologen ausgelegt werden.

Das Kind alleine lassen?

Wenn Ihr Baby weiß, dass es sich auf Sie verlassen kann, weil Sie seit seiner Geburt immer da waren, als es Sie brauchte, können Sie Ihr Kind jetzt guten Gewissens für ein bis zwei Stunden zu einer Krabbelgruppe bringen oder auch zu einer Freundin mit gleichaltrigen Kindern.
Wenn Sie einmal dringend zur Apotheke müssen und Ihr Kind dann einige Minuten alleine ist, sollten Sie unbedingt darauf achten, dass es in dieser Zeit sicher aufgehoben ist. Am besten schläft es in seinem Bettchen oder spielt im Laufstall fröhlich vor sich hin. Längere Zeit sollten Sie das Kind aus Sicherheitsgründen jedoch nicht alleine ohne Aufsichtsperson lassen.

Extra für Mütter:
Gut zu Fuß

Wenn das mobile Baby seine Mutter den ganzen Tag auf Trab hält und nebenbei auch noch der Haushalt erledigt werden muss, sind auch Mamas Füße ganz schön gefordert. Große Veränderungen haben die Füße ja bereits in der Schwangerschaft durchgemacht: Weil die Talgdrüsen weniger Fett produzierten, konnte sich mehr Hornhaut bilden. Auch das erhöhte Körpergewicht kann die Füße in der Schwangerschaft verändern, indem sich zum Beispiel das Fußgewölbe senkt. Wenn Ihre Schuhe jetzt also drücken, sollten Sie die Größe im Fachgeschäft einmal überprüfen lassen. Vielleicht brauchen Sie größere Schuhe, um wieder bequem und schmerzfrei gehen zu können.

Hornhaut entfernen

Auch wenn die übermäßige Hornhautproduktion nach der Schwangerschaft wieder zurückgeht, ist es möglich, dass Sie noch »Altlasten« mit sich herumtragen. Und Hornhaut kann bei starker Belastung des Fußes auch einreißen. Diese oft schmerzhaften Risse heilen recht schlecht und können sich entzünden. Daher ist es wichtig, Hornhaut sanft zu entfernen.

✿ Nehmen Sie als Erstes ein pflegendes Fußbad, und reiben Sie die Hornhaut danach mit einer Raspel oder einem Bimsstein ab.

✿ Anschließend sollten Sie die Füße zum Beispiel mit Melkfett eincremen.

✿ Wiederholen Sie die Prozedur alle zwei bis drei Tage, bis die Hornhaut merklich zurückgegangen ist. Zur Vorbeugung hilft tägliches Cremen der Füße

Sollte sich ein Riss in der Hornhaut bereits entzündet haben, empfiehlt sich der Gang zu einer medizinischen Fußpflege.

Fußgymnastik

Zur Lockerung der Bänder und Muskeln sowie zur Mobilisierung der Gelenke ist leichte Fußgymnastik für zwischendurch ideal.

✿ Setzen Sie sich auf einen Stuhl und heben Sie einen Fuß an. Drehen Sie den Fuß aus dem Gelenk heraus zehnmal nach links und zehnmal nach rechts. Wiederholen Sie die Übung mit dem anderen Fuß.

✿ Stellen Sie beide Füße flach auf dem Boden auf. Rollen Sie die Füße auf die Zehenspitzen und wieder zurück auf die Ferse. Wippen Sie so zehnmal hin und her.

✿ Versuchen Sie doch, am Ende jeder Übungseinheit mit den nackten Füßen eine Zeitung zu zerreißen oder einen Stift aufzuheben und abzulegen. Bald werden Ihre Füße so gestärkt sein, dass Sie problemlos »zugreifen« können.

Fußmassage

Eine Fußmassage am Abend ist wohltuend und entspannend. Geben Sie dafür etwas Lavendelöl in Ihre Hände, und kneten Sie die Füße nacheinander mit beiden Händen kräftig durch. Massieren Sie danach die einzelnen Zehen, den Ballen, die Fußfläche und die Ferse (siehe Bild unten).

Eine Massage der Füße mit Lavendelöl entspannt und regeneriert viel beanspruchte Füße.

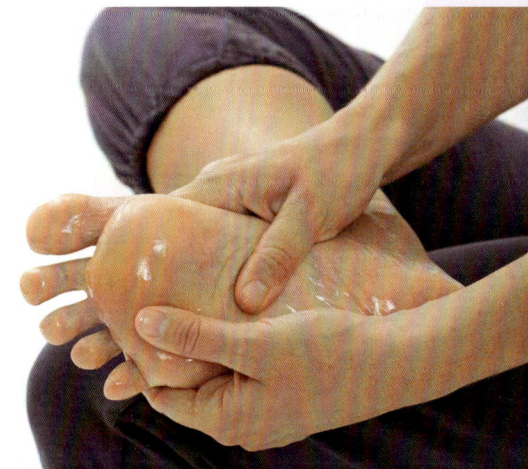

DER 9. MONAT

Spielen macht Kindern großen Spaß – vor allem mit Mama und Papa gemeinsam. Rund um den neunten Monat fasziniert das Kuckuck-Spiel jedes Baby. Dabei lernt es, dass sich andere nicht in Luft auflösen, wenn sie nicht mehr zu sehen sind, sondern wieder aus ihrem Versteck zurückkehren. Auch die gemeinsamen Mahlzeiten werden zu einer Quelle von Spaß und Spiel. Ihr Kind nimmt nun sein Essen selbst in die Hand, füttert sich mit Bröckchen und will auch andere füttern. Unternehmungen an der frischen Luft tun allen Beteiligten gut: Spaziergänge und Radtouren können sich schon einmal ausdehnen, Planschen und Schwimmen sind sommers wie winters eine Attraktion. Es müssen aber nicht immer große Aktionen sein: Das Befingern einer Kastanie oder das Auflesen von Steinchen erfüllt alle Sinne des Babys – und öffnet auch den Eltern wieder die Augen für die kleinen Wunder unserer Welt.

Wachstum und Entwicklung

Das körperliche Wachstum verlangsamt sich weiter, in den nächsten drei Monaten nimmt Ihr Kind durchschnittlich nur noch insgesamt etwa ein Kilo zu und wächst dabei drei bis vier Zentimeter. Es dreht sich auf den Bauch und wieder zurück. In Bauchlage kann das Kind jetzt sein Bäuchlein von der Unterlage abheben (Armstütz) und hin und her wippen. Dabei bewegt es sich zwar nicht vorwärts, aber häufig ungewollt rückwärts. Viele Kinder robben jetzt, manche krabbeln auch schon. Das freie Sitzen eröffnet dem Kind ganz neue Möglichkeiten der Anteilnahme an der Umwelt. Denn im Gegensatz zum Armstütz sind dabei die Hände zum Erkunden und Spielen frei. Allerdings kann es sich noch nicht alleine aufsetzen.

Die geistige Entwicklung

Mit etwa einem Dreivierteljahr nehmen Kinder Gegenstände nicht mehr gleich in den Mund. Sie erkunden sie erst mit beiden Händen, betrachten sie ausgiebig, tasten sie ab und drehen sie nach allen Seiten. Das Klötzchen wird hin- und hergeschwenkt, auf das Tischchen geschlagen und heruntergeworfen. So macht das Baby vielfältige Erfahrungen über die Beschaffenheit eines Gegenstands: Ist er hart oder weich, laut oder leise, leicht oder schwer? Untersuchungen haben gezeigt, dass Säuglinge jetzt Gegenstände, die sie zuvor ausschließlich mit dem Mund erkundet haben, mit den Augen wiedererkennen können. Neben dem manuellen Erforschen spielt das längere und ausführlichere Betrachten, das visuelle Erkunden, eine immer größere Rolle beim Entdecken der Welt. Das Baby bildet erste Silbenketten wie »dada« und »nana« und brabbelt immer mehr vor sich hin.

MEMOS

9. Monat

✿ Fahrradfahren:

Sitzt Ihr Baby bereits stabil, kann es mit Mama oder Papa zusammen aufs Rad: Ein TÜV/GS-geprüfter Kindersitz mit höhenverstellbaren Fußstützen, Speichenschutz und leicht verstellbaren, gepolsterten Sicherheitsgurten sorgt für eine sichere Fahrt. Nicht vergessen: Der passende Fahrradhelm fürs Kind schützt bei jeder Tour vor schweren Kopfverletzungen, die selbst bei ungefährlich wirkenden Stürzen auftreten können.

✿ Spiel:

Begeben Sie sich zum Spielen zu Ihrem Kind nach unten. So muss Ihr Baby nicht immer zu Ihnen aufblicken, was auch eine emotionale Distanz bedeutet. In Augenhöhe sind Sie gefühlsmäßig greifbarer und zeigen dem Kind Ihre Wertschätzung, wenn Sie sich auf gleicher Höhe begegnen.

Das »Kuckuck-wo-bin-ich?«-Spiel ist bis ins Schulalter hinein in allen Variationen als Versteckspiel bei Kindern sehr beliebt.

✿ Mimik nachahmen:

Freude hat Ihr Kind auch daran, Ihr Minenspiel zu imitieren. Zur Sprachförderung können Sie die Vokale o und u laut vorsprechen sowie den Buchstaben a mit weit geöffnetem Mund, e mit breitem Mund und i mit leicht geöffnetem Mund deutlich machen. Sprechen Sie im Anschluss an den jeweiligen Buchstaben mit betonter Mimik einprägsame, kurze passende Wörter wie Sonne, Mond, Schuh, Uhu, Abend, See, Fee, Igel

✿ Babykleidung:

Konfektionsgröße 74–80, Strumpfhosengröße 01, Schuhgröße 18, Mützenweite 48/50.

9

Wenn sich die motorische Entwicklung verzögert

Jedes Kind hat sein eigenes Tempo, auch hinsichtlich seiner motorischen Entwicklung. Seien Sie daher nicht besorgt, wenn seine Bewegungsfähigkeiten zeitlich nicht mit den Entwicklungstabellen übereinstimmen – manche Kinder brauchen eben mehr Zeit.

Den Rahmen schaffen

Grundsätzlich eignet sich jedes Kind seine Fähigkeiten selbst an, ohne dass Sie ihm etwas »beibringen« müssen. An Ihnen liegt es jedoch, dem Baby für seine individuelle Entwicklung den nötigen Raum und die für das jeweilige Alter geeigneten Spielzeuge (siehe Seite 234) zur Verfügung zu stellen. Eine Krabbeldecke in einem kindersicheren Zimmer oder auch der Laufstall (siehe Seite 302) sind beispielsweise geeignete Umgebungen fürs Kind, um sich alleine ausprobieren zu können. Geben Sie Ihrem Kind Zeit und berücksichtigen Sie dabei, dass Sie den Entwicklungsprozess auch durch gemeinsames Üben grundsätzlich nicht beschleunigen können.

Das Beste für Ihr Kind ist es, wenn Sie es regelmäßig zur Vorsorgeuntersuchung zum Kinderarzt bringen. Er überprüft dabei auch die motorischen Fähigkeiten und kann mit speziellen Tests erkennen, ob eine krankhafte Entwicklungsstörung vorliegt. Ist er mit Ihrem Kind zufrieden, müssen Sie sich keine Sorgen machen, auch wenn andere gleichaltrige Babys schon »mehr« können als Ihr Kleines. Entwicklungstabellen geben Ihnen ohnehin nur grobe Anhaltspunkte. Sie zeigen Ihnen zwar zuverlässig an, was Ihr Kind als Nächstes können wird, doch den exakten Zeitpunkt sollten Sie Ihrem Kind selbst überlassen. Ist bis zur nächsten Vorsorgeuntersuchung noch viel Zeit und sind Sie hinsichtlich des Bewegungsmusters Ihres Kindes beunruhigt, dann können Sie bei Ihrem Kinderarzt jederzeit auch außerhalb einer Vorsorgeuntersuchung einen Termin vereinbaren.

Alles der Reihe nach

Bei jedem Kind verläuft die Entwicklung der motorischen Fähigkeiten von oben nach unten. Die Kontrolle der Muskeln wird also erst beim Kopf möglich, dann bei den Schultern, Armen und Händen. Darauf folgen kontrollierte Bewegungen des Rumpfes, des Rückens und der Hüften. Die Fähigkeit, frei zu laufen, steht damit am Ende der Bewegungsentwicklung (siehe Lokomotion Seite 294). Davon abgesehen, wird unterschieden nach grobmotorischen Fähigkeiten wie Krabbeln und Laufen und feinmotorischen Fähigkeiten wie Greifen und Gestik.

Sind die Bewegungsfähigkeiten beim Kind deutlich verzögert oder reduziert, kann dies ein Hinweis auf eine Erkrankung sein, die vom Kinderarzt diagnostiziert werden muss.

Auffällige Symptome

Ein »langsameres« Kind muss in der Regel nicht physio- oder ergotherapeutisch behandelt werden. Dazu wird Ihnen der Kinderarzt erst raten, wenn Ihr Kind sich übermäßig streckt, den Kopf stark in den Nacken nimmt oder heftig nach hinten wirft. Auch wenn das Kind eine allgemeine Muskelschwäche zeigt, sich konstant weigert, die Bauchlage einzunehmen, ist eine Therapie ratsam. Dasselbe gilt für ein Kind, das wenig spielt, wenig Aufmerksamkeit verlangt und sehr viel schläft, stark auf Lageveränderungen reagiert sowie Probleme mit Körperkontakt wie Streicheln und Umarmen hat.

Die emotionale Entwicklung

Bislang war etwas, das nicht mehr zu sehen war, für Ihr Kind nicht mehr existent, quasi aus dem Sinn. Nun hat es eine gewisse Merkfähigkeit und einen Sinn für Zusammenhänge erworben. Es kann sich kurzzeitig an etwas Gesehenes erinnern, etwa, wenn der Ball unter die Kommode rollt oder der Teddy unter dem Schmusetuch verschwunden ist. Es weiß, dass etwas, das nicht mehr sichtbar ist, trotzdem noch da ist. Diese Objektpermanenz ist die Voraussetzung für ein endlos zu variierendes Spiel, von dem Eltern und Kind oft nicht genug bekommen können: dem Versteckspiel. Es löst beim Baby große Begeisterung und glucksendes Lachen aus. Wenn Sie zum Beispiel einen Teddy unter einem Tuch verstecken, wird Ihr Kind das Tuch begeistert wegziehen und sich freuen, dass der Teddy noch da ist. Sie können auch ein Klötzchen in Ihrer Hand verstecken, Ihr Kind wird das Klötzchen suchen, Ihre Finger aufbiegen, sich über seinen Fund freuen und Ihre Hand wieder verschließen – unzählige Male.

Ein anderes endloses Spiel, bei dem das Kind eine aktive Rolle übernimmt, ist das »Heb-auf-Spiel«: Da der Greifreflex inzwischen erloschen ist, kann das Kind Gegenstände nicht mehr nur festhalten, sondern auch mit Absicht loslassen. So sitzt es auf seinem Hochstühlchen, wirft seine Spielsachen herunter, lauscht den Geräuschen, die diese beim Aufprall machen, und schaut zu, wohin sie rollen und wo sie liegen bleiben. Dann wird Ihr Kind Sie immer wieder auffordern, ihm die Gegenstände zu geben, damit das Spiel erneut beginnen kann.

DAS MACHT IHREM BABY SPASS

Kuckuck-Spiel

Der Überraschungseffekt ist groß, wenn Sie sich vor dem Baby verstecken und plötzlich wieder da sind. Was für ein Glück und was für ein Spaß! Ihr Kind wird die ersten Versteckspiele lieben – und so seine Orientierung im Raum verbessern. Verstecken Sie sich vor den Augen Ihres Babys zum Beispiel hinter einem Sessel oder einem Schrank – aber bleiben Sie nur kurz außer Sichtweite. Nach ein paar Sekunden zeigen Sie sich Ihrem Kind und rufen »Kuckuck«. Verstecken Sie sich erneut hinter demselben Sessel oder Schrank, und zeigen Sie sich gleich wieder mit dem Kuckuck-Ruf. Ihr Kind wird gar nicht genug davon bekommen können und sich wünschen, dass das Spiel so schnell nicht endet. Besonders viel Spaß macht es, wenn beide Elternteile mit-

spielen: Der Papa versteckt sich hinter dem Rücken der Mama und lugt einmal rechts, einmal links und dann wieder links hervor – jetzt hat Ihr Kind ihn aber auf der rechten Seite erwartet und schaut verdutzt, bis der Papa »Kuckuck« sagt – dann lacht es laut.

Gesund bleiben

Ein Kinderarzttermin steht zwar in diesem Monat routinemäßig nicht an. Dennoch können Sie jetzt, drei Monate nach der U5, noch einmal das Gedeihen und die Entwicklung Ihres Kindes begutachten lassen und anstehende Fragen klären. Mit einer gelegentlichen Gewichtskontrolle kann man zudem besser abschätzen, wie ernst etwa eine Durchfallerkrankung ist, weil man das »Ausgangsgewicht« kennt. Außerdem sollten Sie sich mit den Vitamin-D-Tabletten zur Rachitisprophylaxe noch einmal ausstatten; meist werden Dreimonatspackungen mitgegeben oder verschrieben.

Sollten Sie mit Ihrem Kind wegen eines Infekts den Kinderarzt aufsuchen müssen, wird in der Regel auch eine Entwicklungskontrolle gemacht – wundern Sie sich also nicht, wenn Sie Ihr Kind ganz ausziehen sollen, obwohl Sie den Arzt nur mal in die Ohren schauen lassen wollten. Und fragen Sie nach, wann Sie wiederkommen sollen, denn die nächste Vorsorge, die U6, hat ein sehr großes Zeitfenster, in dem die Untersuchung vorgenommen werden kann.

Das Immunsystem trainiert

So wünschenswert es ist, dass ein Kind gesund bleibt, so wichtig ist es auch, dass sich das Immunsystem auf die wachsenden Aufgaben einstellen und dafür trainieren kann. Deshalb dürfen und sollen Kinder auch mal krank sein. Haben Sie also nicht allzu viel Angst vor Ansteckungsgefahren, die immer dann gegeben sind, wenn viele Kinder zusammenkommen. Sie sollten Ihr Kind nicht unter einer Glasglocke groß werden lassen. In Krabbel- und anderen Kindergruppen wird es sich auch dann wohlfühlen, wenn es ein »Rotznäschen« mitbringt oder mal ein bisschen Durchfall hat.

Elterncoach

Unterstützung durch die Großeltern kann für junge Eltern eine große Entlastung sein. Meist sind ältere Menschen sehr tolerant und entspannt im Umgang mit den Kleinsten. Es lohnt sich, dies einmal auszuprobieren. Auch für Sie bringt es Vorteile: Sie werden entlastet, können mit Hilfe aus dem vertrauten Umfeld rechnen – und Ihr Kind lernt weitere Bezugspersonen kennen. Zwar kann es durchaus sein, dass zwischen den Generationen unterschiedliche Vorstellungen von Kinderbetreuung und Erziehung bestehen. Doch sollte auch hier ein Gespräch helfen: Sagen Sie, was für Sie wichtig im Umgang mit dem Kind ist und was die Großeltern beachten sollten. Bei der Pflege des Kindes dürfte es weniger Diskrepanzen geben, bestimmt werden sich die Großeltern schnell wieder mit allen Handgriffen vertraut gemacht haben.

Die neue Großelternrolle

Wenn Ihr Baby das erste Enkelkind ist, haben mit seiner Geburt auch Oma und Opa eine neue Rolle bekommen. In die müssen sie erst einmal hineinwachsen und ihren neuen Platz in der Familie mit all seinen Vor- und Nachteilen akzeptieren. Das geht am besten, wenn Sie von Anfang an mit in die Kinderbetreuung einbezogen werden. Gleichzeitig profitieren Sie als Eltern von dem Wissen und der Erfahrung der älteren Generation. Was Sie davon annehmen, bleibt selbstverständlich Ihnen überlassen.

Durch den Kontakt mit Oma und Opa lernt das Kind, dass es Personen gibt, die manche Dinge anders machen als Vater und Mutter und dass dies ebenfalls gut und richtig ist. Dadurch wird ein Kind nicht verunsichert, sondern lernt, bestimmte Eigenschaften und Verhaltensweisen bestimmten Personen zuzuordnen.

Baby-Yoga

Entdecken Sie mit Baby-Yoga die Harmonie zwischen Ihnen und Ihrem Kind! Am besten üben Sie, wenn Ihr Kleines gute Laune hat und die letzte Mahlzeit nicht mehr im Bäuchlein drückt. Dann machen die energiebringenden Bewegungen besonders viel Spaß.

1. Der Flieger

❋ Legen Sie sich mit dem Rücken auf die Yogamatte. Winkeln Sie Ihre Beine an und setzen Sie das Baby mit dem Gesicht zu Ihnen auf Ihren Bauch.

❋ Greifen Sie mit Ihren Händen unter die Achseln des Kindes und umschließen Sie seinen Brustkorb. Ihr Oberkörper und Kopf bleiben am Boden liegen.

❋ Heben Sie nun mit leicht angewinkelten Armen das Baby mit sanftem Schwung hoch, bis Sie sich ins Gesicht schauen können.

❋ Heben Sie nun Ihre Beine im rechten Winkel hoch: Sie sind gestreckt und berühren sich, die Fußsohlen zeigen zur Decke (Bild 1).

Sie trainieren Ihre Bein- und Bauchmuskeln, Ihr Baby hat Spaß an der schwungvollen Bewegung und daran, von Ihnen hoch oben gehalten zu werden.

Beim »Aufzug« stärken Sie Ihren Rücken und die Armmuskulatur, und Ihr Baby genießt die Dynamik der Bewegung.

❋ Halten Sie das Baby weiterhin in der Flieger-Position und zählen Sie bis zehn. Atmen sie gleichmäßig weiter. Nun geht die Bewegung sanft zurück, bis Ihr Baby wieder auf Ihrem Schoß sitzt und Ihre Beine angewinkelt auf der Matte sind.

2. Der Aufzug

❋ Stellen Sie sich aufrecht hin, schließen Sie die Beine und gehen Sie leicht in die Knie.

❋ Halten Sie das Baby unter den Achseln und umschließen Sie seinen Brustkorb. Das Kind schaut zu Ihnen, sein Kopf ist ungefähr in der Höhe Ihrer Magengrube.

❋ Heben Sie das Baby mit leichtem Schwung hoch über Ihren Kopf. Bei dieser Bewegung kommen Sie ganz in den Stand.

❋ Halten Sie das Kind in dieser Position und zählen Sie bis zehn (Bild 2). Dann geht es mit leichtem Schwung zurück in die Ausgangsposition.

Extra für Mütter:
Wenn Rückenschmerzen plagen?

Ihr Kind wird immer schwerer – und damit wird die Last für Ihren Rücken immer größer. Nicht nur das Tragen des Kindes kann zu Verspannungen und Schmerzen führen, auch das Hochheben aus dem Bettchen, ein gekrümmter Rücken beim Wickeln, beim Füttern oder bei der Hausarbeit belasten die Wirbelsäule. Mit den folgenden Haltungstipps und Übungen können Sie Rückenschmerzen vorbeugen und die Bauch- und Rückenmuskulatur stärken. Nach den Übungen oder auch als Schmerztherapie reiben Sie den Rücken mit einem Öl aus Eisenhut, Kampfer und Lavendel ein. Halten Sie Ihren Rücken immer warm.

Haltung einnehmen

Denken Sie sooft es geht an eine aufrechte Haltung.

✽ Wenn Sie sitzen, stehen oder gehen, schieben Sie Ihre Wirbelsäule bewusst gerade nach oben, nehmen Sie die Schultern leicht zurück, und halten Sie den Kopf so, als ob Sie ein Buch darauf balancieren müssten.

✽ Zur Korrektur der Haltung können Sie zwischendurch bei herunterhängenden Armen die Handflächen nach vorne drehen. Auch die alte Regel »Brust raus, Bauch rein« verspricht eine gute Haltung.

Richtig heben

Um einer Verschlimmerung der Rückenschmerzen vorzubeugen, sollten Sie nicht schwer heben.

✽ Wenn Sie etwas hochheben müssen, beugen Sie die Knie, aber nicht den Rücken. Gehen Sie also mit geradem Rücken in die Hocke, und heben Sie den Gegenstand aus den Knien heraus hoch. Füh-

»Radfahren« in der Luft stärkt die Bauchmuskeln und beugt Rückenschmerzen vor.

1

ren Sie diesen beim Hochheben dicht an Ihrem Körper entlang.

❋ Tragen Sie Ihr Baby so wenig wie möglich in Trageschalen oder -taschen, da Ihr Körper sonst einseitig belastet wird. Wechseln Sie regelmäßig die Seiten.

❋ Wenn Sie das Baby vor dem Bauch tragen, halten Sie es mit geradem Rücken.

❋ Bevorzugen Sie den seitlichen Hüftsitz (siehe Seite 48), dann sollten Sie sooft wie möglich die Seiten wechseln, um keine einseitige Belastung des Rückens zu riskieren.

❋ Eine gleichzeitige Hebe- und Drehbewegung sollten Sie wann immer möglich vermeiden.

Die Bauchmuskeln stärken

Da die Bauchmuskeln nach der Entbindung noch schwach sind, müssen Arme, Schultern und Rücken das Defizit ausgleichen. Und das kann auf Dauer zu Rückenproblemen und Verspannungen führen. Daher sollten nicht nur die Muskeln des Rückens bei Schmerzen trainiert werden, sondern auch die Bauchmuskulatur. Wenn Ihre Bauchmuskeln nach der Geburt weit auseinanderklaffen (Rektusdiastase), dürfen Sie nur nach Rücksprache mit Arzt oder Hebamme trainieren.

❋ Legen Sie sich mit dem Rücken auf eine Gymnastikmatte und heben Sie die ausgestreckten Beine leicht an.

❋ Beginnen Sie von hier aus, mit den Beinen Rad zu fahren. Legen Sie Ihre Hände auf den Bauch und spüren Sie die Spannung der Muskeln. Oberkörper und Kopf bleiben während der Übung am Boden liegen (siehe Bild 1).

❋ Sobald es anstrengend wird, legen Sie die Beine ab und entspannen sich kurz. Wiederholen Sie die Übung zweimal.

2

Kräftigen Sie Ihre Rückenmuskulatur, um die Wirbelsäule zu entlasten.

Die Rückenmuskeln stärken

❋ Stellen Sie sich aufrecht auf die Matte und spreizen Sie die Beine hüftbreit.

❋ Überkreuzen Sie Ihre Arme vor der Brust. Gehen Sie in die Knie und schieben Sie Ihren Po nach hinten-unten – als ob Sie sich auf einen Stuhl setzen würden. Gleichzeitig klappt der gerade Oberkörper zu den Oberschenkeln (siehe Bild 2).

❋ Kommen Sie von hier aus ganz langsam, Wirbel für Wirbel, wieder in die Ausgangsposition zurück. Wiederholen Sie die Übung noch zweimal.

Meilensteine im dritten Quartal

Eben noch lag das kleine Baby friedlich in Ihren Armen – und nun sitzt es schreiend vor Ihnen, wütend, weil es die Handtasche nicht ausräumen darf. In den letzten drei Monaten ist aus dem Baby, das sich gerade mal vom Rücken auf den Bauch und wieder zurück drehen konnte, ein kleiner Robbler oder Krabbler geworden, vor dem nichts mehr sicher ist.

 Sitzen

Ende des neunten Monats können viele Babys frei sitzen und genießen diesen neuen Meilenstein. Endlich ist es möglich, ein Spielzeug mit beiden Händen anzufassen, es zu drehen, zu betasten und damit zu hantieren. Gleichzeitig verschafft die sitzende Position den nötigen Überblick, damit das Baby nichts von dem verpasst, was um es herum passiert.

Dem freien Sitzen ist eine lange Vorbereitung vorausgegangen. Denn anfangs konnte es zwar sitzen, sich aber nicht von alleine in diese Position begeben. Auch brauchte das Kind lange Zeit einen Arm zum Abstützen, was beim Hantieren mit Gegenständen doch recht unpraktisch war. Jetzt kann es sich aus der Bauchlage in die Höhe stemmen und sitzt mit ausgestreckten Beinchen sicher auf dem Boden. Vielleicht haben Sie Lust, diese neue Fertigkeit mit einem kleinen Picknick auf dem Wohnzimmerboden zu feiern? Da Ihr Baby nun freihändig sitzt, kann es kleine Stückchen Brot, gekochte Nudeln, gedünstetes Gemüse oder weiches Obst selbstständig essen und diese ersten Erlebnisse mit fester Nahrung mit allen Sinnen genießen.

Robben, Krabbeln und Hochziehen

Auch das Robben gelingt nun vielen Kindern. Dabei schieben sie sich bäuchlings über den Boden und stoßen sich mit den Händen oder Beinen ab. Sobald die Muskulatur noch besser ausgeprägt ist, kann sich das Kind auf Arme und Knie stützen und krabbelnd fortbewegen.

Manche Babys versuchen jetzt auch schon, sich an niedrigen Möbeln hochzuziehen. Oft fällt das Hochziehen in den Stand aber viel leichter als das Hinsetzen, sodass manches Baby nach einiger Zeit recht kläglich nach der Mutter verlangt. Andere lassen sich einfach rückwärts hinfallen und schlagen dabei hart auf dem Hinterkopf auf. Um solche Unfälle zu verhindern, sollten Sie Ihr Kleines in dieser Phase mög-

Viele Babys können schon krabbeln.

Das freie Sitzen verschafft dem Baby einen guten Überblick, und es hat die Hände frei zum Spielen.

lichst nicht alleine in einem Raum lassen beziehungsweise darauf achten, dass es seine Stehversuche nur im gut gepolsterten Laufstall durchführt.

✿ Sprechen

Fasziniert von den Mundbewegungen der Großen schaut das Baby ganz genau hin, wenn sich Erwachsene oder Kinder unterhalten. Kann es sich in einem Spiegel sehen, ahmt es die Mimik der Großen nach und übt sich so im Sprechen. Sieht das Kind neben der eigenen Person eine weitere im Spiegel, vermutet es diese nicht länger »im Spiegel«, sondern dreht sich um. Das Bewusstsein für Persönlichkeiten erwacht. Viele Kinder plappern jetzt fröhlich vor sich hin. Zu hören sind überwiegend Silbenverdopplungen wie »mama«, »papa«, »dada«. Im Grunde haben diese Worte noch keinen Adressaten, trotzdem freut sich jede Mutter über das erste »mama«, verbunden mit einem fröhlichen Strahlen, wenn sie den Raum betritt. Das gemeinsame Betrachten von Bilderbüchern macht Eltern und Kindern jetzt großen Spaß. Ahmen Sie dabei die Laute der Tiere und das Brummen der Fahrzeuge nach, die Sie auf den Bildern sehen, wird Ihr Kind es Ihnen schon bald gleichtun. Auch Kinderreime und Lieder laden Babys in diesem Alter zum Nachahmen ein, zum Beispiel bei »Summ, summ, summ, Bienchen summ herum«.

✿ Der eigene Wille erwacht

Gleichzeitig mit der zunehmenden Mobilität entdecken die meisten Kinder ihren eigenen Willen. Dass dieser nicht immer mit dem der Eltern übereinstimmt, ist für beide Seiten in dieser Phase eine leidvolle Erfahrung. Versuchen Sie es geduldig hinzunehmen, wenn Ihr kleiner Krabbler sich im Auto nicht anschnallen lassen möchte oder beim Wickeln nicht still hält. Diese kleinen Kämpfe zeigen Ihnen nur, dass Ihr Kind sich großartig entwickelt und dabei ist, seine Persönlichkeit zu entdecken. Helfen können Sie ihm, wenn Sie selbst gelassen bleiben. Laut ausgesprochene, beruhigende Kommentare wie »Wickeln muss leider sein« geben Ihrem Kind Sicherheit und Ihnen selbst die Standfestigkeit, die Sie brauchen, um Ihrem Kind nicht in jeder Situation nachzugeben.

Kann sich das Baby hochziehen, ist ein weiterer Meilenstein im ersten Lebensjahr geschafft.

DER 10. MONAT

Dank der wachsenden motorischen Fähigkeiten wie Drehen, Robben, Krabbeln, Aufsetzen und Sitzen kann Ihr Kind seinen Lebensraum ständig erweitern und bekommt so neue Freiheiten. Das Erkunden seiner Welt sorgt für viel Beschäftigung. Spielt es ohne Sie in einer Krabbelgruppe oder bei einer Freundin mit gleichaltrigen Kindern, wird es während Ihrer Abwesenheit durch das Spiel und die neuen Eindrücke voll beschäftigt sein.

Durch die aufgebaute Bindung zu seinen Eltern vertraut das Kind darauf, dass Sie wiederkommen werden. Groß ist dann die Freude, wenn Sie es abholen und das Kind einmal mehr die Bestätigung bekommt, dass es sich auf Sie verlassen kann. Wenn alles gut klappt, können Sie regelmäßig freie Zeit für Erledigungen oder zum Verschnaufen einplanen und bereiten Ihr Kind gleichzeitig auf eine eventuell anstehende Betreuung vor.

Wachstum und Entwicklung

Die meisten Babys können jetzt robben, krabbeln, sich aufsetzen und frei sitzen. Wenn Ihr Kind es noch nicht kann, gibt es keinen Grund zur Sorge. Früher glaubte man, dass die Entwicklung zum Laufen gesetzmäßig vom Drehen, Robben und Krabbeln über den Vierfüßlerstand zum Aufstehen und den ersten freien Schritten führen sollte. Und die Ärzte überwiesen ein Baby gleich zum Therapeuten, wenn es einen der Entwicklungsschritte ausgelassen oder übersprungen hatte.

Heute hat sich dagegen die Ansicht durchgesetzt, dass diese Schritte häufig parallel verlaufen oder auch mit ganz anderen Bewegungsmustern zu demselben Ergebnis führen. Manche Kinder lernen über das Sitzen, sich vorwärts zu bewegen, indem sie entweder nur auf dem Hintern herumrutschen (»bottom shuffler«) oder sich sogar wie ein Rollerfahrer dafür mit einem Bein abstoßen. Andere rollen sich durchs Zimmer oder machen, auf dem Rücken liegend, eine Brücke und schieben sich so voran. Diese Formen der Fortbewegung scheinen sich zu vererben, deshalb können Sie ruhig einmal die Großeltern befragen, wenn Sie sich bei Ihrem Kind Sorgen machen. Falsch oder richtig ist keine dieser Fortbewegungsarten, höchstens mehr oder weniger effizient – und eben anders.

Auf Erkundungstour

In jedem Fall bleibt die Fortbewegung eine große Herausforderung für Eltern und Kind, auch wenn Sie alles kindersicher gemacht haben. Alle Gefahrenquellen lassen sich nun mal nicht ausschließen, denn Sie können nicht sämtliche Steckdosen und Lichtschalter auf Dauer unzugänglich machen. Und wenn Sie Ihr Kind daran hindern, etwas zu tun, was es gerne möchte,

MEMO

10. Monat

❋ **Autofahren:**
Der Auto-Kindersitz löst die Babyschale ab.

❋ **Kinderarzt:**
Ab jetzt ist die U6 möglich.

❋ **Krabbelspielgruppe:**
Wenn Sie Ihr Kind auf den Besuch in einer Kinderkrippe oder bei einer Tagesmutter vorbereiten möchten, kann es für etwa zwei Stunden pro Woche eine Spielgruppe mit Gleichaltrigen unter pädagogischer Aufsicht ganz ohne Mama oder Papa besuchen.

❋ **Das große Baby tragen:**
Ihr Kind ist von der Entwicklung her so weit, dass es gut in einer Kraxe oder in einem Tragetuch auf dem Rücken getragen werden kann. Für längere Ausflüge ist die Kraxe zwar geeignet, doch das Gewicht kann dem Träger ganz schön zu schaffen machen. Am besten ist es, sich beim Tragen abzuwechseln oder eine Kraxe mit Rollen zu kaufen.

❋ **Durchschlafen:**
Viele Kinder schlafen jetzt durch. Die Nahrung, die das Baby tagsüber zu sich nimmt, reicht nun aus, um nachts keinen Hunger mehr zu bekommen. Deshalb können sie rund acht bis neun Stunden am Stück schlafen.

❋ **Musik und Tanz:**
Tanzen auf Mamas oder Papas Arm sorgt für gute Laune durch Bewegung, Rhythmus und Musik. Solche anregenden Vergnügungen machen zudem hellwach – weshalb sie weniger für die Abendstunden geeignet sind.

❋ **Babykleidung:**
Konfektionsgröße 80, Strumpfhosengröße 02, Schuhgröße 19, Mützenweite 48/50.

10

erreichen Sie eher das Gegenteil: Sie ziehen es weg, doch für Ihr Kind ist das An- und Ausknipsen des Lichtschalters ein herrliches Spiel. Deshalb will es weitermachen und wird so schnell wie möglich wieder zum Lichtschalter hinkrabbeln und ihn anknipsen.

Erfolgversprechender ist es, wenn Sie die Aufmerksamkeit Ihres Kindes auf etwas anderes lenken – denn das Interessantere ist der Feind des Interessanten. Gelingt Ihnen das nicht, können Sie, soweit möglich, das Objekt der Begierde beseitigen. Das kann natürlich zu heftigem Protest führen, sodass Sie gemeinsam das Zimmer verlassen oder mit dem Kind nach draußen gehen müssen, damit es irgendwann Ruhe gibt.

Meist vollzieht sich die motorische Entwicklung in aufeinander aufbauenden Schritten.

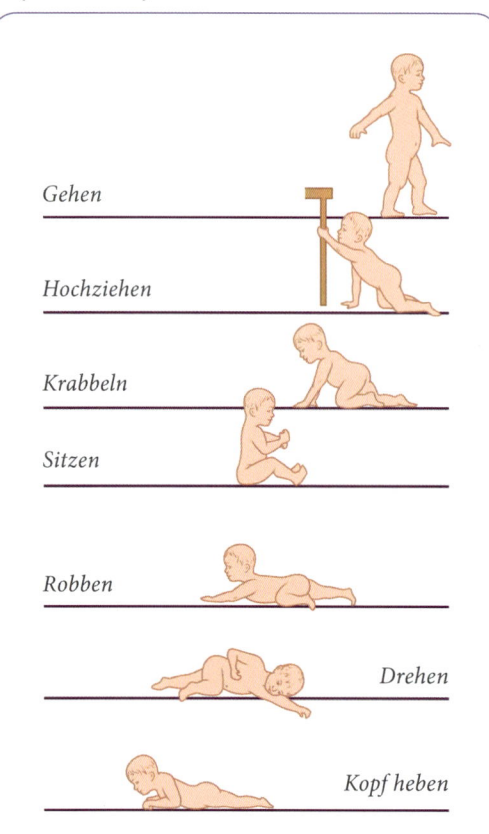

Gehen

Hochziehen

Krabbeln

Sitzen

Robben

Drehen

Kopf heben

Erziehung und Grenzen

Das »Wollen« ist überhaupt bei Kindern etwas sehr relatives. Wenn sich Wollen und Sollen decken, haben Sie Glück, wenn nicht, versuchen Sie mit aller Phantasie und Improvisationsgeist, das Wollen und Sollen in Einklang zu bringen, denn alles, was das Kind selbst will, spornt es an und ermutigt es. Alles, was es soll, ruft erst einmal Widerstand hervor und kann, je nach Alter und Temperament, in aussichtlosen Kämpfen münden. Wir müssen uns ja auch sonst im Leben daran gewöhnen, nicht ständig das tun zu können, was wir wollen, sondern unsere Wünsche an die Realität anpassen. Das ist ein wichtiger Teil der Sozialisation, der Anpassung an gesellschaftliche Notwendigkeiten.

Sitzen schenkt neue Freiheiten

Viele Kinder sitzen jetzt sicher und stabil und können sich schon alleine aufsetzen. Das verschafft ihnen ganz neue Möglichkeiten, denn sie können sich ihrer Arme und Hände frei bedienen. So fangen sie an, irgendwo hinzuzeigen und »da« zu sagen, zu winken und auf und ab zu hopsen, wenn sie sich besonders freuen. Manche Kinder machen auch »winke-winke«, oft aber erst, wenn die zu verabschiedende Person den Raum längst verlassen hat. Ihre Reaktionsgeschwindigkeit ist noch nicht so hoch. Manche Kinder spielen auch »Fähnchen«, indem sie den Arm heben und dabei die Hand drehen. Wenn Ihr Kind noch keine Anstalten macht, sich von alleine aufzusetzen, sollten Sie darauf verzichten, es hinzusetzen. Muskelkraft und Koordination müssen dann einfach noch etwas länger trainiert werden. Fördern können Sie Ihr Kind, indem Sie es so wenig wie möglich in der Babyschale oder Wippe lassen und ihm beim Wickeln, Baden sowie auf der Krabbeldecke viel Bewegung ermöglichen.

Wie viel Schnuller darf sein?

Der Name sagt es schon: Ein Säugling will saugen. Um dieses Bedürfnis zu befriedigen und das Babyzu beruhigen, hilft ein Beruhigungssauger, meist Schnuller genannt, umgangssprachlich auch Nuckel oder Duddu. So ein Schnuller ist eine durchaus sinnvolle Erfindung.

Kein Dauernuckeln

Es stellt sich die Frage, wann und wie lange ein Schnuller zur Verfügung stehen soll. Schieben Sie Ihrem Säugling nicht automatisch bei jeder Unwillensäußerung einen Schnuller in den Mund. Er gewöhnt sich sonst an eine sofortige »orale Befriedigung«, sobald ihm etwas nicht passt. Seinen Unmut darf er aber ruhig mal kundtun, ohne dass gleich etwas pasieren muss. Der Vorteil eines Schnullers ist zugleich sein Nachteil: Man kann ihn wegnehmen, und er kann aus dem Mund fallen. Dagegen ist der Daumen, wenn der Säugling ihn erst einmal entdeckt hat, immer dabei, kann aber auch schlechter entwöhnt werden.

Einfach oder kiefergerecht

Schnuller sind in der europäischen Kultur seit Langem gang und gäbe. Früher hatten sie die Form eines Stoffbeutelchens und waren mit einer gesüßten Masse aus Brot, Brei oder Mohnsamen gefüllt. Manchmal wurden sie auch in Bier oder Schnaps getaucht. Abgesehen vom Alkohol waren derartige Beruhigungssauger auch schlecht für die Zähne und aus hygienischer Sicht sogar gefährlich.
Heutige Schnuller haben ein Mundteil aus Latex oder Silikon sowie einen Schild, welcher das Verschlucken des Schnullers verhindern soll. Es gibt sie in einer runden, kirschähnlichen Form oder in einer abgeschrägten, der Mundhöhle angepassten Gaumenform, die von Zahnmedizinern entwickelt und durch wissenschaftliche Studien abgesichert wurde. Wechseln und reinigen Sie Schnuller wie Milchsauger (siehe Seite 126).

Vorzüge und Nachteile

Schnuller werden auch als Saugtrainer in der Therapie von Trinkschwäche oder in der Logopädie bei Störungen der Mundmotorik angewendet. Eine Studie, die 2005 in den USA publiziert wurde, zeigte für Schnullerkinder ein geringeres Risiko, am plötzlichen Kindstod zu sterben, ohne dass sich allerdings ein ursächlicher Zusammenhang beweisen ließ.
Auf der anderen Seite führt ein zu langes Schnullern zu Fehlstellungen der Zähne in Form eines »offenen Bisses«, bei dem die oberen und unteren Schneidezähne keinen Kontakt mehr haben. Daher sollte ein Kind spätestens im Alter von zwei Jahren vom Schnuller entwöhnt werden, was nicht immer reibungslos gelingt. Bewährt haben sich verschiedene Tricks: So kann die »Schnullerfee« nachts die Schnuller holen und dafür ein kleines Geschenk hinlegen, oder die Schnuller werden im Rahmen einer kleinen Feier mit anderen Kindern im Garten »beerdigt«. Dadurch entsteht ein kleiner sozialer Druck, tatsächlich auf den Schnuller zu verzichten.

Vielen Babys tut ein Schnuller gut: Er befriedigt ihr Bedürfnis zu saugen und wirkt beruhigend.

Schau, was ich schon kann!

Die Erziehung zur Selbstständigkeit ist wichtig, damit sich die Fähigkeiten des Kindes voll entfalten können und es an Selbstsicherheit und Selbstvertrauen gewinnt. Um selbstständig und selbstsicher zu werden, braucht ein Kind viel Freiraum. Versuchen Sie deshalb, es so wenig wie möglich in seinem Bewegungs- und Erkundungsdrang einzuschränken.

Kleine Welteroberer

Natürlich müssen Sie Ihr Kind vor offensichtlichen Gefahren bewahren und ihm für seine Welteroberung eine sichere Umgebung schaffen (siehe ab Seite 74). Doch darüber hinaus soll es sich so viel wie möglich ausprobieren können. Es will robbend oder krabbelnd die Wohnung erkunden, es will erfahren, wie es ist, aus einem Glas zu trinken – das Sie anfangs noch halten und dann nur noch unterstützend mit der Hand unter dem Boden führen.
Geben Sie Ihrem Kind auch den Löffel in die Hand, wenn es Brei oder Beikost gibt, und lassen Sie es selbst essen. Das ist anfangs zwar eine ganz schöne

Trinken wenn man durstig ist: eine wunderbare neue Fertigkeit.

Schmiererei, doch Sie werden sehen, mit welcher Freude Ihr Baby zum Essen greift. Damit das Kind auch satt wird, sollten Sie den Löffel zwischendurch immer wieder einmal selbst führen. Durch das eigenständige Essen erfährt Ihr Kind, dass es zur Befriedigung seiner Bedürfnisse (wie Hunger und Durst) selbst etwas tun kann. Das Erfolgserlebnis, wenn der Hunger tatsächlich gestillt wird, motiviert das Kind, auch andere Dinge alleine auszuprobieren. Seine Selbstwirksamkeit (siehe Seite 256) und das Vertrauen in seine eigenen Fähigkeiten werden gestärkt. So haben ältere Babys mit rund zehn Monaten auch Spaß, wenn sie mit Armen und Füßen beim Anziehen mithelfen können. Dazu müssen sie sich zum Beispiel an einer seitlichen Umrandung der Wickelkommode hochziehen und festhalten können.

Aus eigener Kraft

Die Fortbewegung aus eigener Kraft macht Kindern große Freude. Ihr nimmermüder Ehrgeiz beim Krabbeln und Laufenlernen ist beeindruckend – trotz aller Rückschläge und Stürze, die sie einstecken müssen. Am Ende dieser Entwicklung steht der Stolz, wenn sie ihre ersten eigenen Schritte in die Welt machen. Fördern und erhalten Sie seinen Bewegungsdrang, indem Sie Ihrem Kind auch hier ein Vorbild sind und sich ebenfalls viel bewegen. Wenn Sie mit Ihrem Kind gemeinsam die zahlreichen Möglichkeiten zur Bewegung im Alltag nutzen, tragen Sie viel zu Ihrer und seiner Gesunderhaltung bei – und stärken sein Selbstbewusstsein.

Die geistige Entwicklung

Die motorische Entwicklung macht in diesem Alter oft rasante Fortschritte. Denn viele Kinder haben einen so unbändigen Willen, sich fortzubewegen, dass sie ihre ganze Kraft in dieses Ziel stecken und unverdrossen üben. Beim Beobachten wundern sich die Eltern oft, wo das Kind diese unermüdliche Energie hernimmt – trotz zahlreicher Rückschläge, Stürze und Blessuren. Kein Wunder, dass bei diesem Bewegungseifer wenig Zeit für die geistige Weiterentwicklung bleibt. Sie wird dann auf später verschoben.

Es gibt aber auch Gleichaltrige, die sich lieber mit Spielzeug, Bildern oder Musik beschäftigen, statt um ihre Bewegungsfreiheit zu ringen. Sie rühren sich vielleicht noch gar nicht von der Stelle, haben aber dafür schon den Pinzettengriff erlernt. Damit können sie stundenlang kleinste Gegenstände wie Flusen oder Krümel mit Daumen und Zeigefinger aufsammeln, diese wenden und drehen, und damit nicht nur ihre Feinmotorik, sondern auch ihre Wahrnehmungs- und Beobachtungsfähigkeiten trainieren und perfektionieren.

Die emotionale Entwicklung

Manche Kinder entwöhnen sich erst jetzt von der Brust – und machen dann nach dem Abstillen oft einen besonders großen Entwicklungsschritt. Doch nicht das lange Stillen hat sie in der Entwicklung gebremst, sondern das Kind hat dadurch Kräfte gesammelt, die es dann in einen Entwicklungsschub investieren kann.

Die Wahrnehmung des Gegenübers und Spielpartners verleitet zu mancherlei kommunikativen Spielen, wie Nehmen und Geben, wobei das Baby nun schon sehr genau wahrnimmt, wer wer ist: Mutter, Vater, Geschwister, andere Kinder oder Fremde. Ist das Gegenüber vertraut, zeigt es seinen Spielwunsch durch erwartungsvolle Freude, bei Fremden versteckt es sich eher scheu, signalisiert aber trotzdem, dass es spielen möchte.

Gesund bleiben

Das Wichtigste, damit Ihr Kind gesund bleibt, ist die Verhütung von Unfällen – das gilt für die ganze Kindheit. Wegen der rasanten motorischen Fortschritte müssen Sie die Sicherheitsvorkehrungen immer wieder dem aktuellen Entwicklungsstand Ihres Kindes anpassen. Jetzt sind die Stürze von der Kellertreppe gefährlich, nicht mehr die vom Wickeltisch. Denn das Wickeln auf dem Wickeltisch geht bei vielen Kindern in diesem Alter ohnehin nicht mehr – und die Eltern haben längst entdeckt, dass es auf dem Fußboden leichter und ungefährlicher ist.

Die Informationen zur nächsten Vorsorge, der U6, die ab diesem Alter durchgeführt werden kann, finden Sie im Kapitel zum zwölften Monat ab Seite 308. Doch wenn Sie sich über die Entwicklung Ihres Kindes Sorgen machen oder im Krankheitsfall unsicher sind, gehen Sie zum Arzt.

Elterncoach

Es mag für Eltern verführerisch sein, das Baby vor den Fernseher zu setzen, um endlich einmal etwas in Ruhe erledigen oder ohne Unterbrechung duschen zu können. Doch ein Fernseher ist kein Babysitter und sollte auch nicht als solcher eingesetzt werden. Denn kleine Kinder reagieren zwar sehr interessiert auf die bunten, bewegten Bilder, die Musik und die oft verzerrten Comicstimmen aus dem Kinderprogramm, aber Babys und Kleinkinder sind mit den audiovisuellen Eindrücken noch völlig überfordert. Fachleute empfehlen, Kinder unter drei Jahren gar nicht fernsehen zu lassen. Übrigens stört

10

DAS MACHT IHREM BABY SPASS

Spielend klatschen

Das Klatschen mit den Händen ist für Babys ein aufregendes Spiel: Probieren Sie es aus, und nehmen Sie die kleinen Hände in Ihre, um gemeinsam zu klatschen. Wenn es Ihrem Kind noch schwer fällt, alleine die Hände gegeneinander zu schlagen, machen Sie die Bewegungen immer wieder vor, bis das Kleine sie mit der Zeit immer besser nachahmt. Klatschen macht mit und ohne begleitenden Gesang großen Spaß und fördert die Koordination der Hände.

Babys erstes Klatschspiel

Setzen Sie sich Ihrem Kind gegenüber, und singen Sie ein einfaches Lied, das Sie laut und rhythmisch klatschend begleiten. Halten Sie Ihre Hände so, dass Ihr Baby sie gut im Blick hat. Das Klatschspiel regt das Kind nicht nur dazu an, die Handbewegungen nachzumachen. Es schaut auch auf Ihre Lippenbewegungen und achtet auf die Melodie des Liedes. Für diese vielfältige Förderung der Sinne und der Motorik eignet sich

»Backe, backe Kuchen« sehr gut.
»Backe, backe, Kuchen,
Der Bäcker hat gerufen!
Wer will guten Kuchen backen,
Der muss haben sieben Sachen:
Eier und Schmalz,
Zucker und Salz,
Milch und Mehl,
Safran macht den Kuchen gehl!«

auch ein Fernseher, der im Hintergrund läuft, die Kinder bei ihrer spielerischen Beschäftigung. Die Spieldauer der Kleinen ist mit Hintergrundberieselung nachgewiesenermaßen kürzer als ohne Ablenkung durch den Fernseher.

Fernsehen schadet der Entwicklung

Untersuchungen haben gezeigt, dass selbst spezielle DVDs zur Förderung des Spracherwerbs das Gegenteil bewirken: Kinder, die diese vermeintlichen Fördermaßnahmen zwischen dem 8. und 16. Lebensmonat regelmäßig betrachteten, konnten nicht so gut sprechen wie andere Kinder. Die Sprache wird also durch das im

Fernsehen Gehörte keinesfalls auf die Weise gefördert, wie es die direkte menschliche Kommunikation möglich macht, die ein Kind zum Nachahmen inspiriert. Aber auch in anderer Hinsicht schadet Fernsehen Babys und kleinen Kindern: Sie bewegen sich nicht in dem Maße, wie es für ihre Entwicklung notwendig ist, und sogar ihre Herzfrequenz sinkt beim Fernsehen. Auch wenn es manchmal verlockend sein mag: Nutzen Sie Fernsehen oder anderen Medienkonsum auch in den folgenden Jahren nie als Belohnung und den Entzug nie als Bestrafung. Damit bekäme Fernsehkonsum einen viel zu großen Stellenwert im Leben Ihres Kindes.

Kinderwunsch: Lust aufs Zweite?

Rund neun Monate nach der Geburt hat sich das gedehnte Körpergewebe wieder einigermaßen gefestigt, die Hormonumstellung ist abgeschlossen, und Ihr Körper ist – selbst nach einem Kaiserschnitt – theoretisch wieder für eine neue Schwangerschaft bereit. Wenn Sie nicht schwanger werden möchten, haben Sie sich bestimmt schon um die Verhütung gekümmert (siehe Seite 239). Ansonsten spricht auch nichts gegen eine erneute Schwangerschaft, wenn Sie gesundheitlich stabil sind und der Wunsch nach einem weiteren Kind groß ist. Bedenken Sie jedoch, dass Ihr Baby auch noch in den nächsten Monaten ziemlich auf Trab hält. Der ideale Altersabstand zwischen Geschwistern hängt von der eigenen Familiensituation und den Wünschen der Eltern ab. Aus pädagogischer Sicht hat sich ein Kind mit rund drei Jahren emotional genügend von den Eltern abgenabelt, um die »Entthronung« gut zu verkraften.

Die Signale des Körpers beachten

Meist ist der Körper bei einer frühen neuen Schwangerschaft noch von der letzten Geburt geschwächt, und Bänder und Muskeln haben noch nicht zu ihrer ursprünglichen Form zurückgefunden. Bedenken Sie das bei jeder Bewegung, beim Sport oder bei der Arbeit. Eine Schwangerschaft, die in diese Phase hineinfällt, könnte somit wesentlich anstrengender sein als die letzte. Deshalb ist es umso wichtiger, dass Sie sich in diesem Fall so viel schonen wie möglich, sich Unterstützung für den Haushalt suchen und darauf achten, nicht zu viel zu tragen. Besonders beim Hochheben des Babys sollten Sie vorsichtig sein und nicht gleichzeitig andere Dinge tragen. Fragen Sie auch bei Ihrer Hebamme nach, welche besonderen Maßnahmen Sie treffen können, um eine unbeschwerte Schwangerschaft zu genießen. Eine gesunde ausgewogene Ernährung ist zudem hilfreich, um Mangelerscheinungen vorzubeugen. Falls Sie noch nicht abgestillt haben, ist es durchaus möglich, das Baby weiterhin zu stillen (siehe ab Seite 117).

Geduld mitbringen

Setzen Sie sich nicht unter Zeitdruck, wenn es mit dem Schwangerwerden nicht so schnell klappen sollte, wie Sie es sich erhofft haben. Manchmal tritt eine sogenannte sekundäre Sterilität auf, bei der es länger als ein Jahr dauern kann, bis es zu einer erneuten Schwangerschaft kommt. Selbst wenn die erste Schwangerschaft problemlos eingetreten ist, können die Gründe für das Warten auf eine neue Befruchtung vielfältig sein: ein durch die Entbindung verklebter Eileiter, weniger reife Eizellen aufgrund des höheren Alters der Frau, Hormonprobleme, psychischer Druck und vieles mehr. Die ausbleibende Schwangerschaft kann die betroffenen Paare genauso sehr belasten wie die Unfruchtbarkeit bei kinderlosen Paaren. Eine Untersuchung beim Gynäkologen sowie der Besuch einer Kinderwunsch-Sprechstunde können am besten weiterhelfen.

Schneller als geplant schwanger?

Frauen, die noch keine weitere Schwangerschaft geplant hatten, kann eine Empfängnis wenige Monate nach der Geburt emotional völlig aus der Bahn werfen. Tauchen dann vielleicht auch noch Sorgen um die Zukunft auf, können Familienleben und Paarbeziehung auf eine Probe gestellt werden. Zögern Sie nicht, in einem schwierigen Moment Hilfe zu suchen, etwa bei pro familia, Caritas oder Familienbildungsstätten. Hier gibt es therapeutisches Fachleute, das Ihnen und Ihrer Familie bei einem persönlichen Gespräch Lösungswege aufzeigen kann.

DER 11. MONAT

Ihr Kind wird immer selbstständiger. Es isst seinen Keks alleine aus der Hand, kann mit etwas Unterstützung schon mit beiden Händen seine Tasse zum Mund führen und zeigt Vorlieben, etwa für ein bestimmtes Spielzeug. Hat es erst einmal ein Lieblingsstück erwählt, können neue Geschenke noch so schön sein – wenn sie den Geschmack des Kindes nicht treffen, wird eben nicht damit gespielt. Der eigene Wille zeigt sich auch hier mehr und mehr. Davon profitieren auch Sie als Eltern, weil Sie Ihr Kind dadurch immer besser kennenlernen. Sie wissen bald, in welchen Punkten Ihr Kind noch Ihre Hilfe oder auch neue Regeln braucht, Sie erfahren aber auch, was Ihr Kind gerne mag und womit Sie ihm eine Freude machen können. Außerdem kennen Sie kleine Tricks, wie Sie es in schwierigen Situationen am besten ablenken können. So nimmt das Zusammenspiel einer funktionierenden und glücklichen Familie immer klarere Formen an.

Wachstum und Entwicklung

Die meisten Kinder fangen in diesem Alter an, sich an allem, was sich dazu anbietet, hochzuziehen. Dazu gehören die Gitterstäbe des Laufstalls genauso wie niedrige Möbel. Wenn der Gegenstand, an dem sie sich hochgezogen haben, etwa ein Kinderstühlchen, sich auch noch bewegen und schieben lässt, hat das Kind selbstständig eine Art Rollator entwickelt. Dann kann es seine Gehhilfe voller Stolz durch das Zimmer schieben und das Gehen üben. Auch wenn es noch sooft hinfällt, wird es immer wieder versuchen, vorwärtszukommen – wie ein kleines Stehaufmännchen. Selbst Beulen und blaue Flecken am Kopf können es von seinem Bewegungsdrang nicht abhalten. Und wenn es in der einen Hand einen Gegenstand hält, gelingt die Fortbewegung sogar bald einhändig.

Motorische Fortschritte

Frei stehen und gehen können die allermeisten Kinder zwar noch nicht. Doch wird es nicht mehr lange dauern, bis ihnen auch das glückt. Denn sie üben schon eifrig, indem sie einen Fuß mal seitwärts setzen und einen Schritt nach rechts oder links gehen. Das sieht oft recht unbeholfen aus, und die nach außen gedrehten und nach innen gekippten Füße können Eltern beunruhigen. Doch diese Fußstellung, die noch weit in das zweite Lebensjahr hinein anhält, ist völlig normal. Erst durch dieses Training strafft sich der Fuß, und das Fußgewölbe baut sich auf. Verzichten Sie in dieser Zeit noch auf Schuhe, denn die beschleunigen den Prozess des Laufenlernens nicht, sondern machen die Füße im Gegenteil gefühllos. Um sicher gehen zu lernen, müssen Kindes ihre Zehen und die Fußsohlen spüren. Das geht am besten, wenn sie barfuß, in Strumpfhosen oder Stoppersocken laufen.

MEMOS

11. Monat

❀ **Elternzeit:**
Falls Sie sich für eine einjährige Elternzeit entschieden hatten, ist jetzt noch Zeit für eine Verlängerung. Reichen Sie bei Bedarf den Antrag spätestens sieben Wochen vor Ende Ihrer ursprünglich geplanten Elternzeit schriftlich beim Arbeitgeber ein.

❀ **Berufstätigkeit vorbereiten:**
Kehren Sie nach dem ersten Geburtstag Ihres Kindes wieder in Ihren Beruf zurück, haben Sie noch genug Zeit für verschiedene Besorgungen wie die Ausrüstung Ihres Kindes für die Krippe oder die Tagesmutter. Dazu gehören zum Beispiel: kleiner Rucksack, Butterbrotdosen, Trinkbecher und -flasche, Spielbeutel, Hausschuhe, Schlafsachen, Schlafsack, Ersatzkleidung, Regenjacke und -hose, Gummistiefel, Handschuhe und Mütze – je nach Jahreszeit.

❀ **Selbstständig essen und trinken:**
Ermutigen Sie Ihr Kind, seinen Brei im Teller oder Schüsselchen alleine mit dem Plastiklöffel zu essen und aus einer normalen Tasse zu trinken. Greift Ihr Kind mit beiden Händen nach der Tasse, brauchen Sie nur den Tassenboden unterstützend festzuhalten.

❀ **Laufen lernen:**
Ihr Baby freut sich, Spielzeug an einer Schnur hinter sich her zu ziehen oder an einem Stab vor sich her zu schieben. Auch kleine Möbelstücke werden zum Laufenlernen gerne durch die Wohnung geschoben, weil sich das Kind daran gut festhalten kann.

❀ **Babykleidung:**
Konfektionsgröße 80, Strumpfhosengröße 02, Schuhgröße 19, Mützenweite 50/52.

11

Der Laufstall

Ein Laufstall oder ein sicheres Spielzimmer mit einem Türgitter ist von großem Vorteil für Eltern und Kind. Es ist gar nicht möglich, eine ganze Wohnung oder gar ein Haus vollständig kindersicher zu machen. Vor allem Geschwisterkinder können eine sicher geglaubte Umgebung leicht unsicher machen.

Ein vertrauter Ort

Es gibt immer mal Momente, wo Sie Ihr Kind für kurze Zeit sicher und geschützt unterbringen müssen, etwa wenn es an der Tür klingelt oder Sie auf die Toilette gehen müssen. Allerdings sollte ein Laufstall kein »Gefängnis hinter Gittern« sein oder zur Strafe bei Ungehorsam eingesetzt werden. Dann wird ein Baby ihn nicht akzeptieren. Die meisten Säuglinge und Kleinkinder wissen es sehr zu schätzen, wenn sie einen Ort haben, an dem sie ungestört spielen

Ein Laufstall ist ein anregender Platz zum Spielen, in dem das Baby sicher aufgehoben ist.

können. Ein Türgitter vor einem – natürlich kindersicher ausgestatteten – Kinderzimmer ist eine andere Möglichkeit. Der Nachteil dabei ist, dass man das Zimmer nicht wie einen Laufstall überall hin mitnehmen kann. Denn Sie können den Laufstall nicht nur innerhalb der Wohnung in die einzelnen Zimmer stellen, in denen Sie sich gerade aufhalten. Sie können das gute Stück auch auf Reisen mitnehmen, damit Ihr Kind immer seine vertraute Mini-Umgebung dabei hat und sich überall sicher und daheim fühlt.

Sicher ausgestattet

* Ein Laufstall soll groß genug sein, damit das Kind ausreichend Bewegungsfreiraum hat.
* Die Gitterstangen sollen der DIN-Norm entsprechen, damit es den Kopf nicht dazwischen stecken kann.
* Das Kind soll sich an den Gitterstäben hochziehen können. Laufställe mit fliegengitterartigen Stoffwänden sind deshalb weniger gut geeignet.
* Ein Schaumstoffboden ist wegen der unvermeidlichen Stürze auf den Hinterkopf sinnvoll, bei großer Fußkälte auch noch ein darunterliegender Holzboden.
* Sie können den Laufstall weiter kindgerecht ausstatten, indem Sie Spielzeug wie Glöckchen und Klötzchen sicher befestigen.

Ein Gitterbett ist übrigens kein Ersatz für einen Laufstall. Immer wieder gelingt es größeren Babys beim Spielen, sich im Bett so hochzuziehen, dass sie über die Gitter fallen und schwer stürzen.

Die geistige Entwicklung

Der Nachahmungstrieb ist in diesem Alter sehr ausgeprägt. Sowohl Handlungen als auch Geräusche werden imitiert. Kinder »helfen« in dem Alter gerne schon ein wenig mit und lassen sich in einfache Haushaltstätigkeiten einbinden. Sie erkennen Objekte, die weit weg sind, und rufen begeistert »da« und zeigen auf Kühe, Hunde, Kräne oder Bagger – es gibt so vieles, über das sie sich freuen und staunen können.

Greifen Sie dieses allgemeine Interesse auf, und erklären Sie Ihrem Kind, was für Geräusche zum Beispiel Katzen oder Hunde machen, wozu ein Bagger gut ist und wohin überall das Flugzeug am Himmel fliegen könnte, auf das Ihr Kind so aufgeregt zeigt. Lassen Sie es möglichst viel vom breiten Spektrum des Alltags miterleben, kommentieren Sie die Erlebnisse, und lassen Sie sich nicht davon beirren, dass Außenstehende lächeln oder sagen, dass das Kind doch noch gar nicht versteht, was Sie ihm erklären. Viele kleine Schritte und Erklärungen führen zu einem besseren Verständnis der Welt, und man kann nicht früh genug damit anfangen.

Das Baby hat inzwischen gelernt, Lichtschalter zu betätigen oder auf die Knöpfe der Musikanlage zu drücken. Es ist von allem begeistert, was Effekte auslöst – und wiederholt es dann unverdrossen. Zu registrieren, dass es selbst dafür sorgen kann, ob Licht oder Musik an- oder ausgeht, ist ein echtes Erfolgserlebnis und Ausdruck seiner Selbstwirksamkeit. Da bleibt den Eltern nur, sich mitzufreuen und alles zu retten, was ihnen lieb und teuer ist. Denn freiwillig wird das Kind weder verstehen noch einsehen wollen, warum es damit nicht ständig weitermachen darf – obwohl es bereits weiß, was Ihr »Nein« bedeutet. Es reagiert empört und wütend, wenn Sie sein Tun unterbinden wollen.

Die emotionale Entwicklung

Kurz vor den ersten Schritten entwickeln viele Kinder eine besondere Anhänglichkeit – sie weichen nicht von Mutters Seite und achten darauf, dass sie auf keinen Fall das Zimmer verlässt. Sonst eilen sie schnell hinterher oder protestieren lautstark und wollen immerzu auf den Arm genommen werden. Umgekehrt möchte auch die Mutter ihr Kind gerne auf dem Arm haben und am liebsten nie wieder hergeben. Denn sie spürt, dass sich ihr Kind nun zunehmend von ihr fortbewegt und bald seine ersten Schritte in die Welt hinaus machen wird.

Neben der besonderen Anhänglichkeit zeigt sich nun immer deutlicher der eigene Wille des Kindes. So wird es lautstark protestieren, wenn Sie ihm etwas wegnehmen oder es aus einer interessanten Spielsituation herausholen, weil es vielleicht gefährlich ist. Es tobt, wütet, schreit, überstreckt sich oder lässt im Sitzen den Kopf unsanft aufknallen. In diesen Fällen genügt es meist nicht mehr, ihm etwas anderes anzubieten

INFO

Trotzreaktionen

Von der richtigen Trotzphase spricht man zwar erst im zweiten Lebensjahr, aber auch gegen Ende der Säuglingszeit kann es schon derartige Zustände geben. Die Trotzreaktionen beruhen wahrscheinlich auf einer inneren Unentschlossenheit, einer Ambivalenz der Gefühle, der die kleinen Kinder noch nicht gewachsen sind. Sie stehen sich selbst im Weg – bis hin zu Selbstverletzungen, vor denen Sie Ihr Kind schützen sollten, indem Sie es zum Beispiel in den Laufstall setzen.

11

INFO

Das Übergangsobjekt

Auch Babys haben schon ein Lieblingsspielzeug, das sie überall hin begleitet, meist ist es ein Schmusetuch oder ein Stoffpüppchen – das aber nicht unbedingt dem landläufigen Schönheitsideal entsprechen muss: Oft ist es abgelutscht, abgenutzt und aufgetragen. Trotzdem ist es durch nichts zu ersetzen, fühlt sich weich und vertraut an, riecht speziell und kann schon durch Waschen zerstört werden.

Man nennt solch ein Lieblingsspielzeug Übergangsobjekt, weil es dem Kind den emotionalen Übergang in die Unabhängigkeit ermöglicht: Mama und Papa sind nicht mehr ganz so nötig, solange das Übergangsobjekt da ist. Dieses Wesen ist allerdings nicht immer das, was die Eltern zu diesem Zweck angeschafft haben, sondern vielleicht nur ein Stück Stoff oder das hässlichste Püppchen von allen. Von Vorteil ist, wenn dieser Gegenstand in doppelter Ausführung vorhanden ist – falls er mal verloren geht oder doch in die Wäsche muss, ist ein echter Ersatz da, um das Kind zu trösten.

Vertrautes für die Zeit alleine

Das Übergangsobjekt schenkt einem Baby Halt und Sicherheit. Geben Sie es ihm deshalb mit in die Krippe oder zur Tagesmutter – egal wie es mittlerweile aussieht oder wie sehr es in den letzten Monaten »gelitten« hat. Sein Eigengeruch schafft ein angenehmes Gefühl der Vertrautheit in einer anfangs fremden Umgebung. Ein neues Kuscheltier oder eine neue Puppe hingegen bringen keine Erinnerung an das vertraute Zuhause und damit auch nicht den gewünschten Effekt von Wohlgefühl und Trost.

oder es abzulenken. Einen Versuch ist es zwar wert, doch häufig wird der Wutanfall dadurch noch heftiger. Denn das Kind muss erst lernen, mit Frustrationen umzugehen – und dafür wird es noch viele Jahre brauchen. Selbst Erwachsenen gelingt das nicht immer. Im Umgang mit Wutausbrüchen ist es wichtig, sie nicht im Voraus zu erwarten und das Kind die eigene Sorge vor einem Wutausbruch nicht spüren zu lassen. Wenn Sie also im Supermarkt sind und Ihr Kind nach Süßigkeiten greift, sollten Sie diese wieder ins Regal legen – auch wenn Sie befürchten, dass das Kind nun laut losbrüllt. Sobald Sie nachgeben, lernt Ihr Kind aus dieser Situation, wie es seinen Willen mithilfe eines Wutausbruchs durchsetzen kann. Das kann zu einem Muster werden, das ein Kind lange begleitet.

Klare Botschaften

Machen Sie Ihrem Kind verständlich, was Sie nicht wollen. Wenn es zum Beispiel immer wieder Schränke aufmacht und empfindliche Dinge herauszieht, dann schließen Sie den Schrank, erklären kurz warum und nehmen das Kind vom Schrank weg. Zeigen Sie Verständnis für sein Interesse, versuchen Sie es zu trösten, oder warten Sie ab, bis es sich beruhigt hat. Bleiben Sie in jedem Fall ruhig und zugewandt, aber in der Sache fest. Denn Ihr Kind braucht gerade in solchen Situationen Ihre Unterstützung und Ihren festen Halt. Es muss wissen, woran es ist, ohne Angst zu haben. Deshalb sollten Sie nicht autoritär und laut werden. Andererseits aber auch nicht mit zuckersüßer Stimme »Dudu, das macht man aber nicht« sagen.

Gut möglich, dass Ihr Kind auf Ihr Verbot trotzig reagiert oder von seiner Wut übermannt wird. Das ist aber nicht gegen Sie gerichtet, sondern eine altersgemäße Reaktion auf eine Frustration. Meist vergeht der Trotz so schnell, wie er gekommen ist, und Ihr Baby ist bald wieder bei Laune. Was Sie tun können, wenn Sie sich ineinander verhakt oder überreagiert haben, lesen Sie im Elterncoach auf Seite 306.

Gesund bleiben

Wenn Sie etwas für die Gesundheit Ihres Kindes machen möchten, dann unterstützen Sie seinen natürlichen Bewegungsdrang und seine Abenteuerlust. Unternehmen Sie viel an der frischen Luft und in der Natur – bei jedem Wetter. Sie wissen schon: Es gibt kein schlechtes Wetter, nur die falsche Kleidung!

Die Früherkennungsuntersuchung U6 kann in diesem Alter schon vorgenommen werden. Da sie jedoch das erste Lebensjahr abschließen soll, finden Sie mehr dazu im nächsten Kapitel auf Seite 312. Wenn Sie für die Kindertagesstätte ein ärztliches Gesundheitszeugnis und eine Impfbescheinigung benötigen, können Sie das mit der Vorsorgeuntersuchung zusammenlegen. Das erspart Ihnen nicht nur einen zusätzlichen Arztbesuch, sondern auch Kosten, denn solche »Eignungsuntersuchungen« sind nicht Bestandteil vertragsärztlicher Leistungen und dürfen von den Krankenkassen nicht bezahlt werden.

DAS MACHT IHREM BABY SPASS

Hindernislauf mit Kissen

Eine ganz besondere Herausforderung an die Krabbelfähigkeiten des Kindes stellt ein Hindernisparcours dar. Ein vorgegebener Weg über verschieden dicke Kissen beispielsweise trainiert die Körperkraft sowie die Balance und bereitet auf das freie Laufen vor.

Für den Aufbau des Hindernisparcours eignet sich eine größere freie Fläche, zum Beispiel eine lange Diele. Legen Sie hintereinander Kissen aus, die in der Größe und Dicke variieren. Zwischen den einzelnen Kissen sollte ausreichend Platz für zwei bis drei Krabbelschritte sein. Wenn Sie den »Lauf« starten, sollten Sie sich auf die Höhe des Kindes begeben und nebenherkrabbeln. Am besten machen Sie es einmal vor und krabbeln von Anfang bis Ende über die Kissen. Setzen Sie Ihr Kind dann zum Start in Krabbelposition vor das erste Kissen. Versuchen Sie, das Kind mit einem

Spielzeug, das sein Interesse weckt, über die Kissen zu dirigieren. Halten Sie dieses Spielzeug so hinter jedes Hindernis, dass das Kind über das Kissen krabbeln muss, um den ersehnten Gegenstand zu bekommen.

11

Elterncoach

Kinder sind sich auch in diesem Alter schon oft der Folgen ihres Tuns bewusst, sie schauen schuldbewusst, schämen oder verstecken sich – was sie aber nicht daran hindert weiterzumachen. Ihr Kind will Sie damit aber nicht ärgern, sondern seinem Spieldrang nachkommen. Nehmen Sie es also nicht persönlich, auch wenn mal etwas kaputtgeht. Reagieren Sie nicht unbeherrscht, denn Ihr Kind kann eine solche Reaktion nicht verstehen. Wenn Sie es anschreien, ängstigt es sich und schreit ebenfalls. So kann es zu einem Teufelskreis aus Missverständnissen kommen, die bis zu tätlichen Angriffen führen können, die Sie zwar nicht wollen, die aber passieren können.

Auch Eltern machen Fehler

Sehen Sie einen solchen Ausrutscher als Akt Ihrer eigenen Hilflosigkeit. Niemand ist perfekt! Ihr Kind wird Ihnen verzeihen, denn auch Kinder lassen bei ihren Eltern vieles durchgehen, nicht nur umgekehrt. Sie können ruhig zu einem Ausraster stehen. Erklären Sie es Ihrem Kind, und entschuldigen Sie sich dafür.

Um Überreaktionen zu vermeiden, sollten Sie Ihr Baby, sobald Wut in Ihnen aufsteigt, an einen sicheren Ort wie den Laufstall legen, das Zimmer verlassen und tief durchatmen. Wenn möglich, sollte sich dann Ihr Partner oder eine andere Bezugsperson um das Kind kümmern, damit Sie sich und Ihrem Kind eine Auszeit gönnen. Wenn Ihr innerer Druck nachlässt, fragen Sie sich, was eigentlich passiert ist, wie es dazu kommen konnte und wie Sie in Zukunft eine solche Situation im Vorfeld verhindern können. Konflikte gehören zum Zusammenleben von Menschen dazu, deshalb können und sollen Sie diese nicht gänzlich vermeiden. Doch Sie können Eskalationen vorbeugen, wenn Sie das Muster kennen, und die Situation dadurch in den Griff bekommen. Denn wie Sie mit Konflikten umgehen, ist für die Persönlichkeitsentwicklung Ihres Kindes von großer Bedeutung.

INFO

Keine persönlichen Angriffe

Tadeln Sie Ihr Kind für seine Handlungen, aber nicht das Kind selbst. Sie verletzen seine Persönlichkeit, und Ihr Kind wird es merken, wenn Sie es abwerten. Es ist ein Unterschied, ob Sie ihm sagen, dass es böse ist oder dass das, was es angestellt hat, »böse« war. Sagen Sie »Ich möchte nicht, dass Du den Schrank aufmachst und alle Teller herausziehst« und nicht »Du machst mich völlig fertig«. Was gut und böse ist, richtig und falsch, das muss ein Kind erst lernen. Auch wenn das Kind mal böse werden kann, ist es nicht böse – und Sie sind es auch nicht.

Extra für Mütter:
Innere Ruhe durch Meditation

Einen Moment innehalten, die Welt vorbeiziehen lassen, egal, welche Aufgaben oder Probleme sie mit sich führt – mit einer Meditation können Sie dem Trubel entfliehen. Lassen Sie sich an einen Ort führen, wo Gelassenheit, Ruhe und Sanftmut wohnen. In dieser Oase des Friedens wird es möglich sein zu entspannen, Ballast abzuwerfen und anschließend wie neu geboren ins Hier und Jetzt zurückzukehren.

Eine Oase entdecken

* Wählen Sie für Ihre Meditation einen Zeitpunkt, an dem Sie ungestört sind: wenn das Baby schläft oder es mit dem Partner einen Ausflug macht.
* Legen Sie sich bequem aufs Sofa oder Bett, und decken Sie sich mit einer leichten Decke zu.
* Schließen Sie Ihre Augen und achten Sie auf Ihren Atem. Begleiten Sie die Atemzüge gedanklich mit »ein« und »aus«.
* Sehen Sie vor Ihrem inneren Auge, wie Wolken am strahlend blauen Himmel vorbeiziehen. Springen Sie auf eine der Wolken auf, und lassen Sie sich in ein fernes Land treiben, wo Sie sanft in einer goldgelben Dünenlandschaft landen. Der warme Sand unter Ihren nackten Füßen wärmt Sie wohlig, während die Sonne Ihre Haut verwöhnt. Sie riechen die Meeresluft, und Ihr inneres Auge labt sich an den Wellen, die sanft auf den Strand auslaufen. Ihr Blick geht zurück zu den Dünen, wo Sie mittendrin Ihren Vornamen Buchstabe für Buchstabe als Sandgebilde entdecken. Gehen Sie hin, schauen Sie sich jeden Buchstaben ganz genau an. Langsam fällt jeder Buchstabe in sich zusammen, bis nur noch kleine Hügel zu erkennen sind, die sich sanft in die Dünenlandschaft einschmiegen.

* Die Wellen des Meeres werden immer lauter, und Ihr Blick wandert zum Ufer. Dort formt das Wasser mit jeder Welle die Buchstaben Ihres Namens neu. Sie erwachsen aus dem nassen Sand und trotzen den Wellen, die nun wieder ganz sanft werden. Gehen Sie zu den noch feuchten, festen Sandgebilden, und erspüren Sie jeden Buchstaben mit Ihren Händen. Haben Sie Lust, etwas zu verändern? Dann formen Sie mit Ihren Händen neue Gebilde aus Ihren Buchstaben, egal welche. Lassen Sie sich überraschen, was Ihr Geist erschaffen will. Betrachten Sie das Ergebnis und freuen Sie sich darüber.
* Genießen Sie den Anblick, bis die Sonne den Sand langsam trocknet, er zu rieseln beginnt und bald wieder eins wird mit der sandigen Landschaft.
* Wenn Sie sich umdrehen, sehen Sie Ihren Namen wieder in den Dünen stehen.

Entscheiden Sie, wann Sie für heute diesen Ort verlassen möchten, und suchen Sie sich dann eine Wolke am Himmel, auf der Sie zurückkreisen können. Sobald Sie wieder im Hier und Jetzt angekommen sind, öffnen Sie langsam Ihre Augen, räkeln und strecken Sie sich und stehen Sie ganz langsam auf. Spüren Sie die Energie, die Sie von Ihrer Reise mitgebracht haben. Sie können jederzeit an diesen Ort gehen und bei jedem Besuch nach Ihren Vorstellungen und in Ihrem Tempo Neues gestalten.

Gönnen Sie sich noch einige ruhige Minuten zum Beispiel für ein Meditationstagebuch. Notieren Sie Ihre Eindrücke, und vergleichen Sie diese mit früheren Einträgen. Sie erhalten spannende Eindrücke in Ihr Seelenbild.

DER 12. MONAT

Der erste Geburtstag ist zwar chronologisch gesehen die Beförderung vom Baby zum Kleinkind. Doch biologisch betrachtet, besteht der Unterschied zwischen einem Säugling und einem Kleinkind im freien Laufen – und das erfolgt häufig erst ein, zwei Monate nach dem ersten Geburtstag oder auch noch später. An der Hand wird Ihr Kind bestimmt schon sehr eifrig voranschreiten und auf ein »Komm her!« gerne reagieren. Sein ungebrochenes Streben nach Selbstständigkeit können Sie weiterhin unterstützen, indem Sie das Kind beim An- und Ausziehen mithelfen lassen oder bei leichten Haushaltstätigkeiten wie Staubwedeln. Damit das Kind eine begonnene Handlung bei den ersten Misserfolgen nicht gleich aufgibt, sollten Sie es während seiner Tätigkeit immer wieder loben und bekräftigen, wie schön es seine Sache gerade macht. Es ist wichtig, dass auch die kleinen Dinge anerkannt werden.

Wachstum und Entwicklung

Jetzt geht Ihr Kind mit Riesenschritten auf Entdeckungsreise – und das wird nicht ohne Stürze gelingen. Überall zieht es sich aus dem Sitzen in den Stand hoch, und dann beginnt es zu gehen. Hat Ihr Kind bereits stehen gelernt, ist nun das Loslassen und freie Gehen an der Reihe. Das ist häufig leichter zu erlernen als das freie Stehen. Da geht es Ihrem Baby wie einem Radfahrer, dem es sehr wohl gelingt zu fahren, nicht aber still zu stehen, da er im Stehen das Gleichgewicht nicht halten kann. Dieser letzte große Meilenstein rund um den ersten Geburtstag ist für das Kind und seine Eltern ein großer, bewegender Moment.

Treppensteigen lernen

Der Bewegungsdrang Ihres Kindes macht auch vor Treppen nicht halt. Sie erfreuen sich bei kleinen Kindern sogar besonderer Beliebtheit – sind aber auch besonders gefährlich. Zwar können Sie die Treppen in Ihrem Haus eine Zeit lang mit einem Treppengitter absperren. Doch soll Ihr Kind ja auch lernen, die Stufen sicher auf und ab zu steigen. Das können Sie mit ihm üben – lassen Sie es dabei aber auf keinen Fall alleine! Die sicherste Methode ist das Krabbeln: Ihr Kind kann die Treppen vorwärts nach oben und rückwärts (!) nach unten krabbeln. So kann ihm auch alleine am wenigsten passieren. Stellen Sie sich zur Sicherheit immer hinter das Kind, also ein bis zwei Treppenstufen tiefer.
Sobald Ihr Kind seine ersten Schritte tut, wird es die Treppenstufen aufrecht auf seinen Füßen und nicht auf allen vieren erklimmen wollen. Auch dann sollten Sie mit ihm einüben, dass es die erste Zeit rückwärts heruntersteigt. Achten Sie auch immer darauf, dass es sich mit einer Hand gut am Geländer festhält.

MEMOS

12. Monat

✿ Kinderarzt:
Bis zum Ende dieses Monats sollte die U6, je nach Entscheidung, mit den dazugehörigen Impfungen, beim Kinderarzt gemacht werden.

✿ Ernährung:
Spätestens jetzt ist Familienkost angesagt: Ihr Kind darf dasselbe essen wie Sie, achten Sie aber darauf, dass die Speisen weich und nur wenig gesalzen sind. Und zum Geburtstag freut sich Ihr Kind über den ersten Geburtstagskuchen – natürlich zum Mitessen.

✿ Laufen lernen:
Unterstützen Sie die ersten Schritte Ihres Kindes, indem Sie ihm die Hand reichen. Zwar läuft es anfangs noch leicht schaukelnd, kommt aber dennoch zügig voran.

✿ Sprechen und Verstehen:
Aus anfänglichen Silbenreihen wie »dada« werden erste sinnvolle Wörter wie »Mama« oder »Auto«. Nicht nur das verständliche Sprechen nimmt seinen Anfang, sondern auch das Verstehen. Nutzen Sie diese Fähigkeit Ihres Kindes, um die Kommunikation zwischen Kind und Eltern weiter zu fördern. Aufforderungen wie »Komm zu mir!« oder auch Verbote wie »Nein-nein« unterstützen das Kind darin, richtig zu reagieren und erste Regeln zu verinnerlichen.

✿ Der 1. Geburtstag:
Den Abschluss des Babyjahres bildet der erste Geburtstag. Genießen Sie es, mit Ihrem Baby im Mittelpunkt des Festes zu stehen!

✿ Babykleidung:
Konfektionsgröße 80–86, Strumpfhosengröße 02, Schuhgröße 20, Mützenweite 50/52.

12

INFO

Das väterliche Element

In dieser Zeit gewaltiger motorischer Fortschritte ist der Vater, der »hinaus ins feindliche Leben« muss, besonders wichtig. Er steht für das Erforschen der Welt und die Abenteuer – je wilder es dabei zugeht, umso besser. Er wirft das Kind in die Luft, das dabei vergnügt jauchzt – und der Mutter verschlägt es beim Zusehen den Atem. Aber keine Angst, der Vater hat die Situation voll im Griff!

Die geistige Entwicklung

Die sprachlichen Fähigkeiten Ihres Kindes erweitern sich beinahe täglich. Autos machen »brrr«, alle Männer sind »Papa«, »heiß« ist gefährlich und seinen Namen kennt Ihr Kind auch schon: Es reagiert entsprechend, wenn es angesprochen wird. Auch freut es sich über jede Art von Kontaktaufnahme, vor allem wenn sie spielerisch erfolgt. So sind jetzt Frage-Antwort-Spiele sehr beliebt – die Antworten müssen Sie allerdings am Anfang noch selbst geben, etwa »Wo ist die Nase?« – »Da ist die Nase!« So lernt das Kind, Begriffe mit Inhalten zu füllen, und wird sprachlich gefördert. Kommentieren und erklären Sie deshalb alles, was Sie machen, egal ob bei der Hausarbeit, beim Einkaufen, beim Wickeln oder beim Anziehen.

Musik regt Ihr Kind zu rhythmischen Bewegungen an, und vertraute Melodien erkennt es bald wieder. Singen Sie Ihrem Kind deshalb viel vor, dann fängt es auch selbst bald an zu summen und zu singen. Klatschen Sie gemeinsam im Rhythmus, und lassen Sie Ihr Kind mit einem Kochlöffel oder einer kleinen Rassel den Takt schlagen.

Die emotionale Entwicklung

Das Nachahmen hat für ein einjähriges Kind auch im ganzen zweiten Lebensjahr die größte Bedeutung. Es ist die wichtigste Antriebsfeder seines Handelns, die Sie nutzen können, um ihm Alltagsverrichtungen wie mit dem Löffel essen, Zähne putzen oder sich waschen beizubringen. Es wird sich auch bei größeren Geschwistern oder anderen Kindern vieles abschauen und nachmachen. Beziehen Sie Ihr Kind deshalb aktiv in alle Tätigkeiten des täglichen Lebens ein. Wenn möglich, zeigen Sie ihm auch immer mal wieder Ihren Arbeitsplatz oder was Sie beruflich tun. Je mehr Sie es an Ihren täglichen Beschäftigungen teilhaben lassen, umso selbstbewusster wird es. Denn das zu tun, was die Großen machen, bereitet Ihrem Kind Freude. Und es bekommt frühzeitig das Gefühl vermittelt, etwas Sinnvolles zu tun und dazu zu gehören. Diese Bestätigungen stärken sein Selbstbewusstsein enorm.

Auch wenn die Sprache noch nicht für jeden verstehbar ist – telefonieren geht schon prima.

Windeln ade?

Das Wickeln kann manchmal schon sehr lästig sein, und viele Eltern wünschen sich, dass ihr Kind schon bald keine Windeln mehr braucht. Doch mit der Erziehung zur Sauberkeit sollten Sie noch warten.

Wunsch und Wirklichkeit

Kinder machen schon im frühen Säuglingsalter durch charakteristische Geräusche oder Bewegungen deutlich, dass sie bald ihr Geschäftchen machen, das kleine und das große: Sie sind entweder auffallend ruhig oder laufen rot an und pressen. In vielen Kulturen wird dies für die Sauberkeitserziehung genutzt, besonders wenn die Mütter ihre Kinder ohne Windeln ständig am Körper tragen. So haben die Frauen etwa in Afrika und Asien gelernt, diese Signale aufzunehmen und die Kinder vom Körper wegzuhalten, damit sie ihr Geschäftchen machen können (siehe auch Seite 54).

Auch in unserem Kulturkreis waren Eltern bis in die 50er- und frühen 60er-Jahre des vorigen Jahrhunderts darum bemüht, dass ihr Kind möglichst nicht lange in die Windeln macht. Das ist auch verständlich, weil die Arbeit des Windelnwechselns und -waschens früher enorm war. Heute ist die Notwendigkeit einer frühen Sauberkeitserziehung aber nicht mehr gegeben, da der Aufwand durch Waschmaschinen und zuletzt durch die Einmalwindeln stark relativiert worden ist.

Auf Zwang verzichten

Es hat sich gezeigt, dass die großen Anstrengungen, die früher betrieben wurden, damit Kinder möglichst früh sauber werden, nicht den erwünschten Erfolg brachten: Die Kinder wurden letztlich nicht früher trocken als Kinder ohne Sauberkeitserziehung. Zudem kann es zu Problemen kommen, wenn einem Kind sehr früh von außen die Kontrolle der Körperfunktionen aufgezwungen wird. Viele Kinder machen dann regelrecht »zu« und verweigern eine Ausscheidung. Damit signalisieren sie: Mein Bauch gehört mir, und niemand anderes hat ihn zu kontrollieren. Andere nässen später ein oder wollen nachts partout nicht trocken werden. Sogar Blasenentzündungen bei Mädchen und chronische, oft lebenslange Stuhlprobleme können auf das Konto einer verfrühten Sauberkeitserziehung gehen.

Die Großen nachahmen

Im Laufe des zweiten Lebensjahres zeigen Kinder normalerweise von selbst Initiative und interessieren sich für ihre Ausscheidungsfunktionen. Sie fangen an, ihre Puppen und Tiere auf den Topf zu setzen, und wollen mit den Eltern gemeinsam ins Bad gehen und ihnen beim Gang zur Toilette zusehen. Greifen Sie dieses Interesse auf, und stellen Sie Ihrem Kind am besten ein eigenes Töpfchen neben das WC, dann kann es Sie nachmachen. Dazu braucht es kein spezielles Toilettentraining, der Nachahmungstrieb und der Drang zur Selbstständigkeit motivieren genug. Sobald Ihr Kind es selbst will, kann es sehr schnell sauber werden – meist ist es im dritten Lebensjahr so weit.

Wie bei der Unterstützung anderer Entwicklungsschritte hilft auch hier viel Liebe, Verständnis und Einfühlungsvermögen. Die Ankündigung von Strafen sollte in Verbindung mit der Sauberkeitserziehung tabu sein. Wenn das Kind dann doch einmal ins Bett macht, sagen Sie ihm, dass es nicht schlimm ist, und ziehen einfach einen neuen Bettbezug auf. Nässeabweisende Unterlagen für die ersten Nächte ohne Windel begrenzen das kleine Malheur.

Gesund bleiben

Die sechste Früherkennungsuntersuchung, die U6, sollte spätestens zum ersten Geburtstag vorgenommen werden. Als Zeitfenster ist der zehnte bis zwölfte Monat angegeben, weshalb die Unterschiede der untersuchten Kinder entsprechend groß sind, zumal die Spannbreite kindlicher Entwicklung auch noch hinzukommt (siehe Kasten Seite 176). Manche Kinder sind bei der U6 noch eindeutig Babys, andere bereits richtige Kleinkinder. Am Ende des Zeitfensters, also kurz vor dem ersten Geburtstag, besteht die beste Möglichkeit, Kinder einigermaßen vergleichbar zu untersuchen.

In den ersten ein bis zwei Monaten nach dem ersten Geburtstag beginnt das Kind frei zu laufen. Lassen Sie ihm ruhig Zeit, sich mit der neuen Fortbewegung vertraut zu machen. Erst mit 15 Monaten wird der Arzt aufmerksam hinsehen, wenn ein Kind noch gar keine Anstalten zum freien Laufen macht. Doch wird er sich immer am allgemeinen Eindruck, an der bisherigen Entwicklung und dem, was die Eltern von ihrer eigenen Kindheit berichten, orientieren. Denn auch hier geht es um eine harmonische Gesamtentwicklung und nicht um einzelne Schritte oder gar um bestimmte Leistungen.

Die U6

Bei der U6 misst und wiegt der Arzt Ihr Kind und untersucht es körperlich. Außerdem wird er vieles nachfragen, so auch, wie Sie miteinander auskommen. Oft ist diese Untersuchung nicht ganz leicht, etwa, wenn sich das Kind heftig wehrt. Dann muss der Arzt mehr erfragen, als er selbst sehen kann. Soweit möglich wird er Ihr Kind mit in die Untersuchung einbeziehen, denn in der Regel sind Kinder in diesem Alter interessiert und neugierig und zeigen gern, was sie schon alles können. Der Arzt will wissen, ob es »winke-winke« macht, zeigt, wie groß es ist, ob es »da« sagt und auf Menschen, Tiere und Gegenstände deutet sowie Flusen und Brotkrumen mit dem Pinzettengriff aufhebt. Und Sie sollen dem Arzt berichten, wie weit die motorische Entwicklung Ihres Kindes ist: ob es robbt, krabbelt, kriecht, alleine steht und an der Hand oder schon ohne Unterstützung läuft.

DAS SEHEN, HÖREN UND SPRECHEN TESTEN

Das räumliche Sehen wird mit einem einfachen Stereotest kontrolliert. Zwar können die Kinder das, was sie sehen, noch nicht benennen. Aber sie werden nach den Gegenständen greifen und versuchen, die räumlichen Figuren wegzuwischen oder eine Karte umzudrehen. Gelingt dieser Test bei der U6 nicht, kann er auch beim nächsten Arztbesuch, zum Beispiel der nächsten Impfung, nachgeholt werden.

Das Gehör untersucht der Arzt mit Rasseln oder indem er das Kind anspricht. Meist besteht der »Wortschatz« eines Einjährigen aus Silbenverdopplungen wie dada, wawa, mama. Sollte Ihr Kind bei der Untersuchung nicht alles sagen, was es schon kann, genügt es auch, wenn Sie es dem Arzt berichten.

DIE AUFFRISCHIMPFUNG

Erst ganz am Ende der U6, nach allen oben beschriebenen Untersuchungen, wird der Arzt die nächste Auffrischimpfung vornehmen, die für eine Grundimmunisierung notwendig ist (siehe Impfplan Seite 333). Außerdem wird er Sie auf die weiteren Impftermine im zweiten Lebensjahr hinweisen. Denn bis zur nächsten Früherkennungsuntersuchung, der U7, vergeht immerhin ein Jahr. Gut zu wissen: Die Krankenkasse wird Sie rechtzeitig an die nächste Vorsorgeuntersuchung erinnern.

DAS MACHT IHREM BABY SPASS

Mit Fingern spielen

Fingerspiele machen Ihrem Kind weiterhin viel Freude. Kennen Sie noch »Der schüttelt die Pflaumen ...«? Ihr Kind wird schon aktiv mitspielen, seine Finger wackeln lassen und die richtige Reihenfolge zeigen. Zur Erinnerung:

Das ist der Daumen,
(Nehmen Sie den Daumen des Kindes zwischen Ihre Finger und wackeln Sie ihn hin und her.)
der schüttelt die Pflaumen,
(Wackeln Sie am Zeigefinger des Kindes.)
der hebt sie alle auf,
(Wackeln Sie am Mittelfinger.)
der bringt sie nach Haus,
(Wackeln Sie am Ringfinger.)
und der Kleine isst sie alle, alle wieder auf.
(Wackeln Sie am kleinen Finger.)

Der 1. Geburtstag

Am Ende des ersten Lebensjahres steht ein großer Tag an: der erste Geburtstag! Das ist wirklich ein Grund zu feiern, denn hinter Ihnen und Ihrem Kind liegt ein aufregendes, ereignisreiches Jahr. Ganz automatisch denken Erwachsene an ein großes Fest, zu dem alle wichtigen Menschen eingeladen werden: die Großeltern, weitere Verwandte und Freunde mit ihren Kindern. Bedenken Sie bei Ihren Planungen, dass dieses Ereignis vor allem für die Erwachsenen groß ist. Ihrem Kind fehlt noch das Bewusstsein für die Besonderheit dieses Tages. Je mehr Trubel stattfindet, umso größer ist die Gefahr, dass es überfordert ist und überdreht. Leider kommt es gar nicht so selten vor, dass ein erster Geburtstag beim Arzt endet.

Nicht zu viel vornehmen

Am besten feiern Sie im kleinen Rahmen, damit Ihr Kind nicht durch zu viele Menschen gestresst wird und das Auspacken der Geschenke sich nicht zu lange hinzieht. Vielleicht beherzigen Sie eine alte Elternweisheit: immer nur so viele Kinder einzuladen, wie das Kind Jahre alt wird. Auch sollten Sie sich selbst nicht mit dem übernehmen, was Sie den Geburtstagsgästen bieten wollen. Gute Gastgeber und zugleich gute Eltern zu sein ist schwer unter einen Hut zu bringen. Lassen Sie sich ausnahmsweise einmal von den Gästen helfen, und freuen Sie sich über mitgebrachte Snacks. Schließlich ist es auch Ihr Ehrentag, denn Sie haben erfolgreich das erste Jahr zusammen mit Ihrem Baby verbracht, sind an den Herausforderungen gewachsen und sollten all das an diesem ersten Geburtstag gebührend feiern.

12

Elterncoach

Mit jedem Entwicklungsschritt wird das Baby selbstständiger, doch trotz dieses erfreulichen Fortschritts verspüren die Eltern oft auch Trennungsschmerz. Dieses Gefühl taucht seit der Geburt immer wieder auf, da die Mutter nach der Durchtrennung der Nabelschnur die körperliche Einheit mit dem Kind aufgeben musste. Auch das Abstillen und die Umstellung von der Flaschenernährung auf die Beikost sind Schritte, mit denen sich das Baby immer mehr abnabelt und seinen »Babystatus« hinter sich lässt. Dieser Verlust an Nähe schmerzt die meisten Mütter. Der nächste große Entwicklungsschritt ist der Übergang vom krabbelnden Baby zum laufenden Kind. Die ersten eigenen Schritte machen deutlich, dass das Kind nun bereit und fähig ist, seinen eigenen Weg einzuschlagen.

Die Beziehung zwischen Eltern und Kind ist umso stärker, je toleranter Sie mit den einzelnen Trennungssituationen umgehen können. Wenn Sie nicht klammern und den Bewegungsraum Ihres Kindes nicht zu sehr einschränken, kann es sich frei entwickeln und kehrt immer wieder gerne zu Ihnen zurück.

Loslassen lernen

Auch wenn es wehtut, dass sich Ihr Kind im Laufe seiner Entwicklung mehr und mehr von Ihnen, den Eltern, entfernt, ist es wichtig loszulassen. Denn dadurch zeigen Sie Ihrem Kind, dass Sie ihm vertrauen. Und dieses Vertrauen braucht ein junger Mensch, um sein Leben eines Tages ohne Abhängigkeiten selbstbewusst meistern zu können. Machen Sie sich bewusst, dass Trennungsschmerz aus der Angst vor Verlusten entsteht. Doch Sie verlieren Ihr Kind nicht, wenn Sie es darin unterstützen, selbstständig zu werden. Sie gewinnen vielmehr ein zufriedenes,

glückliches Kind, das lernt, eigenverantwortlich zu sein und selbst Entscheidungen zu treffen. Mit zunehmendem Alter des Kindes sollte die Leine immer länger werden.

Einen geschützten Rahmen setzen

Loslassen bedeutet aber nicht, dem kleinen Kind alles zu erlauben, was es möchte. Grenzen sind nach wie vor wichtig für Ihr Kind. Stecken Sie ihm den Rahmen ab, in dem es sich sicher bewegen kann. Das Vertrauen, das Ihr Kind Ihnen schenkt, beinhaltet auch ein Vertrauen auf das richtige Maß an Grenzen. Dieses Maß zu finden bedeutet aber auch oftmals eine Gratwanderung. Denn mit jedem Entwicklungsschritt des Kindes werden auch neue Grenzen nötig. Einerseits fordert das Kind diese ein, andererseits muss es neue Regeln erst einmal kennenlernen und akzeptieren, wo es von nun an »langgeht«. Natürlich stößt das nicht auf uneingeschränkte Begeisterung!

SINNVOLLE GRENZEN

Jetzt, da es um das eigenständige Laufen geht, könnten die Grenzen zum Beispiel wie folgt gesteckt werden:

* Wo es keine Gefahren gibt, darf das Kind uneingeschränkt herumlaufen.
* Entlang von verkehrsreichen Straßen und Gewässern sowie auf Bahnsteigen ist das Kind aus Sicherheitsgründen im Kinderwagen oder wird an die Hand genommen.
* In der Innenstadt, in Geschäften oder dem Kaufhaus darf das Kind nur an der Hand eines Erwachsenen laufen – denn selbst ein harmloses Versteckspiel unter einem Kleiderständer kann für die Begleitperson zum Horror werden, wenn sie das Kind aus den Augen verloren hat und im Gewirr der Menschen und Gegenstände nicht mehr findet.

Extra für Mütter:
Das Jahrbuch als Erinnerung

Der erste Geburtstag Ihres Kindes steht vor der Tür, und Sie werden sich bestimmt wundern, wie schnell dieses Jahr vorbeigegangen ist. Lassen Sie doch alles noch einmal in Ruhe Revue passieren, und halten Sie die einzigartige Zeit in einem einmaligen Jahrbuch fest. Mit Fotos, schriftlichen Erinnerungen und Anekdoten aus Babys erstem Jahr wird dieses Album ein wertvolles Dokument, das Ihr Leben und das Ihres Kindes in naher und ferner Zukunft bereichern wird. Während des Sortierens und Sammelns haben Sie Gelegenheit, einen Blick darauf zu werfen, wie sich Ihr Kind und auch Sie als Eltern in den letzten Monaten entwickelt haben. Diese Veränderungen machen deutlich, wo Sie jetzt stehen und wo Sie als Familie angekommen sind. Haben sich Ihre Wünsche und Hoffnungen, die Sie bei der Geburt des Kindes hegten, erfüllt? Was möchten Sie noch verbessern oder ändern? Gibt es neue Ziele? Wie fühlen Sie sich als »einjährige Mutter«?

Waren die Antworten vielleicht etwas für Ihr Jahrbuch? Es ist bestimmt interessant, nach längerer Zeit wieder darin zu lesen und zu schauen, was sich seit diesen Einträgen alles ereignet hat.

Fotos und Kommentare

Besonders wertvoll wird das Jahrbuch natürlich durch Ihr Baby: Fotos von der Geburt oder der Taufe, vom ersten Lächeln, dem ersten Schaumbad, vom Krabbelkind oder dem ersten Urlaub geben bestimmt eine erstaunliche Sammlung ab. Informativ und anschaulich wird das Ganze, wenn Sie einen Teil der Bilder kommentieren und darunterschreiben, wann zum Beispiel der erste Zahn durchkam, welches Wort das erste war oder was sich alles Lustiges ereignet hat. Zwischendurch kann es auch Platz für CDs geben: Kleben Sie passende Umschläge auf eine Innenseite

des Jahrbuches, und legen Sie eine CD hinein, die zum Beispiel Sprachaufzeichnungen vom Baby enthält oder Filmsequenzen zusammen mit der Hebamme, dem Kinderarzt, Nachbarn oder Freunden – also den Menschen, die abgesehen von der Familie das persönliche erste Umfeld des Kindes bilden. Die Seiten am Ende des Buches könnten Sie schließlich wie ein Poesie-Album nutzen und Ihre Gefühle und Wünsche fürs Kind schriftlich festhalten. Auch der Partner, die Großeltern, Onkel und Tante können sich hier schriftlich verewigen und Ihrem Kind mit persönlichen Einträgen ein ganz besonderes Geschenk zum ersten Geburtstag machen.

Ein Schatz gegen das Vergessen

Zwar können Sie Ihrem Kind mit dem Jahrbuch schon jetzt eine Freude machen, da es die Fotos gerne betrachten mag. Doch ein wirklich wertvolles Geschenk wird es erst, wenn Sie es Ihrem Kind zum 18. Geburtstag schenken oder dann, wenn es selbst sein erstes Kind bekommt. Da sich Menschen nicht mehr an die ersten drei Jahre ihres Lebens erinnern können, wird das Jahrbuch auch zum wichtigen »Erinnerungsersatz«. Gedächtnisforschern zufolge beginnt das autobiographische Gedächtnis des Menschen erst dann zu funktionieren, wenn er seine Muttersprache beherrscht. Alle persönlichen Erlebnisse, die das Kind nicht mit Worten beschreiben kann, wird es im Erwachsenenalter nicht mehr als Erinnerung abrufen können. Auch das fehlende Verständnis von Vergangenheit, Gegenwart und Zukunft trägt dazu bei, dass das Kind in den ersten drei Jahren noch keine Erinnerungen abspeichern und wieder hervorrufen kann. Umso wichtiger ist das Jahrbuch, das Ihrem Kind auch in Bezug auf die Entwicklung seiner eigenen Kinder später einige Erklärungen bieten kann – bedenkt man, dass sich vieles wiederholen wird.

Meilensteine im vierten Quartal

Unvorstellbar, wie viel Ihr Kind seit seiner Geburt bereits gelernt hat! Um den ersten Geburtstag kann es nicht nur sitzen, krabbeln, stehen und manchmal auch laufen, sondern es ist auch geistig so weit entwickelt, dass es die Reaktionen seines Gegenübers deuten kann. Es weiß, wofür es Lob bekommt, aber auch, was ein »Nein« bedeutet.

 ## Stehen und Laufen

Viele Babys können sich mit einem Jahr an Gegenständen hochziehen und seitlich daran entlangtippeln. Besonders geeignet für diese Art der Fortbewegung sind das Gitter des Laufstalls, ein niedriger Couchtisch oder ein langes Sideboard in passender Höhe. Auch an der Hand der Eltern laufen viele Kinder jetzt munter voran. Manche Kinder können schon kurze Zeit frei stehen, und einige laufen sogar schon ganz allein.

Wenn es sich festhält, steht das Baby schon ganz gut.

 ## Gefühle ausdrücken

Am Ende des ersten Jahres sagen viele Kinder ganz gezielt »Mama« und »Papa« und freuen sich, wenn sie einen von beiden sehen. Auch einfache Sätze wie »Wo ist der Teddy?«, »Wo ist dein Bettchen?« verstehen jetzt viele Kinder und zeigen auf den gesuchten Gegenstand. Ebenso ist es mit Lob und Tadel: Auch wenn sie einem Nein nicht unbedingt Folge leisten, wissen die Kinder doch genau, was es bedeutet. Umgekehrt zeigen sie auch, was sie wollen, wenn sie etwa ein bestimmtes Essen konsequent ablehnen. Für Ihr Kind ist es eine schöne Bestätigung und ein großer Erfolg, wenn Sie solche Gefühlsäußerungen ernst nehmen. Bemerken Sie zum Beispiel, dass Ihr Kleines partout keine Pastinaken mag, können Sie sagen: »Ich weiß, du magst diesen Brei nicht, wir werden dir jetzt was anderes zum Essen suchen.« So fühlt sich Ihr Kind angenommen und verstanden und entwickelt auf dieser Basis ein gesundes Selbstvertrauen. Ebenso können Sie verfahren, wenn Ihr Kind andere Gefühle wie Freude, Stolz, aber auch Wut und Angst zeigt.

 ## Beliebte Spiele

Mit großem Engagement stapelt das Kind jetzt Bauklötze aufeinander und bringt sie mit Vergnügen wieder zum Einstürzen. Selbst kleinste Gegenstände kann es mithilfe des Pinzettengriffs zwischen Daumen und Zeigefinger aufheben – und dafür beugt es sich sogar vom Stand heraus nach unten und hält sich während des Greifens nur mit einer Hand fest. Auch Versteckspiele sind nun sehr beliebt. Vielleicht

Würfel und Becher stapelt das Baby gerne aufeinander – und wirft die Türme dann mit Freude um.

warten Sie entspannt ab, wenn dieser keinen Grund zur Sorge sieht. Jedes Kind entwickelt sich in seinem eigenen Tempo – und bald wird auch Ihres fröhlich durch die Gegend laufen.

Die Elternrolle verändert sich

Sobald Ihr Kind läuft, wird Ihnen klar, dass die Babyzeit vorüber ist. Sie sind nun Eltern eines Kleinkindes, das sich ohne Ihre Hilfe von einem Ort zum anderen bewegen kann, das in der Lage ist, sich die Gummibärchen vom Tisch zu angeln oder Ihre Geldbörse auszuräumen. Die Anforderungen an Sie als Eltern ändern sich dadurch ein wenig: Für die kommende Zeit, in der grundlegende Erziehungsfragen im Vordergrund stehen, brauchen Sie vor allem Geduld, Gelassenheit und viel Verhandlungsgeschick. Am Anfang von alldem steht die Einsicht, dass Ihr Kind ein eigenes Wesen mit eigenen Wünschen und Vorstellungen ist, die nicht immer mit Ihren eigenen übereinstimmen müssen. Mit einer gehörigen Portion Humor und Toleranz wird es aber gelingen, die große Bereicherung zu erkennen, die das Zusammenleben mit einem kleinen Kind mit sich bringt.

macht Ihrem Kind ja das Hütchen-Spiel als Variante zum altbekannten Kuckuck-Spiel Spaß: Verstecken Sie dazu ein kleines Spielzeug unter einem von drei bunten Bechern, und lassen Sie Ihr Kind danach suchen. Das fördert die Konzentration und zeigt, wie weit sich das Gehirn entwickelt hat.

Ebenso können Sie den Wortschatz Ihres Kindes auf spielerische Weise fördern, wenn Sie wiederholt auf einen Gegenstand oder ein Spielzeug zeigen und dieses benennen. Das funktioniert ebenso gut beim gemeinsamen Betrachten eines Bilderbuchs.

Das Entwicklungstempo ist unterschiedlich

Wenn das Kind ein Jahr alt ist, geht die Babyzeit zu Ende, und die Kleinkindzeit beginnt. Manche Babys wirken mit neun oder zehn Monaten schon recht kleinkindhaft, andere hingegen sehen auch mit 15 Monaten noch wie Riesenbabys aus. Manche Kinder haben einen dichten Haarschopf und man kann schon kleine Zöpfchen flechten, andere sind noch völlig kahl. Die einen haben ein volles Gebiss, andere noch nicht einmal den ersten Zahn. Die einen laufen durch die Gegend, andere schaffen es noch nicht, sich von der Stelle zu rühren. Die Bandbreite des Normalen ist groß. Lassen Sie sich daher nicht verunsichern, wenn Ihr Baby vom Durchschnitt abweicht. Besprechen Sie das mit Ihrem Kinderarzt und

Auch kleinere Gegenstände kann das Baby gut fassen, manchmal mit dem Pinzettengriff.

Das Fundament steht

Die Bausteine für die weitere Entwicklung sind mit der Vollendung des ersten Lebensjahres gelegt. Das Kind imitiert Sprachlaute, versteht einzelne Wörter, kann Vertrautes von Unbekanntem unterscheiden. Eine Fülle von Erfahrungen, auch im Umgang mit anderen Menschen, prägt schließlich die Entwicklung des Denkens und Lernens. Es hat seine Muskeln durch Bewegungen gestärkt, es kann seine Körperteile koordinieren, und seine Motorik ist mittlerweile recht geschmeidig geworden. Nun steht dem freien Laufen und dem sicheren Haltungswechsel in verschiedenen Positionen nichts mehr im Weg. Rund zwei Monate nach dem ersten Geburtstag wird Ihr Kind bereits ohne Hilfe stehen können und sich von hier aus alleine hinsetzen, wenn es sich dabei festhält. Das Laufen wird von Monat zu Monat besser, und bald geht das Kind in die Hocke, um etwas aufzuheben. Am Ende des zweiten Lebensjahres läuft das Kind schließlich sicher, ohne hinzufallen, und kann aufstehen, ohne sich festzuhalten. Das Treppensteigen wird dann mit Festhalten schon gut vonstattengehen.

Und auch die Sprachentwicklung geht ständig voran: Zwischen dem ersten und dem zweiten Lebensjahr lernt das Kind seine Bedürfnisse über die Kommunikation auszudrücken. Es beginnt Sätze aus zwei und drei Wörtern zu bilden, und es spricht erstmals von sich selbst. Freuen Sie sich mit Ihrem Kind über die nächsten Meilensteine. Sie werden staunen, wie schnell Ihr Kind selbstständig die Welt erkundet – und froh sein, ihm dabei mit Ihrem Erfahrungsschatz zur Seite stehen zu können. Die folgenden Tabellen geben Ihnen noch einmal einen Überblick über die Entwicklungsschritte, die Ihr Kind bereits vollbracht hat.

Mit 1 Jahr ist Ihr Baby ein selbstständiges Kleinkind

DIE SPRACHLICHE ENTWICKLUNG

Lebensmonat											
1	2	3	4	5	6	7	8	9	10	11	12
Reagiert auf Geräusche				Wendet sich nach Stimmen		»baba« oder »mama« ungezielt, imitiert Sprachlaute					
Gibt Laute von sich	Lacht, quietscht									Papa oder Mama zielgerichtet	
										versteht einzelne Wörter (z.B. »nein«)	

DIE MOTORISCHE ENTWICKLUNG

Lebensmonat	1	2	3	4	5	6	7	8	9	10	11	12
Hebt Kopf in Bauchlage – *ein wenig*	■											
... *ca. bis 45 Grad*		■										
... *ca. bis 90 Grad*			■									
Stützt sich in Bauchlage auf Arme			■									
Kopfkontrolle im Sitzen			■	■								
Dreht sich um					■							
Sitzt ohne Hilfe							■					
Setzt sich auf								■				
Zieht sich zum Stehen hoch								■				
Steht mit Festhalten							■					
Läuft an Wand/Möbeln entlang									■	■		
Steht kurz											■	
Nimmt Hände zusammen		■										
Greift nach Gegenständen				■	■							
Ergreift Gegenstände			■									
Gibt Gegenstand von einer Hand in andere					■	■						
Trinkt aus Tasse									■			

DIE SOZIALE ENTWICKLUNG

Lebensmonat	1	2	3	4	5	6	7	8	9	10	11	12
Betrachtet Gesicht	■											
Lächelt bei Zuwendung		■										
Lacht freundlich auch bei Fremden			■									
Fremdeln beginnt					■	■						
Leistet Widerstand, wenn Spielzeug weggenommen wird				■	■	■						
Winken, Klatschen									■			

BABYS GESUNDHEIT

VORSORGEN UND IMPFEN

Auch in der Kinderheilkunde gilt: Vorbeugen ist besser als heilen. Zwar können – und sollen – Sie als Eltern nicht alle Krankheiten Ihres Kindes vermeiden. Doch können Sie viel dazu beitragen, damit sich Ihr Kind gesund entwickelt und bestimmte Krankheiten nicht bekommt. Im ersten Lebensjahr stehen die Vorsorgeuntersuchungen U1 bis U6 an, die Sie in jedem Fall in Anspruch nehmen sollten. Hinzu kommt eine ganze Reihe von Prophylaxen und Impfungen, mit denen sich schwere Krankheiten verhindern lassen. Um die Untersuchungen zu dokumentieren, erhalten Sie das gelbe Vorsorgeheft, das Sie zu allen Arztterminen mitnehmen sollen. So kann sich der Kinderarzt einen schnellen Überblick verschaffen und die neuen Untersuchungsergebnisse eintragen. Und Sie sehen auf einen Blick die Entwicklungskurven Ihres Kindes. Für anstehende Impfungen erhalten Sie für Ihr Kind einen Impfpass.

Früherkennung bietet Chancen

Bereits unmittelbar nach der Geburt des Kindes beginnen die Früherkennungsuntersuchungen. Denn früh erkennen heißt vorsorgen, auch damit im Fall des Falles Störungen oder Krankheiten frühzeitig behandelt werden können. Deshalb sollten Sie die Chancen der Früherkennungsuntersuchungen nutzen und sich gemeinsam mit Ihrem Kinderarzt versichern, dass sich Ihr Kind gut und gesund entwickelt.

Im ersten Lebensjahr finden die U1 bis U6 statt. »U« steht für »Untersuchung«. Aber Ihr Kind wird nicht nur untersucht, das ist heute der kleinste Teil des Vorsorgeprogramms. Wichtige Themen wie Verhalten, Pflege und Ernährung bekommen ebenso Raum wie Vorsorgemaßnahmen, Unfallverhütung, Vitamin-D-Prophylaxe und die Schutzimpfungen. Die Termine bieten Ihnen zudem die Gelegenheit, alle Fragen im Zusammenhang mit Elternschaft und Kindheit zu stellen, Ihre Sorgen zu besprechen und kompetenten Rat zu erhalten.

Die vorgesehenen Zeitfenster der Untersuchungen finden Sie auf dem »gelben Heft«, das Sie nach der Geburt ausgehändigt bekommen und in das alle Untersuchungsergebnisse eingetragen werden (siehe Seite 326). Um keinen Termin zu versäumen, können Sie nach jedem Arztbesuch gleich den nächsten Termin vereinbaren.

Von der U1 bis zur U9

* Die U1 wird direkt nach der Geburt durch die Hebamme oder den Geburtshelfer vorgenommen. Sie dokumentiert die Anpassungsvorgänge des Neugeborenen, seine Atmung und den Herzschlag. Eine orientierende Untersuchung zeigt, ob »alles dran« ist.

* Die U2 soll zwischen dem dritten und zehnten Lebenstag vorgenommen werden und ist die erste »richtige«, also gründliche Untersuchung. Sie sollte vom Kinderarzt durchgeführt werden, entweder in der Geburtseinrichtung, daheim oder in der Praxis. Neben der Allgemeinuntersuchung und der Dokumentation von Größe, Gewicht und Kopfumfang, die bei allen »Us« dazugehören, wird bei der U2 auch die Früherkennung von Stoffwechselerkrankungen und das Hörscreening durchgeführt sowie die Rachitisprophylaxe (siehe Seite 325) eingeleitet.

* Die U3 in der vierten bis fünften Lebenswoche markiert den Übergang von der Neugeborenen- zur Säuglingszeit. In erster Linie wird geschaut, wie Eltern und Kind nun miteinander auskommen. Neben der Untersuchung und den Körpermessungen wird der Ernährungszustand überprüft, und die Reflexe werden getestet. Eine Ultraschalluntersuchung der Hüftgelenke hilft, eine angeborene Hüftverrenkung (Hüftdysplasie) oder deren Vorstufen zu erkennen. Jetzt sollte spätestens das Hörscreening dokumentiert werden.

* Die U4 steht vom dritten bis vierten Lebensmonat an. Schwerpunkte sind neben Wachstum und Ernährung die Kommunikation und Reaktion, die Bewegungsmuster, Reflexe sowie das Seh- und Hörvermögen. Außerdem stehen die ersten Impfungen (siehe Seite 327) an.

* Bei der U5 im sechsten bis siebten Lebensmonat stehen Fragen zur weiteren Ernährung, der zunehmenden körperlichen Beweglichkeit wie das Drehen und der Unterarmstütz mit den daraus resultierenden Unfallgefahren im Vordergrund.

* Die U6 vom zehnten bis zwölften Lebensmonat markiert die zu Ende gehende Säuglingszeit und wirft wiederum viele Fragen auf.

Besprochen wird zum einen die motorische Entwicklung wie Robben, Krabbeln, Hochziehen, Entlanglaufen oder die ersten Schritte. Außerdem werden die ersten Sprachlaute und das Verhalten beobachtet. Neben der Allgemeinuntersuchung führt der Arzt einfache Hör- und Sehtests durch. Die Grundimmunisierung des Säuglings kommt zum Abschluss die Fortführung der Impfungen im zweiten Lebensjahr wird besprochen.

INFO

Zum Schutz der Kinder

Viele Bundesländer haben unter dem Aspekt des Kinderschutzes Gesetze zur verpflichtenden Teilnahme an den Vorsorgeuntersuchungen erlassen, wobei die Einladungs- und Überwachungsstrategien unterschiedlich sind. Erschrecken Sie also nicht über Post »vom Amt«. Sehen Sie diese Maßnahme als gut gemeintes Ansinnen der Gesellschaft, für ihre schwächsten und vollkommen abhängigen Mitglieder zu sorgen und ihren Schutz bestmöglich zu gewährleisten.

In vielen anderen Ländern gibt es zudem ein System zur Überwachung des Kindeswohls, das außerhalb des Gesundheitswesens organisiert wird. Familienhelferinnen suchen die Familien in ihrem Umfeld auf und können so effektiv und rasch Hilfe leisten, wenn dies nötig ist. So ist es in Schweden ganz selbstverständlich, wenn selbst die Königin Besuch vom Jugendamt erhält, das sich von der angemessenen Versorgung der königlichen Kinder überzeugen will. So wird der Kinderschutz zu einer sozialpolitischen Aufgabe und geht die ganze Gesellschaft an.

✳ Am Ende des zweiten Lebensjahres, im Zeitraum vom 21. bis 24. Lebensmonat, steht die U7 an. Neben der körperlichen Untersuchung werden das in diesem Alter häufig nicht einfache Verhalten (»Trotzphase«), die motorische Entwicklung wie Laufen, Bücken und Aufrichten sowie die Fortschritte beim Hören, Verstehen und Sprechen abgeklärt.

✳ Kurz vor dem dritten Geburtstag wurde die U7a neu in den Vorsorgeplan aufgenommen. Meist ist dies das Eintrittsalter in den Kindergarten, was wiederum viele Fragen aufwirft. Der Arzt wird sich mit seinen Fragen jetzt auch an das Kind, nicht nur an die Eltern wenden. Die körperlichen Funktionen und die Sauberkeitserziehung stehen neben den Sinnesorganen und der geistigen wie seelischen Entwicklung im Vordergrund.

✳ Die U8 steht kurz vor dem vierten Geburtstag an. Jetzt kann das Kind auch selbst Auskunft geben. Neben der Allgemeinuntersuchung wird den Körperfunktionen, dem kindlichen Verhalten – alleine und in der Gruppe – sowie der körperlichen Geschicklichkeit im grobmotorischen (Einbeinstand, Hüpfen) und feinmotorischen Bereich (Stifthalten, Malen) Aufmerksamkeit geschenkt.

✳ Die U9 wird mit fünf Jahren vorgenommen. Schwerpunkte sind das Sozialverhalten, die Selbstständigkeit und die Fortschritte im fein- und grobmotorischen Bereich. Der Arzt nimmt Hör-, Sprach- und Sehtests vor. Und natürlich können die Eltern ihre Fragen und Sorgen, zum Beispiel bezüglich der Einschulung, ansprechen.

✳ Mit der U9 endet derzeit das vom gemeinsamen Bundesausschuss der Ärzte und Krankenkassen beschlossene Vorsorgeprogramm für Kinder. Für die 12- bis 14-Jährigen gibt es noch eine Jugenduntersuchung, die J1.

Weitere Untersuchungen

Alle schulpflichtigen Kinder müssen an der Einschulungsuntersuchung, die vom öffentlichen Gesundheitsdienst vorgenommen wird, teilnehmen. Sie ist die einzige Querschnittuntersuchung der Bevölkerung. Damit kommt ihr eine wichtige Bedeutung für die Erfassung des Gesundheitszustands der Gesellschaft zu.

Der Berufsverband der Kinder- und Jugendärzte hat weitere Vorsorgen empfohlen, die viele Krankenkassen im Rahmen von speziellen Zusatzangeboten übernommen haben. Es handelt sich um die U10 für die Sechs- bis Siebenjährigen, die U11 für die Neun- bis Zehnjährigen sowie um eine zweite Jugenduntersuchung mit 16 Jahren. Schwerpunkte sind neben der Allgemeinuntersuchung das Sozial- und Gesundheitsverhalten, Medienberatung, Drogenprävention, Unfallverhütung und viele andere Themen. Schließlich besteht auch jenseits der Vorsorgeuntersuchungen für Babys und Kleinkinder ein großer Präventionsberatungsbedarf, der bei Schulkindern bislang nicht ausreichend berücksichtigt wird.

Die Vorsorge mit Vitamin K und D

Für die Blutgerinnung spielt Vitamin K eine wichtige Rolle. Eigentlich ist es ausreichend in vielen Nahrungsmitteln enthalten, etwa in Karotten, Blattgemüse, Kohl und Milch. Muttermilch enthält allerdings wenig Vitamin K, daher kann es in seltenen Fällen wegen eines Mangels an Vitamin K bei Neugeborenen zu Blutungserscheinungen kommen. Deshalb wird heute allen Säuglingen vorsorglich Vitamin K in Tropfenform gegeben, und zwar dreimal: nach der Geburt, bei der U2 und der U3 jeweils zwei Tropfen. Auch das wichtige Vitamin D kann ein Baby nicht ohne Weiteres selbst bilden. Bei einem Mangel droht eine Knochenerweichung

TIPP

Tabletten verabreichen

Durch die tägliche Gabe der Vitamin-D-Tabletten könnte Ihr Kind von Anfang an den Eindruck bekommen, es sei ganz normal, jeden Tag Medikamente zu schlucken, oder ein gesundes Leben ohne tägliche Pille sei nicht möglich. Außerdem scheinen die kleinen Dinger aus der Tablettenverpackung auch ganz harmlos zu sein, sodass später die Verlockung groß sein könnte, auch die kleinen bunten Pillen von Mama oder Opa zu schlucken. Um eine solche Gewöhnung und Verharmlosung von Medikamenten zu vermeiden, sollten Sie die Tabletten möglichst unauffällig und nicht mit einer für das Kind positiven Besetzung geben. Vielleicht können Sie die Tablette unbeobachtet in Wasser auflösen. Außerdem ist es nach Rücksprache mit Ihrem Arzt möglich, im Sommer die Prophylaxe auszusetzen.

oder -verformung, die Rachitis (siehe Seite 395). Neben eihaltigen Speisen enthält zum Beispiel Lachs Vitamin D. Zudem wird ein großer Teil des Vitamin-D-Bedarfs über die Haut gedeckt, wenn Sonnenlicht darauf strahlt. Gerade bei Babys in unseren Breitengraden herrscht deshalb ein Vitamin-D-Mangel, der durch die tägliche Gabe zumindest im ersten Lebensjahr sowie im darauffolgenden Winter ausgeglichen wird.

Die Fluoridprophylaxe

In manchen Vitamin-D-Präparaten ist zur Härtung der Zahnanlagen Fluorid beigefügt (D-Fluoretten oder Fluor-Vigantoletten). Die regelmäßige Fluoridzufuhr wird zurzeit unterschiedlich beurteilt: Während die Deutsche Gesellschaft

Das »gelbe Heft«

Wie Sie in der Schwangerschaft einen Mutterpass erhalten haben, erhält Ihr Neugeborenes nach der Geburt das gelbe Kinder-Untersuchungsheft. Es wird herausgegeben vom Gemeinsamen Bundesausschuss (GBA) und den Eltern kostenlos zur Verfügung gestellt.

Die Zielsetzung dieses Heftes war ursprünglich, die Vorsorgeuntersuchungen zu dokumentieren und auszuwerten. Daher befinden sich hinter jeder Seite Durchschlagblätter, die anonymisiert die erhobenen Daten und Befunde dokumentieren und von den kassenärztlichen Vereinigungen gesammelt und ausgewertet werden sollten. Obwohl dies schon lange nicht mehr praktiziert wird, wurde das Heft nicht neu gestaltet. Leider ist das gelbe Heft nicht dazu gedacht, alle Entwicklungen oder Erkrankungen Ihres Kindes zu dokumentieren. Zwar können Größe, Gewicht und Kopfumfang in die Wachstumskurven, die sich hinten im Heft befinden, eingetragen werden. Aber weder die Meilensteine der Entwicklung noch durchgemachte Erkrankungen oder Operationen sind Gegenstand der Dokumentation.

Ergänzen Sie selbst!

Sie können aber natürlich selbst handschriftliche Einträge vornehmen, zum Beispiel über den ersten Zahn, die ersten Schritte, etwaige Erkrankungen oder erlittene Unfälle und so Ihr Heft sinnvoll nutzen. Viele Ärzte scheuen sich, Diagnosen oder Befunde in das Heft einzutragen, damit das Kind später keine Nachteile hat, etwa wenn in eine private Krankenversicherung gewechselt wird. Denn diese kann das gelbe Heft anfordern, um sich der normalen Entwicklung Ihres Kindes zu vergewissern. Wenn dann bei der U5 etwa »Ekzemherde« oder »Bronchitis« steht, wird es Nachfragen oder Risikozuschläge geben. Aus Datenschutzgründen können aber nur Sie als Eltern entscheiden, wem Sie das Heft vorlegen. Denn es ist der, wenn auch sehr unvollkommene, Gesundheitspass Ihres Kindes, der unter die Privatsphäre und das Arztgeheimnis fällt.

Damit nichts vergessen wird

Heben Sie auch alle im Zusammenhang mit der Gesundheit des Kindes stehenden Befunde und Arztberichte gut auf, die Umschlagtaschen des »Gelben Heftes« bieten sich dazu an. Auch den Impfpass und andere Unterlagen können Sie dort aufbewahren, dann haben Sie immer alles zur Hand. Bringen Sie das gelbe Heft zu jedem Arztbesuch mit, und nehmen Sie es auch mit in den Urlaub. Sie haben dann die letzten erhobenen Körpermaße sowie die Adresse Ihres Kinderarztes, die sich auf seinem Stempel befindet, dabei. Denn am einfachsten ist es, erst einmal beim eigenen Kinderarzt anzurufen, wenn das Kind erkrankt ist, bevor man sich in einem fremden Land durchfragen muss.

Viele Geburtskliniken und manche Praxen haben ergänzende Aufkleber, auf denen die individuellen Untersuchungstermine für Ihr Kind und andere wichtige Daten, wie Impfpläne und Adressen, aufgedruckt sind. Sie können auch Notizen über die Entwicklung jenseits der ersten fünf Lebensjahre einfügen, wie zum Beispiel Wachstums- und Gewichtskurven bis zum Alter von 18 Jahren sowie weitere Vorsorgen und die Pubertätsentwicklung. Da eine verbesserte Version des Untersuchungsheftes derzeit nicht in Sicht ist, können Sie das Heft entweder selbst in der beschriebenen Form weiterführen oder ein eigenes Büchlein für Ihr Kind anlegen.

für Kinderheilkunde an der Fluoridprophylaxe festhält, propagieren die Zahnärzte eher einen frühzeitigen Einsatz fluorhaltiger Kinderzahnpasten und eine Behandlung der Zähne mit Fluoridlack. Es ist sehr schwer zu ermessen, ob ein Baby zusätzliches Fluorid braucht. Früher wurde dies vom natürlichen Fluorgehalt des Trinkwassers abhängig gemacht. Da heute weniger Leitungswasser und mehr Mineralwasser unterschiedlicher Herkunft getrunken wird, ist dieses Kriterium hinfällig. Die Verwendung von fluoriertem und jodiertem Speisesalz hat darüber hinaus in manchen Gegenden den Fluormangel beheben können. Insofern können keine generellen Aussagen zur Notwendigkeit einer Fluoridprophylaxe im individuellen Fall getroffen werden. Besprechen Sie das Thema mit Ihrem Kinderarzt. Eine frühzeitige Karies kann vor allem durch die Vermeidung von übermäßigem Nuckeln an zucker- oder obstsafthaltigen Fläschchen verhindert werden. Zahnpasta wird im ersten Lebensjahr nur in kleinsten Mengen empfohlen, da das Baby sie noch nicht ausspucken kann (siehe auch Seite 57).

Geschützt durch Impfungen

»Jedes Kind hat das Recht auf Impfungen gegen impfpräventable (durch Impfung zu verhütende) Erkrankungen. Die Routineimpfungen sind notwendig, um das Recht des Kindes auf Gesundheit zu garantieren.« So verkünden es die Vereinten Nationen. Im internationalen Vergleich werden Durchimpfungsraten als Maß für die medizinische Versorgung und die Wertschätzung der Kindergesundheit verglichen. Dabei schneidet Deutschland nicht immer gut ab. Die in Deutschland empfohlenen Impfungen werden nach den Vorgaben der Weltgesundheitsorganisation (WHO) durch ein dem Paul-Ehrlich-

Institut zugeordnetes Expertengremium, der Ständigen Impfkommission (STIKO), ständig überarbeitet. Diese Empfehlungen werden durch die sogenannten Schutzimpfungs-Richtlinien des Gemeinsamen Bundesausschusses der Ärzte und Krankenkassen (GBA) vollständig und verbindlich in den Leistungskatalog der Krankenkassen übernommen.

Kein Allheilmittel

Impfen ist einerseits ein Segen, weil es viele Leben rettet und Epidemien verhindern kann (siehe Abbildung Seite 328). Andererseits kommt es durch das Impfen und die fehlenden Ansteckungsmöglichkeiten in der Kindheit auch zu unerwarteten Folgen und Risiken (siehe Kasten Seite 331). So kann zum Beispiel die Erstinfektion einer schwangeren Frau mit dem Rötelnvirus in den ersten Wochen der Schwangerschaft zu einer Röteln-Embryopathie führen. Bei dieser erst 1941 entdeckten Infektion wird der Embryo geschädigt. Um das zu verhindern, werden heute Mädchen, die keine Röteln durchgemacht haben, vor der Pubertät geimpft.

Im Säuglingsalter werden die Impfungen direkt in die Muskulatur des Oberschenkels gespritzt.

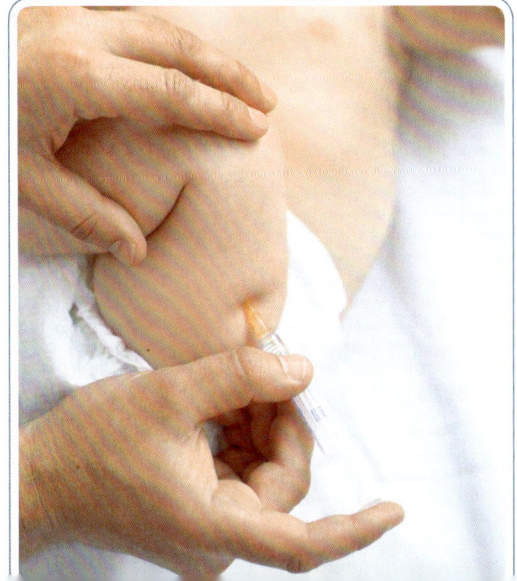

Kinderkrankheiten im Wandel

Der heute zu beobachtende Wandel von Infektionskrankheiten, insbesondere der »Kinderkrankheiten«, ist, wie alle anderen Krankheiten auch, an Umgebungsbedingungen geknüpft und eine direkte Folge der geänderten Lebensumstände. Dazu gehören eine verbesserte Ernährung und Hygiene sowie die allgemeine Gesundheit.

Unvorhersehbare Epidemien

Bestimmte Infektionserkrankungen lassen sich durch Impfungen verhindern oder können, wie die Pocken, praktisch ausgerottet werden, wenn alle Menschen geschützt sind. Das ist der Fall, wenn sie die Erkrankung durchgemacht haben oder dagegen immunisiert sind und nur der Mensch der »Wirt« des Erregers ist. Am Beispiel der Kinderlähmung, Poliomyelitis oder kurz Polio genannt, lässt sich zeigen, wie es durch eine Änderung der Lebensumstände zu unvorhersehbaren Epidemien kommen konnte und wie diese schließlich durch Impfaktionen beherrschbar waren:

Seit es Impfungen und Antibiotika gibt, verlaufen Kinderkrankheiten nur noch selten tödlich.

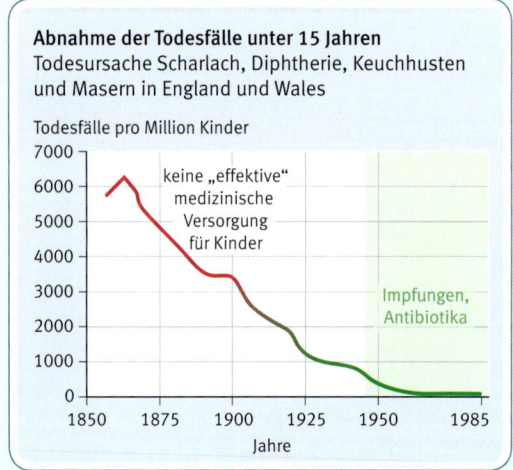

Abnahme der Todesfälle unter 15 Jahren
Todesursache Scharlach, Diphtherie, Keuchhusten und Masern in England und Wales

Todesfälle pro Million Kinder

keine „effektive" medizinische Versorgung für Kinder

Impfungen, Antibiotika

1850   1875   1900   1925   1950   1985
Jahre

Polio war in vergangenen Zeiten so verbreitet, dass sich die meisten Menschen als Säuglinge infizierten. Wegen der von der Mutter vermittelten Immunität, dem »Nestschutz«, erkrankten sie aber nicht und blieben doch lebenslang geschützt (»Stille Feiung«, siehe Seite 267). Spätere Infektionen mit Lähmungen kamen recht selten vor.

Große Impfkampagne

Erst durch die Verbesserung der allgemeinen hygienischen Bedingungen kam es zu einer Verlagerung der Erstinfektion in eine ungeschützte Altersgruppe, die keinen Nestschutz mehr genießt. So waren mit einem Mal große Teile der Bevölkerung ungeschützt, und es konnte zu den großen und gefürchteten Polioepidemien der Nachkriegszeit kommen. Sie wurden in den frühen 60er-Jahren des 20. Jahrhunderts durch eine Impfung, später durch die berühmte »Schluckimpfung«, beendet. Diese stand unter dem Motto: »Schluckimpfung ist süß, Kinderlähmung ist grausam.« Allerdings konnte das Vorhaben der Weltgesundheitsorganisation, bis zum Jahr 2000 die Kinderlähmung vom Globus verschwinden zu lassen, bis heute nicht erreicht werden.
Bereits vor der Polio war die als »Würgeengel der Kinder« gefürchtete Rachendiphtherie zurückgedrängt worden, zuerst durch ein Antiserum, dann durch eine Schutzimpfung. Sie spielt heute durch die flächendeckende Impfung in Westeuropa keine Rolle mehr, es werden aber immer wieder mal Fälle aus anderen Ländern eingeschleppt.

Empfohlene Impfungen

Die Ständige Impfkommission (STIKO) entscheidet für Deutschland, welche Impfungen zu welcher Zeit benötigt werden. Den derzeit gültigen Impfplan finden Sie auf dem Impfpass Ihres Kindes sowie auf Seite 333. Ärzte sind durch die Schutzimpfungsrichtlinien im Grunde nicht nur gehalten, sondern sogar verpflichtet, sich an diese Empfehlungen zu halten. Inwieweit für jedes Kind ein individuell nach dem Gefährdungsgrad angepasstes Impfschema aufgestellt wird, ist Ansichtssache und sollte mit dem betreuenden Kinderarzt besprochen werden. Am besten lassen Sie sich für das Impfgespräch in den ersten Wochen nach der Entbindung einen eigenen Termin geben. Bei der Entscheidungsfindung können Ihnen die folgenden Hinweise zu den Impfungen im Einzelnen nützlich sein. Die anstehende schwierige Entscheidung, welche Impfungen Sie für Ihr Kind wünschen, kann Ihnen allerdings niemand abnehmen.

TETANUS, DIPHTHERIE UND POLIO

Die Impfung gegen Wundstarrkrampf (Tetanus), eine noch heute praktisch nicht behandelbare Erkrankung, ist spätestens dann notwendig, wenn das Kind frei läuft und die Unfallgefahr steigt. Ebenso unabdingbar ist der Schutz gegen Diphtherie (Rachendiphtherie), einer äußerst schweren und bedrohlichen Atemwegserkrankung, die in Westeuropa glücklicherweise kaum mehr auftritt. Da aber bei einem Nachlassen des Impfschutzes die Empfänglichkeit der Bevölkerung stark ansteigt, muss weiterhin geimpft werden. Dasselbe gilt für die Kinderlähmung. Zwar gibt es Polio seit vielen Jahren weder in Europa noch in Nord- und Südamerika, aber etwa in Asien und Afrika. Daher gilt die Krankheit, anders als die Pocken, nicht als ausgerottet (siehe auch Kasten links).

EINGESCHRÄNKTER SCHUTZ VOR MENINGITIS

Wenig bekannt sind drei Infektionen, die den Grund für einen möglichst frühen Impfschutz bedingen: Haemophilus influenzae B (HIB), Pneumokokken und Meningokokken gelten als die drei Haupterreger der kindlichen Hirnhautentzündung (Meningitis). Allerdings spielen hier individuelle Faktoren eine wichtige Rolle. Auf der einen Seite ist die Ansteckungswahrscheinlichkeit zwar sehr gering, weshalb die Erkrankungen auch wenig bekannt sind. Auf der anderen Seite sind diese Formen der Hirnhautentzündung, gegen die junge Säuglinge noch eine gewisse Abwehrschwäche haben, besonders gefährlich. Dabei ist es wichtig zu wissen, dass die gegenwärtigen Impfstoffe nur einen Teil der verschiedenen Erregerstämme erfassen. So sind es beispielsweise bei Pneumokokken lediglich 13 der fast 100 vorkommenden Stämme, bei der Meningokokken-Impfung ist der in Europa vorherrschende Stamm B nicht dabei, sondern der seltenere Stamm C (siehe auch Seite 381).

WICHTIG

Nur gesunde Kinder impfen!

Steht ein Impftermin an, lassen Sie Ihr Kind nur impfen, wenn es offensichtlich ganz gesund ist. Der Arzt wird zur Kontrolle eine kurze Untersuchung durchführen. Doch auch wenn Sie nur einen leisen Zweifel haben, dass eine Krankheit im Anmarsch ist, sollten Sie den Impftermin verschieben, bis Ihr Kind wieder ganz gesund ist. Hat es allerdings schon seit ein paar Tagen eine »Rotznase« und keine frische Infektion, kann es ruhig geimpft werden – sonst könnte man Kinder im zweiten Lebensjahr nie impfen.

KEUCHHUSTEN

Da Keuchhusten (Pertussis) bei Säuglingen zu einem Atemstillstand führen kann, wird die Impfung dagegen empfohlen. Allerdings ist die Schutzwirkung begrenzt, weshalb Auffrisch-Impfungen bei Schulkindern und Erwachsenen empfohlen werden – insbesondere, damit sie Säuglinge nicht anstecken können.

HEPATITIS B

Das Hepatitis-B-Virus, das eine Leberentzündung verursacht, wird hauptsächlich durch Blut und Körperflüssigkeiten übertragen. Eigentlich muss ein Säugling dagegen nicht geimpft werden, da in der Schwangerschaft der Hepatitis-B-Titer überprüft wird und somit die Gefahr der Ansteckung bei der Mutter nicht gegeben ist. Jugendliche gelten als gefährdet, sobald ihr aktives Sexualleben beginnt. Allerdings sind die Heranwachsenden meist »impfmüde«, sodass diese Impfung oft mit den anderen im Babyalter zusammen gemacht wird – sozusagen »vorsichtshalber«.

RÖTELN UND MUMPS

Ähnlich wie bei Hepatitis B ist es bei Röteln. Gegen die an sich harmlose Erkrankung wird nur geimpft, damit in der Schwangerschaft der Embryo geschützt ist. Deshalb brauchen nur Mädchen bis zur Pubertät einen Rötelnschutz. Gegen Mumps wird dagegen nicht nur wegen der ihn möglicherweise begleitenden Hodenentzündung nach der Pubertät geimpft, sondern auch wegen der Gefahr einer Hirnhautreizung.

MASERN UND WINDPOCKEN

Die Notwendigkeit eines Masernschutzes steht – außer Zweifel, um die möglichen, hoch gefährlichen Komplikationen zu vermeiden.
Bei der Einführung der Windpockenimpfung standen vor allem wirtschaftliche Gesichtspunkte im Vordergrund. So wurde damit argumentiert, dass sich die Impfung »rechnet«, wenn man die Betreuungs-Ausfallszeiten berufstätiger Mütter, die Arzt- und Klinikaufenthalte und andere Beeinträchtigungen den Impfkosten gegenüberstellt. Erst im Nachhinein wurde betont, dass die Windpocken viel gefährlicher seien, als ursprünglich angenommen. In der Regel verlaufen Windpocken aber ganz harmlos und hinterlassen eine lebenslange Immunität, während eine einzige Impfung eine unzureichende Schutzwirkung hat und daher wiederholt werden muss.

ROTAVIREN

Seit 2013 wird von der STIKO für alle Säuglinge ab der 6. Woche eine Schluckimpfung gegen Rotaviren, häufige Erreger von Magen-Darm-Infekten in Krippen und Einrichtungen, empfohlen. Da sie bei gestillten Kindern nicht gut angeht, soll vor und nach der Gabe nicht gestillt werden. Eine Rota-Enteritis ist meistens nur ein gut behandelbarer »normaler« Magen-Darm-Infekt und gestillte Kinder sind ohnehin nicht gefährdet. Nicht alle Kostenträger übernehmen diese Impfung.

Impfung ist nicht gleich Impfung

Durch eine Impfung soll der Körper in die Lage versetzt werden, eine Krankheit bereits vor deren Ausbruch abzufangen und zu bekämpfen, indem das immunologische Gedächtnis den Erreger erkennen und beseitigen kann. Dabei gibt es drei verschiedene Arten von Impfstoffen:

* **Lebendimpfung:** Eine Lebendimpfung erfolgt mit einem abgeschwächten (attenuierten) Erreger, auf die der Organismus mit einer richtigen kleinen Infektion reagiert. Der Impfschutz hält lebenslang an, sofern die Impfung angeschlagen hat. Eine Impfreaktion tritt bei Lebendimpfungen in der Regel mit einer ver-

kürzten Inkubationszeit auf, meist nach fünf bis zehn Tagen. Sie kann, je nach Zustand des Immunsystems, auch mal heftiger ausfallen.

* **Toxoidimpfstoffe:** Die Impfungen gegen Tetanus und Diphtherie richten sich nicht gegen die Erreger selbst, sondern gegen ein von ihnen produziertes und die Krankheit verursachendes Gift, etwa das Tetanus- oder Diphtherietoxin. Eine Impfreaktion tritt nach einigen Stunden auf und ist abhängig von den Vorerfahrungen des Organismus mit dem Gift.

* **Totimpfstoffe:** Alle anderen Impfungen bestehen aus Erregerbestandteilen (Antigenen), die Angriffspunkt für das Immunsystem in der Bekämpfung der jeweiligen Erkrankung sind. Diese Totimpfstoffe sind unterschiedlich wirkungsvoll, und nicht immer besteht ein dauerhafter Impfschutz. So wirkt die Impfung gegen Hämophilus influenzae B (HIB) oder Pneumokokken wesentlich besser als die gegen Keuchhusten – die aber schwere Verlaufsformen, wie sie bei jungen Säuglingen vorkommen, verhindert. Als Reaktion bei Totimpfstoffen tritt wenige Stunden nach der Impfung eine lokale Schwellung und Rötung auf, die nach einem, spätestens zwei Tagen abgeklungen ist. Selten gibt es bei Säuglingen apathische Reaktionen oder Phasen schrillen Schreiens, die vier bis acht Stunden nach der Impfung erfolgen. Deshalb wird empfohlen, Säuglinge vormittags zu impfen.

WICHTIG

Impffolgen melden!

Sollten sich bei Ihrem Kind durch das Impfen Reaktionen zeigen, unterrichten Sie unbedingt Ihren Kinderarzt davon und bitten Sie ihn, dies weiterzugeben. Leider werden Impffolgen ebenso wie unerwünschte Nebenwirkungen von Arzneimitteln viel zu selten und unzureichend gemeldet.

* Rötungen und Schwellungen an der Impfstelle sowie einige Zeit verbleibende Verhärtungen können nach jeder Impfung vorkommen.

* Bisweilen treten etwa vier bis acht Stunden nach der Sechsfachimpfung (siehe Impfplan Seite 333) erhebliche Unruhezustände, Schmerzen an der Impfstelle und manchmal Apathie und Reaktionslosigkeit (sogenannte hyporesponsive Phasen) auf.

* Nach der Masernimpfung kommt eine »Impfmaserreaktion« in Form von Fieber, Unwohlsein und gelegentlichem Ausschlag etwa sieben bis elf Tage nach der Impfung vor.

* Bei entsprechender Veranlagung sind Fieberkrämpfe (siehe Seite 385) möglich, vor allem, wenn gegen Masern in Kombination mit Mumps, Röteln und Windpocken geimpft wird.

* Neben diesen typischen und spezifischen Impfreaktionen sollten aber alle ungewöhnlichen Vorkommnisse im Zusammenhang mit Impfungen sorgfältig dokumentiert und gemeldet werden.

Ein vorzeitiger Schluss, dass Symptome, die im Zusammenhang mit einer Impfung auftreten, mit dieser nichts zu tun haben können, ist unzulässig. Sollte einmal eine Impfstoffcharge mit besonders ausgeprägten Nebenwirkungen oder ungewöhnlichen Reaktionen behaftet sein, kann dies nur frühzeitig erkannt werden, wenn die Augen dafür offengehalten und Impfreaktionen gemeldet werden.

Individuell oder nach Plan impfen?

Zu einer zeitgerechten Impfung nach dem vorgesehenen Schema ist zu raten, wenn Ihr Kind bereits im ersten Lebensjahr in einer Gemeinschaftseinrichtung betreut werden soll oder wenn es ältere Geschwister hat, die aus dem Kindergarten alles an Krankheiten mitbringen, was gerade im Umlauf ist. Viele Einrichtungen nehmen ein Kind zudem erst auf, wenn es alle seinem Alter und Gesundheitszustand entsprechenden empfohlenen Schutzimpfungen erhalten hat.

Doch auch, wenn es nicht gerne gesehen wird, kann ein Impfplan individuell nach den Lebensumständen des Kindes gestaltet werden. Hierfür ist ein ausführliches Gespräch mit Ihrem Kinderarzt wichtig. Die Beweggründe können dabei ganz unterschiedlich sein. Einige Eltern halten bestimmte Erlebnisse und Vorerfahrungen von bestimmten Impfungen ab. Andere haben – allerdings unbegründete – Ängste vor einer »Überlastung des Immunsystems« von Säuglingen. Auch Fehleinschätzungen von Krankheitsrisiken verleiten impfskeptische Eltern, den Impfempfehlungen nicht zu folgen. Bedenken Sie bei einer Entscheidung gegen bestimmte Impfungen immer, dass späteres Nachimpfen, etwa wenn das Kind eine Gemeinschaftseinrichtung besuchen soll, schwierig sein kann. So gibt es für ältere Kinder keine optimalen Impfstoffe mehr, da die Nachfrage gering ist, die Haltbarkeit begrenzt und für individuelle Impfpläne Studien fehlen. Solche Individuallösungen haben unter Umständen einen verminderten Impfschutz zur Folge, etwa bei Diphtherie.

Mögliche Impfreaktionen

Ein wichtiges Argument gegen bestimmte Impfungen sind mögliche Impfreaktionen. Diese lassen meist nur einige Stunden auf sich warten, sodass der Zusammenhang mit der Impfung eindeutig ist. Dazu gehört zum Beispiel eine Schwellung und Rötung an der Einstichstelle, eine Unruhephase, in der das Kind quengelt, oder, seltener, erhöhte Körpertemperatur und eine durchwachte Nacht. Diese Impffolgen sind harmlos und klingen von selbst wieder ab.

Bei einer Masernimpfung kann diese Reaktion etwas heftiger ausfallen und mit hohem Fieber und einem Hautausschlag einhergehen. Eine solche Impfreaktion tritt nicht sofort auf, denn die Masernimpfung hat als Lebendimpfung (siehe Seite 328) eine Inkubationszeit. Deshalb kommt die Reaktion erst nach etwa acht bis zehn Tagen. Doch auch diese Impfreaktionen verlaufen harmlos und verschwinden nach einigen Tagen von selbst wieder. Fieberkrämpfe (siehe Seite 385) sind selbst bei dazu veranlagten Kindern nur äußerst selten zu beobachten.

Nicht überbewerten

Gerade das Thema »Impfen« nimmt heute bei Eltern viel Raum ein. Leider wird man auch beim intensiven Nachdenken und Diskutieren nicht wirklich schlauer und sicherer. Stattdessen bleibt durch die Impfdiskussionen mit dem Arzt für andere, wichtige Themen des Lebens mit Kindern und der Kindergesundheit oft nur wenig Zeit. Statt sich als frischgebackene Eltern eines vier Wochen alten Kindes mit dem Arzt über die Gefahren durch seltene Pneumokokken auseinanderzusetzen, sollten Themen wie Beziehungs- und Bewegungsförderung, pädagogische Ratschläge und Alltagshilfen im Vordergrund stehen. Außerdem kann eine sehr intensive Beschäftigung mit allen möglichen Erkrankungen dazu führen, dass Eltern an Sicherheit im Umgang mit ihrem Kind verlieren. Kinder brauchen aber sichere, zuversichtliche und vertrauensvolle Eltern, damit sie zufrieden, ruhig und entspannt sein können.

Alle Impftermine auf einen Blick

Der Impfkalender ist Teil der Empfehlungen der Ständigen Impfkommission (STIKO). Er gibt einen raschen Überblick über die empfohlenen Impfungen.

Von der Ständigen Impfkommission wird empfohlen, mit den Impfungen nach dem vollendeten zweiten Lebensmonat zu beginnen. Dadurch soll der abnehmende Nestschutz nahtlos in die selbst aufgebaute Immunität des kindlichen Körpers übergehen. Dies ist vor allen Dingen für Erreger notwendig, die im Säuglingsalter Komplikationen verursachen können (Keuchhusten oder Hib-Bakterium). Dieser Impfkalender ist eine Empfehlung. Ob der angegebene Impfzeitpunkt mit ihren Vorstellungen übereintrifft, müssen die Eltern von Fall zu Fall entscheiden.

 DER IMPFKALENDER

		Alter in Monaten						Alter in Jahren			
	6 Wo-chen	2	3	4	11–14	15–23	5–6	9–11	12–17	ab 18	ab 60
Tetanus (T), Diphtherie (D/d), Pertussis (aP/ap)		1.	2.	3.	4.		A		A		
Poliomyelitis (IPV)		1.	2.	3.	4.				A*²		
Haemophilus influenzae Typ b (Hib)		1.	2.	3.	4.						
Hepatitis B (HB)		1.	2.	3.	4.			G	G		
Pneumokokken		1.	2.	3.	4.						
Meningokokken (Men C)					1. ab 12 Monate						
Masern, Mumps, Röteln, Varizellen					1.	2.					
(Varizellen)*³					1.*³	2.*³					
Rotaviren	1.	2.		(3.)							

Stand: Februar 2009

A   Auffrischimpfung: Diese sollte möglichst nicht früher als 5 Jahre nach der vorhergehenden Dosis erfolgen.
G   Grundimmunisierung aller noch nicht geimpften Jugendlichen bzw. Komplettierung eines unvollständigen Impfschutzes
*¹ bis zu vier Impfungen die erste Impfung kann entfallen, wenn nach dem 2+1 Schema geimpft wird (z. B. in Österreich, aber auch in vielen anderen Ländern)
*² In der Regel als Vierfach-Kombinations-Impfung zusammen mit Tetanus, Diphtherie, Pertussis
*³ Einzelimpfung, falls Impfung nicht in Kombination mit Masern, Mumps, Röteln erfolgt; ach in Kombination Masern-Mumps-Röteln-Winpocken

BABYS MIT START-SCHWIERIGKEITEN

Manche Babys müssen nach der Geburt im Krankenhaus bleiben oder in eine Kinderklinik verlegt werden, weil sie zu früh geboren sind, ihr Geburtsgewicht zu niedrig ist oder andere Umstände es erzwingen. Im günstigsten Fall, etwa bei einer leichten Frühgeburtlichkeit, müssen die Neugeborenen einfach nur »nachreifen«, um den Entwicklungsrückstand aufzuholen. Dabei brauchen die Kleinen viel Nähe und Zuwendung. Das gilt auch, wenn ein Kind mit einer Behinderung auf die Welt kommt. Viele betroffene Eltern wissen schon vor der Geburt von einer Behinderung oder Erkrankung ihres Kindes. So kann das Kind unmittelbar nach der Geburt entsprechend versorgt und behandelt werden. Eine frühzeitige Beratung der Eltern kann dabei helfen, den Alltag als Familie mit einem hilfsbedürftigen Kind besser zu leben, als wenn die Eltern erst bei oder nach der Geburt von der Diagnose überrascht werden.

Kein leichter Anfang

Viele Erkrankungen von Neugeborenen sind harmlos, und die Tatsache, dass sie stationär behandelt werden müssen, ist nicht immer ein Maß für die Schwere der Erkrankung, etwa bei einer Neugeborenengelbsucht (siehe Seite 390). Für die Eltern ist es aber schwer einzuschätzen, ob ihr Kind nur sicherheitshalber oder wegen einer schwereren Erkrankung im Krankenhaus bleiben muss. In jedem Fall ist diese Situation unmittelbar nach der Geburt eine große Herausforderung für die jungen Eltern.

Die meisten Neugeborenen, die länger in der Klinik bleiben müssen, sind Früh- oder Mangelgeborene. Etwa zehn Prozent aller Kinder wiegen bei der Geburt weniger als fünf Pfund. Früher hat man alle Kinder unter 2500 Gramm Geburtsgewicht als Frühgeburt bezeichnet. Die Sozialgesetzgebung hält sich noch heute an dieses Maß, weil das Gewicht das einzig objektiv Bestimmbare ist. In der Medizin wird heute genauer unterschieden. Da spielen auch der errechnete Geburtstermin und die mutmaßliche Schwangerschaftsdauer sowie die Reifezeichen des Neugeborenen eine Rolle. Zu berücksichtigen ist außerdem, dass das erste Kind oft leichter ist als die folgenden und auch die Konstitution der Eltern von Bedeutung ist: Kleine, zarte Mütter und Väter haben kleinere Kinder als große, kräftig gebaute.

Zu leichte Babys

Wenn das Kind reif, aber untergewichtig ist, spricht man von einer intrauterinen (in der Gebärmutter entstandenen) Mangelentwicklung oder von Babys, die für das Schwangerschaftsalter zu leicht sind (»small for gestational age«, SGA). Das Baby kommt dann zwar etwa am errechneten Termin zur Welt, aber es wiegt dafür zu wenig.

Besonders bei Mehrlingsschwangerschaften kommen die Kinder nicht nur zu früh, sondern auch für das Schwangerschaftsalter zu leicht auf die Welt – in diesen Fällen ist eine Mangelentwicklung mit einer Frühgeburtlichkeit kombiniert. Die Ursache für eine solche »Mangelgeburt« ist entweder eine zu geringe Durchblutung der Gebärmutter oder eine Wachstumsstörung des Feten. Dafür kann das Rauchen in der Schwangerschaft verantwortlich sein. Auch Erkrankungen oder eine Überlastung der Mutter sowie andere schädigende Einflüsse wie Alkohol oder Suchtmittel können zu einer Minderversorgung des Ungeborenen führen. Auf der Seite des Kindes kommen Entwicklungsstörungen oder Fehlbildungen als Ursachen infrage.

Zu früh geborene Kinder

Ein Kind, das vor der 32. Schwangerschaftswoche geboren wird, gilt als extreme Frühgeburt. Diese ist auch heute noch eine große Herausforderung für die Medizin. Babys, die in der 32. bis 34. Schwangerschaftswoche geboren werden, haben heute in der Regel eine recht gute Prognose, das gilt erst recht für späte Frühgeborene der 34. bis 36. Schwangerschaftswoche. Ab der 38. Woche spricht man nicht mehr von Frühgeburt.

Die Ursache einer zu frühen Geburt bleibt häufig unklar. Bei der Mutter kommen vorzeitige Wehen, Blutungen, eine Schwäche des Gebärmutterhalses, eine vorzeitige Lösung der Plazenta oder Infektionen als Gründe infrage. Inwieweit auch seelische und soziale Faktoren wie Kummer und Sorgen eine Rolle spielen, ist nicht leicht auseinanderzuhalten. Oft überlappen sie mit körperlichen Beschwerden. Auf der Seite des Kindes können Erkrankungen des Feten, Infektionen oder Fehlbildungen eine vorzeitige Geburt auslösen. Bei Mehrlingsschwangerschaften kommt es häufig zu einer Frühgeburt. Trotz der

INFO

Neugeborene in der Klinik

Liegt Ihr Baby nach der Geburt im Krankenhaus oder auf der Frühgeborenenstation, können Sie mit einigen Maßnahmen die Bindung zu ihm stärken:

✿ Besuchen Sie Ihr Kind sooft wie möglich, damit es Sie kennenlernen kann.

✿ Berühren Sie Ihr Kind viel, auch mit der ganzen Hand, die Sie um den Kopf, auf den Bauch, den Rücken und um die Füße legen.

✿ Schmusen Sie mit Ihrem Babyam besten mit der Känguru-Methode (siehe Kasten Seite 338).

✿ Reden Sie mit ihm, erzählen Sie von sich, von Zuhause, von allem möglichen, damit es Ihre vertraute Stimme hören kann.

✿ Singen Sie Ihrem Kind leise vor, geeignet sind ruhige Kinderlieder oder Wiegenlieder. Auch aus Kinderbüchern können Sie ihm vorlesen. Sie können daraus auch ein Begrüßungs- oder Abschiedsritual machen.

✿ Übernehmen Sie sobald wie möglich pflegerische Aufgaben. Die Schwestern werden Sie entsprechend einweisen.

✿ Fragen Sie die Stationsschwestern, ob Sie ein eigenes Kuscheltuch oder -tier und eigene Kleidung mitbringen dürfen.

✿ Manche Eltern kleben gern ein Foto von sich oder von Geschwisterkindern an das Bettchen des Kindes.

---

guten Prognose für zu früh geborene Kinder gibt es immer wieder traurige Überraschungen. Deshalb ist ein Wunschkaiserschnitt, der ja vor Eintritt der Wehentätigkeit erfolgen soll, gar nicht so risikolos wie viele glauben. Denn möglicherweise ist das Baby noch nicht auf die Geburt und die damit notwendigen Anpassungsleistungen vorbereitet. Vorzeitige Entbindungen ohne medizinischen Grund sind deshalb kritisch zu hinterfragen.

Mögliche Probleme und Prognosen

Es ist sehr wichtig, die mangelentwickelten von den frühgeborenen Babys zu unterscheiden, weil die Ursachen, die Behandlungsmöglichkeiten und die Prognosen sehr verschieden sind. Das ist oft nicht einfach und braucht viel Fachwissen. Die mangelentwickelten Babys haben weniger Probleme mit der Anpassung der Atmung und des Kreislaufs, aber keine Energiereserven, weshalb sie zu Unterzuckerung und Zittrigkeit neigen. Wenn die Mutter raucht oder Drogen genommen hat, kommt es nach der Geburt außerdem zu Entzugserscheinungen.

Oft bleiben Kinder, die sehr mangelentwickelt zur Welt kamen, auch später zart und klein. Versucht man, sie durch eine erhöhte Kalorienzufuhr zum Wachsen zu bringen, werden sie aber nicht größer, sondern dicker – und können später an Stoffwechselproblemen wie Diabetes leiden. Eine hochgradige Mangelentwicklung zeigt sich am Zurückbleiben des Kopfwachstums. Die Prognose einer Mangelentwicklung ist zwar für das unmittelbare Überleben der Neugeborenenzeit günstiger, auf die Dauer gesehen ist jedoch die der Frühgeburtlichkeit günstiger.

Mit Frühchen und Mangelgeborenen treten viele kleine Schwierigkeiten auf, die junge Eltern sehr fordern, angefangen von Aufenthalten auf der Intensivstation und in der Klinik bis hin zur erschwerten Kontaktaufnahme und zur Frage des Stillens. So können die Eltern das Kleine nicht einfach auf den Arm nehmen, und dem Frühchen fehlt die Kraft zu saugen. Aus medizinischer Sicht gibt es ebenfalls eine Reihe von Herausforderungen.

DIE ATMUNG

Wenn das Baby für das eigenständige Leben noch nicht richtig gerüstet ist, zeigt sich das bereits unmittelbar nach der Geburt an der Atmung. Die Lunge muss sich entfalten, indem sich die kleinen Lungenbläschen öffnen. Wenn das Frühgeborene nicht alleine atmen kann, muss es beatmet werden und erhält Medikamente, die die Lungenentfaltung begünstigen. Je unreifer und unvorbereiteter das Baby ist, desto größer können die Atemprobleme sein.

Nicht nur der Gasaustausch in der Lunge, auch die Steuerung der Atmung ist noch nicht reif, deshalb können Früh- und Mangelggeborene kurzzeitige Atemstillstände, sogenannte Apnoen, haben. Diese gehen meist bis zur Entlassung vorbei, sonst wird ein Herz-Atem-Monitor für zu Hause verschrieben. In jedem Fall brauchen Frühchen für die Steuerung der Atmung viel Nähe, Zuneigung, Körperkontakt und Stimulation (siehe Kasten oben).

DIE VERDAUUNG

Auch der Magen-Darm-Trakt ist noch nicht auf Nahrungsaufnahme eingestellt. Schon ein reifes Neugeborenes braucht einige Zeit, bis die Verdauung funktioniert. Es hat aber genug Reserven, von denen es in den ersten Tagen leben kann. Deshalb kann es gut bis zum Milcheinschuss bei der Mutter warten. Einem Frühgeborenen dagegen fehlen nicht nur die Reserven, sondern auch die entsprechende Reifung des Magen-Darm-Traktes. Deshalb müssen sehr kleine Frühgebore-

ne künstlich ernährt werden. Reifere Frühchen können auf natürlichem Weg gefüttert werden – sie brauchen besonders die optimal verdauliche Muttermilch. Hat die Mutter keine Milch, wird die Milch von Muttermilchbanken besorgt (siehe Seite 120). Weil das Frühgeborene auch das Saugen und die Regulation des Schluckaktes erst noch lernen muss, ist die Ernährung über eine Magensonde anfangs oft unvermeidbar.

DIE HAUT

Die Haut eines Früh- und Mangelgeborenen ist sehr dünn. Da der Wärme- und Flüssigkeitsverlust über die Haut groß ist und sie die Wärme noch nicht regulieren können, werden sehr kleine Frühchen in Brutkästen (Inkubatoren) gelegt. Wenn sie etwas reifer und größer geworden sind, kommen sie in Wärmebettchen. Frühchen haben viel an Nähe, Wärme und Geborgenheit nachzuholen, was mit dem Inkubator versucht wird. Aber er kann den Mutterleib, in dem es eng, fest, warm und dunkel ist, nicht wirklich ersetzen. Deshalb sollten die Eltern das Kind möglichst viel mit Hautkontakt tragen, etwa mit der Känguru-Methode (siehe Kasten Seite 338).

DIE IMMUNABWEHR

Der »Nestschutz« wird erst in den letzten zwei Wochen der Schwangerschaft richtig aufgebaut. Er besteht aus einem passiven Schutz, der durch mütterliche Antikörper vermittelt wird (siehe Seite 267). Über die Plazenta, den Mutterkuchen, werden diese Antikörper in großen Mengen in das Kind transportiert. Deshalb verfügt ein reifes Neugeborenes über eine gute Grundausstattung gegen viele Infektionen, die die Mutter in ihrem Leben durchgemacht hat – oder gegen die sie geimpft wurde. Frühgeborenen fehlt diese Immunausstattung, weshalb sie anfälliger sind.

DAS GEHIRN

Die größte Sorge bei Frühgeborenen bereitet das Gehirn und seine Entwicklung, weil in den letzten Wochen der Schwangerschaft entscheidende Reifungsvorgänge vor allem des Großhirns stattfinden. Das Frühchen braucht eine konstante Energiezufuhr und Blutversorgung, kann keine Temperaturschwankungen und vor allem keinen Sauerstoffmangel vertragen. Darauf wird in der Klinik penibel geachtet.

Trotz allem: gute Chancen

Die meisten Frühgeborenen haben heute gute Chancen zu überleben. Selbst Kinder unter 500 Gramm Geburtsgewicht können bereits den Weg ins Leben schaffen. Viele Früh- und Mangelgeborene holen ihren schwierigen Start und ihren anfänglichen Rückstand in den ersten Lebensjahren auf, andere haben mit typischen Problemen zu kämpfen. Leichte Einschränkungen werden oft erst später bemerkt. Deshalb gilt nach wie vor: Am besten ist der Fetus im Mutterleib aufgehoben – und zwar so lange wie möglich und bis sich die Geburt natürlicherweise ankündigt. Selbst im Falle großer Risiken ist die Gebärmutter der beste »Transportinkubator«. Trotz eines gut ausgebauten Systems mit Neugeborenen-Notärzten und speziellen Transporten ist es viel gefährlicher, ein kleines Frühgeborenes zu transportieren als die werdende Mutter. Ist es abzusehen, dass ein Baby zu früh oder mangelentwickelt geboren wird, oder gilt es als »Risikokind«, sollte es in einem der Zentren geboren werden, in denen speziell dafür eingerichtete Teams arbeiten. Zu ihnen gehören erfahrene Geburtshelfer, Anästhesisten und Kinderärzte, die sich auf Neugeborene spezialisiert haben (Neonatologen). Zudem können in solchen Perinatalzentren, die eine Tür-an-Tür-Betreuung des Kreißsaals und der Neugeborenenstation bieten, unnötige Transporte des Babys vermieden werden.

INFO

Die Känguru-Methode

Wenn sich der Zustand des Kindes stabilisiert hat, wenden viele Neugeborenen-Intensivstationen die entwicklungsfördernde »Känguru-Methode« an. Beim »Känguruhen« werden die Frühgeborenen – wie ein Känguru im Beutel – der Mutter oder auch dem Vater warm, geschützt und gut überwacht auf die nackte Haut der Brust gelegt. So kann die Beziehung der Eltern zu ihrem kleinen, so zerbrechlich erscheinenden Wesen intensiv gelebt und die Bindung vertieft werden. Manche Babys machen mit dieser oder mit anderen entwicklungsfördernden Methoden (siehe Kasten Seite 336) sehr gute Fortschritte.

Besondere Aufgaben für die Eltern

Wenn Sie eine Frühgeborenen-Intensivstation betreten, wird Ihnen das Missverhältnis zwischen dem klitzekleinen Menschenbaby und der umgebenden beeindruckenden Medizintechnik auffallen: Piepsende und blinkende Monitore, Infusionspumpen, Beatmungsgeräte, Absaugpumpen, Inhaliergeräte und unglaubliche Mengen an Einmalmaterialien umgeben die Inkubatoren, Beatmungsplätze und Reanimationseinheiten. Ständig alarmiert irgendwo ein Gerät; Schwestern, Pfleger und Ärzte laufen hin und her. Vielleicht gibt es einen ruhigen Pol: ein Stillzimmer oder einen Gesprächsraum, in dem Sie in Ruhe mit den Ärzten und dem Pflegepersonal sprechen können.

In babyfreundlichen Krankenhäusern (siehe Seite 354) sollte es möglich sein, dass Sie Ihr Kind rund um die Uhr mehrmals täglich besuchen können, es anfassen, streicheln und, wenn es geht, auch pflegen, trockenlegen und füttern können. Manche Kliniken bieten auch Übernachtungsgelegenheiten für auswärts wohnende Eltern an, um ihnen von Anfang an möglichst viel Kontakt und eine intensive Bindung mit dem Neugeborenen zu ermöglichen. Die Kosten belaufen sich meist auf eine geringe Pauschale. Denn die Frage, ob ein Frühgeborenes eine Sonde braucht oder vielleicht doch schon ein bisschen selbst saugen und trinken oder gar angelegt werden kann, hängt sehr von der Zeit, Geduld und Zuwendung der Pflegepersonen ab.

ZU HAUSE MIT DEM FRÜHCHEN

Ist zu Hause eine gute Versorgung gewährleistet, darf das Frühgeborene unter bestimmten Voraussetzungen entlassen werden. Dazu muss es regelmäßig und ohne Aussetzer gut atmen können, seine Nahrung selbstständig aufnehmen, an Gewicht zunehmen und auch sonst stabil erscheinen. Ein minimales Entlassungsgewicht gibt es heute nicht mehr. Oft ist es für Eltern dann aber ein ziemlicher Schock und beängstigend, wenn das Frühgeborene nach der ganzen Intensivmedizin mit ihren vielen Apparaten und Maschinen nun einfach so ganz alleine in seiner Wiege liegt.

Aber keine Sorge, die Hebamme oder eine häusliche Kinderkrankenpflege werden Ihnen ebenso zur Seite stehen wie der Kinderarzt. Unterrichten Sie diesen möglichst noch während des Klinikaufenthalts vom Zustand und den Fortschritten des Kindes. Teilen Sie ihm das vorgesehene Entlassungsdatum mit, damit er Bescheid weiß und für Sie da sein kann – oder Ihnen wenigstens mitteilen kann, an wen Sie sich vertretungsweise wenden können. Die weiteren Untersuchungstermine wird der Kinderarzt mit Ihnen individuell vereinbaren, da der Zeitplan der Früherkennungsuntersuchungen nicht auf Frühgeborene ausgerichtet ist.

Die weitere Entwicklung

Die Eltern beschäftigt natürlich die Frage, wann, ob und wie weit ein frühgeborenes oder untergewichtiges Baby seine körperliche, emotionale und geistige Entwicklung im Vergleich zu gesunden Kindern aufholen kann. Das ist in Zeiträumen häufig nicht anzugeben, da die Fortschritte individuell sehr verschieden verlaufen und abhängig von der Ausgangssituation sind. Manche Babys zeigen erstaunliche Entwicklungen und eine hohe Anpassungsfähigkeit. Einer der wichtigsten Faktoren ist ein liebevolles, förderndes, aber nicht überforderndes Umfeld. Sehr zum Leidwesen der Eltern können auch die Fachärzte lange keine aussagekräftige Einschätzung abgeben. Doch immer, wenn ein »Meilenstein« (siehe Seite 318) erreicht wird, zeigt das eine gute Entwicklung an.

Die Aufholentwicklung zieht sich zwar oft länger als ein Jahr hin, doch dann können die Unterschiede zu gesunden Kindern auch völlig verwischen. In schwereren und komplikationsreichen Fällen brauchen die betroffenen Kinder von Anfang an neben der liebevollen Zuwendung der Eltern und der angemessenen medizinischen Betreuung eine besondere individuelle Förderung. Dazu gibt es viele Möglichkeiten, die von örtlichen Frühförderstellen und sozialpädiatrischen Zentren angeboten werden. Sprechen Sie Ihren Kinderarzt auf alles an, was Ihnen auffällt und was Sie beunruhigt.

Das »andere« Kind

Manchmal kommt alles ganz anders, als Eltern es erwartet und sich erträumt haben: Ihr Kind ist nicht gesund. Wenn die Eltern darauf nicht vorbereitet waren, etwa weil während der Schwangerschaft keine bleibende Schädigung festgestellt wurde, kann diese Diagnose ein großer Schock sein. Dann wird die Freude über das Kind von der Sorge wegen einer angeborenen Erkrankung oder Fehlbildung getrübt.

Bei jedem Kind fragen sich die Eltern, wie es sich entwickeln wird, ob es zufrieden und glücklich aufwachsen wird. Diese Fragen drängen sich noch viel mehr auf, wenn das Kind mit einer Behinderung zur Welt kommt. Die Eltern wollen wissen, was auf sie zukommt und was werden wird. Wenn Sie in dieser Situation sind, ist es wichtig, Ihre Angst oder das Gefühl der Ablehnung zuzulassen. Die Geburtsklinik, Ihre Hebamme und Ihr Kinderarzt werden Sie beraten und Ihnen Anlaufstellen nennen.

Die typische Vorgeschichte

Oft beginnt die Geschichte des »anderen« Kindes bereits mit einer anderen Schwangerschaft.

Manche Mütter haben eine regelrechte »Horror-Schwangerschaft« hinter sich. Ultraschalluntersuchungen zeigten unspezifische, aber besorgniserregende Symptome wie etwa eine verdickte Nackenfalte oder ein erweitertes Nierenbecken. Die anschließende Zuweisung in spezielle Zentren für Fehlbildungsdiagnostik verunsichert Eltern auch dann, wenn sich ein Verdacht nicht bestätigt. Auch das bange Warten auf Verlaufsuntersuchungen und Kontrolltermine belastet die Eltern sehr. Bis zur endgültigen Klärung vergehen oft bange Tage und Wochen und verursachen ein Wechselbad der Gefühle aus Hoffnung und Verzweiflung, Zuversicht und tiefer Niedergeschlagenheit.

Nicht selten dauert es Monate, bis eine sichere Diagnose gestellt werden kann, oder es findet sich gar keine befriedigende Erklärung für den

Manche Behinderungen wie Morbus Down sind für die Außenwelt sofort sichtbar, andere nicht.

Zustand oder die Symptomatik des Kindes. Ohne Diagnose ist es schwer genug, aber eine endgültige Diagnose wird wie ein Urteil erlebt. Oft werden Eltern sehr unsensibel mit den entsprechenden Befunden konfrontiert. Dabei brauchen Eltern in dieser Zeit viel Unterstützung und Hilfe bei der Trauerarbeit, dass ihr Kind einfach anders ist als andere. Sie hadern damit, warum gerade sie von einem solchen »Schicksal« betroffen sind. Doch Ärzte wissen oft auch selbst nicht, wie es weitergeht und was sie den Eltern sagen sollen. Dabei hilft Schönreden genauso wenig wie Dramatisieren, schließlich wollen Eltern heute die Wahrheit wissen. Dafür brauchen sie eine umfassende, verständliche Aufklärung, auch über die Konsequenzen, die eine Behinderung oder Krankheit für ihr Baby haben kann. Scheuen Sie sich deshalb nicht, genau nachzufragen, wenn Sie unverständliche Diagnosen erhalten.

INFO

Die ganze Familie ist betroffen

Häufig kümmert sich die Mutter besonders intensiv um das kranke oder behinderte Kind, und die Geschwister und der Partner fühlen sich »außen vor«. Dabei besteht die große Gefahr, dass die Familie auseinanderfällt. Wechseln Sie sich deshalb ab, beziehen Sie Ihren Partner von Anfang an mit ein, teilen Sie sich die Arbeit auf, und suchen Sie sich Freiräume für sich, zusammen mit Ihrem Partner und mit den anderen Kindern.

Auch wenn es schwer fällt: Richten Sie nicht Ihre ganze Aufmerksamkeit auf das kranke Kind. Es darf nicht so weit kommen, dass Geschwisterkinder erst schwer psychisch auffällig werden, bis auch sie wieder gesehen und wahrgenommen werden. Ein neues Kind ist immer eine Konkurrenz und eine Belastung für die Geschwister. Auch wenn es krank oder anders ist, können die Geschwister nicht verstehen, warum es so viel Aufmerksamkeit von ihnen abzieht. Wenden Sie sich deshalb ebenso intensiv den Geschwistern zu, auch um zu verhindern, dass sie das kranke Kind ablehnen.

Nicht nur die Behinderung sehen

Durch die Fokussierung auf bestimmte, häufig nicht einmal wirklich schlimme Anomalien oder Auffälligkeiten wird das große Ganze leicht übersehen. Ein Kind ist nämlich nicht nur behindert, sondern es hat vieles, was normal und richtig angelegt ist. Zudem können Kinder, wie Erwachsene auch, vielerlei Behinderungen haben und in den Alltagsaktivitäten eingeschränkt sein. Jeder Mensch ist in irgendeiner Form behindert – das ist »normal«. Wir haben alle Stärken und Schwächen, wobei wir die Stärken pflegen und die Schwächen zu verbergen suchen. Im Umgang mit einer Behinderung ist es häufig umgekehrt: Der Behinderte wird an seinen Schwächen und Defiziten gemessen und nicht an seinen Stärken und Qualitäten.

Dabei sind die Ursachen und das Ausmaß von Beeinträchtigungen vielfältig. Und auch der Unterschied zwischen einem behinderten Säugling und einem behinderten größeren Kind oder Erwachsenen ist beträchtlich. Da Säuglinge im ersten Lebensjahr grundsätzlich »pflegebedürftig« sind und sich nicht aus eigener Kraft fortbewegen, ist der Alltags- und Pflegeaufwand zunächst nicht unbedingt höher als bei einem gesunden Säugling. Erst nach und nach wird der Unterschied spürbar, vor allem, wenn sich Entwicklungsschritte verzögern oder ausbleiben.

341

Das gemeinsame Leben

Das Leben mit einem behinderten oder chronisch kranken Kind ist genauso von Höhen und Tiefen geprägt wie das Leben mit einem gesunden. Ihr Kind wird sich entwickeln, vielleicht langsamer, vielleicht anders, und Sie werden das Bedürfnis haben, ihm zu helfen, es nach Kräften zu fördern, alles zu tun, um ihm ein möglichst normales Leben zu ermöglichen. Viele Beeinträchtigungen können durch frühzeitige Förderung abgemildert oder ausgeglichen werden. Anders als für Erwachsene gibt es für Kinder überall im Land Frühförder- und Beratungsstellen. So sind Sozialpädiatrische Zentren an fast jeder größeren Klinik angegliedert oder unabhängig organisiert. Daneben bestehen Frühförder- und Beratungsstellen in jeder Stadt und in jedem Kreis. Diese haben sowohl einen erzieherischen Auftrag als auch einen medizinisch-therapeutischen und unterstützen Sie auch bei den sozialrechtlichen Hilfsmöglichkeiten, die es für behinderte Menschen gibt.

UMFASSENDE HILFSDIENSTE

Außerdem gibt es häusliche Kinderkrankenpflegeeinrichtungen, Palliativteams und familienentlastende Dienste. Wie diese Hilfen bei Ihnen vor Ort organisiert sind, sagen Ihnen Ihr Kinderarzt oder der soziale Dienst Ihrer Gemeinde, aber auch die Kranken- und Pflegekasse.

Diese Einrichtungen arbeiten interdisziplinär, das heißt, sie schließen alle Berufsgruppen mit ein, die mit dem Kind zu tun haben, wie Heilpädagogen, Psychologen, Krankengymnasten, Er-

INFO

Unterschiedliche Behinderungen

In den meisten Fällen kann bei einer Behinderung keine exakte Diagnose gestellt werden, da sie zum Beispiel Folge eines Sauerstoffmangels im Mutterleib oder unter der Geburt ist oder mit anderen, nicht genau zu definierenden Schädigungen zu tun hat. Diese Beeinträchtigungen führen zu Ausfällen ganz unterschiedlicher Art, die sich meist als spastische Lähmung äußern, weshalb sie unter dem Oberbegriff »spastische Zerebralparese« zusammengefasst werden.

✳ **Morbus Down:** Charakteristische und typische Bilder treten bei Störungen der Erbsubstanz, den Chromosomenanomalien, auf. Hier ist die häufigste und bekannteste der Morbus Down, der auch als Trisomie 21 oder etwas unglücklich als Mongolismus bezeichnet wird. Ursache ist das dreifach vorliegende Chromosom 21, wobei bis heute unklar ist, warum ein Mehr an Chromosomen in sehr unterschiedlichem Ausmaß zu geringer körperlicher und geistiger Leistungsfähigkeit und typischen Begleiterkrankungen führt.

✳ **Stoffwechselerkrankungen:** Auch bei Stoffwechselerkrankungen treten typische Krankheitsbilder auf, etwa bei der angeborenen Schilddrüsenunterfunktion oder der Phenylketonurie. Werden diese Erkrankungen durch das wichtige Stoffwechselscreening (siehe Seite 402) erkannt und sogleich behandelt, ist eine völlig normale Entwicklung möglich.

Zudem gibt eine große und verwirrende Zahl sehr seltener Erkrankungen, was nur unterstreicht, dass jedes behinderte Kind ein Einzelfall ist, unabhängig davon, welche Diagnose gestellt wird.

gotherapeuten, Logopäden und Kinderärzte. Im Idealfall tauschen sich die verschiedenen Therapeuten und Erzieher mit den Eltern in gemeinsamen Förderrunden aus und besprechen die anstehenden Förderschwerpunkte.

Von Geburt an bis zum Schuleintritt können Eltern von behinderten oder von Behinderung bedrohten Kindern, die in der körperlichen, kognitiven, sprachlichen, emotionalen und sozialen Entwicklung gefährdet sind, in diesen kostenfreien, offenen Anlaufstellen Rat und Hilfe, zum Teil auch die notwendigen Therapien erhalten. Eltern können sich nicht nur nach einer Frühgeburt oder der Geburt eines behinderten oder schwer erkrankten Kindes, sondern auch bei psychosozialen Problemen und den damit verbundenen Entwicklungsrisiken an diese Einrichtungen wenden. Je nach Bundesland befinden sie sich in unterschiedlicher Trägerschaft und nennen sich auch anders.

Die neue Situation verarbeiten

Eltern machen sich nicht nur Sorgen um ihr Kind, sondern fragen sich oft auch, wie es dazu kommen konnte, was sie falsch gemacht haben, warum gerade sie mit diesem Problem konfrontiert sind und kein gesundes Kind haben können. Es ist sehr hilfreich, wenn Sie sich mit anderen Eltern austauschen, etwa in Gesprächskreisen oder Selbsthilfegruppen. So sehen Sie, dass Sie nicht alleine auf der Welt sind mit einem Problem, von dem Sie unter Umständen vorher noch nie etwas gehört haben. An vielen Kliniken oder anderen Einrichtungen gibt es heute solche Angebote für Eltern. Aber auch im Internet können Sie Eltern-Selbsthilfegruppen finden (siehe Adressen Seite 402).

Auf eine derartige Situation können sich Eltern nicht wirklich vorbereiten. Denn es macht keinen Sinn, sich bereits im Vorfeld mit allen vorkommenden Risiken und Krankheiten zu beschäftigen. Dadurch untergräbt man den unbefangenen Umgang mit der Frage, ob man Kinder bekommen soll, und schürt nur Ängste. Die Menschen müssen mit Unsicherheiten leben und damit, dass nicht alles machbar, kontrollierbar und vermeidbar ist. Kinder sind dabei die besten Lehrmeister: Ob gesund oder krank, lehren sie ihre Eltern, mit Zufällen, Unfällen, Unwägbarkeiten und Überraschungen aller Art zu leben. Damit lernen Eltern, Wichtiges von Unwichtigem zu unterscheiden, »Sachzwänge« zu hinterfragen und scheinbare Notwendigkeiten zu relativieren und einen neuen oder anderen Sinn im Leben zu finden.

TIPP

Viel hilft nicht immer viel

Versuchen Sie nicht, Ihre Ängste und Unsicherheiten in möglichst viele Fördermaßnahmen, Aktionen und Konsultationen der verschiedenen Spezialisten und Kliniken umzulenken. Ihr Leben und Ihr Erleben mit Ihrem Kind ist die wichtigste Förderung, die Sie ihm geben können. Ihr Kind braucht Ihre Liebe und Zuneigung, nicht die der Therapeuten.

Ein guter Therapeut kann sich auch zurücknehmen, zuhören, den Eltern Raum für ihre Gefühle geben, und auch mal Therapiepausen oder andere Förderschwerpunkte zulassen. Und wenn Sie das Gefühl haben, es geht gar nicht weiter und die Decke fällt Ihnen auf den Kopf, nutzen Sie die Möglichkeit, eine Kur oder eine stationäre Rehabilitationsmaßnahme für sich und Ihr Kind zu beantragen. Vereine und Stiftungen unterstützen Sie dabei (siehe Adressen Seite 402).

Erste Hilfe leisten

UNFÄLLE UND VERLETZUNGEN

Die Gefahr eines schweren Unfalls ist bei Kindern wesentlich größer als die einer schweren Erkrankung. Deshalb kommt der Unfallverhütung ein so hoher Stellenwert zu. Wie Sie Unfällen in Ihrer Wohnung vorbeugen können, erfahren Sie ab Seite 74. Doch auch in einer kindersicheren Umgebung können Unfälle passieren. So können schon Neugeborene von der Wickelkommode stürzen, und später kann das Baby Ihnen das Teeglas aus der Hand schlagen.

Wenn etwas passiert ist, heißt es schnell, aber mit klarem Kopf, erste Hilfe zu leisten. Am besten sorgen Sie für den Ernstfall vor, indem Sie einen Erste-Hilfe-Kurs absolvieren – idealerweise noch in der Schwangerschaft. Auf den folgenden Seiten finden Sie die wichtigsten Erste-Hilfe-Maßnahmen. Dann wissen Sie im Falle des Falles, was zu tun ist. Denn auch kleinere Verletzungen wie Schnitte oder aufgeschlagene Knie wollen richtig versorgt sein.

Ruhe bewahren!

Der wichtigste, aber auch der am schwersten zu befolgende Rat im Umgang mit Kinderunfällen und Verletzungen ist, Ruhe und Übersicht zu bewahren. Das gelingt leichter, wenn Sie sich auf mögliche Unfälle in einem Erste-Hilfe-Kurs vorbereiten. Diese werden von vielen Einrichtungen wie Krankenkassen, Kliniken oder Familienbildungsstätten speziell für Eltern und alle, die mit Kindern zu tun haben, angeboten. Ein Kinderunfall ist ein besonderes Schreckereignis, bei dem die Anwesenden meist genauso panisch und aufgeregt reagieren wie der Patient selbst. Auch den Profis geht es so: Es ist nachgewiesen, dass Rettungseinsätze, bei denen es um Kinder geht, weit unfallträchtiger sind als andere Einsätze. Nur zu leicht übersehen auch Sanitäter das Elementare der ersten Hilfe, nämlich dem Kind Sicherheit und Ruhe zu vermitteln.

Zuerst trösten

Wenn es nicht um lebenswichtige Beeinträchtigungen wie Kreislaufstillstand oder Krampfanfälle geht, ist selbst bei einer Atemnot das Trösten und Beruhigen zunächst wichtiger als das genaue Feststellen der Ursache oder des Ausmaßes der Verletzung. Denn im ersten Moment wird vor lauter Schreck oft nur das Offensichtliche und Naheliegende, nicht aber das für Leib und Leben Wesentliche gesehen. So bluten harmlose Platzwunden häufig sehr stark, während die viel gefährlicheren inneren Blutungen gar nicht sichtbar sind. Einerseits kann eine allgemeine Beeinträchtigung durch Schreck und Schock auch ohne Verletzungen sehr stark sein, andererseits kann eine sehr schwere Verletzung anfänglich gar nicht wahrgenommen werden. Auch die sicherste Wohnung und die umsichtigsten Betreuer können nicht alle Gefahren

WICHTIG

Einen Notruf absetzen

Wählen Sie den **Notruf 112**
oder die Rettungsleitstelle **116 117**
(in Österreich und der Schweiz die **144**)
Giftnotruf: 19240
(Österreich: **(01)406-4343**, Schweiz: **145**)

❋ Geben Sie folgende Informationen durch:
Wer ruft an – Namen nennen
Wo ist es passiert – genaue Anschrift
Was ist passiert – genaue Beschreibung
Wie viele – Zahl und Alter der Verletzten
Welche Verletzungen – Beschreiben Sie, so gut Sie können

❋ **Warten Sie,** stellen Sie sicher, dass die Rettungsleitstelle alles verstanden hat, und warten Sie auf Instruktionen.

❋ **Legen Sie nicht auf,** bevor Ihr Gesprächspartner Sie dazu auffordert oder selbst das Gespräch beendet.

❋ Vergessen Sie auch die **Rückrufnummer** nicht. Übrigens: Notrufe sind immer kostenlos und mit dem Mobiltelefon auch ohne oder mit leerer SIM-Karte möglich – Netzempfang vorausgesetzt.

ausschließen. Da Unfälle vom Säuglingsalter an die größte Gefahr für die Gesundheit und das Leben darstellen – sie sind bis weit ins mittlere Lebensalter hinein die häufigste Todesursache –, kommt der Unfallverhütung eine große Bedeutung zu. Zumal sich die meisten Unfälle zu Hause und bei Freizeitunternehmungen ereignen, mehr als im Straßenverkehr. Im Durchschnitt erleidet jedes Kind zwei- bis dreimal in seinem Kinderleben eine ärztlich zu versorgende Unfallverletzung, am häufigsten im Kleinkindalter.

WICHTIG

Erste Hilfe leisten

Seien Sie versichert: In den meisten Fällen ist es gar nicht so schwer, schnell zu helfen. Und nur sehr selten sind Maßnahmen zur Wiederbelebung nötig. Trotzdem sollten Sie sich als Eltern mit den Erste-Hilfe-Maßnahmen vertraut machen, am besten in einem Kurs. Die folgenden Seiten können Ihnen lediglich einen kurzen Überblick geben.

Am besten verfahren Sie in einer Notsituation nach dem folgenden Schema:

* Bewahren Sie Ruhe und Übersicht!
* Retten Sie das Kind sofort aus der Gefahrensituation!
* Vermeiden Sie weitere Gefahren, indem Sie zum Beispiel den Strom abschalten oder die Unfallstelle sichern.

* Beruhigen Sie das Kind, sprechen Sie es an, auch dann, wenn es nicht ansprechbar scheint.
* Bringen Sie ein bewusstloses, nicht weckbares Kind in die »stabile Seitenlage«: Legen Sie es flach auf seine rechte Körperseite, den Kopf leicht überstreckt, damit die Zunge nicht zurückfällt und die Atemwege frei bleiben.
* Untersuchen Sie es kurz, und verschaffen Sie sich schnell einen Überblick über etwaige Verletzungen.
* Überprüfen Sie die Atmung und den Herzschlag. Alarmieren Sie bei Stillstand sofort den Notarzt (siehe Kasten Seite 345).
* Beginnen Sie, wenn nötig, mit der Herzmassage und der Beatmung (siehe unten).
* Lassen Sie das Kind keinesfalls alleine.

Wiederbelebungsmaßnahmen

In den allermeisten Fällen kindlicher Notfälle sind Wiederbelebungsmaßnahmen nicht notwendig. Sollte es dennoch nötig werden, eine Herzmassage und eine Beatmung durchzuführen, müssen Sie es in jedem Fall versuchen, denn eine ungeübte Wiederbelebung ist für das Kind immer noch besser als gar keine. Um sich auf derartige Fälle vorzubereiten, sollten Sie einen Erste-Hilfe-Kurs besuchen, dieses Buch reicht dazu nicht aus.

Die Herzmassage

Bei Atemstillstand machen Sie zuerst mit dem Finger Mund und Rachen des Kindes frei (etwa von Erbrochenem oder Fremdkörpern), und beginnen Sie dann mit Wiederbelebungsmaßnahmen. Bei Herzstillstand wird heute in erster

Linie die Herzmassage empfohlen. Denn ohne einen funktionierenden Kreislauf ist die beste Atemspende vergebens.

* Bei kleineren Säuglingen wird entweder der ganze Brustkorb mit beiden Händen umfasst und mit beiden Daumen rhythmisch etwa 100-mal pro Minute auf die Herzgegend gedrückt. Liegt das Kind auf einer harten Unterlage, wird mit zwei Fingern der Brustkorb um mindestens ein Drittel eingedrückt.
* Bei älteren Babys, die nicht mehr mit beiden Händen umfasst werden können, wird das Kind auf eine unnachgiebige Unterlage gelegt und mit zwei bis drei Fingern der Brustkorb links neben dem Brustbein eingedrückt.
* Bei älteren Kindern wird der ganze Handballen zur Herzdruckmassage verwendet.

WICHTIG

Zum Arzt!

Ist der Blick des Kindes anders als sonst, ist sein Wesen verändert und wirkt es apathisch, müssen Sie sofort in ein Krankenhaus mit entsprechenden Untersuchungsmöglichkeiten wie Computertomografie (CT) oder Magnetresonanztherapie (MRT). Einfaches »Schädelröntgen« genügt nicht, um innere Verletzungen zu erkennnen.

Die Beatmung

* Bei Säuglingen erfolgt eine notwendige Beatmung als Mund-zu-Mund-Nase-Beatmung. Dabei umfasst der Helfer mit seinen Lippen die Mund-Nasenregion des Babys fest und bläst bei nur ganz leicht überstrecktem Kopf vorsichtig seine Ausatemluft in die Atemwege des Kindes. Man spürt sehr rasch, ob sich die Atemwege füllen und sich der Brustkorb hebt. Probieren Sie eine Mund-zu-Mund-Beatmung unbedingt an Ihrem Partner einmal aus, damit Sie ein Gefühl dafür bekommen! Nach anfänglich fünf Atemstößen soll das Verhältnis zwischen Beatmung und Herzmassage beim Säugling zwei Atemzüge auf 30 Herzmassagen betragen.
* Bei größeren Kindern und Erwachsenen richtet sich die Beatmung danach, ob man allein oder mit einem weiteren Helfer die Wiederbelebungsmaßnahmen praktiziert. Empfohlen werden nach Möglichkeit zwei Atemzüge auf 30 Herzdruckmassagen.

Wenn das Baby stürzt

Abstürze vom Wickeltisch, Ehebett oder Sofa sind die häufigste Unfallursache bei Säuglingen und Kleinkindern. Fast jedes zweite Kind stürzt irgendwann einmal ab. Da sich die Wickelflächen häufig im Bad befinden, ist ein Sturz meist besonders hart. Deshalb gilt von Anfang an – auch schon für Neugeborene –, dass die Kinder niemals alleine auf der Wickelfläche liegen dürfen. Auch eine Hand auf dem Baby genügt nicht immer, denn es kann sich darunter wegwinden. Halten Sie lieber »ein Ende fest«, am besten umfassen Sie einen Unterschenkel. So schützen Sie Ihr Kind zuverlässig und haben trotzdem eine große Reichweite für das Wickeln.

Auch schlafende Säuglinge sind gefährdet. Sie dürfen nicht alleine im Ehebett oder auf dem Sofa liegen bleiben – auch wenn sie sich noch nicht drehen können. Kleine Bewegungen reichen oft schon, und sie fallen herunter.

Doch Sie können Ihr Kind nicht vor allem schützen. Mit zunehmender Mobilität steigt die Unfallgefahr, und dann sind Stürze, Prellungen und »blaue Flecken« oft an der Tagesordnung – und fast immer völlig harmlos.

TIPP

Arnica hilft

Bei Verstauchungen, Prellungen und Blutergüssen hilft eine einmalige Gabe von 3–5 Globuli Arnica C30 (siehe Seite 367) sofort. Anschließend können Sie die betroffenen Stellen mit kühlen Arnikakompressen behandeln. Diese bekommen Sie in der Apotheke oder können Sie mit Arnicatinktur (aus 20 Prozent Arnikaessenz) selbst herstellen: Nehmen Sie ein sauberes Baumwoll- oder Leinentuch, und tränken Sie es in einer Mischung aus einem Teil Essenz und zehn Teilen kühlem Wasser. Vorsicht: nicht auf offenen Wunden anwenden!

RICHTIG REAGIEREN

Nach einem Absturz gilt es das Kind gut zu beobachten. Wenn es sich nach dem Trösten beruhigt hat, normal schaut, alles bewegt, keine Schonhaltungen einnimmt und sich völlig normal benimmt, gibt es keinen Grund, einen Notfall anzunehmen und unverzüglich zum Arzt zu gehen – auch dann nicht, wenn es vor Aufregung mal erbricht.

Das Schädeltrauma

Eine Beteiligung des Kopfes bei einem Unfall wird heute als Schädel- oder Schädelhirntrauma (SHT) bezeichnet. Dahinter verbirgt sich die Annahme, dass es weniger um eine Verletzung der Schädelknochen als um das durch sie geschützte Gehirn geht. Dieses wird bei einem Sturz in jedem Fall erschüttert. Deshalb kann man auch von einer Gehirnerschütterung sprechen, obwohl bei einem Säugling eine kurzzeitige Hirnfunktionsstörung nicht feststellbar ist. Bei einer Gehirnprellung geht man von einer längeren Bewusstseinsstörung aus, bei einer Gehirnverletzung sind Schäden an der Hirnstruktur nachweisbar. Der Grad der Beeinträchtigung wird anhand der Augenöffnung sowie der Reaktions- und Bewegungsmuster gemessen. Die Bewusstseinsstörung bei einem Schädeltrauma kann sich zwischen tiefstem Koma und normalem Wachzustand bewegen.

WICHTIG

Zum Arzt!

Bei Bewusstseinsstörungen oder Bewusstlosigkeit muss das Kind sofort in die Notaufnahme des nächstgelegenen Krankenhauses. In seltenen Fällen kann es Stunden bis Tage nach einer Kopfverletzung zu Symptomen kommen, mit denen Sie dann umgehend zum Arzt müssen. Diese sind
* Blässe, Schwindel, Erbrechen, Übelkeit,
* verschwommenes Sehen, Doppelbilder oder Pupillenveränderungen,
* Bewusstseinstrübung.

Selten kann es erst nach Tagen oder sogar Wochen zu Symptomen kommen, die mit einem Sturz oder Unfall zu tun haben können. Diese sind
* Verlangsamung, Schläfrigkeit, Gangauffälligkeiten,
* Fieber, Kopfschmerzen, Nackensteifigkeit,
* anhaltende Kopfschmerzen,
* Verhaltensauffälligkeiten.

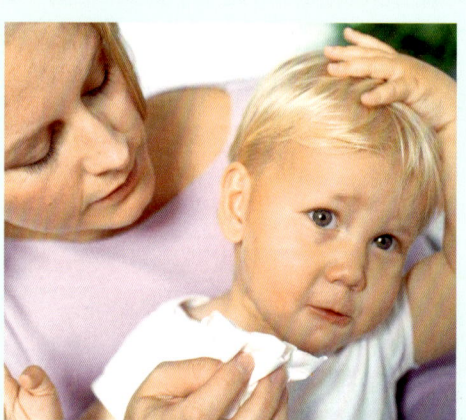

Lassen Sie diese Symptome von Ihrem Kinderarzt abklären, und schildern Sie ihm den Sturz oder Unfall. Bettruhe nach einem Schädelhirntrauma muss in der Regel nicht eingehalten werden. Unnötige Belastungen, auch direkte Sonneneinstrahlung, sind aber zu meiden, und Schonung ist angezeigt.

Verbrühungen und Verbrennungen

Im ersten Lebensjahr kommen die Verbrühungen und Verbrennungen an zweiter Stelle nach den Abstürzen. Sobald das Baby greifen kann, ist nichts mehr sicher vor ihm. Mit vier, fünf Monaten halten die Kinder alles fest, was sie greifen können, und ziehen es zu sich heran: Papas Brille ist genauso interessant wie Mamas Ohrringe oder die Haare der großen Schwester. Doch eine kaputte Brille ist zu ersetzen und Schmerzen am Ohr oder beim Haareziehen sind auszuhalten. Doch wenn das Baby eine Tasse zu fassen bekommt und sich heißen Kaffee über den Brustkorb gießt, kann es zu schweren Verbrühungen kommen.

Damit ein solches Unglück nicht mit dem Badewasser passiert, können Sie die Heißwasserversorgung nur handwarm einstellen. Ergreifen Sie also alle möglichen Vorsichtsmaßnahmen (siehe ab Seite 74) für einen möglichst kindersicheren Haushalt, und zwar bevor das Stadium der entsprechenden Mobilität erreicht ist. Besonders gefährlich ist eine fremde Umgebung, die nicht auf Kinder eingestellt ist, etwa bei den Großeltern und besonders auf Reisen.

RICHTIG REAGIEREN

Hat sich Ihr Kind doch verbrüht oder verbrannt, gilt es, den Schaden zu begrenzen:

❋ Geben Sie bei Verbrühungen möglichst schnell viel kühles (nicht eiskaltes!) Wasser auf das bekleidete Kind, um die Hitze zu neutralisieren. Ausziehen dauert viel zu lange. Je nach Größe der Verwundung halten Sie das Körperteil oder das ganze Kind etwa zehn Minuten unter fließendes kühles Wasser (Dusche, Badewanne oder Waschbecken).

❋ Lässt sich das Kind gar nicht trösten, steht anschließend eine effektive Schmerzbekämpfung mit Ibuprofen oder Paracetamol an, da Verbrühungen und Verbrennungen äußerst schmerzhaft sind.

❋ Dann sollten Sie die Brandwunde sauber abdecken. Wenn Sie keine sterilen Kompressen zur Hand haben, nehmen Sie Stofftaschentücher, gebügelte Geschirrtücher oder Ähnliches.

❋ Wenn mehr als nur eine Rötung und Hautreizung vorliegt und das Kind weiter Schmerzen hat und weint: ab zum Arzt!

❋ Entstehen Brandblasen, sollen diese nicht gleich eröffnet werden.

Verschluckte Fremdkörper

Gerät ein Fremdkörper in die Lunge, spricht man von Aspiration. Da sich die Atem- und Verdauungswege im Kehlkopf kreuzen, passiert das bei Kleinkindern leicht. Sie nehmen alles in den Mund, auch Kleinteile, die dann schnell verschluckt werden können. Nahrung kann in die Luftröhre oder Lunge gelangen, wenn Kinder beim Essen sprechen oder beim Spielen und Herumlaufen essen. Auch bei einem länger andauernden Husten muss bei Kleinkindern immer an eine mögliche Fremdkörper-Aspiration gedacht werden.

RICHTIG REAGIEREN

Meist befördert ein Hustenstoß den Fremdkörper wieder nach oben. Wenn dies nicht gelingt, können Sie Ihrem Kind mit der flachen Hand zwischen den Schulterblättern kräftig auf den Rücken klopfen, am besten liegt es dabei mit dem Gesicht nach unten über Ihren Schenkeln. Hilft das nicht und leidet Ihr Kind an Atemnot, können Sie als weitere Maßnahme das Kind kopfunter halten und den Brustkorb rasch und kräftig zusammendrücken, um doch noch den Fremdkörper herauszubringen. Wenn auch das nicht gelingt, müssen Sie Notfallmaßnahmen einleiten (siehe Seite 346).

Vergiftungen und Verätzungen

Sobald Säuglinge greifen können, führen sie alles zum Mund und schlucken es im Zweifelsfall auch hinunter. Das kann nicht nur zu Aspirationen (Seite 349), sondern auch zu schweren Vergiftungen führen. Am häufigsten vergiften sich Säuglinge und Kleinkinder mit Medikamenten, Zigaretten, Reinigungsmitteln oder Pflanzen. Wenn ein Kind sich plötzlich merkwürdig verhält, unwohl fühlt oder erbricht, könnte eine Vergiftung die Ursache sein, besonders in einer fremden Umgebung, einem unbekannten Haushalt oder im Urlaub. Vor allem bei Fernreisen kann man sich auf Maßnahmen zur Kindersicherheit nicht verlassen. Auch Haushalte, in denen keine kleinen Kinder leben, sind alles andere als kindersicher. So liegen in Wohnungen älterer Menschen oft Medikamente frei herum, besonders in der Nachttischschublade oder auf dem Küchen- oder Esstisch. Lassen Sie Ihr Kind deshalb nie aus dem Auge, wenn Sie in einem anderen Haus zu Besuch sind!

 WICHTIG

Alle Gifte außer Reichweite!

Achten Sie genau darauf, alles wegzuräumen, womit sich Ihr Kind vergiften könnte:

* Schließen Sie alle Chemikalien, Medikamente, Putzmittel und Rauchwaren ab, und bewahren Sie sie für Kinder unzugänglich auf!
* Bezeichnen Sie Medikamente vor Kindern nie als »Bonbons«. Nehmen Sie Tabletten möglichst unauffällig und »nebenbei« ein, und lassen Sie Kinder nicht mit der so schön knisternden Blisterpackung spielen.
* Lassen Sie Medikamente und Chemikalien, immer im beschrifteten Originalbehälter.

RICHTIG REAGIEREN

Ein Kind mit einer Vergiftung sollte auch im Verdachtsfall immer ärztlich behandelt werden. Vorher sollten Sie aber die nötigen Maßnahmen einleiten, denn hier ist ruhiges, rasches und besonnenes Handeln angesagt.

* Ist Ihr Kind bewusstlos, müssen Sie sofort den Notarzt anrufen und Erste-Hilfe-Maßnahmen von Seite 346 einleiten.
* Rufen Sie in weniger akuten Fällen, besonders bei sichtlichem Wohlbefinden, die zuständige Notrufzentrale an oder bundesweit für Kinder die Rufnummer 030 19240.
* Hat Ihr Kind Medikamente geschluckt, nehmen Sie diese mit zum Arzt. Versuchen Sie abzuschätzen, wie viele Tabletten oder welche Menge flüssiger Arznei Ihr Kind möglicherweise aufgenommen hat.
* Bei Säuren- oder Laugenverätzung lassen Sie nur ein waches Kind ein bis zwei Gläser Wasser oder Tee trinken. Bringen Sie das Kind nicht zum Erbrechen.
* Bei Augenverätzungen spülen Sie das Auge mindestens zehn Minuten mit laufendem lauwarmem Wasser aus. Am besten eignet sich dafür eine physiologische Kochsalzlösung, wie sie auch als Nasenspray verwendet wird. Das Ausspülen ist sehr schwierig, da die Lider mit einer freien Hand offen gehalten werden müssen, was wegen des sich einstellenden Lidkrampfes nur schwerlich gelingt. Achten Sie auch darauf, dass die Spülung nicht über ein eventuell nicht betroffenes Auge fließt.
* Bei Gas- oder Rauchvergiftungen ist das Bringen an die frische Luft die wichtigste Maßnahme. Vorsicht auch vor Rauch und giftigen Gasen bei der Bergung!
* Bei Hautverätzungen und Vergiftungen durch die Haut können einige Gifte, vor allem

WICHTIG

Beweise sammeln

Hat Ihr Kind etwas Giftiges geschluckt oder sich die Haut geätzt, sichern Sie die verdächtigen Substanzen und alles, was dazugehört. Neben den Resten der Gifte sind das auch die Behälter der Giftsubstanz, Tabletten und die zugehörigen Verpackungen, Beipackzettel, Gebrauchsinformationen, Pilze oder Pflanzen mit Früchten, Blättern und Stielen sowie alles Material, was klären könnte, um welchen Stoff es sich gehandelt haben könnte. Bringen Sie alles mit zum Arzt oder in die Klinik, damit die richtigen Maßnahmen eingeleitet werden können, um Ihrem Kind zu helfen.

spezielle Pflanzenschutzmittel (E 605) oder organische Lösungsmittel, auch über die Haut in den Körper gelangen.

✤ Wenn eine chemische Substanz auf die Kleidung oder die Haut verschüttet wurde, entfernen Sie die Textilien, und waschen Sie die Haut mit Wasser und Seife ab.

✤ Bei vermuteten Vergiftungen durch Pilze, Früchte, Blüten, Blätter oder Nadeln ist es besonders wichtig, ausreichend Pflanzen- oder Pilzmaterial (auch verbliebene Reste oder Erbrochenes) zur genaueren Identifizierung von Pilz oder Pflanze zum Arzt oder in die Klinik mitzubringen.

Wunden behandeln

Offene, blutende Wunden, vor allem an Knien und Händen, gehören zum Kinderalltag. Nur selten besteht ein Grund, damit zum Kinderarzt zu fahren. Fast alle können Sie mit einfachen Mitteln selbst behandeln:

✤ An erster Stelle einer Wundbehandlung steht die Reinigung der Wunde. Diese darf ruhig mit Leitungswasser, unterwegs mit Flaschenwasser, erfolgen. Jodstärketinktur (Povidonjod) wirkt desinfizierend, wenn Sie etwas davon auf die Wunde geben – falls Sie es schnell zur Hand haben. Großflächige Schürfwunden duschen Sie am besten körperwarm ab. Schmutz, Steinchen und Fremdkörper sollten Sie vorsichtig entfernen. Infizierte und verunreinigte Wunden können Sie im Waschbecken oder einem anderen Gefäß mit verdünnter Povidonjodlösung ausführlich baden.

✤ Stillen Sie stärkere Blutungen durch einen Druckverband, indem Sie eine Kompresse oder ein sauberes Taschentuch fest auf die Wunde drücken.

✤ Kleinere Sickerblutungen reinigen die Wunde von innen und hören von alleine auf.

✤ Spritzende Blutungen müssen durch Abdrücken der zuführenden Arterie gestillt werden, um die Blutung zu stoppen.

✤ Wenn möglich, sollten Sie eine offene, nicht mehr blutende Wunde nicht mit Pflaster und Binden bedecken. Denn diese bilden häufig eine »feuchte Kammer«, in der sich Keime besonders gut vermehren können. Die Heilung geht an der Luft am schnellsten, und die Infektionsgefahr ist am geringsten. Aus praktischen Gründen geht das jedoch nicht immer. Versuchen Sie, wenn möglich, die Wunde nur tagsüber zu verbinden und sie nachts offen zu lassen.

✤ Frische tiefere Wunden, insbesondere Platz- und Schnittwunden, müssen vom Arzt genäht, geklebt oder durch Pflasterstreifen (»Klammerpflaster«) versorgt werden.

✤ Ältere und infizierte Wunden müssen offen bleiben, damit sie vom Wundgrund her zuheilen können.

WENN DAS BABY KRANK IST

Eltern haben verständlicherweise große Angst, dass ihr Baby krank werden könnte. Zum Glück ist diese Angst meist unbegründet – zumindest im ersten halben Jahr. Denn bis dahin ist es sehr unwahrscheinlich, dass ein Kind ernster erkrankt, da es über die Mutter, insbesondere wenn diese stillt, einen recht guten Infektionsschutz mit auf den Weg bekommen hat. Kommt dann aber doch die allererste Krankheit, ist das für Eltern immer etwas sehr Aufregendes. Kein Wunder, denn noch ist alles neu, und die Eltern spüren eine große Verantwortung für ihr kleines Baby. Am liebsten würden sie es vor allen »bösen« Krankheitserregern beschützen. Aber das geht nicht – Kinder werden nun mal krank und brauchen sogar Infekte, um ihr Immunsystem aufzubauen und zu trainieren. Doch keine Sorge: Nach und nach werden Sie als Eltern lernen, mit den unvermeidlichen Krankheiten Ihres Kindes umzugehen.

Die Verfassung entscheidet

»Wie geht es meinem Kind?« Das ist die erste Frage, die sich Eltern stellen sollten, wenn ihr Kind Krankheitssymptome zeigt. Erst an zweiter Stelle stehen die Fragen danach, was das Kind »hat«, wie hoch das Fieber ist, wie seine Haut aussieht oder wie oft es hustet. So kann sich die Geräuschkulisse, die ein verschnupftes Baby produziert, sehr aufregend anhören – und doch lautet die Antwort auf die Frage, wie es dem Kind geht: »Eigentlich ganz gut!« Denn Kindern kann es trotz auffälliger Symptome gutgehen, und umgekehrt kann ihr Zustand auch ohne deutliche Anzeichen sehr schlecht sein. Gerade im ersten Lebensjahr ist es für Eltern nicht immer einfach, Erkrankungen oder behandlungsbedürftige Probleme zu erkennen, umso mehr, je jünger das Baby ist.

Doch mit der Zeit werden Sie immer besser mit harmlosen Unpässlichkeiten zurechtkommen. Und in vielen Fällen genügt bald auch ein kinderärztlicher Rat am Telefon. Wenn Sie aber unsicher sind oder sich Sorgen um Ihr Kind machen, sollten Sie besser die Kinderarztpraxis aufsuchen. Legen Sie sich auf jeden Fall die örtlichen Notfallnummern neben das Telefon – auch die des Kinderarztes, des Babysitters und der Großeltern –, und speichern Sie diese Nummern auch in Ihrem Mobiltelefon (siehe Kasten Seite 345).

Nur im Notfall ins Krankenhaus

Es kann tatsächlich in Einzelfällen notwendig sein, dass ein Kind im Krankenhaus behandelt werden muss. Oder es passiert etwas in der Nacht oder am Wochenende, und Ihr Kinderarzt ist nicht erreichbar. Zögern Sie in diesen Fällen nicht, den Notarzt zu verständigen oder selbst in die nächste Notaufnahme zu fahren!

Egal ob im Krankheitsfall oder nach einem Unfall: Fahren Sie immer dann ins Krankenhaus, wenn Sie eine sofortige notärztliche Hilfe brauchen. In allen anderen Situationen sollten Sie erst Ihren Kinderarzt kontaktieren. Selbst wenn

WICHTIG

Gefahrenzeichen erkennen

Bei den folgenden Symptomen sollten Sie nicht zögern und Ihren Kinderarzt aufsuchen:

* **Beeinträchtigung** des Aufmerksamkeitszustandes (Vigilanzstörung): Das Kind ist schlaff, apathisch, bewusstseinsgestört oder krampft.
* **Nahrungsverweigerung:** Das Kind kann gar nichts trinken, weder an der Brust noch die Flasche; es erbricht alles.
* **Austrocknung (Exsikkose):** Das Kind erbricht und hat Durchfall, es zeigt Austrocknungszeichen wie trockene Schleimhäute, tiefliegende Augen, eine eingesunkene

Fontanelle; auch bei länger anhaltendem Durchfall.

* **Atemstörung:** Das Kind hat Probleme mit dem Ein- oder Ausatmen, ist blau, hustet viel oder atmet sehr schnell. Bei schnellem Atmen (mehr als 50 Atemzüge pro Minute) besteht immer der Verdacht auf eine Lungenentzündung.
* **Körpertemperatur:** Untertemperatur oder Fieber alleine ohne weitere Symptome sind nur bei sehr jungen Säuglingen ein Gefahrenzeichen, später nur, wenn die oben genannten Symptome hinzukommen.

Sie ins Krankenhaus müssen, ist es zu empfehlen, ihn vorher anzurufen, die Situation zu schildern und ihn zu bitten, Sie anzumelden. Denn so können unter Umständen notwendige Vorbereitungen in der Klinik bereits vor Ihrer Ankunft getroffen werden, etwa bei Verbrennungen oder schweren Unfällen. Eventuell müssen Sie auch weniger lange warten, als wenn Sie selbstständig und ohne Überweisung oder Einweisung das Krankenhaus aufsuchen.

ZU HAUSE GESUND WERDEN

Viele Erkrankungen und Zustände, die früher stationär behandelt wurden, können heute daheim therapiert werden, etwa Pseudokrupp (siehe Seite 394), eine Lungenentzündung (siehe Seite 386) und ein Fieberkrampf (siehe Seite 385). Dessen ungeachtet werden Patienten oft in der Klinik behalten, wenn sie als Notfall kommen – auch wenn gar keine schlimme Erkrankung vorliegt. Denn in der Hektik einer Notaufnahme ist eine abschließende Beurteilung, die es erlaubt, ein Kind wieder heimzuschicken, häufig nicht möglich. Also werden Kinder im Zweifelsfall stationär aufgenommen, um auf Nummer sicher zu gehen.

Noch ein weiterer Punkt spricht gegen eine Klinik als erste Anlaufstation bei Krankheiten und Unfällen: Während es in der Praxis darum geht, das kranke Kind unter den meist gesunden Kindern zu erkennen, hat die Klinik eine umgekehrte »Beweislast«. Denn ein dort vorgestelltes Kind ist zunächst als krank anzusehen, und es muss erst gezeigt werden, dass es nicht krank ist. Außerdem muss sich eine Klinik in besonderem Maße vor dem Vorwurf schützen, Untersuchungen und Eingriffe unterlassen zu haben. Aus diesem Grund, aber auch wegen der Routineabläufe in einem Krankenhaus, kann auch einmal zu viel gemacht werden.

INFO

Das babyfreundliche Krankenhaus

Eine Initiative von Weltgesundheitsorganisation (WHO) und dem Kinderhilfswerk der Vereinten Nationen (UNICEF) zeichnet Kliniken mit dem Gütesiegel »Babyfreundliches Krankenhaus« aus. Diese bieten einen hohen Betreuungsstandard im Sinne eines ganzheitlichen Betreuungskonzepts, das sich an den körperlichen und seelischen Bedürfnissen von Babys und ihren Eltern orientiert. Das Stillen spielt dabei eine besondere Rolle. Auch die »Nationale Stillkommission« zeichnet Krankenhäuser aus, die das Stillen fördern. Fragen Sie Ihren Kinderarzt danach (siehe auch Adressen Seite 402).

Die Krankenversicherung

Kinder sind in der Regel bei dem höher verdienenden Elternteil in der sogenannten Familienversicherung mitversichert. Insofern können Sie die Krankenversicherung des Kindes nicht aussuchen, aber es besteht die Möglichkeit, eine Kasse oder manchmal auch zwischen einer gesetzlichen (GKV), einer privaten (PKV) oder freiwilligen Krankenversicherung zu wählen.

Gesetzlich versichert

Die gesetzliche Krankenversicherung ist eine Solidargemeinschaft, in der die Gesunden die Erkrankten unterstützen, die Jungen die Alten und die Kinderlosen diejenigen mit Kindern. Unterschiede zwischen den Kassen bestehen in freiwilligen Leistungen, Bonusprogrammen und der Teilnahme an Integrierten Versorgungsverträgen (IV-Verträge). Diese bieten den Zugang zu sonst nicht von der GKV übernommenen Maßnahmen, etwa für Homöopathie.

Lohnen sich Zusatzversicherungen?

Außerdem besteht die Möglichkeit von kostenpflichtigen Zusatzversicherungen. Sie können zum Beispiel für eine Chefarztbehandlung bei einer stationären Aufnahme, für Auslandsreisen oder für bestimmte Zusatzleistungen wie Zahnersatz abgeschlossen werden. Hier ist es wichtig, das Kleingedruckte genau zu studieren, da der Leistungsumfang sich je nach Versicherung stark unterscheidet. So zahlen manche Zusatzversicherungen zwar Homöopathie beim Heilpraktiker, nicht aber beim homöopathisch ausgebildeten Arzt.

Privat versichert

Wenn Sie privat versichert sind, wird – im Unterschied zur gesetzlichen Versicherung – jeder Besuch, jeder Kontakt extra abgerechnet. Sie erhalten eine Rechnung und können genau sehen, was der Arzt an welchem Tag abgerechnet hat und was die Leistungen kosten. Dies schafft ein Kostenbewusstsein und ein höheres Maß an Transparenz. Privatpatienten können ohne Überweisung jeden Facharzt und ohne Einweisung jedes Krankenhaus aufsuchen. Dieser Vorteil kann allerdings die Gefahr bergen, dass es niemanden mehr gibt, der dem Patienten als Lotse im Labyrinth des Gesundheitswesens dient. Es gibt keine Facharzt- oder Krankenhausberichte, wenn es keinen zuweisenden Arzt gibt, und keine zweite Meinung bei vorgeschlagenen Eingriffen und Maßnahmen. Patienten müssen ein hohes Maß an Kompetenz, Selbstbewusstsein und Stehvermögen haben, um sich zu behaupten. Sie müssen dann den »roten Faden« selbst in der Hand behalten. Das gilt auch, wenn Sie mit Ihrem kleinen Patienten zum Arzt oder in eine Klinik gehen.

Für Kinder nicht immer von Vorteil

Kinder haben nur wenige Vorteile von einer Privatversicherung, vor allem dann, wenn sie schwer krank oder behindert sind. Fördermaßnahmen werden nur unter sehr begrenzten Umständen übernommen, ebenso wenig Mutter-Kind-Kuren. Privatkassen erheben Risikozuschläge für geringe Vorerkrankungen oder nehmen Kinder erst gar nicht auf. In Kinderkrankenhäusern ist es selten von Vorteil, privat versichert zu sein. Kinder werden in aller Regel immer gleich zuvorkommend behandelt – anders als Erwachsene.

WECHSELNDE ÄRZTE

Ein weiteres Problem ist die nicht immer klare Zuständigkeit. In der Praxis haben Sie Ihren festen Ansprechpartner, und auch in Gemeinschaftspraxen ist es üblich, dass man sich seinen Arzt aussucht. Wenn er einmal nicht da ist, gibt es einen definierten Vertreter. In Kliniken hingegen kann es vorkommen, dass ein verantwortlicher Stationsarzt nicht in allem über ein Kind Bescheid weiß. Denn im Krankenhaus sind oftmals verschiedene Ärzte dafür zuständig, das Kind aufzunehmen, zu behandeln und zu entlassen. So ist es für die Eltern nicht leicht zu wissen, an wen sie sich wenden können – übrigens auch nicht für den Kinderarzt, der sich auf der Station nach dem Zustand seines kleinen Patienten erkundigen will.

Neben der Krankenversorgung gehören auch Forschung und Lehre zu den Aufgaben des Krankenhauses, wenn es sich bei der Kinderklinik um eine universitäre oder einer Universität als Lehrkrankenhaus angegliederte Einrichtung handelt. Hier werden Ärzte, Schwestern, technisches Personal und auch Studenten ausgebildet. Ob eine solche Kinderklinik für Ihr Kind zu empfehlen ist, sollten Sie mit Ihrem Kinderarzt gründlich besprechen und sich über die Vor- und Nachteile aufklären lassen.

DAS BABY NICHT ALLEINE LASSEN

Muss ein Kind doch einmal ins Krankenhaus, sollte immer eine vertraute Person bei ihm sein. Das gilt auch, wenn das Neugeborene nach der Geburt nicht gleich nach Hause kommen darf. Die meisten Kinderkliniken sind heute sehr bemüht, einen Elternteil mit aufzunehmen, und haben erkannt, dass Eltern nicht lästig, sondern eine große Hilfe sein können. Wenn möglich, sollten Sie sich ein »babyfreundliches Krankenhaus« aussuchen (siehe Kasten Seite 354). Dort ist Rooming-in meist eine Selbstverständlichkeit. Die Kosten dafür übernehmen fast immer die Krankenkassen. Muss Ihr Baby ins Krankenhaus, sollten Sie an Folgendes denken:

* Nehmen Sie den Schnuller und das Kuscheltier mit. Hat Ihr Kind eine eigene Kuscheldecke, können Sie auch diese einpacken.
* Auch Lieblingsspielzeug sollten Sie nicht vergessen. Denn sobald es Ihrem Kleinen besser geht, will es bestimmt mit Ihnen spielen. Zudem hilft Spielen Kindern, einschneidende Erlebnisse zu verarbeiten.
* Bereiten Sie Ihr Kind auf das, was geschehen wird, so gut es geht vor – auch wenn es noch sehr klein ist und nicht zu verstehen scheint, worum es geht. Es wird sehr viel ruhiger, wenn es immer alles erklärt bekommt. Bitten Sie auch das Krankenhauspersonal darum.
* Nehmen Sie Ihr Kind auf den Schoß, während es untersucht oder behandelt wird. Erklären Sie oder der Arzt dem Kind wiederum die anstehenden Maßnahmen, damit es weiß, dass etwas passiert.
* Suchen Sie Entlastung für sich selbst, etwa durch die Großeltern oder Freunde.
* Zeigen Sie sich zuversichtlich, dass alles gut gehen und Ihr Kind bald gesund sein wird. So kann auch Ihr Kind zuversichtlich sein.

In jedem Fall ist ein Krankenhausaufenthalt für das Kind und seine Eltern ein einschneidendes Ereignis, das oft Spuren hinterlässt. Das Kind kann lange ängstlich und unsicher sein, schlecht schlafen oder andere Verhaltensauffälligkeiten zeigen. Sprechen Sie mit Ihrem Kind über seine Erlebnisse! Wenn Sie Ihrem Kind möglichst viel Sicherheit und Geborgenheit sowie das Gefühl vermitteln, dass Sie das Richtige tun, werden die Auffälligkeiten verschwinden und Ihr Baby wird bald wieder ganz das Alte sein.

Fieber hilft bei der Heilung

Für ein sonst gesundes Kind ist Fieber grundsätzlich nicht schlimm, sondern ein Zeichen der erfolgreichen Auseinandersetzung des Immunsystems mit einer Infektion. Denn die erhöhte Temperatur macht Bakterien und Viren inaktiv und regt den Stoffwechsel sowie das Immunsystem an. Fieber ist also normalerweise ein gutes Zeichen, denn es hilft beim Gesundwerden.

Unterschiedliche Ursachen

Meist wird Fieber als »erhöhte Körpertemperatur« definiert, aber die Aussagen, welche Temperaturerhöhung als Fieber bezeichnet wird, sind unterschiedlich und nicht klar definiert. Gemeinhin gilt eine Körpertemperatur, die die normale Körpertemperatur eines Menschen – die individuell schwankt – um mehr als 1 °C überschreitet, als Fieber. Zuvor müssen allerdings andere Ursachen einer Temperaturerhöhung (Hyperthermie) ausgeschlossen sein. Dafür kommen zum Beispiel eine Überwärmung durch zu dicke Kleidung oder ein Sonnenstich nach zu viel Sonneneinstrahlung als äußere Ursachen infrage. Aber auch eine Überwärmung von innen, etwa nach körperlicher Bewegung oder Belastung sowie bei Aufregung (»Reisefieber«), hat nichts mit Fieber zu tun.

Die normale Körpertemperatur bei Säuglingen liegt zwischen 36 und 37,5 °C, bei Kindern allgemein etwa bei 37,5 °C. Werte zwischen 37,6° und 38 °C gelten als erhöhte Körpertemperatur. Ab 38 °C spricht man von Fieber, ab 39 °C von hohem Fieber. Weil Kinder aber unterschiedlich stark fiebern, sagt die Höhe der Temperatur nicht unbedingt etwas über die Schwere einer Erkrankung aus. Zudem steigt die Körpertemperatur im Lauf des Tages um 0,5 °C an, was ebenfalls zu berücksichtigen ist.

WICHTIG

Zum Arzt!

Stellen Sie Ihren Säugling sofort beim Kinderarzt vor, wenn er fiebert und unter drei Monaten alt ist.

Gehen Sie mit Ihrem fiebernden Kind zum Arzt, wenn

* es sichtlich angestrengt atmet,
* das Fieber länger als drei Tage besteht,
* sich sein Allgemeinzustand verändert oder weitere Krankheitssymptome hinzutreten.

Wie Sie sich bei einem Fieberkrampf verhalten, erfahren Sie auf Seite 385.

Richtig einordnen

Auch bei Fieber gilt: Der Allgemeinzustand ist entscheidend. Senken Sie Fieber also nicht um seiner selbst willen, denn nicht das Fieber muss behandelt werden, sondern das kranke Kind. Geht es Ihrem Kind trotz Fieber gut, besteht keine Notwendigkeit zu handeln. Beobachten Sie Ihr Kind und den Verlauf des Fiebers, um herauszufinden, was es »ausbrütet«. Ziehen Sie ihm leichte Baumwollkleidung an, damit kein Hitzestau entstehen kann. Bieten Sie ihm zusätzlich Flüssigkeit in Form von Wasser oder ungesüßtem Tee an. Erst zusätzliche Symptome lassen auf eine bestimmte Erkrankung schließen. Bei Säuglingen kann ein »Dreitagefieber« (siehe Seite 378) dahinterstecken, das normalerweise harmlos ist und nach einigen Tagen verschwindet. Bei anderen Krankheitszeichen sollten Sie den Arzt aufsuchen (siehe Kasten unten).

Fieber besser verstehen

Früher galt Fieber bei Krankheit noch als gutes Zeichen, als Ausdruck eines Prozesses, der die

Krankheit bekämpft. Erst durch die Entdeckung des Blutkreislaufs und die Fortschritte in Anatomie und Physiologie änderte sich diese Vorstellung: Fieber wurde fortan auf die Durchblutungsvermehrung eines entzündlichen Prozesses zurückgeführt und mit einer Infektion gleichgesetzt. Da Fieber in diesem Zusammenhang tatsächlich mit Krankheit und Tod einhergehen konnte, wurde es gefürchtet und bekämpft. Seit Ende des 19. Jahrhunderts behandelt man das »Symptom Fieber« mit fiebersenkenden Mitteln. Auch heute noch wird Fieber eher als Ursache einer Erkrankung denn als Reaktion des Organismus gesehen. Dabei konnte wissenschaftlich längst gezeigt werden, dass es sich bei Fieber nicht um einen Krankheitsauslöser oder eine Gefahr handelt, sondern um einen natürlichen körperlichen Anpassungsprozess an innere oder äußere Reize. Dennoch hält sich das Denken bis heute, dass Fieber bekämpft und gesenkt werden muss.

Nützliche Temperaturerhöhung

Vieles spricht dagegen, Fieber nur deshalb zu senken, damit es nicht mehr da ist. Denn Fieber hat eine wichtige Funktion für die Regulation der Körpertemperatur. Mit Fieber reagiert der

TIPP

Der Wadenwickel

Wenn das Kind nicht friert und fröstelt, sondern heiße Hände und Füße hat, können Sie das Fieber sanft senken, indem Sie ein zuverlässiges Hausmittel anwenden: den Wadenwickel. Er ist schonender als ein Medikament und erhält die Heilkraft des Fiebers.

Sie können Wickel übrigens auch an den Handgelenken oder auf der Stirn anwenden.

Geben Sie niemals gleichzeitig fiebersenkende Medikamente – das würde den Kreislauf zu stark belasten. Außerdem sollte das Kind über ein halbes Jahr alt sein.

So gehen Sie vor:

❋ Falten Sie ein Baumwoll- oder Leinentuch so, dass es zwischen Knie und Knöchel passt.

❋ Tauchen Sie das Tuch in lauwarmes Wasser, dann gut auswringen, glatt streichen und faltenfrei um den Unterschenkel wickeln.

❋ Legen Sie ein trockenes Tuch darüber, und wickeln Sie einen Wollschal darum, oder ziehen Sie Ihrem Kind Wollstrümpfe an.

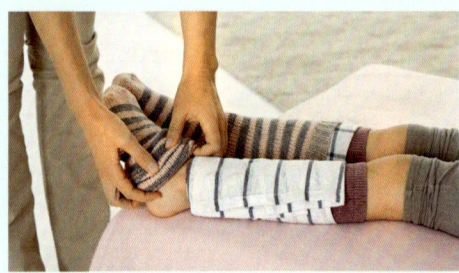

❋ Wiederholen Sie dasselbe für das andere Bein.

❋ Legen Sie eine Decke über die Beine, und testen Sie mit einem Finger nach etwa zehn Minuten, ob die Innentücher bereits warm sind. In diesem Fall erneuern Sie den Wickel (bis zu viermal) mit neuen Tüchern, wie oben beschrieben.

❋ Anschließend trocknen Sie die Beine gut ab und lassen Ihr Kind zugedeckt ruhen.

❋ Ist das Fieber nach rund einer Stunde noch immer zu hoch, wiederholen Sie die Prozedur. Senken Sie das Fieber aber höchstens um 1 °C, damit Herz und Kreislauf nicht zu sehr belastet werden.

Organismus auf Reize des Immunsystems, etwa eine Infektion, und hilft mit, diese zu bekämpfen. Anhand des natürlichen Verlaufs von Fieber, der »Fieberkurve«, kann auf die Art der Erkrankung geschlossen werden: etwa, ob das Fieber nur abends auftritt und der Patient morgens fieberfrei ist oder ob das Fieber den ganzen Tag in unveränderter Höhe besteht.

Wie sinnvoll die Heilkraft von Fieber ist, kann an vielen Beispielen belegt werden. So ist lange bekannt, dass fiebernde Patienten etwa bei einer Blutvergiftung (Sepsis) eine bessere Prognose haben als diejenigen, die nicht fiebern können – die Überlebensraten sind fast doppelt so hoch. Und bei Patienten mit grippalem Infekt durch das sogenannte Schnupfenvirus (Rhinovirus) sowie bei Kindern mit Windpocken verlängert sich die Erkrankung, wenn das Fieber gesenkt wird. Außerdem schlägt eine Impfung schlechter an, wenn danach auftretendes Fieber gesenkt wird: Der Körper bildet dann weniger der gewünschten Schutzantikörper.

Wann Fiebersenken nötig ist

Dennoch gibt es Gründe, ein Schmerz- Fiebermittel wie etwa Ibuprofen oder Paracetamol zu geben, vor allem dann, wenn das Kind neben dem Fieber unter starkem Unwohlsein, Gliederschmerzen, Frösteln und Unruhe leidet. Das ist häufig nachmittags zwischen 15 und 17 Uhr und abends gegen 23 Uhr der Fall. Da ein hoch fieberndes, leidendes Kind oft schwer zu beurteilen ist, kann es notwendig werden, ein Schmerz-Fiebermittel zu geben. In diesem Fall hilft ein Wadenwickel (siehe Kasten linke Seite) nicht. Bessert sich das Allgemeinbefinden rasch und sinkt das Fieber etwas ab, können Sie recht sicher sein, dass nichts wirklich Ernstes vorliegt, und das Kind trösten und beruhigen. Wenn Sie unsicher sind, kontaktieren Sie Ihren Arzt.

Gesundheit kommt von innen

Alle Erkrankungen und Verletzungen, körperliche wie seelische, brauchen Zeit, Geduld und Unterstützung, damit sie heilen können. Die eigentliche Heilung kommt von innen durch die Lebenskraft eines Menschen. Ein altes lateinisches Sprichwort lautet: Natura sanat, medicus curat – Die Natur heilt, der Arzt kümmert sich. Es ist Aufgabe der Eltern und des Arztes, gute Voraussetzungen für die Heilung zu schaffen oder wenigstens die Heilung nicht zu behindern. Dazu sind nicht immer Medikamente nötig. Vielmehr verleiht die Gabe von Arzneimitteln oft eine Scheinsicherheit: das gute Gefühl, wenigstens etwas getan zu haben. Und so schicken Ärzte Eltern mit einem hustenden Kind nicht mit leeren Händen nach Hause, sondern verschreiben einen Hustensaft – auch wenn der gar nicht nötig ist. Oder die Eltern kaufen in der Apotheke Erkältungsmittel, die den Schnupfen gar nicht kurieren können.

Heilungshindernisse beseitigen

Das Vertrauen in die Selbstheilungskräfte des Menschen ist mit den – natürlich auch segensreichen – Fortschritten der Medizin immer weiter verloren gegangen. Dabei muss an erster Stelle einer Behandlung eigentlich immer das Erkennen und Beseitigen von Heilungshindernissen stehen. Die Frage lautet also: Was hindert die Selbstheilungskraft daran, mit Erkrankungen eigenständig fertig zu werden? Solche Hindernisse können mechanischer, psychischer und sozialer Natur sein. Manche sind ganz banal: Ein Splitter oder Steinchen in einer Wunde verhindert die Heilung. Oder: Weil in seiner Umgebung geraucht wird, kann die Bronchitis des Kleinkindes nicht ausheilen und wird beim nächsten Infekt wieder auftreten. Werden solche

Heilungshindernisse erkannt, können sie beseitigt werden, und die Selbstheilungskraft kann das Kind wieder gesund machen.

Ziel: ein Leben ohne Medikamente

Selbstverständlich gibt es Krankheiten, bei denen Medikamente absolut nötig sind und sogar Leben retten können. Doch das ist, insbesondere bei Kindern, nur sehr selten der Fall, etwa bei einer Diabetes oder einer Unterfunktion der Schilddrüse. In den allermeisten Fällen muss es das Ziel sein, ein Leben ohne Medikamente (Drogen) zu führen. Wenn ein Kind eine Dauermedikation, etwa bei Asthma, bekommt, sollten Sie in Absprache mit dem behandelnden Arzt immer wieder versuchen, mit so wenig wie möglich auszukommen – und hin und wieder einen Auslassversuch machen. So geben Sie Ihrem Kind die Chance zur Rekonvaleszenz, was auf Deutsch heißt »wieder mit sich und den anderen gut sein«.

Die Widerstandskraft stärken

Unterstützen Sie die Gesundheit Ihres Kindes auch, indem Sie das fördern und höher bewerten, was es gesund erhält (Salutogenese). Dazu gehören ausgewogene Nahrung und körperliche Bewegung an der frischen Luft ebenso wie die Stärkung der seelischen Widerstandskraft (Resilienz) durch die Unterstützung dessen, was das Kind gut kann und was in ihm positiv angelegt ist. Zeigen Sie ihm, dass Sie an seine Stärken glauben und seine Lebenskraft ihm hilft, gesund zu bleiben und Krankheiten zu bekämpfen.

Nicht nur ein »medizinischer Fall«

Ist Ihr Kind erkrankt, werden Sie als Eltern die Krankheit nicht nur isoliert betrachten, sondern immer Ihr Kind als Gesamtpersönlichkeit im Blick haben. Denn auch im Umgang mit Krank-heiten reagiert jeder Mensch verschieden. Das wird auch Ihr Kinderarzt berücksichtigen, wenn er Ihr Kind in gesunden Tagen und in seiner normalen Entwicklung kennt – hierfür sind die Früherkennungsuntersuchungen gedacht.

MENSCHLICHE BEGEGNUNGEN

Die Medizin scheint auf den ersten Blick eine rational und an der Sache orientierte Naturwissenschaft zu sein. Die ärztliche Alltagspraxis ist aber eine Begegnung von und mit Menschen, nicht nur von und mit Sachfragen. So muss der Arzt mehr als nur ein »Mediziner« sein und in seinen Umgang mit gesunden und kranken Menschen neben den medizinischen auch die allgemein menschlichen, psychologischen und gesellschaftlich-sozialen Gesichtspunkte einfließen lassen. Schließlich besteht ein Kind, wie andere kranke Menschen auch, nicht nur aus einem Bündel von Symptomen und Diagnosen. Vielmehr ist es ein Individuum in einem persönlichen sozialen Flechtwerk, das als ganzer Mensch wahrgenommen werden soll und will. Deshalb muss im Einzelfall nicht alles, was medizinisch möglich und auf den ersten Blick notwendig erscheint, auch ärztlich sinnvoll sein. Denn ein verantwortungsvoller Kinderarzt wird sich bei seinem Handeln auch der gesamten gegenwärtigen Lebenswelt der ihm anvertrauten Kinder widmen und sich der Folgen seiner Tätigkeit für das noch lange Leben der jungen Kinder bewusst sein.

Versuchen Sie das bei der Wahl Ihres Kinderarztes ebenso zu berücksichtigen wie bei Ihrem eigenen Umgang mit dem Kind. Behalten Sie Ihr Kind als Gesamtpersönlichkeit im Auge, und schenken Sie Krankheiten keine übermäßige Aufmerksamkeit. Zeigen Sie Ihrem Kind, dass Kranksein keine Katastrophe, sondern ein ganz normaler, vorübergehender Zustand ist.

Der Umgang mit Antibiotika

Der sorglose, manchmal unbedachte Umgang mit Medikamenten zeigt sich besonders deutlich am Gebrauch von Antibiotika. Zwar schadet es im Einzelfall nicht, einmal ein Antibiotikum ohne Notwendigkeit zu nehmen, doch sind die Langzeitfolgen für den Einzelnen und die Gesellschaft noch unabsehbar.

Wichtige Lebensretter

Antibiotika waren und sind lebensrettend, wenn sie richtig eingesetzt werden: bei schweren bakteriellen Infektionen, mit denen der Organismus nicht selbst fertig wird. Bei Säuglingen sind dies etwa die eitrige Hirnhautentzündung, die bakterielle Knochenentzündung (Osteomyelitis), die Nierenbeckenentzündung oder die bakterielle Pneumonie, eine Form der Lungenentzündung.

Falscher Einsatz

Häufig werden Antibiotika lediglich aufgrund eines Keimnachweises verschrieben. Dieser alleine kann die Frage, ob es sich um eine Keimbesiedelung oder eine Infektion handelt, nicht beantworten. So können etwa in Epidemiezeiten ein Drittel aller Kindergartenkinder Streptokokken im Hals mit sich herumtragen, aber nur wenige erkranken an Scharlach oder Streptokokkenangina. Wird dann nur aufgrund eines Keimnachweises ein Antibiotikum eingesetzt, nimmt es dem Körper die Chance, selbst auf die Erreger zu reagieren und sie abzuwehren. Bei der nächsten Besiedelung mit demselben Erreger wird es der Organismus dann immer noch nicht können, sondern den wieder auftretenden Keimen machtlos gegenüberstehen. Die Eltern glauben zwar, ihr Kind hätte schon fünfmal Scharlach gehabt, doch in Wirklichkeit wurden nur fünfmal Streptokokken nachgewiesen. Diese können die Ursache der Erkrankung gewesen sein, ebenso gut aber auch ein Zufallsbefund bei einer Halsrötung mit einer anderen Ursache.

Gestörtes Gleichgewicht

Ein weiterer kritischer Punkt bei der Gabe von Antibiotika ist deren umfassende Wirkung: Sie zerstören das Gleichgewicht der Mikroorganismen, indem sie nicht nur die unerwünschten Bakterien töten, sondern auch viele harmlose und vor allem viele nützliche Keime, die der menschliche Körper braucht. Besonders der Verdauungstrakt ist davon betroffen, weil er eine breite mikrobielle Darmflora besitzt, die zur Verdauung ist notwendig und mühsam aufgebaut und individuell optimiert wurde. Meist dauert es lange, bis nach einer Antibiotikagabe das Gleichgewicht wieder hergestellt ist. Das ist umso bedenklicher, weil nicht selten Antibiotika verschrieben werden, obwohl sie gar nicht wirken können. So ist eine antibiotische Behandlung sinnlos, wenn eine Infektion durch Viren ausgelöst wird, wie etwa Pseudokrupp oder eine »banale« Atemwegsinfektion. Denn ein Antibiotikum wirkt nur gegen Bakterien.

Da sich die Keime auch an ihre Feinde anpassen, entstehen durch die breite Verschreibung von Antibiotika sogenannte Resistenzen. Diese führen dazu, dass Antibiotika bei entsprechend angepassten Bakterien nur abgeschwächt oder gar nicht mehr wirken. Die Resistenzbildung stellt ein rasch wachsendes Problem dar, denn jährlich infizieren sich in Europa mindestens drei Millionen Menschen mit Bakterien, die gegen die bekannten Antibiotika resistent sind, und viele, europaweit etwa 50.000 Menschen, sterben sogar daran. Die Lösung kann nur in einem wesentlich zurückhaltenderen Umgang mit diesen lebenswichtigen Medikamenten liegen.

DIE HOMÖOPATHIE

Homöopathie erfreut sich wachsender Beliebtheit bei Eltern und Kindern. Das hat viele Gründe, etwa die Art der Arzneimittel, die Globuli, die lediglich einen wohldosierten Reiz setzen, der die Selbstheilungskräfte aktivieren und nicht nur die Krankheitssymptome unterdrücken soll. Vor allem ist es aber die Einstellung und das Menschenbild: Homöopathisch behandelnde Ärzte nehmen sich viel Zeit für ihre Patienten. Für sie steht nicht der Krankheitsname, die Diagnose, im Vordergrund, sondern der kranke Mensch in seiner Gesamtheit. Die Würdigung der Erkrankung oder des Zustandes eines Patienten geht über die aktuellen Symptome weit hinaus und umfasst seine ganze persönliche Vorgeschichte. Zudem gibt es für einige Arzneien »bewährte Indikationen« zur Selbstbehandlung, mit denen sich schon vom Neugeborenenalter an viele Symptome und Krankheiten sanft kurieren lassen.

Ganzheitlich heilen

Der Arzt Samuel Hahnemann (1755–1843) begründete mit der Homöopathie eine Lehre vom Menschen und seinen Erkrankungen. Die Ursache für Krankheiten sah Hahnemann in der »verstimmten Lebenskraft« eines Menschen. Damit ist die Stärkung dieser Lebenskraft als Selbstheilungskraft von zentraler Bedeutung. Die Homöopathie lehrt, dass die Symptome eines Patienten seine individuelle Art, krank zu sein, ausdrücken. Nach der Gesamtheit der Symptome richtet sich das Heilmittel, in akuten wie in chronischen Fällen.

Hahnemann stellt damit den Patienten in seiner Einzigartigkeit, seiner Individualität und seinen lebensgeschichtlichen Zusammenhängen in den Mittelpunkt. So vertritt die Homöopathie einen ganzheitlichen, das heißt körperlich-geistig-seelischen Ansatz, der ein völlig anderes Menschenbild und Krankheitsverständnis fördert und eine menschlichere Medizin als die herkömmliche ermöglicht.

Das Ähnlichkeitsprinzip

Das zentrale Prinzip der Homöopathie (griechisch für »ähnliches Leiden«) lautet: Ähnliches möge mit Ähnlichem behandelt werden (lateinisch: »Similia similibus curentur.«). Dieser Ansatz steht im Gegensatz zur herkömmlichen Medizin, bei der das Heilen von Krankheiten mit entgegengesetzt wirkenden Mitteln gelehrt wird. Ein Beispiel kann diese unterschiedliche Sichtweise verdeutlichen: Aus homöopathischer Sicht haben Haut- und Schleimhauterscheinungen wie etwa ein Ekzem eine Entlastungsfunktion für die inneren Organe. Denn viele Leiden entwickeln sich von außen, von der Haut, nach innen und auf die inneren Organe über. Werden sie durch eine eingreifende Behandlung unterdrückt, kann sich der innere Prozess stärker ausbreiten. Folge einer solchen Unterdrückung können chronische Erkrankungen sein. So kann dann ein Asthma entstehen, wenn eine Neurodermitis mit Cortison »weggeschmiert« wird. Die Schulmedizin sieht das genau andersherum: Nach ihrer Auffassung ist das Asthma die logische Folge der »allergischen Karriere«, die nur durch eine konsequente antiallergische Behandlung verhindert werden kann.

Die homöopathische Anamnese

Das Erheben der Vorgeschichte eines Menschen, die Anamnese, ist aus homöopathischer Sicht entscheidend für die Auswahl der Arznei und den Heilerfolg. Die Anamnese soll helfen, den Patienten besser kennenzulernen, um eine für ihn geeignete Behandlung zu finden. Da es darum geht, typische und unverwechselbare, individuelle Symptome, Eigenheiten und Besonderheiten des Patienten zu finden, stellt der Therapeut manchmal merkwürdige Fragen, die anscheinend nichts oder nur am Rande etwas mit der Erkrankung zu tun haben. Wundern Sie sich nicht, es geht bei den zum Teil sehr privaten Fragen nicht um Wertungen, sondern nur darum, möglichst spezifische Informationen über einen Menschen zu bekommen. Deshalb können auch scheinbar unwesentliche und nicht mit den geschilderten Beschwerden in Beziehung stehende Symptome bedeutsam sein.

Homöopathische Richtungen

Homöopathie ist umgangssprachlich zu einem Sammelbegriff für sehr kleine, stark verdünnte Arzneimittelgaben geworden und wird oft mit anderen naturheilkundlichen Verfahren verwechselt. Daher ist es ist wichtig, zu klären, was im Einzelfall mit Homöopathie gemeint ist und nach welcher Schule ein Therapeut behandelt:

* Unter Klassischer Homöopathie versteht man eine Richtung, die mit Einzelmitteln (es wird gleichzeitig nie mehr als ein Mittel angewandt) in hohen Potenzen (siehe Seite 366) arbeitet und »konstitutionell«, also unter Berücksichtigung der individuellen Symptome, der Krankheitsgeschichte und der gesamten Lebenssituation behandelt. Es darf aber nicht darum gehen, dem Patienten Symptome einzureden, diese zu vermuten oder zu fantasieren, Es geht bei der Arzneimittelwahl um die Gesamtheit der tatsächlich berichteten und vorhandenen Symptome.

* Die naturwissenschaftlich-kritische Richtung der Homöopathie arbeitet rein nach klinischen Diagnosen, also Krankheitsnamen und dafür bewährten Indikationen. Hier werden meist niedrige D-Potenzen eingesetzt und häufig auch Arzneien kombiniert.

* Die Komplexmittelhomöopathie behandelt mit festen Kombinationen aus homöopathischen Einzelmitteln. Dasselbe macht die anthroposophische Homöopathie, die sich als geisteswissenschaftliche Medizin auf der Grundlage der Anthroposophie Rudolf Steiners versteht. Komplexmittel sind aus klassisch-homöopathischer Sicht allerdings vor allem bei chronischen Erkrankungen sehr umstritten (siehe Kasten rechts).

* Daneben existiert eine ganze Reihe anderer Methoden, etwa die Schüßler-Salze oder die Homotoxikologie als Entgiftungskonzept. So haben verschiedene Richtungen versucht, die großen Erfolge der Homöopathie abkürzend zu nutzen, indem sie nach Diagnosen, nach philosophischen Systemen oder mittels Apparaten oder körperbezogenen Techniken die Arzneimittel auswählen und kombinierend anwenden. Bei akuten Zuständen mag das zuweilen funktionieren, aber eine Heilung

INFO

Eine Botschaft genügt

Eine homöopathische Arznei enthält immer nur eine Botschaft, im Idealfall die, die für den Krankheitsfall die passendste ist. Für den Heilerfolg ist es damit nicht entscheidend, wie viele Globuli gegeben werden. Ein einziges Kügelchen würde ausreichen. Da aber während der Herstellung die Globuli unterschiedlich benetzt sein können, werden meist drei bis fünf Globuli gegeben. Mehr helfen nicht mehr. Komplexmittel sind aus mehreren Arzneien zusammengesetzt, von denen jedes eine eigene Botschaft hat. Der Organismus soll sich sozusagen die passendste aussuchen. Diese abgekürzte Homöopathie kann im Ernstfall nicht funktionieren; der Organismus wird durch die verschiedenartigen Informationen verwirrt. Zu einem Zeitpunkt sollte deshalb immer nur eine Arznei gegeben werden. Nichts stört ein gut gewähltes Mittel mehr als eine andere homöopathische Arznei oder gar ein Komplexmittel.

wirkliche chronischer Erkrankungen kann dadurch nicht erreicht werden.

Je nach homöopathischer Schule gibt es eine ganze Anzahl von Ernährungs- und Verhaltensvorschriften, die der Patient während der Therapie einhalten soll. So ist zum Beispiel der Gebrauch mancher ätherischer Öle wie etwa Pfefferminze zu vermeiden.

Kritische Stimmen

Vor allem von naturwissenschaftlich-medizinischer Seite wird die Homöopathie oft scharf kritisiert und als Humbug oder »Glaubenssache«

abgetan. Insbesondere die hochpotenzierten Arzneimittel, in denen die Ausgangsstoffe nicht mehr nachweisbar sind, bezeichnen Kritiker oft als Scheinarzneimittel (»Placebo«, siehe Kasten unten). Doch gibt es eine große Zahl von Forschungsarbeiten, die für eine Wirksamkeit der homöopathischen Behandlung sprechen, etwa auch die Tatsache, dass homöopathische Behandlungen bei Kindern wirken. Nur kann die

INFO

Alles nur Placebo?

Immer wieder taucht der Vorwurf auf, homöopathische Arzneimittel seien nur Scheinmedikamente, also Placebos. In den letzten Jahren haben sich viele Ärzte, Psychologen und andere Wissenschaftler mit dem Placeboeffekt beschäftigt. Dabei hat sich gezeigt, dass auch bei chemischen Medikamenten die Wirkung in hohem Maße von der Erwartungshaltung abhängig ist – und von der »Droge Arzt«, also von der Haltung des Arztes.

Zudem ergaben die Versuche, dass teure Placebos besser wirken als billige, außerdem kommt es auf die Größe, Farbe und Dosierungsanweisung an sowie auf die Begleitmaßnahmen und Vorschriften. Placebos wirkten sogar dann, wenn man den Patienten mit den Worten aufklärte, dass das Medikament keinen Wirkstoff enthalte, es aber bekannt sei, dass viele Menschen trotzdem von der Einnahme profitieren. Es gibt einfache Belege dafür, dass in der Homöopathie nicht nur der Placeboeffekt greift: So wirkt Homöopathie auch bei Säuglingen und bei Tieren. Außerdem erschöpft sich ein reiner Placeboeffekt nach kurzer Zeit.

heute für wissenschaftliche Studien geforderte »randomisierte Doppelblindstudie« bei der Homöopathie nicht angewendet werden, da diese keine Standardtherapie für Diagnosen kennt. Solche Studien sind daher für den Nachweis, ob Homöopathie im Einzelfall gut helfen kann, nicht geeignet. Denn bei einer homöopathischen Behandlung wird nicht die Diagnose behandelt, sondern der Kranke mit seinen individuellen Symptomen: Im Mittelpunkt steht nicht die Krankheit, die der Patient hat, sondern die Frage, wie es dem Patienten geht.

Kooperation statt Konfrontation

Viele Eltern wollen heute gerne »zweigleisig« fahren: Für »richtige« Erkrankungen soll der Schulmediziner zuständig sein, für Befindlichkeitsstörungen und Verhaltensauffälligkeiten der Homöopath. Vor allem bei schweren und chronischen Erkrankungen erwägen 80 Prozent der Betroffenen irgendwann alternativmedizinische Verfahren. Zum Glück gibt es immer mehr Schulmediziner mit einer homöopathischen Ausbildung, auch unter den Kinderärzten. Liegt die Behandlung in zwei verschiedenen Händen, ist das vor allem dann schwierig, wenn der eine vom anderen nichts weiß. Oft ist das eher die Regel als die Ausnahme, und zwar sowohl was das Unwissen über die jeweils andere Heilmethode anbelangt als auch die Zusammenarbeit. Überzeugte Vertreter beider Richtungen tun sich wegen des unterschiedlichen zugrundeliegenden Krankheitsverständnisses und Heilungskonzepts schwer, miteinander zu reden. Doch ist eine gute Zusammenarbeit zwischen den homöopathisch tätigen Therapeuten und den Schulmedizinern sowohl in der Arztpraxis als auch in der Klinik immer wichtiger. Schließlich geht es um das Kind und nicht um individuelle Überzeugungen.

Arzneien in Potenzen

Die Grundlagen homöopathischer Mittel sind größtenteils natürliche Substanzen aus dem Pflanzenreich, dem Tierreich und dem unbelebten stofflichen Bereich, dem Mineralreich. Ihre Namen und die Schreibweise sind oft altmodisch, weil sie noch aus der Zeit Hahnemanns stammen. Von den etwa 4000 homöopathischen Arzneien ist höchstens ein Drittel geprüft, und etwa 150 bis 200 Mittel setzt der Homöopath in der täglichen Praxis ein. Hahnemann entdeckte, dass die Wirkung einer Arznei umso größer ist, je mehr sie verdünnt (potenziert) und dabei verschüttelt wird. Die Homöopathie kennt verschiedene Potenzierungsverfahren:

❋ Centesimalpotenzen (C-Potenzen) sind die von Hahnemann selbst verwendeten Potenzierungen. Die ursprüngliche Ausgangslösung wird pro Potenzierungsschritt mit 99 Teilen einer Alkohollösung verdünnt und »verschüttelt«. Wenn von dieser Verdünnung in einem weiteren Schritt wiederum ein Teil mit 99 Teilen Alkohol verdünnt und anschließend verschüttelt wird, entsteht die C2-Potenz. Gebräuchlich sind zum Beispiel C6, C12, C30, C200, C1000 und höhere Potenzen.

Homöopathische Kügelchen gibt es in unterschiedlichen Potenzen. Sie wirken sanft und schonend.

❋ Dezimalpotenzen (D-Potenzen) sind vor allem im deutschen Sprachraum üblich. Hier wird die Ausgangssubstanz mit neun Teilen einer Alkohollösung verdünnt und durch Schüttelschläge potenziert. So entsteht die D1. Jeder Schritt der D-Potenzen entspricht also einer Verdünnung von eins zu zehn, eine D6 ist somit eine millionenfache Verdünnung.

❋ Eine Sonderform der Potenzierung sind Q-Potenzen, auch LM-Potenzen genannt. Sie stehen für eine Potenzierung von 1:50.000, ausgehend von der C3, und gelten als sehr sanft und wenig mit dem Risiko einer Erstverschlimmerung behaftet. LM-Potenzen werden bei besonders empfindlichen und reaktiven Krankheitsbildern, etwa einer Neurodermitis, eingesetzt.

Unerwünschte Wirkungen

Bevor eine Besserung eintritt, kann manchmal eine Erstverschlimmerung, besser Erstreaktion, auftreten. Das kommt bei akuten Erkrankungen kaum vor, gelegentlich aber bei chronischen Krankheiten, die in ihrer Ausprägung sehr stark schwanken, etwa die Neurodermitis. Sogenannte Prüfsymptome können auftreten, wenn nach einer Arzneimittelgabe völlig neue Symptome erscheinen, die dem Arzneimittelbild der verabreichten Arznei entsprechen. Auch können früher bestehende, »oberflächlichere« Erkrankungen wieder auftreten, wenn die »tiefere« Krankheit sich bessert. So kann eine Neurodermitis wiederkehren, wenn eine Asthmabehandlung erfolgreich ist. Das ist keine Nebenwirkung, sondern der homöopathische Heilungsweg, der respektiert werden muss.

Vergiftungen durch homöopathische Arzneien sind nicht möglich. Sollte Ihr Kind also mal ein ganzes Fläschchen Globuli ausgeleert und aufgegessen haben, können Sie unbesorgt sein.

TIPP

Für die Mutter

Auch für Mütter mit Babys gibt es bewährte Indikationen. Bei allen Mitteln reicht eine einmalige Gabe in der Regel aus.

* **Arnica** ist für alle Geburtsverletzungen bei Mutter und Kind das Hauptmittel. Es bringt Schwellungen und Blutergüsse zum Abheilen, beugt Nachwehen vor und bessert vor allem den Allgemeinzustand.
* **Phytolacca** ist ein wichtiges Mittel, wenn die Mutter zu viel Milch für die Bedürfnisse ihres Babys hat. Phytolacca reguliert den Milchfluss, beugt Milchstau und Brustentzündungen vor und ist auch beim Abstillen hilfreich (siehe auch Seite 118).
* **Belladonna** ist bei Milchstau und einer beginnenden Brustentzündung (siehe Seite 115) angezeigt, wenn die entzündete Stelle ganz heiß, hochrot, erschütterungsempfindlich ist und Fieber auftritt. Ist die Stelle eher dunkelrot, knotig und nicht so stark überwärmt, ist Phytolacca angezeigt.
* **Silicea** hilft der Mutter bei stechenden Schmerzen in der Brust, wenn das Kind ansaugt. Aber auch das Kind kann mit Silicea behandelt werden, wenn es die Muttermilch verweigert und nicht zu vertragen scheint.

Anwendung und Dosierung

Homöopathische Arzneien werden heute meist als die sprichwörtlichen Streukügelchen oder Globuli (Einzahl: Globulus) gegeben. Es gibt sie aber auch als Tropfen, Pulver, Tabletten oder Zäpfchen. Im Prinzip genügt es, ein Globulus zu verabreichen. Die Anzahl spielt keine Rolle, denn es kommt auf die Botschaft an. Meist wer-

den 3 bis 5 Globuli gegeben. Das Auflösen von Globuli oder einiger Arzneitropfen in einem Glas mit stillem Wasser wird »Verkleppern« genannt. In manchen akuten Fällen, etwa bei Schmerzen, Fieber oder Husten, können Sie Ihrem Kind aus diesem Glas stündlich oder auch öfter einen Teelöffel geben. Zur Verstärkung der Wirkung sollte die Flüssigkeit vor jeder Gabe einige Male umgerührt werden. Die Häufigkeit der Anwendung ist je nach Schule sehr verschieden, aber grundsätzlich von der Potenz abhängig. Niedrige Potenzen (Tiefpotenzen), von der Urtinktur bis zur D6, werden 3-mal täglich oder häufiger verabreicht, höhere und Hochpotenzen (ab C30) oft nur einmalig. Es gilt, dass nie eine Arzneimittelgabe wiederholt wird, solange die Arznei offensichtlich noch gut wirkt. Trotz des individuellen Ansatzes gibt es auch in der Homöopathie zahlreiche gleiche oder ähnliche Fälle, die dann als »bewährte Indikationen« mit typischen Mitteln behandelt werden, weil alle Patienten ähnliche Beschwerden haben. Solche »bewährten Indikationen« für Säuglinge finden Sie auf den folgenden Seiten.

Homöopathie für Säuglinge

In den verschiedenen Ratgebern werden Sie unterschiedliche Empfehlungen für homöopathische Mittel finden. Denn in ihrer Wirkweise haben viele Mittel Ähnlichkeiten, deshalb können mehrere Mittel für dasselbe Symptom infrage kommen. Halten Sie sich also nicht mit scheinbaren Widersprüchen auf und mit der Suche nach dem perfekten Mittel. Lassen Sie sich auch nicht von der Potenzwahl verwirren, die je nach homöopathischer »Schule« variiert. Sie ist vor allem relevant für die Häufigkeit der Gaben. Bei den hier gewählten C-Potenzen genügt eine einmalige Gabe.

Das richtige Mittel wählen

Auf den folgenden Seiten finden Sie die typischen Beschwerden der Baby- und Kleinkindzeit alphabetisch aufgeführt. Suchen Sie sich dabei das Mittel, dessen Beschreibung am ehesten auf den Zustand Ihres Kindes zutrifft. Nicht immer stimmen alle Symptome überein. Am besten geben Sie die Globuli dem Baby zwischen Unterkiefer und Unterlippe auf die Mundschleimhaut, wo sie sich langsam auflösen.

* Wählen Sie eine C30-Potenz, wenn es sich eher um körperliche Symptome handelt, zum Beispiel Aconitum C30 bei bellendem Husten nach einem kalten Wintertag.
* Wählen Sie eine C200-Potenz bei einer eher seelisch-geistigen Symptomatik, also beispielsweise Aconitum C200, wenn die Angst beim Pseudokrupp im Vordergrund steht.
* Haben Sie nur D-Potenzen im Haus, können Sie auch diese geben. Dann wiederholen Sie die Gaben entsprechend: Eine D6-Potenz geben Sie alle zwei bis drei Stunden, eine D12-Potenz 2- bis 3-mal täglich.

Augen

* **Silicea:** Bei einer Verengung des Tränenkanals (siehe Seite 398) ist Silicea das wichtigste Mittel – aber man muss Geduld haben. Der Säugling ist eher schwach, dünn und feingliedrig und hat eine dünne Haut.
* **Calcium carbonicum:** Sobald das Auge gereizt ist, wird eine Tränenwegsenge deutlicher; auch wenn das Kind »Zug« abbekommen hat und das Auge mit Flüssigkeit und Schleim überläuft. Der Säugling ist meist kräftig, gutmütig, geduldig und in der motorischen Entwicklung etwas langsam.
* **Pulsatilla:** Das Auge ist gerötet, tränt drinnen im warmen Raum mehr als draußen, es finden sich reichlich rahmige Absonderungen.

Blähungen, Koliken

* **Belladonna:** Das Baby tobt plötzlich drauflos, ist hochrot im Gesicht, ruhelos und überstreckt sich. Es hat krampfhaften Schluckauf, einen aufgetriebener heißen Bauch und dünne, grüne, durchfallartige Stühle. Es mag keine Erschütterung etwa im Kinderwagen, nicht einmal Berührungen oder leichten Druck auf den Bauch. Es mag sich nicht hinlegen lassen. Seine Befindlichkeit bessert sich, wenn das vor Schreien ganz verschwitzte Baby »abdampfen« kann und halb aufgerichtet aufgesetzt wird.
* **Chamomilla:** Das Kind wirkt reizbar, zornig, abwehrend, ungeduldig. Oft ist eine Wange hochrot. Es schreit im Schlaf. Herumtragen hilft etwas, Anreden und Ablenken mit Schnuller oder Spielzeug weist es zurück. Der Stuhl kann wässrig-schleimig sein und grünlich bis spinatgrün aussehen.
* **Colocynthis:** Der Säugling krümmt sich zusammen, zieht die Beinchen an. Die Bauchlage und anschließendes Herumtragen helfen (siehe Seite 376). Wenn das Kind schreit, wirkt es ärgerlich, entrüstet und fühlt sich unverstanden.
* **Nux vomica:** Das Baby schreit zornig und verlangt sehr ungeduldig nach der Brust oder der Flasche. Es ist geräuschempfindlich und schreckhaft. Nach dem Trinken treten Blähungen und Kollern im Bauch auf. Der Zustand bessert sich durch den Abgang von Winden. Auch wenn das Baby überstimuliert ist, etwa durch viele Menschen oder eine fremde Umgebung, ist Nux vomica angezeigt.
* **Lycopodium:** Das Baby hat Schreiattacken zwischen 16 und 20 Uhr oder nach jeder Mahlzeit. Sein Bauch ist gebläht, und es geht erst einmal keine Luft ab. Der Abgang von Winden und Aufstoßen erleichtern es.

Manchmal hört man auch lautes Kollern im Bauch. Das Baby ist schnell satt, trinkt kleine Mengen, muss dafür häufiger trinken. Nachts schläft das Kind gut, frische Luft hilft.

* Siehe auch Seite 376.

Durchfall und Erbrechen

* **Arsenicum:** Das Kind hat sich den Magen »verdorben« und verliert schnell an Kraft. Es erbricht unmittelbar nach der Flasche, ist sehr unruhig, braucht viel Nähe und Trost.
* **Phosphor:** Nähe und Trost braucht auch der Säugling, dem Phosphor hilft. Hier sind die Symptome ähnlich, aber das Kind verlangt nach kühlen Getränken, die es nicht sofort, sondern erst nach einer Viertelstunde wieder erbricht.
* **Veratrum album:** Bei wässrigem, heftigem Durchfall, Blässe und Kaltschweißigkeit, großem Durst und Kreislaufkollaps eine Dosis verabreichen und gleich den Arzt konsultieren.
* Kommt das Erbrechen eher vom Husten als von einem Magen-Darm-Infekt, siehe bei Husten (Seite 370).

Fieber

* **Belladonna:** Das Kind ist plötzlich erkrankt, hat hohes Fieber und ein rotes, heißes Gesicht, aber vielleicht kalte Hände und Füße. Augen, Hals und Ohren sind gerötet, Herzklopfen, eventuell Frösteln und Fieberfantasien können auftreten – Stichwort »dampfende Tomate«.
* **Aconitum:** Plötzlich tritt bei oder nach kaltem, trockenem Winterwetter, nach Zugluft oder Schreck heftiges Fieber auf. Das Baby ist trocken und heiß, ist abwechselnd rot und blass, schwitzt nicht, hat großen Durst, Unruhe und Angst. Eventuell tritt ein Pseudokruppanfall (siehe Seite 394) auf. Dann ist Aconitum bei ängstlicher Atemnot das Mittel der Wahl.

WICHTIG

Zum Arzt!

Suchen Sie mit Ihrem Säugling den Arzt auf, wenn Erbrechen und Durchfall länger als sechs Stunden andauern. Es besteht die Gefahr einer Austrocknung (siehe Seite 379), deshalb muss das Baby nachgewogen und sein Zustand kontrolliert werden.

* **Rhus toxicodendron:** Bei Fieber mit Gliederschmerzen und Erkrankung nach einer körperlichen Anstrengung mit Schwitzen und anschließender Abkühlung oder nach Durchnässung. Die Beine sind unruhig, der Patient wälzt sich im Bett.
* **Bryonia:** Das Kind liegt ganz ruhig im Bett und meidet jede Bewegung. Fieber mit Gliederschmerzen, großer Durst, das Kind will seine Ruhe haben und ist unwirsch, wenn man es stört.
* **Gelsemium:** Bei einer eher schleichenden »Sommergrippe« mit Fieber, Glieder- und Kopfschmerzen, schweren Augenlidern hilft Gelsemium. Aber auch, wenn das Kind nach einer Erkrankung noch ganz »verkehrt« und »durch den Wind« ist.
* **Ferrum phosphoricum:** Das Kind ist wenig beeinträchtigt, das Fieber entwickelt sich langsam, häufig in den Nächten, keine klaren charakteristischen Symptome.
* Siehe auch ab Seite 357.

Geburtsfolgen

* **Aconitum:** Das Neugeborene befindet sich nach einer schnellen Geburt oder gar Sturzgeburt, aber auch nach einem Not-Kaiserschnitt in einem Schreckzustand. Das Baby

WICHTIG

Zum Arzt!

Suchen Sie bei Fieber in unklaren Fällen spätestens nach 72 Stunden den Kinderarzt auf! Mehr zum Fieberkrampf auf Seite 385.

kann auch noch mehrere Tage nach der Geburt unruhig und übererregt sein, die Augen sind ängstlich aufgerissen.

* **Opium:** Das Neugeborene reagiert auf den Schreck der schnellen Geburt »wie betäubt«, apathisch und ist regungslos, vielleicht röchelt und karchelt (brummt) es noch.

Husten

* **Coccus cacti:** Keuchhustenähnliche Zustände, wenn nach dem Einschlafen anfallsartiger Husten mit Würgen und Erbrechen besteht, meist vor Mitternacht. Trinken von kaltem Wasser kann den Hustenreiz lindern.
* **Drosera:** Nächtliche Hustenanfälle mit Würgen und Erbrechen, die erst nach Mitternacht, meist mehrmals hintereinander ab 2 Uhr, das Kind wecken. Manchmal haben die Kinder Nasenbluten beim Husten.
* **Pulsatilla:** Es ist eines der wichtigsten Hustenmittel bei älteren Säuglingen und Kleinkindern mit Husten bei Anstrengung. Das Kind muss sich im Bett aufsetzen, würgt beim Husten. Frische Luft verbessert seinen Zustand.
* **Ipecacuanha:** Das Baby hustet mit Würgen und Erbrechen, erstickende Hustenanfälle beim abendlichen Hinlegen. Das Gesicht und die Lippen verfärben sich im Anfall bläulich (Zyanose).
* **Bryonia:** Offensichtlich schmerzhafter Husten, den das Kind zu unterdrücken versucht

oder bei dem es sich den Brustkorb hält. Der Husten ist krampfhaft und wirkt erschütternd, viel Trinken bessert den Husten. Er kann nach dem Essen auftreten und dann mit Erbrechen einhergehen oder durch Lachen ausgelöst werden. Der Husten wird mit Frischluft besser.

* **Rumex:** Das Kind verträgt keine kalte Luft und hustet draußen ständig. Es hält sich die Hand vor den Mund, um die Luft anzuwärmen. Auch Sprechen verursacht Husten.
* Siehe auch ab Seite 328.

Krupphusten, Heiserkeit, Pseudokrupp

* **Aconitum:** Das Hauptmittel für Angstzustände bei bellendem Husten mit ängstlicher Atemnot, wie sie häufig bei kaltem, trockenem Wetter und Wind und dann um Mitternacht auftritt. Die Notfallmaßnahmen bei Pseudokrupp (siehe Seite 394) müssen beachtet werden!
* **Spongia:** Das Kind hustet bellend hohl und ist heiser, allerdings ohne Angst. Spongia ist das zweite bewährte Mittel bei Pseudokrupp. Trinken oder Essen bessert den Husten. Sobald sich das Kind aufregt, muss es husten, dann weint es, muss noch mehr husten und kann sich so hineinsteigern.
* Siehe auch ab Seite 394.

Ohrenschmerzen

* **Belladonna:** Das Kind ist ganz wild vor Schmerz, schreit sehr laut, ist plötzlich krank. Es hat ein rotes Gesicht und Fieber.
* **Chamomilla:** Das Baby ist wütend, kreischt, schüttelt den Kopf, schlägt sich auf das Ohr, die eine Wange ist rot, die andere blass.
* **Pulsatilla:** Das Kind weint jämmerlich und ist sehr anhänglich, es hat starken Schnupfen, eine Wange kann rot sein.

Husten kann verschiedene Ursachen haben und sich sehr unterschiedlich anhören.

Schlafstörungen

* **Belladonna:** Das oft reizüberflutete Baby wacht seit dem Zahnen mehrmals nachts auf, beißt viel, auch die Mutter, wütet und schlägt den Kopf an.
* **Chamomilla:** Das Kind wacht mehrmals nachts auf, schreit zornig und muss herumgetragen werden, vor allem beim Zahnen.
* **Coffea:** Das Baby macht die Nacht zum Tag. Wenn zu viel »los« war, Hektik und Unruhe in der Umgebung, dann wacht es nachts hellwach auf, hat Durst, muss trinken und ist munter wie nach einer Tasse Kaffee.
* **Aconitum:** Das Baby zeigt Angst und Unruhe, auch für Säuglinge nach einem Geburtsschreck oder nach einer Sturzgeburt.
* Siehe auch ab Seite 396.

Schnupfen

Eine behinderte Nasenatmung stört Säuglinge ganz beträchtlich. Überwärmung ist eine wichtige Ursache für alle Formen der Atemstörungen bei Säuglingen. Deswegen ist die erste Maßnahme, das Kind nicht zu warm einzupacken, die Atemluft kühl und feucht zu halten und die Nase mit Muttermilch oder mit Kochsalzlösung innerlich zu befeuchten.

* **Nux vomica:** Wenn seit Geburt, nach Kaiserschnitt, nach Rauchen oder Drogen in der Schwangerschaft bei überreizt wirkenden Kindern eine behinderte Nasenatmung besteht, ist Nux vomica ein bewährtes Mittel, auch dann, wenn zu Hause geraucht wird. Noch besser und unbedingt wichtig ist, das Haus rauchfrei zu halten (siehe auch Plötzlicher Kindstod Seite 157).
* **Sambucus:** Für Neugeborene und junge Säuglinge, die einen Stockschnupfen, also eine trocken-verstopfte Nase haben. Es erleichtert auch das Stillen, weil das Kind mit verstopfter Nase immer mal absetzen und nach Luft schnappen muss.
* **Pulsatilla:** Für ältere Säuglinge und für den schon länger dauernden, »reiferen« Schnupfen mit gelblichen, nicht wund machenden Absonderungen. An der frischen Luft geht es besser, nach dem Hinlegen abends wieder schlechter. Die Bindehaut ist mit Schleimabsonderungen und morgens verklebten Augen häufig mitbeteiligt (siehe Augenentzündung Seite 376).
* **Calcium carbonicum:** Der Säugling wird bei jedem neuen Zahn krank und hat Schnupfen oder auch Husten. Das Zahnen ist spät und schwierig, das Baby schwitzt schnell am Kopf – beim Schreien oder im Schlaf, und auch nach dem Mittagsschlaf können die Haare ganz nass sein.
* **Silicea:** Das Baby reagiert auf jede Impfung mit einem Schnupfen oder Infekt, und auch beim Zahnen kränkelt es. Das Kind ist zart und durchscheinend, die Zähne kommen nur langsam durch, und es schwitzt im Schlaf am vor allem Kopf.

* **Sulfur:** Der Säugling ist »total verrotzt«. Die Nasenlöcher sind, wie alle Körperöffnungen, schnell gerötet und wund, die Haut ist empfindlich, trocken und juckt. Es strampelt seine Decke weg, verträgt die Bettwärme nicht, die auch die Haut verschlimmert. Das Baby ist umtriebig und robbt im Bett herum.
* Siehe auch ab Seite 396.

Verstopfung

* **Calcium carbonicum:** Das Baby neigt, besonders wenn es gestillt wird, zu einer Stuhlträgheit, die den Eltern mehr Probleme macht als dem Kind. Der rundlich, kräftige Säugling, ein echter »Wonneproppen«, setzt nur alle paar Tage oder erst nach einer Woche seinen Stuhl ab, ist aber dabei offensichtlich unbeeinträchtigt.
* **Silicea:** Kinder mit vergeblichem Stuhldrang, eher zarte, schlaffe und frostige Säuglinge. Manchmal ist der Stuhl bereits im After sichtbar und schlupft wieder zurück.
* **Alumina:** Für Säuglinge, die eher mager, schwach und »trocken« wirken und auch eher trockenen Stuhl haben, der sich nur schwer entfernen lässt.
* **Nux vomica:** Bei einer verkrampften, »spastischen« Verstopfung mit erfolglosem Drücken. Es wird ein kötteliger, dunkler, harter, schafskotartiger Stuhl abgesetzt. Das Baby schreit zornig und verlangt sehr ungeduldig nach der Brust oder der Flasche. Es ist geräuschempfindlich und schreckhaft.
* **Lycopodium:** Für eine Verstopfung bei sehr bauchempfindlichen Kindern, die häufig tyrannisch und unleidig, bei Fremden aber ängstlich-brav sind. Verstopfungen können mit Durchfällen abwechseln, ansonsten ist der Stuhlgang ähnlich wie zuvor beschrieben bei Nux vomica.

* **Sulfur:** Der After ist gerötet und wund, ebenso wie andere Körperöffnungen, die Verstopfung entsteht durch das Wundsein, weil die Kinder den Stuhl wegen der Schmerzen zurückhalten. Die Stühle sind ausgesprochen übel riechend. Verstopfung im Wechsel mit Durchfällen. Typisch sind immer warme, die Bettdecke wegstrampelnde Kinder.
* Siehe auch ab Scitc 399.

Zahnen

* **Chamomilla:** Das klassische Zahnungsmittel ist Chamomilla, wenn die Babys reizbar und zornig sind und ihnen gar nichts recht ist. Oft ist das Gesicht einseitig hochrot, auf der anderen Seite blass.
* **Calcium carbonicum:** Bei spätem und schwierigem Zahnen kann Calcium carbonicum nicht nur beim Zahnen, sondern der gesamten Entwicklung des Kindes helfen, nämlich dann, wenn der meist kräftige, gutmütige und geduldige Säugling in der motorischen Entwicklung etwas langsam ist.
* **Silicea:** Bei einem ebenfalls spät und langsam zahnenden Kind, welches eher schwach, dünn und feingliedrig ist und eine dünne Haut hat, kann Silicea helfen, vor allem, wenn es zu wenig Kraft zum »Drücken« hat und verstopft ist, der Stuhl schlüpft zurück.
* Siehe auch ab Seite 231.

DURCHFALL WÄHREND DES ZAHNENS

Die folgenden Arzneien sind Mittel gegen Durchfall vor oder während der Zahnung:

* **Calcium carbonicum:** Der Stuhl riecht säuerlich.
* **Chamomilla:** Der Stuhl ist wässrig, schleimig und in allen Grüntönen gefärbt.
* **Silicea:** Bei stinkenden Blähungen und faulig riechendem Stuhl.

Die homöopathische Säuglingsapotheke

Geben Sie Ihrem Kind bei Bedarf einmal eine Dosis von 3–5 Globuli. In akuten Fällen, etwa bei Schmerzen, Fieber oder Husten, können Sie die Dosis »verkleppern«. Dazu lösen Sie die Kügelchen in einem Glas mit stillem Wasser auf und geben Ihrem Kind daraus stündlich oder auch öfter einen Löffel. Zur Verstärkung der Wirkung sollten Sie die Flüssigkeit vor jeder Gabe einige Male umrühren.

Aconitum C30: Angst, Schreck, frisch krank, nach kaltem, trockenem Wind und Wetter, Pseudokrupp

Arnica C200: Geburtsverletzungen, andere schmerzhafte Verletzungen, Prellungen, Blutergüsse; Unfallschock

Apis C30: Bienen- und Wespenstich mit starker Schwellung, Ohrenschmerzen

Arsenicum album C30: Schwäche- und Angstzustände, Erbrechen

Belladonna C30: Fieber, hochrotes Gesicht; Ohrenschmerzen; Halsschmerzen

Bryonia C30: schmerzhafter Husten, Gliederschmerzen, Durst, Ruhe und Druck bessern die Symptome

Calcium carbonicum C30: Spätentwickler, langsamer Zahner, Zahnungsprobleme

Cantharis C30: Verbrennung, Blasenbildung

Chamomilla C30: Zahnungsbeschwerden; Unruhe und Zorn

Coccus cacti C30: Husten mit Würgen und Erbrechen, erste Nachthälfte

Coffea C30: Schlafstörung, aufgedrehter Zustand

Colocynthis C30: Koliken, Krümmen, Bauchschmerzen, Ärger

Drosera C30: Hustenanfälle, Würgen und Erbrechen, nach Mitternacht, Nasenbluten

Dulcamara C30: Erkältung, nach Klimawechsel (Fernreise), Durchnässung

Ferrum phosphoricum C30: Erkältung; Fieber, blass, ganz munter

Gelsemium C30: schleichende Grippe, Kopfschmerzen, bei ausbleibender Besserung nach Infekt

Ipecacuanha C30: Husten, Würgen mit Erbrechen beim Hinlegen, mit Blauwerden

Lycopodium C30: Blähungen, Koliken am Spätnachmittag, »Haustyrann«

Nux vomica C30: verdorbener Magen; Folge von Genussgiften in der Schwangerschaft

Opium C30: nach Schreck, Schock, Durchfall

Phosphorus C30: Husten, durstig, braucht Trost

Phytolacca C30: Stillregulierend für die Mutter

Pulsatilla C30: Ohrenschmerzen, rahmige Augenentzündungen, weinerlich

Rhus toxicodendron C30: Verrenkung; Verstauchung, Überanstrengung, Windpocken

Rumex C30: Husten im Freien, keine kalte Luft

Sambucus C30: Säuglingsschnupfen

Silicea C30: Fremdkörper, Furunkel, Verstopfung, Tränenwegsverengung

Spongia C30: bellender Husten, Heiserkeit, Pseudokrupp ohne Angst und Atemnot

Sulfur C30: juckender Ausschlag, nach Impfung, nach chemischen Medikamenten, wunde Haut an den Schleimhautgrenzen oder in Beugefalten

Tuberculinum C30: laufendes Ohr (Otorrhoe), hager, drahtig, Kopfschlagen, Unruhe

Thuja C30: bei Impffolgen wie Schlafstörung, Unruhe, Anfälligkeit, Bronchitis

Veratrum album C30: Kollaps, Blässe, Kaltschweiß

KRANKHEITEN VON A BIS Z

Das erste Lebensjahr steckt voller Höhen – und manchmal auch Tiefen. Insbesondere wenn das Kind krank ist, leiden die Eltern mit und machen sich Sorgen. Auf den folgenden Seiten bekommen Sie einen Überblick über die wichtigsten Symptome und Krankheiten im ersten Lebensjahr. Zum Glück erkranken die meisten Babys vor allem im ersten Halbjahr nur selten, und die Krankheitsverläufe sind in der Regel mild. Gegen viele ernste Erkrankungen gibt es zuverlässige Impfungen und Vorsorgemaßnahmen (siehe ab Seite 323). Und mit den allermeisten Symptomen kommt ein ansonsten gesundes Kind gut zurecht. Sehen Sie harmlose Erkrankungen deshalb als notwendiges Immuntraining – schließlich müssen die Selbstheilungskräfte erst aktiviert werden. Doch scheuen Sie auch nicht davor zurück, im Zweifelsfall und wenn Sie allein nicht mehr weiterwissen, Ihren Kinderarzt aufzusuchen.

Affektkrämpfe

Aufgrund heftiger Affekte wie Schmerz, Ärger oder Wut hält das Baby den Atem an – bis zum Blauwerden. Affektkrämpfe, auch »Wegschreien« genannt, entstehen dadurch, dass dem Kind der Atemantrieb fehlt, weil es wegen der Aufregung vorher zu viel geatmet hat (Hyperventilation). Das Atemanhalten führt zu einem Anstieg der Kohlensäure im Blut, anschließend setzt die Atmung wieder ein. Nur selten kommt es zu echten Krampfanfällen, am ehesten bei Kleinkindern, die sie aus Wut absichtlich provozieren können. Ansonsten sind Affektkrämpfe immer selbstbegrenzend, das heißt, sie lösen sich von selbst wieder auf und bedürfen außer sanfter Tröstung keiner Maßnahmen. Bleiben Sie ruhig, aber bestimmt, damit das Kind nicht lernt, Affektkrämpfe als Machtmittel einzusetzen. Sprechen Sie mit Ihrem Kinderarzt darüber.

Allergien

Neugeborene haben noch keine Allergien, können aber mit einer erblich bedingten Allergieneigung belastet sein. Allergien entwickeln sich erst durch eine Fehlreaktion auf manche der vielen uns umgebenden Antigene. Das aus dem Griechischen abgeleitete Wort »All-ergie« heißt »anders reagieren« – aber wie dieses »anders« aussieht, ist nicht vorhersehbar.

Eine Kuhmilchprotein-Allergie kann erst auftreten, wenn das Kind sensibilisiert wurde, also bereits mit dem Antigen Kontakt hatte, und später Flaschennahrung mit Kuhmilch bekommt: Dann können Verdauungssymptome wie Koliken und Durchfall oder Hauterscheinungen auftreten. Solange das Baby gestillt wird, besteht diese Gefahr nicht.

Wenn bei einem erhöhten Allergierisiko nicht gestillt werden kann, ist zu erwägen, eine hypoantigene beziehungsweise hypoallergene Säuglingsmilch zu verwenden, eine sogenannte HA-Nahrung (siehe Seite 135). Bei einer nachgewiesenen Kuhmilchallergie reicht HA-Nahrung aber nicht aus, dann ist eine milcheiweißfreie Spezialnahrung (Hydrolysatnahrung) notwendig. Da Sojamilch ebenfalls ein allergenes Potenzial hat, wird sie nicht mehr empfohlen.

* Eine mögliche Milchzuckerunverträglichkeit (Laktoseintoleranz) tritt erst viel später auf. Dabei handelt es sich nicht um eine Allergie, sondern um eine Stoffwechselanomalie. Eine Allergie gegen Milchzucker gibt es nicht, auch Muttermilch enthält große Mengen Milchzucker.
* Heuschnupfen und Asthma kommen bei Säuglingen praktisch nicht oder allenfalls höchst selten vor.
* Frühkindliche Nahrungsmittelallergien gehen so gut wie immer ohne besondere Maßnahmen wieder weg.

Atopisches Ekzem

Siehe Neurodermitis Seite 391.

Asthma

Im Säuglingsalter kann Asthma noch nicht sicher diagnostiziert werden. Nicht selten gibt es asthmaähnliche (asthmoide) Zustände, die durch die in dem Alter noch sehr engen Bronchien bedingt sind. Sie können bei einem Schleimhautinfekt zu einem Infektasthma führen (siehe Obstruktive Bronchitis Seite 392).

Atemnotsyndrom

Vor allem bei frühgeborenen und unreifen Säuglingen (siehe ab Seite 335) können Atemstörungen auftreten. Sie sind bedingt durch einen Mangel an oberflächenaktiven Substanzen (Surfactant), die die Lungenbläschen offen halten. Hier wird der Arzt entsprechend behandeln.

Augenentzündungen

Gereizte Augen mit Rötung, Verklebung der Lider und eitrig erscheinender Schleimabsonderung sind bei Säuglingen häufig. Es sieht oft aufregend aus, ist aber meist harmlos, denn das Sekret kann ja nach außen abfließen. Die Ursachen sind vielfältig: Von Zugluft, Hineinfassen, Reiben bis zu chemischen oder erregerbedingten Entzündungen ist das Spektrum groß. Die verbreiteten antibiotikahaltigen Augensalben oder -tropfen sind meist unnötig.

Bei jungen Säuglingen kommt ein solches »Schmierauge«, vor allem wenn es einseitig ist, häufig von einer Verengung des Tränenwegs (siehe Seite 398).

WAS TUN?

Sie können die Augen vorsichtig mit einem frischen Waschlappen und reichlich lauwarmem Wasser waschen, um die eingetrockneten Verklebungen zu lösen.

Ausschlag

Siehe Hautausschlag Seite 381.

Bauchschmerzen

Im Säuglingsalter können Bauchschmerzen nur vermutet werden. Sie können sehr verschiedene Ursachen haben: Schon die normale Darmtätigkeit bereitet jungen Säuglingen manchmal erhebliches Bauchweh, vor allem, wenn es im Zusammenhang mit der Nahrungsaufnahme zu großen Darmbewegungen (Peristaltik) kommt. Ansonsten kommen bei Bauchweh Koliken und Blähungen (siehe unten), Verstopfungen (siehe Seite 399) und ein Magen-Darm-Infekt (siehe Durchfall Seite 378) infrage. Auch unzufriedene Kinder haben oft Bauchschmerzen.

Beschneidung

Bei der Geburt bedeckt und schützt die Vorhaut die Eichel, mit der sie noch verklebt ist. Bei einer Beschneidung wird die Vorhaut entfernt, sodass die Eichel und die Harnröhrenöffnung freigegeben sind. Sollte die Vorhaut zu eng oder vernarbt sein, kann eine Beschneidung jederzeit durchgeführt werden. Eine Vorhautverklebung (siehe Seite 400) wird sich von selbst lösen, ohne dass eine Beschneidung nötig ist.

Blähungen

Ein aufgetriebener Leib wird häufig durch Blähungen verursacht. Sie entstehen durch Luftschlucken oder vermehrte Gasbildung von Darmbakterien. Lassen Sie Ihr Kind immer gut aufstoßen, und bitten Sie bei anhaltenden Problemen die Hebamme oder Stillberaterin, Ihre Still- und Füttertechnik zu kontrollieren.

WAS TUN?

Traditionell wird bei Blähungen Fenchel-, Kümmel- oder Anistee gegeben oder die Milchnahrung damit zubereitet. Zäpfchen mit diesen Inhaltsstoffen sind nicht zu empfehlen, da das Baby den After verkrampfen und dadurch die Selbstregulation der Stuhlentleerung behindern kann. »Radfahren« mit den Beinchen und eine im Uhrzeigersinn kreisende sanfte Massage der Bauchdecke kann die Beschwerden lindern.

> ## WICHTIG
>
> ### Zum Arzt!
>
> Wenn Ihr Kind blass und sehr schlapp wirkt, anhaltend schreit oder nur noch wimmert, der Bauch berührungsempfindlich ist, vorgewölbt und glänzend erscheint, muss es sofort vom Kinderarzt untersucht werden.

»Blähtropfen« sind meistens überflüssig und zudem bedenklich: Manche derartigen Präparate (Carminativa) sind eine Art Kräuterschnaps – sie enthalten Alkohol.

Blutiger Stuhl

Hellrote Blutauflagerungen oder Blutfetzen auf dem Stuhl kommen bei Babys häufig vor und entstehen durch kleine Einrisse der empfindlichen Afterschleimhaut, etwa bei Verstopfung. Sie sind harmlos und können durch eine Stuhlregulierung (siehe Verstopfung Seite 399) behandelt werden. Dagegen kann in den Stuhl eingemengtes, dunkles Blut durch schädliche Bakterien oder durch eine Entzündung bedingt sein und muss vom Kinderarzt abgeklärt werden.

Blutiger Urin

Ist im Urin Ihres Babys Blut enthalten, müssen Sie das sofort durch Ihren Kinderarzt abklären lassen. Häufig besteht der Verdacht auf blutigen Urin, wenn die Windel durch harmloses Ziegelmehl eingefärbt ist (siehe Urin Seite 399).

Bronchiolitis

Die Entzündung der kleinsten Luftröhrenäste (Bronchiolen) tritt fast nur bei Säuglingen auf. Sie zeigt sich durch eine schnelle, sehr ange-

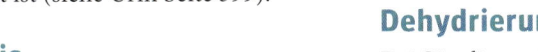

WICHTIG

Zum Arzt!

Benachrichtigen Sie sofort den Kinderarzt oder fahren Sie (nach Voranmeldung) in die Klinik, wenn bei einem jungen Säugling außer der angestrengten, pumpenden Atmung eine Trinkschwäche oder gar eine bläuliche Verfärbung der Lippen und Hände auftritt.

strengte Atmung und einen stark beeinträchtigten Allgemeinzustand mit nur geringem Fieber. Gegen die meist virusbedingte Bronchiolitis helfen Antibiotika nicht; sie muss in der Regel im Krankenhaus überwacht werden.

Bronchitis

Bei einer Bronchitis sind die unteren Atemwege entzündet, in der Regel im Rahmen eines virusbedingten Atemwegsinfekts. Dabei schwellen auch die Schleimhäute an, was durch die relativ engen Atemwege bei Säuglingen nicht selten zu einer Behinderung der Ausatmung führt (siehe Obstruktive Bronchitis Seite 392). Bei Komplikationen wie einem langen Verlauf, einem erneut ansteigenden hohen Fieber und Kurzatmigkeit können auch mal Antibiotika (siehe Seite 361) notwendig werden. Ansonsten helfen frische Luft, das Inhalieren mit einem elektrischen Inhaliergerät (zum Ausleihen in der Apotheke) sowie bronchialerweiternde Medikamente, die der Arzt verschreibt.

Dehydrierung

Bei Säuglingen kommt es in Folge eines Brechdurchfalls zu einem hohen Flüssigkeitsverlust, der zum Austrocknen führen kann (siehe Durchfall Seite 378).

Dreimonatskoliken

Manche Babys, sogenannte Schreibabys, haben Schrei- und Unruhephasen, die oft mit drei bis vier Wochen beginnen und in der sechsten bis achten Lebenswoche ihren Höhepunkt erreichen. Bis gegen Ende des dritten Monats, daher der Name, spätestens nach einem halben Jahr gehen sie zurück. Sie stellen eine große Belastung für die junge Familie dar: Das Baby wird ohne erkennbaren Grund unruhig, von heftigen Schreiattacken ergriffen und lässt sich nicht beruhigen. Die Phase beginnt am Spätnachmittag und zieht sich bis tief in die Nacht hinein, in der das Baby sonst auffallend gut schläft.

Die genauen Ursachen der Dreimonatskoliken sind nicht geklärt, sie werden heute als eine Unfähigkeit zur Selbstregulation gesehen, die vor allem bei Überreizung, Fehlreizung und Schlafmangel auftritt. Zwar kann Babys in den ersten drei Monaten auch die Verdauung zu schaffen machen, weil das Verdauungssystem seine Funktion erst noch richtig aufnehmen muss (siehe Blähungen Seite 376), aber solche Schreiepisoden sind so gut wie nie Folge von Magen-Darm-Problemen. Ausführliches zum »Schreibaby« finden Sie ab Seite 159.

Dreitagefieber

Der erste Infekt eines Säuglings ist häufig das Dreitagefieber, das durch ein Herpesvirus verursacht wird. Dabei tritt plötzlich hohes Fieber auf, wobei der Allgemeinzustand wenig beeinträchtigt ist. Der Infekt endet meist nach drei Tagen mit einem blassen Ausschlag an Brust und Rücken sowie im Gesicht, wobei das Fieber schlagartig aufhört.

Durchfall

Eine häufige Entleerung wässriger oder breiiger Stühle wird Durchfall genannt. Oft ist die Stuhlfarbe verändert und zeigt allerlei Schattierungen von Spinatgrün bis Braun. Der Geruch ist unangenehm. Der oft wässrig-spritzende typische Neugeborenenstuhl hat mit Durchfall aber nichts zu tun. Bei einem gestillten Kind ist so gut wie jeder Stuhlgang »erlaubt«. Wenn Sie weiter stillen, können Sie gar nichts falsch machen. Durchfall ohne Erbrechen führt auch nicht zu der gefürchteten Austrocknung (siehe Seite 353) des Säuglings. Wenn allerdings Erbrechen vorangeht und anhält, ist ein bedrohlicher

Flüssigkeitsverlust möglich, je jünger Ihr Kind ist, umso mehr. Gehen Sie deshalb zum Arzt.

Es ist hilfreich, wenn Sie das Gewicht vor oder am Anfang des Brechdurchfalls kennen und dem Kinderarzt mitteilen. Bringen Sie am besten eine stuhlgefüllte Windel in einer Plastiktüte mit, damit, falls notwendig, eine Stuhluntersuchung im Labor veranlasst werden kann.

WAS TUN?

* Die Behandlung besteht ausschließlich in einer ausreichenden Flüssigkeitszufuhr. Gestillte Kinder werden weiter gestillt. Flaschenkinder und ältere Kinder benötigen keine »Nahrungspause«, sondern werden weiter gefüttert.

* Um den Flüssigkeits- und Salzverlust zu ersetzen, wird zusätzlich Flüssigkeit angeboten, zum Beispiel Fenchel- oder Kamillentee mit einer Prise Salz und einem Teelöffelchen Zucker oder eine handelsübliche Glucose-Elektrolytlösung aus der Apotheke. Anhaltende Durchfälle können auch durch Allergien, Stoffwechselerkrankungen und chronische Darmentzündungen bedingt sein.

Entzündungen

Kleine Entzündungen, wie sie bei Säuglingen etwa an den Finger- und Zehennägeln auftreten, sind harmlos und können mit ein wenig Jodstärketinktur gereinigt und ausgetrocknet werden (siehe Nagelbettentzündung Seite 390).

* Eiterbläschen sollten, wenn sie sich nicht spontan entleeren, mit einer desinfizierten Nadel aufgestochen werden, damit es nicht zu einem »Umlauf« kommt. So nennt man eine um den ganzen Nagel herum sich ausbreitende Entzündung.

* Leichte Reizungen oder Rötungen der Nagelumgebung sind ganz harmlos und bedürfen lediglich der Beobachtung.

Erbrechen

Viele Neugeborene erbrechen am ersten oder zweiten Lebenstag das verschluckte Fruchtwasser. Wenn sie nachhaltig speicheln oder spucken, ist eine ärztliche Untersuchung notwendig.

Man muss Spucken oder Speien von Erbrechen unterscheiden: Wenn das Kind unmittelbar nach der Mahlzeit oder auch nach einigen Stunden etwas Nahrung oder saure, vergorene Milch mit aufstößt, ist das kein Erbrechen (siehe Spucken Seite 398). Manche »Speibabys« machen das im ganzen ersten Lebensjahr. Solange sie dabei fröhlich sind und gedeihen, ist es zwar lästig, aber ungefährlich.

Wenn ein Baby aber häufiger richtig und in hohem Bogen erbricht, muss es nachgewogen und untersucht werden. Dann können viele Ursachen infrage kommen: Infektionen, Magen-Darm-Erkrankungen, Stoffwechselstörungen oder, meist im zweiten Lebensmonat, ein Magenpförtnerkrampf (siehe Seite 387).

Säuglinge und Kleinkinder erbrechen nicht nur bei einem Brechdurchfall. Auch andere Erkrankungen können, vor allem anfangs, zu einem sogenannten Infekterbrechen führen. Denn die Verdauung ist bei Erkrankungen aller Art fast immer gestört. Übelkeit und Erbrechen sind Schutzmechanismen des Organismus und sollten nicht medikamentös bekämpft werden.

WICHTIG

Zum Arzt!

Fortgesetztes Erbrechen, verbunden mit schrillem Schreien oder Wimmern, kann ein Zeichen für eine Hirnhautentzündung (siehe Seite 381) sein. Lassen Sie Ihr Kind umgehend untersuchen!

TIPP

Zum Arzt!

Bei Schreien, Unruhe, verzweifelten Kopfbewegungen und Greifen nach den Ohren muss bald ein Arzt in das Ohr schauen. Denn infolge einer Erkältung erkranken Säuglinge nicht selten an einer Mittelohrentzündung (siehe Seite 392).

Erkältung

Der umgangssprachliche Begriff für einen Infekt ist Erkältung. Dabei ist das Niesen ein Reflex, um die Nase reinzuhalten, und noch kein Schnupfen. Der sogenannte Säuglingsschnupfen (siehe Seite 397) ist ebenfalls kein Zeichen für eine Erkältung.

Stellt sich irgendwann die erste Erkältung ein, hat das Kind rote Augen und eine verstopfte Nase, die das Atmen und Trinken erschwert. Oft ist es unruhig und unzufrieden. Es weint ungewöhnlich viel, schläft schlecht und ist ganz besonders nähebedürftig. Eine Erkältung dauert eine gute Woche. Solange Ihr Baby nicht fiebert, können Sie die Nasenatmung mit physiologischer Kochsalzlösung (aus der Apotheke) freihalten, abschwellende Nasentropfen sollten Sie eher zurückhaltend geben. Wenn Fieber und Husten zu der Erkältung hinzukommen, lassen Sie Ihren Säugling unter einem halben Jahr immer kinderärztlich untersuchen.

Lassen Sie erkältete Menschen möglichst nicht in die Nähe Ihres Kindes gelangen. Wenn Sie aber selbst erkrankt sind, sollten Sie Ihr Baby wie gewohnt umsorgen und sich nicht hinter einem Mundschutz verstecken, da für das Kind das Erkennen der Augen-Nase-Mund-Partie das Wichtigste ist.

Fieber

Siehe ab Seite 357.

Fieberkrampf

Siehe Krampfanfall Seite 385.

Gedeihstörung

Eine verzögerte Entwicklung des Kindes, sei sie körperlich, motorisch oder psychosozial, wird Gedeihstörung genannt (siehe auch Seite 189). Meist wird der Begriff eher für eine unzureichende Gewichts- oder Längenzunahme gebraucht. Vor allem eine Abweichung von der zuvor normalen Entwicklung ist vom Arzt zu klären. Sie kann die Folge unterschiedlicher Krankheitsbilder sein – fast alle schweren Erkrankungen führen über kurz oder lang zu einer Gedeihstörung. Umgekehrt ist ein gut gedeihendes Kind zunächst als gesund zu betrachten.

Haarausfall

Der Ausfall der Kopf- und Körperhaare des Neugeborenen ist normal. Oft dauert es recht lange, bis die Haare wieder nachgewachsen sind. Säuglinge haben häufig eine sogenannte Liegeglatze. Wenn diese genau in der Mitte liegt, ist das ein gutes Zeichen: Der Säugling hat keine »Lieblingsseite« (siehe Seite 153).

Hackenfuß

Siehe Seite 200.

Halsschmerzen

Siehe Mandelentzündung Seite 387.

Hämangiome

Die harmlosen Blutschwämmchen (Hämangiome) sind selten bereits bei der Geburt vorhanden. Meist entwickeln sie sich in den ersten Lebenstagen aus erdbeerroten Flecken, die in den ersten Monaten rasch wachsen können. Wenn Sie solche Blutschwämmchen beobachten, machen Sie am besten Fotos davon und dokumentieren Sie so die Veränderungen – auch wenn diese harmlos sind.

WAS TUN?

Trotz verschiedener Therapiemöglichkeiten behandeln viele Kinderärzte Hämangiome nicht, da oft eine narbenlose oder narbenarme Spontanheilung stattfindet. Wenn allerdings ein funktionell oder kosmetisch störendes Wachstum auftritt, gibt es heute neben der Kryotherapie (Vereisung) und der Laserbehandlung risikoarme medikamentöse Behandlungsmöglichkeiten: Sogenannte »Betablocker« bremsen auf unbekannte Weise das Wachstum der Hämangiome. Bei einem Blutschwämmchen im Gesicht bringt diese Behandlung sehr gute Ergebnisse.

Harnwegsinfekt

Werden bei einem Kind Keime und eine Entzündung im Urin nachgewiesen, spricht man von einem Harnwegsinfekt. Er kommt schon bei Neugeborenen vor und zeigt sich an uncharakteristischen Symptomen wie Trinkschwäche, Gedeihstörung und Fieber. In diesem Alter sind Jungen häufiger betroffen als Mädchen, ab dem Kleinkindalter bekommen fast ausschließlich Mädchen Harnwegsinfekte. Deswegen wird insbesondere bei Mädchen immer eine Urinprobe untersucht (siehe Seite 399), wenn unklare Beschwerdebilder vorliegen.

Als Ursache kommen Anomalien des Harntrakts und Störungen beim Harntransport infrage. Häufig werden diese heute schon vor der Geburt per Ultraschall vermutet. Bei Harnwegsinfekten muss eine genauere Untersuchung erfolgen, wobei die Qualität des Urins für die Diagnose besonders wichtig ist.

Hautausschläge

Im Kindesalter gibt es eine verwirrende Vielzahl von Hautausschlägen. Sie können sowohl harmlose Hauterscheinungen wie Milchschorf (siehe Seite 387) sein als auch Symptome von »Kinderkrankheiten« (siehe Seite 384) oder Zeichen einer eigentlichen Hauterkrankung wie Neurodermitis (siehe Seite 391) oder Windelausschlag (siehe Seite 401). Auch der Kinderarzt wird nicht immer wissen, was vorliegt. Fragen Sie ihn dennoch, wenn unerklärliche, neue oder auffallende Hauterscheinungen auftreten. Denken Sie daran, dass Hautausschläge sehr häufig eine Reaktion auf Pflegemittel, Nahrungsmittel oder Medikamente sein können – und bringen Sie die infrage kommenden Produkte in die Praxis mit.

Windpockenbläschen sind ein typischer Hautausschlag, wie er bei Kinderkrankheiten auftritt.

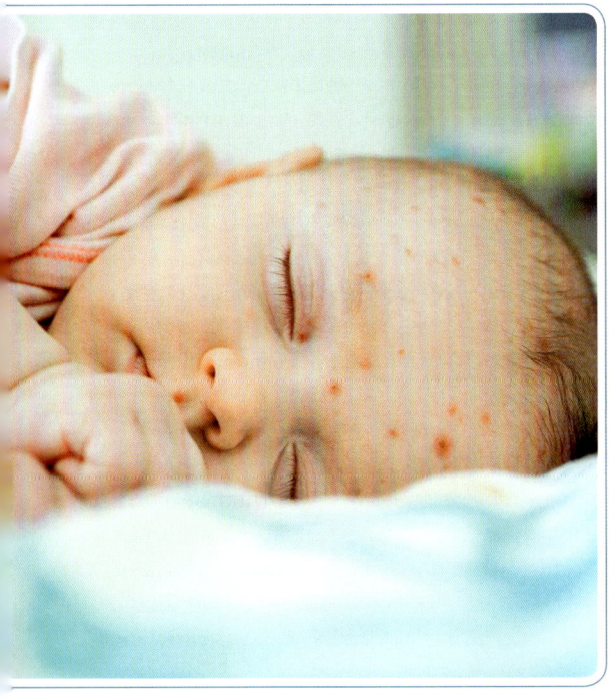

Herzgeräusch

Ein Herzgeräusch entsteht durch ungleichmäßiges Strömen des Blutes im Herzen oder in den herznahen Blutgefäßen. Es kann, muss aber nicht, ein Hinweis auf einen Herzfehler sein. Feine, klingende Geräusche des Herzens sind bei Kindern häufig und harmlos. Der Kinderarzt kann das zuverlässig und nicht belastend durch eine Ultraschalluntersuchung (Echokardiografie) abklären.

Hirnhautentzündung

Eine der am meisten gefürchteten Erkrankungen im Säuglingsalter ist die eitrige Hirnhautentzündung (bakterielle Meningitis). Der Säugling wird in kurzer Zeit schwer krank, er reagiert berührungsempfindlich und erbricht. Es folgen Nackensteifigkeit und Bewusstseinseintrübung. Oft ist die Fontanelle vorgewölbt.

Eine sofortige Krankenhausbehandlung ist unumgänglich, dennoch gelingt eine folgenlose Ausheilung nicht immer. Daher müssen bei Fieber immer die Risikosymptome überprüft werden: Nackensteifigkeit, Teilnahmslosigkeit, Bewusstseinsstörung. Gegen einige der häufigsten Erreger, Hämophilus influenzae B (HIB), Pneumokokken und Meningokokken können die Säuglinge geimpft werden (siehe Impfungen Seite 327). Andere Formen der Hirnhautentzündung werden durch Viren verursacht. Bei ihnen ist meistens auch das Gehirn beteiligt (Enzephalitis, Meningo-Enzephalitis).

Hodenhochstand

Die Hodenlage wird bei jeder Vorsorgeuntersuchung überprüft. Ein Hodenhochstand (Maldeszensus, Kryptorchismus) ist zunächst nichts Ungewöhnliches, denn die Hoden werden in der Nähe der Nieren gebildet und steigen erst um die Geburt herum durch den Leistenkanal in den Hodensack ab. Bei einem Teil der Neugeborenen sind die Hoden noch nicht im Hodensack zu tasten, sondern noch unterwegs. Spätestens am Ende des ersten Lebensjahres sollten sie wenigstens zeitweise und spannungsfrei im Hodensack liegen.

* Ein Pendelhoden schlüpft bei Kältereiz oder Berührung zurück.
* Ein Leistenhoden ist am Ausgang des Leistenkanals zu tasten.
* Manchmal ist ein Hoden gar nicht oder nur verkümmert angelegt.

Der Arzt entscheidet, ob operiert werden muss, zumal sich hinter einem Hodenhochstand nicht selten ein Leistenbruch (siehe Seite 386) verbirgt.

Hodenverdrehung

Wenn der Hoden sich so verdreht (Hodentorsion), dass die Durchblutung stockt, schwillt er an, und es entstehen starke Schmerzen. Ein solcher »akuter Hoden«, der auch schon im ersten Lebensjahr auftreten kann, bedarf einer sofortigen Operation, damit er nicht abstirbt. Daher müssen die Geschlechtsteile bei einem schreienden Säugling immer mit untersucht werden.

Hüftdysplasie

Siehe Seite 200.

Hüftluxation

Ist das Hüftgelenk ausgerenkt, spricht man von Hüftverrenkung oder Hüftluxation. Diese ist im Säuglingsalter angeboren und bedarf einer sofortigen Behandlung.

Husten

Husten ist ein sehr starker, lebenswichtiger Schutzreflex, der dazu dient, die Lunge zu reinigen: von Schleim, Staub, Krankheitserregern und Fremdkörpern. Husten ist eines der häufigsten Symptome in der Kinderarztpraxis – und besonders schwer zu behandeln, da die Erwartungen der Eltern, diesen zu beseitigen, schwer zu erfüllen sind.

Säuglinge schlucken den beim Husten herausbeförderten Schleim herunter, der sich im Magen ansammelt und häufig erbrochen wird. Viele Kinder würgen und brechen deswegen bei Hustenanfällen.

Viele Infektionskrankheiten, Bronchitis, Lungenentzündungen, aber auch Kinderkrankheiten wie Masern und Keuchhusten gehen mit Husten einher. Bei plötzlichen Hustenanfällen muss man auch an die Möglichkeit eines eingeatmeten oder verschluckten Fremdkörpers (Fremdkörperaspiration siehe Seite 349) denken.

Viele Kinder haben vor allem im Winterhalbjahr einen hartnäckigen Husten, der sich zum Leidwesen der geplagten Eltern über Wochen und Monate hinziehen und unzählige Arztbesuche mit sich bringen kann. Dafür sind verschiedene Faktoren verantwortlich: Zum einen können, vor allem im zweiten Lebenshalbjahr und wenn Geschwisterkinder da sind, die bereits im Kindergarten sind und alles Mögliche von dort mitbringen, mehrere Infekte hintereinander durchgemacht werden. Diese gehen dann quasi ineinander über. Zum Zweiten kann gerade im Winter ein allgemein zu trockenes Raumklima den Husten fördern. Frische Luft ist daher das Wichtigste in der Behandlung des Hustens.

Bei einem chronisch hustenden Kind muss der Arzt neben einem Fremdkörper auch Asthma, Mukoviszidose, bestimmte Formen der Lungenentzündung oder einen Herzfehler ausschließen.

WAS TUN?

Die Behandlung kann auf drei Ebenen erfolgen: schleimlösend, bronchialerweiternd oder den

WICHTIG

Zum Arzt!

Sie müssen mit Husten sofort zum Arzt, wenn der Verdacht auf eine Fremdkörperaspiration besteht, wenn es Ihrem Baby schlecht geht, es kurzatmig ist, also schnell oder angestrengt atmet, stöhnt, die Nasenflügel beim Atmen beben und es anhaltend hoch fiebert.

Hustenreiz dämpfend. Schnelle Hilfe gibt es bei Husten nicht, und auch ein Hustensaft hilft nicht wirklich.

* Schleimlöser sind in der Regel entbehrlich, weil sie ohne Lösungsmittel, das heißt ohne ausreichende Flüssigkeitszufuhr, nicht wirken können. Wenn ein hustendes Kind genügend Flüssigkeit zu sich nimmt, erübrigt sich eine medikamentöse Schleimlösung.
* Bronchialerweiternde Mittel sind bei asthmatischen Beschwerden (siehe obstruktive Bronchitis Seite 392) sinnvoll und notwendig, das heißt, wenn die Ausatmung verlängert ist und unter Umständen ein feines pfeifendes Ausatemgeräusch (Giemen) bereits mit bloßem Ohr hörbar ist.
* Hustenreizdämpfer sind häufig wenig wirksam, da der Hustenreflex außerordentlich kräftig ist. Sie werden im ersten Lebensjahr daher sehr zurückhaltend eingesetzt. Zudem verspricht eine Unterdrückung des Hustens keine Heilung.

Juckreiz

Siehe Neurodermitis Seite 391.

Kardiainsuffizienz

Siehe Reflux Seite 395.

Karies

Der wichtigste Grundstein zur Verhütung von Karies wird im ersten Lebensjahr gelegt: Vermeiden Sie vor allem, dass Ihr Kind dauernd an zuckerhaltigen Getränken und auch an stark verdünnten Obstsäften nuckelt. Auch soll es nicht ständig auf Süßigkeiten und anderem Essen herumkauen, denn zwischen den Mahlzeiten muss sich die Mundhöhle natürlicherweise reinigen können. Wenn Zähnchen da sind, können sie mit sehr wenig fluorhaltiger Kinderzahnpasta geputzt werden, um den Schmelz zu härten (siehe Seite 57).

Keuchhusten

Der Keuch- oder Stickhusten, im Fachjargon Pertussis genannt, ist eine ansteckende Atemwegserkrankung, gegen die Säuglinge keinen Nestschutz haben. Sie können daher besonders schwer erkranken und vor allem statt der schweren Hustenanfälle Atemaussetzer und Krampfanfälle (Keuchhusten-Enzephalopathie) entwickeln. Sie müssen daher im Krankenhaus behandelt werden.

Der Keuchhusten fängt zunächst wie ein »banaler« Infekt an, erst nach ein bis zwei Wochen entwickeln sich die typischen Hustenanfälle mit einer Serie von Hustenstößen (Stakkatohusten), denen nach einer Atempause eine juchzende Einatmung folgt. Das Kind würgt glasigen, zähen Schleim hoch, und die Hustenserie wiederholt sich. Dieses Anfallsstadium kann drei bis vier Wochen anhalten, schwächt sich dann ab, wobei typische Anfälle noch nach Monaten auftreten können.

IMPFUNG EMPFOHLEN

Das Problem ist, dass eine frühe Diagnose wegen der anfänglich untypischen und allgemeinen Symptome nicht möglich ist. Deswegen sollten Säuglinge gegen Keuchhusten geimpft werden, auch wenn die Schutzwirkung nur begrenzt ist (siehe auch Impfungen Seite 330). Auch Erwachsene sollten die notwendige Tetanusauffrischung nutzen, um sich mit einem Kombinationsimpfstoff zugleich auch gegen Keuchhusten zu schützen. Denn es sind vor allem die Erwachsenen, die den Keuchhusten weitertragen. Bei jedem Husten, der bei Erwachsenen länger als drei bis vier Wochen anhält, besteht der Verdacht auf Keuchhusten.

WAS TUN?

Behandelt wird der Keuchhusten mit Antibiotika, die zwar die Ansteckungsgefahr herabsetzen, aber den Krankheitsverlauf nur wenig beeinflussen. Kontaktpersonen können vorbeugend ebenfalls Antibiotika bekommen, was sinnvoll sein kann, wenn sie leicht andere Menschen, insbesondere Säuglinge, anstecken könnten. Für die Behandlung des Hustens siehe Seite 382. Hier können ausnahmsweise auch Schleimlöser helfen.

KISS-Syndrom

Die kopfgelenks-induzierte Symmetriestörung (KISS) ist eine seltene, von einer Verrenkung

Medizin wie Hustensaft können Sie Ihrem Baby am besten auf einem Plastiklöffel geben.

INFO

Kinderkrankheiten

Als Kinderkrankheiten bezeichnet man Krankheiten, die in der Bevölkerung so verbreitet sind oder waren, dass man sie ohne Schutz schon als Kind bekommt. Auch Erwachsene können erkranken, wenn sie Kinderkrankheiten nicht als Kind durchgemacht haben oder dagegen geimpft wurden – manchmal deutlich schwerer als Kinder. Deswegen sollten junge Eltern ihren Impfschutz überprüfen lassen. Klassische Kinderkrankheiten, die durch Impfung verhindert werden können, sind Kinderlähmung (Polio), Diphtherie, Masern, Windpocken, Mumps, Röteln, Keuchhusten sowie Hirnhautentzündung durch Pneumokokken, Meningokokken C und HIB. Nicht impfen kann man gegen Scharlach oder andere Streptokokkeninfektionen, Ringelröteln, Dreitagefieber sowie gegen viele andere Viren.

oder Blockade der Halswirbelsäule ausgehende Fehlhaltung des ganzen Körpers, die zu Unruhe, Schlafstörung und zum Teil erheblicher Kopfverformung führen kann. Sie kann manualtherapeutisch (zum Beispiel mit Osteopathie) behandelt werden. Doch nicht jede »Lieblingsseite«, Vorzugshaltung und Unruhe ist durch ein KISS-Syndrom bedingt.

Klumpfuß

Siehe Fehlstellungen Seite 200.

Krampfanfall, Fieberkrampf

Die häufigste Ursache von Krampfanfällen nach der Neugeborenenzeit sind Fieberkrämpfe, auch fiebergebundene oder infektassoziierte Krampfanfälle genannt. Sie treten bei dazu veranlagten Kindern selten vor dem sechsten Lebensmonat und nach dem fünften Geburtstag auf. Ein familiäres Auftreten ist die Regel und ein gutes Zeichen, dass kein echtes Krampfleiden (Epilepsie) dahinter steckt. Ein Fieberkrampf tritt meist am Anfang einer Erkrankung auf, nicht selten stellt man erst nach dem Krampfanfall fest, dass das Kind Fieber hat und krank ist. Mit der Höhe des Fiebers hat der Krampf wenig zu tun, obwohl Fieber die Krampfbereitschaft erhöhen kann. Der zugrunde liegende Infekt ist bei Säuglingen häufig das Dreitagefieber oder ein anderer Virusinfekt, aber auch Mittelohrentzündungen oder Harnwegsinfektionen können einen solchen Fieberkrampf auslösen.

SYMPTOME

Die Symptome eines Fieberkrampfes sind sehr aufregend und gehören zu den schlimmsten Erlebnissen, die Eltern widerfahren können: Plötzlich ist das Kind nicht mehr ansprechbar, wird steif, die Augen verdrehen sich, Arme und Beine zucken rhythmisch, und die Haut verfärbt sich blass oder graublau. Nach einer wie eine Ewigkeit erscheinenden Zeitspanne von meist unter einer Minute kommt das Kind wieder zu sich. Manchmal dauert der Krampf länger, bis zu einer Viertelstunde.

Fieberkrämpfe hinterlassen keine Hirnschäden, keine Lähmungen oder Ausfälle und enden nie tödlich. Wenn ein Baby einen Fieberkrampf erleidet, liegt die Wahrscheinlichkeit, dass dieser sich wiederholt, bei ungefähr 50 Prozent.

Ein Anfallsleiden als eigenständige Krankheit wird als Epilepsie bezeichnet. Dabei handelt es sich um ein breites Spektrum von Erkrankungen, deren Behandlung ausschließlich durch qualifizierte Spezialisten (Fachärzte für Neuropädiatrie) erfolgen sollte.

WAS TUN?

Sehr wahrscheinlich fühlen Sie sich hilflos, weil Sie Ihrem Kind nicht richtig helfen können.

* Legen Sie es in die stabile Seitenlage (siehe Seite 346), und halten Sie die Atemwege frei. Wenn Sie mit Fieberkrämpfen nicht vertraut sind, werden Sie den Notarzt rufen, obwohl es eigentlich nicht nötig ist. Dieser wird das Kind mit dem Rettungswagen in die nächste Kinderklinik bringen.

* Rufen Sie, wenn Sie die nötige Ruhe aufbringen, Ihren Kinderarzt an, der mit einer gründlichen Untersuchung klären kann, ob es sich »nur« um einen unkomplizierten Fieberkrampf handelt oder doch um ein beginnendes Krampfleiden. Eine Entzündung des Gehirns muss ausgeschlossen werden.

* Der Kinderarzt wird Sie für den Fall weiterer Krämpfe mit einem krampflösenden Einlauf oder mit einem im Mund zerfallenden

INFO

Fieber senken?

Der Gedanke liegt nahe, mit fiebersenkenden Maßnahmen einem erneuten Fieberkrampf vorzubeugen. Doch das hat wenig Sinn und führt nur zu unnötigen und wiederholten Gaben von Fiebermitteln. Denn der Krampf tritt in der Regel im Fieberanstieg auf, wenn noch gar nicht deutlich ist, dass das Kind krank ist. Hatte Ihr Kind bereits Fieberkrämpfe und fiebert es erneut, ist – maßvoll angewandt – gegen die frühzeitige Gabe eines Fiebermittels nichts einzuwenden. Aber versuchen Sie nicht, aus Angst vor einem erneuten Krampf, ein Fieber mit Höchstdosen senken zu wollen. Das schadet dem Kind.

Tablettchen ausstatten und mit Ihnen besprechen, wie Sie bei Fieber vorgehen.

* Wenn durch eine ärztliche Maßnahme, wie etwa die Masern-Mumps-Röteln-Impfung, mit einem Fieber zu rechnen ist, sollte diese bei einem Kind mit Fieberkrämpfen so geplant werden, dass Sie zum Zeitpunkt der erwarteten Reaktion anwesend sind.

Labiensynechie

Bei Mädchen findet sich im Säuglingsalter häufig noch eine Verklebung der kleinen Schamlippen, die ganz harmlos ist und sich, ähnlich wie die Vorhautverklebung bei Jungen, im Laufe des Wachstums von alleine löst. Sie können nach dem Baden die Schamlippen vorsichtig spreizen, ohne dem Kind Schmerzen zuzufügen, und mit einer feinen Fettcreme, zum Beispiel einer Panthenol-Augensalbe, das Wiederverkleben verhindern.

Leistenbruch

Ein Leistenbruch kommt vor allem bei Frühgeborenen häufiger vor und tritt meistens auf der rechten Seite auf. Ist die linke Seite betroffen, liegt in der Regel auch rechts ein, bislang nicht in Erscheinung getretener, unverschlossener Leistenring vor. Man erkennt ihn an einer über dem Leistenband auftretenden Schwellung, die weich ist und gelegentlich wegen der darin befindlichen Darmschlinge »quatscht«.

Ein solcher ausgetretener »Bruch« ist zunächst nichts Schlimmes und kein wirklicher chirurgischer Notfall, denn Einklemmen wird er so gut wie nie. Wenn es Ihnen nicht gelingt, ihn sanft zurückzudrücken, hilft oft ein entspannendes Bad. Vermeiden Sie aber heftiges Herumdrücken, und gehen Sie sofort zum Arzt, wenn das Kind unruhig ist, der Bruchsack derb-prall ist oder glänzt! Ein einmal ausgetretener Bruch soll

operiert werden, aber das können Sie mit Ruhe und Gelassenheit in der nächsten Zeit angehen. Bei Jungen erklärt sich ein Leistenbruch durch die Entwicklung der Hoden. Wandern diese in den Hodensack (siehe Hodenhochstand Seite 381) und bleibt dabei der Weg anschließend offen, spricht man von einem Leistenbruch. Bei Mädchen liegt meist ein Eierstock im Bruchsack.

Lungenentzündung

Viren, Bakterien und andere Erreger können Lungenentzündungen mit ganz unterschiedlichen Schweregraden auslösen. Im Säuglingsalter ist damit meist eine Bronchopneumonie gemeint. Sie entsteht als Komplikation einer Atemwegsinfektion, ist jedoch bei einem sonst gesunden Kind sehr viel seltener, als Eltern befürchten oder unerfahrene Ärzte diagnostizieren und behandeln.

Auch eine Fremdkörperaspiration (siehe Seite 349) verursacht eine Lungenentzündung.

Die wichtigsten Symptome sind Kurzatmigkeit, anstoßende Atmung und Nasenflügeln sowie Fieber. Die bei Kleinkindern mit Lungenentzündung häufig im Bauch lokalisierten Schmerzen können zu Fehldiagnosen führen, vor allem wenn das Kind nicht oder nur wenig hustet. Eine schnelle Atmung über 50 Atemzüge pro Minute im ersten Lebensjahr und über 40 Atemzüge pro Minute im Kleinkindalter deutet auf eine Lungenatmung hin und muss abgeklärt werden.

WAS TUN?

Eine Lungenentzündung kann in der Regel ambulant mit Antibiotika behandelt werden, eine stationäre Behandlung ist bei schlechtem Allgemeinbefinden, Sauerstoffbedarf (bei Zyanose siehe Kasten Seite 395) oder bei Nahrungsverweigerung, wenn eine Medikamentengabe nicht möglich ist, notwendig.

Magenpförtnerkrampf

Eine krampfartige Verengung des Magenausgangs, des Magenpförtners, ist eine hauptsächlich Jungen im Alter von etwa drei bis neun Wochen betreffende Erkrankung. Sie führt zu schwallartigem Erbrechen, einer Gedeihstörung (siehe Seite 189) und gequältem Aussehen. Unbehandelt kann der Magenpförtnerkrampf (Pylorusstenose) durch den Salzverlust und die Ernährungsstörung lebensbedrohlich sein.

Die Ursache dieser im Ultraschall gut sichtbaren, starken Verdickung der Magenpförtnermuskulatur ist unklar. Man kommt nur in ganz leichten Fällen mit viel Geduld und vielen kleinen Mahlzeiten um eine Operation herum. In der Regel wird der »Py«, wie er häufig abgekürzt wird, gleich operiert, indem der Muskelring durchtrennt wird (Pyloromyotomie).

Mandelentzündung

Eine Beteiligung und Rötung der Rachenmandeln kommt bei fast jedem Atemwegsinfekt vor. Die bakterielle Mandelentzündung (Tonsillitis) ist bei Säuglingen eine Rarität, meist handelt es sich um eine Fehldiagnose und, falls ein Antibiotikum eingesetzt wird, um eine Fehlbehandlung (siehe Antibiotika Seite 361).

Masern

Eine hoch ansteckende, unter ungünstigen Lebensumständen lebensgefährliche Infektionskrankheit, die trotz jahrzehntelanger Bemühungen noch nicht ausgestorben ist. Die Kinderkrankheit trat früher im ersten Lebensjahr nicht auf. Da die nun heranwachsende Müttergeneration selbst keine Masern mehr hatte, sondern geimpft wurde, sind schwere Masernverläufe bei Säuglingen beobachtet worden. Frauen, die keine Masern durchgemacht haben oder nicht zweimal gegen Masern geimpft worden sind, sollten sich nachimpfen lassen – wenn nicht vor der ersten Schwangerschaft geschehen, direkt danach. So vermeiden Sie nicht nur, selbst an Masern zu erkranken, sondern auch Ihr Kind anzustecken.

Milchschorf

Der Kopfgneis, auch Milchschorf oder seborrhoische Dermatitis des Säuglings genannt, ist eine fettige, gelbliche Kruste der Kopfhaut mit unbekannter Ursache. Der Milchschorf tritt mit drei, vier Wochen meist zuerst auf den Augenlidern auf und kann sich dann auf die Kopfhaut, den Nacken und vielleicht auch die Armbeugen oder den Windelbereich ausbreiten. Die Haut ist dabei gerötet und von Schuppenkrusten bedeckt, juckt aber nicht und führt im Gegensatz zur Neurodermitis auch nicht zu Unruhe und Unwohlsein.

WAS TUN?

Zur Behandlung können die Kopfkrusten über Nacht mit Mandel-, Oliven-, oder Babyöl aufgeweicht und am nächsten Morgen abgebürstet oder vorsichtig abgekämmt werden. Waschen Sie Haut und Haare wie normal. Salicylhaltige Abschuppcremes werden nicht mehr empfohlen, cortisonhaltige Cremes sind unnötig, werden allerdings recht häufig verschrieben, da das Aussehen des Babys den Eindruck erweckt, als »müsste man etwas tun«. Dabei geht eine sebor-

WICHTIG

Zum Arzt!

Gehen Sie bei schwallartigem Erbrechen und gequältem Aussehen mit Ihrem Neugeborenen immer sofort zum Arzt!

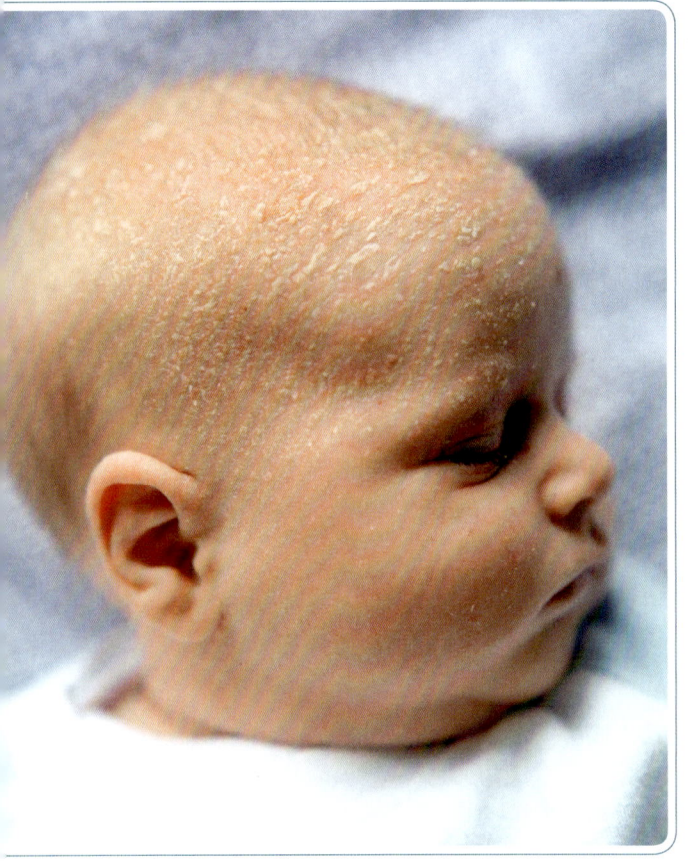

Bei Milchschorf bilden sich kleine Schuppenkrusten auf der Haut, vor allem am Kopf.

rhoische Dermatitis von alleine weg und hinterlässt keine Narben.

Mumps

Die ansteckende Kinderkrankheit wird auch Ziegenpeter oder Parotitis epidemica genannt. Sie macht sich durch eine Schwellung der Ohrspeicheldrüse bemerkbar, die meist zuerst nur einseitig auftritt. In seltenen Fällen kann die ansonsten harmlose Beteiligung des Gehirns zu Komplikationen führen. Viele Kinder machen Mumps unbemerkt durch, Säuglinge erkranken wegen des Nestschutzes (siehe Seite 267) so gut wie nie. Das könnte sich ändern, da die heranwachsende Elterngeneration selbst keinen Mumps durchgemacht hat, sondern geimpft wird. Denn die kombinierte Masern-Mumps-Rötelnimpfung (siehe Seite 330) führt zwar zu einer ausreichenden »Herdenimmunität«, nicht aber zum Verschwinden der Krankheit. Ein Schutz männlicher Jugendlicher ist besonders wichtig, da es nach der Pubertät bei Mumps zu einer Hodenentzündung (Orchitis) mit nachfolgender Unfruchtbarkeit kommen kann.

Mundfäule

Die Mundfäule, Stomatitis aphthosa, ist die Erstinfektion mit dem Herpesvirus, die selten im ersten, häufiger ab dem zweiten Lebensjahr auftritt, weil die meisten Mütter selbst schützende Antikörper haben. Es ist eine sehr unangenehme und schmerzhafte, aber keine gefährliche Erkrankung. Sie wird häufig nicht gleich erkannt, da die ersten Symptome, wie hohes Fieber, Abgeschlagenheit und Nahrungsverweigerung, zunächst auf andere Krankheiten schließen lassen. So erhalten viele Kinder ein Antibiotikum, weil eine Mandelentzündung (siehe Seite 387) vermutet wird.

Bei Mundfäule entwickelt sich eine düsterrote Verfärbung der Mundschleimhaut mit einzelnen kleinen, schmutzig-gelben Geschwüren, sogenannten Aphthen, und es entsteht ein übler, faulig-süßer Mundgeruch. Die Kinder sabbern viel, die Lymphknoten unterhalb des Kiefers sind schmerzhaft geschwollen.

WAS TUN?

Die Krankheit heilt von alleine, allerdings kann die Nahrungsverweigerung zum Problem werden. Daher sollen die Kinder all das essen und trinken, was sie wollen: etwa kalten Joghurt, Pudding und jede Art Getränk, das ihnen zusagt. Feste Nahrung und säurehaltige Getränke bereiten ebenso wie Mundpflege oder betäubende Gele meist Schmerzen und werden deshalb abgelehnt. Besser ist es, vor den Mahlzeiten ein Schmerz-Fieberzäpfchen zu geben. Glücklicherweise erholen sich die Kinder rasch.

Mundsoor

Ein Mundsoor ist eine Pilzinfektion mit einem Hefepilz. Neugeborene und junge Säuglinge haben eine Abwehrschwäche gegen diese überall vorkommenden Pilze, die ihr Immunsystem erst kennenlernen muss. Das warme und feuchte Milieu der Mundhöhle stellt eine ideale Brutstätte für die Pilze dar. Dennoch reichen meistens die natürlichen Abwehrmechanismen und das Stillen aus, um Pilzinfektionen zu verhindern. Sollte dennoch ein Mundsoor auftreten, erkennt man ihn an weißen, nicht abstreifbaren Belägen an der Wangeninnenseite, die zunächst wie Milchreste aussehen.

Bei sehr starkem Befall können die ganze Mundhöhle und die Zunge mit dicken schmutzig-weißen Belägen bedeckt sein. Dann, und bei jungen Säuglingen, insbesondere nach einer antibiotischen Behandlung, ist eine sofortige Behandlung notwendig, für die Ihr Kinderarzt ein Gel verschreiben wird.

WAS TUN?

Ein Mundsoor ist kein Notfall. Ein nur geringer Soor bei älteren Säuglingen verschwindet oft von alleine und muss nicht unbedingt behandelt werden. Wenn eine Therapie erfolgt, muss diese noch fünf Tage nach Abklingen der sichtbaren Erscheinungen weitergeführt werden, sonst ist der Pilz durch seine tief in die Schleimhaut reichenden Pilzfäden bald wieder da. Verschärfte

Hygienemaßnahmen helfen nicht viel, im engeren Sinne ansteckend ist der Pilz nicht. Sie sollten jedoch den Schnuller nicht weiterreichen und alles, was der Säugling in den Mund nimmt, mit Wasser und Spülmittel gut reinigen.

Nabelbruch

Ein Nabelbruch (Nabelhernie) ist kein Bruch im eigentlichen Sinn, sondern ein noch nicht verschlossener Nabelring (siehe unten).

Nabelentzündung

Eine Nabelentzündung (Omphalitis) kommt bei einer angemessenen trockenen Nabelpflege nicht vor. Unter unzureichenden hygienischen Bedingungen ist neben bakteriellen Nabelinfektionen der Wundstarrkrampf, der Nabeltetanus, gefürchtet.

Nabelgranulom

Wenn der Nabel nach dem Abheilen noch nässt, kann die Ursache ein kleines, auf dem Nabelgrund wachsendes, rotes, nässendes Knötchen sein. Dieses »wilde Fleisch« bildet sich meist von selbst zurück oder kann vorsichtig von der Hebamme oder dem Arzt geätzt werden.

Nagelbettentzündung

Die Nagelbettentzündung (Panaritium) ist eine eitrige Entzündung des Nagelrandes, die auch bei jungen Säuglingen meist harmlos ist und von selbst verkrustet und heilt. Wenn sich der Eiter nicht spontan entleert, muss sie eröffnet werden, damit sie sich nicht um den Nagel herum ausbreitet (Umlauf, siehe Entzündung Seite 378). Anschließend wird der Finger oder Zeh trocken mit Povidonjod oder einer Farbstofflösung desinfiziert. Beobachten Sie den Finger oder Zeh gut: Wenn sich die Entzündung mit einer Rötung und Schwellung ausbreitet, muss innerlich antibiotisch behandelt werden.

Nahrungsverweigerung

Siehe Seite 113.

Nasenbluten

Im Säuglingsalter kommt Nasenbluten eher selten vor, häufiger dagegen bei Kleinkindern. Die meist durch Infekte angegriffene Schleimhaut kann stark und lange bluten, besonders an der Stelle, wo ein kleines Venengeflecht sitzt. Die beste Behandlung besteht darin, von außen auf den Nasenflügel zu drücken, bis die Blutung stoppt. Eine Gerinnungsstörung ist selten Ursache für Nasenbluten und macht sich auch durch andere Blutungsneigungen bemerkbar.

Neugeborenengelbsucht

Die sogenannte Neugeborenengelbsucht zeigt sich in einer quittegelben, später mehr ins Orange übergehenden Verfärbung der Haut (Ikterus). Diese erstreckt sich auch auf das Weiße in den Augen, die Lederhaut. Sie entsteht durch einen vermehrten Abbau des roten Blutfarbstoffs (Hämoglobin) nach der Geburt, womit die Leber des Neugeborenen häufig etwas überfordert ist. Dadurch reichert sich das in einen gelben Farbstoff (Bilirubin) umgewandelte Hämoglobin im Körper an.

Ein anderer Grund für die Neugeborenengelbsucht kann in einer Blutgruppenunverträglichkeit zwischen Mutter und Kind bestehen: Die

WICHTIG

Neugeborenengelbsucht

Bei Gelbsucht ist Vorsicht geboten:

* wenn sie schon in den ersten 24 Stunden nach der Geburt auftritt,
* wenn sie sehr ausgeprägt ist,
* bei Frühgeborenen und
* bei Still- und Fütterproblemen.

Eine reine Beobachtung der Hautfarbe reicht dann nicht aus, hierzu muss das Bilirubin im Blut gemessen werden. Eine engmaschige Überwachung ist notwendig, eventuell auch eine Fototherapie, um einen Übertritt des Bilirubins in das Gehirn (Kernikterus) zu verhindern.

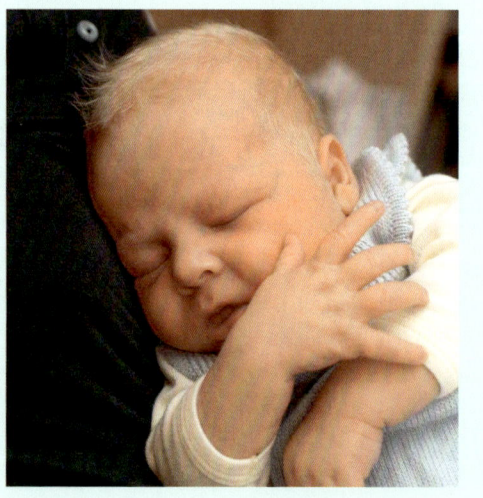

Mutter entwickelt Antikörper gegen die Blutkörperchen des Kindes, vor allem gegen den Rhesusfaktor. Schon in der Schwangerschaft wird routinemäßig nach solchen Antikörpern geschaut, weshalb schwere Formen einer solchen kindlichen Blutauflösung durch mütterliche Antikörper heute kaum mehr vorkommen.

WAS TUN?

Da das Bilirubin durch Licht zersetzt werden kann, wird bei stärker ausgeprägter Gelbsucht eine Lichtbehandlung (Fototherapie) durchgeführt. Gestillte Kinder sind oft stärker und länger gelb als Flaschenkinder – das darf aber kein Grund zum Abstillen sein. Ein solcher »Muttermilchikterus« ist harmlos.

Neurodermitis

Der Begriff »Neurodermitis« ist nicht genau definiert. Nicht jede trocken-schuppige Hautstelle oder jeder Ekzemherd ist eine Neurodermitis.

Man versteht unter einer Neurodermitis im engeren Sinn ein atopisches Ekzem.

SYMPTOME UND URSACHEN

Das Hauptsymptom ist meist ein starker, quälender Juckreiz, der zu Unruhe und Schlafstörungen führt. Flächige schuppige, auch nässende Hautrötungen sind bei Säuglingen über den gesamten Körper, das Gesicht und den behaarten Kopf verteilt. Manchmal findet man aber auch schon die typische Verteilung mit Schwerpunkten in den Beugefalten an Ellenbeugen, Kniekehlen und Handgelenken.

Trotz vielerlei Forschung ist die eigentliche Ursache der Neurodermitis noch unklar. Sicher spielt die erbliche Veranlagung die größte Rolle, aber auch zu viel Hygiene, Umwelteinflüsse wie das Rauchen in der Umgebung sowie körperliche Belastungen und Allergien sind von Bedeutung. Auch seelische Faktoren können schon bei Babys »unter die Haut« gehen.

TIPP

Hilfe bei Neurodermitis

Neigt Ihr Kind zu Neurodermitis, können Sie mit den folgenden Maßnahmen vorbeugen und seine Beschwerden lindern sowie seinen Zustand insgesamt verbessern.

* Nässende, juckende Hautstellen mit kühl-feuchten Kompressen mit Eichenrindenextrakt, schwarzem oder Kamillentee behandeln,
* Bei intakter Haut mit Sole aus dem toten Meer baden, bei nässender Haut mit Eichenrindenextrakt,
* Schwitzen möglichst vermeiden,
* Farb- und Konservierungsstoffe, Tomaten und Fruchtsäuren beim Essen meiden.

* Nur ungefärbte Baumwolle oder Seide direkt an die Haut lassen, Wolle und Fell meiden.
* Fingernägel kurz halten, möglichst wenig kratzen, aber keine Kratzhandschuhe anziehen, da die Hände und Finger eines der wichtigsten Wahrnehmungsorgane des Babys sind,
* Viel Licht und Luft an die Haut lassen,
* Klimakur in mildem, sonnigem Meeresklima, etwa im Sommer an Nord- oder Ostsee oder am Atlantik, im Frühjahr und Herbst am Mittelmeer, im Winter auf den Kanarischen Inseln,
* Haut geschmeidig halten, aber nicht zu sehr fetten; keine parfümierten Pflegemittel verwenden.

WAS TUN?

Die Behandlung einer Neurodermitis ist nicht leicht und zudem sehr individuell. Die Ausdehnung der Hauterscheinung und der Juckreiz gehen nicht immer Hand in Hand; oft besteht trotz gutem Hautbild vor allem nachts ein unerträglicher Juckreiz. Dieser wird häufig mit einem Antihistamin-Präparat innerlich behandelt. Ablenkung und eine allgemeine Zufriedenheit lindern oft den Juckreiz noch besser als ein Medikament. Viele Kinder sind unauffällig und fröhlich trotz erheblicher Hauterscheinungen, andere fühlen sich in ihrer Haut gar nicht wohl, obwohl man wenig oder gar nichts sieht. Gelassenheit hilft allen Beteiligten, denn oft leiden die Eltern mehr als die Kinder. Eine entsprechende Schulung kann bei einer schweren Ausprägung hilfreich sein. Sprechen Sie mit Ihrem Arzt!

GUTE PROGNOSE

Im ersten Lebensjahr von einer »Neurodermitis« zu sprechen ist schwierig, zumal eine Abgrenzung von Milchschorf, der stets ausheilt, nicht immer möglich ist. Deshalb eignet sich der neutralere Begriff Säuglingsekzem besser. Bei den meisten Säuglingen verliert sich das Ekzem wieder, sodass eine lebenslange und chronische Störung nur bei wenigen Kindern vorkommt. Der Begriff Neurodermitis spielt auf das Nervensystem und damit auf die seelische Verfassung an. Ob diese für die Entstehung, die Ausprägung und die Bewältigung der Erkrankung von Bedeutung ist, wird von den Fachleuten sehr unterschiedlich eingeschätzt.

Obstruktive Bronchitis

Durch die verhältnismäßig kleinen und engen Atemwege entwickeln Säuglinge bei einem Atemwegsinfekt häufiger asthmaähnliche Symptome, die man auch als Infektasthma oder ob-struktive Bronchitis bezeichnet. Typisch sind eine verlängerte Ausatmung, pfeifende Geräusche bei der Ausatmung (sogenanntes Giemen) und eine angestrengte Atmung.

Manche eher dicken, zufriedenen und gesunden Säuglinge pfeifen immer ein wenig bei der Ausatmung, ohne dass sie krank sind. Man spricht in diesem Fall vom »happy wheezer«, dem fröhlichen Pfeifer.

WAS TUN?

Wenn in der Umgebung geraucht wird, erkranken Babys sehr häufig an einer obstruktiven Bronchitis. Deshalb ist frische Luft das erste und wichtigste Heilmittel.

Größere Säuglinge können gut daheim behandelt werden; man lässt sie mit einer Inhalierhilfe ein bronchialerweiterndes Mittel einatmen – und die Atmung beruhigt sich rasch. Da die Wirkung allerdings nur vergleichsweise kurz anhält, muss alle vier bis sechs Stunden inhaliert werden.

TIPP

Für größere Kinder

Inhalationen mit heißem Wasserdampf wirken durchblutungsfördernd, schleimlösend und entzündungshemmend. Sie sind aber noch nicht für Säuglinge und Kleinkinder geeignet, da sie sich verbrühen können, wenn sie hineinfassen oder sich wehren und das Gefäß umstürzt. Mit Schulkindern können Sie zusammen unter eine Art Zelt aus einem großen Handtuch gehen, das über die Schüssel mit dem heißen Wasser gelegt wird. In das Wasser kann eine Handvoll Kamillenblüten oder ein Teebeutel gegeben werden.

WICHTIG

Zum Arzt!

Vor allem bei sehr jungen Säuglingen kann eine Atemwegsinfektion mit einem bestimmten Virus, dem RS-Virus, zu einer Bronchiolitis (siehe Seite 377) mit erheblicher Atemnot führen. Gehen Sie umgehend zum Arzt!

Manche Kinder neigen dazu, bei jedem kleinen Infekt eine obstruktive Bronchitis zu bekommen; für sie wird dann ein Inhaliergerät dauerhaft verschrieben. Ein bleibendes Asthma ist in diesem Alter noch nicht sicher zu diagnostizieren und auch bei häufiger Bronchitis nicht zu befürchten.

Ohrenschmerzen

Babys »bearbeiten« häufig ihre Ohren, indem sie daran ziehen oder darin herumbohren, vor allem, wenn sie sich nicht wohlfühlen, zahnen, müde sind oder nicht wissen, »wohin mit sich«. Eine Ohrenentzündung wird dann oft vermutet, besonders wenn das Ohrläppchen hochrot ist. Das liegt aber meist an einer Mehrdurchblutung und ist kein Zeichen einer Mittelohrentzündung. Es ist nicht leicht, das Mittelohr bei einem jungen Säugling zu untersuchen. Auch ältere Babys lieben es nicht, wenn man an ihrem Kopf etwas macht, was sie nicht sehen können. So kann das Ohrenspiegeln, die Otoskopie, schon mal ein schwieriger Akt werden. Am besten setzt die Betreuungsperson das Kind mit Blick nach vorn auf den Schoß und umfasst Oberkörper und

TIPP

Zwiebelsäckchen bei Ohrenschmerzen

Zwiebelsäckchen oder -wickel für das Ohr verflüssigen das Sekret und wirken schnell und sicher gegen die Schmerzen sowie die Entzündung. Aber: Träufeln Sie keinen Zwiebelsaft in den Gehörgang, sonst kann der Arzt das Trommelfell nicht mehr beurteilen.

Und so wird der Zwiebelwickel gemacht:

* Hacken Sie eine mittelgroße Zwiebel fein, und schlagen Sie die Zwiebelwürfel in ein dünnes, sauberes Stofftaschentuch ein.

* Legen Sie das Päckchen auf das Ohr, und bedecken Sie es mit einer zusammengelegten Stoffwindel so, dass der überschüssige Zwiebelsaft aufgesogen wird.

* Befestigen Sie den Wickel mit einer Mütze, einem Stirnband oder Ähnlichem. Eine Erwär-

mung ist nicht notwendig, diese erfolgt von alleine durch die Durchblutungsförderung.

* Lassen Sie das Päckchen mindestens 30 Minuten auf dem schmerzenden Ohr.

* Sie können die Anwendung auch mehrmals täglich wiederholen.

Arme. Mit dem Kopf wird der Arzt schon alleine fertig. Doch auch, wenn er dann das Trommelfell gut sehen kann, bleibt die Diagnose »Mittelohrentzündung« schwierig. Denn Schleim im Mittelohr oder eine Rötung alleine reichen für eine sichere Diagnose nicht aus, lassen sie aber vermuten, wenn das Ohr zugleich schmerzt. Eine Mittelohrentzündung liegt mit Sicherheit vor, wenn das Ohr »läuft« – dann ist aber auch die größte Gefahr, dass sich die Entzündung in den Warzenfortsatz (Knochen der Schädelbasis hinter dem Ohr) ausbreitet, vorbei. Ein laufendes Ohr entsteht immer durch ein »geplatztes Trommelfell«, und das ist, entgegen mancher landläufiger Meinung, kein vermeidbares Unheil, sondern der Weg zur Selbstheilung. Ob man nun noch ein Antibiotikum geben soll oder nicht, hängt vom Allgemeinzustand des Kindes ab und unterliegt so mancher Modeströmung: Vor einigen Jahren war es üblich, jeden Verdacht auf Mittelohrentzündung sofort antibiotisch zu behandeln. Inzwischen hat sich eine sehr viel zurückhaltendere Einstellung durchgesetzt (siehe Seite 361).

Pseudokrupp

Unter Pseudokrupp oder Krupphusten versteht man eine Kehlkopfentzündung, die im Rahmen eines frischen Infektes der Atemwege zu Atemnot beim Einatmen sowie zu hohlem, bellendem Husten führt. Er tritt häufig nachts anfallsartig auf und hört sich sehr bedrohlich an: Das Baby bellt heiser, »zieht« beim Einatmen (Stridor) und ist oft ängstlich und aufgeregt. Der Husten hört sich »tief« an, weil der ganze Brustkorb als Resonanzkasten mitschwingt. Mit der Lunge hat der Husten aber gar nichts zu tun. Der Pseudokrupp beim Kleinkind entspricht im Grunde der Heiserkeit beim Erwachsenen, nur dass der noch kleine Kehlkopf sich aus physikalischen Gründen dabei sehr viel mehr verengt.

WAS TUN?

Der Schreck ist groß, deshalb gehen die Eltern beim ersten Mal in die Klinik, wenn sie von dieser Symptomatik überrascht werden und Angst bekommen. Ansonsten lässt sich ein Pseudokruppanfall immer ambulant beherrschen, zumal er meist nur eine, selten zwei Nächte andauert. Allerdings können, wie bei der Heiserkeit, weitere Krankheitssymptome folgen.

Bei einem Pseudokruppanfall sollten Sie folgende Regeln beachten:

* Das Wichtigste: Bewahren Sie Ruhe, damit sich Ihre Angst nicht auf das Kind überträgt.
* Nehmen Sie das Kind hoch, und beruhigen Sie es.
* Treten Sie ans offene Fenster, lassen Sie es kalte Luft einatmen. Oder gehen Sie ins Bad, und machen Sie mit der Dusche ordentlich Dampf. Lassen Sie Ihr Kind den Wasserdampf einatmen.
* Ihr Kind soll kühl schlafen, heizen Sie das Zimmer deshalb wenig oder gar nicht, und sorgen Sie für Luftbefeuchtung.
* Meiden Sie mit Ihrem Kind Zigarettenrauch sowie trockene, stickige, verbrauchte und verschmutzte Luft.
* Bieten Sie Ihrem Kind viel zu trinken an.

Medikamente sind in der Regel nicht nötig, Sie können aber ein Cortisonzäpfchen als Notfallmedikament zu Hause haben, wenn Ihr Kind bereits einen Anfall hatte. Diese sind auch für andere akut lebensbedrohliche Schwellungen wie Allergien geeignet. Homöopathische Arzneien bei Pseudokrupp finden Sie auf Seite 370. Wenn ein Pseudokrupp häufiger auftritt – und es gibt Kinder, die dazu veranlagt sind –, kann es sinnvoll sein, ein Inhaliergerät zu haben und mit Kochsalz und einem Adrenalinpräparat zu inhalieren. Der Kinderarzt wird Sie beraten.

WICHTIG

Zum Arzt!

Bei Schluckstörung, kloßiger Sprache oder schwerer Atemnot mit Blauwerden sofort den Notarzt benachrichtigen! Es besteht der Verdacht auf eine Kehldeckelentzündung.

Rachitis

Die Rachitis ist eine früher verbreitete Erkrankung des Kalzium- und Phosphatstoffwechsels, die zu Auftreibungen an der Knochen-Knorpelgrenze und letztlich zu Deformierungen der Wirbelsäule, des Beckens und der Extremitäten führt. Die an Rachitis erkrankten Kinder waren auch besonders anfällig für Infekte.

Verursacht wird Rachitis durch einen Mangel an Vitamin D, das in der Haut unter dem Einfluss von Licht gebildet wird. Da es in unseren Breiten insbesondere im Winterhalbjahr nicht möglich ist, einen ausreichenden Lichteinfall auf die unbedeckte (und nicht mit Sonnenmilch eingeriebene) Haut zu erzielen, wird seit über 60 Jahren eine Vitamin-D-Prophylaxe propagiert. Sie besteht aus der täglichen Gabe von Vitamin D, in Deutschland in Tablettenform, in anderen Ländern in Tropfenform, über das ganze erste Lebensjahr und über den zweiten Winter hinaus. Muttermilch enthält nicht ausreichend Vitamin D. Der Flaschennahrung ist zusätzliches Vitamin D beigefügt.

Früher gab man Kindern Lebertran, um die fettlöslichen Vitamine, darunter Vitamin D, zu ersetzen. Stark wachsende Kinder brauchen besonders viel Vitamin D, nicht die kleinen schwachen, wie man früher geglaubt hat. Mehr über die Rachitisprophylaxe mit Vitamin D erfahren Sie auf Seite 325.

Reflux

Ein Ventil am Mageneingang soll verhindern, dass Nahrung aus dem Magen wieder aufsteigt. Funktioniert dieses Ventil nur unzureichend, spricht man von Kardiainsuffizienz oder Gastro-oesophagealem Reflux (GÖR). Dieser ist, wie man am »Bäuern« und dem sauren Aufstoßen des Säuglings sehen kann, in diesem Alter noch normal. Durch gutes Aufstoßen und eine entsprechende Lagerung des Babys bessert sich manchmal die Symptomatik. Es gibt jedoch immer wieder Säuglinge, die nach jeder Mahlzeit spucken. Wenn sie dennoch gut gedeihen und zufrieden sind, gilt die Volksweisheit »Speikind – Gedeihkind« (siehe auch Seite 379).

WAS TUN?

Wenn das Kind sehr unruhig ist, könnte ein Sodbrennen die Ursache sein. Hier ist dann eine weitergehende Diagnostik nötig. Eine Ultraschalluntersuchung kann eine Pylorusstenose, den Magenpförtnerkrampf (siehe Seite 387), sicher ausschließen und die Refluxepisoden sichtbar machen.

Häufige kleinere Mahlzeiten und, falls Stillen nicht möglich ist, leicht eingedickte Flaschennahrung sowie zeitiges Umstellen auf Breinahrung können die Symptome bessern. Magensaftbindende Medikamente sind nur selten nötig.

Ringelröteln

Der harmlose Ausschlag, der gelegentlich epidemieartig auftritt, besteht bei Säuglingen und Kleinkindern aus einer charakteristischen Rötung der Wangen, die »wie geohrfeigt« aussehen. An den Armen und Beinen zeigen sich ringelförmige Rötungen.

Auch diese Viruserkrankung, der Erreger ist ein Parvovirus, kann bei Erstinfektion in der Schwangerschaft für das Ungeborene gefährlich sein. Die

Krankheit selbst verläuft in der Regel völlig harmlos. Eine Impfung gegen Ringelröteln gibt es nicht.

Röteln

Diese an sich harmlose Ausschlagerkrankung wurde erst durch das Bekanntwerden der Rötelnembryopathie in ihrer Gefährlichkeit für Schwangere bekannt. Es ist deswegen wichtig, sich vor einer Schwangerschaft, und nicht dann, wenn sie eingetreten ist, von einem ausreichenden Schutz zu überzeugen. Hinter den Empfehlungen, auch die männliche Bevölkerung zu impfen, steht das Ziel der Ausrottung dieser Erkrankung (siehe auch Seite 327).

Rotavirusinfektion

Rotaviren sind häufige Erreger eines Brechdurchfalls bei Säuglingen und Kleinkindern. Sie werden durch Schmierinfektion übertragen und breiten sich in Einrichtungen oft epidemieartig aus. Es gibt eine Schluckimpfung dagegen, die aber bei den meisten, insbesondere gestillten Kindern unnötig ist und derzeit nicht in das Impfprogramm aufgenommen wurde.

Scharlach

Als Scharlach bezeichnet man eine Form der Erkrankung an A-Streptokokken, die mit den typischen Erscheinungen von hohem Fieber, Kopf-, Bauch- und Halsschmerzen, blassem Mundnasendreieck und anschließendem Auftreten eines fein-rauen Ausschlags verknüpft ist. Die sprichwörtliche Himbeerzunge ist eher ein Spätsymptom. Säuglinge erkranken nicht an Scharlach. Es ist eine typische Erkrankung des späten Kindergarten- und Schulkindalters, die bei uns viel von ihrer früheren Gefährlichkeit eingebüßt hat. Die Behandlung der Menschen in der Umgebung ist nicht mehr üblich, es sei denn, diese Maßnahme wird bei einer kleinen Epidemie von den Gesundheitsbehörden angeordnet.

Oft werden alle Streptokokkeninfektionen vereinfachend als Scharlach bezeichnet, was nicht korrekt ist. Streptokokkenträger ohne Symptome müssen nicht behandelt werden.

Schielen

Siehe Seite 200.

Schlafstörungen

Andauernde, nicht durch äußere Umstände bedingte Schlafstörungen sind durch eine Beeinträchtigung der Selbstregulation bedingt (Regulationsstörungen siehe Seite 159) und müssen tiefer gehend behandelt werden. Bemühen Sie sich dazu um einen Gesprächstermin bei Ihrem Kinderarzt.

Schmerzen

Bei unruhigen Säuglingen ist es oft nicht leicht herauszufinden, was sie quält. Bei jüngeren sind es meist Bauchschmerzen, bei älteren, vor allem nach einem Schnupfen oder Atemwegsinfekt, häufig Ohrenschmerzen. Manche Babys schreien lauthals, andere wimmern nur leise. Um die Ursache herauszufinden, schauen Sie in die Windel, kontrollieren Sie die Leiste auf einen möglichen Leistenbruch. Wie sieht der Bauch aus, wie die Hautdurchblutung? Oft hilft die Gabe eines Schmerz-Fieberzäpfchens. Die Gefahr wird eher überschätzt, dass damit eine ernste Erkrankung verschleiert wird. Lassen Sie Ihr Kind ärztlich untersuchen, wenn die Schmerzen nicht nur kurz und vorübergehend sind.

Schnupfen bei Infekten

Bei einem infektbedingten Schnupfen handelt es sich meist um einen allgemeinen Schleimhautinfekt, bei dem auch die Augen und der Hals betroffen sind (siehe Erkältung Seite 379).

WICHTIG

Zum Arzt!

Wirkt das Kind krank, ist es fahl und blass oder sehr berührungsempfindlich, gehen Sie sofort zum Kinderarzt!

Bei der großen Zahl von Rhinoviren kann ein Schnupfen den nächsten jagen. Meist ist der Schleim zunächst klar und eher wund machend, dann schleimig, am Ende sogar gelbgrün. Auch ein solcher »eitriger« Schnupfen bedarf keiner antibiotischen Behandlung. Gelegentlich dabei auftretendes Nasenbluten (siehe Seite 390) sieht abenteuerlich aus, ist aber ungefährlich.

Der Arzt sollte die Trommelfelle aber sorgfältig inspizieren, denn im Gegensatz zur Nase kann der Schleim im Mittelohr nicht nach außen abfließen. Schnupfen kann auch das Anfangssymptom einer Reihe von Erkrankungen sein, zum Beispiel von Masern (siehe Seite 387) oder von Grippe (Influenza).

Schnupfen bei Säuglingen

Eine behinderte Nasenatmung kann ein Neugeborenes sehr beeinträchtigen. Meist handelt es sich hier nicht um einen infektbedingten Schnupfen, sondern um eingetrocknetes Sekret und eine Schleimhautreizung. Manchmal fehlt es auch an Tränenflüssigkeit, die über den Tränennasengang auch die Nase befeuchtet (siehe Tränenwegsverengung Seite 398). Es ist wichtig, die Nase frei zu halten, sonst bekommt das Kind nur beim Schreien Luft.

WAS TUN?

Befeuchten Sie die Nasenschleimhaut mit Kochsalzlösung (aus der Apotheke), und sorgen Sie für frische, feuchte Luft. Vielleicht hilft auch ein Nasensauger, er muss aber vorsichtig eingesetzt werden, um die empfindliche Schleimhaut nicht zu verletzen.

Schwerhörigkeit

Man unterscheidet eine seltenere Innenohrschwerhörigkeit, auch Schallempfindungsschwerhörigkeit genannt, von einer Mittelohr- oder Schallleitungsschwerhörigkeit. Durch das Hörscreening bei Neugeborenen (siehe Seite 323) sollten Hörstörungen heute früh erfasst und behandelt werden. Erworbene Hörstörungen sind damit natürlich nicht ausgeschlossen. Meist handelt es sich, wenn nicht gehörschädliche (ototoxische) Medikamente (bestimmte Antibiotika) eingesetzt wurden, um eine Schalllei-

Um eine Mittelohrentzündung festzustellen, muss das Trommelfell gründlich inspiziert werden.

tungsstörung. Diese kann in sehr wechselndem Ausmaß bei einem Paukenerguss oder bei einer Schleim- und Flüssigkeitsansammlung im Mittelohr vorkommen.

Da die Sprachentwicklung in hohem Maße vom Hören abhängt, ist gutes Hören von großer Bedeutung. Durch künstliche Hörschnecken, sogenannte Cochlea-Implantate (CI), kann auch eine Innenohrschwerhörigkeit frühzeitig behandelt werden.

Sichelfuß

Siehe Seite 200.

Skoliose

Siehe Seite 200.

Sonnenbrand

Siehe Seite 57.

Sonnenstich

Eine direkte Sonneneinstrahlung auf den ungeschützten Kopf kann zu hochrotem Kopf, heftigen Kopfschmerzen, Übelkeit und Erbrechen führen. Fieber und Nackensteife lassen an eine Hirnhautentzündung (siehe Seite 381) denken. Daher empfiehlt es sich, dem Baby bei Sonne immer ein breitkrempiges weißes Baumwollmützchen aufzusetzen und einen Wärmestau zu vermeiden (siehe Sonnenbrand Seite 57).

Spucken

Auch gesunde Säuglinge spucken bei ihrem »Bäuerchen« oder auch spontan. Das liegt an der Unreife des Mageneingangs (siehe Reflux Seite 395). Vermehrtes Spucken kann ein Hinweis auf einen Magen-Darm-Infekt (siehe Erbrechen Seite 379, Durchfall Seite 378) oder eine andere beginnende Erkrankung sein (Infekterbrechen).

WICHTIG

Schonhaltung

Eine Schonhaltung bei Säuglingen und Kleinkindern ist immer sehr verdächtig. Es könnte sich um eine Verletzung handeln oder, wenn Fieber und ein Krankheitsgefühl dabei sind, auch eine Knochenentzündung (zum Beispiel Säuglingsosteomyelitis) dahinterstecken. Lassen Sie die Symptome sofort von Ihrem Arzt abklären.

Sturzverletzungen

Statistiken zufolge stürzt jeder zweite Säugling einmal ab: sei es vom Wickeltisch, vom Sofa, aus dem Ehebett oder der Babywippe. Da der Kopf der schwerste Körperteil ist, schlägt das Kind meist mit ihm auf. Gravierende innere Schädelverletzungen sind glücklicherweise selten, aber gefährlich (siehe Schädeltrauma Seite 348).

Tetanus

Bei einem Wundstarrkrampf (Tetanus) treten Bakterien in den Körper ein, die ein Gift produzieren, das Tetanustoxin. Die Erreger kommen im Erdreich vor. Besonders gefährdet sind verschmutzte und schlecht durchblutete Wunden, wie Quetschwunden oder im Freien eingetretene Fremdkörper. Eine Tetanusimpfung kann einen Wundstarrkrampf sicher verhüten (siehe Seite 329).

Tränenwegverengung

Da das Kind im Mutterleib die Tränenflüssigkeit direkt in das Fruchtwasser absondert und die Augen ebenfalls von Fruchtwasser umspült werden, müssen sich die Tränenproduktion und der Tränenfluss nach der Geburt erst anpassen. Die

Tränenflüssigkeit wird über den sogenannten Tränennasengang im inneren Augenwinkel aufgesaugt und in die Nase abgeleitet. Das kann man bei sich selbst feststellen, wenn beim Weinen die Nase hochgezogen wird.

Ist der Tränennasengang noch nicht vollständig durchgängig (Dacryostenose), »läuft das Auge über«, es verklebt und verschleimt. Die Folge ist ein lästiges, aber harmloses »Schmierauge«. Antibiotische Behandlungen helfen hier nicht.

Auch die Nase bleibt bei einer Tränenwegverengung trocken, sodass das Baby auch noch zäh schnupft und röchelt.

WAS TUN?

* Spülen Sie das Auge, und befeuchten Sie die Nase mit Kochsalzlösung (»künstliche Tränen«, aus der Apotheke).
* Massieren Sie zudem den Tränennasengang vom mittleren Augenwinkel nach unten Richtung Nasenflügel. So gelingt es in aller Regel, die Tränenwege zu kanalisieren.
* Eine Sondierung der Tränenwege in Narkose ist im ersten Lebensjahr nur in Ausnahmefällen nötig (siehe auch Augenentzündung Seite 376).

Trinkschwäche

Siehe Seite 113.

Unterkühlung

Die Gefahr, dass Babys durch »zu kalt« Schaden erleiden, wird von Eltern meist überschätzt. Neu- und vor allem Frühgeborene sind empfindlich gegen Unterkühlung, nicht aber ansonsten gesunde Säuglinge. Welche Rolle die »Erkältung« (siehe Seite 379) als Erklärungsmodell für Krankheiten spielt, ist nach wie vor umstritten. Häufig fühlt sich jemand, der frisch krank wird, fröstelig.

Urin

Der Urin von Säuglingen ist sauber, keimfrei, fast geruchlos und unschädlich. Deswegen muss ein Kleidungsstück mit Urin lediglich getrocknet, aber nicht gleich gewaschen werden.

Zu einer gründlichen Urinuntersuchung, die bei unklarem Fieber zum Ausschluss einer Harnwegsinfektion (siehe Seite 380) unerlässlich ist, wird am besten der spontan aufgefangene Urin benutzt, wie er beim Wickeln anfällt (siehe Kasten unten). Auch für bestimmte Stoffwechselerkrankungen ist eine Urinuntersuchung in einem Speziallabor wesentlich.

Verstopfung

Gestillte Kinder sind nicht »verstopft«: Die elterliche Sorge, dass sich der Darm des Babys nicht häufig genug entleert, ist zumeist unbegründet. Das »große Geschäft« kann in der Tat

TIPP

Urinprobe abgeben

Wissen Sie oder vermuten Sie, dass Ihr Arzt für eine Untersuchung eine Urinprobe Ihres Babys benötigt, können Sie die Prozedur erheblich erleichtern, indem Sie die Urinprobe gleich mitbringen. Dafür gibt es spezielle Urin-Auffang-Sets, die aus einem Klebebeutelchen bestehen, das um das gereinigte Genitale geklebt wird. Lassen Sie sich in der Praxis die Handhabung zeigen und kleben Sie das Beutelchen ein paar Stunden vor dem Arzttermin an. Wenn nämlich das Beutelchen erst in der Praxis angebracht wird, kann es Stunden dauern, bis das Baby etwas hineinmacht. Diese lange Wartezeit können Sie sich und Ihrem Baby ersparen.

ein großes Geschäft sein, das Kind läuft dunkelrot an, drückt, zieht die Beine an und quält sich – obwohl der Stuhl ganz weich ist. Das ist normal, denn die Koordination zwischen dem Ablauf der Darmbewegungen und dem Entspannen des Schließmuskels muss erst erlernt werden. Einläufe oder Manipulationen am After beeinträchtigen das Erlernen dieser Koordination. Gestillte Kinder können bei jeder Mahlzeit oder auch nur einmal in der Woche Stuhlgang haben, da die Muttermilch sehr gut verwertet wird. Oft verändern sich die Stuhlgewohnheiten ganz plötzlich. Auch das ist normal, obwohl es die Eltern zunächst erschreckt, wenn die Windel, die sonst nach jeder Mahlzeit stuhlgefüllt war, plötzlich tagelang sauber bleibt.

Flaschenkinder sind hin und wieder verstopft. Dann sind die Stühle sehr hart, das Kind weint vor Schmerzen, und es kann durch feine Schleimhauteinrisse sogar zu Blutauflagerungen auf dem Stuhl kommen. Auch hier ist es besser, den After in Ruhe zu lassen und auf Einläufe oder Zäpfchen zu verzichten. Sonst lernen manche Säuglinge, überhaupt nur mit einer Stimulation am After ihr Geschäftchen zu machen.

WAS TUN?

Behandeln Sie lieber »von oben«: Sie können der Nahrung etwas Milchzucker zugeben oder, bei älteren Babys, stuhlauflockerndes Obst wie Birnenkompott oder Pfirsich geben. Auch Obstsäfte wirken stuhlauflockernd, ebenso eine ausreichende Flüssigkeitszufuhr. Und noch ein wichtiger Tipp: Sagen Sie schon Ihrem Säugling, erst recht aber dem Kleinkind nicht: »Drück mal fest!«, sondern: »Lass es raus, lass los!«

Vorhautverengung

Unter einer Phimose versteht man eine echte Vorhautverengung (siehe Beschneidung Seite 376). Sie äußert sich bei Babys dadurch, dass sich die Spitze des Penis beim Urinieren aufbläht, der Harnstrahl dünn ist und das Kind pressen muss. In diesem Fall ist eine Beschneidung sinnvoll. Eine Phimose ist aber sehr selten und wird häufig mit einer in diesem Alter normalen Vorhautverklebung verwechselt: Die Vorhaut lässt sich noch nicht zurückstreifen, weil sie mit der Eichel verklebt ist. Diese Verklebung löst sich im Laufe der weiteren Entwicklung, spätestens durch die männlichen Geschlechtshormone in der Pubertät von alleine, wobei taschenartige Ablösungen und manchmal gelbliche Talgansammlungen zwischen Eichel und innerem Vorhautblatt vorkommen. Eine Behandlung erübrigt sich bei Kenntnis dieses natürlichen Verlaufes.

Windelausschlag

Durch den zersetzten Urin sowie durch den Stuhlgang wird die Haut im Windelbereich wund und gereizt, das feuchtwarme Windelmilieu begünstigt die Infektion mit Hefepilzen. Der Übergang von einer Windeldermatitis in eine Pilzinfektion, einen Soor, ist fließend. Den Soor erkennt man daran, dass die mehr flächige, nässende Rötung in kleine Pickel mit weißlichen Randkrusten übergeht.

Gestillte Kinder haben seltener einen Windelausschlag, was sich mit der Umstellung auf feste Nahrung ändert – ebenso bei Durchfall und nach einer Antibiotikagabe.

WAS TUN?

Da der Windelsoor die Folge der günstigen Wachstumsbedingungen für Hefepilze in der Windel ist, kann er am besten dadurch behandelt werden, dass Windeln rasch gewechselt werden und die Haut möglichst viel Luft bekommt und trocken gehalten wird. Zur Pflege des Windelbereichs siehe Seite 63 sowie den Kasten auf der rechten Seite.

Ist der Po sehr empfindlich, können Sie vorbeugend eine Lebertran-Zinkpaste auftragen, um einem Wundsein vorzubeugen. Der Soor kann sehr hartnäckig sein, sodass oft eine Pilzcreme nötig wird. Diese soll ausreichend lange gecremt werden, um einen Rückfall zu vermeiden. Wenn der Pilz der Behandlung trotzt, schauen Sie in den Mund, ob nicht ein Mundsoor vorliegt, der den Windelpilz »nährt«.

Windpocken

Die Windpocken oder Varizellen waren bis vor wenigen Jahren die am meisten verbreitete Kinderkrankheit (siehe Seite 384). Sie sind sehr ansteckend, verbreiten sich quasi über den Wind, verlaufen aber meistens harmlos. Die Kinder sind schon kurz vor Auftreten des charakteristischen Bläschenausschlags sehr ansteckend, also bereits dann, wenn man die Krankheit noch gar nicht erkennen kann. Das macht den Schutz vor einer Ansteckung, etwa für bislang nicht daran erkrankte Schwangere, schwierig, aber ebenso für Kinder und Erwachsene, die wegen einer schweren Erkrankung immunsuppressive Medikamente, etwa nach einer Organtransplantation, einnehmen müssen.

Die typischen Windpockenbläschen treten in Schüben über mehrere Tage auf. Dann eröffnen sich die Bläschen, trocknen ein und verkrusten. Anschließend fallen die Krusten ab. Unangenehm sind der Juckreiz und eine Beteiligung der Schleimhäute, etwa im Mund im Ohr oder im Genitalbereich. Zum Schutz Dritter, wegen der Unwägbarkeiten des Auftretens und seltener komplizierter Verläufe wird dagegen seit einigen Jahren geimpft; vielleicht gehört bald auch diese Kinderkrankheit der Vergangenheit an (siehe Impfen Seite 330).

TIPP

Wunder Po

Stuhl ist wasserlöslich, deshalb sollten Sie zur Reinigung nur Wasser verwenden, keine Öl-, Feucht- oder Pflegetücher. Ein Sitzbad in Kamillen-, Schafgarben- oder Stiefmütterchentee oder einfach in Schwarztee oder Eichenrindenextrakt lindert die Beschwerden. Anschließend den Po gut lufttrocknen lassen und anschließend eine Lebertran-Zinkpaste auftragen.

Speziell bei Windelpilz ist eine Behandlung mit einer Gentianaviolett-Lösung (aus der Apotheke) sinnvoll, preiswert und von der WHO empfohlen. In Deutschland sind die genannten Lebertran-Zinkpasten üblich.

Eine typische Folgekrankheit nach durchgemachten Windpocken ist die Gürtelrose, auch Herpes zoster oder einfach Zoster genannt. Sie entsteht, wenn das verbliebene Virus reaktiviert wird und sich dem Nervenverlauf entlang herdförmig ausbreitet. Wieweit die Impfung diese Form einer Windpockeninfektion beeinflusst, ist noch unklar.

WAS TUN?

Die Behandlung der Windpocken kann mit einem austrocknenden »flüssigen Puder«, einer Schüttelmixtur, erfolgen, um den Juckreiz zu lindern und eine weitere Infektion zu verhindern. Selten sind innerliche juckreizstillende Medikamente oder Schmerz-Fiebermittel notwendig.

Zahnen

Siehe ab Seite 230.

Adressen und Links, die weiterhelfen

Deutschland

AWO Arbeiterwohlfahrt Bundesverband e. V.
Heinrich-Albertz-Haus
Blücherstraße 62/63
10961 Berlin
www.awo.org

Babyfreundliches Krankenhaus
WHO/UNICEF-Initiative »Babyfreundlich«
Jan-Wellem-Str. 6
51429 Bergisch Gladbach
www.babyfreundlich.org

Beratungsstelle für natürliche Geburt und Elternsein e. V.
Häberlstraße 17
80337 München
www.natuerliche-geburt.de

Beratungsstellen und Praxen für Eltern mit Schreibabys (Deutschland, Österreich und Schweiz)
www.trostreich.de

Bundesministerium für Familie, Senioren, Frauen und Jugend
11018 Berlin
www.bmfsfj.de/BMFSFJ/familie.html
www.familien-wegweiser.de

Deutscher Kinderschutzbund Bundesverband e. V.
Schöneberger Straße 15
10963 Berlin
www.dksb.de

Deutsche Liga für das Kind in Familie und Gesellschaft (Initiative gegen frühkindliche Deprivation) e. V.
Charlottenstr. 65
10117 Berlin
www.liga-kind.de

Deutscher Caritasverband e. V.
Karlstraße 40
79104 Freiburg
www.caritas.de

Deutscher Paritätischer Wohlfahrtsverband – Gesamtverband e. V.
Oranienburger Straße 13–14
10178 Berlin
www.paritaet.org

Deutsches Müttergenesungswerk Elly-Heuss-Knapp-Stiftung
Bergstraße 63
10115 Berlin
www.muettergenesungswerk.de

Doulas
www.doula-info.de

Mütterzentren-Bundesverband e. V.
Hospitalstraße 10
65549 Limburg
www.muetterzentren-bv.de

Mutter-Kind-Hilfswerk e. V. (Mutter/Vater-Kind-Kuren)
Millberger Weg 1
94152 Neuhaus/Inn
www.mutter-kind-hilfswerk.de

Nachbarschaftshilfe
wellcome gGmbH
Hoheluftchaussee 95
20253 Hamburg
www.wellcome-online.de

PEKiP e.V. Geschäftsstelle
Am Böllert 3
47269 Duisburg
www.pekip.de

pro familia
Stresemannallee 3
60596 Frankfurt a.M.
www.profamilia.de

WINDELDIENSTE
www.windeldienst.net
www.die-gruene-suchmaschine.de

ALLEINERZIEHEND
Verband alleinerziehender Mütter und Väter –
Bundesverband e.V.
Hasenheide 70
10967 Berlin
www.vamv.de

BETREUUNG
Au-pairs und Agenturen
www.au-pair-agenturen.de

Babysitter
www.babysitter.de

Bundesarbeitsgemeinschaft Elterninitiativen
(BAGE) e.V.
Crellestraße 19/20
10827 Berlin
www.bage.de

Bundesverband für Kindertagespflege e.V.
Baumschulenstraße 74
12437 Berlin
http://bvktp.de

Förderverein Patenschaften-aktiv e.V.
Ungererstr. 19
80802 München
www.patenschaften-aktiv.de
www.leihomas-leihopas.de

FRÜHGEBURTEN
Bundesverband »Das Frühgeborene Kind« e.V.
Speyerer Str. 5–7
60327 Frankfurt a.M.
www.fruehgeborene.de

GESUNDHEIT
Arbeitskreis Down-Syndrom e.V.
Gadderbaumer Straße 28
33602 Bielefeld
www.down-syndrom.org

Berufsverband der Kinder- und Jugendärzte e.V.
Mielenforster Straße 2
51069 Köln
www.kinderaerzte-im-netz.de
www.bvkj.de

Bundesverband herzkranke Kinder e.V.
Kasinostraße 66
52066 Aachen
www.bvhk.de

Bundeszentrale für gesundheitliche Aufklärung
Ostmerheimer Straße 220
51109 Köln
www.bzga.de

**Deutsche Gesellschaft für Kinder- und Jugend-
medizin e.V.**
Chausseestr. 128/129
10115 Berlin
www.dgkj.de

Gesundheitswesen
www.gesundheitsinformation.de

Giftigen Pflanzen
www.botanikus.de

Kindernetzwerk e.V.
Für Kinder, Jugendliche und (junge) Erwachsene mit
chronischen Krankheiten und Behinderungen
Hanauer Straße 8
63739 Aschaffenburg
www.kindernetzwerk.de

**Pharmakovigilanz- und Beratungszentrum für
Embryonaltoxikologie** (Informationen zur Verträglichkeit der wichtigsten Medikamente und zur Behandlung häufig vorkommender Krankheiten bei
Müttern in Schwangerschaft und Stillzeit)
www.embryotox.de

Spezialisten zu Reise- und Tropenmedizin
www.dtg.org

HEBAMMEN
**Bund freiberuflicher Hebammen
Deutschlands e.V.**
Kasseler Straße 1a
60486 Frankfurt a.M.
www.bfhd.de

Deutscher Hebammenverband e.V.
Gartenstraße 26
76133 Karlsruhe
www.hebammenverband.de

Hebammen
www.hebammensuche.de

MEHRLINGE
ABC-Club e.V.
Bethlehemstraße 8
30451 Hannover
www.abc-club.de
www.zwillingsforum.de

STILLEN UND ERNÄHRUNG
Arbeitsgemeinschaft Freier Stillgruppen AFS e.V.
Wallfriedsweg 12
45479 Mühlheim an der Ruhr
www.afs-stillen.de

**Berufsverband Deutscher Laktations-
beraterinnen**
Hildesheimer Straße 124E
30880 Laatzen
www.bdl-stillen.de

Forschungsinstitut für Kinderernährung (FKE)
Heinstück 11
44225 Dortmund
www.fke-do.de

La Leche Liga Deutschland e.V.
Louis-Mannstaedt-Straße 19
53840 Troisdorf
www.lalecheliga.de

Nationale Stillkommission am BfR Berlin
Thielallee 88–92, 14195 Berlin
www.bfr.bund.de

Österreich

Arbeiterkammer Wien
Prinz Eugen Straße 20–22
A-1040 Wien
www.arbeiterkammer.at

Bundesministerium für Wirtschaft, Familie und Jugend
Stubenring 1
A-1010 Wien
www.bmwfj.gv.at
www.eltern-bildung.at

Doulas
www.doula.at

Institut für Erziehungshilfe
Heiligenstädterstraße 82/14
A-1190 Wien
www.erziehungshilfe.org

Katholischer Familienverband Österreichs
Spiegelgasse 3/3/9
A-1010 Wien
www.familie.at

La Leche Liga Österreich
Zentagasse 6/13
A-1050 Wien
www.lalecheliga.at

NANAYA Zentrum für Schwangerschaft, Geburt und Leben mit Kindern
Zollergasse 37
A-1070 Wien
www.nanaya.at

Österreichische Gesellschaft für Familienplanung
Bastiengasse 36–38
A-1180 Wien
www.oegf.at

Österreichische Gesellschaft für Kinder- und Jugendheilkunde
www.docs4you.at

Österreichisches Hebammen-Gremium
Landstraßer Hauptstraße 71/2
A-1030 Wien
www.hebammen.at

Verein für Menschen mit intellektuellen Beeinträchtigungen
Förstergasse 6
A-1020 Wien
www.lebenshilfe.at

Zentrum für Ehe- und Familienfragen
Anichstraße 24/2
A-6020 Innsbruck
www.zentrum-beratung.at

ALLEINERZIEHEND
Verein für Alleinerziehende und getrennt lebende Eltern
Gstöttnerhofstraße 2/6
A-4040 Linz
www.alleinerziehend.at

Schweiz

Berufsverband Schweizerischer Stillberaterinnen
Postfach 686
CH-3000 Bern 25
www.stillen.ch

Bundesamt für Sozialversicherung
Effingerstraße 20
CH-3003 Bern
www.bsv.admin.ch

Doulas
www.doula.ch

La Leche Liga Schweiz
Postfach 197
CH-8053 Zürich
www.stillberatung.ch

Pro Familia Schweiz
Marktgasse 36
CH-3011 Bern
www.profamilia.ch

Schweizerische Gesellschaft für Pädiatrie
Rue de l'Hôpital 15
Postfach 1380
CH-1701 Freiburg
www.swiss-paediatrics.org

Schweizerischer Hebammenverband
Rosenweg 25c
CH-3000 Bern 23
www.hebamme.ch

Schweizerischer Verband allein erziehender Mütter und Väter
Postfach 334
CH-3000 Bern 6
www.svamv-fsfm.ch

Stiftung Mütterhilfe
Badenerstraße 18
CH-8004 Zürich
www.muetterhilfe.ch

Bücher, die weiterhelfen

Aly, Monika: Mein Baby entdeckt sich und die Welt. Kindliche Entwicklung achtsam begleiten nach Emmi Pikler. Kösel Verlag, München

Bowlby, John: Frühe Bindung und kindliche Entwicklung. Reinhardt Verlag, München

Brisch, Karl-H.: Sichere Ausbildung für Eltern: Sichere Bindung zwischen Eltern und Kind. Klett-Cotta, Stuttgart

Goebel, Wolfgang; Glöckler Michaela: Kindersprechstunde. Ein medizinisch-pädagogischer Ratgeber. Urachhaus Verlag, Stuttgart

Israel Agathe; Reißmann Björn: Früh in der Welt. Brandes und Apsel Verlag, Frankfurt/Main

Largo, Remo H.: Babyjahre, Entwicklung und Erziehung. Piper Verlag, München

Marcovich, Marina; de Jong, Theresia Maria: Frühgeborene – zu klein zum Leben? Geborgenheit und Liebe von Anfang an. Kösel Verlag, München

Pikler, Emmi: Friedliche Babys – zufriedene Mütter. Herder Verlag, Freiburg

Pikler, Emmi: Lasst mir Zeit. Die selbstständige Bewegungsentwicklung des Kindes bis zum freien Gehen. Pflaum Verlag, München
Pikler, Emmi u.a.: Miteinander vertraut werden. Erfahrungen und Gedanken zur Pflege von Säuglingen und Kleinkindern. Arbor Verlag, Freiamt

Renz-Polster, Herbert: Kinder verstehen: Wie die Evolution unsere Kinder prägt. Kösel Verlag, München

Renz-Polster, Herbert; Menche, Nicole; Schäffler, Arne: **Gesundheit für Kinder: Kinderkrankheiten verhüten, erkennen, behandeln.** Kösel Verlag, München

Renz-Polster, Herbert; Hüther, Gerhard: **Wie Kinder heute wachsen. Natur als Entwicklungsraum.** Beltz Verlag, Weinheim

Ribbeck, Janko von: **Schnelle Hilfe für Kinder – Notfallmedizin für Eltern.** Kösel Verlag, München

Bücher aus dem
GRÄFE UND UNZER VERLAG

Bohlmann, Sabine: **Die Familienschatzkiste. Bräuche, Rituale, Spiele und Rezepte rund ums Jahr**

Gebauer-Sesterhenn, Birgit; Pulkkinen, Anne; Edelmann, Katrin: **Die ersten 3 Jahre meines Kindes**

Guóth-Gumberger, Márta; Hormann, Elizabeth: **Stillen**

Klug, Susanne: **Die neue Babyernährung**

Kunze, Petra; Weigert, Vivian: **Wickel, Tees und Mutterliebe. Die besten Hausmittel für kranke Kinder**

Laimighofer, Astrid: **Babyernährung: Gesund und lecker durchs erste Jahr**

Laue, Birgit: **300 Fragen zum Baby**

Laue, Birgit: **Babypflege Schritt für Schritt**

Laue, Birgit: **Das Baby-Einmaleins. Die wichtigsten Hebammentipps fürs erste Jahr**

Nitsch, Cornelia; Hüther, Gerald: **Kinder gezielt fördern**

Pulkkinen, Anne: **PEKiP. Die 50 schönsten Spiele**

Pulkkinen, Anne: **PEKiP. Babys spielerisch fördern**

Sparenborg Nolte, Anne; Nolte Stephan: **Homöopathie für Kinder**

Sommer, Sven: **Homöopathie für Kinder**

Stumpf, Werner: **Homöopathie für Kinder**

Vagedes, Jan; Soldner, Georg: **Das Kinder-Gesundheitsbuch**

Voormann, Christina; Dandekar, Govin: **Babymassage**

Wiesenauer, Markus: **Quickfinder Homöopathie für Kinder**

Sachregister

Impressum

© 2013 GRÄFE UND UNZER VERLAG GmbH, München

Alle Rechte vorbehalten. Nachdruck, auch auszugsweise, sowie Verbreitung durch Film, Funk, Fernsehen und Internet, durch fotomechanische Wiedergabe, Tonträger und Datenverarbeitungssysteme jeder Art nur mit schriftlicher Genehmigung des Verlages.

Projektleitung: Margarethe Brunner, Christine Kluge

Lektorat: Petra Kunze

Bildredaktion: Petra Ender, Julia Fell, Henrike Schechter,

Umschlaggestaltung und Layout: independent Medien-Design, Horst Moser, München

Herstellung: Petra Roth

Satz: Christopher Hammond

Lithos: Longo AG, Bozen

Druck und Bindung: Firmengruppe APPL, aprinta druck, Wemding

ISBN 978-3-8338-2533-0

3. Auflage 2015

Umwelthinweis

Dieses Buch ist auf PEFC-zertifiziertem Papier aus nachhaltiger Waldwirtschaft gedruckt.

Die GU-Homepage finden Sie im Internet unter www.gu.de

 www.facebook.com/gu.verlag

Ein Unternehmen der
GANSKE VERLAGSGRUPPE

Bildnachweis

Fotoproduktion: Sandra Seckinger

Illustrationen: Detlef Seidensticker: S. 143; alle anderen: Ingrid Schobel

Weitere Fotos: A 1 Pix: S. 186 unten, 371; Alamy: S. 16, 32,184 unten, 185 unten; Bildagentur online: S. 118, 334; bildlinge/ Kirsten Niijhof: S. 36; Caro Fotoagentur: S. 344; Corbis: S. 27, 84, 238, 268; F1 online: S. 31, 65, 230, 244, 254, 306, 320, 352; Focus: S. 322, 327, 340, 388; Fotolia: S. 12; Ralf Gamböck: S. 236, 276, 298, 305, 313; Getty: S. 10, 19, 23, 26, 28, 29, 51, 58, 77, 79, 81, 92, 117, 129, 139 oben links, 146, 158, 174, 179, 194, 201, 247, 255, 257, 310, 374, 381, 384, 390; GU: Anna Peisl: S. 108; Petra Ender: 38, 67, 100, 101 oben, 101 unten 127, 154 links, 154 rechts, 156, 234, 253; Sandra Seckinger: S. 110, 210, 211 links, 211 rechts; iStock: U4 rechts, S. 280, 295; KIDS IMAGES: S. 164; laif: S. 184 oben; mauritius: S. 55, 124, 354; OKAPIA Bildarchiv: 186 oben; Oliver Giel: S. 366; Plainpicture: S. 20, 161, 185 oben, 207, 233, 269; Annette Nolden (privat): S. 6 rechts; Dr. Stephan Nolte (privat): S. 6 links; Shutterstock: S. 57, 71, 94; Stockfood: S. 138, 139 oben rechts, 139 unten; Superbild: S. 302, 348, 397; teamwork: S. 338; Wilhelm Mierendorf: S. 89

Syndication:

www.jalag-syndication.de

Dank

Herzlichen Dank an Claudia Bischof, Hebamme in München, die das Projekt mit vielen Anregungen, Tipps und Rat aus der Praxis begleitet hat.

DIE GU-QUALITÄTS-GARANTIE

Liebe Leserin, lieber Leser, wir möchten Ihnen mit den Informationen und Anregungen in diesem Buch das Leben erleichtern und Sie inspirieren, Neues auszuprobieren. Alle Informationen werden von unseren Autoren gewissenhaft erstellt und von unseren Redakteuren sorgfältig ausgewählt und mehrfach geprüft. Deshalb bieten wir Ihnen eine 100%ige Qualitätsgarantie. Sollten wir mit diesem Buch Ihre Erwartungen nicht erfüllen, lassen Sie es uns bitte wissen. Sie erhalten von uns kostenlos einen Ratgeber zum gleichen oder ähnlichen Thema. Wir freuen uns auf Ihre Rückmeldung, auf Lob, Kritik und Anregungen, damit wir für Sie immer besser werden können.

GRÄFE UND UNZER Verlag
Leserservice
Postfach 86 03 13
81630 München
E-Mail:
leserservice@graefe-und-unzer.de

Telefon: 00800 – 72 37 33 33*
Telefax: 00800 – 50 12 05 44*
Mo–Do: 8.00–18.00 Uhr
Fr: 8.00–16.00 Uhr
(* gebührenfrei in D, A, CH)

Ihr GRÄFE UND UNZER Verlag
Der erste Ratgeberverlag – seit 1722.